꿈의 해석

꿈의 해석

Die Traumdeutung

S. 프로이트 지음 ǀ 김기태 옮김

돌샘 출판 선영사

DIE

TRAUMDEUTUNG

VON

D[R.] SIGM. FREUD.

»FLECTERE SI NEQUEO SUPEROS, ACHERONTA MOVEBO.

LEIPZIG UND WIEN.

FRANZ DEUTICKE.

1900.

Prologue

내가 이 책에서 시도하고 있는 꿈 해석에 관한 서술은 신경병리학적 관심의 범위 한도 내에서 다루어진 것이리라 믿고 싶다. 그 이유는, 꿈이란 심리학적 견지에서 볼 때 이상 심리에 있어서의 일련의 심적 소산 가운데 최초의 것이며, 또한 의사는 히스테리성 공포증·강박 관념·망상 관념 등을 실제적인 여러 이유에서 다루어야만 하기 때문이다.

꿈은 이와 유사한 임상적 의의를 요구할 수는 없다. 이 점에 대해서는 나중에 알게 될 것이다. 그러나 꿈의 모범적인 예로써의 이론적 가치는 그만큼 상승한다. 꿈 형성의 발생을 규명할 수 없는 사람은 공포증이라든가, 강박 관념 또는 망상 관념 등도 이해하지 못할 것이고, 그들 증상의 치료에도 물론 성공하지 못할 것이다.

그러나 우리의 테마가 중대성을 띠게 되고, 앞으로의 우리의 연구가 많은 난관에 부딪친다면, 그것은 꿈의 그러한 관련성에서 연유하는 것이다. 이 서술 가운데 발견되는 논지의 중단은 꿈 형성의 문제가 정신병리학의 광범한 여러 문제와 관계되는 접촉점의 수와 일치하는 것이다.

그런데 정신병리학에 있어서의 여러 문제는 여기에서 논할 수가 없었다. 그래서 나중에 시간과 능력이 충분히 주어지고 좀더 많은 재료가 수집되면, 그때 다시 상세히 논구하려 한다.

내가 꿈 해석을 설명하는 데 있어서 사용한 재료의 특수성이 이 책의 발간을 어렵게 하였다. 문헌 속에 기록되어 있는 꿈이나, 모르는 다른 사람들로부터 수집된 꿈은 목적에 도움이 되지 않았다. 그 까닭은 이 책을 읽어 가노라면 이해하게 될 것이다. 그리하여 나는 나 자신의 꿈들과 정신 분석 치료를 받으러 온 나의 환자들의 꿈을 선택할 수밖에 없었다.

그런데도 환자들의 꿈을 재료로써 다 사용하지 못한 것은, 그들 꿈의 재료에서는 꿈 형성에 신경증적인 여러 특성이 많이 섞여 있어 쓸데없는 복잡성을 띠고 있기 때문이었다.

나는 나 자신의 꿈에 관한 보고와 결부하여 나의 심적 상황을 필요 이상으로 남들에게 속속들이 드러내보여야 했다. 그것은 시인이 아닌, 자연과학자인 저자인 나의 임무를 벗어나는 것이었다. 이런 일은 그다지 유쾌하지 못한 일이었으나 피할 수 없었다. 그래서 내가 시도하는 심리학적 귀결의 증명을 위해 결국 나 자신의 꿈을 인용하기로 한 것이다.

그렇기는 하지만, 역시 적당히 생략하거나 바꿔 넣음으로써 그 비밀을 슬쩍 넘기고 싶은 유혹을 물리칠 수가 없었다. 이러한 생략이나 바꿔넣기를 할 때마다, 내가 사용한 실례는 재료로써의 그 가치를 하락시켰다.

독자들이 나의 이러한 고충을 헤아려 주고, 이 책에 보고된 여러 꿈과 관련된 모든 사람들이 적어도 꿈에 대한 사고의 자유를 거부하지 않기를 바란다.

1900년 S. 프로이트

Contents

Freud

프로이트 (Freud, 1856~1939)

지그문트 프로이트Sigmund Freud는 1856년 5월 6일, 오늘날 체코의 프라이버Pribor인 모라비아Moravia 프라이베르크Freiberg에서 아버지인 야콥 프로이트Jacob Freud와 그의 세 번째 아내인 아말리아Amalia, 남편보다 20살이나 어린 사이에서 태어났다. '지기Sigi' — 친척들이 그를 부르던 이름이다 — 아래로 7명의 형제·자매들이 태어났다.

그의 가족 구성은 보기 드문 것이었다. 왜냐 하면 프로이트의 배다른 형제, 엠마뉴엘Emmanuel과 필립Philipp은 프로이트의 어머니와 거의 같은 나이였다. 프로이트는 엠마뉴엘Emmanuel의 아들인 그의 조카 존John보다 약간 어렸다.

유대인 모피상이었던 아버지를 따라 프로이트의 가족은 독일의 라이프치히Leipzig로 이사했다1859. 그리고 비엔나Vienna에 정착했다1860. 프로이트는 비엔나에서 1938년까지 살았다.

프로이트는 여덟 살에 셰익스피어를 읽었고, 청소년기에는 자연에 대한 괴테의 에세이에 관한 강의를 감명 깊게 들었다.

1877년에 그의 이름을 지그문트 프로이트Sigmund Freud로 줄여 바꿨다.

이전에 법률에 대해 공부할 것을 생각했으나, 비엔나 대학에서 공부를 시작하면서 그는 의학 분야에서 직업을 갖기로 결정했다1873. 학생으로서, 프로이트는 에른스트 폰 브로이어Ernst von Breuer의 지도로 중앙신경체계the central nervous system에 대한 연구를 시작했다1876. 그리고 1881년에 의학 박사 학위를 받았다. 그는 테오도르 마이너트 정신의학 클리닉The Theodor Meynert's Psychiatric Clinic에서 일했다1882~83. 후에 파리 살페트리 Salpetri에서 샤르코Charcot의 지도하에 최면 요법을 연구했다1885.

1884년부터 1887년까지 프로이트는 코카인에 대한 몇 개의 논문을 출판했다. 그는 1886년에 마르타 베르나이스Martha Bernays와 결혼했고, 7명의 자녀가 태어났다Mathilde, 1887:Jean-Martin, 1889:Olivier, 1891:Ernst, 1892: Sophie, 1893:Anna, 1895. 그의 히스테리아에 대한 관심은 브로이어Breuer 와 샤르코Charcot의 최면술에 자극받아 생긴 것이다1887~1888. 프로이트는 1891년에 베르카쎄Ber-ggasse 19의 공동 주택으로 이사했다. 그 곳은 80년 이 지난 1971년에 프로이트 비엔나 박물관The Freud Museum Vienna으로 바 뀌었다.

어머니 아말리와 프로이트
프로이트의 최초의 교육은, 읽고 쓰는 것을 그에게 가르친 어머니에 의해 이루어졌다.

프로이트와 마르타 베르나이스
1886년 파리에서 돌아온 후 프로이트는 신경성 질환 전문의 개인 병원을 개업했다. 그는 또한 어린이들의 질병을 위한 맥스 카쇼비츠Max Kassowitz 연구소의 신경학부 소장이 되었고, 계속해서 두뇌 해부학에 대해 연구했다.
그는 파리에서의 그의 연구를 요약한 남성 히스테리에 대해 의사협회에서 강연을 했지만, 빈의 의학 단체에 의해 거부당했다.
4년 동안의 약혼 기간 후 9월 13일에 그는 약혼녀 마르타 베르나이스와 결혼했다.

프로이트의 장녀 마틸드의 탄생
1887～1888년 프로이트는 〈신경계〉 〈코카인의 공포와 코카인의 중독에 대해〉, 그리고 베른하임의 저서 《최면술과 암시》를 번역 발표했다.

1891년의 프로이트
1891년 9월에 프로이트는 새로 지어진 베르카쎄 19번
지의 한 아파트로 이사하고, 거기에서 그들은 1938년
6월 런던으로 이주할 때까지 살게 된다.

**시뇨렐리Luca Signorelli의
'Licht und Lucke'**
1891년 프로이트는 처음으로 완전한
히스테리아의 분석으로 '엘리자베스
폰 알Elizabeth von R'의 치료를 시작
했다.

환자 안나 오Anna O
1893~1894년 프로이트의 저서 《히스테리 현상의 심
적 메커니즘에 대해》, 그리고 《소아기의 뇌성 양측 마
비의 지식을 위해》《방어에 의한 노이로제와 정신 이
상》 등은 잠정적 보고 형식으로 씌어졌다.

**1905년 알타무스시Altamussee에서 그의 아내와
그의 어머니 아말리와 함께**
이 해에 성의 이론에 관한 세 가지의 논고, 농담과 무의
식과의 관계, 도라의 히스테리의 분석편이 나왔다.

프로이트의 의자 옆에 걸린 그라디바의 복사품
1907년 W. 옌젠의 〈그라디바에 있어서의 망상과 꿈〉을
발표하다.

빈의 카페 코르브
1908년 제1차 프로이트 심리학 학술 대회가 잘츠부르크
에서 열렸고, 심리학 수요회는 스스로 해산된 후 빈 정신
분석협회라는 이름하에 새롭게 설립되었다. 증가하는 회원
들 때문에 모임은 카페 코르브Cafe Korb로 옮겨졌고, 후에
의과 대학으로 옮겨지게 되었다.

클라크 대학 앞에서의 단체 사진
1909년 앞줄 왼쪽부터 프로이트, 스탠리 홀, 융,
뒷줄 왼쪽부터 에이브러햄 브릴, 에른스트 존스,
산도르 페렌치.

1916년 전선으로부터 떠나 있는 동안 그의
아들 에른스트 운트 마르틴Ernst und Martin
과 함께 한 프로이트

정신분석 입문의 죄수의 꿈
뮌헨의 샤크 화랑에 있는 그림으로 1916년 슈빈트
Schwind가 그렸다.

프로이트와 딸 소피
1920년 《국제 정신분석》영어 기관지가 빈에서 에른스트
존스의 협력하에 만들어졌으며, 그 해 프로이트의 딸 소피
가 함부르크에서 감기로 세상을 떠났다.

비밀회
1921년 앞줄 왼쪽부터 프로이트, 페렌치, 존스,
윗줄 왼쪽부터 작스sachs, 에이브러햄, 아이팅
콘, 랑크.

맥스 폴락의 오이디푸스와 스핑크스
1924년 프로이트는 노이로제와 정신 이상, 매저키즘의 경제적 문제, 오이디푸스 콤플렉스의 붕괴, 정신분석의 간단한 설명 등을 발표했다.

테오도르 라이크
1924년 빈 의학협회는 가짜 의사들에 대항해 의학 분석자가 아닌 테오도르 라이크Theodor Reik에 대해 법적 조치를 제기했다.

마리 보나파르트
1925년 미국인 도로시 버링햄이 그녀와 그녀의 아이들이 정신분석을 받도록 하기 위해 빈에 있는 프로이트에게 왔고, 곧 안나의 가까운 친구가 되었다. 이 해에 프로이트는 이상한 종이쪽지에 대한 메모, 자서전 연구, 정신분석에 대한 저항·불안·성 사이에 해부학적 특징의 몇 가지 정신적 결과 등을 발표했다.

1926년 국제정신분석 편집부의 그 해 연감이 처음으로 출판되었으며, 70번째 생일에 프로이트는 다양한 영예를 안았다.

처음으로 비행기를 타는 프로이트

1928년 프로이트는, 마리 보나파르트Marie Bonaparte의 의사인 맥스 슈얼Max Schur을 알게 되었다. 후에 그는 그의 의사가 되었다.

이 해에 도스토예프스키의 부친 살해범과 종교적 체험에 관한 연구가 발표되었다.

아말리와 프로이트

1930년 프로이트는 여름을 그의 아픈 어머니의 집 가까이에 있는 구룬들시Grundlsee에서 보냈다. 가을에 어머니는 95세의 나이로 세상을 떠났다.

프랑크투르트에 있는 괴테 하우스

1930년 프로이트는 심장병 때문에 담배를 끊었다. 불릿C. Bullitt은 윌슨Wilson의 정신분석 연구에 대해 공동 연구를 하자고 프로이트를 설득했다.

프라이베르크에서의 안나
1931년 루 안드레아스 살로메는 프로이트에게 그녀의 책 《프로이트에 대한 나의 감사》라는 책을 보냈다.

스테판 츠바이크
1931년 스테판 츠바이크는 정신을 통한 그의 치료에서 프로이트의 연구를 발표했으며, 프로이트는 〈여성 성욕의 리비도적 유형〉에 대한 글을 썼다.

유태인으로부터 사지 마라
1933년 히틀러가 독일의 수상이 되자, 프로이트는 '왜 전쟁인가?'라는 의문으로 아인슈타인 Einstein과 서신을 교환했다.
나치가 태운 책 속에 프로이트의 연구서들도 또한 파괴되었다.

안나와 함께 출국하는 프로이트
1938년 빈의 정신분석협회는 해산되었다. 대부분의 분석자들은 이주를 준비하였고, 프로이트와 그의 가족은 영국행 비자를 받았다.

프로이트가 소장한 오래 된 인형 조각들

프로이트의 사무실 풍경

심리학 모임인 수요회가 토론을 위해 만났던 베르카쎄 19번지의 프로이트의 대기실

빌헬름 폴리에쓰
1903년 프로이트는 마지막으로 그녀를 빈에서 만났다.

제 1 장
꿈의 문제에 관한 학문적 문헌

Die Traumdeutung

내가 여기서 증명해 보고자 하는 것은 다음과 같은 사실이다. 즉, 꿈을 해석할 수 있는 심리학적 기법이 있다는 사실과, 그 기법을 응용함으로써 모든 꿈은 사람이 각성시 마음의 움직임 속의 어느 일정한 위치에 배치시킬 수 있는 의미 깊은 마음의 소산이라는 사실이다. 따라서 꿈의 기묘성과 애매성을 설명하고, 그 과정을 통해서 인간의 마음이 갖고 있는 여러 가지 힘의 정체를 밝혀 보고자 한다. 그것은 이런 마음의 힘들이 서로 협력하거나 반발함으로 해서 꿈이라는 것이 생겨나는 것이기 때문이다.

이러한 두 가지 고찰이 성공하면 나의 논술은 중단될 것이다. 왜냐 하면 그것으로부터 얻어지는 꿈의 문제가 꿈 이외의 다른 재료를 써서 해결되어야만 하는 더욱 포괄적인 다른 여러 문제로 이어져 가야 하기 때문이다. 그러므로 우선 나는 지금까지 이러한 꿈에 대해 이루어져 온 업적과, 또 꿈 문제에 있어서의 학문적 현상을 개괄적으로 살펴보고자 한다. 왜냐 하면 이제부터 나의 논술을 진행시켜 나가는 동안에는 이 문제를 다시 언급할 기회가 거의 없을 것이기 때문이다. 꿈을 학문적으로 이해하고자 하는 노력은 수천 년 전부터 행해져 왔으나, 그러한 노력에 비해서는 별로 이렇다 할 성과를 거두지 못하고 있다. 이 사실에 대해서는 꿈을 연구하는 사람이라면 누구도 부정하지 못하는 바이므로 새삼스럽게 연구가들의 개별 의견을 제시할 필요는 없다고 여겨진다.

이 책의 권말에 꿈에 관한 참고 문헌을 소개하겠지만, 이 문헌 가운데 꿈 해석의 문제에 도움을 주는 의견이나 매우 흥미 있는 자료도 더러 있다. 그러나 거의 대부분이 꿈의 본질을 분명하게 밝혀내지 못하고, 그 수수께끼 중의 하나라도 시원스럽게 풀어 준 것은 전무한 정도이다. 그러므로 전문가가 아닌 사람들은 비록 높은 학식을 갖추고 있다 하더라도 꿈에 관해서는 거의 아는 바가 없다고 단정을 내릴 수 있다.

태초의 원시 민족들은 과연 꿈을 어떻게 생각하였는가, 그리고 그들의 세계관이나 영혼관의 형성에 꿈이 끼친 영향은 어떠한 것이었는가 하는 문제는 대단히 흥미로운 테마이다. 그러나 유감스럽게도 여기에서는 그에 대한 논술을 생략하지 않으면 안 되겠다. 이 책에서는 간략히 라보크·H. 스펜서·E. B. 타일러와 그 밖의 사람들의 유명한 연구를 지적하는 데서 그치고, 이런 문제나 고찰의 참뜻은 우리들의 당면 과제인 '꿈 해석'의 연구를 끝낸 후에야 비로소 올바르게 이해될 것이라는 사실을 부언해 둔다.

그리스·로마 시대의 여러 민족들이 행했던 꿈에 대한 평가는 확실히 원시 시대의 견해가 잔존해 있음을 보여주는 것 같다.[1] 그들은 꿈이라는 것을 그들이 신뢰하고 있던 초인적 존재자들의 세계와 관련이 있는 것으로서, 단지 신이나 귀신들의 계시라고 믿고 있었다. 또한 그들은 꿈이라는 것은 대

---

1) 뒷대목은 뷰크젠슈츠의 《고대에 있어서의 꿈과 꿈 판단》에 의한 것임.

개 그 꿈을 꾸는 사람에 대한 어떤 예언이나 전조를 나타내 주는 뜻이라고 생각하기 시작했다.

꿈은 그 내용이나 느낌으로만은 종류가 천차만별이었기 때문에, 꿈에 대해 어떤 통일점을 찾는다는 것은 매우 어려운 일이었다. 그래서 하는 수 없이 꿈의 가치나 신빙성 여하에 따라 구분하거나 분류할 수밖에 없었다. 고대 철학자들은 꿈을 풀이할 때는 언제나 '점복술占卜術'에 의거해서 그것을 문제시했다.

아리스토텔레스가 꿈에 대해 논한 두 저서 속에는 꿈이 이미 심리학적 연구 대상으로 취급되어 있었다. 꿈은 절대자인 신에게서 온 것도 아니고, 신적인 성질의 것도 아니다. 다시 말해서 꿈은 초자연적인 계시에서 유래하는 것이 아니라, 확실히 신성神性에 근접한 것으로 여겨지는 인간 정신의 법칙들로부터 나온 것이라고 보고, 그리하여 결국 꿈은 수면 중에 영혼이 활동하는 것이라고 정의되었다.

아리스토텔레스는 꿈이라는 것에 대해 조금은 그 특성을 파악하고 있었다. 예컨대 꿈은 수면 중에 일어나는 자극을 확대 해석한다 ― 대개 몸의 어딘가가 따뜻할 경우, 불 속을 지나서 뜨겁게 느끼는 꿈을 꾼다 ― 는 것이다. 그는 이러한 작용에서 다음과 같은 단정을 내렸다. 즉, 꿈은 의사가 낮에는 깨달을 수 없는 체내 변화의 첫 징조를 알 수 있게 해 준다는 것이었다.[2]

이미 알고 있는 바와 같이, 아리스토텔레스 이전의 고대 사람들은 꿈을 영혼의 한 산물이라고 보지 않고 신이 무엇인가를 알려주는 것이라고 간주

---

2) 그리스의 의학자인 히포크라테스는 그의 저서에서 꿈의 병에 대해 논하고 있다.

했다. 그리고 오늘날 우리들이 꿈을 생각할 때 항상 발견되는 대조적인 두 흐름을 고대인들은 이미 파악하고 있었다. 즉, 수면 중의 사람에게 경고나 예언의 목적으로 보여지는 참되고 가치 있는 꿈과, 그 사람을 미혹하게 하고 타락시킬 의도를 가진 무가치하고 혼미한 꿈을 구별하고 있었던 것이다.

그루페는 마크로바우스와 알테미도로스의 꿈의 분류를 이렇게 소개하고 있다. "꿈은 두 종류로 분류할 수 있다. 첫째 유형은 단지 현재또는 과거에 의해 영향을 받으므로 미래에 대해서는 전혀 무의미한 것으로 간주되었다. 예를 들면 굶주림이라든가, 굶주림을 없애는 따위의 주어진 표상이거나, 그 반대 표상을 직접 재현하는 반수면 상태와 몽마夢魔 에피알테스와 같은 주어진 표상을 너무나 확대 해석하는 환상이 포함되어 있다. 이에 반해 둘째 유형은 미래를 예고하는 꿈이다. 여기에 속하는 것은 꿈 속에서 받는 직접적인 예언, 눈앞에 닥친 일의 예언, 해석을 필요로 하는 상징적인 꿈 등이다. 이러한 학설은 수세기 동안 그 명맥을 이어왔다."[3]

꿈의 해석이라는 과제는, 꿈이 이처럼 다각적으로 평가되는 것과 관련되어 있다. 일반적으로 꿈에는 어떤 중대한 실마리가 있는 것으로 생각되고 있지만, 그렇다고 해서 반드시 모든 꿈을 직접적으로 이해할 수 있고, 또 특정한 꿈의 내용이 어떤 중대한 일을 알려주고 있는지의 여부도 파악해 낼 수 없었다. 그래서 이것이 계기가 되어 꿈의 불가해한 내용을 알기 쉽게 의미 있는 내용으로 바꾸어 놓으려는 노력이 이루어지게 된 것이다.

고대 후기의 꿈 해석의 최고 권위자는 다르디스의 알테미도로스[4]였다. 그

---

3) 이후 중세기에 꿈 해석이 어떤 단계를 거쳤는가에 대해서는 디프켄·M. 푀르스터·고트할드 등의 연구를 참조해야 한다.

4) 바슈이드는 각성시보다 꿈 속에서 외국어를 훨씬 더 유창하고 정확하게 말하는 경우가 종종 있다고 말했다.

의 치밀한 저술은 그 이외의 일부 손실된 꿈을 다룬 여러 가지 다른 저술을 훌륭히 배상해 준다. 고대인의 전학문적 꿈 해석은 확실히 그들의 세계관 전체와 일치된다. 그들의 세계관은 심적 생활에 존재하는 것을 현실로서 생각하고, 그것을 외부 세계로 투영하는 것이었다. 게다가 이 해석은 아침에 눈을 뜨고 난 후에도 남아 있는 꿈에 대한 기억이 현실 생활에 주는 인상을 설명한다. 실제로 이러한 꿈의 기억을 잘 되새겨 보면 꿈은 마치 별세계에서 온 것 같은 — 그 밖의 마음의 여러 내용에 비해서 — 기묘한 것으로 보인다.

오늘날에는 꿈이 초자연적인 세계에서 오는 것이라고 주장한 사람은 없을 거라고 간주하는 것은 잘못이다. 경건주의나 신비주의 문필가들은 제쳐 놓고라도 — 이런 사람들은 과거에는 매우 포괄적이었던, 자연과학에 의해 설명되지 않는 초자연적 세계의 잔재에 아직도 매달려 있으므로 — 일체의 모험적인 것을 거부하고, 사물에 대한 명석한 판단을 갖고 있으면서도 초인간적인 정신력의 존재와 작용에 대한 그들의 종교적인 신앙을 꿈의 여러 현상의 불가사의함에 의해서 규정하려는 사람들이 있는 것이다. 예를 들면, 셸링파에 속한 철학자들의 꿈에 대한 존중은, 고대에 있어서는 당연시되어 있던 꿈의 신성神性의 잔재임이 분명하다. 그러나 꿈의 예언이나 전조의 힘에 대해서는 이렇다 할 규정이 내려져 있지 않다.

그 이유는 심리학적 견지에서의 설명의 시도가 지금까지 수집된 자료를 완전하게 구사할 수 있는 단계에까지 이르지 못했기 때문이다. 과학적인 견해를 가진 사람은 누구든지 그런 주장을 거부하고 싶은 기분이 들겠지만, 실제로는 앞서 말한 것이 사실이다. 꿈의 여러 문제에 대한 우리들의 학문적 인식의 발자취를 쓴다는 일이 어려운 이유는, 이 연구가 부분적으로는 매우 의미 있는 성과를 거두었는지는 모르나, 어떤 경우에는 전혀 진전을 나타내지 못했기 때문이다.

이것은 미래의 연구자들이 계속적으로 쌓아 갈 수 있는 뚜렷한 기반이 형성될 길은 없어졌으나, 개개의 연구자가 동일한 문제를 다시 처음부터 개별적으로 연구해 나가야 한다는 실정을 말해 주는 것이다. 여기서 만약 꿈 연구에 관해 쓴 사람들을 연대순으로 그들 개개인이 각기 어떤 견해를 펼쳤는가를 간단하게나마 설명하려 한다면, 꿈의 학문적 연구의 진전도를 살펴보는 것은 아예 단념하는 것이 좋을 것이다.

따라서 나는 이 책의 기술에 있어서 연구자가 아닌 문제를 본위로 해나가기로 했다. 그리고 각각의 꿈 문제를 풀기 위해, 그때 그때 자료가 있는 문헌을 인용하려 한다. 그러나 이 문제를 다룬 문헌이 매우 광범위하고 다양할 뿐 아니라, 또 다른 문제와 뒤섞여 있기 때문에, 우리가 필요로 하는 부분만 뽑아 내기가 불가능하다. 그러나 되도록 기본적이고 중요한 사실만은 빠뜨리지 않으려고 노력했다는 것을 이해해 주기 바란다. 얼마 전까지만 해도 대부분의 연구가들은 잠과 꿈을 관련 지어서 다루었고, 정신병리학의 영역에 속하는 꿈 외의 비슷한 상태 및 환상이나 환각 등에 대해 논의해야 하는 것으로 생각하고 있었다. 그러나 최근의 연구에서는 주제를 축소시켜서 꿈의 영역에서 개별적으로 끄집어낸 문제를 연구 대상으로 삼으려는 경향이 나타나고 있다. 이러한 변화는 매우 바람직한 현상이라 하겠다. 왜냐 하면 그것은 꿈이라는 미개척의 연구 분야에서 그것을 해명하고, 논의의 합일을 기하려면 세밀한 문제의 연구를 집중적으로 파고드는 방법밖에 없다는 확신을 나타내 주는 것이기 때문이다.

그런 의미에서 지금부터 이 책에서 논의하고자 하는 것은, 특히 심리학적 성질의 세부적인 연구의 하나에 불과한 것이다. 나는 지금까지 수면의 문제를 다루지 않았었다. 그 이유는 수면 상태의 특성 가운데는 심적 장치에 있어서의 기능 조건의 변화가 으레 포함되지 않을 수 없다 하더라도, 그것은 본래 생리학의 과제이기 때문이다. 따라서 수면에 관한 문헌도 여기서는 빼기로 하겠다. 꿈의 여러 현상에 대한 학문적인 관심은 다음과 같은 몇 가지의 문제를 만들어 낸다.

[1. 꿈과 각성시 상태와의 관계]

잠에서 깨어난 사람은, 비록 그것이 다른 세계로부터 오는 것이 아니라 할지라도 꿈은 역시 잠든 사람을 미지의 세계로 데려갔었다고 생각한다. 꿈의 여러 현상을 세밀하게 쓴 바 있는 생리학자 부르다흐는 그의 저서에서 다음과 같은 견해를 피력하고 있다.

"……갖가지 노력이나 기쁨·즐거움·고통을 수반한 낮 생활이 그대로 되풀이되지는 않는다. 오히려 꿈은 그러한 낮 생활로부터 우리를 해방시켜 준다. 우리의 마음이 어떤 문제로 꽉 차 있거나, 심각한 고통에 시달리거나, 또는 어떤 문제로 우리의 온 정신력이 극도로 긴장해 있을 때에도 꿈은 우리에게 전혀 낯선 것을 주거나, 아니면 단지 현실에서 개개의 요소만을 뽑아서 꿈의 결합에 이용하거나, 혹은 우리의 기분 상태만을 상징적으로 반영한다."

J. H. 피테는 이와 같은 의미에서 '보완몽補完夢'이라는 용어를 사용했는데, 그것은 정신의 자기 치료적 성질의 은밀한 혜택의 하나라고 부르고 있다. 또한 L. 스트림펠도 꿈의 성질과 발생에 관한 연구에서 이렇게 말하고 있다.

"꿈을 꾸는 사람은 각성시의 의식 세계를 무시하고 있는 것이다. ······ 꿈 속에서는 각성시의 질서 있는 내용에 대한 기억과 의식의 정상적인 작용이 소멸되어 있는 것과 같다. ······ 꿈 속에서의 마음은 각성시 생활의 규칙적인 내용이나 결과로부터 거의 기억을 갖지 않는 차단 상태에 있다. ······."

그러나 많은 연구가들은 각성시의 생활에 대한 꿈의 관계에 대해서 이와 반대되는 견해를 갖고 있다. 예를 들면 하프너는, "꿈은 낮 생활의 연속이다. 우리의 꿈은 언제나 최근의 의식 속에 존재했던 표상과 연결된다. 그러므로 꿈은 정확하게 관찰하면 거의 언제나 전날의 체험과 연결되어 있다는 것을 알게 될 것이다"라고 말했다. 베이간트는 앞서 인용한 부르다흐의 주장과 완전히 대조를 이룬다. "꿈은 우리를 일상 생활에서 해방시키기는커녕 일상 생활 속으로 되돌아가게 하는 것이다." 모리는 《잠과 꿈》에서 "우리는 낮 동안에 보고 말하고 생각한 것을 꿈꾼다"라고 말했다.

예센은 1855년에 간행된 《심리학》에서, "많든 적든 간에 꿈의 내용은 언제나 개성·연령·성별·신분·교양 정도·생활 방법에 의해, 또는 그때까지의 생활 중에서 일어난 사건 및 경험에 따라 규정된다"라고 표현하고 있다. 이 문제에 대해 가장 분명한 입장을 취하고 있는 사람은 《정열에 관해서》1805년란 책을 기술한 I. G. E. 마스이다. 빈터슈타인은 《정신 분석학 중앙 기관지》에 다음과 같이 보고하고 있다. "우리는 경험으로써 우리가 자주 가장 열렬하게 정열을 쏟은 것을 꿈꾼다는 주장을 입증할 수 있다. 이런 점에서 꿈을 만드는 유력한 작용은 우리의 정열임에 틀림없다. 공명심에 사로잡혀 있는 사람은다만 상상 속에서 얻었던가, 아니면 얻고자 하는 월계관을 꿈꾸는 데 반해, 사랑하는 사람은 꿈 속에서 달콤한 희망의 대상인 이성의 모습만 본다······. 마음 속에 있는 모든 감각적인 욕망이나 증오는 만약 어떤 동기에서 자극을 받으면, 자극과 함께 있는 표상에서 꿈을 만들던가, 또는 이 여러 표상에 이미 있던 꿈과 섞여지기 쉽다."

고대인들도 역시 꿈의 생활이 각성시의 생활에 의존한다는 사실에 동의하고 있었다. 라데스토크Radestock에서 인용해 보자. "크세르크세스는 그리스 원정을 앞두고, 어떤 이의 충고에 따라 그 원정을 포기했다. 그런데 그의 꿈 속에서 자주 원정하고 싶은 마음이 생겼다. 그것을 들은 페르시아의 늙은 해몽자 아루타바노스는 크세르크세스에게, 꿈에 나타나는 것은 깨어 있을 때의 의식이 반영되는 것이라고 말했다." 루크레티우스의 교훈시 〈자연계에 관하여〉에는 다음과 같은 구절이 있다.

사람은 보통 꿈 속에서
자기가 열중해 있는 것이나
자기의 마음을 가끔 괴롭힌 일이나
자기의 마음을 충족시켜 주지 않는 것을 꿈꾼다.
변호사는 소송을 생각하여 법률을 만들고
황제는 전쟁을 일으키려 한다.

키케로가 "우리의 마음 속에는 대부분 우리가 눈을 뜨고 있을 때에 생각하거나 행동한 일의 잔재가 작용한다"라고 말한 것은 그보다 훨씬 나중에 모리가 말한 것과 일치된다. 꿈 생활과 각성시의 생활과의 관계에 관한 이 대립되는 두 견해는 실제로 없애기 어려운 것 같다. 따라서 이제 F. W. 힐데브란트Hildebrant의 견해를 살펴보는 것도 좋으리라 여겨진다. 그는 꿈의 여러 특성은 '서로 모순된 듯한 일련의 대립'에 의하지 않고는 기술될 수 없다고 했다. 그는 이렇게 말한다.

"여러 대립 가운데 그 첫째는, 꿈이 현실적이고 참다운 생활에서 완전하게 분리된 것, 또는 꿈은 그 자체로 독립적이라는 견해가 있는 반면, 꿈과 현실 생활은 언제나 서로 엇갈려 뒤섞이고 상호 의존적이라는 견해이다 ― 꿈은 어디까지나 각성시의 체험과는 전혀 별개의 것이어서, 어떤 넘을 수 없는 심연에 의해 현실 생활에서 분리된 완전한 하나의 존재라는 뜻이다. 꿈은 우리를 현실에서 해방시켜 주고, 마음 속에서 현실로 향한 정상적인 기억을 없애고 우리를 다른 세계 속으로, 궁극적으로는 현실 생활과는 아무 관련도 없는 세계 속으로 데리고 간다……"

계속해서 힐데브란트는, 잠이 들면서 독자적인 존재 형식을 가진 우리의 전존재가 '마치 보이지 않는 벼락처럼' 사라져 간다고 말한다. 예컨대 어떤 사람이 세인트헬레나에 유배되어 있는 나폴레옹에게 모젤 포도주의 우수성을 보여주기 위해 항해하는 꿈을 꾸었다고 하자. 잠에서 깨어난 그는 흥미로운 꿈이 깨어진 것을 애석해할 만큼 황제에게 극진한 대접을 받는다. 그는 꿈을 현실 생활과 비교해 본다. 그는 포도주 상인도 아니었고, 그렇게 되고자 하지도 않았으며, 또는 항해한 적도 없었고, 게다가 세인트헬레나를 생각해 본 적도 없었다.

또한 그는 나폴레옹을 동정은커녕 오히려 몹시 증오하고 있었다. 게다가 나폴레옹이 그 섬에서 죽어갔을 때, 그는 이 세상에 나오지도 않았다. 그러니 그와 나폴레옹과의 사이에 어떤 개인적 연관성은 상상할 수조차 없었다. 그러므로 이 꿈의 체험은 하나의 연속적인 것으로 흘러가는 생활의 흐름의 중단 사이에 끼워진 이질적인 것처럼 여겨진다. 힐데브란트는 계속해서 이렇게 말한다.

"이러한 정반대가 되는 설명도 역시 진실하고 옳은 것이다. 나는, 꿈은 이러한 계속과 단절로 가장 긴밀한 관계를 맺고 있다고 생각한다. 솔직히 우리는 이렇게 말할 수 있다. 즉, 꿈에서 어떤 것을 보든지 간에 꿈의 재료는 현실과 그 현실에서 전개되는 정신 세계에서 골라낸 것이다. 꿈이 아무리 기묘한 일을 하더라도 본질적으로 꿈은 결코 현실 세계와 분리될 수 없으며, 아무리 섬세하고 어리석은 꿈의 형성물일지라도 그것은 이미 감성계에서 우리 눈앞에 나타난 것에서나, 각성시의 사고 과정 속에 어떤 형태로 자리잡고 있었던 것에서 근본적인 소재를 구한다. 다시 말해서 꿈은 우리가 외적·내적으로 이미 체험한 것을 그 구성 재료로 삼는 것이다."

[2. 꿈의 재료 — 꿈 속에서의 기억]

꿈의 내용을 구성하는 모든 재료는 어떤 방법으로든지 우리의 체험에서부터 유래된 것이라는 사실과, 따라서 그 재료는 꿈 속에서 재생되고 기억된다는 사실은 명명백백한 사실이다. 그런데 꿈 내용과 각성시의 생활과의 관계를 비교해 보면 양자의 관계가 명백하게 밝혀지리라고 생각하는 것은 잘못이다. 그보다는 오히려 꿈 내용과 현실과의 관련성은 주의 깊게 찾아보면 비로소 알게 되는 것이지만, 대부분의 꿈에서는 이러한 관련성이 오랫동안 감추어진 채 밝혀지지 않는 경우가 많다. 그 이유는 우리의 기억력이 꿈 속에서 나타내는 여러 특성 때문인데, 일반적으로 그러한 특성은 잘 알려져 있기는 하지만 아직까지 명확하게 증명된 바 없다. 이제부터는 이 여러 특성들에 대해 자세히 고찰해 보기로 하자.

우리는 가끔 잠에서 깨어난 후에도 알 수 없고 체험한 적도 없는 일이 꿈 속에 나타나는 수가 있다. 꿈을 꾼 적은 있지만, 현실 생활에서 직접 체험한 기억은 전혀 없다. 이렇게 되면 꿈의 재료가 어디에서 오는지 모호해져서, 꿈이라는 것은 그 자체가 스스로 여러 가지를 만들어 내는 능력이 있다고 생각될지도 모른다. 그러나 실제로는 이 같은 경우는 다음과 같이 설명할 수 있다. 즉, 꿈을 꾼 지 오랜 시일이 경과한 후에 어떤 낯선 체험을 하게 되면, 그것이 지금까지 은폐되어 있던 이전의 체험의 기억을 불러일으켜서 그 꿈의 원천이 발견되는 경우가 많이 있다.

그래서 각성시의 상기 능력想起能力의 범위 밖에 있던 어떤 요인이 꿈을 통해 알려져 상기되고 있었다는 점을 인정해야만 하게 된다. 델베우프는 특별히 인상적인 이러한 꿈의 예를 자기 자신의 경험을 통해 말하고 있다. 그는 다음과 같은 꿈을 꾸었다.

〈눈이 쌓여 있는 자기 집 마당이 보였다. 그런데 작은 도마뱀 두 마리가 반쯤 얼어서 눈에 파묻혀 있었다. 평소에 동물을 좋아하던 그는 도마뱀을 손으로 감싸 녹여 주고, 도마뱀의 집인 작은 담구멍 속에 도로 넣어 주었다. 그리고 담벽에 있던 작은 양치식물 잎을 두세 장 따서 그것을 좋아하는 도마뱀에게 주었다. 그는 도마뱀이 양치식물을 좋아한다는 사실을 알고 있었던 것이다. 꿈 속에서 그는 이 식물명이 '아스플레늄 루타 무라리스'라고 기억했다. 꿈은 계속되어, 여러 가지 다른 일이 일어난 뒤에 다시 도마뱀 꿈으로 되돌아왔다. 그런데 놀랍게도 두 마리의 도마뱀이 새로 나타나더니 나머지 양치 잎사귀를 게걸스럽게 먹고 있었다. 그리고 들판 쪽을 돌아보니 다섯, 여섯째의 도마뱀이 담구멍 쪽을 향해 오는가 싶었는데, 마침내 도마뱀 행렬이 길을 꽉 메우고 있었다. 도마뱀은 전부 한결같이 똑같은 방향으로 오고 있었다.〉

델베우프는 꿈에서 깨어나 생각해 보아도 자신이 알고 있는 식물의 라틴 어명은 극히 적을 뿐 아니라, 게다가 그 가운데 '아스플레늄'이란 것은 있지도 않았다. 그런데 실제로 그런 이름을 가진 양치식물이 있음을 확인했을 때, 그는 매우 놀랐다. 그것의 정확한 명칭은 '아스플레늄 루타 무라리아'인데, 꿈 속에서는 이것이 약간 왜곡되어 나타난 것이다. 단순히 우연의 일치라고만 생각할 수가 없었다. 델베우프는 꿈 속에서 자기가 어떻게 '아스플레늄'이라는 명칭을 알 수 있었는지에 대해 계속 의문을 갖고 있었다.

이 꿈은 1862년에 꾼 것인데, 그로부터 16년이 흐른 뒤 이 철학자는 우연히 어느 친구를 방문했다가 거기서 식물 표본 책자를 보게 되었다. 스위스에서 관광객에게 팔고 있는 여행 기념 책자였다. 그것을 보자, 그는 문득 어떤 기억이 연상되었다. 그가 그 표본 책자를 펼치니 거기에 전에 꿈에서 보았던 아스플레늄이 붙여져 있었고, 그 옆에는 자신이 직접 쓴 이 식물의 라틴어 명칭이 적혀 있었다. 여기서 꿈과 현실과의 연결이 생겼다. 1860년에 ― 그가 도마뱀의 꿈을 꾸기 2년 전 ― 이 친구의 누이동생이 오빠에게 선물로 주었던 것이다. 델베우프는 어떤 식물학자로부터 이 사진첩에 붙여 있는 식물들의 이름을 배워 가면서 표본 밑에 라틴어 명칭을 써 넣었던 것이다.

이 꿈에 대해 이렇게 자세히 설명할 만한 가치가 있는 것은 정말 우연의 덕택이지만, 또 한 가지 다른 일이 잊혀졌던 꿈의 원천을 상기시켜 주었다. 1877년 어느 날, 델베우프는 우연히 어떤 잡지를 입수하게 되었다. 그는 이 잡지 속에서 1862년에 그가 꾸었던 꿈 속에서 본 것 같은 도마뱀 행렬의 그림을 발견했다. 그 잡지는 1861년에 발간된 것인데, 그는 이 잡지의 창간호부터 자신이 구독한 사실을 깨닫게 되었다.

각성시에는 감히 생각도 못 할 그런 기억이 꿈 속에서 자유롭게 구사된다는 것은 지극히 주목할 만하고, 이론적으로도 매우 중대한 의의를 갖는 사실이기 때문에, 나는 또 다른 '초기억超記憶'적인 꿈의 예를 들어보겠다. 모리는 한동안 '뮈씨당Mussidan'이란 말이 머릿속을 맴돌아 이상히 여겼다. 그는 그 말이 프랑스의 어느 도시명이라는 것만 알 뿐이었다.

〈어느 날 밤, 그는 어떤 여인과 대화를 나누는 꿈을 꾸었다. 그녀는 자기가 뮈씨당 태생이라고 말했다. 그 도시가 어디에 있느냐고 모리가 묻자, 뮈씨당은 도르돈뉴 현의 한 도시라고 대답했다.〉

꿈에서 깬 모리는 꿈 속에서 들은 말을 믿을 수 없다고 생각했지만, 지리사전을 찾아보니 꿈에서 들은 것은 사실이었다. 이런 경우는, 꿈이 각성시의 의식보다 더 많은 것을 알고 있다는 사실이 확인되지만, 그렇다고 해서 지식의 잊혀진 원천이 상기된 것은 아니다. 예센Jessen은 이것과 매우 흡사한 고대 꿈에 관해 말하고 있다. "여기에 속하는 것은 특히 스칼리거Scaliger의 꿈이 있다. 스칼리거는 베로나의 저명 인사들을 찬미하는 시를 한 편 썼다. 그때 브루그노루스라는 남자가 나타나서 자신이 무시당하고 있다고 한탄했다. 스칼리거는 그런 이름을 들은 기억이 없었으나 시 속에서 그에 관해 언급했던 것이다. 그런데 후에 그의 아들은, 브루그노루스라는 사람은 베로나의 비평가로서 유명했던 사람이라는 것을 알게 되었다."

델베 드 상드니 경은 최초의 꿈에서는 알지 못했던 기억이 그 다음 꿈에서 확인되는, 특별한 성질을 가진 초기억적인 꿈에 관해 이렇게 말하고 있다.

"언젠가 나는 어떤 금발의 여인이 나의 누이동생과 얘기하고 있는 꿈을 꾸었다. 그녀는 누이동생에게 자수를 보여주고 있었는데, 꿈 속에서 나는 그녀를 잘 안다고 생각했다. 꿈에서 깨어나서도 그 얼굴이 뚜렷하게 떠올랐으나 누군지 도무지 알 수가 없었다. 나는 다시 잠이 들었는데, 역시 똑같은 여인이 꿈에 나타났다. 두 번째의 꿈에서 나는 그녀에게 어디서 본 듯하다고 말했더니, 그녀는 '그래요. 프로니크 해수욕장을 생각해 보세요'라고 대답했다. 그러고 나서 곧 잠을 깼다. 그랬더니 그제서야 꿈에 나타난 아름다운 얼굴과 연관되는 사소한 일들이 분명하게 상기되었다."

또 그는 다음과 같이 보고한다. "내가 잘 알고 있는 어느 유명한 음악가의 멜로디를 들었다. 전혀 새로운 것으로 느껴졌다. 몇 년이 지나간 후에 비로소 나는 이 멜로디가 낡은 악곡집 속에 기록된 것임을 알게 되었다. 그러나 아직도 이 악곡집을 전에 가지고 있었던 기억을 생각해 낼 수 없었다." 마이어즈는 어떤 문헌 ― 심리연구협회보 ― 에서 이런 종류의 초기억적인 꿈의 실례를 많이 보고하고 있는데, 유감스럽게도 나는 그것을 입수하지 못했다. 꿈을 연구한 사람이면 누구나 각성시의 사람에게는 자기가 갖고 있다고 여겨지지 않는 지식이나 기억이 있다는 것을, 꿈이 입증해 주고 있다는 사실을 자연스럽게 인정하리라 생각한다.

나중에 노이로제 환자의 정신 분석 작업에 관해서 따로 보고할 작정이지만, 나는 매년 환자들이 인용 문구나 외설적인 말 등을 실제로 잘 알고 있고, 비록 그들이 각성시에는 그것을 잊고 있더라도 꿈 속에서는 자주 쓰고 있다는 사실을 그들의 꿈을 통해 자주 증명해 보이게 된다. 여기서 초기억적인 꿈의 예를 한 가지 더 들어 두겠다. 이 꿈에서는 꿈만이 입수할 수 있는 지식의 원천이 쉽게 발견되기 때문이다.

〈어떤 환자는 꿈 속에서 다방으로 들어가 '콘투스조브카'를 주문했다.〉

그는 이 꿈을 이야기하면서 그것이 도대체 무엇이냐고 물었다. 그는 그런 기묘한 이름은 들어 본 적도 없다는 것이었다. 콘투스조브카란 폴란드 보드카의 일종이다. 그는 그것을 알지 못하고 있었을지 모르나, 나는 훨씬 전부터 광고를 통해 그것을 알고 있었다고 대답해 주었다. 처음에 그는 내 말을 믿으려 하지 않았다. 그로부터 2, 3일 후, 그는 실제로 카페에서 꿈 속의 그 술을 주문해 본 다음, 어느 광고에서도 그 이름을 발견했다. 게다가 그 광고는, 그가 몇 개월 전부터 적어도 하루에 두 차례는 지나다녀야 했던 길목에 붙어 있었던 것이다. 나 자신도 내 근원을 발견해 내는 것은 흔히 우연의 결과에 의하는 경우가 많다.

현재 나는 이 책을 집필하기 전의 몇 년 동안 매우 단순한 모양의 교회당이 머릿속에서 맴돌았다. 그러나 그것을 어디서 보았는지 도무지 생각이 나지 않았다. 그러던 어느 날 문득 생각이 났다. 잘츠부르크와 라이헨할 사이에 있는 작은 역에서의 일이었다. 그 꿈을 꾼 것은 90년대 후반기였지만, 내가 처음 그 철도선을 지난 것은 1886년의 일이었던 것이다. 나중에 내가 꿈의 연구에 몰두하고 있었을 때, 어떤 기묘한 풍경이 되풀이해서 꿈에 나타남으로 해서 괴로움을 겪은 적이 있다. 나는 왼쪽에서부터 많은 이상한 석상이 번쩍거리는 어두컴컴한 곳을 보았다. 믿기 어려웠지만, 그 곳은 어떤 술집 입구인 것 같았다.

그러나 당시에 나는 이 꿈이 어떤 의미를 갖는 것인지 알 수 없었고, 또 그 광경이 어디에서 유래된 것인지도 끝내 알 수 없었다. 그러다가 1907년에, 나는 1895년 이후 한 번도 가보지 못한 파두아를 우연한 기회에 가게 되었다. 그러나 이 아름다운 대학 도시의 첫 방문은 그다지 만족스럽지 못했다. 그 이유는, 내가 마돈나 엘 아레나에 있는 지오토의 프레스코 그림을 보려고 가던 도중 사원의 문이 닫혔다는 말을 듣고 되돌아왔기 때문이다. 그로부터 12년 후의 두 번째 방문 때는 과거의 보충을 하고자 하는 마음에서 무엇보다 먼저 마돈나 엘 아레나 사원으로 향했다. 그런데 그 곳을 향해 가다가 길의 왼편에서, 여러 꿈에서 본 풍경을 마주 대하게 되었던 것이다. 아마도 내가 1895년에 되돌아섰던 바로 그 장소 같았다. 그 곳에는 역시 꿈에서의 그 석상이 세워져 있었고, 실제로 그 곳은 어느 요리집 정원의 입구였다.

재현의 재료가 될 수 있는 꿈의 원천, 그리고 각성시의 사고 활동에서는 단편적으로는 생각도 나지 않고 쓰여지지도 않는 재료를 꿈이 *끄집어내는* 원천 중의 하나는 유년 시절의 생활이다. 이러한 사실에 입각하여 강조한 연구가들 중에서 몇 사람의 견해를 들어보겠다.

힐데브란트 ─ 꿈이 종종 기묘한 재현 능력을 발휘하여 우리들에게 아주 거리감 있는, 잊혀지기조차 한 아득한 옛일들을 그대로 마음 속에 불러일으킨다는 사실은 이미 명확하게 인정되어 왔다.

스트림펠 ─ 가장 이른 유년기 위에 후년기의 체험이 쌓아올려진 퇴적물 속에서 꿈이 풍경·사물·인물 등의 모습을 본래대로 생생하게 보여준다는 사실이 인정된다면 상황은 더욱 명백해진다. 그 인상이 생겼을 때 분명하게 의식하고 있었던가, 또는 강렬한 심적 가치와 결부되어 있어서 나중에는 꿈 속에서 다시 참다운 기억으로 되살아나, 각성시의 의식은 현재 즐기고 있는 인상에만 일어나는 것이 아니라, 꿈의 기억 속에는 오히려 가장 이른 시기의 인물·사물·장소·체험의 모습도 포함되어 있는 것이다. 그런 것들이 그 당시에는 아주 조금밖에 의식되지 않았던가, 또는 아무런 심적 가치도 갖지 않았기 때문에, 그 이른 꿈 인상의 원천이 발견되기까지는 꿈을 깨고 나서도 무언지 전혀 연관이 없는 미지의 것으로 느껴지는 것이다.

폴켈트 ─ 유년기의 기억은 꿈 속에 자주 나타난다. 꿈은 우리들이 이미 오래 전부터 생각하지 않게 된 일이나, 우리들에게는 이미 완전히 가치를 상실한 일들을 지속적으로 우리들에게 깨우쳐 준다.

　잘 알려진 바와 같이 꿈이 대부분의 의식적인 기억력의 사이에 숨어 있는 유년기의 재료를 지배하고 있다는 사실은 흥미로운 초기억몽을 성립시키는 계기가 된다. 이러한 꿈 가운데서 몇 가지 실례를 들어보자. 모리는《수면》에서 이렇게 말하고 있다.

　"나는 어렸을 때 출생지인 모에서 이웃의 트릴폴트로 자주 놀러 갔었다. 아버지가 트릴폴트에서 다리 공사의 감독으로 일했기 때문이다. 그런데 어느 날 밤 꿈에서 나는 트릴폴트에 가서 어릴 때처럼 큰길에서 놀고 있었다. 그때 어떤 남자가 다가왔다. 그는 제복 같은 것을 입고 있었다. 나는 그의 이름을 물었다. 그는 자기 이름이 C라고 하면서 다리지기라고 말했다. 잠에서 깨어난 나는 아무래도 믿기지 않아 늙은 하녀에게 혹 그런 남자가 생각나느냐고 물었다. 그녀는 '네, 있었지요. 그는 아버님이 공사하시던 다리지기로 있었답니다'라고 대답하는 것이었다."

　꿈 속에 나오는 유년 시절의 기억이 정확하다는 것을 분명하게 보여주는 실례로서, 모리는 F라는 사람의 꿈을 설명하고 있다. 이 F라는 사람은 어린 시절을 몽브리손에서 지냈다. 이 마을을 떠난 지 25년 만에 그 옛친구들을 보기 위해 고향을 찾기로 마음먹었다. 그런데 떠나기 전날 밤에 꿈을 꾸었는데, 꿈 속에서 그는 몽브리손 근방에서 낯선 남자를 만났다. 그는, 자기는 T라고 하면서, 아버지의 친구라고 말하는 것이었다. F는 꿈 속에서는 어렸을 때 아버지의 친구로서 그 사람의 이름을 알고 있다고 생각했었는데, 막상 깨고 보니 그 신사의 모습이 전혀 떠오르지 않았다. 그로부터 2, 3일 후 몽브리손에 도착했는데, 꿈 속에서 보았던 그 장소가 실지로 거기에 있고, 또한 한 남자를 만났는데, 그가 바로 꿈 속에서 보았던 T라는 것을 알았다.

단지 T라는 사람은 꿈에서 보았을 때보다 훨씬 더 늙어 보였다.

여기서 나의 꿈을 하나 소개하겠다. 이 꿈에서는 생각나야 할 인상이 다른 인상으로 대치되고 있다. 나는 꿈 속에서 어떤 사람을 만났는데, 그가 내 고향의 의사라는 것을 알고 있었다. 그의 모습은 뚜렷하지 않은 데다가, 지금도 가끔 만나는 중학교 선생과 모습이 혼동되었다. 나는 꿈을 깬 뒤에도 이 두 사람이 어떤 연관성이 있는지 짐작할 수 없었다. 그래서 어머니에게 물어보니, 그 의사는 애꾸눈이라는 것이었다. 그런데 꿈 속에서 이 의사와 혼동되던 중학교 교사 역시 애꾸눈이었다. 나는 벌써 38년 동안이나 그 의사를 만나지 않았을 뿐 아니라, 나의 기억으로는 그에 대한 생각을 한 번도 해 본 적이 없었다.

꿈 연구가 중에는 대부분의 꿈이 바로 2, 3일 전의 여러 가지 일이 지적된다고 주장하는 학자가 있는데, 그들은 마치 꿈에 있어서의 유년기 인상의 역할에 지나친 비중을 두고 있는 데 대해 항변하는 것 같다. 로버트는 "대개 꿈은 최근의 인상만을 재료로 한다"고 말한다. 로버트가 수립한 이런 꿈 이론이 가장 오래 된 과거의 인상을 억지로 밀어내고 가장 새로운 인상을 끄집어내는 것임을 우리는 곧 알게 될 것이다.

그러나 로버트가 말한 사실은 분명히 존재한다. 이것은 나 자신의 연구에 의해서도 확언할 수 있다. 미국의 학자 넬슨은 꿈 속에 나타나는 인상은 그 꿈을 꾸기 하루 전이나 또는 이틀 전에 일어났던 일을 가장 많이 반영한다고 주장했다. 그 날의 인상은 꿈에 나타나기에는 아직 충분히 약화되지 않았거나 완전히 제거되지 않았기 때문이다.

꿈 내용과 깨어났을 때와의 긴밀한 관계를 믿어 의심치 않는 학자들은, 각성시의 사고를 적극적으로 작용시키는 인상은 낮 동안의 사고 활동이 조금 옆으로 비껴질 때에 비로소 꿈 속에 나타난다는 사실이다. 예를 들어 일반적으로 친한 사람이 죽었을 때, 사람들은 슬픔이 최고조에 달해 있을 때는 죽은 사람의 꿈을 꾸지 않는다. 그런데 최근의 관찰자의 한 사람인 하램은 그 정반대의 실례를 수집하여, 이 점에 대해서는 심리적 개성에 따라 다르다고 주장하고 있다.

꿈 속에서의 가장 기묘하고 가장 난해한 세 번째 특징은 재현된 재료의 선택 방법에 나타난다. 즉, 꿈은 각성시와 같이 단순히 뜻깊은 기억에만 가치를 두지 않고, 오히려 그와 반대로 아주 사소한 기억도 존중한다는 점이다. 이 점에 대해 신기하다고 놀라는 학자들의 말을 인용해 보면 다음과 같다.

힐데브란트 — 그것은 매우 기묘한 일이지만 꿈은 일반적으로 그 요소를 심각하거나 큰 사건 또는 전날의 강력하고 열렬한 관심에서가 아니라, 부차적인 첨가물, 말하자면 가장 가까운 과거나 아주 오래 전 과거의 무가치한 단편에서 취한다는 것이 가장 주목할 만하다. 가족 중의 누가 죽어서 잠을 이루지 못할 정도로 슬퍼하다가 가까스로 잠이 들면, 그날 밤의 꿈 속에서는 깨끗이 잊어버리고 다시 눈을 떴을 때 새삼스럽게 더욱 강렬한 슬픔을 느끼게 되는 것이다. 이와는 반대로 잠깐 옆을 스쳐 지나간 알지 못한 사람의 이마 위에 있던 사마귀 같은 것은 오히려 꿈 속까지 나타나기도 한다……

스트럼펠 — 꿈은 분석해 보면, 그 꿈을 구성하고 있는 여러 요소 중에는 확실히 하루 전 혹은 이틀 전의 체험이 근거가 되어 있지만, 각성시의 의식에는 무의미하고 무가치한 것이어서, 체험한 것을 나중에 곧 잊어버린 내용들이다. 예를 들면 다른 사람의 말을 우연히 들은 것, 얼핏 본 움직임, 사물 및 사람에 대한 순간적인 지각, 읽었던 책의 중요치 않은 대목 같은 것들이다.

하베로크 엘리스 ― 각성시의 생활의 심각한 감정이나 자발적으로 중요한 심적 에너지를 쏟는 의문이나 문제가 반드시 곧바로 꿈 속에 반영되는 것이 일반적인 것은 아니다. 직접적인 과거에 관해 말하자면, 우리들의 꿈 속에 나타나는 것은 대개 일상 생활에 있어서의 사소한 일로서 우연적이고 잊어버렸던 인상들이다. 각성시의 가장 강도 깊은 심적 활동은 수면시에는 가장 깊숙이 잠들어 버린다.

빈츠는 자기 자신이 주장한 꿈 해석 이론에 대한 불만을 토로했는데, 기억의 특성에 대해서는 이렇게 말하고 있다.

"일상적인 꿈은 우리들에게 비슷한 의문을 불러일으킨다. 우리들은 왜 그 날의 기억상을 꿈꾸지 않고 무슨 특별한 이유도 없는데 먼 과거, 이미 지나가 버린 과거의 일이 자주 나타나는가? 꿈 속에서의 의식은 왜 그렇게 자주 대수롭지 않은 기억상을 되살리는가? 게다가 뇌세포라는 것은 각성시의 강한 기억 행위가 잠들기 직전에 강렬하게 자극되지 않는 한, 체험된 가장 자극적인 기록을 자기 안에 갖고 있을 경우에는 대개 말이 없고 소극적인 것이다."

꿈 속의 기억은 낮 동안의 체험 중에서 대수롭지 않은 것, 즉 소소한 것을 특히 잘 택한다. 그리하여 이러한 사실은 낮 동안의 가장 많이 깨어 있는 생활에 의존하고 있음을 꿈의 특성으로 오인하게 하거나, 또는 적어도 그런 연결을 개별적인 경우에 입증시키는 것을 어렵게 만든다는 점은 새삼스레 말할 것도 없을 것이다. 그래서 휘톤 칼킨스 양과 그녀의 남편의 꿈을 분석해 보았을 때, 꿈의 11퍼센트가 낮 동안의 생활과는 거의 무관한 것으로 나타났던 것이다.

사실 힐데브란트의 다음과 같은 주장은 옳은 것이다.

만약 우리가 충분한 시간을 투여하고 충분한 재료를 수집하여 꿈의 유래를 연구한다면, 꿈 속에 나오는 기원을 설명할 수 있을 것이다. 물론 이것은 매우 힘든 것에 비해 그 보답은 미약할 것이다. '왜냐 하면 그런 일을 해 봐야 대개는 기억의 방 한쪽 구석에 간직되어 있는, 심적으로는 전혀 무가치한 재료를 캐내거나, 아마도 당시에는 순식간에 파묻혀 버린 망각의 늪에서 아주 오랜 과거의 무의미한 모든 일들을 끄집어내기 때문이다.' 그러나 한 가지 유감스러운 점은 통찰력 있는 힐데브란트가 이런 우수한 견해를 중도에서 그쳐 버린 점이다. 만약 그와 같은 견해가 중도에서 그쳐 버리지 않았다면, 그것은 꿈 해석의 요체가 되었을 것이다.

꿈 속에서 기억의 작용이 기억 일반론에서 가장 중요하다는 것은 분명한 사실이다. 그것은, "우리가 정신적으로 한번 소유했던 것은 아주 흔적 없이 제거될 수 없다"슐츠는 사실을 가르쳐 준다. 또는 델베우프는, "아무리 보잘 것없는 인상이라도, 그것은 모두 언제 어느 때이고 다시 표면화될 수 있는 변치 않는 흔적을 남기는 것"이라고 표현하고 있다. 심적 생활의 많은 다른 병리학적 현상도 이와 같은 결론으로 귀착되고 있다. 꿈에서의 기억이 나타내는 비상한 능력에 주의를 모으면, 나중에 기술한 어떤 종류의 꿈 이론이 드러내는 모순을 뚜렷하게 느낄 수가 있을 것이다. 그 이론에서는 꿈이 내포한 무질서하고 종잡을 수 없는 특성이 각성시에는 우리들에게 알려져 있던 것이 부분적으로 잊혀졌기 때문이라고 설명하려 한다.

우리들은 꿈을 꾼다는 현상을 일반적으로 기억의 현상으로 환원시켜서, 꿈 자체가 밤에도 쉴 새 없이 재현 활동을 나타내는 것으로 본다. 이 활동은 그것 자체로서는 하나의 자기 목적적으로 생각된다. 필츠의 보고는 이런 견해와 거의 부합되어 있는데, 그에 따르면 꿈을 꾸는 시간과 내용 사이에 있는 긴밀한 연결은 깊은 잠 속에서는 가장 먼 과거의 인상을 재현하나, 새벽녘의 잠 속에서는 최근의 인상을 재현시킨다는 것으로 증명된다는 것이다. 그러나 생각해 내려고 하는 재료를 어떻게 처리하는가를 보면 이런 해석은 애당초 성립되지 않는다. 스트림펠이 꿈 속에서는 체험의 반복이 일어나지 않는다고 지적한 것은 옳다. 꿈이 동기 부여를 하긴 하지만, 계속적인 것은 아니다.

　체험은 모습을 바꾸어서 나타나던가, 그 체험 대신 전혀 생소한 체험이 나타난다. 단지 꿈은 단편적인 재현만을 보여준다. 이 점은 보편적인 견해이므로, 이 사실을 이론에 적용시켜도 좋을 것이다. 그렇지만 물론 예외도 있다. 즉, 마치 각성시의 기억처럼 꿈에서도 체험을 똑같이 반복하는 경우가 있다. 델베우프는 그의 대학 친구가 마차 여행을 하던 도중에 조난을 당할 뻔했다가 기적적으로 모면한 일이 있었는데, 그때의 광경을 꿈 속에서 처음부터 끝까지 체험했다고 한다. 칼킨스 양도 어떤 체험을 바로 하루 후에 그것을 그대로 꿈꾸었다고 보고하고 있다. 뒤에 가서 기회 있는 대로 어린 시절의 체험이 나중에 그대로 되풀이되어 꿈에 나타나는 실례를 소개하겠다.

[3. 꿈의 자극과 원천]

　꿈의 자극과 원천이 어떤 것이며, 어떻게 밝혀지는가에 대해서는 흔히 '꿈은 내장 기관에서 오는 것'이라는 문구를 인용해 보면 쉽게 납득이 가리라 여겨진다. 이런 개념이 성립된 이면에는 하나의 이론이 숨겨져 있는데, 그것은 바로 잠이 방해받은 결과로 생기는 것이라는 견해이다. 잠을 방해하는 어떤 요인이 없다면, 꿈 같은 것도 주어지지 않을 것이다. 따라서 이런 방해에 대한 반응이 꿈이라고 간주하는 것이다. 많은 연구가들이 그들의 저서나 논문을 통해 가장 주목하고 있는 것은 꿈의 자극 요인에 관한 논의이다.

이 문제는 꿈이 생물학적 연구의 대상으로 채택된 이후에야 비로소 제기되었음은 두말할 나위 없다. 고대인들은 꿈을 신적인 차원에서 보았기 때문에 꿈을 자극시키는 원천을 찾으려 하지 않았다. 그들에게는 꿈이 신적 또는 악마적 힘에서 야기되는 것으로 생각되었기 때문에 꿈의 내용 또는 그런 힘의 인식이나 의도에서 주어지는 것이라고 믿었다. 그러나 과학이 발달됨에 따라 하나의 커다란 의문이 생겨났는데, 즉 꿈을 일으키는 자극은 언제나 동일한 것인가, 아니면 그때 그때 변화되는 것인가 하는 점이었다. 그래서 이에 따라 꿈의 원인도 심리학보다는 오히려 생리학적 측면에서 해명돼야 하지 않을까 하고 생각하게 되었다.

대부분의 학자들은 수면 방해의 원인, 즉 꿈을 일으키는 원천에서 신체적 자극 및 심적 흥분을 포함하여 여러 가지가 있을 수 있다고 보는 견해를 취한다. 그런데 이렇게 생각된 꿈의 원천 가운데에서 어느 것이 특히 중요한가, 또는 꿈의 발생에 대한 중요도에 따라 그 원천들에 어떤 차이를 두어야 하는가에 대한 문제에 관한 연구가들의 의견은 매우 다양하다.

꿈의 원천을 완전하게 계산하면 결국 네 가지로 분류된다. 이것은 꿈 자체의 분류에도 이용되어 왔다. (1) 외적객관적 감각 자극, (2) 내적주관적 감각 자극, (3) 내적기관적 신체 자극, (4) 순수한 심적 자극.

A. 외적객관적 감각 자극

철학자 스트림펠의 아들인 스트림펠 2세가 저술한 꿈에 관한 여러 저서는 꿈 문제에 대한 길잡이로서 자주 인용되었지만, 그는 어떤 환자를 관찰한 결과에 대해 매우 일반적인 사실을 보고하고 있다. 이 환자는 피부의 전신적 감각 탈실증과 중요 감각 기관 중 몇몇이 마비되어 있었다. 그에게 조금 남아 있는 감각의 문을 차단해 버리면 그는 잠 속으로 빠져들었다. 우리도 수면을 취하려 할 때는 예외 없이 스트림펠의 실험과 비슷한 상황을 취하게 된다. 즉, 우리는 외부 세계로 통하는 중요한 감각 기관의 문인 눈을 감는다. 그리고 다른 감각 기관으로부터도 일체의 자극이나 또는 감각 기관에 작용해 오는 일체의 자극의 변화를 멀리하려고 노력한다. 그러면 우리의 의도대로 완전히 실현되지는 않더라도 어쨌든 잠이 든다.

사람은 자극을 감각 기관으로부터 완전히 물리칠 수도 없고, 또 감각 기관의 피자극성을 털어 버리지도 못한다. 우리가 강한 자극을 받으면 언제든지 잠이 깬다는 사실은 '영혼은 수면 중에도 쉴 새 없이 신체 밖에 있는 외부 세계와 맺어지고 있다'는 것을 증명하고 있다 해도 좋을 것이다. 우리들이 수면 중에 받는 자극은 충분히 꿈의 원천이 될 수 있다. 그런데 이런 감각 자극에는 수면 상태에 반드시 수반되거나, 또는 어쩔 수 없이 받아들여야 하는 불가피한 자극에서부터 수면을 중단시키기에 적합하거나, 혹은 그런 목적을 갖고 있는 우연한 자극에 이르기까지 많은 자극이 있다.

눈 위에 강렬한 광선이 비추이거나, 소음이 들려오거나, 어떤 냄새가 코의 점막을 자극하기도 한다. 또한 잠을 자면서 자기도 모르게 몸의 한 부분을 드러내는 바람에 손발이 차게 느껴지거나 몸부림을 쳐서 압박감을 느끼게 되기도 한다. 벌레가 무는 일도 있을 것이고, 밤중에 일어나는 사소한 몇 가지 일이 감각을 한꺼번에 자극하는 일도 있을 것이다. 주의 깊은 여러 관찰자에 의해 꿈의 원천이 육체의 자극이라고 인정된다 해도 무리가 없을 만큼, 각성시에 확인된 자극과 꿈 내용의 일부가 일치하는 꿈의 예가 많이 수집되어 있다.

여기서 예센에 의해 객관적 ─ 조금 우발적이기는 하지만 ─ 감각 자극으로 돌려지는 꿈의 실례를 들기로 한다. 알 수 없는 어떤 소리도 그것에 따른 꿈의 형상을 낳는다. 천둥 소리는 우리를 전쟁터로 인도하고, 닭의 울음 소리는 인간의 비명으로 뒤바뀌어지고, 문 소리는 강도가 침입하는 꿈을 꾸게 한다. 밤에 이불을 걷어찬 경우에는 알몸으로 돌아다니거나 물 속에 빠진 꿈을, 비스듬히 자다가 발이 침대 밖으로 나가는 경우에는 무서운 벼랑 끝에 서 있는 꿈이 아니면 높은 곳에서 떨어지는 꿈을 꿀 것이다. 또 자기도 모르는 사이에 머리가 베개 아래 깔리게 되면 커다란 바위에 눌리는 꿈을 꾼다. 정액이 너무 축적된 경우에는 정욕적인 꿈을 꾸고, 몸의 어딘가 아프면 학대를 받거나 적의 공격을 받거나 몸에 상처를 입는 꿈을 꿀 것이다……. 마이어[5]는 언젠가 이런 꿈을 꾸었다.

그는 두세 사람의 남자에게 습격을 당하여 땅바닥에 엎어져 엄지발가락과 검지발가락 사이에 막대기가 꽂혔다고 생각하다가 잠을 깨고 보니 그 사이에 지푸라기가 한 개 끼여 있었다.

헤닝스[6]에 의하면, 마이어는 또 언젠가 잠결에 잠옷 깃을 너무 조르다가 교수형에 처해지는 꿈을 꾸었다고 한다. 호프바우어는 젊었을 때 높은 담에서 떨어지는 꿈을 꾼 후 눈을 떴더니, 침대의 조립이 풀어져 실제로 마룻바닥에 떨어져 있었다……. 그레고리는 언젠가 발 밑에 탕파더운 물을 넣어 몸을 덥게 하는 쇠나 자기로 만든 그릇를 넣고 잤더니, 에트나 산에 올라가서 발 밑의 지열 때문에 고통을 느끼는 꿈을 꾸었다.

5)《몽유병 해명의 시도》, 하레, 1785년, p.33
6)《꿈과 몽유병자에 관하여》, 바이마르, 1784년, p.258

어떤 사람은 머리에 고약을 붙이고 자다가 인디언 족속들에게 머리의 껍질을 벗기우는 꿈을 꾸었고, 또 어떤 사람은 덜 마른 잠옷을 입고 잠들었는데, 강물 속에 떠내려가는 듯한 꿈을 꾸었다. 잠을 자다가 지통풍指痛風 발작을 일으킨 어떤 환자는 꿈 속에서 종교 재판에 회부되어 고문을 당하는 꿈을 꾸었다.

자극과 꿈의 내용과의 사이의 유사성에 관한 이와 같은 여러 가지 예는, 수면 중인 사람에게 의도적으로 감각 자극을 줌으로써 그 자극에 따른 꿈을 꾸게 할 수 있다는 것이 입증된다면, 그 신비성은 더욱 강화될 것이다. 매크니슈에 의하면 이런 실험은 이미 기론 드 브자랑그가 실행했다. "그는 무릎을 내놓은 채 잠을 잤더니 밤에 마차를 타고 여행하는 꿈을 꾸었다. 그는 마차 여행을 해 본 사람은 밤에 무릎이 시리다는 것을 잘 알 것이라고 덧붙이고 있다. 또 언젠가는 뒤통수를 내놓고 잤더니 집 밖에서의 종교 의식에 참석한 꿈을 꾸었다. 그런 종교 의식 외에는 언제나 뒤통수를 덮는 것이 그 지방의 풍습이었다."

모리는 자신이 꾼 몇 가지 꿈에 관해 새로운 관찰을 보고하고 있다성공하지 못한 다른 일련의 실험도 있다.

(1) 입술과 코 밑을 깃털로 간지럽혔을 때의 꿈 ― 지독한 고문을 당한다. 가면이 얼굴에 씌워졌다가 그것이 벗겨지면서 얼굴 표피까지 함께 벗겨졌다.

(2) 핀셋으로 가위를 두드릴 때의 꿈 ― 종소리가 나더니 계속해서 경종이 시끄럽게 울려댔다. 1848년2월 혁명에 의해 6월 어느 날의 일이었다.

(3) 오드콜로뉴향수를 맡게 했을 때의 꿈 ― 카이로의 요한 마리아 파리나 상점에 있었다. 그리고 도저히 재현할 수 없을 듯한 기묘한 사랑의 모험을 하였다.

(4) 목을 살짝 꼬집었을 때의 꿈 — 고약을 바르는 꿈을 꾸고, 어렸을 때 치료해 준 의사의 일을 생각했다.

(5) 뜨겁게 달아오른 쇠를 얼굴 가까이에 가져갔을 때의 꿈 — 강도들이 침입하여 가족들의 발을 화로 속에 넣고 돈을 훔쳐간다. 그러다가 아브란츠 왕비가 나타난다. 꿈 속에서 그는 그녀의 비서가 되어 있다.

(6) 이마에 물을 한 방울 떨어뜨렸을 때의 꿈 — 이탈리아에서 몹시 땀을 흘리면서 올비에 백포도주를 마시고 있었다.

(7) 붉은 종이 너머에서 촛불빛을 여러 번 얼굴 위에 비추었을 때의 꿈 — 과거에 도버 해협에서 폭풍우를 만났던 경험의 꿈을 꾸었다.

이 외에도 데르베이와 베이간트에 의해 꿈을 의도적으로 만드는 시도가 행해졌다. "감각계로부터 오는 갑작스러운 인상이 꿈의 형성물 속에서 점차적으로 이미 준비되고 있던 파국의 도입부를 형성하듯이, 그것을 꿈의 형성물 속에 섞는다는 꿈의 기묘한 작용"힐데브란트은 여러 방면에서 지적되어 왔다. 힐데브란트는 이렇게 말하고 있다. "젊었을 때 나는 규칙적으로 일정한 시간에 일어나기 위해서 자명종 시계를 사용했다. 그런데 매우 길고 연관된 꿈을 꾸고 있는 나에게 이 자명종 소리가 기묘하게 끼어들어서, 마치 꿈 전체가 오로지 이 자명종 소리를 중심으로 진행되고, 이 소리 속에 꿈 본래의 불가피한 논리적인 핵심이 있고, 또는 자연스럽게 지시된 궁극적 목표가 있는 듯했다. 나는 그런 경험을 여러 번 했다."

나는 조금 다른 목적으로 자명종에 얽힌 이런 종류의 꿈을 소개해 두겠다. 폴켈트는 다음과 같은 예를 든다. 어떤 작곡가가 한번은 이런 꿈을 꾸었다. 〈음악 시간에 학생들에게 무엇인가에 대해 설명하려고 했다. 개괄적인 설명을 마치고 그는 학생들을 향해 "알겠나?" 하고 물었다. 그러자 한 학생이 얼빠진 듯이 "오, 야O ja=잘 알겠습니다")라고 큰 소리로 외쳤다. 그는 화가 나서 큰 소리로 외치지 말라고 호령했다. 그랬더니만 전체 학생들이 한꺼번에 "오르야orja"라고 외쳤다. 그러다가 "오이르요eurjo", 다시 끝에는 "포이르요Feurjo=불이야"라고 외쳤다. 그런데 그가 꿈에서 깨어나자 큰길에서 "불이야!"라고 정말로 외치고 있었다. 가르니에는 라데스토크에게 이런 꿈을 보고했다《마음의 여러 기능론》. 나폴레옹 1세가 시한 폭탄의 폭발로 꿈에서 깨어났다. 그는 마차 속에서 졸다가 꿈을 꾼 것이었다. 타리아만토 강을 건너서 오스트리아군의 공격을 받는 꿈이었다. 그는 "큰일날 뻔했다"라고 소리치면서 놀라 눈을 떴다.

모리가 체험한 이런 꿈은 유명하다《수면》. 그는 병이 나서 방에 누워 있었고 곁에는 어머니가 있었다. 그러다 잠이 들었는데, 그는 혁명 당시의 공포 정치에 대한 꿈을 꾸었다. 〈눈앞에서 처참한 살육 장면이 벌어졌다. 마침내 그 자신도 재판대로 끌려나갔다. 거기에는 로베스피에르·마라·푸키에 탕비유, 그리고 잘 생각나지 않는 몇 가지의 사건이 있은 뒤에 그는 유죄 선고를 받고 많은 군중 속을 뚫고 형장으로 끌려갔다. 그는 단두대에 올랐다. 그는 대에 묶였다. 대가 돌아간다. 길로틴의 날이 떨어진다. 그는 몸통에서부터 목이 떨어져 나가는 것을 느끼면서 잠에서 깨어났다.〉 그러자 침대의 널빤지가 떨어지면서 마치 길로틴의 날처럼 그의 목덜미에 와서 떨어졌다.

이 꿈에 관해서 르 롤랑과 에주는《철학 잡지》를 통해 흥미로운 논쟁을 보였다. 주요 논의는 각성 자극의 지각과 눈뜸각성과의 사이에 경과하는 찰나적인 시간 동안에 어떻게 그 많은 꿈 내용을 압축할 수 있는가 하는 것과, 압축이 가능하다면 어떤 방식으로 이루어지는가 하는 것이었다. 이런 종류의 실례를 열거해 나가면 수면 중의 객관적인 감각 자극이 꿈 원천 중에서 가장 정확한 것으로 여겨지는 것도 무리가 아니다. 또한 객관적인 감각 자극이야말로 일반인의 지식 가운데 유일한 역할을 맡고 있는 것이기도 하다. 학식은 있으되 꿈에 관한 연구 문헌을 읽어보지 못한 사람에게 꿈 원천에 대해 물으면, 틀림없이 그는 잠이 깬 뒤에 기억나는 대로 꿈을 예로 들어가면서 객관적인 감각 자극이었다고 대답할 것이다. 그러나 학문적 고찰은 그런 대답에 만족할 수 없다. 학문은 많은 관찰을 통해서 보다 많은 문제의 열쇠를 발견해 내는 것이다.

수면 가운데 감각에 작용하는 자극은 꿈 속에서도 알 수 있다시피 현실 모습 그대로 나타나지 않는다. 그 자극과 관련이 있긴 하지만, 그것과는 다른 어떤 표상에 의해 대치하는 것을 알 수 있다. 모리는 꿈을 형성하는 자극과 꿈 속에서의 반응을 맺는 관계는 '단지 유일한 것은 아닐지라도 어떤 친화 관계'《유추》p.72라고 한다. 다시 말해서 힐데브란트가 예를 든 다음의 세 가지 자명종 꿈을 보면, 왜 똑같은 자극이 각기 다른 내용의 꿈을 만드는가, 왜 그 자극은 꼭 그런 내용의 꿈을 만드는가 하는 의문이 생기는 것도 당연할 것이다.

〈첫번째, 나는 어느 봄날 아침에 푸른 들을 지나 이웃 마을까지 산보를 했다. 마을 사람들은 외출복을 입고 찬송가를 옆에 끼고 모두 교회를 향해 걸어갔다. "참, 오늘이 일요일이지. 아침 예배가 곧 시작되겠구나" 하고 나도 예배에 참석하려고 했으나, 몸이 몹시 화끈거려서 교회 주위에 있는 묘지로 가서 몸을 좀 식히려고 생각했다. 내가 묘비를 읽고 있는 사이에 종지기가 종각에 올라가는 발소리가 들렸다. 종각 꼭대기에는 예배의 시작을 알리는 작은 종이 매달려 있었다. 이윽고 종이 천천히 움직이기 시작했다. 그러더니 돌연 종은 우렁차고 큰 소리를 내기 시작했다. 그 소리가 너무 날카로워서 나는 잠에서 깨어났는데, 깨고 보니 실은 자명종이 울리는 소리가 교회의 종소리로 대치되어 청각을 자극했던 것이다.〉

〈두 번째, 맑게 개인 겨울날, 도로는 눈으로 덮여 있다. 썰매를 타기로 약속했었는데, 한참을 기다린 후에야 겨우 썰매가 당도했다는 연락이 왔다. 썰매 탈 준비를 한다 ─ 모피를 깔고 발을 쌀 주머니도 준비하고, 겨우 내 자리에 앉았으나 출발하는 시간이 좀 지체되었다. 드디어 출발 신호를 했다. 말이 달리기 시작했다. 그 소리에 놀라 꿈에서 깨어났다. 이번에도 역시 그것은 자명종 소리였다.〉

〈세 번째, 하녀가 접시를 여러 겹 포개 들고 복도를 걸어간다. 그녀가 안고 있는 접시 무더기는 금방이라도 무너질 것 같다. 나는 "조심해라. 떨어지겠구나" 하고 주의를 주었다. 하녀는 "걱정 마세요"라고 퉁명스럽게 대꾸했다. 그래도 나는 걸어가는 모습이 위태로워서 하녀를 지켜보고 있었다. 그때 하녀가 문턱에 발이 걸려 접시를 바닥에 몽땅 떨어뜨려 요란스런 소리와 함께 접시는 모두 깨어지고 말았다. 그런데 그 소리가 그치지 않고 계속되는 것이다. 아무래도 접시 깨지는 소리가 아닌 것 같다고 생각한다. 잠에서 깨어나서야 비로소 그것은 자명종 소리임을 알 수 있었다.〉

스트림펠은 우리들의 마음이 왜 꿈 속에서 객관적인 감각 자극의 성질을 잘못 인식하는가에 대해, 그것은 우리들의 마음이 수면 중에 객관적인 감각 자극에 대해서는 착각을 형성한다는 조건이 전제되어 있기 때문이라고 말했다. 꿈은 어떤 감각 인상이 상당히 강렬하고 선명한 경우에, 또 우리들이 충분히 생각해 볼 만한 시간적 여유가 있는 경우에 비로소 올바르게 인식되고 해석된다. 즉, 꿈은 우리가 이미 행한 경험에 따라 그것이 속해야 할 기억권으로 정리되는 것이며, 이런 조건이 충족되지 않으면 우리들은 그 인상의 원천인 대상을 인식하게 되는 것이다.

들판을 걸어가다가 멀리 무엇인가 어렴풋이 보일 때, 처음에는 그것을 말이라고 생각할지도 모른다. 그러다가 가까이 가면서 그것은 소가 쉬고 있는 것 같다고 생각하다가, 나중에는 앉아 있는 사람들의 군상으로 아주 명확하게 보인다. 수면 중에 우리들의 마음이 외적 자극에 의해 받은 인상도 이와 비슷하게 유동적인 성질을 갖고 있기 때문에, 마음은 이런 인상들을 근거로 해서 착각된 표상을 만든다. 그것은 그 인상에 의해 크건 작건 간에 어느만큼의 기억 표상이 만들어지고, 그 기억상에 의해 인상은 심적 가치를 획득하게 되기 때문이다.

그때 생각되는 많은 기억권 중의 어느 것에서 일정한 기억상이 환기되는가, 그리고 가능한 연상 관계의 어느 것이 거기에 작용하는가? 스트림펠은 이것 역시 유동적이므로 심적인 생활 나름의 뜻에 맡겨지고 있다고 주장한다. 꿈 형성에 있어서의 법칙성은 실제로 더 들을 수가 없다. 따라서 감각 인상에 의해 환기되는 착각을 해석하기 위해서는 그것 이외의 조건을 고려해 넣어야 하는가의 여부를 가리지 않던가, 아니면 수면 중에 가해지는 객관적 감각 자극이 꿈의 원천으로서는 그리 중요한 역할을 하고 있지 않아서, 환기되어야 할 기억상의 선택을 결정하는 것은 다른 여러 요소라고 추측하던가, 둘 중의 한 가지를 선택해야만 한다.

사실 모리가 실험적으로 만들어 낸 꿈을 검토해 보면, 본래 꿈의 여러 요소 중의 한 가지에만 부합되는 것으로서, 그것 이외의 꿈 내용은 오히려 너무나 독립되어 있고, 또 세부적으로 결정적인 것을 갖고 있기 때문에, 그것이 실험적으로 도입된 요소와 일치될 것이라고 아무리 주장한다 해도 결코 설명되지 않을 것이라고 생각된다. 뿐만 아니라 객관적인 인상이 경우에 따라서는 꿈 속에서 매우 기묘한 뜻밖의 해석을 가져오는 것을 보면, 착각 이론이나 꿈을 구성하는 객관적인 인상의 힘 같은 것에 의심을 갖지 않을 수 없다는 생각마저 든다. 이를테면 M. 시몬은 이런 꿈 이야기를 하고 있다. 그는 많은 거인들이 식탁에 둘러앉아 있는 꿈을 꾸었다. 어떤 무시무시한 소리가 분명하게 들린다. 그것은 거인들이 음식을 먹을 때 나는 소리였다. 잠에서 깨어나니 창 밖에서 달려가는 말발굽 소리가 들렸다. 이 꿈에서 말발굽 소리가《걸리버 여행기》의 기억권, 즉 브로브딩나그의 거인들이나 도덕적인 말의 곁에 머물렀을 때의 기억 중에서 표상을 환기했다면 — 시몬의 표현은 아니지만 — 그 자극에 대해 이처럼 색다른 기억권이 선택되었다는 것은, 그것 말고 다른 어떤 계기로 인해서 가능해진 것이 아닐까?[7]

B. 내적주관적 감각 자극

수면 중의 객관적인 감각 자극이 꿈을 일으키는 역할을 한다는 데 대해서는 몇 가지 이론이 제기될 수도 있으나, 역시 인정해야만 할 것이다. 그리고 이 자극들의 성질이나 빈도로 봐서 모든 꿈의 형상을 설명하기에 불충분하다고 생각된다면 그 자극들과 비슷한 작용을 하는 다른 꿈의 원천을 찾아야 할 것이다. 그런데 외적인 감각 자극 이외의 여러 감각 기관 중에서 유독 내적 자극을 고려한다는 생각을 누가 최초로 품었는지를 알 수 없으나, 어쨌든 근세의 꿈 원인론에는 모두 많든 적든 이 생각이 뚜렷하게 나와 있는 것만은 사실이다. 분트는 이렇게 말하고 있다.

---

7) 꿈 속에 나타난 거인들은 이 꿈을 꾼 사람의 어린 시절의 한 장면을 나타내고 있는 것 같다. 《걸리버 여행기》 속의 기억과 관련되는 이러한 해석은 어떤 해석이 어떻게 잘못될 수 있는가를 입증해 주는 좋은 예이다. 꿈 해석자는 자기 자신의 생각만 작용시키고 꿈꾼 본인의 생각을 하찮게 취급해서는 안 된다.

"나는 꿈의 착오에 있어서 주관적 청각이 중요한 역할을 하고 있다고 생각한다. 이 주관적 시각 및 청각은 각성시의 상태에서는 눈을 감고 있을 때의 어두운 시야의 빛의 혼돈이나 귀울림 같은 것으로써 우리들에게 알려지고 있는 것이다. 그 중에서도 특히 큰 역할을 하고 있는 것은 주관적인 망각 자극이다. 꿈 속에서 흔히 닮은 것이나 똑같은 것이 눈앞에 많이 나타나기 쉽다는 특징이 바로 이 점을 잘 설명해 주고 있다. 새·나비·물고기·진주·꽃 같은 것들이 우리 눈앞에 펼쳐진다. 이런 경우는 어두운 시야에 떠오르는 빛살이 그런 형태를 취한 것으로서, 빛살을 만들고 있는 무수한 빛의 점이 꿈에 의해 그것과 같은 수의 독립된 형상으로 구상화되며, 그 형상들이 빛의 혼돈의 운동성 때문에 '움직이는' 것으로서 눈에 비치는 것이다. 꿈 속에 온갖 형태를 한 동물이 자주 나오는 것도 아마 이 때문일 것이다. 그러한 동물들의 형태가 잡다한 것은 주관적인 빛의 특수한 양상의 형태에 순응하기 쉽기 때문이다."

주관적 감각 자극은 꿈 형상의 원천으로 객관적 감각 자극과는 달리 외적 우연에 흔들리지 않는 장점을 가지고 있다. 주관적 감각 자극은 꿈의 해석을 위해 필요하다면 언제든지 소용이 될 준비를 하고 있다. 그러나 단점으로서의 특징은 꿈의 유인으로서의 그 역할이 객관적 감각 자극일 경우에는 관찰과 실험에 의해 증명되지만, 주관적 감각 자극에는 이런 증명이 전혀 안 되거나 매우 곤란하다는 점이다. 꿈을 불러일으키는 유인이 있다는 증명은 요한 밀러가 '공상적 시각 현상'으로서 기술한 최면 상태적 환각에 의해 얻어진다. 그것은 대개 막 잠이 들려고 할 때나, 잠이 깬 뒤에도 잠시 그대로 남아 있는 매우 활발하고 다채로운 영상이다. 모리에게는 이런 영상이 유독 심했었는지, 그는 이 현상을 세밀하게 관찰하여 그것과 꿈 형상과의 관련 ― 아니, 오히려 밀러가 했듯이 꿈 현상과의 일치 ― 을 주장하고 있다.

모리는 "이런 현상이 발생되려면 마음이 어느 정도 수동적으로 되어서 주의력의 긴장이 필요하다"라고 말한다. 그러나 그렇지 않은 경향의 사람이 이런 최면 상태적 환각을 보기 위해서는 잠깐 동안 이런 무감각 상태에 몰입하면 된다. 환각에서 깨어났다가 다시 환각에 빠지고 다시 깨어나고 하는 사이에 결국 잠이 들게 되는 것이다.

모리에 따르면 만약 그다지 오랜 시간이 지나기 전에 잠을 깬다면, 잠들기 전에 최면 상태의 환각으로서 눈에 어른거리는 영상을 꿈 속에서도 보고 있음을 증명할 수 있다. 모리는 언젠가 잠이 들 무렵, 기괴하게 일그러진 표정과 기묘한 머리 모양을 한 사람을 여러 사람 보았는데, 잠에서 깨어난 후에도 그 사람들이 꿈 속에 나왔던 것을 기억하고 있었다.

또 언젠가 때마침 절식 중이라 배가 몹시 고팠을 때, 그는 최면 상태적 환각에서 그릇과 포크를 쥐고 있는 손을 보았다. 손은 그릇 속에 있는 음식을 꺼내고 있었다. 꿈 속에서는 그가 음식이 차려진 식탁 앞에 앉아서 먹고 있는 사람들이 달그락거리는 포크 소리를 들었다. 또 한번은 눈이 따끔따끔 아팠는데, 잠들기 직전에 몹시 작은 기호의 최면적 환각을 보았다. 아주 주의 깊게 해독하지 않으면 안 될 만큼 작은 기호였다. 한 시간 정도 자다가 깨어 보니 책을 한 권 놓고 좁쌀만한 인쇄 활자를 읽느라고 진땀을 흘리는 꿈을 꾸었다.

이 영상들과 마찬가지로 말이나 이름 같은 환청도 최면 상태에서 나타났다가, 그것이 다시 꿈 속에 나오는 경우가 있다. 즉, 오페라를 시작할 때 연주되는 서곡 같은 것이라 할 수 있겠다. G. 룸블라트는 요한 밀러나 모리와 같은 방법으로 최면 상태의 환각을 새로이 관찰했다. 그는 훈련에 의해 서서히 잠든 2, 3분 후에 일부러 잠을 깰 수 있게 되었는데, 눈을 뜨지 않고 이제 막 사라지려는 망막 감각을 기억에 남아 있는 꿈의 형상과 비교해 보았다.

그리하여 그는 망막의 자기 광선의 빛나는 점이나 선, 말하자면 시각적으로 지각된 꿈 속 모습의 윤곽이나 규범을 가져온다는 방법으로 그들 양자 간의 연결이 언제든지 인정될 수 있다고 주장하고 있다. 이를테면 어떤 꿈에서 그는 분명히 활자가 인쇄된 책장을 보았고, 그것을 읽고 공부했다. 이 꿈은 망막 속에 빛나는 광점光點의 배열에 평행된 선으로 일치되고 있었다고 한다.

그의 말을 빌리면, 그가 꿈 속에서 읽은 분명하게 인쇄된 책장이 그의 각성시의 지각에는 실제로 인쇄된 종이처럼 보였던 하나의 객체 속에 지워졌다. 그 종이가 너무 먼 거리에 있어서 좀더 뚜렷하게 하기 위해 종이에 뚫린 구멍으로 들여다보는 것처럼 보였다. 라트는 망막의 내적 흥분 상태라는 재료에 의하지 않는 지각적 꿈은 꾸지 않는다고 말하는데, 이렇게 말했다고 해서 그가 이 현상의 중심적 부분의 가치를 낮게 보고 있는 것은 아니다. 라트가 하는 말은, 특히 캄캄한 방에서 잠든 직후의 꿈에 관해 말할 수 있다. 그러나 이와 반대로 새벽에 잠을 깨기 전에 꾸는 꿈에는 환해진 방에서 눈에 들어오는 객관적인 빛이 자극원이 된다. 망막의 자기 광선 자극이 다채롭고 분주하게 변화할 수 있는 성격은 꿈에 나타나는 무분별한 양상의 흐름과 꼭 맞게 대응하고 있다. 이러한 라트의 관찰을 인정한다면, 이들 주관적인 자극원이 꿈에 대해 갖는 큰 역할을 무시하지는 못할 것이다. 그 이유는 시각적 영상이야말로 다 알다시피 우리들의 꿈의 주요 성분을 이루고 있기 때문이다. 청각을 제외한 다른 감각 영역의 꿈에 대해 갖는 의의는 시각의 그것에 비해 매우 사소한 것이며, 또 일정한 것도 아니다.

C. 내적기관적 신체 자극

우리는 지금 꿈의 원천을 신체의 외부가 아닌 내부에서 찾으려 하고 있다. 우리가 건강할 때는 거의 지각하지 못하는 내장 기관의 대부분이 자극을 받고 있는 상태나, 병이 났을 때는 대개 동통疼痛의 원천이 되며, 이 원천이 외부의 원인에서 야기되는 동통과 동일시되어야 한다는 것을 기억해야 한다. 스트림펠이, "마음은 수면 중에는 각성시에보다 자기 몸에 관해 훨씬 더 깊고 넓은 감각 의식을 갖게 되기 때문에, 마음이 각성시에는 전혀 느끼지 못했던 자기 몸의 각 부분이나 변화에서 유래하는 어떤 인상을 받고 어쩔 수 없이 그것을 자기 자신에게 작용시키고 있다' 라고 말하는 것도 매우 오래된 경험인 것이다.

아리스토텔레스도 이미 사람은 각성시에는 전혀 느끼지 못했던 어떤 병의 조짐을 꿈에서 알게 되는 일이 많다고 지적했다. 의사이면서 꿈 연구가인 사람은 물론 꿈의 예언성을 믿지 않더라도 적어도 병의 예고라는 점에서는 꿈이 갖는 의의를 인정하고 있다.[8] 이와 같이 병의 진단 작용이 꿈에 있

---

8) 꿈의 의의에 있어서는 이와 같은 병의 진단뿐 아니라 고대에 있어서의 치료적인 의의도 기억하라. 그리스에서는 일반적으로 건강을 갈구하는 병자가 이용한 꿈점이 있었다. 병자는 아폴로 신전이나 아스큐라프 신전에 가서 여러 가지 의식을 치른 뒤, 목욕을 하거나 몸을 마찰하거나 향을 피우거나 하여 흥분 상태에 도달하면 숫양의 모피 위에 누워 있다가 잠이 들어 꿈을 꾸는 것이다. 말하자면 여러 가지 치료 수단으로서의 꿈인데, 그것은 자연스러운 모습으로 나오는 경우도 있고, 또 상징이나 비유의 형식으로 보여지는 경우도 있다. 후자일 경우는 사제가 그것을 해석해 준다. 그리스인의 치료적 꿈에 관한 더 자세한 것을 알고 싶으면 부슈 루크렌크와 헬만의 《그리스 고대의 신전》, 스프렌겔의 《의학사》, W. 로이드의 《고대의 자기 작용의 최면술》, 데링거의 《이교와 유대교》를 참조하라.

다는 것을 나타내는 확실한 예는 근세에도 있었던 것 같다. 예를 들면 티시에는 아리티그《꿈의 증상학적 가치에 관한 소론》에 따라서 43세의 한 여성에 관해 서술하고 있다. 이 여자는 겉으로는 매우 건강했으나 2, 3년 동안 계속해서 불안한 꿈으로 괴로워하다가 의사에게 진찰을 받은 결과, 심장 장애가 일어나고 있다는 통고를 받았다. 마침내 그로 인해 그녀는 사망했다.

대부분의 사람에게서는 여러 내장 기관의 뚜렷한 장애가 꿈의 원인으로서 작용한다. 일반적으로 심장이나 폐가 나쁜 사람은 자주 불안한 꿈을 꾼다고 알려져 있다. 이러한 꿈의 작용에 대한 논의는 많은 학자에 의해 강조되고 있다라데스토크·스피타·모리·M. 시몬·티시에. 티시에는 병든 기관은 꿈 내용에 특별한 성격을 부여한다고까지 말했다. 심장병 환자의 꿈은 대개 공포와 함께 매우 짧게 잠을 잔다. 이런 종류의 꿈 내용에서는 거의 언제나 죽음의 무서운 상황이 어떤 역할을 하고 있다. 폐결핵 환자는 질식·압박·도주의 꿈을 꾼다. 그리고 그들의 대부분은, 이미 벨너가 엎드려 자거나 호흡기공을 막게 해서 실험적으로 불러일으킬 수 있었던 악몽을 꾸게 된다.

소화기 계통의 장애일 때의 꿈은 음식을 먹거나 토하는 등의 표상을 나타낸다. 마지막으로 성적 흥분이 꿈의 내용에 끼치는 영향은 두말할 나위 없을 것이다. 이것이야말로 기관 자극에 의해 꿈이 발생한다는 모든 이론에 가장 강력한 근거를 주고 있다. 꿈에 관한 문헌을 살펴보면 연구가들 중의 어떤 사람모리·베이간트은, 자기 자신의 병 상태가 그들의 꿈 내용에 미치는 영향에 따라 꿈 문제를 연구하게 된 것이 분명하다. 하여튼 이들 명명백백한 사실을 확인함으로써 꿈의 원천에 보다 많은 종류가 있음이 판명되었다는 것은 그다지 중요한 일이 아니다. 물론 꿈은 건강한 사람에게 — 아마도 모든 건강한 사람에게 거의 매일 밤 — 일어나는 현상이며, 신체 기관의 질병이 그 필수 불가결한 조건은 아니라는 점이다. 그러나 우리가 문제삼고 있는 것은 특별한 꿈의 일반적인 이유가 아니라, 보통 사람의 흔한 꿈에 있어서의 자극 원인에 대해서이다.

그런데 이제부터는 한 걸음 더 나아가, 지금까지의 어떤 원천보다도 풍부하고 마르지 않는 꿈의 원천에 도달한다. 내장 기관의 병이 확실히 꿈의 원천이라면, 또 수면 상태에 있는 마음은 외부 세계의 영향을 받아 각성시보다도 훨씬 더 많은 주의를 신체 내부로 돌리기 쉽다는 사실을 인정한다면, 꿈의 표상이 될 수 있는 여러 가지 자극이 깊은 마음 속에 도달하기 위해서 반드시 내장 기관의 병이 전제되어야 할 필요는 없다는 점을 긍정할 수 있을 것이다. 대개의 의사들은 각성시에 우리가 보통 질적으로만 지각하고 이 막연한 느낌을 형성하는 데 모든 기관이 관여하고 있다고 생각한다. 그리하여 이것이 밤이 되면 그 각각의 요소가 활발하게 작용하게 되어 꿈의 표상을 환기하는 데 가장 강력하고 가장 흔한 원천이 된다고 생각되고 있다. 그렇다면 기관 자극은 과연 어떤 법칙에 따라 꿈의 표상으로 변해지는가에 대한 문제가 남게 된다. 즉, 우리들은 이제부터 의사이면서 꿈 연구가인 모든 사람들이 동의하고 있는 꿈의 발생론에 대해 언급하게 될 것이다. 우리들의 본체의 핵심부, 즉 티시에가 말하는 내장 자극이 그 속에 감추어진 어둠과 꿈 발생의 어둠을 너무나 잘 융합시키고 있어서 그 둘을 서로 연관시켜 생각하지 않을 수 없게 한다. 더욱이 식물 신경성의 기관 감각을 꿈의 원천이라고 보는 견해가 의사에게는 또 다른 흥미를 불러일으켜 주는 것이다.

이 견해에 따르면 그 나타나는 방법에 있어서 꿈과 매우 유사한 정신 장애는 병리학적으로도 일치되는 것으로 되어 있다. 그것은 신체 전체의 일반적인 느낌의 변화와 내장 기관에서 생기는 자극이 정신병을 유발시키는 데 커다란 역할을 하는 것으로 되어 있기 때문이다. 그러므로 몇몇 사람이 신체 자극 이론을 독자적으로 주장했다고 내세운다 해서 이상하게 생각할 필요는 없다. 몇몇 연구가들은 이미 1851년에 쇼펜하우어가 주장한 견해에 동조하고 있다. 우리들의 세계상이 성립하는 것은 외부로부터 들어오는 갖가지 인상들을 지성이 시간·공간·인과율의 형식으로 변형시킨 결과이다. 신체 내부의 교감신경에 의한 자극은 낮에는 단순히 무의식적인 느낌에 영향을 끼칠 뿐이지만, 밤에 낮 동안의 강렬한 작용이 그치면 내부 깊숙한 곳에서부터 배어 나오는 인상이 주의를 끌게 된다.

그것은 마치 밤이 되면 낮 동안에는 소음 때문에 가려져 들리지 않던 샘물 소리가 들려오는 것과 같은 것이다. 그러나 그런 자극에 대한 지성의 반응은, 지성이 자발적으로 고유한 기능을 활동시키는 방법이라고밖에 생각할 수 없을 것이다. 즉, 지성은 그러한 자극을 인과율의 실을 따라 움직이는 시간 및 공간을 메우는 갖가지 형식으로 변화시킬 것이다. 이렇게 해서 꿈이 발생한다. 신체 자극과 꿈의 형상 사이의 연관성에 대한 세밀한 관찰을 시도한 사람은 세르너였고, 그 다음은 폴켈트였다. 그들의 관찰에 관해서는 꿈 이론의 장章에서 논할 예정이다.

특히 정신과 의사인 클라우스는 깊이 있는 연구를 시도하여 꿈·섬망·망상 등의 발생을 '기관적으로 제약된 감각'이라는 동일한 요소에 의해 설명하려고 했다. 아마도 신체의 일부분인 것으로서 꿈 또는 환상의 동기가 되지 않는 것은 없을 것이다. 기관적으로 제약된 감각은 다음의 두 계열로 나뉘어진다. 첫째 전체적 느낌일반적 감정의 계열, 둘째 식물 신경성 유기체의 주요한 여러 계통에 내재하는 특수 감각 계열이다. 이것을 다시 다섯 가지 유형으로 나눌 수 있다. 즉, ① 근육 감각 ② 호흡 감각 ③ 위 감각 ④ 성욕 감각 ⑤ 말초 감각이다.

클라우스는 신체 자극에서 기인한 꿈 형상의 성립 과정을 다음과 같이 추측하고 있다. 어떤 자극을 받고 일깨워진 감각은 어떤 연상 법칙을 따라 그 감각과 비슷한 표상을 환기시키고, 그 감각과 결합되어 하나의 기관적인 형성물이 되는데, 의식은 이 형성물에 대해 조금 별다른 태도를 취한다. 그 이유는 의식이 감각 그 자체보다는 그 감각에 따르는 표상에만 주의를 기울이기 때문인데, 이 점이 바로 어떻게 해서 이런 사태가 오랫동안 올바르게 포착되지 않았는가를 설명하는 것이기도 하다. 이 과정을 표현하면서 클라우스는 감각의 꿈 형상에의 '변질'이라는 특별한 표현을 쓰고 있다. 오늘날에는 기관적인 신체 자극이 꿈의 형성에 미치는 영향을 거의 인정하고 있지만, 그 둘의 법칙 문제에 대해서는 통일되는 이론이 없어 종종 불확실한 설명밖에 이루어지고 있지 않은 실정이다.

그런데 신체 자극 이론을 근거로 하면, 어떤 꿈의 내용을 그 꿈의 원인이 되는 기질적 자극으로 귀착시킨다는 꿈 해석의 특수한 임무가 생긴다. 그리하여 만약 세르너의 해석의 법칙을 인정하지 않게 되면, 기관적 자극원을 꿈 내용 이외의 것에 의해서는 알아낼 수 없다는 난처한 사실과 맞부닥치게 된다. 그러나 매우 다양한 형태를 띠는 꿈의 해석은 대개 합일되는 방향으로 되어져 왔는데, 그것은 이른바 '유형적' 해석이다. 그것은 대다수의 사람들이 공통되는 꿈을 많이 꾸기 때문이다. 그러한 꿈들 중에서 가장 흔한 예로서는 높은 곳에서 떨어지는 꿈, 이가 빠지는 꿈, 공중을 나는 꿈, 나체가 되거나 옷이 벗겨질 것 같아서 당황해하는 꿈 등이다. 이 가운데 특히 마지막 꿈에 대해서는 흔히 이불을 차 버리고 알몸으로 자다가 수면 중에 이루어진 지각에서 연유되는 것이라고 간단하게 생각하고 있다. 또 이가 빠지는 꿈은 이의 자극에서 기인되는 것으로 보는데, 그렇다고 그것이 반드시 이의 병적 상태를 말하는 것은 아니다.

스트림펠에 의하면 꿈은 우리들의 마음이 상하로 오르내리는 폐부에서 나오는 자극량을 일련의 상像으로 바꿔 놓는 것인데, 그럴 경우에는 전제 조건으로서 흉부의 피부 감각이 이미 무의식적으로까지 되도록 저하되어 있어야 한다. 이러한 흉부의 피부 감각의 무의식화에 의해 공중을 날아다닌다는 표상과 결부된 감각이 발생된다. 높은 곳에서 떨어지는 꿈은 피부 압박감의 무의식화가 시작되어 한쪽 팔이 몸에서 아래로 내려뜨려지던가, 아니면 웅크리고 있던 무릎이 갑자기 펴질 때 꾸어지는데, 팔이 내려뜨려지던가 무릎이 펴지는 것에 의해 피부의 압박감이 다시 의식화되고, 이 의식화의 과정이 떨어지는 꿈으로써 마음 속에 구상화되는 것이다.

이러한 상당히 논리적인 설명법에도 약점이 있다. 이 설명법은 뚜렷한 명분도 없이 설명에 유리한 상황이 조성될 때까지 이런 종류의 기관 감각을 심적 지식에서 지워 버리던가, 또는 고의적으로 심적 지각을 강조하려 하는 점 등에서 잘 볼 수 있다. 나는 뒤에 가서 적절한 기회에 유형적 꿈과 그 발생에 관해서 논할 생각이다. M. 시몬은 몇 가지 유형의 꿈들을 비교하여 꿈의 성립을 규정하는 데 있어서 기관 자극이 끼치는 영향이 어떤 법칙하에서 이루어지는가에 대한 규명을 시도했다. 그는, "수면 중에 여느 때 같으면 감정 표현의 어떤 역할을 맡고 있는 한 기관이 어떤 유인 때문에 흥분 상태에 놓이게 되면대개는 앞서 말한 감정에 의해 흥분 상태에 놓인다, 그때 발생하는 꿈은 그 감정에 걸맞은 표상을 그릴 것이다"라고 말했다.

또 한 가지 다른 법칙은, '수면 중에 어떤 기관이 활동하던가 흥분하던가 기능 장애를 받으면, 꿈은 그 기관이 행하는 기관적 기능과 관계된 표상을 불러일으킬 것이다.' 몰리 폴드는 꿈의 형성에 끼치는 영향으로서, 신체 자극론에 의해 추측되는 것을 각 영역에 대한 실험을 통해 입증하려고 시도했다.[9] 그는 수면 중인 사람의 손발의 위치를 이리저리 옮겨 놓음으로써 꿈의 내용이 어떻게 변화하는가를 비교했다. 그는 그 결과를 다음과 같이 보고하고 있다.

(1) 꿈 속에서의 손발의 위치는 대충 현실의 위치와 일치한다. 즉, 꿈에서 보는 것은 현실의 상태에 따른 손발의 부동 상태이다.

(2) 손발을 움직이는 꿈을 꿀 때는 언제나 현실의 손발 위치에 따르는 동작을 한다.

(3) 꿈 속에서의 자기 손발의 위치를 타인의 것으로 바꾸는 경우도 있다.

(4) 동작이 방해받고 있는 꿈을 꾸는 경우도 있다.

(5) 어떤 특정한 위치에 있는 손발이 꿈 속에서는 동물이나 괴물로 변형되어 나타나는 경우가 있는데, 그 경우에는 양자 사이에 어떤 유사한 점이 발견된다.

(6) 손발의 위치는 꿈에 나타나는 그 손발에 어떤 관계를 결부 짓도록 자극하는 경우가 있다. 예를 들면 손을 움직이면 수에 관한 꿈을 꾸는 것과 같다.

이러한 결론으로 볼 때 신체 자극론 역시 자유자재로 만들어지는 꿈 내용의 자유로운 상황을 완전히 무시할 수 없는 것 같다.

---

9) 몰리 폴드는 그 후 꿈의 기록을 두 권으로 묶어 출간했다.

D. 순수한 심적 자극

고대와 최초의 꿈 연구가들은 각성시의 생활에 대한 꿈의 관계 및 꿈의 재료를 논했을 때, 사람은 낮 동안에 행동하고 깨어 있을 때 관심을 가졌던 일을 꿈꾼다는 견해를 갖고 있음을 알았다. 깨어 있을 때부터 수면 중에까지 계속되는 이 관심은 꿈을 의식 생활과 연관시키는 심적 유대일 뿐 아니라, 그것은 또 수면 중에 관심을 갖게 된 것 ― 수면 중에 가해 오는 자극 ― 과 함께 모든 꿈 현상의 유래를 해명하는 데 충분한, 그리고 무시할 수 없는 꿈의 원천도 규명해 준다.

그러나 이런 주장에 대한 이견도 있다. 즉, 꿈은 수면 중인 사람을 낮 동안의 관심에서부터 유리시키기 때문에, 우리들은 대개 낮 동안에 받았던 인상 중에서 가장 강렬하게 느꼈던 사물이 각성시의 생활과의 적극적인 유대를 상실했을 때 비로소 그 사물에 관해 꿈꾸게 된다는 것이다.

그래서 우리들이 꿈을 분석하다 보면 이런 인상을 많이 받게 된다. 다시 말해서 미리 예외를 인정하지 않고는 '흔히'라든가, '대체로'라든가, '대개'라는 조건 없는 보편적 법칙을 세울 수 없다는 것이다. 내적 수면 자극과 외적 수면 자극 이외에 각성시의 관심으로써 꿈의 원인을 간파해 낼 수 있다면, 우리들은 꿈의 모든 요소의 유래를 충분히 설명할 수 있을 것이다. 그리하여 꿈 원천의 수수께끼가 해명되고 나면, 결국 남는 하나의 과제는 꿈의 심적 자극과 자극이 각각의 꿈 속에서 어떻게 상호 관련되어 있는가 하는 것을 밝히는 일일 것이다.

하지만 실제로는 이처럼 완전한 꿈의 해명이 단 한 번도 성공한 적이 없었으며, 이런 시도를 해 온 그 어떤 사람에게도 꿈 요소의 유래에 관해 해명이 되지 않은 채 남아 있는 것이 매우 많다. 심적인 꿈의 원천이 되는 낮의 관심은 '모든 사람은 꿈 속에서 자기 일을 계속하고 있다'는 믿을 만한 주장에 기대해도 좋을 정도로 명백하지는 않다. 이외에 심적인 꿈의 여러 원천은 알려져 있지 않다. 그래서 문헌 중에 게재된 꿈의 해석은 한결같이 하나의 모순점을 나타내고 있다. 즉, 꿈에 있어서 가장 특징적인 표상의 재료는 어디서 유래하고 있는가 하는 점이다. 이런 상황 속에서 대다수의 연구가들은 꿈의 형성에 있어서의 심적 관여를 정확히 포착할 수 없는 난점 때문에, 될 수 있는 대로 작게 평가하려는 경향을 나타낸다.

그들은 꿈을 대별해서 '신경 자극의 꿈'과 '연상의 꿈'[10]으로 나누지만, '동기를 부여하는 신체 자극이 있더라도 꿈을 꿀 수 있는 것이 아닐까?' 하는 의문을 떨쳐 버리지 못하고 있다. 순수한 연상의 꿈의 특징도 뜻대로 해명되지는 않는다. "본래의 연상 꿈에 있어서는 그 같은 뚜렷한 핵核이 이제는 문제가 되지 않는다. 그런 꿈에는 갖가지 요소가 얼기설기 뭉쳐서 꿈의 중심부로 들어온다. 그러잖아도 이성이나 모성에서 분리되어 있는 자유로운 표상 세계가 여기서는 더 중대한 신체 자극이나 심적 자극에 의해 뭉쳐지지 않기 때문에, 이렇게 모두가 자기 자신의 다채로운 활동 및 자기 자신의 구속 없는 장난에 심취된다." 폴켈트

분트 역시 꿈 형성에 있어서의 심적인 것의 관여를 작게 평가하면서 이렇게 논하고 있다. "꿈의 환상을 순수한 환각으로 보는 것은 잘못이다. 꿈 표상의 대부분은 실제로는 착각이다. 왜냐 하면 그 표상들은 수면 중에도 결코 없어지지 않는 가벼운 감각 자극에서 유래되는 것이기 때문이다." 베이간트도 똑같은 견해인데, 그는 이것을 한층 더 보편화시켜서 모든 꿈의 표상

---

10) 이것은 전적으로 기억의 재현에 그 기원을 두고 있다.

에 대해, "가장 유력한 원인은 감각 자극으로서, 이것이 있음으로 해서 비로소 다른 재현적인 연상이 짝지어 나간다"라고 말했다. 티시에는 심적 자극원에 대한 경시를 좀더 진전시켜, "심적인 꿈은 결코 존재하지 않는다…… 우리들의 꿈의 상념은 외부로부터 오는 것이다"라고 주장했다.

분트와 같이 중간적인 입장을 취하는 연구가들은 대개의 꿈에서는 신체적 자극과 미지의 심적 자극, 또는 낮 동안의 관심으로 여겨지는 심적 자극이 함께 작용해서 꿈을 형성한다고 덧붙였다. 꿈 형성의 수수께끼는 심적 자극원의 발견으로 해명된다는 것을 뒤에 가서 알게 되겠지만, 우선 꿈 형성에 있어서의 심적 생활에서 온 것이 아닌 자극이 과대 평가되고 있는 것을 너무 이상하게 생각하지는 말아 주길 바란다. 왜냐 하면 언제나 이런 종류의 자극만이 쉽게 발견되고, 또 실험에 의해 확증되는 것은 아니기 때문이다. 꿈의 발생을 신체적인 면에서 파악하는 것은 오늘날 정신 의학의 지배적인 사고 경향과 부합되는 것이다.

유기체에 대한 두뇌의 우위성은 크게 부각되고 있다. 그러나 기관적인 여러 변화에서 심적인 것을 제외한 것이나, 혹은 심적 생활의 발현에 있어서의 독립성을 입증할 수 있는 모든 문제에 부딪치면 대개의 정신과 의사들은, 만약 그런 문제를 인정하다가는 자연철학이나 형이상학적인 심령心靈을 인정했던 과거 시대로 거슬러 올라가는 것은 아닐까 하는 두려움마저 느낀다. 실제 연구에서 심적인 것이 어떤 현상의 첫 동인으로 인정되는 경우에도 좀더 깊이 파고들면 심적인 것이 기관적인 것에서 기인되고 있음을 발견하게 된다. 그러나 그렇다고 해서 굳이 그것을 우리들의 현재 의식에 있어서의 귀착점으로 간주할 정도로까지 부정할 필요는 없을 것이다.

[4. 잠을 깬 후 꿈을 잊어버리는 이유]

아침에 눈을 뜨면 꿈의 내용이 우리의 기억 속에서 덧없이 사라져 버린 다는 것은 누구나 다 잘 알 것이다. 물론 꿈은 회상이 가능하다. 왜냐 하면 우리들은 잠에서 깨어난 뒤의 꿈의 기억에 의해서 꿈이라는 것을 알 수 있 기 때문이다. 그러나 우리들은 흔히 밤에 꿈을 꿀 때는 여러 가지 일들이 더 많았는데, 잠을 깨고 나면 그 한 부분밖에 기억이 나지 않는다고 믿는다. 또 우리들은 아침에는 뚜렷하게 기억되었던 꿈이 낮 동안에 몇몇 단편으로 조각 나 버리는 것을 경험하기도 한다. 꿈을 꾼 것은 분명한데 그 내용이 어 떠한 것이었는지 잊어버렸다는 일도 자주 있다.

꿈은 잘 잊어버리는 것이라는 경험을 통해서 아침에 눈을 떴을 때는 꿈 을 꾼 흔적조차 없는 사람이라도 밤에는 역시 꿈을 꾸었을 것이라는 가능 성을 배제하지는 못한다. 그런가 하면 아주 오랫동안 집요하게 기억되는 꿈 도 있다. 나는 25년보다 훨씬 이전에 꾼 환자의 기억을 분석한 일이 있고, 또 지금으로부터 37년 전에 꾼 나 자신의 꿈을 아직도 생생히 기억하고 있 다. 이런 일들은 모두 주목할 만한 일이지만 지금 당장에 이해될 수 있는 것 들은 아니다. 꿈을 잊는다는 문제에 관해 가장 깊게 연구한 사람은 스트림 펠이다. 꿈의 망각은 확실히 복잡한 현상이다. 스트림펠은 이 현상을 단순 한 근거에서가 아니라, 복잡한 여러 근거에서 설명하려 하고 있다.

첫째로 왜 꿈을 잊는가 하면, 꿈을 잊게 만드는 모든 요소가 각성시의 생 활에서 작용하고 있기 때문이다. 우리들은 잠이 깨었을 때 꿈의 무수한 감 각이나 지각을 금방 잊어버리는 것이 다반사인데, 그것은 그 감각이 너무나 미약하던가, 그것에 결부되어 있던 심적 흥분도가 너무 낮았기 때문이다.

이와 같은 것은 대부분의 꿈의 영상에 관해서도 말할 수 있다. 그 꿈들이 잊혀지는 것은 그 영상이 너무나 미약했기 때문인데, 그와 반대로 더 강렬한 영상은 오래 남기 위한 결정적인 조건이 될 수 없다. 스트림펠은 다른 연구가 칼킨스와 마찬가지로 매우 활발했다고 느껴졌던 꿈의 영상은 금방 잊혀지지만 감각적으로 미약하고 희미한 꿈은 오히려 기억 속에 많이 남겨진다고 주장하고 있다.

둘째로 단 한 번밖에 일어나지 않았던 일은 깨었을 때 잊어버리기가 쉽고, 여러 번 지각되었던 것은 잘 기억되는 것이 보통이다. 그러나 대개의 꿈 영상은 단 한 번의 체험이다.[11] 이 특성은 꿈의 전체 내용을 한꺼번에 잊는 데 기여하고 있는 것이다. 그런데 셋째 이유는 앞의 두 가지 이유에 비해 훨씬 더 중요하다. 감각·표상·사고 등이 어느 정도 기억에 남기 위해서는 그것들이 따로 떨어져 있지 말고, 그것에 적합한 결합이나 연결의 관계를 맺을 필요가 있다. 예를 들어 짧은 시 구절을 낱말로 분해해서 뒤섞어 놓는다면 본래의 시 구절을 정확히 알 수가 없다. '질서 있게 잘 정돈되고 알맞은 순서로 놓여져서 한 단어가 다른 말의 실마리가 되면 전체는 의미 깊고 쉽게 오랫동안 기억 속에 남는다. 우리들은 대개 혼란한 것이나 무질서한 것과 마찬가지로 앞뒤가 맞지 않는 것은 거의 기억하지 못하고 있다.'

그런데 대부분의 꿈에는 이론도 질서도 없다. 꿈의 구성은 본래 그것이 특별히 기억된다는 기능성이 결여되어 있어서, 대부분의 경우 다음 순간에는 이미 무너져 버리기 때문에 잊혀진다. 라데스토크는, "얼토당토않은 꿈일수록 더 잘 기억한다"라고 말했는데, 이것은 위의 설명과는 완전히 반대되

---

11) 주기적으로 반복되는 꿈은 이미 여러 연구가에 의해 지적되었다. 샤브네의 꿈의 사례집을 참조하라.

는 말이다. 스트림펠은 위와 같은 것보다 더 유력한 꿈을 잊는 계기는 꿈과 각성시의 생활과의 관계에서 유도되는 계시라고 했다. 각성시의 의식이 꿈 내용의 기억을 방해하는 것은 앞서 말한 사실을 되풀이하는 데 지나지 않는다. 즉, 꿈은 결코 질서 있는 각성시의 생활을 연속시키는 것이 아니라, 각성시의 기억을 단발적으로 이어받고 있을 뿐이므로, 그 부분적 기억을 그것들이 보통 맺고 있는 심적 결합에서 떼어 가져와 버린다. 그러나 각성시의 그 부분적 기억들이 정상적으로 그런 결합 속에서 기억된다. 따라서 꿈의 구성은 보통 마음을 채우고 있는 심적 계열의 조직면에서 파악할 수 없다. 꿈의 구성에는 어느 정도 기억의 도움이 필요하다. '이래서 꿈의 형성물은 우리들의 심적 생활의 도태로부터 떠올라, 새로 이는 바람에 금방 흩날려 버리는 하늘의 구름처럼 심적 공간 속을 떠돌아다닌다.' 우리는 눈을 뜨자마자 외부에서 닥쳐오는 감각 세계의 일로 바빠지기 때문에, 이 힘 앞에서 유지될 만큼의 꿈의 영상이 그리 많지 않다는 상황도 설정해 볼 수 있다. 이 얼마 안 되는 꿈의 영상도 새로 열리는 하루의 갖가지 영상 앞에서 마치 태양빛으로 인해 별빛이 사그라지듯 스러져 가는 것이다. 끝으로 꿈이 잊혀지는 데 대한 설명으로 다음 사실을 상기할 필요가 있을 것이다. 즉, 대개의 사람들은 자기들의 꿈에 그렇게 대단한 관심을 나타내지 않는다는 것이다. 예를 들면 연구자로서 얼마 동안 꿈에 관심을 나타내고 있는 사람은 그 동안에는 평소보다 더 많은 꿈을 꾼다.

보나텔리가 꿈을 잊는 것에 관해 스트림펠의 설명에 첨가한 또 다른 두 가지 이유가 있다. 그것은 이미 스트림펠의 설명 중에 내포되어 있다.

(1) 잠잘 때와 각성시 사이의 일반적인 감각의 변화는 상호간의 재현을 곤란하게 한다.

(2) 꿈 속의 표상 재료가 각성시의 표상 재료와 어긋나는 배열을 하고 있다. 즉, 각성시의 의식 때문에 꿈을 번역하는 데 곤란을 느끼게 된다. 스트림펠 자신이 지적하고 있는 바와 같이, 꿈이 잊혀지는 이 모든 이유를 검토한 후에도 풀리지 않는 의문은 그래도 여전히 기억에 남는 꿈이 많이 있다는 사실이다.

꿈이 기억되는 법칙을 알아내고자 하는 시도는 많은 연구자들에 의해 실행되어져 왔다. 그러나 오히려 이런 능력으로 미루어 볼 때, 거기에 어떤 난해한 요소가 있음을 인정하고 있는 것처럼 생각된다. 최근 들어 꿈의 기억에 관한 몇 가지 특색에 관심이 모아진 것은 당연하다. 이를테면 아침에 눈을 막 떴을 때는 기억되지 않던 꿈이 낮 동안에 우연치 않게 기억되는 경우가 있다. 그 계기는 잊혀졌다고 생각되는 꿈 내용과 반드시 맞아떨어지지 않는다라데스토크·티시에. 그러나 전체적으로 볼 때 꿈 기억이 과연 본래의 꿈에 얼마나 정확히 일치하는지는 장담할 수 없다. 우리들의 기억은 본래의 꿈 가운데서 상당 부분을 잊어버리기 때문에 기억에 남아 있는 것조차 왜곡되어 있지 않다고 말할 수 없다. 꿈의 기억의 정확성에 대해 스트림펠은 이렇게 의심하고 있다.

"그렇게 되면 수면에서 깨어난 의식이 제멋대로 여러 내용을 꿈 기억 속에 포함시키게 된다. 다시 말해서 본래의 꿈에는 포함되지 않은 것들을 꿈에서 보았다고 생각하는 것이다."

이 점에 대해 예센은 가장 강경하게 주장하고 있다.

"줄거리에 통일성과 연결성이 있는 꿈의 연구 및 해석에도 여태까지 주의되지 않았던 것으로서 한 가지 고려해야 할 것이 있다. 그것은 우리들이 꾼 꿈을 기억할 때 자기도 모르는 사이에 벌어진 꿈 영상을 메우거나 보충하기 때문에 대개는 그 본래의 꿈에서 멀어진다는 것이다. 꿈이 아무리 연결되어 있다 해도 우리의 기억에 나타날 만큼 치밀한 연결성을 가진 꿈은 실제로 거의 없다고 보아도 좋기 때문이다. 흥미 진진한 꿈을 아무런 수식도 없이 덤덤하게 이야기한다는 것은 좀처럼 하기 힘든 일이다. 모든 것을 연관시키려는 인간 정신의 노력은 꿈에 있어서도 다소 조리가 맞지 않는 부분을 자기도 모르게 보완할 정도로 강렬하다."

위와 같이 말한 예센과는 상관없이 독자적인 견해를 펼쳤음에도 불구하고 에게르의 말은 마치 예센의 말을 번역한 것 같다.

"……몸을 관찰하는 데는 특별한 곤란이 있다. 이것을 극복하는 유일한 방법은 체험을 기록해 두는 일이다. 그렇지 않으면 즉각적으로 완전히 또는 부분적으로 꿈을 잊어버리기 때문이다. 그런데 여기에서 꿈을 완전히 잊어버리는 것이 문제이다. 그 이유는 사람들이 본래는 잊지 않았던 것을 이야기하기 시작하면 나중에는 기억이 공급해 주는 불충분한 내용을 상상에 의해 보충할 우려가 있기 때문이다……. 사람들은 자기도 모르는 사이에 이야기의 작가가 되어 버린다. 그리하여 반복되는 이야기는 각자의 생각을 깊게 유도해, 결국 작가는 그럴 듯한 방법으로 그것을 정당하게 인정된 사실인 듯 이야기하게 되는 것이다."

스피타도 이와 일치하는 의견을 보인다. 그의 말로 미루어 볼 때, 우리들은 꿈을 재현하려고 시도할 때에야 비로소 자유롭게 서로 연결되어 있던 꿈의 여러 요소를 질서 있는 것으로 재구성하는 것처럼 여겨진다. '병렬적인 것을 새로 직렬적·개별적인 것으로 만든다. 즉, 그 꿈에 부족된 논리적 결합을 덧붙이는 것이다.'

이러한 꿈 기억의 사실 여부에 대해 우리들은 객관적으로 음미할 수밖에 없고, 또 우리들 자신의 체험이나 혹은 단지 원천으로서 기억하고 있는 꿈에서 그런 음미가 불가능하다면, 우리들의 꿈 기억에는 대체 어떤 가치가 있는 것일까?

[5. 꿈의 심리학적 특성]

꿈에 대한 학문적 고찰에 있어서 우리들은 꿈이 우리들 자신의 심적 활동의 산물이라는 가정에서 출발했다. 그러나 이미 형성된 꿈은 우리들에게는 매우 어색하게 느껴져 "꿈을 꾸었다"는 말과 비등하게 "꿈에서 보았다"는 표현을 함으로써 자기가 꾼 꿈에 대한 책임을 기꺼이 지려 하지 않는다. 꿈의 그런 낯섦은 어디에서 연유하는 것일까? 꿈 원천에 관한 우리들의 논의에 따르면, 그것은 꿈의 재료 때문은 아닌 것 같다. 왜냐 하면 꿈의 재료는 낮의 생활에서나 꿈의 생활에서나 대부분 공통되는 것이기 때문이다. 그것은 어쩌면 그런 인상을 볼 때 일으키는 꿈에서의 심적 과정의 변화 때문인 것 같기도 하고, 육체의 심리학적 성격이라고 시도해 볼 수 있을 것 같다.

《정신 물리학의 여러 요소》에서 말하고 있는 G. 페히너만큼 꿈과 각성시의 생활과의 본질적 차이를 강조하고 거기에서 광범한 결론을 내린 사람은 없다. 페히너는 의식적인 심적 생활을 단순히 의식의 영역 밑으로 끌어내리는 것도, 외계의 인상으로부터 주의를 돌리는 것도, 각성시의 생활에 대한 꿈의 특성을 해명하는 데에는 불충분하다고 말한다. 그리고 오히려 '꿈의 배경은 각성시의 표상 생활의 배경과는 다른 것'이라고 추측한다. "만약 수면시와 각성시의 상태에 있어서의 정신 물리학적 활동 무대가 똑같다면, 꿈은 한층 낮은 정도로 유지되는 각성시의 표상 생활의 연속에 지나지 않는다고 생각한다. 따라서 표상 생활의 재료와 형식을 구분해야 한다. 그리고 실제는 전혀 다르다."

그러나 심적 활동 무대의 이전에 관한 페히너의 견해는 충분히 밝혀지지 않았다. 또 내가 알고 있는 한 어느 누구도 앞에서 말한 페히너의 견해 이상의 제시를 하지 못했다. 생리학적 대뇌 중추 분포의 의미에서나, 또는 심지어 뇌피질의 조직학 구성에 관한 해부학적 해명은 확실히 제외되어야 할 것이다. 그러나 이 견해를 일정한 순서에 따라 구성된 심적 장치에다 관련시켜 보면, 이 페히너의 생각이 매우 의미 있고 유익하다는 사실을 알게 될 것이다.

페히너 이외의 연구가들은 꿈의 뚜렷한 심리학적 특징을 하나씩 지적하고, 그것을 광범위한 설명의 시도의 기점으로 삼는 데 만족하고 있다. 꿈의 한 가지 주요한 특성은 수면 상태에서 이미 나타났으므로, 그것이 수면을 유도하는 현상으로 간주되고 있는 것은 정당한 일이다. 각성시 상태의 가장 큰 특징은, 사고 활동이 '표상'에 의하지 않고 '개념'에 의해 행해진다는 점이라고 실라이메르마하가 지적했다.

그런데 꿈은 주로 형상에 의해 생각되고, 수면 상태에 접근함에 따라 의식적인 여러 활동이 곤란해지는 데 반비례하여 자의적인 표상이 나타난다. 그리고 이 자의적 표상은 모두 구체적인 형상에 속한다는 사실이 관찰된다. 우리가 '의도적으로 바란 표상 행위'라고 느낀 그런 표상 행위의 불가능과, 보통 방심 상태와 언제나 결부되어 있는 구체적 형상의 등장이라는 이 두 가지 성격은 결코 꿈과 유리시킬 수 없는 것이므로, 꿈을 심리학적으로 분석할 때 우리들은 이것을 꿈의 본질적 성격으로서 인정하지 않을 수 없다. 꿈 형상에 관해서는 — 최면 상태의 환각에 관해서는 — 내용상으로 말해서 그 형상들 자체가 꿈 형상과 같은 것임을 우리는 알 수 있다.[12] 즉, 꿈은 주로 시각적인 여러 형상에 의해 기억되나, 그것이 절대적인 것은 아니다.

청각 형상을 사용하는 수도 있고, 또 드물기는 하지만 다른 감각 형상을 사용하는 수도 있다. 또 꿈 속에서도 많은 것이 평소 각성시와 마찬가지로 단순하게 생각되거나 표상되거나 한다아마도 언어 표상의 잔재에 의한 것 같다. 그러나 형상과 같은 작용을 가진 내용의 여러 요소, 즉 기억 표상보다 지각과 비슷한 여러 요소만이 꿈의 특색을 나타내고 있다.

정신과 의사라면 누구나 잘 알고 있는 환각의 본질에 관한 논의를 무시하고, 우리는 꿈은 환각에 의해 사고를 대치한다고 말할 수 있다. 이것은 시각적 표상이나 청각적 표상에 있어서도 마찬가지이다. 어떤 멜로디를 듣다가 잠이 들면 그것이 환각으로 변화해서, 수차례 깨었다가 잠들고, 다시 잠들었다가 깬 후에 제정신이 돌아왔을 땐 질적으로 변화된 보다 미약한 기억 표상으로 되어 있다는 것은 이미 인정된 바와 같다. 표상이 환각으로 변화하는 것은 꿈이 꿈과 일치되는 각성시의 사고로부터 벗어나는 유일한 특색은 아니다.

이 형상들을 자료로 해서 꿈은 어떤 상황을 만들어 낸다. 꿈은 어떤 것을 현재화시켜 표현한다. 스피타의 표현에 따르면, 꿈은 어떤 관념을 '극화劇化'시키는 것이다. 이러한 꿈의 성격 묘사는 일반적으로 꿈을 꿀 때 자신은 생각하고 있는 것이 아니라 체험하고 있다고 생각하는 것, 다시 말해서 아무런 의심을 품지 않고 전적으로 환각을 인정하고 있을 때 비로소 완전한 것이 된다. 자신은 체험하지 않았고, 단지 독특한 형태로 생각하고 꿈을 꾼 것

---

12) H. 질베러는 추상적인 사상조차 졸음이 오는 상태에서는 그것과 동일한 것을 표현하려는 구상적·조소적 현상으로 대치되는 것을 훌륭한 실례로써 나타내 주고 있다.

에 지나지 않는다는 비판은 잠에서 깨어났을 때 비로소 일어나는 것이다. 이러한 성격은 수면몽과 백일몽을 구별하는 척도를 제시해 준다. 백일몽은 결코 현실과 바꾸어지는 일이 없다. 부르다흐는 지금까지 고찰해 온 꿈의 성격을 다음과 같이 요약하고 있다.

"꿈의 본질적 특성으로는, 첫째 지각 능력이 공상의 산물을 마치 감각적 작용이거나 한 것처럼 받아들임으로써 우리들 마음의 주관적 활동이 객관적인 것으로 나타난다는 것이다. 그리고 둘째는 수면은 의식의 자주적 활동의 폐기라는 점이다. 그래서 수면을 취하기 위해서는 아무래도 어떤 종류의 수동성이 요구된다 ─ 졸음 속에 모습을 나타내는 형상은 의식의 자주적 활동의 완전한 폐기를 전제로 한다."

그런데 문제는 어떤 의식의 자주적 활동이 정지한 후에 비로소 일어날 수 있는 꿈의 환각을 우리들 마음이 어떻게 쉽게 믿느냐 하는 것을 해명하는 데 있다. 이 경우에 있어서 심적 작용은 정당한 것이기 때문에 그 메커니즘에 순응한다. 꿈의 여러 요소는 결코 단순한 표상이 아니라, 각성시에 감각의 매개에 의해 나타나는 바와 같이 '현실적인' 심적 체험인 것이다. 마음이 깨었을 때에는 언어 형상이나 언어에 의해 표상하고 사고하지만, 꿈 속에서는 현실의 감각 형상으로 표상하고 사고한다.

게다가 꿈 속에서는 각성시와 마찬가지로 감각이나 형상이 어떤 외적 공간으로 바뀌어짐으로써 하나의 공간 의식이 부가된다. 그리하여 꿈 속에서의 마음도 마음의 형상이나 지각에 대해 각성시와 같은 상태라고 인정할 수밖에 없게 된다. 그럼에도 불구하고 그럴 경우, 수면 상태에 있으면 마음이 외적으로 주어진 감각의 지각과 내적으로 주어진 감각 기관을 구별하는 유일한 기준을 잃어버림으로써 마음의 착각을 일으킬 수 있다. 수면 상태에 있는 마음은 여러 가지 형상의 객관적인 현실성을 증명하는 실험을 형상에다 가할 수는 없다. 뿐만 아니라 마음은 의지대로 교환할 수 있는 형상과, 그렇지 못한 형상을 구별하는 것을 태만히 하게 된다. 수면 상태에 있는 마음은 인과율의 법칙을 그 꿈 형상에 적용하지 못하기 때문에 방황하게 된다.

요컨대 수면시의 마음은 외부 세계로부터 등을 돌리고 있기 때문에 주관적인 꿈의 세계를 쉽게 믿어 버린다. 델베우프도 역시 같은 결론에 도달해 있으나, 스트림펠과는 거기에 이르기까지의 심리학적 의론의 조리가 부분적으로 상반된다. 우리들이 꿈의 형상을 현실이라고 믿는 것은 수면 중에는 달리 비교할 만한 인상을 갖지 못하고 외부 세계로부터 단절되어 있기 때문이다.

그러나 우리들이 환각을 진실이라고 믿는 것은 수면 중에 우리들이 그것을 음미할 수 없기 때문은 아니다. 꿈은 우리들에게 그런 음미를 가능하게 해 준다. 예컨대 우리가 눈으로 본 장미꽃을 만지게 해 준다. 게다가 이것은 모두 꿈 속의 일이다.

델베우프에 따르면, 실제로 깨어 있는 사실을 제외하고는 어떤 것이 꿈인지 깨어 있는 현실인지를 판단할 수 있는 뚜렷한 기준은 있을 수 없다. 잠이 깬 후에 자기가 옷을 벗고 침대에 누워 있는 것을 발견한 후에야 비로소 잠이 들어서부터 깨어났을 때까지의 모든 체험이 착각이었다고 단언할 수가 있다. 수면 중에는 꿈의 형상을 진실이라고 믿는다. 그것은 자신의 자아를 대치시키는 외부 세계의 존재, 즉 완전히 잠들게 할 수 없는 '사고 습관' 때문이다.

외부 세계로 등을 돌리는 일이 이와 같이 꿈 생활의 가장 두드러지는 여러 성격을 만들어 내는 데 있어서 결정적인 계기가 외부 세계에서 유리되는 일이라고 한다면, 수면 중인 마음과 외부 세계와의 관계에 새로운 가능성을 안겨 주는 일이다. 그러나 이러한 추론을 경계하는 부르다흐의 몇 가지 예리한 결론을 들어보면 유익할 것이다.

"수면은 다만 마음과 같은 조건하에서만 일어난다. 즉, 마음은 감각 자극에 의해 움직여지지 않는다……. 그러나 수면의 조건은 감각 자극의 결여가 아니라, 도리어 감각 자극에 대한 관심의 결여이다.[13] 약간의 감각적 인상은 그것이 마음의 안정에 쓰여지는 인상 그 자체가 필요한 것이다. 방앗간 주인은 가루를 빻는 방아 소리가 요란하게 들려야 잠을 이룰 수 있고, 등불 지기는 어둠 속에서는 잠을 이룰 수 없는 것과 마찬가지이다."

"마음은 수면 중에 외부 세계로부터 고립하고 그 표면에서 떨어진다……. 그렇다고 해서 외부 세계와의 연관성이 전혀 없어진 것은 아니다. 만일 우리가 잠 속에서가 아니라, 잠을 깬 후에야 비로소 느끼고 보게 된다면 잠든 사람을 깨울 수가 없을 것이다. 더욱이 자극의 지속은 다음과 같은 사실로 실증된다. 즉, 우리가 잠에서 깨어나는 것은 반드시 어떤 인상의 감각적 강도에 의해서만이 아니라, 그 인상의 심적 관련에 의해서라는 점이다. 어떤 소리를 내도 깨지 않던 사람이 그의 이름을 부르면 깬다……. 그러므로 마음은 수면 중에도 자극을 선택하는 셈이 된다. 결국 어떤 감각 자극이 표상에 대하여 중요한 일이 관계하게 되면, 사람은 그 감각 자극의 결여에 의해 잠을 깰 수 있다. 그러므로 마음은 수면 중에도 자극을 선택하는 것이다. 방 안의 불빛이 꺼지면 잠을 깨고, 방아 소리가 멎으면 잠을 깬다. 즉, 어떤 감각 활동의 정지에 의해 잠이 깨는 것이다. 물론 이것은 감각 활동이 지각

13) 클라파레드1905년의 〈무관심〉을 참조하라.

된다는 사실을 전제하는 것이긴 하나, 그 감각 활동이 평범하거나 도리어 만족스러운 것일 때는 그 활동은 마음을 방해하지 않는다는 사실을 전제로 한다."

중요한 이론異論을 무시하려 해도 역시 다음과 같은 사실은 인정할 수밖에 없다. 즉, 지금까지 논해 온 바와 같이 외부 세계에서 유리됨으로써 유도된 꿈의 여러 특성이 꿈이라는 것의 비일상성을 충분히 해명해 주지는 못한다는 것이다. 왜냐 하면 만일 그렇지 않다면 꿈의 환각을 표상으로, 꿈의 여러 감각을 사고화시켜서 꿈 해석의 과제를 풀 수 있을 것이기 때문이다. 여기서 우리가 취하고 있는 방법도 그것과 일치된다. 즉, 잠을 깬 후에 기억을 더듬어서 꿈을 재현해 나가기 때문인데, 이 재구성이 완전히 성공하건 부분적으로 성공하건 간에 꿈의 미묘한 수수께끼 같은 성격은 여전히 남게 된다.

연구가들은 모두 꿈 속에서는 각성시의 표상 재료와는 다른 변화가 일어난다고 믿고 있다. 스트림펠은 그런 변화를 간파해 내려고 시도했다. "감각적으로 활동하는 직관이나 정상적 생활 의식이 정지하면, 마음은 감정·필요·관심·행동 등의 원천인 지반까지 상실한다. 각성시에는 기억 표상에 붙어 있는 정신 상태나 감정·관심·가치 판단 등이…… 몽롱하게 만드는 압력에 의해 그 형성과의 결합이 깨어진다. 그래서 각성시의 사물이나 인간·장소·사건·행위 등이 개별적으로는 얼마든지 재현되나, 그것들 중의 어떤 것이든 각성시에 가졌던 '심적 가치'는 상실하게 된다. 심적 가치는 그것들로부터 유리되어 있기 때문에 각각의 방법으로 마음 속을 떠도는 것이다……."

형상이 이렇게 심적 가치를 상실하게 되는 것은 그것 자체가 역시 외부 세계와 유리되는 것에 귀착되지만, 스트림펠은 그 점에서 우리들의 기억 속에 존재하는 꿈이 각성시의 생활과 대립하는 비일상성을 일으키는 주요 원인으로 지적하고 있다.

우리들은 잠이 들면 벌써 심적 작용의 하나인, 표상의 흐름에 대한 통제 활동을 포기해야 한다는 것을 알았다. 그렇다면 만약 수면 상태가 마음의 여러 가지 작용에까지 영향을 미치지 않을까 하는 추측을 하더라도 결코 지나친 것은 아닐 것이다. 이런 여러 작용 중의 어떤 것은 아마도 완전히 정지되겠지만, 그 외에도 뒤에 남은 것이 완전히 활동할 수 있는 것인지, 또는 그런 사정에서도 정상적인 활동이 가능한 것인지는 여전히 문제시된다. 꿈의 여러 특성은 수면시에 있어서의 심적 능력의 저하에 의해 설명될 수 있지 않을까 하고 생각할 수도 있지만, 각성시의 판단에 주는 꿈의 인상을 고려해 보면 그것 역시 부정된다.

꿈은 조잡하고 모순투성이어서 가당치도 않은 일이 일어나고, 반면에 낮에라면 매우 중대한 지식마저 소홀히 하여 우리들을 윤리적으로 둔감하게 만들기도 한다. 꿈 속에서와 같은 행동을 하는 사람이 있다면, 우리는 그를 미치광이로 취급할 것이고, 꿈 속에서와 같은 말을 하는 사람이 있다면 정신 이상자나 바보로 간주할 것이다. 그러므로 우리들의 가장 적합한 표현은, 꿈 속에서의 심적 활동은 매우 저급의 것으로 평가하고, 특히 고급의 지적 능력은 꿈 속에서는 정지하거나 적어도 매우 손상되어 있다고 설명하는 것이라고 생각한다. 대다수의 연구가들은 꿈에 대해 이러한 판단을 내리고 있다. 그리고 이런 판단은 꿈 생활을 설명하는 특정 이론이나 판단의 기초가 되고 있다.

여기에서 이제 꿈의 심리학적 성격에 관한 철학자나 의학자 등 여러 사람의 의견을 발췌해 보기로 하자.

르모아뉴는 꿈 형상의 '지리멸렬한' 성격이 바로 꿈의 유일한 본질적 특성이라고 말한다.

모리도 이와 같은 의견이다. "어떤 불통일·착오·부조리도 포함되지 않는 완전히 합리적인 꿈은 결코 없다."

스피타가 인용하고 있는 헤겔의 표현에 따르면, 꿈에는 모든 합리적·객관적인 연관성이 결여되어 있다.

뒤가는 "꿈이란 심적·감정적·정신적 무정부 상태이다. 그것은 모두를 스스로에게 맡긴 통일도 목적도 없이 활동하는 여러 기능의 작용이다. 꿈 속에서는 정신이 심적 자동 인형이다"라고 말한다.

수면 중의 심적 작용은 결코 목적이 없는 작용은 아닌 것 같다고 폴켈트까지도 각성시의 중심적 자아의 힘에 의해 통제된 표상 생활의 이완·해소·혼합을 인정하고 있다.

"꿈에 나타나는 것만큼 불합리하고 근거 없고 기괴한 것은 생각할 수도 없다"《신탁에 관해서》II라고 말한 키케로만큼 꿈 속에 나타나는 표상 결합의 엉뚱함을 예리하게 지적한 사람은 없다.

페히너는 "마치 심리적 활동이 지적인 사람의 뇌수에서 바보의 뇌수로 옮겨진 것 같다"라고 말하고 있다.

라데스토크는 이렇게 말한다.

"실제 문제로서 이 광적인 상황 속에서 확고한 법칙을 인정한다는 것은 불가능하다. 조리 있는 각성시의 표상 흐름을 인도하는 의지와 주의력의 엄격한 감시의 눈을 피하여, 꿈은 미친 듯한 유희 속에 모든 것을 만화경처럼 소용돌이치게 만든다."

힐데브란트는 말한다. "말하자면 꿈꾸는 사람은 그 오성적悟性的 추리에 있어 얼마나 비약을 기괴하게 하고 있는지 모른다. 또 꿈꾸는 사람은 얼마나 순진하게 두루 알고 있는 경험 명제가 거꾸로 서 있는 것을 보고 있는지 모른다. 꿈꾸는 사람은 자연과 사회의 질서 속에 모순을 결부시켜 끝내는 자기 자신도 견딜 수 없게 되거나, 아니면 얼토당토않은 일이 가중되어 드디어 잠을 깰 정도이다. 때로는 3 곱하기 3이 20이 되는 어처구니없는 일이 있는가 하면, 개가 시를 낭송하거나, 죽은 사람이 제 발로 걸어서 무덤으로 가거나, 바위가 물 위에 둥둥 떠가는 일이 있어도 우리들은 조금도 이상하게 여기지 않는다. 우리들은 또 진지하게 중대한 사명을 띠고 배룬부르그 공국이나 리히텐슈타인 후작 영지로 가서 그 나라의 해군력을 시찰하거나, 폴타바 전투 직전의 칼 12세 휘하의 지원병으로서 도망치기도 한다."

또 빈츠는 이렇게 말한다. "10가지 꿈 중에서 적어도 9가지는 황당무계한 내용이다. 우리들은 꿈 속에서 아무런 관계도 없는 사람이나 사물을 결합시키는가 하면, 마치 만화경처럼 그 결합의 순서가 뒤바뀌고, 전보다 더 무의미하고 가당치 않은 것이 된다. 불완전하게 잠자고 있는 뇌의 바쁜 유희는 이렇게 진행하여, 마침내 잠에서 깨어난 우리들은 아직도 꿈에서의 줄거리와 통하는 표상과 사고 능력이 있는 것일까 하고 자문하게 되는 것이다."

모리는 의사로서 각성시의 사고에 대한 꿈 형상의 관계를 설명하는 데 매우 인상 깊은 비유를 하고 있다. "깨어 있는 사람의 의지가 가장 자주 일어나게 만드는 이 영상의 생산과 지성의 관계는 무도병舞蹈病이나 마비 상태가 우리들에게 제시하는 어떤 운동의 가동성에 대한 관계와 일치한다."《수면》 이렇게 해서 모리에게 있어서 꿈이란 '사고력과 추리력의 일련의 쇠퇴'이다. 또 스트림펠에 따르면 꿈 속에서는 ― 물론 부조리가 눈에 띄지 않을 경우인데도 ― 여러 가지 상황이나 관계에 바탕을 두는 마음의 논리적 작업은 모두 후퇴한다.

스피타는 꿈 속에서는 표상이 인과율에 완전히 복종되지 않는 것 같다고 하고 있다. 라데스토크와 그 밖의 사람들은 꿈의 고유한 판단력과 추리력의 약함을 강조하고 있으며, 와들은 꿈에서는 의식의 모든 내용에 의한 지각 계열의 어떤 비판도 수정도 없다고 말한다. "모든 종류의 의식 활동은 꿈 속에 나타나지만, 그것들은 불완전하여 방해받고 있기 때문에 서로 고립되어 나타난다." 스트리커와 그 밖의 사람들은 꿈이 각성시의 지식에 대해 나타내는 형상은, 꿈 속에서는 그 사실이 잊혀 있거나, 또는 표상 사이의 논리적 관계가 상실되어 있거나 하는 데서 생긴다고 설명한다.

일반적으로 꿈 속에서의 심적 작용을 아주 낮게 평가하는 연구가들도 심적 활동의 어떤 잔재가 꿈에도 있다는 사실만은 인정하고 있다. 다른 많은 연구가들에게 영향을 끼친 분트도 이 사실을 분명하게 인정하고 있다. 그렇다면 꿈 속에 나타나는 정상적인 심적 활동의 잔재가 어떤 종류의 것인가 하는 의문이 일어나게 된다. 그에 대한 일반적인 견해는 재현 능력, 즉 기억은 꿈 속에서도 기능을 감소당하는 일이 가장 적고, 도리어 각성시의 그와 같은 기능에 비하여 약간의 우월성을 나타내는 일이 있다는 사실이다.

물론 황당 무계한 꿈의 성질은 이 꿈 세계를 잊어버리기 쉬운 데 그 원인이 있다. 스피타에 의하면 잠 속에 빠지지 않고 꿈의 지휘를 받는 것은 마음의 '정서 생활'이다. 그가 정서라고 부르는 것은 '인간의 가장 내적인 주관적 본체로서의 여러 감정의 끊임없는 총체이다.' 숄츠는 꿈 속에 나타나는 심적 활동의 하나를 꿈 재료에 첨가되는 '비유적인 형상의 변화'에 있다고 본다. 지베크는 꿈 속에서도 마음에 의해 모든 지각과 직관에 대해 행해지는 '보족적補足的 해석력'을 제기하고 있다. 꿈 문제에 있어서 특히 어려운 것은 소위 최고의 심적 기능, 즉 의식의 기능을 어떻게 판단하느냐 하는 것이다. 우리들은 의식을 통해서만 꿈을 알 수 있기 때문에 의식을 유지하는 것에 관해서는 아무런 의심도 하지 않는다.

그러나 스피타는 꿈 속에 유지되는 것은 의식일 따름이지, 자아 의식은 아니라고 말하고 있다. 그리고 델베우프는 스피타가 왜 이런 구분을 짓고 있는지 이해할 수 없다고 말했다. 여러 표상을 결합하는 연상 법칙은 꿈의 여러 형상에도 해당된다. 오히려 그 법칙의 지배는 꿈 속에서 더욱 순수하고 강하게 반영된다. 스트림펠은 이렇게 말한다. "꿈은 있는 그대로의 여러 표상의 법칙에 따라 진행하거나, 있는 그대로의 표상을 수반한 기관적 자극의 법칙에 따라, 즉 반성이나 오성 및 미적 취미나 윤리적 판단 등이 작용할 여지도 없이 진행하거나 둘 중의 하나인 것 같다."

여기서 내가 소개하고 있는 여러 연구가의 견해는 꿈의 형성에 대해 다음과 같이 상정하고 있다. 즉, 잡다한 원천에서 발생하여 수면 중에 작용하는 감각 자극의 양은 마음 속에서 우선 환각^{분트의 의미로는} 착각으로서 나타나는 약간의 표상을 불러일으킨다. 이들 약간의 표상은 연상 법칙에 따라 결합하고, 그들 자신 똑같은 법칙에 의해서 새로운 한 계열의 표상을 일깨운다. 그런 뒤에 모든 재료는 정돈하고 사고하는 심적 능력이 아직도 작용하고 있는 여운에 의해 가능한 범위 안에서 가공된다. 외부에서 유래하지 않는 형상이 이런저런 연상법칙에 따라 환기되는 것을 결정하는 여러 계기를 살필 단계에는 아직 이르지 못했다.

그러나 꿈의 표상을 서로 연결짓는 연상은 매우 특수한 것이기 때문에 각성시의 사고 속에 작용하는 연상과는 다르다. 폴켈트는 "꿈 속에서는 여러 표상이 유연한 유사성이나 거의 자각하기 어려운 관련에 따라 쫓고 쫓긴다.

모든 꿈은 이러한 무질서하고 구속 없는 연상 작용을 받고 있다"라고 말하고 있다. 모리는 꿈 생활을 어떤 정신 장애와 비교할 수 있게 하는 표상 결합의 이런 성격을 매우 중시하고 있다. 그리고 정신 착란의 두 가지 주요 성격을 인정한다. 첫째는 정신의 자발적인, 즉 자동적인 활동이고, 둘째는 여러 관념의 불완전하고 불규칙한 연합이다《수면》.

모리는 자신이 꾼 언어의 단순한 같은 음이 꿈 표상을 결합하는 매개가 된 두 가지 훌륭한 꿈을 실례로 보고하고 있다. 〈그는 언젠가 예루살렘인지 혹은 메카인지 분명하지 않은 곳을 순례하는 꿈을 꾸었다. 그리고 그는 숱한 모험 끝에 화학자 펠레티에를 찾게 되었는데, 그와 대화를 나누고 그에게서 놋쇠로 만든 삽을 받았다.〉 이 삽은 그가 계속해서 꾼 꿈의 한 장면에서 그의 군도로 되었다.

또 한번은 〈그는 꿈에 국도를 걷다가 이정표에 적힌 거리를 읽고 있었다. 그러다가 향료 상점에 갔었는데, 그 상점의 주인은 큰 저울을 가지고 있었다. 한 남자가 저울 위에 분동分銅을 얹더니 모리의 체중을 달아보려고 했다. 그리고 주인은 이렇게 말했다. "당신이 계신 곳은 파리가 아니라, 길로로 섬입니다." 그리고 계속 여러 장면이 이어지는데, 그 속에서 그는 로베리아의 꽃을 보았다. 그리고 로페즈 장군을 만났다. 바로 며칠 전에 이 장군의 부고를 받았던 것이다. 끝으로 가르타로 로토 놀이를 하는 장면에서 잠을 깼다.〉

꿈의 심적 기능을 낮게 평가하는 데 대해서는 물론 다른 면에서 충분한 반론이 있으리란 것을 우리들은 각오하고 있다. 하지만 이 경우의 반론은 곤란할 것 같다. 꿈 생활을 경멸하는 사람 중의 한 사람스피타이, 각성시에 지배하고 있는 심리학적 여러 법칙이 꿈도 지배한다고 확인하거나, 다른 한 사람뒤가이 "꿈은 완전히 부조리한 것도 비합리적인 것도 아니다"라고 말하더라도, 이 평가를 양자가 꿈 속에서의 모든 기능의 무정부 상태나 그 해소에 부합되는 노력을 하지 않는 이상 그것은 커다란 의미를 갖지 않을 것이다. 그러나 그 중에는 또 꿈의 황당 무계함이 전혀 터무니없는 것이 아니라 단순한 왜곡, 그것도 저 덴마크 왕자 햄릿의 광기 같은 왜곡에 지나지 않는 것이 아닐까 하고 생각하는 논자도 있다. 이 논자들은 외관에 따라 판단하는 것을 피했거나, 아니면 꿈이 그들에게 제시한 외관이 다른 것이었거나 둘 중 한 가지일 것이다.

예컨대 하베로크 엘리스는 꿈의 외관상의 부조리에 관해 언제까지나 구애되지 않고 꿈을 '어렴풋한 정서와 불완전한 사고의 고대적 세계'로 간주하는데, 그 연구는 우리들에게 심적 생활의 원시적 발달 단계를 가르쳐 줄 것이다. J. 셀리는 꿈에 관한 그와 똑같은 견해를 보다 광범위하고 철저하게 표명하고 있다. 그는 다른 심리학자들과는 다르게 꿈의 감추어진 깊은 뜻을 굳게 믿고 있었다. 그의 이러한 말은 주목할 만하다. "꿈은 계속적인 여러 인격을 보존하는 하나의 수단이다. 수면 중에는 우리들이 사물을 보거나 느끼거나 하는 과거의 방법으로 돌아가는 것이다. 태고적에 우리들을 지배하던 충동과 활동으로 퇴행하는 것이다."

델베우프와 같은 사상가는 ─ 물론 모순되는 재료에 대해 반증을 들지 않고, 그러므로 부당하게 ─ 이렇게 주장하고 있다. "수면 중에는 지각을 제외하고는 정신의 모든 능력·지성·상상력·기억력·의지력·윤리심 등은 그 미활동 상태에 머무른다. 단, 이 능력들은 가공적인 부동 상태에 적용된다. 꿈을 꾸는 사람은 현자나 우자愚者, 사형 집행인이나 사형수, 난쟁이나 거인, 악마나 천사 등을 모두 연기할 수 있는 배우이다." 꿈 속에서의 심적 능력을 무시하는 논리에 대해 가장 강력한 반박을 한 사람은 델베 후작인 것 같다.

이 델베 후작에게 신랄한 도전을 한 사람은 모리이다. 그는 델베 후작의 저서를 입수하려고 노력했으나 실패했다. 그는 델베에 대해 이렇게 말하고 있다.

"그는 수면 중의 지성에 그 활동과 주의의 모든 자유가 있다고 주장한다. 그리고 잠은 단지 여러 감각 기능의 폐색과, 그것들의 외부 세계와의 단절이라고 말하는 듯하다. 따라서 그의 견해에 따르면, 수면 중인 사람과 스스로 감각 기관을 닫고 사고하는 사람과의 구별은 없는 셈이다. 그래서 보통의 사고와 수면 중인 사람의 사고를 구별하는 유일한 차이는, 후자에서는 관념이 시각적·객관적 형태를 취하고, 외적 대상에 의해 결정된 감각과 잘못 보일 만큼 근사하다는 데 있다. 기억은 눈앞에 있는 사실의 외관을 보여준다."
《수면》

그러나 모리는 거기에 이렇게 덧붙인다. "또 한 가지 근본적인 차이가 있다. 그것은 수면 중인 사람의 여러 지적 능력은 각성시의 사람에게 있어서는 균형 있게 나타나지 않는다는 것이다."

델베의 저서에 관해 더 자세히 말하고 있는 바슈데는 꿈의 외관상의 조잡성에 관해 다음과 같이 생각하고 있다.

"꿈 속의 영상은 관념의 묘사이다. 주체는 관념이고 환상은 부속물에 지나지 않는다. 그런 사실을 이해한 연후에야 관념의 움직임을 따르고, 또 꿈의 구조를 분석할 줄 알아야 한다. 그렇게 하면 꿈의 혼란도 이해할 수 있는 것이 되고, 또 매우 기묘한 상념일지라도 단순하고 논리적인 것이 된다."

J. 스테르케의 지적에 의하면, 1779년에 꿈의 조잡성을 변호한 사람으로서 내가 알지 못하는 볼프 데이비슨이라는 연구가가 있었다고 한다. 그는, "꿈

에 있어서의 우리의 여러 표상의 기묘한 비약은 모두 그 원인이 연상 법칙에 있으나, 다만 그때 이 결합이 종종 마음 속에서 매우 불가해한 형태로 행해지기 때문에 우리들은 가끔 비약이 아닌 것을 표상의 비약으로 믿게 되는 것이다"라고 말했다고 한다. 꿈을 심적 소산물로 간주하는 데에도 그 평가의 척도는 많은 문헌 속에 잘 나타나 있다. 즉, 우리들이 앞에서 소개한 바와 같이, 극도로 낮게 보는 것에서부터 아직도 완전히 해명되지 않은 가치가 있지 않을까 하는 막연한 기대에서 꿈을 깼을 때의 작용 이상으로 보는 과대 평가에 이르기까지 다양하다.

힐데브란트는 우리들이 알고 있듯이 꿈이라는 것을 심리학적으로 규정짓는 데 세 가지 이율 배반을 도출해 냈다. 그는 이 세 가지 대립 가운데서 이 계열의 종착점을 인정하고 있다. "그것은 심적 생활의 앙양이며, 정묘한 영역에까지 도달하는 자기 강화와, 가끔 인간적인 것의 수준 이하까지 떨어지는 심적 생활의 저하와 약화 사이의 대립이다."

"전자에 관해서는 누구나 자기 경험에 의거하여 확증할 수 있겠지만, 꿈 정령精靈의 활동 중에는 우리들이 각성시의 생활 동안에 항상 갖고 있다고는 말할 수 없는 마음의 깊이와 절실함, 감각의 섬세함, 직관의 명석함, 관찰의 세심함, 기지의 활발함 등이 가끔 나타난다. 꿈은 훌륭한 시와 뛰어난 비유, 전례없는 유머, 기묘한 반어反語를 가지고 있다. 꿈은 세계를 가끔 그 현상의 근저에 있는 본질의 가장 뜻깊은 이해 속에서 강화시킨다.

꿈은 지상적인 미를 천상적인 빛 속에, 숭고한 것을 최고의 존엄 속에 경험적으로 두려워해야 할 것을 가장 두려운 모습에서, 비웃을 것을 기상 천외한 우스꽝스러움 속에서 우리들에게 보여준다. 우리들은 꿈에서 깨어난 후에도 그 인상들의 어떤 한 가지가 여전히 우리들의 마음을 채우고 있는 나머지, 그러한 경험이 현실 세계에는 아직 한 번도 없었던 것처럼 생각될 정도이다."

이렇게까지 찬양되는 것과, 앞에서와 같이 과소 평가된 것이 꿈이라는 똑같은 대상인가 하고 묻고 싶어지는 것도 당연하다 하겠다. 전자는 터무니없는 꿈을 간과하고, 후자는 훌륭한 꿈을 너무 지나치게 간과해 버린 것이 아닐까? 그리고 사실 꿈에는 그런 양극단적인 평가를 받기에 알맞은 것이 있다고 한다면 꿈을 심리학적으로 특징 지으려는 노력이 쓸데없는 일일는지도 모른다. 또 차라리 꿈 속에서는 심적 생활의 극단적인 저하로부터 각성 시에는 웬만해서는 보기 힘든 앙양에 이르기까지의 모든 것이 가능하다고 말하는 것에 만족할지도 모르겠다.

그러나 거기에서 한 가지 무시할 수 없는 것이 있다. 그것은 모든 꿈 연구가들의 노력의 근저에는 '그런 여러 가지 모습을 모두 가릴 만한 타당한 꿈의 묘사가 있다'는 전제가 가로놓여 있다는 사실이다. 과거의 어떤 지적인 시대에는 꿈의 심적 능력이 오늘날에 있어서보다 더 긍정적으로 인정되었던 것만은 틀림없다. 그런 시대에는 자연과학이 아니라, 철학이 사람들의 마음을 지배하고 있다. 꿈은 외적 자연의 압력으로부터 정신을 해방하는 것이고, 감정의 질곡으로부터 마음을 해방하는 것이라고 말한 슈베르트의 견해나, 꿈은 모두 심적 생활의 보다 높은 단계로 비상하는 것이라고 해석한 젊은 시절의 피히테와 그 밖의[14] 같은 견해는, 오늘날 우리들이 볼 때는 거의 이해하기 힘든 것이다.

그러한 견해는 오늘날 신비주의나 신앙가들에게 가끔 볼 수 있을 뿐이다.

----
14) 분트와 베이간트의 저서를 참조하라.

자연과학적인 사고 방식이 등장함과 동시에 꿈의 평가에 대한 반동이 일어났다. 그리하여 의학자들은 꿈에 있어서의 심적 작용을 경시하고, 철학자들과 아마추어 심리학자들은 대중의 막연한 생각에 더욱 접근해서 꿈의 심적 가치를 믿어 왔기 때문에, 이들의 꿈 영역에서의 공헌은 결코 과소 평가되어서는 안 된다. 꿈에 있어서의 심적 능력을 낮게 평가하려는 사람은, 당연히 꿈의 원인이 신체적 자극이라는 데 집중하고, 마음은 꿈을 꾸고 있을 때도 여전히 각성시 능력의 대부분을 그대로 갖고 있다고 생각하는 사람은, 마음이 혼자 힘으로 꿈꿀 수 있다는 사실을 부정할 만한 아무런 동기도 없다고 생각한다.

이와 같은 두 견해를 냉정하게 비교해 보아도, 꿈 생활이 갖고 있는 여러 가지 뛰어난 기능 중에서도 기억의 기능이 가장 현저한 것임을 알 수 있다. 우리들은 이미 앞에서 이 능력을 증명해 주는 경험을 자세히 논해 왔다. 옛 연구가들이 인정해 온 생활의 다른 한 가지 특징, 즉 꿈은 시공時空을 초월할 수 있다는 것은 착각이다. 이러한 특징은 힐데브란트가 말했듯이 한낱 착각적 특징으로서, 꿈꾼다는 것 자체는 각성적 사고와 마찬가지로 시공을 초월하는 것이지만, 그것은 분명히 꿈을 꾼다는 것이 사고의 한 형식에 지나지 않기 때문이다.

꿈은 시간성에 관해서도 역시 다른 특징을 갖고 있으며, 또 다른 뜻에서도 시간의 경과에서 독립적으로 간주된다. 앞서 소개한 모리의 '단두대에서의 처형의 꿈' 따위는 각성시의 우리들의 심적 활동에 의해 사고 내용을 완성할 수 있는 이상의 지각 내용을 극히 짧은 시간 내에 압축할 수 있다는 것을 증명하고 있는 것으로 생각된다. 그런데 이 추론은 여러 측면으로 반박받고 있다. '꿈의 외관상의 지속'에 관한 르 롤랑과 에게르의 논문이 발표된 이후에 이 점에 관한 흥미 있는 논의가 교환되었으나, 그 논의도 아직까지 이 미묘하고도 심원한 문제에 마지막 해명을 준 것 같지는 않다.

꿈이 낮 동안의 지적 활동을 이어, 낮에는 도달하지 못했던 결론을 내리고 의문을 해결할 수 있어 시인이나 작곡가의 새로운 영감의 원천이 될 수 있다는 것은 여러 보고서나 샤바네의 수집 등에 의해 더 이상 논의할 여지가 없는 것으로 여겨진다. 그러나 사실 자체가 아닐지라도 그 사실의 해설이라는 문제이고 보면, 원리적인 것에 어긋나는 많은 의문점이 없지 않다.[15]

끝으로 꿈의 예언적 능력의 주장이 논의의 대상이 되고 있다. 그러한 것은, 꿈에는 예언적 능력이 있다고 완강하게 주장하는 측, 꿈의 예언력에 의문을 갖는 측과의 사이에서 일어나고 있다. 여기에서는 이 주제에 있어서의 모든 사실을 부정하는 것을 피하겠다. 왜냐 하면 이 경우에 있어서는 필경 자연스러운 심리학적 설명의 가능성이 우선적인 문제가 될 것이기 때문이다.

[6. 꿈 속에 나타나는 도덕감]

나의 꿈 연구를 알린 뒤에야 비로소 이해될 수 있는 동기를 기조로 하여, 나는 꿈의 심리학이라는 테마에서 각성시의 도덕적 성향이나 감각이 과연 꿈 속에까지 들어가느냐의 여부와, 들어간다면 어느 정도까지 허용되느냐는 종속적 문제를 분류했다. 우리들은 여러 연구가들의 서술에서 볼 수 있는 것과 같은 모순을 다른 모든 심적 활동에서 보고 의아심을 금치 못했던 것인데, 그 모순은 이 종속적 문제에서도 우리들을 당황케 한다.

---

15) 《꿈의 세계》 H. 엘리스, p. 268

어떤 사람들은 꿈이 도덕적 요구 같은 것에 대해서는 관여하지 않는다고 주장하나, 또 어떤 사람들은 인간의 도덕적 본성은 꿈 생활에도 유지된다고 주장하고 있는 실정이다. 밤마다 꾸는 꿈의 경험을 돌이켜보면, 전자의 주장에는 어떤 의심도 가질 여지가 없을 정도로 정당하게 여겨진다. 예셴은 이렇게 말하고 있다.

"사람은 꿈 속에서는 보다 저속하고 보다 비도덕적인 사람으로 나타난다. 그러므로 꿈에서는 동정 따위를 전혀 느끼지 않고, 범죄·절도·살인 등을 나중에 뉘우치는 일도 없이 아주 예사롭고 능란하게 해서 양심은 마치 침묵하고 있는 것처럼 보인다."

라데스토크는, "꿈 속에서는 연상이 진행되고 여러 표상이 서로 결합하므로 바로 그때 반성도 분별도 미적 기호도 도덕적 판단도 무력하다는 것을 생각해야 할 것이다. 판단력은 몹시 약해서 꿈 세계에는 윤리적인 무관심이 지배한다"라고 말하고 있다.

폴켈트도 말한다. "누구나 다 알다시피 꿈 속에서는 성적인 일이 특히 방종하게 행해진다. 꿈꾸는 사람은 부끄러움을 모르기 때문에 도덕감도 도덕적 판단도 잃어버리는데, 그와 마찬가지로 다른 모든 사람도 평소에 가장 존경하는 사람까지 깨어 있을 때 같으면 그 사람이 그럴 수가 있을까 하는 정도의 수치스런 행위를 하는 것을 본다."

이상의 견해에 가장 대립적인 의견을 제시하고 있는 사람은 쇼펜하우어이다. 쇼펜하우어도 "꿈 속에서는 누구나 완전히 자기 성격에 따라 행동하고 또 말한다"라고 주장한다. 또 R. 피셔[16]는 이렇게 주장한다. "주관적 감정이

---

16) 《인류 체계 요강》엘란겐, 1850년

나 지향 혹은 격정이나 정열은 꿈 생활의 방종 속에 분명히 나타나고 있으므로 꿈 속에는 인간의 도덕적인 여러 특성이 반영된다."

하프너는 말한다. "드문 예외를 빼놓고는…… 도덕적인 사람은 꿈 속에서도 역시 도덕심이 강하다. 그는 어떠한 유혹에도 저항하고 증오·선망·분노, 그 밖의 모든 악덕에 대해 마음을 닫는다. 그러나 죄가 많은 사람은 꿈 속에서도 대체로 깨어 있을 때에 자기가 품었던 대로의 형상을 발견할 것이다."

숄츠는 이렇게 말하고 있다. "꿈 속에는 진실이 있다. 아무리 고귀하게 혹은 야비하게 위장하더라도 우리들이 거기서 다시 인식하는 것은 우리들 자신의 모습이다……. 착실한 사람은 꿈 속에서도 결코 불명예스러운 범죄는 저지르지 않는다. 설사 그런 일이 있어도 자신의 본성과는 상관없는 것으로 알고 놀란다. 황제의 목을 치는 꿈을 꾼 어느 신하를 처형한 로마 황제일지라도, 만약 그가 그런 꿈을 꾼 사람은 생시에도 역시 같은 생각을 품을 것이라는 추측으로 이런 조치를 정당화시킨다면, 그 황제의 행위를 무조건 잘못됐다고만은 할 수가 없다. 그래서 우리들의 마음 속에 절대로 용납하지 못할 일에 관해서 우리들은 흔히, '그런 일은 꿈에도 생각하지 못한다'라고 말하는 것이다."

이에 반해 플라톤은, 남들이 생시에 하는 일을 오직 꿈 속에서만 생각하는 사람은 가장 훌륭한 사람이라고 말했다. 팝프[17]는 유명한 속담을 흉내내어 이렇게 말했다. "잠깐만 자네의 꿈을 이야기해 주게. 그러면 내가 자네의 속마음을 읽어 줄 테니." 또 이미 여러 차례 인용한 힐데브란트의 저서는 내

---

17) 《꿈 생활과 그 해석》스피타, 1868년, p.192

가 발견한 꿈 연구에 기여한 문헌 중에서 가장 완전한 형태의 가장 밀도 있는 책이다. 이 책은 꿈에 있어서의 도덕성의 문제에 관심을 집중한다. 힐데브란트도 일반적으로 일상 생활이 순진하면 꿈도 순진하고, 불순하면 꿈도 불순하다고 생각하고 있다.

인간의 도덕적 본성은 꿈 속에서도 역시 똑같이 반영된다. "물론 우리들은 꿈 속에서 분명한 계산 착오를 하거나, 과학을 매우 낭만적인 방향으로 바꾸거나, 아무리 우스꽝스러운 시대 착오를 범해도 우리들은 태연스럽고 자신을 의심하지 않는다. 그러나 우리들은 선악과 사악, 덕과 부덕의 구별만은 잃지 않는다. 비록 낮에 우리들과 함께 진행하는 것의 대부분이 수면 중에 후퇴해 버렸다고 해도 칸트의 정언적定言的 명령[18]은 우리들 바로 뒤에서 떨어질 수 없는 동반자로 붙어 있으므로 우리들은 수면 중에서도 그것에서 떠날 수가 없는 것이다……. 그러나 이러한 사실은 인간 본성의 기초인 도덕적 본질이 너무 공고하게 정해져 있기 때문에 만화경적 혼합의 작용을 받는 일이 없는 공상·분별·기억, 기타 그와 같은 능력이 꿈 속에서 그 작용에 따른다는 전제하에서만 설명이 가능하다."

그런데 이 문제에 대해 이 밖의 논의에서는 논자들이 모두 기묘한 차이와 부조리한 점이 나타나고 있다. 엄밀하게 말하면 꿈 속에서는 인간의 도덕적인 인격이 없어져 버린다는 논자에게는 그렇게 단언함으로써 비도덕적인 꿈에 대한 관심은 끝을 맺는다. 그들은 어떤 꿈을 꾼 사람을 그 꿈의 책임자로 간주하고, 그 꿈의 도덕적 결함을 통해 그 사람의 본성을 나쁘게 결론지으려고 기도企圖한다. 그리고 그것을 꿈의 부조리성에 의하여 그의 생시

---

18) 행위의 결과 여하에 관계 없이 그것 자체가 선으로서 절대적·무조건적으로 명령되어 보편 타당할 수 있는 도덕법.

의 지적 능력의 무가치를 증명한다는 시도와 마찬가지로 쉽게 부정한다.

한편, 정언적 명령이 꿈 속에서도 일어난다고 하는 논자는 비도덕적인 꿈에 대한 책임을 인정해야 할 것이다. 그렇지 않으면 그들은 자신의 그런 해괴한 꿈이 그들로 하여금 평소에는 전혀 의심하지 않았던 자기 자신의 도덕성에 대한 평가를 의심하는 일이 없도록 바랄 수밖에 없을 것이다. 사람은 누구나 자신의 선악의 정도에 관해 정확하게 알지 못하며, 자신의 부도덕한 꿈의 기억을 부정하지 못하는 것 같다. 왜냐 하면 꿈의 도덕성에 대한 판정 논의는 두 그룹의 연구가들 사이에서 대립으로써 부도덕한 꿈의 유래를 해명하고자 하는 노력이 엿보이기 때문이다.

그리고 부도덕한 꿈의 기원이 심적 생활이 여러 기능에서 구해지는가, 아니면 신체적인 제약에 의해 야기된 심적 생활의 장애에서 구해지는가에 따라 새로운 대립이 발생된다. 이런 경우는 꿈의 도덕론자·부도덕론자가 모든 꿈의 부도덕성에 대해 특수한 심적 원천을 인정하는 데에서 하지는 않는다 하프너는 이렇게 말한다. "우리들은 꿈에 대해 책임을 질 필요는 없다. 우리들의 생활이 진실성과 현실성을 가질 수 있는 그런 토대가 꿈에서는 우리들의 사고나 의욕으로부터 제기되어 있기 때문이다……. 그렇기 때문에 어떤 꿈의 의욕이나 어떤 꿈의 행위도 결코 도덕적이거나 죄악이 될 수 없다."

그러나 인간이 만약 자기가 간접적으로 해괴한 꿈을 일으킨다면 그런 꿈에 대해서는 책임을 진다. 따라서 사람에게는 생시뿐만 아니라 취침 전에는 특히 마음을 정결하게 할 필요가 있다. 힐데브란트는 꿈의 도덕적 내용에 대한 책임의 거부와 용인의 이런 혼합을 훨씬 더 깊이 분석하고 있다. 그는 꿈의 극적인 표현 방법, 무질서한 사고 과정의 최단시간 내로의 압축, 꿈에서의 표상의 여러 요소에 대하여 자기도 인정하고 있는 가치의 박탈 및 혼합 등이 꿈의 비도덕적 외관을 생각할 때에는 제거되어야 한다는 점을 자세히 논하고 있다. 그러면서 꿈의 죄악이나 죄과에 대한 모든 책임을 정면으로 부정하는 것에는 역시 의심을 품고 있다.

그래서 우리들의 의도나 지향에 관계되는 어떤 부당한 규탄을 단호하게 거부하려 할 때, 우리들은 흔히 '그런 일은 꿈에도 생각하지 않았다'는 말을 한다. 이 말은, 즉 꿈의 영역이야말로 우리들이 우리들의 관념에 대하여 책임을 져야 할 가장 먼 최후의 세계라는 것을 말하고자 하는 것이다. 다시 말해서 이런 사상은 꿈의 세계에서는 우리들의 실재의 본성과 엉성하게 맺어져 있을 뿐이기 때문에 그런 생각을 우리들 자신의 것으로 볼 수는 없다. 그러나 또 한편, 바로 이 영역에서 우리들은 그런 관념의 존재를 분명하게 부정하고 싶은 감정에 의하여, 만일 그와 같은 견해가 동시에 꿈 세계에까지 미치지 않는다면 우리들의 변명은 불완전한 것이라는 것을 고백하는 것이 된다. 그래서 나는 우리들이 꿈 세계에서는 무의식적이라 할지라도 진실한 말을 하고 있다고 믿는다.

그 첫 동기가 어떤 소망이나 충동으로서 미리 깨어 있는 사람의 마음 속을 통과하지 않는 따위의 꿈 행위를 생각할 수는 없다. 이 최초의 충동에 관해서는 다음과 같이 말해야 할 것이다. "꿈이 그것을 발견한 것이 아니다. 꿈은 단지 나중에 그것을 묘사했을 뿐이며, 그것을 그냥 전개했을 따름이다. 꿈은 우리들 속에서 미리 발견한 매우 적은 양의 역사적 소재를 극적 형식으로 구성했을 뿐이다. 꿈은 '그 형제를 증오하는 자는 그를 살해한 자다'라고 하는 사도使徒의 말을 연극으로 각색한 것이다"라고. 꿈 속에도 엄연히 도덕성이 존재한다고 말하는 사람들도 꿈에 대해서는 전적인 책임을 지려 하지 않는다. 그리고 우리들은 부도덕한 꿈 속에서 세세하게 펼쳐진 형성물 전체를 잠이 깬 뒤에 자신이 도덕적으로 강하다는 자각에서 웃어넘길 수 있겠지만, 그 근본적인 형성 요소는 결코 웃어넘길 수 있는 것이 아니다. 우리들은 꿈꾸는 사람의 오류에 대해서는 전부는 아닐지라도 그 일부에 대해서는 책임이 있다고 느낀다. "요컨대 우리들은 '악한 생각은 마음에서 온다'는 예수의 말을 이처럼 공격하기 어려운 뜻으로 해석한다. 그렇다면 우리들은 꿈 속에서 저질러진 어떤 죄악도 적어도 죄과의 극소량을 가지고 있다고 확신하지 않을 수 없을 것이다."

힐데브란트는 유혹의 사상으로서 낮 동안에 우리들의 마음을 사로잡는 악한 충동의 싹과 암시 속에서 꿈의 부도덕성의 원천을 발견하고, 이 부도덕적인 여러 요소를 도덕적으로 인격을 평가함에 있어서 굳이 계산에 넣으려 하고 있다.

우리들이 다 아는 바와 같이 모든 시대의 경건한 사람들이나 성자들로 하여금 '나는 용서받지 못할 죄인이다'라고 탄식하게 만든 것이 바로 이와 같은 사상이며, 이 사상에 대한 동일한 평가이다.[19] 이러한 대조적인 표상이 널리 나타남에 관해서는 ─ 대개의 사람에게, 또 도덕적 영역 밖에서 ─ 의심의 여지가 없을 것이다.

이에 관한 판단은 종종 그다지 진지하게 생각되지 않는다. 스피타는 A. 젤렐의 이 점에 대한 다음과 같은 견해를 인용하고 있다. "정신이 항상 완전한 힘을 보유하고, 또 정신이 하찮은 생각뿐 아니라 매우 이상한 모순된 표상에 의해 자기 사상의 항상적이고 명확한 진행이 중단당하는 일이 없을 정

---

19) 종교 재판이 우리들의 테마에 대해 어떤 태도를 보여주는가를 살펴보는 것은 매우 흥미롭다. 토마스 카레나의 《신성 종교 재판소의 형벌에 관하여》1659년에는 이런 대목이 있다. "누군가 꿈 속에서 이단적인 말을 하면 종교 재판소는 그 말로 미루어 그 사람의 생활 태도를 규정 짓는다. 왜냐 하면 수면 중에는 흔히 낮에 그 사람의 마음을 점령했던 일이 다시 나타나기 때문이다."

도로 훌륭하게 조직되어 있는 경우는 매우 드물다. 그뿐 아니라 최대의 사상가까지도 이 꿈과 흡사하고, 비웃는 것 같은 번거로운 표상의 무리가 그들의 가장 심원한 고찰이나 신성하고 진지한 사색을 어지럽히기 때문에 불평을 하지 않을 수 없었다."

힐데브란트의 다른 의견은 이 대조 사상의 심리학적 위치를 더 분명하게 조명해 준다. 그에 의하면 꿈은 깨었을 때에 대체로 우리들에게 닫혀져 있는 우리들의 본성의 깊이와 구김살을 보여준다고 한다. 이와 같은 인식을 칸트는 《인류학》에서 이렇게 말하고 있다. "꿈은 우리들에게 감추어진 소질을 발견케 하기 위해, 그리고 또 우리들이 현재 있는 대로의 것이 아니고, 만일 다른 교육을 받았더라면 그렇게 되어 있었을 것을 우리들에게 게시하기 위해 존재하는 것이 아닐까." 라데스토크는, "꿈은 종종 우리들에게 다만 우리들이 자기 자신에게 고백하고 싶어하지 않는 것만을 게시한다. 그러므로 우리들이 꿈을 거짓말쟁이라든가, 사기꾼이라고 비난하는 것은 잘못된 일이다"라고 말했다.

J. E. 에르드먼은 이렇게 말하고 있다. "꿈은 나에게 단 한 번도 어떤 사람에 관해 어떻게 생각해야 좋은가 하는 것을 게시해 준 일이 없다. 그러나 내가 어떤 사람을 어떻게 생각하고 있는가, 또 그 사람에 관해 내가 어떤 태도를 취하고 있느냐 하는 것은 지금까지 이미 여러 차례 꿈을 통해 배워 알고 있다." 그리고 J. H. 피히테도 거의 같은 말을 하고 있다. "우리들의 꿈의 성격은 우리들의 전체적 기분을 우리들이 각성시의 자기 관찰을 통하여 아는 것보다도 더 충실하게 전체적으로 조명해 주는 거울이다."

우리들이 이미 알고 있는 사실, 즉 각성시에는 결여되어 있거나 하찮은 역할밖에 하지 않는 다른 표상 재료를 꿈은 자유자재로 구사한다는 사실에 우리가 관심을 쏟는 이유는 베니니와 폴켈트의 다음과 같은 말에 의한 것이다. 베니니는 "스스로 질식해서 죽고, 또 완전히 소모했다고 생각되는 우리들의 성질이 재생된다. 묻혀 버린 오래 된 정열이 되살아난다. 우리들이 생각지도 않았던 사람이 우리들의 눈앞에 나타난다"라고 말한다.

폴켈트는 이렇게 말한다. "깨어 있는 의식 속으로 은밀하게 들어와서 아마 그 의식에 의해서는 두 번 다시 절대로 생각이 떠오르지 않는 표상도 또 그것이 여전히 마음 속에 살고 있음을 꿈에서 우리들에게 알려 주는 일이 자주 있다." 또 실라이에르마하에 의하면 잠이 들 때 이미 '바람직하지 못한' 표상형상이 뒤따라 일어난다는 것이다. 그러므로 우리들은 부도덕한 꿈이나 조리가 맞지 않는 꿈 속에 나타나서 우리들에게 의혹을 갖게 하는 표상 재료 전체를 총괄해서 '바람직하지 못한 표상'이라고 불러도 좋을 것이다.

도덕적 영역에서의 바람직하지 못한 표상은 우리들의 그 밖의 감정에 대립되는 것이라고 인정되지만, 그것 이외의 바람직하지 못한 표상은 우리들에게 단지 이상하게 생각될 뿐이라는 점에 어떤 중대한 차이가 있다. 이 차이를 보다 깊은 인식에 의해 폐기할 수 있는 시도는 여태까지 한 번도 행해진 적이 없다. 그런데 꿈 속에 바람직하지 못한 표상이 나타나는 것은 어떤 의미를 갖는가? 이처럼 각성시와는 정반대되는 도덕적 충동이 밤에 일어나는 것을 감안할 때 각성시의 마음이나 꿈꾸는 마음의 심리학에 어떤 결론을 내릴 수 있을까?

이 점에 관해서 새로운 의견의 차이가 생겨서 각 연구자가 또다시 두 그룹으로 나뉘어진다. 힐데브란트의 견해나 이를 기초로 삼은 연구자들의 견해를 추구해 나가면, 부도덕한 충동에는 각성시에도 어떤 힘이 내재되어 있는데, 그것이 행동으로 되지 않도록 억제되어 있다고 할 수밖에 없다. 그것이 수면 중에는 어떤 것이 장애물처럼 작용하여 그러한 충동의 존재를 우리들에게 인식시키지 않으려는 어떤 것이 없어진다는 식으로 생각된다.

꿈은 이처럼 인간 모습 전체는 아니라도 있는 그대로의 인간 모습을 나타낸다. 그리고 꿈은 감추어진 심적 내부를 우리들에게 말해 주는 하나의 수단이다. 힐데브란트는 이런 전제를 밑바탕으로 하며 비로소 꿈에는 경고자의 역할이 있다고 생각할 수 있었던 것이다. 즉, 꿈은 우리들 마음의 감추어진 도덕적 결함에 우리들의 주의를 돌리게 하는 경고자이므로, 꿈은 의사들과 마찬가지로 마치 여태까지 느끼지 않고 있던 몸의 질환을 의식에 통고하는 것과 같은 것이다. 스피타도 사춘기에는 마음 속에 흘러들어오는 자극원을 지적하면서 만약 각성시에 엄격한 도덕적 규제를 하고 있어서 부도덕한 생각이 떠오를 때마다 그것을 강력히 억제하는 사람이 해괴한 꿈을 꾼다면, 그것은 그로서도 어쩔 수 없는 일이라고 말하고 있다. 그러나 그의 이러한 견해의 밑바닥에는 역시 똑같은 생각이 있다고 보아도 좋을 것이다.

이런 견해에 따르면 '바람직하지 못한' 표상은 낮에는 '억제된' 표상이라고 할 수 있으며, 또 그런 표상이 나타나는 것은 반드시 그 사람의 마음에서 우러난 것이라고 보지 않을 수 없다. 다만 연구자들에 따르면 우리들은 위와 같은 결론을 내릴 권리가 없어진다. 예센은 꿈속에서도 각성시에서도, 또 열이나 다른 원인으로 헛소리를 할 때에도, 바람직하지 못한 표상은 '작용을 멈춘 의지 활동과 내적 운동에 의한 형상이나 표상은 어느 정도 기계적인 과정의 성격'을 띤다고 본다. 부도덕한 꿈을 꾸는 사람의 표상 내용에 관해서는 그가 언젠가 듣고 본 일이 있기는 하지만, 그것이 그 자신의 심적 활동은 결코 아니라고 증명하고 있다.

이것이 과연 모리에 이르러서도 꿈 상태에 심적 활동을 무계획하게 파괴하는 대신, 그것을 그 구성 요소에 따라 분산시키는 능력이 있다고 보는지 의심스럽다. 모리는 도덕의 범주를 넘어서게 하는 꿈에 관해 이렇게 말한다. "우리들을 말하고 행동하게 하는 것은 우리들의 성향이기 때문에 양심은 종종 경고를 할 뿐이지 우리들을 결코 붙잡지는 않는다. 나에게도 나름대로의 단점과 나쁜 경향이 있다. 각성시에는 나도 그런 것과 싸우며, 또 가끔 이기는 수도 있다. 그런데 꿈 속에서는 반드시 진다. 그런 단점이나 나쁜 경황에 눌려서 망설임이나 겁도 없이 행동해 버린다……. 분명히 내 머릿속에 전개되어 꿈을 구성하는 모든 환상은 나의 무력한 의지가 그것을 억압하려고 노력하지 않고, 또 내가 느끼는 온갖 자극에 의해 나에게 암시된다."
《수면》

만약 꿈을 꾸는 사람들 가운데 현실에 존재하고는 있지만 억제되거나 숨겨져 있는 부도덕한 성향을 드러낼 능력이 꿈에 있다고 믿는 사람이 있다고 하면 모리만큼 그런 견해를 날카롭게 표현한 사람은 없을 것이다. "꿈은 인간의 벌거벗은 모습과 비참함을 보여준다. 인간의 의지를 멈추면 그는 즉각적으로 모든 정욕의 노리갯감으로 변한다. 그러나 각성시에는 양심·명예·공포감 등이 그것으로부터 지켜 준다."

그리고 다른 대목에서는, "꿈 속에서 보이는 것은 특히 인간의 본능적 모습이다……. 인간은 꿈 속에서 자연으로 돌아가는 것이다. 그러나 이미 얻어진 여러 관념이 그 사람의 정신 속으로 되돌아가는 일이 적으면 적을수록 꿈 속에서는 그런 관념과 모순되는 여러 경향이 정신에 대해서 보다 큰 작용을 한다"라고 말하고 있다.

그는 그러한 것의 실례로써 가장 격렬한 공격을 가한 바로 그 미신의 희생이 되고 있는 자기 자신의 모습을 그가 꾼 꿈이 보여주는 일도 많이 있다고 말하고 있다. 꿈 생활의 심리학적 인식에 대한 이 모든 견해의 가치는 모리의 경우 그가 꿈 생활을 지배하고 있다고 말하는 '심리적 자동 현상'의 증명 이외의 것을 그의 관찰 현상 중에서 찾지 않았기 때문에 손상되고 있다. 그는 이 자동 현상을 심적 활동과는 대립되는 것으로 보고 있다.

스트리커의《의식의 연구》가운데는 이런 대목이 있다. "꿈은 단지 착각으로만 성립된 것이 아니다. 이를테면 꿈 속에서 도둑을 두려워할 경우 확실히 그 도둑은 환상에 지나지 않지만, 공포는 현실이다." 이렇게 해서 우리들은 꿈 속에서의 감정 발생을 미루어 사람들이 흔히 그 밖의 꿈 내용에 대해서는 착각이라는 판단을 내리지 않는다는 것을 알게 되고, 거기에서 다음과 같은 문제가 발생하는 것이다. 즉, 꿈 속에 나타나는 여러 심적 과정 중의 어느 것이 현실인가. 다시 말해서 어느 것이 각성시의 여러 심적 과정 속에 놓여질 수 있는 권리를 요구할 수 있는가 하는 문제이다.

[7. 꿈의 이론과 기능]

지금까지 고찰해 온 여러 가지 꿈의 성격 중에서 가능한 한 많은 것을 하나의 관점에서 설명하고자 한다. 여기에서는 보다 광범위한 영역의 꿈 현상에 대한 위치를 규정하는 견해를 하나의 이론이라고 불러도 무방할 것이다. 각각의 꿈 이론이 서로 구별되는 것은 그 이론이 꿈의 본질적인 면 중에서 어느 성격을 부각시켜서 거기다 여러 해석이나 관계를 맺어 주느냐 하는 점에 있다. 꿈의 한 가지 기능, 즉 효용성이나 그 밖의 능력을 꼭 그 이론에서 끄집어낼 필요는 없지만, 일반적으로 목적론을 지향하는 우리들의 기대는 꿈의 한 가지 기능을 고찰하는 데 연관되어 있는 이론을 환영한다.

이런 의미에서 우리들은 이미 많든 적든 꿈 이론의 명칭에 해당될 만한 몇 가지 견해를 보아 왔다. 꿈은 인간의 행위를 인도하기 위한 신의 계시라는 옛 사람들의 믿음은 꿈에 관한 모든 것을 설명해 준 하나의 완전한 꿈 이론이었다. 꿈이 생물학적 연구의 대상이 된 이래 꿈 이론의 연구는 많이 늘었으나, 그 중에는 불완전한 것도 적지 않다. 모든 꿈 이론을 총망라한다는 것은 무리한 일이므로, 꿈에 있어서의 심적 활동의 척도와 종류에 관한 근본적인 가설에 따라서 꿈 이론을 구분해 보면 다음과 같다.

(1) 각성시의 완전한 심적 활동이 꿈 속에서도 이어진다는 이론델베우프: 이 이론에서는, 마음은 수면을 취하는 법이 없고, 심적 장치는 상처받는 일이 없다. 그러나 각성시와는 다른 수면 상태가 갖는 조건하에 있기 때문에 마음은 정상적으로 작용하더라도 각성시와는 다른 결과를 불러일으킨다. 이와 같은 이론의 문제점은 과연 이 이론에 의해 각성시의 생각과 꿈의 차이점을 수면 상태의 조건에서 끄집어낼 수 있느냐 하는 여부에 달려 있다.

게다가 이 이론에 의해서는 꿈의 한 가지 기능조차 명백히 규명되지 않는 것 같다. 따라서 사람은 무엇 때문에 꿈을 꾸는가, 또 심적 장치는 그것이 미리 예상되어 있지 않았던 것 같은 상황 속에 옮겨졌을 때에도 역시 왜 작용을 그대로 계속하는가 하는 것이 밝혀지지 않는다. 꿈을 꾸지 않고 자느냐, 혹은 방해하는 자극이 왔을 때는 눈을 뜨느냐 하는 것이 유일한 목적에 적합한 반응이 되어 세 번째 반응으로서의 꿈을 꾼다는 것이 합리적인 것으로 된다.

(2) 반면에, 꿈에서는 심적 활동이 저하되고 여러 가지 관련이 해이해져 적당한 재료가 빈약해진다는 이론: 이 이론에 따르면 델베우프의 이론과는 아주 다른 꿈의 심리학적 성격이 묘사되지 않을 수 없다. 잠은 마음 전체를

바로잡아 외부 세계로부터 마음을 차단시키는 것이며, 오히려 심적 기구로 파고들어가서 경우에 따라서는 이 기구를 사용할 수 없게 만든다.

　정신병리학에 비유하면 (1)의 이론들은 꿈을 하나의 망상증처럼 구성하고, (2)의 이론들은 꿈을 정신 박약이나 섬망의 예로 삼는다. 의사나 연구자들은 대개 꿈의 생활에서는 수면에 의해서 마비된 심적 활동의 일부밖에 나타나지 않는다는 이론을 취한다. 꿈 해석에 대한 일반적인 관심을 생각하는 한에서는 아마도 이것을 '지배적인' 이론이라고 해도 무방할 것이다. 그러나 여기서 반드시 지적해 두어야 할 것은, 바로 이 이론이 꿈의 설명에서 부딪히게 되는 가장 난해한 점, 즉 꿈에 의해 구상화되어 있는 몇 가지 모순점들이 어떻게 풀고 있느냐 하는 점이다.

　이 이론에 따르면 꿈은 부분적인 각성의 산물이기 때문에헤르발트는《꿈의 심리학》에서 '점진적이고 부분적이며 매우 변칙적인 각성'이라고 표현했다, 이 이론은 점차 진행 중인 각성에서 완전한 각성에 이르기까지의 모든 상태에 의해 터무니없다고 인정되어진 꿈의 열등한 기능으로부터 완전히 집중화된 사고 기능에 이르기까지의 전체 계열을 설명할 수 있다. 생리학적 설명 방법은 필요불가결한 것이라거나, 또는 그 편이 보다 학문적이라고 생각하는 사람은 빈츠의 서술을 눈여겨 보면 된다.

　"그런데 이마비 상태는 새벽녘이면 점점 종말에 가까워진다. 뇌단백질 속에 쌓인 피로 요소는 점차 감소되어 차차 분해도가 높아지거나, 혹은 쉬지 않고 활동하는 혈액의 흐름에 의해 씻겨진다. 이미 여기저기서 개개의 세포군이 눈을 뜨고 활동하기 시작하지만, 주위에서는 아직 모두가 마비 상태 속에서 자고 있다. 이때 '개개의 집단에서 고립된 작업'이 우리들의 몽롱한 의식 앞에 나타나지만, 이 작업에는 연상을 지배하는 뇌의 다른 부분의 통제가 결여되어 있다. 그리하여 만들어진 형상은 대개 가까운 과거의 물질적인 상에 합치되지만, 그것은 무질서하고 거칠다. 따라서 자유롭게 된 뇌세포의 수는 점점 많아지고 꿈의 터무니없는 성질은 점점 감소된다."

꿈꾸는 것을 불완전한 부분적 각성으로 보는 견해나, 혹은 이런 견해에 영향을 받은 흔적은 확실히 근세의 모든 생리학자나 철학자에게서 찾아볼 수 있다. 그 대표적인 사람은 모리이다. 그는 마치 각성 상태나 수면 상태를 해부학적 부위에 따라 자유롭게 이동시킬 수 있는 것으로 생각하는 것 같다. 물론 그런 경우, 모리는 해부학적 일부분이 특정한 심적 기능의 하나와 서로 결합되어 있다고 생각한다. 그러나 나는 여기에서 다만, 만일 부분적 각성의 이론이 확증된다 해도 이 이론의 가장 세밀한 부분을 굳히려면 대단히 많은 문제를 논하지 않으면 안 될 것이라는 사실만을 지적하는 것으로 그치겠다.

꿈 생활을 이 이론과 같이 해석한다면 꿈의 기능 같은 것을 생각도 못 하게 된다. 그보다는 오히려 빈츠 쪽이 더 철저하게 꿈의 위치와 의의를 판단하고 있다. "우리들이 아는 바와 같이, 모든 사실은 어떠한 꿈도 쓸모 없고 병적인 '신체적'인 문제로 규정하게 만든다……." 꿈에 있어서 '신체적'이라는 말을 쓴 사람은 빈츠인데, 이 말은 복수적인 의미를 내포하는 것 같다. 그 첫째로, 이 말은 꿈의 원인론에 관계된다. 빈츠가 자극으로써 꿈을 실험적으로 만들고 있는 것은, 그가 꿈 발생에 특히 관심을 가졌기 때문이다. 즉, 꿈에 대한 자극원을 가능한 한 신체적인 면에서 구하는 것은 이런 종류의 꿈 이론과 관련이 있는 것이다.

극단적으로 말하면 이러하다. 우리들이 자극을 피해서 수면 상태로 들어가면 아침까지 꿈을 꿀 필요도 없거니와 꿈을 꿀 까닭도 없는 것이다. 아침

이 되면 점차적인 각성은 새로이 오는 자극에 의해 꿈의 여러 현상 속에 반영되는 경우가 있을 수 있겠지만, 그러나 전혀 자극 없이 수면을 취하기는 불가능하다. 메피스토펠레스가 탄식하듯이 수면 중인 사람에게는 사방에서 ― 밖에서, 안에서, 아니 각성시에는 전혀 신경 쓰지도 않았던 모든 신체 부위에서 여러 가지 자극이 밀려온다. 그래서 수면이 어지럽혀지고 마음은 어떤 때는 이쪽을, 어떤 때는 저쪽을 꼬집히는 바람에 수면을 방해받게 되는데, 그렇게 되면 그 깨어난 한 부분이 잠시 동안 활동을 하다가 다시 또 깊은 잠으로 빠져든다.

꿈은 자극에 의해 수면에 방해를 받는 데 대한 반응으로서, 매우 보잘것없는 반응이다. 아무튼 심적 기관이 만들어 낸 것이 분명한 꿈을 신체적인 한 과정이라고 생각하는 데는 또 다른 이유가 있다. 꿈을 거부하는 것은 심적 과정의 '존엄성'이다. 여태까지 꿈 연구시에 곧잘 인용되어 온 '음악에는 도무지 문외한이 피아노의 건반 위를 열 손가락으로 움직이고 있다'고 하는 비유야말로 정밀 과학의 대표자들로부터 꿈 작업이 받아온 평가를 가장 분명하게 전해 주는 것이다. 이 견해로써는 꿈이란 무엇인가 하는 것이 전혀 해석되지 않는다. 왜냐 하면 음악을 전혀 모르는 사람이 열 손가락으로 피아노 연주를 한다는 것은 이치에 어긋나기 때문이다.

꿈을 부분적 각성이라고 하는 이론에 대해서는 일찍부터 많은 반론이 있어 왔다. 1830년에 부르다흐는 이렇게 말한 바 있다. "꿈은 부분적 각성이라고 하지만, 그것으로 수면이나 각성의 설명이 되지는 않는다. 그리고 그것은 단지 마음의 어떤 힘이 쉬고 있는 동안 약간의 다른 힘이 꿈 속에서 활동하고 있다는 설명만을 하고 있는 데 불과하다. 이런 불균형은 수면 중일 때가 아니라, 언제든지 일어나는 일인 것이다……."

꿈을 '신체적' 과정이라고 하는 가장 유력한 꿈 이론에 따라 매우 흥미로운 꿈 해석이 이루어졌다.

로버트는 1886년에 꿈을 꾸는 것에 하나의 기능 또는 유익한 결과가 있다고 하여 우리들의 흥미를 끈 바 있다. 로버트 이론의 토대에는 두 가지의 관찰 사실이 놓여 있다. 이 관찰 사실에 관해서는 이미 꿈 재료를 논하면서 언급한 바 있다. 즉, 첫째로 꿈에 자주 등장하는 것은 낮 동안의 자질구레한 인상이라는 것이고, 둘째로는 낮 동안에 일어난 중대한 관심사는 좀처럼 꿈 속에 나타나지 않는다는 것이다. 로버트가 확인하고 있는 것은, 충분히 고려된 사물은 결코 꿈을 만드는 원인이 되지 않고 어설프게 얼른 스쳐간 일만이 언제나 꿈의 형성 요인이 된다는 것이다. "꿈이 해석되지 않은 대부분의 경우는 꿈의 원인이 '꿈꾼 사람이 충분히 인식하지 않고 끝난 날에 대한 감각 인상'에 있기 때문이다."

따라서 어떤 감각 인상이 꿈에 나타나기 위한 조건은, 그 인상이 용해 과정에서 방해를 당했거나, 또는 너무 하찮은 것이어서 용해될 가치조차 없어진 둘 중의 하나이다. 그런데 로버트는 꿈을 '그 정신적 반응 현상 속에서 인식되는 하나의 신체적 분비 과정'이라고 간주한다. 꿈이란 싹 안에서 질식된 관념의 분비물이다. "인간에게서 꿈꾸는 능력을 빼내 버린다면 그는 당장에 미쳐 버릴 것이다. 왜냐 하면 인간의 뇌 속에는 충분히 고려되지 않은 수많은 관념과 어설픈 인상들이 쌓여 있기 때문에 그 중압으로 완성된 것으로서 기억에 동화되어야 할 것들이 전체적으로 질식해 버리기 때문이다." 꿈은 무거운 짐을 진 뇌의 안전 장치로서의 구실을 하고 있다꿈은 마음의 무거운 짐을 덜어 주는 구제력을 갖는다.

만약 로버트에게, 그러면 도대체 꿈 속에서 어떻게 마음의 짐이 덜어지는

가 하고 묻는다면, 그것은 그의 말뜻을 이해하지 못했다는 증거일 것이다. 그는 분명하게 위의 꿈 재료의 두 가지 특색에서 다음과 같은 결론을 내렸다. 즉, 수면 중에 무가치한 인상을 그런 형태로 방출한다는 것은 '어떤 방법으로든' 신체적 과정으로서 행해지는 것이므로 꿈은 결코 특별한 심적 공정이 아니라, 우리들이 그 방출 작업에 대해 받는 보고에 지나지 않는다는 것이다. 하여튼 이러한 방출은 밤중에 마음 속에서 일어나는 유일한 것이 아니다. 로버트는 이에 덧붙여서 그 밖에 낮 동안의 여러 자극이 가공되어서 "소화되지 않은 채 정신 속에 남아 있는 관념의 소재 중에서 방출되지 않은 것은 공상으로부터 빌려온 관념의 실마리에 의해 완성된 전체에로 결합되는데, 이렇게 해서 나쁘지 않은 공상의 그림으로서 기억에 들어가게 된다"라고 말하고 있다.

그러나 로버트의 이론은 꿈 원천의 견해에서 위의 지배적인 이론과 정면으로 대립한다. 위의 이론에서는 내적·외적인 자극들이 마음을 깨우지 않으면 애당초 꿈꿀 일이 없다고 하는데, 로버트의 이론에 의하면 꿈을 꾸는 유인은 마음 그 자체 속에 너무나 많은 짐이 있어서 그 짐을 덜려고 하는 의지에 있는 것이다. 그래서 그는 신체의 상태 속에 있는 꿈을 제약하는 여러 원인은 각성시의 의식에서 가져온 꿈 형성의 재료를 단 하나라도 갖지 않은 정신을 꿈꾸게 하는 일이란 결코 없으며, 또 꿈 속에서 마음의 심층으로부터 발생해 오는 공상상空想像이 신경 자극의 영향을 받는다는 사실은 인정되어야 한다고 결론 내리고 있다.

이것을 보더라도 로버트는 반드시 꿈을 전적으로 신체적인 것에 의존시키고 있지는 않다. 물론 꿈은 심적 과정이 아니므로 각성시의 여러 심적 과정 속에 위치해 있는 것은 아니지만, 꿈은 심적 활동이라는 장치에 의해 일어나는 밤마다의 신체적 과정이므로, 이 장치를 지나친 긴장에서 보호하는 기능을 완수해야 한다. 꿈 재료의 선택에 뚜렷하게 나타나는 꿈의 똑같은 여러 성격 위에 자기 이론을 세우고 있는 또 다른 연구가는 들라즈이다. 우리는 여기서 똑같은 문제 연구에 있어서 그 출발점이 조금이라도 다르면 전혀 다른 결론이 나온다는 것을 들라즈의 소론에서 관찰할 수 있다.

그는 어떤 친한 친구를 잃고 나서 스스로 경험한 바에 따라 다음과 같은 사실을 발견했다. 즉, 사람은 하루 종일 머리를 점령한 것을 꿈꾸지 않는다. 만약 꿈을 꾼다 해도 그것은 낮의 관심이 그 밖의 다른 것으로 옮겨지고 난 뒤의 것이다. 다른 사람들에 관해서 조사해 본 결과도 그와 같음을 확인할 수 있었다. 들라즈는 훌륭한 예를 들고 있다. 그것은 젊은 부부들이 꾸는 꿈에 관한 것이다.

"젊은 남녀는 서로 열렬히 사랑할 때, 즉 혼전이나 신혼 여행 중에는 서로에 관한 꿈을 절대로 꾸지 않는다. 흔히 그들이 외설스런 꿈을 꾸었다고 해도 그것은 자신들과 아무런 관계도 없는 사람과의 불륜의 꿈이다."

그런데 어떠한 꿈을 꾸는가? 들라즈는 우리들의 꿈 속에 나오는 재료가 아주 오래 전이거나 최근의 인상의 잔재에서 나오는 것이라는 것을 인정한다. 우리들의 꿈에 나오는 것으로서 우리가 처음에는 꿈 생활의 창조로 간주하고 싶어지는 것은 모두 자세히 검토해 보면 인식되지 않았던 것의 재현, '무의식의 기억'이라는 것이 판명된다. 그러나 이 표상 재료는 어떤 공통적 성격을 나타내며, 그것은 우리들의 정신보다도 우리들의 감각을 보다 강하게 때린 인상이나 혹은 그것이 나타나자마자 주의가 그 곳에서 딴 곳으로 쏠린 그런 인상에서 유래되고 있다.

어떤 인상이 인식되는 일이 적으면 적을수록, 그리고 그때의 인상이 강하면 강할수록 그 인상은 그 후에 꾸어질 꿈 속에서 어떤 역할을 할 가능성이 짙다. 그것은 본질적으로 로버트가 지적하고 있는 것과 같은 두 가지 범주의 인상, 즉 사소한 인상과 끝이 나지 않은 인상이다. 그는 이들 인상이 꿈 속에 나올 수 있게 되는 것은 그것들이 사소한 것이기 때문이 아니라, 아직 정리되지 않은 것이라고 생각하고 있기 때문이라고 보았다. 사소한 인상이라고는 하지만 어떤 의미에서는 완전히 끝이 났다고 할 수가 없으며, 그런 사소한 인상은 역시 그 성질상 '남아 있는 긴장의 태엽'이기 때문에 수면 중에 그것이 풀리지 않는다고 볼 수도 있다.

또한 소화 과정에서 우연하게 막히거나 고의적으로 억압된 강력한 인상은 꿈 속에서 거의 고려되지 않는 인상보다도 더 많은 역할을 하기가 쉽다. 억압에 의해 하루 종일 축적된 심적 에너지는 밤에 꿈의 원동력이 된다. 꿈 속에서는 심적으로 억압된 것이 그 모습을 드러낸다.[20] 여기서 들라즈의 견해가 끊어지는 것은 유감이다. 그는 꿈 속에서의 독립된 심적 활동에 극히 미미한 역할밖에 부여하지 않고 있다. 그래서 그의 꿈 이론은 이 부분에서 '뇌의 부분적 수면'이라는 유력한 견해에 흡수되어 버린다. "꿈은 목적도 방향도 없이 방황하는 사고의 산물이기 때문에 꿈 사고는 여러 기억에 차례차례로 안착된다. 그런 기억은 그 사고의 도상道上에 있다가 사고가 진행하는 것을 막을 정도의 강력한 힘을 갖고 있다. 또 그 사고는 뇌의 실재적인 활동이 활발하든 부진하든 간에 수면에 의해서 금지되는 정도에 따라, 그런 기억 상호간에 약하고 애매하거나, 혹은 더욱 강하고 긴밀한 관련을 갖는다.

(3) 각성시에는 마음이 특수한 작업을 하는 능력과, 경향이 전혀 없거나 아니면 불완전한 방법으로만 행해진다는 이론 : 대개의 경우에 꿈의 유일한

---

20) 아나톨 프랑스가 이와 비슷한 말을 하고 있다. "우리들이 꿈에서 보는 것은 낮 동안에 우리들이 도외시한 것의 잔재이다. 꿈은 경멸된 사실의 복수이고, 버림받은 사람들의 비난의 소리이다."《빨간 백합화》

한 가지 기능은 이들 여러 기능의 작용에서 생겨난다. 초기의 심리학자들이 꿈에 대해 내린 평가가 이에 속한다. 그러나 나는 그 평가들 대신에 부르다흐의 견해를 소개하겠다. 부르다흐는, "꿈은 마음의 자연스러운 활동이므로 이 활동은 개성의 힘에 의해 제지되거나 자의식에 의해 방해되지도 않으며, 자기 규제에 의해 조절되지도 않으면서 감각적 중심점의 자유로운 유희를 즐기는 생명력이다"라고 말하고 있다.

부르다흐와 그 밖의 연구가들은 이렇게 자기의 힘을 써서 자유 자재로 즐기는 것을 마음이 낮의 활동을 위해서 새로운 힘을 축적하는 상태, 즉 일종의 휴가와 같은 것이라고 주장한다. 그러므로 부르다흐는 꿈의 섭리를 찬양한 시인 노발리스의 다음과 같은 말을 인용하고 있다. "꿈은 규칙적이고 평범한 인생을 위해 세워진 바리케이드이며, 속박된 공상의 자유로운 휴식이다. 공상은 꿈 속에서 인생의 모든 형상을 혼합시켜, 성인의 진지함은 즐거운 아이들의 유희에 의해 중단된다. 꿈이 없다면 우리들은 틀림없이 더 빨리 노쇠할 것이다. 그래서 꿈은 하느님이 주신 것이 아니라 해도 귀중한 과제이므로, 무덤으로 향한 순례에서의 다정한 동반자라고 할 수 있다."

또 푸르킨네는 꿈이 심적 활동을 돕는다는 것을 더욱 철저하게 말하고 있다. "특히 생산적인 꿈이 기능들을 연결시켜 준다. 그것은 낮의 일과는 아무런 상관도 없는 상상적인 놀이이다. 마음은 각성시의 긴장을 계속하려 하지 않고 그것으로부터 벗어나려 한다. 마음은 우선 각성시의 긴장에 대한 반대 상태를 만들어 낸다. 마음은 기쁨에 의해서 슬픔을, 사랑과 우정에 의해서 증오를, 용기와 믿음에 의해 두려움을 치유한다. 또 군건한 믿음에 의해 의심이 풀어지고 충족에 의해 헛된 기대를 달랜다. 낮 동안 노출되어 있는 마음의 많은 상처는 수면으로 덮어 주고 새로운 자극으로부터 보호해

줌으로써 치유된다. 시간의 고통을 치유하는 활동의 일부는, 이것에 의존하는 것이다."

우리들은 모두들 심적 상황에 있어서 꿈이 하나의 은혜라고 느낀다. 그리고 사람들의 의식 속에 내재해 있는 막연한 예지는 꿈이 수면의 은혜를 베풀어주는 길이라는 선입관을 결코 버리려 하지 않았다. 1861년에 세르너는 수면 상태에서 비로소 자유롭게 펼쳐지는 특수한 심적 활동으로 꿈을 설명하려는 시도 가운데서 가장 독창적이고 광범위한 연구를 착수했다. 세르너의 저서는 매우 난해하고 과장된 문체로 씌어 있는데다가, 자기가 취급한 대상에 완전히 도취되어 있는 탓에 공정한 입장에서 이해할 수 없고, 이것을 분석하려면 많은 어려움이 뒤따를 것이다. 그래서 세르너의 견해를 간결하게 평가한 철학자 폴켈트의 서술을 인용하겠다. "확실히 신비스러운 봉우리가 화려하고 빛나는 파도 속에서 의미 심장한 광휘를 발하고 있으나, 그것으로 이 철학자의 길은 결코 밝아지지 않는다."

세르너의 서술은 그들 동료들 사이에서조차 이런 평가를 받고 있다. 즉, 그는 여러 가지 심적 능력이 고스란히 꿈 속으로 이입된다는 것을 인정하지 않는다고, 그는 자아의 중심성이나 자동적 에너지가 꿈 속에서 어떻게 힘을 상실하는가, 그리하여 인식력·감수력·의지력·표상력이 어떻게 변화되는가, 또 정신력의 잔재에 참다운 영적 성격은 있을 수 없고, 어떻게 해서 단지 어떤 메커니즘의 성질밖에 없는가를 매우 세밀하게 쓰고 있다.

그러나 꿈 속에는 '공상'이라고 불리는 심적 활동이 일체 오성의 지배를 받지 않으므로, 따라서 엄격한 척도를 벗어나 무한한 지배권을 갖게 된다. 물론 환상이라는 이 심적 활동은 각성시의 기억을 궁극적인 토대로 하고 있으나, 그 토대 위에 각성시에 만들어 낸 것과는 전혀 다른 건물을 짓는다.

즉, 꿈 속에서 그것은 '재생산적일 뿐만 아니라 생산적이기도' 한 것이다.

이러한 심적 활동의 여러 특성 때문에 꿈 생활의 특수한 성격이 부여된다. 꿈은 특히 '터무니없는 것, 과대한 것'을 즐긴다. 그러나 동시에 그것은 방해하는 사고 영역으로부터 해방됨으로써 유연성·민첩성·변전성變轉性이 각 상시보다 훨씬 더 증대된다. 그리고 또 미묘한 정서적 자극이나 성적 감정에 대해 극도로 예민해져서 내면의 삶은 즉각적으로 외적 형태로서의 구상성具象性을 띤다.

꿈의 공상은 '개념어'를 사용하지 않고 구상적으로 표현한다. 꿈에서는 개념에 의해 약화되는 일이 없기 때문에 꿈의 공상을 나타내고자 하는 것을 최대한으로 자유롭고 활발하게 묘사한다. 꿈의 말이 아무리 확실한 것이 같아도 난해하고 애매한 이유는 이 때문이다. 꿈의 말을 특히 불투명하게 만드는 것은 꿈의 공상이 어떤 일을 본래대로 표현하기를 거부하고 전혀 관계 없는 형상을 취하여 — 물론 이 관계 없는 모습이 꿈 공상이 의도하는 것의 어떤 요소만을 표현할 수 있는 한에서 — 말하려 하기 때문이다. 이것이 공상의 '상징화 활동'이다.

또 꿈의 공상이 대상을 완벽하게 묘사하는 것이 아니라, 다만 대충의 윤곽만을 자유로이 묘사한다는 것은 매우 중요한 점이다. 그래서 꿈의 영상에는 천재의 숨결이 살아 숨쉬는 것처럼 느껴진다. 그러나 꿈의 공상은 단지 사물을 묘사하는 것만으로 만족하지 않는다. 그것은 꿈의 자아가 많든 적든 간에 어쩔 수 없이 내적으로 그 대상과 결부시켜 하나의 연극과 같은 것을 만들어 낸다. 예를 들면 시각 자극에 의해 생기는 꿈은 길에 떨어져 있는 돈을 나타낸다. 꿈꾸는 본인은 좋아라고 그 돈을 주워서 가지고 간다.

세르너에 따르면, 꿈의 공상이 그 공작의 예술적 활동에서 사용하는 재료는 주로 낮 동안에 뚜렷하지 않았던 기관적 신체 자극이다. 그래서 이러한 세르너의 공상적인 이론과 상반되는 생리학적 이론에 따르면, 꿈은 마음이 신체 내부에 자극하는 반응을 그 자극에 알맞은 어떤 관념의 형상화로써 이루어지며, 다시 이 관념은 연상에 의해 몇 가지 다른 관념의 도움을 받는 것이다. 세르너에 의하면 신체 자극은 마음의 공상적 의도에 도움이 될 수 있는 재료를 부여하는 것에 지나지 않는다. 세르너는 꿈 형상이 만들어지는 것은 다른 사람의 눈에 띄지 않을 때 비로소 시작된다고 생각했다.

물론 꿈 공상이 신체 자극을 취하여 나타내는 것을 바람직한 것이라고 생각할 수는 없다. 꿈의 공상은 신체 자극을 희롱하고 꿈 속에서 그 자극이 일으키는 원천적인 기관을 조형적인 표상으로 형상화한다. 그런데 세르너는, 꿈 공상은 인간의 신체 전체에 대해 가장 적절한 어떤 일정한 표현 방법을 갖고 있다고 생각한다이 점에 있어서 폴켈트와 그 밖의 논자들은 의견을 달리하고 있다. 이 적절한 표현 방법이란 '집'의 형상이다. 그러나 다행하게도 꿈 공상은 그 표현에 있어서 이 소재에만 국한되어 있는 것 같지는 않다.

그것은 또 내장 자극에 대해 길다랗게 집들이 늘어선 도로로서 나타내는 것과 같이, 개별적인 기관을 나타내기 위해 많은 집을 이용하기도 한다. 또 다른 경우에는 집의 각 부분이 실제로는 신체의 세부적인 부위를 표현한다. 예를 들면 머리가 아픈 꿈에서는 방의 천장이천장에 흉칙한 두꺼비같이 생긴 거미로 꽉 차 있는 것을 보기도 한다 머리로 표현된다. 집의 상징성을 완전히 무시한다고 해도 그 외의 다른 대상들은 꿈을 자극시키는 신체의 각 부분을 표현하는 데 이용된다.

"그래서 숨을 쉬는 폐는 공기 같은 아지랑이가 피어오르는 난로에 의해 상징되고, 심장은 빈 상자나 바구니로, 방광은 둥근 자루나 움푹하게 팬 물건으로 상징된다. 남성의 성욕을 자극시키는 꿈은 클라리넷의 끝부분이나 담뱃대 또는 담요 같은 것이 길 위에 떨어져 있는 것을 본다. 클라리넷이나 담뱃대는 남근을, 담요는 음모陰毛를 표현하는 것이다. 여성의 성욕을 자극시키는 꿈에서는 넓적다리 사이의 틈을 집에 둘러싸인 좁은 안마당으로 상징하고, 질膣은 집의 정원 한가운데를 뚫고 지나가는 매끄럽고 부드러운 길로 상징한다. 그래서 꿈꾸는 여성은 어떤 남성에게 편지를 전하기 위해 그 길을 걸어가야 하게끔 되어 있다." 폴켈트

특히 중요한 것은 신체 자극 꿈의 끝 무렵에 꿈 공상이 스스로 가면을 벗고, 그 흥분되어 있는 기관이나 그 기관의 기능을 사실대로 폭로하는 것이다. 예를 들면 치통을 앓고 있는 사람의 꿈은 이빨을 뽑는 장면으로 끝난다. 그러나 꿈 공상은 단지 흥분하고 있는 기관에만 주의를 돌리는 것이 아니라, 그 기관 속에 내포되어 있는 물질을 표상화의 대상으로 삼는 경우도 있다. 예를 들면 내장 자극의 꿈은 쓰레기로 꽉 찬 도로에 의해, 방광 자극의 꿈은 거품이 이는 물에 의해 표현되기도 한다. 혹은 자극 그 자체나 자극 상태의 성질이나 자극이 바라는 대상 같은 것이 상징화되어 표현된다. 또 꿈의 자아가 자기 자신의 상징화된 상태와 구체적으로 결합되어 버린다. 예컨대 고통의 자극을 받으면 물어뜯으려는 개라든가, 사납게 날뛰는 소와 절망적으로 몸싸움을 하거나, 성욕의 꿈에서 여성이 벌거벗은 남자에게 쫓기는 장면을 꿀 때와 같이.

이렇게 모든 것을 상징화하는 꿈의 작용은 언제나 꿈의 가장 중요한 힘이다. 폴켈트는 그의 저서에서 이런 공상의 성격을 한층 밀도 있게 통찰하고, 그와 같이 인식된 심적 활동을 철학적인 개념으로 파악하도록 훈련되어 있지 않은 사람에게는 매우 난해한 것이다. 그런데 세르너에 의하면, 꿈에 있

어서의 상징화의 공상 작용에는 이로운 기능이 전혀 없는 것 같다. 마음은 꿈을 꾸면서 마음에 전달된 자극과 어울려 희롱한다. 그런 것이 혹 정도에 어긋나는 것이라고 생각될지도 모른다. 그러나 또 세르너의 꿈 이론이 자의 적恣意的인 면이 있고 일반적인 연구 법칙과 모순되는 점이 많이 있음에도 내가 그것을 상세하게 소개했기 때문에, 거기에 어떤 특별한 목적이 있는 것이 아닐까 하고 의아해할지도 모른다.

그렇다면 여기서 나는 세르너의 이론을 잘 음미해 보지도 않고 무조건 배척하려는 태도를 부인할 때인 것 같다. 세르너의 이론은 베일에 가려져 있는 마음 속의 일을 꿰뚫어 보는 능력이 있으며, 자신의 꿈을 특히 주의 깊게 관찰한 사람이 꿈에서 얻은 인상 위에 수립된 이론이다. 또 세르너의 이론이 취급하고 있는 문제는 인간이 몇 천 년 동안 수수께끼로 여겨 온, 어떤 의미 심장한 뜻이 숨겨져 있다고 생각해 온 문제이다. 또 과학에서도 말해 주듯이 아무리 엄격한 과학이라 해도 일반적인 느낌과는 정반대로 꿈에 나타나는 문제의 대상에 뜻깊은 내용이나 의미가 있다는 것을 거부하는 것 외에는 아무런 도움도 주지 않았던 문제이다.

끝으로 우리들은 꿈의 해명에는 공상을 적용시키는 것이 피할 수 없는 일이라는 것을 인정해 두기로 하자. 또 신경세포의 공상성이라는 것도 있다. 앞서 인용한 빈츠와 같은 냉정하고 치밀한 연구자가 잠들어 있는 뇌피질의 세포군 위에 새벽의 여신이 올라앉는 것을 서술한 대목 같은 것은, 공상성이나 불확실성으로 보아 결코 세르너의 꿈 해석의 시도를 넘지 못한다. 꿈을 해석하려는 세르너의 시도의 배후에는 어떤 현실적인 것이 숨겨져 있다. 그러나 그 현실적인 것은 단지 희미한 정도에 불과한 것이며, 꿈 이론으로서 당연히 지녀야 할 보편성이 없다는 것을 표시할 수 있었으면 한다. 우선적으로 세르너의 꿈 이론은 의학적인 꿈 이론과 대조를 이루어 꿈 생활의 해명이 아직까지도 불안하게 흔들리고 있는 양극을 명확하게 보여주고 있다.

[8. 꿈과 정신병의 관계]

꿈과 정신 장애에 대한 관계를 논할 때는 다음 세 가지 문제를 고려해 보아야 할 것이다.

첫째는, 예컨대 어떤 꿈이 어떤 정신의학적 상태를 대표하거나, 그 단서를 제공해 주거나, 또는 그런 정신의학적 상태 후에 남아 있는 경우의 병인학적·치료학적 관계이며, 둘째는 정신병의 경우에 꿈 생활이 맞는 변화, 그리고 셋째는 꿈과 정신병 사이에 있는 내적 관계와 본질적인 친근성을 나타내는 유사 관계이다.

이 두 계열의 현상 사이에 있는 여러 관계를 옛 의학에서 ― 그리고 현대에서 또 새롭게 ― 스피타·라데스토크·모리·티시에 등의 저서에 씌어 있는 이 문제에 대한 문헌이 제시해 주듯 의사들의 마음에 드는 제목이며, 최근에는 신테 드 산크티스가 이 문제에 주목하고 있다.[21] 여기서는 이 중요한 문제를 잠깐 짚고 넘어가는 것이 좋을 것 같다.

꿈과 정신병의 치료학적 및 병리학적 관계에 관해 나는 다음과 같은 모범적인 관찰의 실례를 들고자 한다. 혼바바움의 보고에 따르면크라우스에 의함, 정신착란의 첫 증세가 종종 불안하고 무시무시한 꿈으로 시작되므로 정신착란의 유력한 관념이 이 꿈과 결부되고 있다. 산테 드 산크티스는 관찰을

---

21) 이러한 관계를 연구하는 새로운 연구가에는 페레·이델레로·라세그·피숀·레지·베스파·기슬러·카조두스키·파칸토니 등이 있다.

통한 망상 환자의 공통되는 점을 보고하면서, 꿈은 '광기를 결정하는 진정한 원인'이라고 말했다.

정신병은 망상적 해명을 포함한 활동적인 꿈과 더불어 나타나거나, 또 몇 가지 의심스러운 꿈을 통해 점차적으로 나타나는 경우도 있다. 산테 드 산크티스는 어떤 억압적인 꿈에 가벼운 신경증적 발작이 계속되다가 거기에서 불안한 우울 상태가 나타나는 것을 관찰했다.

페레는티시에에 의함 히스테리적 마비를 나타내는 꿈을 보고하고 있다. 정신장애의 첫 증세가 꿈에 나타난다고 할 경우에, 그것은 이 사정을 충분히 고려하는 것이기는 하지만, 위의 설명으로 보면 그 반대로 꿈이 정신 장애의 병인으로 되어 있다. 다른 여러 예에서 꿈 생활에만 한정되어 나타난다. 토마이어Thomayer는 전간성 발작과 같은 것으로 해석될 만한 '불안의 꿈'에 주목했다. 또 앨리슨Allison은 환자가 낮에는 아주 건강하지만, 밤에는 환각이나 조광燥狂의 발작을 일으키는 야간성 정신병에 대해 말했다라데스토크에 의함.

산크티스도 이와 유사한 보고를 하고 있다알코올 중독자의 편집증적 성격의 꿈, 아내에게 불의를 책망하는 소리. 티시에는 새로운 곳에서 병적 성격의 행동망상증이나 강박충동이 꿈에서부터 나오는 관찰 예를 많이 들고 있다. 기랑Guislain은 수면이 간헐적 광기의 대상으로 나타나는 사례를 보고하고 있다. 따라서 앞으로는 꿈의 심리학과 함께 꿈의 정신병리학이 의사들의 연구 과제가 될 것임은 분명할 것으로 여겨진다.

낮 동안에 건전한 기능을 한다 해도, 꿈 생활은 아직 정신병의 지배를 받을 수 있다는 것은 정신 질환의 회복 증세에서 특히 뚜렷하게 나타난다. 이 현상을 처음으로 주목한 사람은 그레고리였다고 한다크라우스에 의함. 마카리오는티시에 의함, 정신 질환이 완쾌된 지 1주일 만에 관념 도피와 이전의 격렬한 병 증세를 꿈 속에서 다시 체험한 조병躁病환자의 예를 들었다. 장기간의 정신병자에게서 볼 수 있는 꿈의 변화에 대한 연구는 지금까지 극히 미미한 정도에 불과하다. 이에, 반해 꿈과 정신장애 현상의 내적 관련성은 예로부터 주목되어 온 것이다.

모리에 의하면 최초로 이 내적 관련성을 지적한 것은 키바니스의 신체와 정신에 관한 보고이고, 이어서 레류Lélut·모로J. Moreau, 그리고 특히 철학자인 메느 드 비랑Maine de Biran이다. 확실히 양자의 비교 고찰은 훨씬 오래 전부터 행해져 왔다. 라데스토크는 이런 비교를 행한 저서에서 꿈과 광기의 유사성을 소개하고 있으며, 칸트는 어떤 대목에서, "미치광이는 눈을 뜨고도 꿈을 꾸는 인간이다"라고 말했다. 또 크라우스는, "광기는 감각이 깬 대로의 상태 안에서의 꿈"이라고 말했다. 쇼펜하우어는, "꿈은 단시간의 광기이며, 광기는 긴 꿈"이라고 불렀다.

하겐은 섬망을 수면에 의해서가 아니라 병에 의해서 야기된 꿈이 만드는 것이라고 말했고, 분트는 그의 저서《생리학적 심리학》에서, "실제로 우리들이 정신병원에서 볼 수 있는 현상은 거의 꿈 속에서 체험할 수 있다"라고 쓰고 있다. 이 양자를 이처럼 동일화시키는 근거가 된 개개의 일치점을 스피타는우연하게도 모리와 매우 비슷한 견해이다 다음과 같이 열거하고 있다.

"첫째, 자기 의식의 폐기 또는 둔화. 따라서 이런 상태 자체에 대한 무지, 즉 놀랄 수가 없어서 도덕적 의식이 결여되어 있다는 것. 둘째, 감각 기관의 지각 변화, 특히 꿈에서는 가벼워지고, 광기에서는 일반적으로 매우 고양된 감각 기관의 여러 변화된 지각. 셋째, 단지 연상 법칙이나 재현 법칙에 의한 표상 상호간의 결합, 즉 자동적인 표상 계열의 형성에 따른 여러 표상 사이의 불균형과장이나 환상 등. 넷째, 위의 모든 결과로서의 인격이나 때로는 성격 특성의 변화 또는 역전."

라데스토크는 여기에다 재료에서 보이는 약간의 특성을 덧붙이고 있다. "시청각 및 신체 감각의 영역에서 가장 많은 착각이나 환각이 나타난다. 후각이나 미각은 꿈에서와 마찬가지로 거의 그런 요소를 볼 수 없다. 열병 환자는 꿈꾸는 사람처럼 오래 전의 일을 헛소리로 말한다. 또 수면 중인 사람이나 환자는 깨어 있는 사람이나 건강한 사람이 잊어버리고 있는 일을 생각한다." 꿈과 정신병과의 유사성은 마치 가족들 사이의 유사성과 같이 미세한 몸짓이나 하나하나의 특징적인 표정에까지 미침으로써 비로소 그 완전한 가치를 갖는다.

"꿈은 육체나 정신의 병 때문에 괴로워하는 사람에게 현실이 거부한 것, 즉 평화로움과 행복감을 가져다준다. 그러므로 정신병자에게도 행복이나 위대함이나 숭고함이나 부의 찬란한 영상이 떠오른다. 또 자기가 부자라고 생각하거나, 상상의 세계에서 자기가 바라던 소망이 이루어지는 일이 대개 섬망의 주요 내용이다. 이것이 충족되지 않거나 없어져 버리는 것이 바로 광기가 오게 되는 심적 이유가 된다. 여자가 사랑스런 아이를 잃으면 어머니로서의 슬픔을 나타내는 헛소리를 하고, 재산을 잃은 사람은 자신이 대부호라고 생각하며, 남자에게 실연당한 처녀는 자신이 사랑받고 있는 것을 꿈꾼다."

라데스토크의 이 부분은 그리징거의 예리한 논의를 요약한 것인데, 그리징거의 이론은 소망 충족을 꿈과 정신병에 공통된 표상의 성격이라고 명쾌하게 갈파했다. 나는 나 자신의 연구에 의해서 여기에 바로 꿈과 정신병의 심리학적 이론의 열쇠가 있음을 알아냈다. '왜곡된 사상 결합과 판단력의 약화는 꿈과 광기를 규정 짓는다.' 냉정한 판단으로 보면 엉터리 같은 자기의 정신적 능력의 과대 평가가 정신병이나 꿈에서도 발견된다. 꿈의 '재빠른 표상의 흐름'과 같은 것이 정신병의 '표상 도피'이다. 양자가 다 시간 단위라는 것을 잃고 있다.

이를테면 자기 자신을 두 인물로 분리하여, 그 중의 타인이 꿈 속에서 자기를 정정한다는 '인격의 분열'은 환각적 망상중에 있어서의 인격 분열과 같은 것이다. 꿈꾸는 사람도 역시 자신의 생각을 타인의 소리를 통해 듣는다. 끊임없는 망상에서도 똑같은 일이 반복해서 나타나는 병적인 꿈성가시게 따라다니는 꿈 속에서 그와 같은 것을 경험한다 — 섬망에서 회복된 환자는 자신이 병중인 동안에 계속 꿈을 꾼 것 같다고 회상한다. 그러므로 라데스토크가 자신의 의견이나 다른 많은 연구자의 의견을 요약해서 "광기, 즉 이상한 병적 현상은 주기적으로 반복되는 정상적인 꿈 상태가 고양된 것으로 본다"라고 말한다 해도 놀랄 필요는 없다. 꿈과 광기의 친근성을 겉으로 드러내는 여러 현상의 이런 유사점에 의하지 않고, 좀더 밀접하게 그 발생 요인에 기초를 두고 있는 사람은 크라우스이다.

그에 의하면 양자에 공통된 근본 요소는 우리들이 이미 보아 왔듯이 '기관적으로 제약된 감각'과 신체 자극 감각, 즉 모든 신체 기관에서 온 일반 감각이다. 꿈과 정신 장애에 있어서의 명백한 일치는 꿈 생활에 관한 의학적 이론의 가장 강력한 논거로 되어 있다. 이 의학적 이론에 따르면, 꿈은 무익하고 방해적인 과정이고, 심적 활동이 저하된 상태를 나타내는 것이다.

그러나 꿈에 관한 최후의 결정적인 해명이 정신 장애 속에서 이루어진다고 기대할 수는 없을 것이다. 그것은 이 정신 장애가 아직 잘 알려져 있지 않은 형편이기 때문이다. 그러나 아마 꿈에 관한 다른 해석은 정신 장애의 내적 메커니즘에 관한 우리들의 견해에 반드시 영향을 끼칠 것이다. 이렇게 하여 우리들은 꿈의 수수께끼에 접근하려고 노력할 때에 비로소 동시에 정신병의 해명에도 기여하게 되리라고 말할 수 있을 것이다.

[9. 보충 A^{1909년}]

내가 꿈의 문제를 논한 문헌을 이 책을 처음 출간할 당시에는 취급하지 않은 이유에 대한 해명을 해야 할 것 같다. 물론 그렇다고 독자들이 이 변명에 완전히 만족해하리라고는 생각하지 않는다. 그때 내가 문헌에 나타난 꿈 연구를 소개하게 된 이유는 이 책의 서두에서 밝힌 바와 같고, 이 문헌 소개를 계속하는 일에 많은 노력이 뒤따랐지만, 그에 비해 얻은 것이 적었다고 생각된다. 왜냐 하면 4년이라는 기간 동안에는 실제의 재료나 꿈 해석상의 관점에서 볼 때 특별히 새로운 것이나 두드러진 것이 없기 때문이다. 나의 연구는 그 이후 공개된 대부분의 저작물 가운데서 무시되거나 묵살되었다. 특히 소위 '꿈 연구가'들은 거들떠보지도 않았다.

그들은 어떤 새로운 것을 받아들이기를 꺼리는 학자들 특유의 태도를 보여주었다. 조소가인 아나톨 프랑스의 표현은 아니지만, '학자들은 호기심을 갖지 않는다.' 학문에도 복수라는 것이 있다면, 내 쪽에서도 이 책의 초판 이후 세상에 나온 문헌들을 무시해도 좋을 것이다. 학술지에 실린 잡다한 비평을 보아도 여기저기에서 나에 대한 몰이해와 오해로 가득 차 있기 때문에, 나로서는 그들 비평가에게 다시 한 번 세밀하게 이 책을 잘 읽어 달라고 부탁할 수밖에 없다. 아니, 어쨌든 다시 읽어 달라고 요구해도 좋을지 모른다.

정신 분석학적 치료법을 쓰기로 결심한 의사들이나 그 밖의 의학자들의 연구에는 풍부한 꿈의 실례가 보고되고, 나의 방법대로 해석되고 있다. 그들이 나의 이론을 확신하므로, 그 결론들을 나의 서술에 포함시켰다. 권말에는 이 책의 초판 이후 가장 중요한 꿈 문헌을 총괄해 두었다. 간행된 지 얼마 안 되어 독일어 역으로 출간된 산테 드 산크티스의 풍부한 꿈 연구서는 나의 《꿈의 해석》과 비슷한 시기에 나왔기 때문에 그것을 참고할 수 없었다. 이 점은 그의 경우에도 마찬가지였을 것이다.

그 후 나는 매우 유감스럽게도 그의 연구가 꾸준히 진행됨에도 불구하고 내용적으로는 너무 미약해서, 그 책에서는 내가 다룬 문제의 가능성조차 예상할 수 없었다고 판단하지 않을 수 없었다. 여기에서 언급해 두어야 할 것은 나의 꿈 문제의 취급 방법과 유사한 것을 보여주는 두 권의 저서뿐이다. 젊은 철학자 H. 스보보다는 W. 플리스가 처음 발견한 생물학적 주기성23일과 28일을 주기로 한다을 심적 사상事象에까지 적용시켜서 그의 공상적인 책[22] 속에서 이것을 열쇠로 하여 꿈의 수수께끼를 풀려고 했다.

그러나 꿈의 의의가 그다지 명백하게 밝혀지지는 않았다. 꿈의 내용 재료는 그 밤에, 혹은 몇 번째의 생리학적 주기를 완료하는 모든 기억의 합치에 의해 설명된다고 보고 있다. 이 저자의 개인적인 보고를 읽고, 나는 처음에 저자 자신이 이미 이 이론을 진지하게 주장할 생각이 없는 것이 아닌가 하고 추측했다. 그러나 이러한 나의 추측은 빗나갔다. 나는 다른 곳에서 스보보다의 주장에 대한 약간의 고찰을 해 볼 생각인데, 이 고찰 역시 나에게 확실한 결론을 가져다주지 않았기 때문이다.

그런데 이보다 기쁜 일은 나의 설의 핵심과 완전히 일치하는 꿈 해석을

---

22) 《인체의 주기》H. 스보보다, 1904년

의외의 곳에서 발견한 일이다. 시기적으로 볼 때, 그 견해가 나의 책을 읽고 영향을 받은 것 같지는 않았다. 그래서 나는 그 꿈 해석을 나의 꿈 학설의 본질과 한 사람의 독립된 사상가와의 일치를 문헌적으로 입증할 수 있는 데 대해 기뻐했다. 내가 주목한 꿈 해석을 포함하고 있는 그 저서는 룬코이스가 공간共刊한《어떤 현실주의자의 공상》이라는 책[23]이다.

[10. 보충 B[1914년]]

이상의 해명은 1909년에 쓴 것이다. 그 후 확실히 사정은 달라졌다. 나의《꿈의 해석》은 어떤 문헌에서도 무시되지 않게 되었다. 그런데 또 새로운 상황은 나로 하여금 위에 기록한 문헌 보고를 제대로 하지 못하게 만들었다.《꿈의 해석》이 제기한 수많은 새로운 주장과 문제를 많은 연구가들이 여러 모로 논의하고 있다.

그 연구가들이 인용하고 있는 나 자신의 견해를 다 말하기 전에는 그 여러 연구를 고찰해 볼 수는 없을 것이다. 그래서 나는 최근의 문헌으로 중요하다고 생각되는 것을 앞으로의 논술과 연결되는 것 가운데서 평가해 둔 것이다.

---

23) 런던 판《프로이트 전집》제13권 중 〈요제프포파·룬코이스와 꿈의 이론〉1923년을 참조하라.

제2장
꿈 해석의 방법

Die Traumdeutung

꿈 표본의 분석

내가 이 장에 붙인 제목은 꿈을 해석하는 데 있어서 어떤 전통과 결부되어 있는가를 알려 줄 것이다. 나는 여기서 꿈이 해명되고 해결될 수 있다는 것을 입증할 것이다. 지금까지 취급되어 온 꿈의 여러 문제 해명에 대한 기여가 나에게는 단지 내 본래의 과제를 해결할 때 얻어진 부산물로 생긴 것에 불과하다. 꿈이 해석된다는 것을 전제로 한다면, 나는 곧 지배적인 꿈 이론, 아니 세르너의 설만 예외로 하고 모든 꿈 이론과 정면으로 맞서게 된다. 왜냐 하면 꿈을 '해석한다'는 것은 꿈에 '의미'를 부여하는 것이고, 또 꿈을 우리들의 심적 행위의 연쇄 속에 완전히 동등한 자격항으로 맺어주는 어떤 것과 바꾸어 놓는 것을 뜻하기 때문이다.

앞장에서 본 것과 같이 학문적인 꿈 이론은 꿈 해석의 문제를 조금도 개입시키지 않고 있다. 그 이유는, 꿈이 학문적 꿈 이론으로 볼 때는 어떠한 심적 행위도 아니며, 심적 장치에 나타나는 징조에 의해 알려지는 한낱 신체적 과정에 지나지 않기 때문이다. 그런데 일반 사람들은 예로부터 이와는 다른 견해를 보여 왔다. 그들의 견해는 사물을 학문처럼 엄격하게 취급하지 않는다는 당연한 권리를 이용하고 있다. 그리고 꿈이 난해한 것이라고 인정하기는 해도 그렇다고 전혀 아무런 뜻도 없다고 단정할 결단도 내리지 못하고 있다. 그들은 막연한 예감에 이끌리어 비록 감추어진 의미라 할지라도 어쨌든 꿈에는 의미가 있으며, 어떤 다른 사고 과정의 대용물이 될 의무가 있다.

그러므로 올바른 방법으로 이 대용물을 찾고 꿈의 감추어진 의미를 찾아내는 것이 중요한 문제이다. 그래서 옛날부터 사람들은 꿈을 '해석하려고' 애써 왔다. 그리하여 매우 상반되는 두 가지 방법을 사용했다. 그 첫째 방법은 꿈을 하나의 전체물로 파악하고, 이것을 비슷한 내용으로 바꾸어 보다 쉽게 만들려고 한다. 이것은 상징적인 꿈 해석 방법이다. 물론 이 방법은 이해하기도 어렵고, 혼란된 꿈에서는 처음부터 막혀 버린다. 그 일례는 《구약성서》에 나오는 요셉이 파라오^{이집트의 왕}의 꿈에 붙여준 해석이다.

그 꿈의 내용은 살찐 일곱 마리 소에게 다른 일곱 마리 소가 와서 살찐 소들을 잡아먹는다는 것인데, 이것은 이집트에 7년 동안 계속된 풍년으로 모아둔 풍성한 곡식을 그 다음의 7년 간의 흉년이 와서 다 먹어치운다는 것을 예언하는 상징적인 대용물이다. 시인들이 그려내는 인공적인 꿈의 대다수는 이러한 상징적인 해석을 예상한다. 왜냐 하면 이런 꿈은 시인들이 갖는 사상을 우리들이 경험으로 잘 알고 있는 꿈의 성격에 부합되도록 분장해서 묘사하기 때문이다.[1] 그리고 꿈은 미래를 내다보기 때문에 전적으로 미래의 일과 관계한다는 의견 ― 일찍이 꿈에 대하여 승인되었던 예언적 의의의 잔재 ― 은 상징적 해석에 의해서 발견된 꿈의 뜻을 '무엇무엇이 되리라'는 표현에 의해서 미래화시키게 된다.

그러면 그런 상징적 해석의 길은 어떻게 해서 발견되는가? 물론 거기에는 뚜렷한 방법이 없다. 성공은 지혜로운 아이디어와 순간적인 직관에 달려 있으므로, 상징에 의한 꿈 해석은 일종의 기술상의 재주를 연마하는 것과 같은 것이 되어 버리기 때문에 특수한 재능 없이는 불가능한 것으로 생각되었다.[2] 그런데 일반적으로 행해진 또 하나의 꿈 해석 방법은 그렇게 어렵지 않은 것이었다. 이 방법은 꿈을 일종의 암호문처럼 다루기 때문에 '해독법'이라 해도 좋을 것이다. 여기에는 정해진 해독의 열쇠가 있어서 그것을 사용하면 어떤 암호라도 해독 가능한 기호로 번역된다.

이를테면 내가 어떤 편지나 장례식의 꿈을 꾸었다고 하자. 그래서 나는 꿈 해석에 관한 책자를 찾아보고 '편지'꿈은 '불쾌한 일'이고, '장례식꿈'은 '약혼'으로 번역해야 한다는 것을 알게 된다. 나는 이런 해답에서 하나의 관련을 찾아내야 한다. 순전히 기계적인 번역의 성격을 조금 수정 보완한 개정 해독법이라는 흥미 있는 방법이 알테미도로스의 꿈 해석을 기록한 달디스의 저서에 기록되어 있다.[3] 이 개정 해독법에서는 꿈 내용뿐만 아니라, 꿈꾸는 사람의 인물이나 생활 환경까지도 문제가 되는데, 동일한 꿈의 요소라고 해도 그것이 부자·기혼자·웅변가에 대해 가지는 뜻과, 빈자·미혼자·상인에 대해 가지는 뜻 사이에는 상당한 차이가 있다고 한다.[4]

----

1) W. 옌젠의 《그라디바에 있어서의 망상과 꿈》과, 내가 편찬한 《응용 심리학 연구 총서》 제1권, 전집 제7권 참조 ─ 옌젠의 소설 《그라디바에 있어서의 망상과 꿈》 속에서 나는 인공적인 몇 개의 꿈을 발견했다. 그것은 마치 상상이 아닌 실제의 꿈처럼 리얼하게 묘사되어 있었다. 내가 옌젠에게 그런 뜻을 물었더니 그는 나의 꿈 이론을 전혀 모른다고 확인해 주었다. 그래서 나는 나의 연구와 이 시인의 창작과의 사이에 맺어진 우연의 일치를 나의 꿈 해석이 옳다는 증거로 보고자 하는 것이다.
2) 아리스토텔레스는 이렇게 말하고 있다. "최고의 꿈 해석가는 유사성을 정확히 파악하는 사람이다. 왜냐 하면 꿈의 영상은 물에 비친 물건의 모습처럼 움직임에 따라 변해 보이기 때문이다. 그리고 그 변해 보이는 모습 가운데서 진짜를 가려낼 수 있는 사람이 꿈을 가장 잘 해석하는 사람이다."
3) 《그리스 신화와 종교사》, p.392

이 방법에서 가장 중시되는 점은 해석 작업이 꿈 전체에 향해지는 것이 아니라, 개별적인 하나하나의 꿈 내용이 그것만으로 해석되어야 한다는 점에 있다. 마치 꿈 속에서 하찮은 돌멩이 하나라도 특별한 의미의 조약돌이기를 바라는 것처럼. 이러한 해독법이 나온 동기는 분명히 어수선하고 불투명한 꿈을 어떻게든 해명해 내려 했기 때문이리라.[5] 꿈이라는 것을 학문적으로 취급하려면 위와 같은 두 가지 통속적인 해석법은 물론 아무런 도움도 되지 않는다. 상징적인 해석법은 그 적용에 있어서 자연적으로 제한이 뒤따라 일반적으로 잘 설명되지 않으며, 해독법에서 가장 요긴한 열쇠인 꿈 점에 대한 책 자체가 믿을 만한 것인가 하는 것인데, 그에 대한 보증은 전혀 없다. 그래서 철학자나 정신과 의사들의 견해가 옳다는 견지에서 우리들이 그들과 함께 꿈 해석의 문제를 공상적인 과제로 치부해 버린다면 잘못이 아닐까.[6]

----

4) 2세기 초엽의 사람으로 추정됨. 그리스·로마 시대에 가장 자세한 꿈 해석을 후세에 전한 사람.

5) 알프레트 로비제크 박사는 동양의 꿈 해석 책이 꿈 요소의 해석을 대개 언어의 음의 동일성이나 유사성에 따라 해석하고 있다는 것을 내게 지적해 주었다. 그러나 이런 관련성을 유럽 언어로 번역하면 본래의 뜻이 사라지기 때문에 일종의 번역인 유럽의 통속적인 '꿈 해석 책'에 대한 불가해성이 생겼을 것이다. 고대 동양 문화권의 언어의 유사음이나 재담이 갖는 커다란 의미에 관해서는 휴고 빙클러의 저서에 자세히 논의되어 있다.

예로부터 전해 오는 꿈점의 가장 대표적인 예는 언어의 익살에서 기인한다. 알테미도로스는 다음과 같이 말한다. "그러나 아리스탄드로스가 마케도니아의 알렉산드르에게 준 꿈점은 매우 훌륭한 것이라고 생각된다. 알렉산드르가 튀로스를 포위하고 있을 때 아무래도 해결이 나지 않아 불쾌해서 몹시 우울해 하고 있었다. 그때 그는 자기의 방패 위에서 사튀로스 신이 춤을 추는 꿈을 꾸었다. 때마침 아리스탄드로스는 시리아 원정에 나선 왕을 수행하여 튀로스 부근에 있었다. 그런데 아리스탄드로스는 사튀로스라는 말을 '사'와 '튀로스'로 분해하여 왕으로 하여금 포위 공격을 한층 더 강화토록 하였다. 그리하여 알렉산드르 왕은 드디어 이 도시를 함락시켰다(사튀로스의 튀로스는 '너의'라는 뜻)."

어쨌든 꿈이란 언어 표현에 아주 밀접하게 결부되어 있으므로, 어느 나라 언어에도 고유한 꿈이 언어가 있다고 한 페렌치의 말은 옳다. 일반적으로 꿈은 다른 나라의 언어로 번역하기가 어렵기 때문에 이 책도 역시 번역하기가 어려울 것이라 생각했는데, 뉴욕의 A. A. 브릴 박사를 필두로 다른 나라 사람들이 이 《꿈의 해석》의 번역에 성공하고 있다.

그러나 나는 그런 유혹에 빠지지 않았다. 나는 여기서 어떤 사실을 통찰하지 않을 수 없다. 즉, 오늘날 통용되고 있는 학문적 판단보다는 뿌리 깊게 믿어져 온 예로부터의 민간 미신 쪽이 훨씬 더 사리 판단에 인접해 있다는 사정이다. 나로서는 꿈에는 실제로 의미가 있기 때문에 꿈 해석의 학문적 방법은 충분히 가능하다고 주장하지 않을 수 없다. 이런 방법을 알게 된 것은 다음과 같은 경위에 의해서였다.

나는 몇 해 동안 치료학적 견지에서 어떤 정신병리학적 형성물, 즉 히스테리성 공포증과 강박 관념 등의 치료에 종사해 왔다. 그것은 요제프 브로이어의 중요한 보고에 의해서 병 증세로 여겨지는 이 형성물을 해소시키는 일과, 실제로 해소하는 일은 똑같은 사실로 알게 된 뒤의 일이다.[7] 이런 병리학적 관념은 그것이 환자의 심적 생활 속에서 생겼던 본래의 요소로 되돌아갈 수 있을 경우에는 소멸되어 버리므로, 환자는 그런 관념으로부터 해방된다. 일반적으로 말해서 우리들의 치료학적 노력은 무력하고 정신병리학적 상태는 수수께끼에 싸여 있기 때문에, 나는 온갖 어려움을 무릅쓰고 브로이어가 걷기 시작한 길을 해명이 이루어질 때까지 어디까지나 걸어 볼 생각이었다. 이 방법의 기법이 결국 어떤 형태의 것이 되었는가 하는 점에 관해서는 다른 기회에 상세히 보고하겠다. 하여튼 이런 정신 분석적 연구를 진행시켜 가는 동안에 나는 꿈 해석의 문제에 부닥쳤다.

나는 환자들에게 어떤 일정한 테마에 대해 그들의 마음에 떠오른 생각을 빠짐없이 이야기해 달라고 일러두었더니, 그들은 자기들이 꾼 꿈 이야기를

---

6) 이 책의 집필을 끝낸 후에 꿈에는 의미가 있어서 해독이 가능하다는 것을 증명하려는 의도에서 나의 작업과 일치하고 있는 스튬프의 저서를 읽게 되었다. 그러나 거기에는 보편타당한 보증이 아니라, 비유적 상징에 의거한 해석법이 있었다.

7) 브로이어와 프로이트 공저《히스테리 연구》참조.

해 주었다. 그 결과, 꿈이라는 것은 어떤 병적 관념에서 출발하여 거꾸로 기억을 더듬어 찾아갈 수 있는 심적 연쇄상의 어떤 것임을 알게 되었다. 따라서 꿈 자체를 하나의 병 증세와 같이 취급하고, 정신병 때문에 고안된 해석법을 꿈에 적용시켜 보면 좋지 않겠는가 하는 생각에 이르렀다.

그런데 그렇게 하기 위해서는 환자 측에 다소간 마음의 준비를 시켜야만 했다. 즉, 환자는 첫째로 자신의 심적 지각에 대해 주의력을 높이고, 둘째로 자신의 머릿속에 떠오르는 상념에 비판을 가하는 일을 중지하도록 해야 한다. 주의력을 집중시키고 자기 관찰을 하기 위한 목적을 위해서는 환자가 조용하게 눈을 감는 자세가 좋고, 또 지각한 상념 형성물에 대한 비판을 멈추게 하기 위해서는 의사가 환자에게 엄중하게 경고해 둘 필요가 있다. 즉, 이렇게 말한다. "정신 분석의 성공 여부는 당신이 머릿속에 떠오른 것을 남김없이 잘 말해 주느냐 하는 데 달려 있다. 그리고 이것은 별로 중요하지 않을 것 같다. 또는 지금의 문제와 관계 없는 것이라 해서 억제해 버리든가, 아니면 어처구니없는 일이라고 해서 묵살해 버리는 일이 있어서는 안 된다. 당신이 생각한 일에 대해서는 매우 공평한 태도를 취해야 한다. 왜냐 하면 만약 당신에 대한 정신 분석이 성공하지 못한다면, 즉 꿈이나 강박 관념 등을 충분히 해소시키지 못한다면, 그것은 바로 당신이 머릿속에 떠오른 생각에 비판을 했기 때문이다"라고.

나는 정신 분석의 작업 중에 상념에 깊이 잠겨 있는 사람의 심적 상태가 자기 마음의 움직임을 관찰하는 사람의 심적 상태와는 전혀 다르다는 것을 알게 되었다. 생각에 잠겨 있을 때는 아주 주의 깊게 자기 관찰을 하고 있을 때보다도 심적 활동이 훨씬 활발하다. 그 차이는 생각을 깊이 하는 사람은 이마에 주름살을 짓고 있는 데 반해, 자기 관찰에 잠겨 있는 사람은 차

분한 태도를 보이고 있는 것으로 알 수 있다. 양자는 모두 주의력의 집중이라는 공통점이 있다. 그러나 생각에 잠겨 있는 사람은 무언가 비판에 따라 머릿속에 연상되는 것들을 일단 지각한 다음, 그 중 어떤 것을 배제하거나 중단해서 그 생각들에 의해 알려진 상념의 길을 순순히 더듬지 않거나, 또 다른 상념들에 대해서는 그 상념들이 지각되기 전에 이미 억압해 버린다.

이에 반해 자기 관찰자는 어김없이 그런 비판을 억압하려고 애쓰는데, 이것이 억압될 경우, 그렇지 않았더라면 느끼지 못했을 상념들이 그의 의식상에 한꺼번에 밀려 올라온다. 자기 지각에 있어서 새로 획득한 이 재료의 덕택에 병적 관념 및 꿈의 형성물을 해석할 수 있게 된다. 문제는 물론 심적 에너지의 배분에 있어서 수면 전의 상태그리고 최면술적 상태와 비슷한 심적 상태를 유발시킨다는 데 있다.

수면 중일 때에는 우리들이 우리들의 표상의 흐름에 대해 작용시키고 있는 어떤 자의적인그리고 확실히 비판적인 행위가 후퇴함으로써 앞의 '바람직하지 못한' 표상이 나타난다. 이런 비판적 행위가 중단되는 원인으로서 우리들은 흔히 '피로감'을 든다. 이렇게 해서 등장하는 바람직하지 못한 표상은 시각적 또는 청각적 형상으로 바뀐다.[8] 꿈이나 병적 관념의 분석에 이용되는 상태에 있어서 사람들은 고의로 앞서 말한 적극성을 단념하고 그것에 의해 축적된 심적 에너지를혹은 그 일부를 관념으로서의 그 성격을 유지하고 있는이것이 수면시 상태와의 차이점이다 바람직하지 못한 상념이 떠오르는 것을 주의 깊게 추적하기 위해 이용한다. 이렇게 해서 바람직하지 못한 표상을 바람직한 표상으로 바꾸어 버리는 것이다.

----
8) H. 질베르는 표상의 시각적 형태에의 전화를 직접 관찰하고, 거기에서 꿈 해석에 대한 많은 중요한 공헌을 했다.

자유롭게 떠오르는 상념에 대한 비판은 하지 말고 한결같이 이 상념들에 표준을 맞추라고 요구한다는 것은 많은 사람들에게 결코 쉬운 일이 아니다. '바람직하지 못한 상념'은 그것이 떠오르려는 것을 막는 커다란 저항에 부딪치게 마련이다. 그러나 우리들이 만일 위대한 시인이나 철학자인 실러의 말을 믿는다면, 시인의 창작 또한 이와 같은 심적 상태를 전제로 하고 있는 것이 분명하다. 실러는 친구 쾨르너에게 보낸 편지에서 ─ 이 구절을 오토 랑크가 발견했다 ─ 쾨르너가 자기의 창작력이 부족하다고 탄식한 데 대해 이렇게 답하고 있다.

자네가 탄식하는 원인은 아무래도 자네의 상상력에 대해 자네의 오성이 가하고 있는 강제에 있는 것 같네. 나는 여기서 그것을 비유로써 설명하겠네. 오성이 흘러오는 관념, 말하자면 입구에서부터 너무 엄격하게 검열한다는 것은 좋지 않고, 또 영혼의 창조 행위에도 불리한 것 같네. 하나의 관념을 따로따로 떼내어 생각하면 아주 보잘것없는 관념도 있을 것이고, 매우 광범한 관념도 있지. 하지만 아마도 그런 개개의 관념은 그것에 잇따라 일어나는 다른 관념에 의해 중요한 것이 되어서 보잘것없는 것이라고 여겨지는 다른 여러 관념과 어떻게 해서든지 결합함으로써 매우 유익한 상념이 되는 것이네.

그런 보잘것없는 관념이 다른 관념과 결합한 모양을 볼 수 있을 때까지 그 관념을 단단히 붙잡고 있지 않으면 오성은 이러한 모든 것을 판단할 수가 없을 것이네. 이에 반해서 창조적인 두뇌를 가진 사람에 있어서 오성은 자기의 파수꾼을 입구에서부터 무찌르는 것 같네. 그러면 여러 관념이 서로 앞을 다투어 무질서하게 들어오게 되지. 그런 다음에야 비로소 오성은 그런 일련의 관념을 직시하고 검사를 하는 것이네. 비평가들, 아니 그들이 무어라고 지칭하건 어쨌든 그들은 순간의 일시적인 상념을 부끄러워하거나 두려워하고 있는 것이네. 그러나 그런 상념이야말로 모든 독창적인 예술가에게서 찾아볼 수 있는 일이며, 그 상념이 오래 지속되느냐 짧게 끝나느냐 하는 데 사고하는 예술가와 꿈꾸는 사람과의 차이가 있네. 그러므로 당신들이 시인들의 재능을 탄식하는 것은 당신들이 조급하게 비난을 하거나, 아니면 너무 엄격하게 구분하는 데서 연유하는 것이네.

그러나 실러의 소위 '파수꾼을 입구에서 무찌르는 일', 즉 비판을 가하지 않은 자기 관찰의 상태에 자신의 몸을 대치시킨다는 것은 그리 어려운 일이 아니다. 나의 환자의 대부분은 단지 한 마디 주지시켰을 뿐인데도 쉽게 그것에 성공하였고, 나 자신도 스스로 여러 가지 상념을 종이에 써놓고 이것을 지탱만 하면 완전히 그런 상태에 몰입할 수가 있었다. 비판적 활동을 저하시킴으로써 얻어지는 심적 에너지의 양과, 그리고 그것에 의해 자기 관찰의 강도를 높일 수 있는 심적 에너지의 양은 주의력에 의해 고정시키려는 테마의 성질 여하에 따라 뚜렷하게 구분된다. 이 방법을 실행해 보고 알게 된 것은 전체로서의 꿈이 아닌 꿈 내용의 각 부분만을 주의력의 대상으로 삼으면 된다는 점이었다.

조금 서투른 환자에게, "이 꿈에서 당신은 어떤 생각이 떠오릅니까?" 하고 물으면, 대개의 환자는 자신의 정신적 시계視界 속에서 아무 것도 파악해 내지 못했다. 그래서 내가 그 꿈을 토막토막 분석해서 보이면, 그때서야 환자는 그 꿈의 '이면의 상념'이라고 할 수 있는 일련의 연상들을 나에게 알려주었다. 즉, 이 첫째의 중요한 조건에서 벌써 내가 행한 꿈 해석법은 전부터 잘 알려져 있는 상징에 의한 보편적인 꿈 해석법보다는 둘째 방법인 '해독법'과 인접해 있다. 나의 방법은 해독법과 마찬가지로 전체적 판단이 아니라, 부분적 판단이다. 그것은 또 해독법과 마찬가지로 꿈을 처음부터 어떤 합성물, 즉 심적 형성물의 혼합체로서 파악하고 있는 것이다.

노이로제 환자의 정신 분석을 하면서 나는 아마도 1천 개 이상의 꿈을 해석했을 것이다. 그러나 꿈 해석의 기술이나 이론을 위해 그 재료를 여기에서 인용하지는 않겠다. 그것은 정신병자의 꿈이므로 건강한 사람의 꿈으로 소급하여 추론할 수 없다는 이유 때문이기도 하지만, 그보다는 나에게는 다른 이유가 있다. 꿈들은 사실 그것이 목표로 하고 있는 문제가 언제나 노이로제의 근거에 있는 병력病歷임은 두말할 나위가 없다. 그러므로 어떤 꿈을 예로 들더라도 장황한 서론과 노이로제의 본질과 병리학적 여러 조건의 진상을 밝힐 필요가 생긴다. 왜냐 하면 그 자체가 새롭고 매우 기이한 문제이므로, 그 때문에 독자의 주의를 꿈 문제로부터 방향을 바꾸어 버릴 염려가 있기 때문이다.

내가 의도하는 것은 오히려 꿈의 분석을 통해서 신경증적 메커니즘의 복잡한 여러 문제를 해명하기 위한 예비적 작업을 만들어 낸다는 데 있다. 그러나 만약 내가 주로 갖고 있는 재료인 노이로제 환자의 꿈을 제쳐놓으면, 그 나머지 재료에 대해서는 좋은 것을 골라 취할 수가 없다. 남는 것은 단지 이따금 만나는 건강한 친척으로부터 듣는 꿈 얘기나, 또는 꿈 생활을 취급한 문헌에 실린 실례 같은 것뿐이기 때문이다. 그런데 유감스럽게도 그런 꿈은 꿈의 의미를 발견하기 위해서는 필수 불가결한 분석을 할 수가 없다. 나의 방법은 주어진 꿈 내용을 일정한 단서에 따라 해독하는 통속적인 해독법처럼 아주 어색한 것이다. 오히려 같은 꿈 내용이라도 그 꿈을 꾼 사람이나 그 꿈의 연결 방법에 따라 또 다른 의미를 감추고 있을지도 모른다는 것을 전제하고 있다. 그래서 결국 나는 내가 꾼 꿈을 재료로 삼기로 했다.

내가 꾼 꿈은 풍부하고 쉬우며, 대체로 정상적이라고 할 만한 사람이 꾼 꿈과 일상 생활의 많은 계기와도 연관되어 있다. 그러나 이런 자가 분석의 신뢰성에 의혹을 갖는 사람들도 분명히 있을 것이다. 그리고 그런 꿈으로는 엉터리 해석이 나올 여지가 있다고도 할 것이다. 그러나 나로서는 자기 관찰을 하는 것이 다른 사람의 관찰보다 훨씬 더 유리하다고 생각된다. 그것은 어쨌든 간에 꿈 해석에 있어서 어느 정도까지 자가 분석이 가능한지 한 번 시험을 해 보는 것이 좋을 것 같다.

그런데 사실 내가 마음 속으로 극복해야 하는 것은 이 문제와는 좀 다른 곤란이다. 무엇보다도 자신의 마음 속에 감추어진 것을 밖으로 끌어낸다는 것은 망설여지는 일이며, 다른 사람에게서 어떤 오해를 받을지도 모르기 때문에 주저된다. 그러나 그런 것쯤은 무시할 수 있어야 한다. 델베우프는 "모든 심리학자는 자신의 여러 약점을 하는 수 없이 고백하게 되어 있다. 만일 그것에 의해 어떤 미해결의 문제에 빛을 던질 수 있다고 믿는다면"이라고 쓴 바 있다. 그리고 독자들도 처음에는 나의 불가피한 고백담에 흥미를 가질는지는 모르겠지만, 얼마 안 가서 그것에 의해 조명되는 심리학적 여러 문제 속으로 점점 빨려 들어갈 것이다.[9]

그래서 나는 나 자신의 꿈을 하나 소개하면서 해석법을 풀이해 나가기로 하겠다. 이 꿈에는 모두 서언이 필요하다. 그러나 내가 여기서 독자들에게 부탁하고 싶은 것은 잠시 동안만은 나의 관심을 독자 자신의 관심으로 하고,

---

9) 앞서 말한 것을 한정하기 위해서 말해 두어야 할 것은, 나는 완전히 성공한 내 꿈의 해석을 보고한 적은 한 번도 없다는 것이다.

나와 함께 나의 생활의 세부에까지 동참해 주길 바란다. 왜냐 하면 꿈의 감추어진 뜻을 알기 위해서는 그런 완전한 변화를 요구하기 때문이다.

서언

1895년 여름에 나는 어떤 젊은 여성의 정신 분석을 맡았었는데, 그녀는 나의 가족들과도 매우 친한 사이였다. 이런 복잡한 관계는 의사, 특히 정신 분석 의사에게는 쉽게 마음을 흔드는 원천이 된다는 것을 독자들도 짐작할 것이다. 의사의 개인적 관심이 환자의 경우보다 클수록 의사의 권위는 떨어지게 된다. 만약 분석에 실패할 경우에는 환자의 가족과의 오랜 친분이 깨어질 수도 있다. 그런데 치료는 부분적으로 성공이어서 환자의 신경증적 불안은 없어졌지만, 그 신체적 증상이 모두 제거된 것은 아니었다.

나는 그 당시에 아직 히스테리성 병증의 완전히 실마리를 잡는 여러 규준에 대해서 확신을 갖지 못하고 있었다. 그래서 이 환자에 대해서 어떤 해결을 요구하였으나, 그것이 그녀에게는 좀 어려운 문제였던 것 같았다. 이런 상태에서 여름이 와서 우리들은 치료를 중단하였다. 어느 날 의사인, 아니 어린 친구가 찾아왔다. 그는 내게 오기 전에 내가 치료한 환자 ─ 일머 ─ 와 그 가족들이 가 있는 시골에 갔었는데, 그녀의 병상病狀을 물었더니 전보다는 좀 나아졌지만 완쾌되지는 않았다고 대답하더라고 말했다. 나는 이 오토라는 친구의 어조에 불쾌감을 느꼈었던 것을 기억한다.

나는 그의 말을 비난조로 받아들였다. 말하자면 내가 그 환자에게 한 약속은 빗나갔다는 식으로. 그리고 그것이 옳건 부당하건 간에 오토가 나와는 반대 입장에 있는 듯한 것은 환자의 가족들의 영향 때문이리라고 생각했다. 환자의 가족들은 결코 나의 치료를 긍정적으로 평가하고 있었던 것 같지가 않았기 때문이다. 어쨌든 나는 그것으로 인한 고통을 잘 인식하지 못한 데다가 그것을 밖으로 표출한 적도 없다. 그날 밤 나는 일머의 병력을 기록했다. 그것은 나 자신을 옹호하는 뜻에서 오토도 아는 친구 M박사에게 보이기 위해서였다. M은 당시 우리 친구들 사이에서 지도적인 인물이었다. 그날 밤에아마도 새벽녘이었던 것 같다 나는 다음과 같은 꿈을 꾸었다. 눈을 뜨자마자 나는 그 꿈을 기록해 두었다.[10]

1895년 7월 23일~24일의 꿈

큰 홀에서 우리들은 많은 손님들을 접대하고 있다. 그 가운데서 일머가 보이기에 나는 그녀를 한쪽으로 데리고 가서 그녀의 편지에 대해 답을 해 준 다음, 내가 제시한 '해결 방법'을 아직도 수용하지 않는 것을 비난한다. "아직 완쾌되지 않는 건 사실 당신 탓이오"라고 내가 말하자, 그녀는 "내가 지금 얼마나 아픈지 알기나 해요? 목과 위와 배가 졸려지는 것 같아요"라고 말했다. 나는 놀라서 그녀의 얼굴을 바라본다. 창백하고 부어 있는 것 같다. '그럼 역시 무슨 내장 기관의 장애가 있었던 것일까?' 하고 생각한다.

그녀를 창가로 데리고 가서 목 안을 진찰한다. 그녀는 싫은 기색을 보인다. 마치 의치를 한 여자들이 그러하듯이. 나는 싫어할 필요가 없다고 생각한다. 그리고 크게 벌리라고 했다. 오른쪽에 커다란 반점이 보인다. 또 다른 곳에 비갑개상鼻甲介狀의 이상하고 휘말린 듯한 회백색의 딱지가 보인다. 나는 급히 M박사를 부른다. M은 나처럼 진찰을 해 보고 나더니 틀림없다고 말한다. …… M박사는 여느 때와는 조금 다르게 보인다. 창백한 얼굴에 다리를 절

---

10) 이것은 내가 가장 정밀하게 행한 최초의 꿈이다.

고 턱에는 수염이 없다. …… 친구 오토도 일머의 곁에 서 있다. 그리고 역시 친구인 레오폴트가 일머의 왜소한 몸을 진찰한 다음, 왼쪽 아래에서 탁음濁音이 들린다면서 왼쪽 어깨 피부에 침윤이 있다고 지적한다이것은 나도 그와 마찬가지로 옷 위에서 알았다…….

M이 말한다. "틀림없는 전염병인데 대단치는 않아. 적리赤痢[11]가 되겠지만 독물은 배설될 거야." 이 전염병이 어디서 온 것인지 우리들은 알고 있다. 그것은 일머가 발병하자마자 오토가 프로필 제재의 주사를 놓았던 것이다. 프로필렌…… 프로피온산酸…… 트리메틸아민이 화학 방정식은 고딕체로 인쇄되어 보인다…… 이런 주사는 경솔하게 놓아서는 안 되는데, 아마 주사기의 소독도 완전하지는 못했을 것이 틀림없다.

이 꿈에는 다른 꿈에 비해 한 가지 장점이 있다. 이 꿈이 전날의 어떤 일과 결부되고 있는가, 그리고 어떤 테마를 다루고 있는가 하는 것이 쉽게 밝혀진다는 것이다. 서문을 보면 그 점은 알 수 있다. 내가 일머의 병상에 관해 오토로부터 얻은 보고와 밤늦게까지 기록한 병력 등이 수면 중에도 나의 심적 활동을 지속시킨 것이다. 그럼에도 불구하고 서언과 이 꿈 내용을 알고 있는 사람조차 실제로 이 꿈이 무엇을 의미하는가 하는 것은 전혀 모를 것이다.

사실 나 자신도 잘 모르겠다. 일머가 꿈 속에서 말한 증세나, 그로 인해 내가 치료한 그녀의 증세가 일치하지 않는 것부터 기이했다. 프로피온산 주사를 놓는다는 우매한 발상과 M박사가 말한 위로의 말을 생각하니 웃음이

---

11) 이질의 한 종류

나왔다. 이 꿈은 처음보다도 끝으로 가까워질수록 점점 더 난해하게 되어 있는 것 같았다. 이 모든 뜻을 파악하기 위해서 나는 세밀한 분석을 시작했다.

분석

― 홀에서 많은 사람들을 접대하고 있다.

그해 여름 우리들은 카렌벨그에 잇대어 있는 벨르뷰의 외딴집에서 지냈다. 그 집은 전에는 사교장이어서인지 방마다 모두 홀 식으로 천장이 높았다. 이 꿈은 벨르뷰 집에서 꾼 것이었다. 바로 나의 아내의 생일 며칠 전이었다. 그 날, 아내는 생일날 많은 친구들을 초대하고 싶다고 말했었다. 그 가운데 일머도 포함되어 있었다. 그래서 나의 꿈은 그녀의 상황을 예견하고 있다. 즉, 그것은 아내의 생일날의 일로서, 일머도 포함된 많은 손님들을 벨르뷰의 홀에서 맞이하는 것이다.

― 일머가 전의 '해결 방법'을 아직도 받아들이려 하지 않는 것을 나무란다.

나는 이렇게 말한다. "아직도 아픈 것은 사실 당신 때문이오." 그 말은 생시에도 그녀에게 할 수 있음직한 말이고, 어쩌면 실제로 그렇게 말했을지도 모른다. 나는 그 당시에 나의 임무는 환자의 증세가 갖는 감추어진 뜻을 말해 주는 것으로 끝나는 것이므로, 환자가 성공의 열쇠인 해결 방법을 수용하느냐 않느냐에 대해서까지 책임질 필요는 없다고 생각했다_{나중에 이것은 옳지 않았다는 것을 깨달았다}. 어쩔 수 없는 일이었긴 하지만 치료를 성공시켜야만 했던 시대에 나의 생존을 어느 정도 용이하게 해 준 것은, 지금은 다행스럽게도 극복하고 있는 오류 덕분이다. 그러나 나는 꿈 속에서 일머가 아직 아프다고 하더라도 거기에 대해 책임을 지고 싶지 않다는 사실을 인정하는 것이다. 그것이 만일 일머의 탓이라면, 그때는 나의 책임과 상관없게 되는 것이다. 이렇게 해서 그 꿈이 갖는 의도가 발견되는 것이 아닐까.

— 일머의 호소. 목과 배와 위의 통증, 조르는 것 같은 아픔.

위통은 일머의 증세 중의 하나였다. 그러나 그리 대단한 것은 아니었다. 오히려 그녀가 호소하던 것은 가슴이 답답한 것이고 구토증이었다. 목과 배의 아픔, 목의 억눌림증은 없었다. 내가 왜 꿈 속에서 이런 증상을 끌어냈는지 알 수 없고 이상했다.

— 창백하고 부은 것 같다.

일머는 언제나 혈색이 좋았다. 아무래도 다른 어떤 사람이 일머와 대치된 것 같다.

— 무슨 내장 기관의 장애를 놓치고 있었던 것일까? 이렇게 생각하고 깜짝 놀랐다.

내가 놀란 마음은 이해할 수 있으리라 믿는다. 평소에 노이로제 환자만을 대하고 있었기 때문에, 다른 의사 같으면 기관적 장애로서 치료할 만한 매우 많은 현상들을 히스테리 증상으로 치부해 버리는 데 습관이 되어 있는 특수한 전문 의사의 가슴 속에 언제나 자리잡고 있는 불안의 하나이다. 또 한편으로는 나의 경악과 불안이 과연 정직한 것인가 하는 희미한 회의에 — 이것이 어디서 연유하는 것인지 모르겠지만 — 사로잡힌다.

일머의 통증이 기관적 원인에서 나온 것이라면, 그것이 낫지 않는다 해도 책임이 나에게 돌아오진 않을 것이다. 나의 치료는 오직 히스테리를 제거시키는 것뿐이니까. 그래서 진단이 잘못이었다면 좋았을 것이라고 생각하는 것이다.

— 창가로 데리고 가서 목 안을 진찰한다. 일머는 조금 싫은 기색을 한다. 마치 의치를 한 여자들이 그러하듯이. 나는 싫어할 필요가 없다고 생각한다.

실제로 일머의 구강을 진찰한 일은 한 번도 없었다. 꿈 속의 이 과정으로 얼마 전에 진찰했던 여자 가정 교사가 연상되었다. 이 여자는 첫인상에 매우 아리따운 미인으로 생각되었는데, 내가 입을 벌리게 하자 곧 치열을 감추려고 하였다. 싫어할 필요가 없다고 생각한 것은 아마 일머에 대한 것이었는데, 그것 말고 또 하나 다른 뜻이 있었던 것 같다. 세밀하게 분석해 보면, 예측되는 이면의 생각을 충분히 짐작했는지의 여부를 알 수 있다.

창가에 서 있는 일머의 모습은 불현듯 다른 일을 연상시켰다. 그녀의 한 여자 친구를 나는 매우 존경하고 있었다. 어느 날 저녁, 내가 그녀를 방문했더니, 꿈에서 본 장면처럼 그녀는 창가에 서 있었다. 그녀의 주치의는 M박사였는데, M은 디프테리아의 위막僞膜이 그녀에게 있다고 말했다. 그래서 M박사와 위막이 내 꿈에 등장한 것이다. 그때 갑자기 나는 지난 몇 달간을 그녀도 일머와 마찬가지로 히스테리적인 증후가 충분히 있다고 생각했던 것이 떠올랐다. 그렇다. 일머가 그 말을 했었다. 나는 이 여자의 상태에 관해 무엇을 알고 있었던가? 그녀가 꿈 속에서의 일머처럼 목을 조르는 것 같은 히스테리성 망상으로 고민하고 있다는 것을 알았던 것이다. 즉, 나는 꿈 속에서 일머를 그녀와 대치시켰던 것이다. 그리고 보니 나는 언젠가 그녀의 히스테리를 치료하게 될 것이라고 내 멋대로 추측했던 적이 있었다. 그러나 나중에 그런 일은 없을 것이라고 다시 생각했다. 왜냐 하면 그녀가 몹시 부끄럼을 탔기 때문이다. 꿈에서 보듯 그녀는 '싫어한다'. 달리 표현하면 그럴 필요를 느끼지 않게 된 것이다.

사실 그녀는 그때까지 매우 건강해서 별달리 의사의 수고를 끼칠 필요가 없었다. 그러나 아직 일머와도, 그녀의 친구와도 관계 없는 일이 조금 남아 있다 ─ 창백하고 부어 있다, 의치 등. 의치는 앞의 여자 가정 교사를 생각나게 했다. 그러던 참에 다른 한 사람이 머리에 떠올랐다. 이 사람이라면 위에서 든 일이 적용될 것 같다. 이 여자도 역시 내 환자가 아니다.

내 앞에서는 항시 부끄러워해서 내 환자가 되면 다루기 힘들 거라고 생각했다.

얼굴은 언제나 창백했고, 한때는 몹시 부어 있었다.[12] 그래서 나는 내 환자인 일머를 다른 두 여자와 비교하고 있었던 것이다. 이 두 사람은 모두 진찰받기를 꺼린다. 내가 꿈 속에서 이 두 사람과 일머를 대치시킨 것은 어떤 뜻일까? 아마도 내가 이 두 사람을 환자로 삼고 싶었는지도 모른다. 일머가 아닌 두 여자가 나에게 보다 강한 공감을 불러일으켰다거나, 아니면 그 여자들의 지성을 더 높이 평가했는지도 모르겠다. 즉, 나는 일머가 나의 해결 방법을 받아들이지 않아서 어리석다고 생각하고 있었다. 다른 여자 쪽이 현명하니까 내 말을 더 잘 들을 것이다. '그래서 입을 크게 벌렸다.' 이 여자 쪽이 일머보다 훨씬 더 많은 것을 말해 줄 것이다.[13]

— 목 안의 흰 반점과 엉긴 비갑개.

흰 반점은 디프테리티스, 따라서 일머의 친구를 연상시키지만, 그 외에도 2년 전에 나의 맏딸이 앓았던 중병과 그때의 여러 가지 무서운 일들이 생각났다. 엉긴 비갑개상은 나 자신의 건강에 대한 염려를 상기시킨다. 그때 나는 비점막 종창 때문에 가끔 코카인을 쓰고 있었는데, 바로 며칠 전에 나와

---

12) 배가 아프다는 원인 모를 호소도 이 제3의 여성에게서 알 수 있을 것 같다. 그것은 실은 나의 아내이다. 복통은 그녀의 수치심을 내게 드러낸 동기의 하나를 떠오르게 한다. 고백하건대 나는 꿈 속에서 일머와 아내를 그다지 친절하게 대하지 않았다. 단지 착하고 순진한 이상적인 환자를 기준으로 다루었을 뿐이다.

13) 아무래도 이 부분의 해석은 숨겨진 모든 의미를 알아낼 만큼 충분하지는 않은 것 같다. 만약 세 여성의 비교를 계속해 나가면 본제에서 벗어날 우려가 있다. 어떤 꿈에서도 한 군데 정도는 아무리 해도 모르는 점이 있기 마련이다.

같은 환자가 코 점막에 악성 종기를 일으켰다는 말을 들었다. 내가 1885년에 코카인 사용을 장려했을 때는 대단한 비난을 받았다. 1895년에 나의 친구 한 사람은 코카인 남용으로 죽었다.

— 나는 급히 M박사를 불렀다. M도 역시 다시 한 번 진찰을 했다.

이것은 우리들 사이에서의 M의 위치를 말해 주는 것 같다. 그렇지만 '급히'라는 것이 좀 이상하므로 특별히 부언이 필요하다. 그것은 나로 하여금 어떤 슬픈 체험을 생각나게 한다. 전에 나는 당시 아직 무해하다고 믿고 있던 약품설파널을 계속 투여하여, 어떤 여자 환자에게 무서운 중독증을 일으키게 하여 당황한 나머지 경험 있는 동료의 도움을 청한 일이 있었다. 내가 이 경우를 실제적인 것으로 생각한 것은 어떤 부수적인 사정에 의해 확인되었는데, 그것은 바로 중독증에 걸린 그 여자 환자의 이름과 나의 맏딸의 이름이 같았다. 그때까지 나는 이 일을 떠올린 적이 한 번도 없었다. 그것이 지금 마치 운명의 보복처럼 다가온 것이다. 인물의 대치가 다른 뜻으로 이어져야 할 것 같다. 저 마틸데 대신에 이 마틸데가 눈에는 눈, 이에는 이라는 격으로, 아무래도 나는 모든 기회를 잡아 나의 의사로서의 양심의 결여에 자책감을 표시하는 것만 같다.

— M박사는 창백한 얼굴에 다리를 절고, 턱에는 수염이 없다.

M의 안색이 좋지 않아서 친구들이 자주 걱정을 했으므로 이것은 맞다. 그 밖의 두 가지 점은 다른 사람의 일일 것이다. 문득 외국에 체류 중인 나의 형이 떠올랐다. 그 형은 턱에 수염이 없는데, 내 기억이 틀림없다면 꿈 속의 M과 비슷하다. 2, 3일 전의 일인데, 이 형이 무릎에 관절염이 걸려 다리를 전다는 소식을 들었다. 이 두 인물을 꿈 속에서 한 사람의 인물로 합성시킨 데는 분명 무슨 연유가 있을 것이다. 나는 사실 이 두 사람에 대해서

어떤 공통된 연유로 언짢아했던 일이 생각난다. 내가 최근에 그들에게 어떤 부탁을 했었는데, 그들이 모두 그것을 거절한 것이다.

— 친구인 오토도 일머의 곁에 서 있다. 그리고 역시 친구인 레오폴트가 일머의 몸을 진찰하고 난 뒤 왼쪽 아래턱에서 탁음이 들려온다고 한다.

친구 레오폴트는 오토의 친척이며, 역시 의사이다. 운명은, 이 두 사람은 전공이 같다는 이유로 해서 자연적으로 라이벌로 만들어 세상 사람들에게 비교되고 있었다. 그들은 내가 소아과 신경질환의 진료 주임이었을 때 쭉 나의 조수로 근무했었다. 꿈에서 재현된 장면은 그 무렵 흔히 있었던 일이었다. 내가 오토와 어떤 증세의 진단에 관해 논의하고 있던 동안에 레오폴트가 아이를 한 번 더 진찰해서 병명의 결점을 도와주기도 했었다.

분명히 그들 두 사람은 마치 검사관 브레지히와 그의 친구 칼 F. 로이터의 작품 인물들과의 사이에서 볼 수 있는 대조적인 성격이었다. 한쪽은 너무 '민첩하고', 한쪽은 느리고 신중하고 철저하다. 내가 꿈 속에서 오토와 신중한 레오폴트를 대비시킨 것은 분명히 레오폴트를 추켜세우기 위한 것이었으리라. 의사의 말을 듣지 않는 일머와 내가 좀더 지적이라고 생각한 그 여자 친구들을 비교한 것과 같다. 지금 나는 또 꿈 속에서 결합된 관념이 어긋나는 것을 인정한 셈이다. 즉, 병든 아이로부터 소아과 병원으로. 왼쪽 아래턱의 탁음은 천성적인 철저함으로 레오폴트가 나를 놀라게 한 일들의 총체인 것 같다. 그 밖에 문득 병의 전이가 아닐까 하는 생각도 들었지만, 어쩌면 그것은 내가 일머 대신에 환자로 원했던 여자와 관련된 것일지도 모른다. 왜냐하면 그녀는 내가 예측컨대 결핵 환자처럼 보였기 때문이다.

— 왼쪽 어깨 피부의 침윤 부위.

이것은 나 자신의 어깨에 있는 류머티즘임을 알 수 있다. 밤늦게까지 자지 않고 있으면 언제나 류머티즘을 느끼곤 했다. 그렇지만 꿈 속에서의 말은 좀 애매모호하다. "……나는…… 그와 마찬가지로 깨달았다." 이 뜻은 자신의 몸으로 안다는 뜻이다. 그리고 '피부의 침윤 부위'란 말은 아무래도 좀 기묘하다. 보편적인 표현으로는 '좌측 침윤, 등 부위 침윤, 위쪽 침윤'이라고 말한다. 이것은 폐에 관해서 쓰는 용어이므로, 결핵과 관계가 될 것이다.

— 옷 위에서.

이것은 삽입구에 불과하다. 소아과 병원에서 아이들을 진찰할 때는 그들의 옷을 벗긴다. 그러나 성인 부인 환자는 그 반대이다. 흔히 명의사를 두고, "저 사람은 항상 옷을 벗기지 않는 채 진찰한다"라고 말한다. 이 부분에서 그 이상 생각될 만한 것은 없다. 솔직히 말해서 더 이상 파고들 생각도 없다.

— M이 말한다. "틀림없이 전염병이지만, 대단한 건 아냐. 적리가 되겠지만, 독물은 배설될 거야."

생각하면 좀 우습게 들리는데, 다른 부분과 마찬가지로 신중하게 분석할 필요가 있다. 내가 이 여자 환자에게서 발견한 것은 국소적인 디프테리티스였다. 나의 딸이 병에 걸렸을 때의 일인데, 디프테리티스와 디프테리아에 관해 토론했던 일이 생각난다. 디프테리아는 국소적인 디프테리티스에서 오는 전신적 전염병이다. 레오폴트는 탁음에 의해 그런 병을 입증했는데, 그렇게 보면 이 탁음은 전이성의 병원病原을 생각하게 한다. 물론 나는 틀림없이 디프테리아에서는 이런 전이가 일어나지 않는다고 믿고 있다. 이것은 오히려 농혈증膿血症을 상기시킨다.

— 대단한 건 아니다.

이것은 위로의 말인데, 이 꿈의 끝부분에서 환자의 고통이 어떤 위중한 기관 질환에서 오는 것임을 보여준 데서 삽입된 말인 것 같다. 어느 것이나 모두 나의 책임을 면하고자 하는 마음을 보여주는 듯하다. 디프테리아가 완치되지 않는다고 해서 그것을 정신 요법의 책임으로 돌릴 수는 없다. 그러나 자신의 책임만을 면하기 위해서 일머를 그런 중병에 걸리게 한다는 것은 역시 불편한 일이다. 너무 심하다. 그래서 나에게는 일이 완전하게 끝날 보증이 필요하다. 그러므로 나는 M박사로부터 위안의 말을 듣게 꾸민 것이다. 그러나 이것은 꿈을 초월하는 것이다. 이것은 해명이 요구된다. 위안은 왜 무의미할까?

— 적리.

병의 독소가 내장을 통해 배설된다는 관념은 고리타분한 옛 이론이다. 이것에 의해 나는 M박사가 터무니없이 주장한다는 것을 조소하고 싶은 것일까? 적리라는 것에 대해서는 또 다른 것이 마음 속에 떠오른다. 몇 달 전에 나는 이상한 변비로 고생하고 있는 한 청년을 진찰한 적이 있었다. 다른 의사들은 '영양 실조로 인한 빈혈'이라고 진단해서 치료했던 사람이다. 나의 진단으로는 아무래도 히스테리처럼 생각되었으나, 정신 요법의 실행 전에 해외 여행을 해 보라고 권유했다. 그런데 2, 3일 전 이집트에 있는 그에게서 온 절망적인 편지를 접했다. 그는 그 곳에서 매우 심한 발작을 다시 일으켰는데, 의사로부터 적리라는 진단을 받았다는 것이었다. 나는 그것은 돌팔이 의사의 오진에 지나지 않고, 그 의사가 히스테리에 속아넘어간 것이라고 짐작했으나, 내가 그를 히스테리성 장 질환에다가 기관적 질환의 부담까지 걸머지웠으니 자책감을 느끼지 않을 수 없었다. 그리고 적리디센테리는 디프테리아와 발음이 비슷하다. 이 디프테리아라는 명칭은 꿈 속에 나타나지 않는다.

물론 나는 거기에다 적리가 될지도 모른다는 위안의 예비 진단에 의해 M박사를 조소하려 했을 것이다. 나의 기억에 따르면 몇 년 전 M이 이와 똑같은 말로써 어떤 의사를 비웃었다고 말한 적이 있었기 때문이다. 그는 그 의사와 입회 진단을 하기 위해 어떤 중환자에게로 갔다. 그 의사는 낙관적으로 보고 있었다. M은 자기도 모르게 오줌에 단백질이 나오고 있잖으냐고 질문해 버렸다. 그러자 상대방은 별로 놀라지도 않으며 태연하게 "대단치 않소. 단백질 같은 건 곧 배설되고 마니까"라고 대답했다.

이런 연유로 꿈의 이 부분에는 확실히 히스테리에 관해 어두운 동료 의사에 대한 조소가 포함되어 있다고 볼 수 있다. 이것을 입증하듯 그때 문득 나의 머리에 떠오르는 것이 있었다. M박사는 일머의 여자 친구가 결핵이 아닐까 하고 의심하게 하는 증세가 히스테리의 원인이 되었다는 것을 알고 있을까? 아니면 M이 이 히스테리에 속아넘어간 것일까? 그러나 내가 이 친구를 이렇게 깔아뭉개야 할 이유가 무언가? 이것은 아주 간단했다. M박사는 내가 일머에게 요구한 그 해결 방법에 찬동하지 않았던 것이다. 그렇다면 나는 꿈 속에서 이 두 사람에게 보복을 하고 있는 셈이다. 일머에게는, "아직도 아픈 것은 당신 때문이오"라고, 또 M에게는 그의 입을 통해서 말하게 한 위로의 말이다.

─ 이 전염병이 어디서 연유된 것인지 우리들은 직접 알고 있다.

꿈 속에서 이렇게 직접 알고 있다는 것은 이상하다. 바로 얼마 전까지만 해도 우리들은 아직 그것을 몰랐던 것이다. 레오폴트에 의해 비로소 전염병이 증명되었으니까.

─ 친구인 오토는 일머가 병이 들자마자 주사를 놓았다.

오토가 일머의 가족들과 잠깐 같이 머무르는 동안, 인근 호텔에서 급한 환자가 발생해 왕진을 하여 주사를 놓고 왔다는 말을 들은 적이 있다. 주사라고 하니 또 코카인 중독으로 죽은 불행한 친구 일이 떠오른다. 나는 이 친구에게 모르히네를 멈추고 있는 동안에는 내복약만으로 그치도록 하라고 충고했었는데, 친구는 계속 코카인 주사를 놓았던 것이다.

— 프로필 제재…… 프로필렌…… 프로피온산으로.

도대체 이런 것들이 어떻게 해서 꿈에 나타났을까? 내가 병력을 기록한 후에 꾼 그날 밤의 꿈에, 아내가 리큐르liqueru를 따주었는데, 거기에 '바나나'[14]라고 씌어 있었다. 이것은 오토가 준 선물이었다. 그는 선물을 자주 하는 버릇이 있다. 결혼을 한다면 아마 이 버릇이 고쳐질지도 모르겠다. 이 리큐르는 후셀유油 냄새가 나서 마시기가 싫었다. 아내가 하인들에게 주자고 말했지만, 나는 신중히 생각해서 하인들도 중독되면 안 된다고 말했다. 그런데 후셀유 냄새는 나에게 프로필이나 메틸 같은 것들을 연상시켰다. 그것이 꿈 속에서 프로필 제재가 된 것이다. 그때 나는 물론 아밀amyl 냄새를 맡은 다음에 꿈 속에서는 그 대용물이 나온 것이지만, 이런 대용물은 유기화학에서나 허용됨직한 것이다.

— 트리메탈아민

나는 이 물질의 화학 방정식을 꿈 속에서 보았다. 이 사실은 어쨌든 나의 기억력에 커다란 노력의 산물이다. 이 방정식은 앞뒤의 연결로 봐서 매우 중요한 것으로서, 강조인 양 고딕체로 인쇄되어 있었다. 이렇게 해서 나의 주의를 환기시킨 트리메탈아민은 무엇을 말해 주려는 것일까? 이것은 다른 친구와의 회화를 말해 주고 있는 것이다. 이 친구와는 서로가 해 오던 연구에 대해서 잘 알고 있다. 그는 당시 나에게 성화학性化學에 대한 어떤 생각을 말해 주었는데, 트리메탈아민은 특히 성적 신진대사의 산물 중의 하나라고 했

---

14) 말하자면 '바나나스바나나'는 나의 환자인 일머의 성과 음이 비슷하다.

다. 그러므로 이 물질은 내가 치료하려는 신경성 질환의 발생에 있어서 최대의 의미를 두고 있는 성이라는 계기로 이끌어 가는 것이다.

환자인 일머는 젊은 미망인이었으므로 만약 내가 일머의 치료에 대한 실례를 변명하려면, 그녀의 친구들이 그녀를 빨리 미망인의 처지로부터 구해 주었으면 하고 원했던 사실을 이용하면 아마 가장 쉬운 일이었을 것이다. 내가 이 꿈 속에서 일머 대신에 환자로 삼은 여자 역시 젊은 미망인이었던 것이다. 트리메탈아민의 방정식이 꿈 속에 강조된 이유를 어렴풋이 알 것 같다. 이 말 속에는 중요한 것이 여러 가지 삽입되어 있다. 트리메탈아민은 성적 요소의 우위를 암시하고 있으며, 게다가 나의 견해가 세상에서 인정받지 못할지라도 그 사람만 찬동해 준다면 만족하다고 생각되는 어떤 인물과도 관계된다.

나의 생애에 매우 큰 역할을 끼친 이 친구가 꿈의 관념 연결 속에 나타나지 않을 수 없을 것이다. 그는 코와 비강 질환의 영향을 매우 상세하게 밝혔고, 비갑개와 여성 성기에 대해 갖는 주목할 만한 관계를 다소 학문적으로 연구했다 일머의 인후부의 세 곳의 부은 것. 나는 일머의 위통이 어쩌면 코에서 연유된 것이 아닐까 하고 그녀를 그에게 진찰시켰다. 그런데 이 친구 역시 축농증을 앓고 있어서 나도 그걸 걱정하고 있었다. 꿈에 나온 전이 증세에 대해 떠오른 농혈증은 아마 이것을 암시하는 것 같다.

— 이런 주사는 경솔하게 놓는 것이 아닌데.

이것은 오토의 경솔성에 대한 직접적인 비난이다. 그가 전날 오후에 나에게 반대하는 태도를 보였을 때도 같은 감정을 품었었다. 어쩌면 저리 쉽게 매수되었을까, 어쩌면 저렇게 경솔한 판단을 내릴까 하고. 이외에 이 문구는 갑자기 코카인 주사를 놓게 된 죽은 친구를 다시 상기시켰다. 나는 전에도 말했듯이 코카인 주사를 놓으려고는 조금도 생각지 않았다. 그런 화학 물질을 경솔하게 사용하는 오토에게 향한 비난은 내가 다시 그 불행한 마틸데의 사건에 접촉되는 것을 뜻한다. 나는 여기서 분명히 내가 양심적이었다는 것을 입증하는 실례를 모으고 있는데, 또 그 반대의 증거 수집도 하고 있는 셈이다.

— 아마 주사기의 소독도 불완전했을 것이다.

이것 역시 오토에 대한 비난이지만, 비난의 이유가 앞서와는 좀 다르다. 어제 나는 우연히 82세 된 어떤 부인의 아들을 만났다. 나는 이 노부인에게 하루에 두 번씩 모르히네 주사를 놓아 달라는 부탁을 받았었다. 그녀는 현재 시골에 살고 있는데, 정맥염에 걸려 있다는 것이다. 나는 그것은 바로 주사기의 불완전한 소독 때문이라고 생각했다.

2년 간 지속적으로 주사를 놓았지만, 단 한 번도 침윤을 일으키지 않은 것이 나는 매우 자랑스러웠다. 나는 물론 주사기의 완전 소독에 세심한 주의를 기울였다 나는 참으로 양심적이다. 정맥염에서 나의 생각은 다시 내 아내의 일로 옮겨졌는데, 아내는 임신 중에 정맥염에 걸린 적이 있었다. 여기서 비슷한 세 가지 상황이 연상된다. 아내와 일머와 죽은 마틸데의 공통점으로 해서, 꿈 속에서 내가 이 세 사람을 대치시키는 것도 그럴 법하다고 생각했다.

이것으로 꿈 해석이 모두 끝났다.[15] 이 작업 중에 나는 꿈 내용과 그 배후에 있는 사상과의 비교에서 걸핏하면 떠오른 생각을 지우느라 애를 먹었다. 또 그 사이에 꿈의 '의미'도 정확히 깨닫게 되었다. 나의 이 꿈의 동기였을,

---

15) 물론 나는 이 꿈의 해석에서 연상된 모든 것을 보고한 것은 아니다.

이 꿈에 의해 이루어지고 있는 의도를 알아냈다. 이 꿈은 그날 밤의 몇 가지 사건오토의 보고와 병력의 기록에 의해서 나의 마음 속에 불러일으킨 약간의 소망을 실행하고 있다. 즉, 꿈의 결론은, 지금도 남아 있는 일머의 고통은 나의 책임이 아니라 오토에게 있다는 것이다. 그런데 오토는 일머의 불완전한 치료 상황을 이야기함으로써 나를 불쾌하게 했으므로, 꿈은 오토를 비난함으로써 그에게 보복을 하는 것이다. 꿈은 나에게 일머의 용태에 관한 책임이 없다고 만들어서 그녀의 용태를 다른 요소일련의 근거를 만들어에 전가시키고 있다.

이 꿈은 내가 바라는 어떤 상황을 나타내 주고 있다. '즉, 꿈 내용은 하나의 소망 충족이고, 꿈의 동기는 하나의 소망이다. 이상의 것까지는 명백하다. 그러나 소망의 실현이라는 견지에서 보면 꿈의 세부적인 것에 관해서도 많은 것을 알게 된다. 오토가 경솔한 주사를 놓았다고 나를 비난한 데 대한 복수를 하고 있으며, 게다가 후셀유의 냄새가 나는 싸구려 리큐르 때문에도 복수하고 있다. 이와 같이 나는, 이 꿈 속에서 그 두 가지 비난을 하나로 만들어 버리는 표상, 즉 프로필렌 제재의 주사임을 발견해 냈다.

그러나 그것으로 만족하지 못하고 다시 오토의 경쟁자인 레오폴트를 대치시켜 복수를 계속하고 있다. 그것으로 나는 '레오폴트 쪽이 자네보다 훨씬 낫다'라고 말하고 있는 셈이다. 그러나 나의 분노의 대상은 오토에게뿐 아니라, 내 해결 방법을 듣지 않았던 일머를 더 영리하고 유순한 다른 여성과 대치시킴으로써 그녀에게도 복수하고 있다. 또 M박사에 대해서도 그의 모순을 지나치지 못하고 어떤 명백한 암시에 의해서 '자네는 이 사태에 대해 무지하다'는 의견을 나타내는 것이다'또 적리가 나타나겠지' 등. 뿐만 아니라 나는 그를 외면하고 사정에 더 밝은 사람즉, 나에겐 트리메탈아민에 대한 이야기를 해

준 친구에게 호소하고 있다. 마치 일머를 외면하고 그녀의 여자 친구에게 말하듯이, 또 오토를 외면하고 레오폴트에게 말하듯이.

이 세 사람이 없어지고, 그 대신 내가 선택했던 다른 세 사람이 있다면 나는 이유 없는 비난을 면할 수 있다는 식이다. 이런 여러 가지 비난이 이유 없는 것임은 꿈 속에서 매우 세세하게 증명되고 있다. 예를 들면 일머의 고통은 나에게 짐스럽지 않다. 왜냐 하면 그녀가 나의 해결 방법을 외면했으니 그 책임은 그녀 자신에게 있기 때문이다. 또 일머의 고통은 그것이 기관적 성질의 것이어서, 정신 요법에 의해 나을 성질이 아니기 때문에 그녀의 고통은 나와 상관없다. 일머의 병은 그녀가 미망인이었다는 것트리메탈아민에 의해 충분히 설명되며, 그 상태는 내 힘으로는 어쩔 수가 없다.

이 경우 일머의 병은 오토가 부주의해서 주사했기 때문에 일어난 것이므로, 나 같으면 그런 주사는 절대로 놓지 않았을 것이다. 일머의 병은 그 노부인의 정맥염과 마찬가지로 주사기 소독의 불완전 때문에 일어난 것이다. 나는 주사에서 그런 실수를 단 한 번도 한 적이 없다는 식이다. 이것도 내 책임이 아니라고 하는 점에서 일치하고 있다. 일머의 고통에 대한 이 설명들이 그것들 사이에서는 서로 조리가 맞지 않고 오히려 서로 배제하는 것임을 알 수 있다. 이 이론異論은 전부 — 이 꿈은 바로 그런 이론의 항변에 불과하다 — 이웃에서 솥을 빌리려왔다가 그것을 망가뜨려서 돌려 준 사람이 욕을 먹는 데 대해 변명하는 것을 연상시킨다. 첫째로, 자기는 그 솥을 망가뜨리지 않았다. 둘째로, 솥은 빌리려 왔을 때 이미 구멍이 나 있었다. 셋째로, 이웃에서 그런 솥을 빌리려온 적이 없다. 그러나 이것이 사실이라면 더욱 좋다. 만일 이 세 가지 변명 중의 하나라도 지당하다고 인정된다면, 그 사람에게는 아무 죄도 없는 것이 분명하다.

이 꿈 속에는 다른 테마가 몇 가지 더 들어 있다. 일머의 병에 대해서는 내게 책임이 없다는 것과 그 테마들과의 관계가 그다지 분명하지 않다. 즉, 내 딸의 병, 딸의 이름과 같은 부인 환자의 병, 코카인의 해독, 이집트에 여행하고 있는 내 환자의 질환, 나의 아내, 나의 형, M박사 등의 건강에 대한 걱정과 나 자신의 병, 축농증을 앓고 있던 친구에 대한 걱정 등이다. 그러나 이것들을 모두 총괄해 보면 건강에 대한 염려, 자신 및 타인의 의사로서의 양심이라는 레테르가 붙여진 하나의 관념권에 포함된다. 나는 오토가 일머의 용태에 대해 알려 주었을 때의 어떤 불쾌감을 생각한다. 꿈 속에서 함께 작용하고 있던 관념권에다가, 나는 이 순간적인 감정을 추가하고자 한다.

이 표현은 나에게, "너는 의사로서의 의무를 신중하게 생각하지 않는다. 너는 비양심적이다. 너는 네가 약속한 것을 이해하지 않는다"라고 말하고 있는 것 같다. 이런 비난에 대해 나는 내가 얼마나 양심적인가, 나의 가족이나 친구나 환자의 건강을 얼마나 염려하고 있는가 하는 것을 증명하기 위해, 위에 든 관념권을 마음만 먹으면 쓸 수도 있었을 것이다. 그런데 주목해야 할 것은 이 관념 재료들 중에는 나의 무지를 입증하기보다는 오히려 친구 오토에게 돌릴 죄를 증명하고 있는 듯한 불쾌한 기억도 섞여 있다. 말하자면 재료 그 자체는 공평하지만, 꿈을 구성하는 이 다량의 재료와 일머의 병에 대한 책임을 지고 싶지 않다는 소망이, 그 곳에서 생긴 꿈의 한정된 테마와의 사이에 관련이 있다는 것을 잘못 보게 할 리는 없다.

나는 또 이 꿈을 문제로 삼아, 그 꿈 속에서 그 이상의 해명을 끄집어내어 이 꿈이 제기하는 새로운 수수께끼를 논할 수도 있을 것이다. 이 꿈에는 현재로서 여러 가지 더 연관된 관념이 추구될 곳이 있다. 그러나 자기 자신의 꿈을 해석할 때 고려해야 할 미묘한 점을 고려하면, 나는 이쯤해서 꿈 해석을 중단하는 것이 좋을 것 같다. 이런 중단을 못마땅하게 생각하는 사람이 있다면, 그런 사람은 나보다 더 정직하게 할 수 있는지 자신이 직접 해보는 것도 좋을 것이다. 우선 나는 새로 획득된 인식으로 만족하려 한다. 즉, 지금 여기에 표시된 꿈 해석법을 쓴다면, 꿈은 실제로 어떤 뜻을 갖고 있으므로 종래의 연구가들이 보아 온 것과는 달리, 결코 조잡한 뇌 활동의 소산이 아님을 알 수 있다. 꿈 해석의 작업을 끝내고 보면, 꿈은 하나의 소망 충족이라는 것이 분명하게 밝혀진다.

제 3 장

꿈은 소망 충족

좁은 계곡을 지나 갑자기 구릉에 다다른다. 여기서부터 길은 팔방으로 갈라지고 사방에 화려한 조망이 펼쳐진다. 잠깐 발을 멈춘 채 어디로 향할 것인가를 생각한다. 최초의 꿈 해석을 끝낸 우리들의 심정이 이와 같다. 우리들은 갑자기 어떤 것을 분명히 인식했다. 꿈은 연주가의 손으로써가 아니라, 외적인 힘으로 두드려지는 악기의 불규칙한 음에 비할 수는 없다.

꿈은 무의미한 것도 부조리한 것도 아니기 때문에, 우리들의 수면 중에 일련의 표상은 잠들어 있는데, 다른 일부가 깨기 시작한다는 것을 전제로 해야 한다. 꿈은 완전한 심적 현상이며, 어떠한 것의 소망 충족이다. 꿈은 우리가 이해할 수 있는 각성시의 심적 행위의 관련 속에 넣을 수 있는 것이므로 매우 복잡한 정신 활동에 의해 형성된다. 그러나 우리가 그것에 대해 거의 알았다 싶을 때 또다시 많은 새로운 문제들에 휩싸이게 된다. 만약 꿈이 어떤 소망의 충족을 나타내는 것이라면, 이 소망 충족의 표현 형식의 기묘함은 어디서 연유하는 것일까?

우리들이 눈을 떴을 때 기억하는 현재적顯在的인 꿈의 사고에 형성되기까지는 그 사고 속에서 어떠한 변화가 일어났는가? 이 변화는 어떤 과정을 거치는가? 꿈으로 만들어진 재료는 어디에서 유래하는가? 우리들이 꿈의 사고에서 파악해 낼 수 있었던 여러 특성 중에서 그 사고가 서로 모순되어도 무방하다는 것은 어디에서 나오는가앞장에 솥 이야기와의 유사성? 꿈은 우리들의 내면의 심적 과정에 관해 어떤 새로운 것을 가르쳐 주는가? 꿈 내용은 우리들의 각성시에 믿고 있는 생각을 수정할 수 있는가? 이런 의문들이 생기지만 지금은 모두 보류하고 다만 한 가지만을 살펴보기로 하자.

우리들은 꿈은 소망의 충족을 나타낸다고 했는데, 이것은 꿈의 일반적인 성질일까, 그렇지 않으면 우리들이 분석하기 시작한 꿈일머의 주사의 꿈의 우연한 내용일까? 어떤 꿈에나 의미가 있고 심적 가치가 있다면, 우리들은 그 꿈에 따라 뜻이 달라질 수 있는 가능성을 인정하기 때문이다. 우리들의 첫째 꿈은 분명 소망 충족이었으나, 어쩌면 다른 꿈은 공포의 실현으로 해명될지도 모른다. 또 다른 꿈은 하나의 반성의 내용일지도 모르며, 다시 다른 꿈은 다만 어떤 기억의 재현에 불과할지도 모른다.

그러므로 다른 종류의 소망의 꿈도 있을까, 아니면 꿈은 반드시 소망의 충족으로 한정되어 있는 것일까? 꿈이 종종 소망 충족의 성격을 여실히 보여준다는 사실은 꿈의 언어가 좀더 일찍이 사람들에게 이해되지 않았을까 하고 이상하게 여겨질 정도이다. 이 성격을 나타내기란 쉬운 일이다. 예컨대 내가 마음대로 만들어 낼 수 있는 꿈이 있다고 하자. 저녁 식사 때 정어리나 올리브 등 짠 음식을 먹으면 밤중에 목이 말라서 잠이 깬다. 그러나 눈을 뜨기 전에 꿈을 꾸는데, 이 꿈은 언제나 물을 마시는 내용이다. 벌컥벌컥 물을 들이켰는데, 그 맛이란 형언할 수 없을 정도이다.

그러다가 눈을 뜨면 이번에는 실제로 물을 마시지 않을 수 없다. 이 단순한 꿈의 유인은 눈을 떴을 때도 여전히 느껴지는 갈증이다. 이 갈증이라는 감각에서 물을 먹고 싶은 소망이 생기고, 또 꿈이 이 소망을 충족시켜 주는 것이다. 그럴 때 꿈은 어떤 기능에 기여하는데, 나는 이 기능을 곧 깨닫는다. 나는 잠을 잘 자는 편이라 어떤 요구 때문에 잠을 깨는 일은 별로 없다. 만약 내가 꿈 속에서 물을 마시고 갈증을 가라앉힐 수 있다면, 그 갈증을 충족시키기 위해 잠을 깰 필요는 없을 것이다.

그러므로 이 꿈은 편리한 꿈이다. 보통 생활과 같이 실제로 행동하지 않고 대신 꿈을 꾼다. 그러나 유감스럽게도 꿈에서는 아무리 물을 마셔도 갈증을 없애고자 하는 욕구는 충족되지 않는다. 마치 오토와 M박사에 대한 보복욕이 꿈에서도 충족되지 않는 것과 같다. 그러나 꿈의 좋은 의지는 동일하다. 최근에 나는 똑같은 꿈을 약간 형태를 바꾸어서 꾼 적이 있다. 그 때는 잠들기 전에 이미 갈증을 느끼고 침대 옆 탁자 위에 놓여 있던 컵의 물을 마셨다. 그런데 몇 시간 뒤에 또 갈증이 느껴졌으나 귀찮다고 생각했다. 물을 마시려면 일어나 아내의 침대 옆에까지 가야 한다. 그랬는데, 그러고 나서 나는 아내가 나에게 물을 먹여 주는 매우 편리한 꿈을 꾸었다.

그때의 물그릇은 내가 이탈리아 여행에서 가지고 온 에트루리아의 납골納骨 단지였다. 이 단지는 이미 오래 전에 남에게 주었다. 그런데 그 물이 너무도 짜서분명히 뼈 때문에 나는 그만 잠에서 깨어났다. 이것은 꿈이 얼마나 편리하게 만들어져 있는가를 보여주는 예이다. 소망 충족의 꿈의 유일한 의도인 이상, 꿈은 완전히 이기주의가 될 수 있다. 자신이 편한 대로 일이 처리되기를 바라는 마음은 다른 사람에 대한 생각을 용납하지 않는다. 납골 단지가 꿈에 나타난 것도 역시 하나의 소망 충족일 것이다. 즉, 내가 그 단지를 지금 갖고 있지 않다는 것은 아내 쪽에 있는 물 컵이 손에 잡히지 않는다는 것과 같이 나에게는 유감스러운 일이다. 납골 단지는 또 짠맛의 한층 강한 감각 자극에 대응하고, 이 느낌 때문에 나는 잠을 깨지 않을 수 없었다.[1]

나는 젊었을 때 이런 편리한 꿈을 자주 꾸었다. 예전부터 밤늦게 일하는 것을 좋아하여 가끔 아침에 눈을 뜬다는 것이 고역이었다. 그런 때에 나는 언제나 침대에서 일어나 세면대 앞에 서 있는 꿈을 꾸곤 했다. 그러나 조금 지나면 그것이 꿈인 것을 알게 된다. 그러면서도 그 순간에 또 잠자고 있다. 젊은 친구 중에 역시 나와 비슷한 잠꾸러기가 있었는데, 그는 매우 재미있는 게으른 꿈을 꾸었다. 그는 병원 근처에서 하숙을 하고 있었다. 하숙집 부인에게 매일 아침 깨워 달라고 신신당부를 해두었으나, 그것은 매우 어려운 일이었다.

어느 날 아침, 유난히 달게 자고 있는 그에게 부인은, "페피 씨, 어서 일어나세요, 병원에 갈 시간이에요" 하고 큰 소리로 외쳤다. 자고 있던 친구는 그에 대해 이런 꿈을 꾸었다. 〈병원의 한 방의 침대 위에 자기가 자고 있고, 머리맡에 매달려 있는 명찰에는 '아무개, 조수, 22세'라고 씌어져 있다. 그렇다면 이미 병원에 와 있으니 출근할 필요가 없겠다고 생각하여, 돌아누워 다시 계속 잠을 잤다는 것이다.〉 그는 그때 자기가 그런 꿈을 꾼 동기를 분명

---

1) 베이간트 역시 갈증에 대한 꿈의 사실을 알고 있었다. 그는 이렇게 기록하고 있다.
"갈증의 감각이야말로 모든 사람들에게 가장 정밀하게 파악되어 있다. 이 감각은 언제나 갈증을 해소시키는 표상을 낳는다. 갈증을 해소시키는 표상 방법은 여러 가지이며, 가까운 기억에 따라 여러 가지로 분화된다. 갈증을 해소시키는 표상 바로 뒤에 그 상상했던 음료수의 효과가 적었던 것에 대한 실망이 나타난다는 것이 이 경우에도 일반적인 현상이다."
그러나 베이간트는 자극에 대한 꿈의 반응에 있어서의 보편적인 것을 간과하고 있다. 즉, 밤중에 갈증을 느꼈을 때 꿈을 꾸지 않고도 잠을 깨는 사람이 있지만, 그렇다고 해서 그것이 나의 실험에 대한 반박을 뜻하는 것은 아니며, 그보다는 이런 사람은 잠이 깊이 들지 않은 사람이라고 보아야 한다. 이에 대해서는 다음 성경 구절을 참조하라. "주린 자가 꿈에 먹었을지라도 깨면 그 속은 여전히 비고, 목마른 자가 꿈에 마셨을지라도 깨면 곤비하여 그 속에 갈증이 있는 것같이……." 〈이사야 제29장 8절〉

히 인식하고 있었다.

　이와 마찬가지로 자극이 수면 중에 작용하는 다른 꿈의 예는 이러하다. 나의 여자 환자는 턱 수술을 받았는데, 수술이 성공하지 못해서 의사의 지시대로 하루 종일 얼굴에 습포濕布를 대고 있어야만 했다. 그러나 그녀는 잠이 들면 곧 습포를 떼어 버린다. 어느 날 그녀가 또 습포를 바닥에 떨어뜨린 것을 보고 나는 엄중히 경고했다. 그러자 그녀는 이렇게 변명하는 것이었다. "이번만은 제 책임이 아니에요. 어젯밤에 꾼 꿈 탓이에요. 나는 극장에서 넋을 놓고 오페라를 구경하고 있었어요. 그런데 요양소에 칼 마이어 씨가 누워 있었는데, 턱이 너무나 아프다고 울고 있는 거예요. 그러나 나는 아프지 않으니까 습포는 필요 없다고 생각하고 그것을 떼어 버린 거예요."

　이 가냘픈 환자의 꿈은 불쾌한 상태에 있는 사람이 자기도 모르게 말하는 표현처럼 들린다. 즉, 사실은 더 유쾌한 상태에 있고 싶다는 것이다. 꿈은 더 유쾌한 상태를 나타내 주는 것이다. 이 꿈을 꾼 여자가 자신의 아픔을 전가시킨 칼 마이어 씨는 그녀가 아는 사람 중에서 가장 무관심한 젊은 청년이었다.

　내가 건강한 사람에게서 수집한 몇 개의 다른 꿈 중에서 소망 충족을 발견하는 것은 그다지 어렵지 않다. 나의 꿈 이론을 알고 있어서 그것을 자기 아내에게 말한 한 친구는 어느 날 나에게 이렇게 말했다. "아내가 자네에게 말해 달라고 하는데, 월경하는 꿈을 꾸었대. 어떤 뜻인지 알고 싶다고 하더군." 물론 나는 알고 있다. 젊은 여자가 월경하는 꿈을 꿀 때 실제로는 월경은 멎어 있다임신 중임을 암시한다. 그러므로 그 꿈은 임신의 괴로움이 시작되기 전에 좀더 자신의 자유를 만끽하고 싶다는 뜻으로 해석된다. 그것은 교묘한 첫임신의 통고이다.

어떤 다른 친구는 자기 부인이 최근에 꿈 속에서 블라우스에 젖이 묻어 있는 것을 보았다는 편지를 보내왔다. 이것 역시 임신 통고의 일종이지만, 출산은 아니다. 젊은 어머니는 첫아기를 낳았을 때보다도 둘째아이에게 더 젖이 많아지기를 기대하는 것이다.

전염병에 걸린 아이를 간호하기 위해 몇 주일 동안 남편과의 잠자리를 기피해 오던 어느 부인이 아이가 회복된 후에 어떤 사교장의 꿈을 꾸었다. 〈A. 도데·부르게·M. 프레보 등 여러 작가들의 얼굴이 보이고 모두들 그녀에게 친절하게 위로의 말을 건넨다. 이 작가들은 꿈 속에서도 초상화에서 본 그대로의 생김새를 하고 있었는데, 단지 그녀가 초상화를 본 적이 없는 포레보만은 그 전날 오랜만의 방문객으로서 병실에 소독을 하고 간 잡역부와 같은 얼굴을 하고 있었다.〉 이 꿈은 완전하게 번역할 수 있을 것 같다. 그것은 다름 아닌, 이제야말로 지겨운 간호에서 벗어나 무언가 더 흥미 있는 일을 할 수 있는 때가 왔다는 뜻일 것이다.

위에서 말한 몇 가지 실례에 의해서, 다만 소망 충족으로서만 이해되고 그 내용을 적나라하게 보여주는 꿈이 복잡한 조건하에서 빈번히 발견된다는 사실이 충분히 증명될 것이다. 이것들은 대체로 짧고 단순한 꿈이고, 다행스럽게도 꿈 연구자들의 주의를 끈 복잡하고 내용이 풍부한 구성을 가진 꿈과는 눈에 띄게 다르다. 그러나 이런 단순한 꿈은 더 깊이 음미해 볼 만한 가치가 있다. 가장 단순한 꿈으로서는 어린아이의 꿈이다. 어린아이의 심적 능력도 어른에 비해 분명히 단순하기 때문이다. 사견을 말하자면 유아 심리학은 성인 심리학에 여러 모로 도움을 준다. 이것은 마치 하등 동물의 구조나 발전의 연구가 고등 동물의 구조 연구에 도움을 주는 것과 같다. 그러나 유아 심리학을 이런 목적에 이용한 일은 지금까지 거의 없었다.

어린이의 꿈은 단순한 소망 충족이므로 어른의 꿈에 비해 재미가 없다. 거기에는 애써서 풀어야 할 수수께끼가 없으나, 꿈은 그것의 가장 내부적인, 본질적인 하나의 소망 충족을 뜻하고 있음을 뒷받침해 주는 귀중한 자료이다. 나는 내 아이들에게서 이와 같은 꿈의 실례를 몇 가지 모을 수가 있었다.

1896년 여름, 나는 아우스제에서 아름다운 할스타트로 소풍을 갔었는데, 당시 8년 6개월 된 딸과 5년 3개월 된 아들이 각기 꿈을 꾸었다. 먼저 말해 두어야 할 것은, 그해 여름에 우리는 아우스제의 언덕에서 살고 있었기 때문에 날씨가 맑은 날에는 거기서 다하스타인 산의 멋진 풍경을 바라볼 수가 있었다. 망원경으로 보면 지모니 산의 오두막집이 아주 가까이 보였다. 아이들은 몇 번이나 망원경으로 그것을 보려고 했으나 잘 보았는지의 여부는 정확히 모르겠다. 소풍을 떠나기 전에 나는 아이들에게 할스타트는 다하스타인 산기슭에 있다고 말했다. 두 아이는 그날이 오기를 손꼽아 기다렸다.

우리는 할스타트에서 에셀룬 계곡으로 갔는데, 아이들은 변화 무쌍한 골짜기의 경치를 보고 매우 즐거워했다. 새로운 산이 나타날 때마다 "저게 다하스타인이에요?" 하고 물었다. 나는 그때마다 "아직 멀었어. 저건 그 앞의 산이야" 라고 대답했다. 이런 대화가 두서너 번 되풀이된 뒤 이들은 입을 다물어 버렸다. 폭포로 가는 길에서 아이는 함께 가기 싫다고 투정을 부렸다. 나는 이젠 지친 모양이라고 생각했다.

그러나 다음날 아침에 일어난 아들은 아주 기분 좋게 나에게 와서, 어젯밤에 모두 지모니의 오두막집에 간 꿈을 꾸었다고 말했다. 그래서 나는 이 아이의 마음을 알게 되었다. 즉, 이 아이는 내가 다하스타인의 이야기를 했을 때, 이번에 할스타트로 소풍을 가서 이 다하스타인에 올라가 망원경으로 예의 그 오두막을 보려고 기대했던 것이다. 그런데 아직도 멀었다, 그 앞의 산이다, 폭포다 하는 바람에 그만 속았다고 생각하고 기분이 좋지 않았던 것이다. 꿈은 그 보상이었다. 나는 그 꿈의 세부 내용에 대해 알고 싶어했으나 아주 빈약한 것이었다. "6시간 동안 계속 올라가는 거야" 하고 그 애는 전에 들은 바대로 말할 뿐이었다.

딸아이 역시 이번 소풍에서 여러 희망을 가졌는지 꿈이 그것을 충족시켜 주었던 것이다. 우리는 이웃의 열두 살 난 남자 아이도 함께 데리고 갔었는데, 이 아이는 제법 의젓해 딸애가 은근히 그 아이를 좋아하는 것 같았다. 그런데 딸은 이튿날 아침에 이런 꿈 이야기를 해 주었다. "나 어제 꿈을 꾸었어요. 저, 에밀이 우리 가족이 되어서 우리들처럼 아빠, 엄마 하면서 우리와 함께 큰방에서 자고 있었어요. 그런데 엄마가 들어오시더니 파란 종이에 싼 큰 초콜릿을 우리 침대 밑에 많이 넣어 주셨어요."

아이들은 아버지인 나에게 꿈 해석의 지식을 유전받은 것이 아니겠으므로, 앞서 말한 연구가들과 마찬가지로 "그런 꿈은 엉터리야" 하고 말했다. 딸은 끝까지 이 꿈의 일부는 진실이라고 우겼는데, 그것이 어느 부분인가를 알아내는 것은 신경증 이론에 있어서 매우 중요한 것이다. 딸이 우긴 것은 '에밀이 우리 가족이 되어 있는 것은 이상하지만, 초콜릿에 대한 것은 이상하지 않다'는 것이었다. 나로서는 오히려 이 후반부가 더 이해되지 않았으나, 아내가 그것을 설명해 주었다. 정거장에서 집으로 돌아오는 도중에 아이들은 과자 자동 판매기 앞에서 꿈에서 본 것과 같은 초콜릿을 사달라고 했다. 그러자 아내는 오늘은 하고 싶은 일을 다 했으니, 초콜릿은 꿈을 위해 남겨 두자고 말했다. 나는 이 장면을 놓쳤던 것이다.

꿈 내용 중에서 딸이 부정한 부분은 쉽게 알 수 있었다. 얌전한 에밀이 도중에서 아빠와 엄마가 오실 때까지 기다리자고 우리 아이들에게 말했다는 것을 나도 들어 알고 있었다. 딸은 이때 순간적으로 에밀이 우리 가족인 것처럼 느낀 상태를 꿈 속에서 연장시킨 것이다. 에밀에게 쏟는 애정은 아직 자기 형제들과 마찬가지로 한가족이 된다는 형식밖에 모르기 때문에 그런 형태의 꿈을 꾼 것이다. 그런데 초콜릿을 왜 침대 밑에 던졌는지에 대해서는 딸에게 캐어물어야만 해결될 문제였다. 그 후 나는 아들의 꿈과 매우 흡사한 꿈 이야기를 어떤 사람으로부터 들은 적이 있다.

8세 된 소녀의 꿈이었다. 아버지는 아이들을 데리고 로렌헤테의 산막을 가기 위해 도른바하로 산책을 나갔으나 너무 늦어서 다음 기회로 미루고 되돌아왔다. 돌아오는 길에 그들은 하메아우를 가리키는 이정표 앞을 지나왔다. 아이들은 하메아우로 가자고 졸랐으나 역시 시간이 늦은 관계로 다음 기회에 가자고 했다. 그 딸은 이튿날 아침, 만족스러운 얼굴로 "아버지 간밤에 아버지와 함께 로렌헤테 산막과 하메아우에 간 꿈을 꾸었어요"라고 말했다. 즉, 이 아이의 조급한 심정은 아버지의 약속을 미리 실현시킨 셈이다.

또한 아주 정직한 꿈의 예는 그때 3년 3개월 난 딸이 꾼 아우스제의 아름다운 경치 꿈이다. 딸은 생전 처음으로 배를 타고 호수를 건넜는데, 배가 잔교에 도착했는데도 배를 더 타고 싶다고 울어댔다. 이튿날 아침, 딸은 어젯밤에 호수에서 뱃놀이하는 꿈을 꾸었다고 말했다. 물론 배를 더 오래 타고 싶은 욕구가 이런 꿈을 꾸게 한 것이다. 또 그때 여덟 살 난 큰아들은 이미 자기의 공상을 현실화한 꿈을 꾸었다. 그는 아킬레우스와 같이 마차를 타고, 디오페데스가 마부가 된 꿈을 꾸었다. 물론 전날 누나가 선물로 받은 《그리스 신화》에 씌어 있는 이야기를 듣고, 그것에 정신을 빼앗겼던 것이다.

아이들의 잠꼬대도 역시 꿈의 범주에 속한다는 것이 인정된다면, 다음에는 내가 최근에 수집한 꿈 중의 하나를 소개하겠다. 생후 19개월 된 나의 막내딸이 아침에 구토를 하기에 그 날 온종일 절식을 시켰다. 그날 밤 이 아이는 흥분하여 이런 잠꼬대를 했다. "안나 에프, 포이드 엘드벨, 혹호벨, 아이엘스파이스, 파프Anna F, Feud Er^d beer, Hochbeer, Eier^speis, papp^2)라고 했다. 이 때 아이는 어떤 물건을 자기 것으로 만들고 싶다는 것을 표명하기 위해 자기의 이름을 사용했다. 또 이 잠꼬대 속에 나오는 음식 이름은 모두 자기가 먹고 싶었던 것들이다. 딸기 이름이 두 번이나 나오는 것은 가정의 위생 감독에 대한 일종의 시위 운동이다. 그 이유는 보모가 그 애의 병의 원인을 딸기로 보았다는 부차적인 사정이 있었기 때문이다. 이 아이는 그것을 알고 있어서 그런 터무니없는 판정에 나름대로 보복을 한 것이다.^3)

유년기에는 성적 욕구를 모르기 때문에 행복하다고 할 경우에, 우리들은 두 가지 커다란 삶의 욕구 중의 하나인 식욕이 유년기에 있어서 환멸과 체념을 가져다주고, 따라서 얼마나 풍부한 꿈 자극의 원천이 될 수 있는가를 잘못 인식하지 말아야 한다.^4) 여기서 그에 대한 두 번째의 실례를 들어보겠다.

생후 22개월 된 조카가 나의 생일에 나에게 축하의 말을 하면서 버찌 한 바구니를 선사하는 역을 맡았다. 그 계절에는 버찌가 가장 빨리 나오는 과일이었다. 어린 조카에게 이 역할은 매우 어려운 것이었다. 그 애는 '여기에 버찌가 들어 있다'고 되풀이해서 말하며, 그 바구니를 손에서 놓지 않으려

---

2) 안나 에프는 프로이트의 막내딸 이름으로 이 꿈을 꾼 당사자. 에프는 물론 프로이트의 머리글자이다. 엘드벨은 딸기, 혹호벨은 구즈베리, 아이엘스파이스는 오믈렛, 파프는 아버지라는 뜻이다.
3) 그 후 얼마 안 되어, 이 아이와 70년이나 나이 차가 나는 할머니가 그와 똑같은 꿈을 꾸었다. 할머니는 유주신遊走腎 때문에 하루 종일 절식을 해야 했는데, 꿈 속에서 자기가 다시 처녀 시절로 되돌아가 아침과 저녁 두 차례에 걸쳐 식사에 초대를 받고 두 번이나 진수성찬을 앞에 놓고 있는 것을 보았다.
4) 어린이의 심적 생활을 좀더 깊이 살펴보면, 어린이의 심적 활동에 있어서 유아적 형태에서의 성욕 활동의 힘이 다만 오랫동안 간과되어 온 매우 큰 역할을 하고 있다는 것을 알 수 있다. 따라서 그것에 의해 우리들은 어른들이 나중에 상상하는 그런 유년기의 행복이라는 것을 다소 의심하지 않을 수 없게 된다《성에 관한 세 가지 논문》, 1905년 및 1926년의 제6판과 《전집》제5권을 참조.

고 했다. 마침내 그 아이는 그것을 보상하고야 말았다. 그 아이는 종종 자기 어머니에게 아침마다 '하얀 병정' 꿈 이야기를 하곤 했었다. 이것은 그 아이가 전에 한길에서 본 흰 망토 차림의 근위대를 말하는 것이다. 그런데 그 생일날이 지난 다음날 아침, 그 아이는 기쁜 듯이 "헬만이 버찌를 다 먹어 버렸어!"라고 꿈 이야기를 한 것이다.[5]

동물은 어떤 꿈을 꿀지 나는 알 수 없다. 나의 청강생 중의 한 사람은 "거위는 어떤 꿈을 꾸는가? 옥수수 꿈을 꾼다"는 속담[6]을 말해 주었다. 꿈은 소망 충족이라고 하는 모든 이론이 이 속담 속에 포함되어 있다.[7] 이제 와서 깨닫게 된 일이지만, 만약 우리들이 세상의 보편적인 언어를 문제삼지 않는다면, 꿈에 숨겨진 의미를 보다 쉽게 찾을 수 있을 것이다. 지혜로운 말은 확실히 꿈을 무시하는 듯한 표현을 하고 있지만 ― '꿈은 덧없다'고 할 때,

---

5) 어린아이들에게도 점차 복잡하고 불분명한 꿈이 자주 나타나는데, 반대로 어른들도 경우에 따라서는 매우 단순한 꿈을 자주 꾼다는 사실을 언급해 두어야겠다. 나의 논문 《어떤 5세 된 남자 아이의 공포증 분석》1910년 및 융의 저서 《어린이의 여러 심적 갈등에 대해서》1910년에 실린 인용례는 5세 된 어린이의 꿈에도 뜻밖에 얼마나 내용이 풍부한가를 보여주고 있다. 정신 분석적으로 해석된 어린이의 꿈에 관해서는 이 밖에 휴그헬무드·푸트남·라얄테·슈피일라인·타우스크 등을 참조하라. 또 다른 실례에 관해서는 반시에리·부제만·도리아의, 어린이 꿈의 소망 충족의 경향을 강력하게 지적한 비감을 보라.

6) 페렌치가 인용하고 있는 헝가리의 격언은 더 완벽한 것이다. 즉, "돼지는 떡갈나무 열매 꿈을, 거위는 옥수수의 꿈을 꾼다." 또 유대인의 속담에는 "닭은 수수 꿈을 꾼다"는 것이 있다 《유대 속담집》제3판 〈베른스타인〉편. p.116.

7) 꿈이 소망 충족이라는 견해를 나보다 앞서 이야기한 사람이 아무도 없다고는 주장하지 않겠다. 이런 암시를 중요시하는 사람은 고대인으로서 프톨레매우스 1세 치하에 살았던 의사 헤로피로스를 인용할 수 있다. 부크첸슈크에 의하면 헤로피로스는 꿈을 세 가지 종류로 구별하였는데, 첫째 신이 보낸 꿈, 둘째 영혼이 자신에게 유익한 것이나 일어날 것의 모습을 만들어 냄으로써 생기는 자연스러운 꿈, 셋째 우리들이 바라는 것이 있을 때 여러 형상의 접근에 의해서 저절로 생기는 혼합된 꿈 등이 그것이다.
J. 스텔케나인은 세르너의 실례 중에서 세르너 자신이 소망 충족의 꿈이라고 부르는 예를 들고 있다. 세르너는 "꿈을 꾸는 여자의 각성시의 소망을 공상이 채워 주는 것은 그 소망이 마음 속에 생생히 살아 있기 때문이다"라고 말하고 있다. 이 꿈은 '기분의 꿈'이다. 이 꿈에 가까운 것으로서 '남자나 여자의 사랑의 동경'의 꿈, 그리고 '불쾌감'의 꿈이 있다. 세르너는 꿈에 대한 소망에서 각성시 이외의 어떤 심적 상태에서 인정되는 것과 다른 의의를 분명히 인정하고 있는 것이 아니므로, 소망을 꿈의 본질과 관련시키고 있다는 것은 문제도 되지 않는다.

대개는 그것이 과학적 표현인 줄 알고 있다 — 그러나 일반의 관용어에 따르면 꿈은 오로지 애교 있는 소망 충족이다. 실제로 자기의 기대를 넘어서는 일이 생겼을 때, 사람들은 기뻐 날뛰며, "정말 꿈에도 생각지 못했다"라고 말하는 것이다.

제 **4** 장

꿈의 왜곡

소망 충족이야말로 모든 꿈의 유일한 뜻이므로, 소망 충족의 꿈이 아닌 것은 없다고 주장했다면 처음부터 격렬한 반대에 부닥쳤을 것은 의심할 여지도 없다. 아마도 이런 반론이 가해졌을 것이다. "소망 충족으로 인정되는 꿈이 있다는 것은 새로운 사실이 아니며, 이미 많은 전문가들에 의해서 지적된 것이다" 라데스토크 pp.137~138. 티시에 p.70, M. 시몬 p.42, 그리징거 p.111의 한 대목.[1] 그러나 소망 충족의 꿈 이외의 꿈이 없다는 것은 부당한 보편화이므로, 그렇게 말했다면 다행히도 쉽게 반박할 수가 있다. 불쾌하기 짝이 없는 내용을 보여주어서 소망 충족의 기미라고는 조금도 없는 꿈도 얼마든지 있다.

염세주의 철학자인 하트만Edward V. Hartmann은 소망 충족설을 가장 반대하는 사람 중의 한 사람이다. 그의 저서《무의식의 철학》제2부에서 그는 이렇게 말하고 있다. "꿈에 관해서 말한다면, 꿈과 함께 각성시의 괴로움은 모두 수면 상태 속으로 연장된다. 그런데 다만 학문과 예술의 기쁨이라는, 교

---

[1] 이미 신 플라톤파의 플로티노스는, "욕정이 생기면 공상이 형성되므로, 공상은 우리들에게 욕정의 대상을 나타내 보여준다"라고 말한 바 있다뒤 프렐.

양인들에게 인생을 다소 견디기 쉽게 해 주는, 이 두 가지만은 꿈 속에는 쾌락보다 고통이나 불쾌한 내용이 더 많이 등장한다는 점을 지적하고 있다.

숄츠와 폴켈트가 그렇고, 사라 위드와 플로렌스 할램이라는 두 여성은 자기들의 꿈을 조사하여 꿈에는 불쾌가 우세하다는 통계를 보여주고 있다. 즉, 그녀들이 수집한 꿈 중에서 58퍼센트는 불쾌한 꿈이고, 겨우 28.6퍼센트만이 쾌락적인 꿈으로 나타났다. "이렇게 일상 생활에서 느껴지는 다양한 고통감을 잠 속으로 가져오는 꿈 외에도 모든 불쾌감 중에서 가장 그 강도가 센 불안감이 우리들을 잠에서 깨울 정도로 강렬한 불안몽不安夢이라는 것도 있다. 이런 불안몽을 흔히 경험하게 되는 것이 우리들이 앞서 가장 순수하게 소망의 꿈이 나타난다고 한, 바로 그 아이들인 것이다." 사실 이런 불안몽의 존재는 우리들이 앞장의 여러 실례에서 얻은 명제, 즉 꿈은 소망 충족이라는 것의 보편화를 방해하고 있는 것 같다. 아니, 오히려 이 명제를 부조리한 것이라고 규정짓고 있는 것처럼 보인다.

그렇지만 이 타당해 보이는 반론을 반박하기는 그리 어렵지 않다. 우리들의 설은 꿈의 현재 내용顯在內容을 어떻게 보느냐는 점에 기인하는 것이 아니고, 해석 작업에 의하여 오직 꿈의 이면에서 볼 수 있는 사고 내용에 관한 것이라는 데 유의하면 된다. 우선 꿈의 '현재 내용'과 '잠재 내용'을 비교해 보자.

꿈의 현재 내용이 고통감을 나타내는 경우가 있다는 것은 옳다. 그러나 지금까지 누가 이것을 해석하고 그 잠재하는 사고 내용을 밝히려고 시도한 적이 있었던가? 만약 그런 시도가 행해지지 않았다면, 앞에서 든 반론은 두 가지 다 우리들에게는 해당되지 않는다. 고통스러운 꿈이나 불안한 꿈을 해석해 보면 결국 소망 충족의 꿈이 있을는지도 모르기 때문이다.[2] 학문 연구에서 어떤 문제 해결이 어려운 경우, 거기에 제2의 문제를 가져와 보면 뜻밖에 유리할 때가 있다. 호두를 한 개씩 찧는 것보다는 두 개를 한꺼번에 찧는 편이 더 쉬운 것과 같다. 그래서 우리들은 고통의 꿈이나 불안의 꿈이 어떻게 소망 충족의 꿈이 될 수 있는가 하는 문제 외에 우리들의 꿈에 관한 지금까지의 논의 중에서 다시 제2의 문제를 제기해 보자.

표면상으로는 하찮은 꿈의 내용도 세밀하게 분석해 보면 소망 충족이었음이 판명되는 꿈이, 왜 애초에 이 소망 충족이라는 뜻을 분명하게 나타내지 않는가 하는 문제이다. 앞에서 자세하게 취급한 '일머의 주사의 꿈'을 예로 들어보자. 그것은 해석에 의해서 훌륭한 소망 충족의 꿈으로 인정되었다. 그런데 도대체 무엇 때문에 해석이 필요한가? 왜 꿈은 그 의미를 직접 우리들에게 말해 주지 않는가? 사실 일머의 주사의 꿈만 해도, 그것이 당장은 꿈꾼 사람의 소망 충족을 뜻하고 있다는 인상을 주지 않는다. 독자들도 그런 인상은 받지 않았을 테고, 나 역시 분석을 해 보기 전에는 그러리라고 생각하지 않았다.

해명을 필요로 하는 이런 꿈의 설명 방법을 '꿈의 왜곡'이라 부른다면, 이 꿈의 왜곡이라는 것은 어디에서 오는가 하는 또 다른 의문이 생겨난다. 이 의문을 해결할 수 있는 방법은 여러 가지로 생각할 수 있을 것이다. 예컨대

---

2) 독자나 비평가들은 이런 고찰을 거부하고, 꿈의 현재 내용과 잠재 내용의 기본적인 차이를 무시해 버리는지 믿기 어려울 정도이다. 그러나 이런 나의 의견에 근접한 것으로서, 사리의 논문인 《계시로서의 꿈》에 나오는 다음과 같은 구절보다 뛰어난 것은 없다. "그렇다면 결국 꿈은 초서나 셰익스피어나 밀턴 같은 사람들이 말한 것처럼 전혀 무의미한 것은 아니라고 여겨질 것이다. 우리들이 밤에 하는 공상의 복합적인 집합물은 어떤 의미를 가지고 있어서 새로운 지식을 준다. 암호로 된 글씨처럼 이것을 세밀히 조사해 보면 꿈의 글씨는 터무니없는 것 같던 외관이 벗겨지고, 진실하고 지적인 의미가 드러난다. 다시 말해서 한 번 쓴 글자 위에 다시 글자를 겹쳐 쓰는 사본처럼, 꿈은 무가치한 표면적 성격 밑에 오래되고 귀중한 의식의 흔적을 가지고 있다."

수면 중에는 꿈의 사고에 적합한 표현을 줄 수 없다는 식으로 생각된다. 그러나 어떤 꿈의 분석은 우리들로 하여금 꿈의 왜곡에 불가피하게 다른 설명을 가하게 만든다. 이 점에 대해 나는 역시 나 자신의 다른 꿈에 관해 설명하기로 하겠다. 이 꿈도 역시 여러 가지 점에서 개인적인 것을 포함하고 있으므로, 정말은 노골적으로 털어놓고 싶지 않다. 그러나 그것에 의해 문제가 완전하게 해명된다면 이런 개인적 희생쯤은 보상된다.

전제

1897년 봄에, 우리 대학의 교수 두 사람이 나를 조교수로 임명할 것을 제의했다고 한다. 이 소식은 나에게는 매우 돌발적인 것이었다. 개인적으로는 아무런 관련도 없는 훌륭한 두 학자가 나를 인정해 주었다는 사실은 나를 기쁘게 해 주었다. 그러나 나는 곧 이 일을 너무 믿어서는 안 된다고 스스로에게 타일렀다. 그것은 문교 당국이 몇 년 동안 이런 제의를 전혀 받아들이지 않는 상태였기 때문에, 나보다 선배로서 업적으로 보더라도 나에게 뒤지지 않는 사람들이 헛되이 발령을 기다리고 있는 실정이었기 때문이다. 나의 경우라도 특별할 리가 없었다. 그래서 내심 거의 포기 상태에 있었다.

나는 본래 명예에 대한 욕심이 많지 않는 데다가, 부족하나마 의사로서의 공적도 세우고 있었으므로, 명예 같은 것은 아무래도 좋았다. 아무튼 막연한 이야기였으므로 그것을 가지고 왈가왈부할 것은 못 되었다. 그리고 나서 어느 날 밤, 친분이 두터웠던 동료 한 사람이 찾아왔다. 그 역시 교수 임용의 발령이 없었던 사람 중의 한 사람인데, 이 동료의 운명을 나는 나 자신을 경고하는 데 사용하고 있었다. 우리들 동료 중에서 교수 후보자로 승진한다는 것은 환자들이 볼 때 절반은 신神이 된 거나 다름이 없었다. 그래서 이 동료는 이미 오랫동안 교수 임명을 기다리고 있는 데다가, 나와 같이 단념도 하지 않고 있어서, 가끔씩 문교 당국에 나가서 자기가 하루빨리 천거되도록 운동을 계속해 왔다.

그날 밤도 문교 당국에 다녀오는 길이었다. 그의 말에 의하면, 그는 국장을 찾아가서 자신의 교수 임명이 늦어지는 이유가 바로 자기가 유대인이기 때문이 아니냐고 따졌다는 것이다. 국장은 현재의 상황으로는 자기도 어쩔 수 없노라고 대답했다는 것이다. "그래서 나의 일도 어떻게 돌아가는지 알 수 없네" 하고 그 친구는 말을 맺었는데, 이 이야기는 나에게 오히려 체념만 굳히게 해 주었다. 그와 같은 유대인이라는 종파상의 난점은 나도 마찬가지였기 때문이다. 그 이튿날 밤에 나는 그 형식상 주목할 만한, 다음과 같은 꿈을 꾸었다. 이 꿈은 두 관념과 두 형식으로 이루어져 있어서, 한 관념과 한 형상이 엇갈려 있었다. 그러나 나는 여기서 이 꿈의 전반부만 소개하기로 하겠다. 후반부는 이 꿈을 소개하려는 목적과 관계가 없기 때문이다.

1. 친구 R은 나의 큰아버지였다 — 나는 그를 무척 좋아했다.

2. 나는 그의 얼굴을 보았다. 얼굴은 여느 때와 조금 다르게 보인다. 얼굴이 좀 길어진 것 같고, 얼굴 둘레에 돋아난 노란 수염이 뚜렷하게 눈에 띈다.

그리고 다시 한 관념과 한 형상이 이어지는데, 그것은 생략하겠다. 이 꿈의 해석은 다음과 같이 행해졌다.

내가 오전 중에 이 꿈을 생각했을 때 나는 웃음을 터뜨리고 개꿈이라고 생각했다. 그런데 이상하게도 하루 종일 이 꿈이 머리에서 떠나지를 않았다. 저녁에 나는 자신에게 이런 비난을 했다. "만일 너의 환자가 꾼 꿈을 개꿈이라고 단정하고 입을 다물어 버리면, 너는 그 환자를 나무라면서 그 꿈의 이면에는 어떤 불쾌한 일이 감추어져 있으니까 환자가 알고 싶어하지 않는 거라고 추측할 것이다. 너 자신에 대해서도 그와 같은 태도를 취하면 어떤가? 그 꿈이 개꿈이라고 하는 너의 의견은 바로 꿈 해석에 대한 마음 속의 저항을 말하는 것이다. 포기하면 안 된다." 이렇게 해서 나는 꿈 해석에 들어갔다.

'R은 나의 큰아버지였다.' 이것은 도대체 무엇을 의미하는가? 내게는 큰아버지가 한 분밖에 없다. 요셉이라는 큰아버지였다.[3] 그를 둘러싼 슬픈 이야기가 있다. 30여 년 전의 일인데, 그는 돈을 벌려는 마음에서 법에 저촉되는 일을 하여 벌을 받게 되었다. 나의 아버지는 너무 신경을 써서 불과 며칠 사이에 머리가 셀 정도였는데, 늘 "형님은 절대로 나쁜 사람이 아니고, 단지 조금 모자란다"고 말하곤 했다. 그래서 친구인 R이 나의 큰아버지 요셉으로 되어 나타났다면, 내가 말하려고 하는 것은 'R은 조금 모자란다'는 것이다. 그러나 이런 일은 인정할 수 없는 매우 불쾌한 일이다!

그러나 꿈에서 본 얼굴은 R보다 길게 뻗은 노란 수염을 기르고 있다. 실제로 큰아버지는 길고 둘레에 멋진 금빛 구레나룻이 있는 얼굴이었다. 친구 R은 원래 수염이 무척 검었는데, 검은 털이 세기 시작하면 점차 보기 흉한 모습이 되는 법이다. 한 가닥 한 가닥 검은 수염은 불유쾌한 색의 변화를 겪는다. 먼저 붉은 빛이 도는 갈색이 되고, 다음에 황갈색으로 되고, 결국 회색이 된다. 친구 R의 수염은 그 당시 이 단계에 와 있었다. 그 당시 나의 수염도 섭섭하지만 그와 마찬가지였다.

꿈에서 본 얼굴은 친구 R의 얼굴이기도 하고 큰아버지의 얼굴이기도 했다. 그것은 마치 가족들의 유사점을 찾아내기 위해 몇 사람의 얼굴을 같은 한

---

3) 이런 경우에 나의 기억력이 — 생시에 — 분석의 목적을 위해 얼마만큼 충분히 작용하지 않았던가를 주목할 만하다. 나는 다섯 분의 큰아버지들 중에서 특히 한 분을 존경했다. 그러나 꿈 해석에 있어서의 저항에 이겨내고 나서, 나에게는 큰아버지가 한 분뿐이라고 스스로에게 말했다. 꿈에서 본 그분이 큰아버지라고 했으니까.

장의 건판 위에 촬영하는 칼턴의 몽타주 사진 같았다. 그렇게 보면 내가 친구 R이 그 큰아버지처럼 좀 모자란다고 생각하고 있음에 틀림없다. 도무지 인정하고 싶지 않은 이런 관계를 내가 어떻게 해서 만들어 냈는지 알 수가 없었다. 그런데 큰아버지는 죄인이고, 친구인 R은 청렴 결백한 사람이었다. 그러나 R도 전에 오토바이로 소년을 치어서 처벌을 받은 일이 있었다. 내가 그 일을 생각했던 것일까? 그러나 이것은 얼토당토않은 비교이다. 그러나 그때 생각나는 것이 있었다. 며칠 전에 동료 N과 나눈 대화가 생각났다. 거기서도 똑같은 화제가 등장했다.

나는 길에서 N과 마주쳤다. 그도 역시 교수 후보자로 추천되어 있었다. 그는 나의 교수 추천에 관한 이야기를 듣고 내게 축하를 해 주었다. 그러나 나는 그 축하를 달갑지 않게 받아들였다. "설마 자네가 그런 농담을 하다니, 이 따위 추천에 무슨 가치가 있는가? 자네 자신의 경험으로 잘 알고 있을 텐데" 하고 나는 말했다. 그러자 그는 진심은 아니었겠지만 이렇게 대답했다. "그건 잘 모르지. 나에게는 특별한 사정이 있었네. 이전에 어떤 여자가 나를 고소한 사실을 알고 있나? 어리석은 협박이라 기각되었지만, 그래서 조사를 받았어. 나는 그 여자가 처벌받는 것을 기각시키는 데 무척 힘들었지. 하지만 아마도 문교 당국에서는 나를 임명하지 않는 구실로 그 일을 이용할 거야. 그러나 자네는 완벽한 인격자가 아닌가."

이 일이 나에게 범죄자는 누구인가를 가르쳐 주는 동시에, 그 꿈을 어떻게 해석할 것인가를 가르쳐 주었다. 큰아버지 요셉은 교수로 임명받지 못한 두 사람의 동료를 나타내고 있다. 전자는 바보로, 후자는 범죄자로. 나는 그 어느 쪽도 아니다. 그래서 우리들에게 있어서는 전혀 그 어떤 공통점도 없는 것이다. 그리하여 R이 전한 고관의 말이 내게도 똑같이 해당될 것이라는 슬픈 결론으로부터 면제받을 수 있었던 것이다.

이 꿈의 해석은 더 해야 한다. 나는 이것으로 충분히 고찰했다고 볼 수 없다. 나는 나의 교수 임명을 쉽게 하기 위해서 존경하는 두 동료를 매우 분명하게 멸시한 것 때문에 아직 기분이 가라앉지 않았다. 그렇지만 꿈에 의한 표현이 얼마만큼의 가치가 있는가를 인식하게 된 뒤부터는 나의 행위에 대한 불만은 감소되었다. 나는 사실상 R을 바보로 생각했다든지, 또는 N의 협박 사건에 관한 이야기를 믿지 않는다고 말하는 사람이 있다면, 그가 누구이건 소리 높여 항의할 것이다. 또 나는 오토가 프로필렌 제재의 주사를 놓았기 때문에 일머의 병이 악화된 것이라고는 생각하지 않는다.

이 두 경우가 다, 나의 꿈이 표출한 '그렇게 되어 주었으면 하는 나의 소망'인 것이다. 나의 소망을 충족시키기 위해 내가 주장하는 것이 뒤의 꿈에서는 앞의 꿈일머의 주사의 꿈만큼 부조리한 인상을 주지 않는다. 그것은 실제로 일어난 일을 교묘하게 이용하여 조립되어 있었다. 마치 사람들로 하여금 '무엇인가 있구나' 하고 느끼게끔 완벽하게 꾸민 중상 모략처럼, 그것은 당시 친구 R이 주임 교수로부터 반대표를 받았고, N은 아무것도 모른 채 나에게 비방의 재료를 제공했던 것이다. 그러나 거듭 말하지만 나는 그 꿈은 좀더 해명될 필요가 있는 것으로 생각한다. 그래서 나는 이 꿈을 해석하는 데 있어서 이때까지 전혀 고려되지 않았던 부분이 아직도 이 꿈에 포함되어 있다는 것을 생각해 냈다.

R을 큰아버지로 안 뒤에, 나는 꿈 속에서 R에 대해 친근감을 느꼈다. 이 감정은 어떻게 하여 생겼는가? 큰아버지 요셉에게 나는 아직까지 정을 느껴 본 적이 없었다. 한데 R은 오래 전부터의 친구이다. 그러나 가령 내가 R을 찾아가서 꿈에서 느낀 것과 같은 친밀감을 말로 표현한다면, 그야말로 R

은 깜짝 놀랄 것이다. R에 대한 나의 친밀감은 진실이 아니고 과장되어 있는 것 같다. 마치 내가 R을 큰아버지로 혼동하고서 표현하고 있는 그의 정신적 능력에 대한 나의 판단이 사실이 아니고 과장되어 있는 것과 같다. 과장이라고 말했지만, 그것은 완전히 정반대의 뜻으로 그러하다. 그러나 거기서 서광이 비치기 시작했다. 그 꿈 속에서의 애정은 꿈의 잠재 내용, 즉 꿈의 이면에 있는 사고에 귀속하는 것이 아니었다.

그것은 오히려 그러한 사고와 모순되는 것이었고 꿈의 올바른 해석을 숨기려는 것이었다. 그리고 이것이야말로 바로 그 존재 이유였던 것이다. 나는 해석을 시작하는 일에 대한 저항을 생각했다. 얼마나 그것을 발전시켰는지, 또한 얼마나 그 꿈이 터무니없다고 판단했었는지를 생각해 냈다. 정신 분석 치료의 경험에서, 나는 그런 종류의 거부를 어떻게 해석해야 하는가를 배웠다. 그것은 판단으로서는 가치가 없고 정서만을 표현하는 것이었다. 나의 어린 딸은 사과를 먹으라고 하면, 자기가 먹고 싶지 않을 때에는 맛도 안 보고 싶다고 말했다. 그와 마찬가지로 나는 나의 환자들이 어린애처럼 굴 때에는 그들에게 억압하고 싶은 관념이 있다는 사실을 알았다. 내 꿈에 대해서도 같은 말을 할 수 있다.

내가 꿈을 해석하고 싶지 않았던 것은, 그 해석 속에 내가 생각하지 않으려고 노력하는 것 ― R은 바보라는 주장 ― 이 포함되어 있었기 때문이었다. 내가 R에게서 느낀 애정은 잠재적인 꿈의 사고에서 얻어질 이유가 없었다. 그것은 나의 노력에 유래하는 것이 분명했다. 이런 점에서 만약 내 꿈의 목적에 이용되었던 것이다. 바꿔 말해서 이 경우에서의 왜곡은 고의적인 것이며, 위장의 수단이라는 것이 분명해졌다. 내 꿈의 사고에는 R에 대한 중상이 포함되어 있었다.

그리고 꿈에서조차 내가 그것을 알아차리지 못하도록 한 것은, 곧 그에 대한 애정이었던 것이다. 일반적인 타당성을 갖는 발견처럼 느껴졌다. 꿈이 분명히 소망의 충족인 경우도 있다. 그러나 소망 충족의 형태를 바꾸어서 그것을 인정하기 어려운 경우에는 그 소망에 대하여 방어하려는 경향이 있기 때문이다. 소망은 이 방어를 위해 스스로 왜곡된 모양으로밖에 표현할 수 없게 된 것이다. 이러한 마음 속의 일과 비슷한 것을 사회 속에서 찾아보자. 사회 생활에서도 이와 같은 심적 행위의 왜곡을 찾아낼 수 있다. 그것은 두 인물이 관계하고 있으며, 그 한 사람이 어느 정도 권력을 가지고 있고, 다른 한 사람이 그것을 고려하지 않으면 안 될 경우뿐이다. 이와 같은 경우에는 제2의 인물이 자기의 심적 행위를 왜곡하거나, 혹은 위장하고 있다고 해도 좋을 것이다. 내가 날마다 실천하고 있는 예의는 대부분이 이런 종류의 위장이다. 그리고 독자를 위해 내가 내 꿈을 해석할 때에도, 나는 부득이 똑같은 왜곡을 하는 것이다. 이런 왜곡을 피하기 어려운 점에 관해서는 시인도 탄식하고 있다.

> 네가 알 수 있는 최상의 것을
> 너는 아이에게 말할 수 없다.

정치 평론가도 이와 비슷한 상황에 놓여 있는데, 그는 권력자에게 불쾌한 진실을 말하지 않을 수 없기 때문이다. 그가 솔직하게 직언하면 권력자는 그의 언론에 압력을 가할 것이다. 그것이 말에 의한 것이고, 나중에 출판물에 의해 공포되는 것이라면 미리 압력을 가할 것이다. 그래서 문필가는 검열을 두려워해야 한다. 그러므로 그는 자신의 의견의 표현을 부드럽게 하거나 왜곡한다. 문필가는 검열의 강약에 따라서 공격의 어떤 형식만을 제외시키든가, 또는 직접적인 표현을 쓰지 않고 암시만 한다든가, 또는 감쪽같은 위장으로 자신의 의도를 숨기지 않을 수 없다. 이를테면 자기 나라의 관리들이 목표인데, 다른 나라의 대관 두 사람에 관해서 논한다는 식이다.

검열의 지배가 엄격하면 할수록 위장은 그만큼 더 교묘해져서 그 수단은 점점 더 흥미로운 것이 되어 가는데, 그런데도 독자는 그 진정한 의미를 알 수 있게 되는 것이다.[4]

검열의 여러 현상과 꿈 왜곡의 여러 현상 사이에서 볼 수 있는 극히 세밀한 부분에까지 이르는 일치는, 양자에 대해 비슷한 여러 조건을 전제하는 것을 우리들에게 허용한다. 그러므로 꿈의 형성자로서 개개인에 있어서의 두 가지 심적 힘흐름·조직을 인정해도 무방할 것이다.

이 두 가지 힘 중 한쪽은 꿈에 의해 표현에 검열을 가하고, 이 검열을 통해서 그 표현의 왜곡을 억제한다. 그래서 문제는 다만 이 제2의 검문소가 검열을 행사하는 허용권이 어디에 있느냐 하는 데 있다. 꿈의 잠재 사고는 분석 이전에는 의식되어 있지 않다.

그러나 이 잠재 사고에 나오는 꿈의 현재 내용이 의식된 것으로서 기억되어 있다는 것을 돌이켜 생각해도 좋을 것이다. 제2의 검문소를 미리 통과하지 않는 것은 제1의 조직에서 나와 의식 속으로 들어갈 수 없다. 그리고 제

---

4) H. 폰 후크 헬무트 박사 부인은 1915년 《정신 분석 국제 잡지》 제3권에 어떤 꿈을 보고했다. 이 꿈이야말로 내가 명명한 바를 분명하게 입증하는 데 매우 적합한 것 같다. 이 실례에서는 꿈의 왜곡이 우편물의 검열이 부적당하다고 생각되는 대목을 삭제하는 것과 똑같은 수단을 쓰고 있다. 우편 검열에서는 그런 곳을 지워 버려 못 읽게 하지만, 꿈의 검열은 지우는 대신에 어떤 난해한 말로써 대신한다.
이 꿈을 이해하기 위해 말해 두어야 할 것이 있는데, 이 꿈을 꾼 사람은 교양 있고 지체 높은 50세의 부인으로서, 고급 사관이었던 남편과는 약 12년 전에 사별했다. 자식들도 훌륭하게 키워서 그 중 한 아들은 이 꿈을 꿀 당시 출정하고 있었다.

2의 검문소는 자기 권리를 행사하여 의식 속으로 들어오려는 것을 자기에게 편리하도록 변경하지 않고는 그 어떤 것에도 통과를 용납하지 않는다. 이렇게 생각할 때 우리들은 의식의 '본질'에 관해 매우 독특한 견해를 세우게 된다.

즉, 의식화한다는 것은 표상과는 다른 특수한 과정이므로, 의식은 다른 장소에서 주어진 내용을 지각하는 한낱 감각 기관처럼 여겨진다. 정신병리학에 있어서는 이러한 근본적 가정이 불가결한 것임을 알 수 있다. 이에 대해서는 우선 보류해 두자. 한편 두 개의 심적 검문소와 의식과의 관계를 생각한다면, 내가 꿈 속에서 R에 대해서 느낀 주목할 만한 친근감에 있어서는 — 게다가 꿈을 해석한 결과, R은 매우 경멸당하는 입장이다 — 인간의 정치 생활상에서 아주 동등한 대비물이 발생한다. 예컨대 내가 지금 정치 권력에 사로잡혀, 군주와 활발한 여론을 가지고 서로 다투고 있는 국가에서 살고 있다고 하자. 민중은 자기들이 좋아하지 않는 어떤 관리에게 반항하며 그의 파면을 요구한다. 그럴 때 군주는 자기가 민중의 의사를 고려해야 한다는 것을 보이지 않으려고 아무런 이유도 없이 그 관리를 표창할 것이다.

그와 마찬가지로, 나의 제2의 검문소, 즉 의식으로 들어가는 것을 관리하는 검문소는 친구 R을 현재 바로 문제가 된 특별한 관심에서 바보로 모욕하려 하기 때문이다.[5] 이렇게 되면 우리들이 인간의 심적 장치의 구조에 관한 해명을, 지금까지 철학에 기대해 왔던 것을 꿈 해석에서 얻을는지도 모른다는 생각이 들 것이다. 그러나 지금은 그것에 대한 추구는 제외시키기로 하고, 꿈 해석에 대한 해명이 끝났으니 다시 처음의 문제로 되돌아가기로 하겠다. 고통스런 내용을 가진 꿈이 도대체 어떻게 소망 충족으로 해석될 수 있는가?

그 이유는 꿈의 왜곡 때문이라고 한다면, 고통스러운 꿈이 사실은 소망 충족으로 생각되는 것임을 알 수 있다. 위에서 말한 두 가지 심적 검문소에 관한 우리들의 가정을 고려하면서 우리들은 이제 또 다음과 같이 말할 수 있다. 즉, 고통스러운 꿈은 사실상 제2 검문소에게는 고통스러운 것이면서 동시에 제1 검문소의 소망을 채워 주는 어떤 것을 함유하고 있다. 그러므로 고통의 꿈은 물론 어떤 꿈이든지 제1 검문소에서 오는 것이며, 제2 검문소가 꿈에 대해서 단순히 방어적인 태도를 취할 뿐 결코 창조적으로 움직이지 않는 한, 모두가 소망 충족의 꿈이다.

우리들의 논의를 제2의 검문소가 꿈에 대해 기여하는 것에만 한정한다면, 우리들은 절대로 꿈을 이해하지 못한다. 그러다가는 지금까지 여러 학자들이 꿈에 관해서 지적해 온 수수께끼가 영원히 풀리지 않을 것이다. 꿈이 실제로 감추어진 뜻을 가지고 있다는 것, 그리고 이 감추어진 뜻이 소망 충족이라는 것은 모든 경우에 관하여 분석에 의해 입증되어야 한다. 그래서 나는 고통스러운 내용의 몇 가지 꿈을 선택하여 그 분석을 시도하고자 한다. 그 일부는 히스테리 환자의 꿈이므로 긴 전제가 필요하며, 또 경우에 따라서는 히스테리에 있어서의 심적 과정으로 들어가지 않으면 안 된다. 그렇게 되면 설명이 복잡해지는데, 그렇다고 해서 이것을 피할 수는 없다.

내가 한 노이로제 환자를 분석 치료할 때 이미 말한 바와 같이, 그 환자

---

5) 이렇게 위선적인 꿈은 나에게도 다른 사람에게도 결코 드문 것은 아니다. 어떤 학문적 연구에 전념하고 있었을 때 나는 며칠 밤을 계속해서 이상한 꿈을 꾸었다. 꿈의 내용은 오래 전에 결별한 친구와 화해하는 것이었다. 같은 꿈을 네 번째인지 다섯 번째 꾸었을 때, 그 의미를 해석하는 데 성공했다. 그 꿈의 진의는 그 친구에 대한 마지막 한 점의 우정조차 잊어버리라는 것인데, 그것이 그렇게 위장된 형태로 나타났던 것이다. 그리고 나는 어떤 인물에 관해서 '위장된 오이디푸스 꿈'을 보고한 적이 있다. 이 꿈 속에서는 잠재 사고인 적대감이나 죽음을 기대하는 심정이 현재적인 친근감으로 바뀌고 있었다(어떤 위장된 오이디푸스 꿈의 전형적 실례). 위장된 꿈의 다른 실례에 관해서는 제6장 〈꿈의 작업〉에서 언급하겠다.

의 꿈이 반드시 우리들, 즉 의사인 나와 환자의 대화 제목이 된다. 그럴 때 나는 환자에게 나 자신이 그것에 의해 환자의 노이로제적 증세를 이해하게 된 심리학적 설명을 모두 해 주어야 한다. 그러면 환자는 내가 한 말에 대해 신랄한 비평을 한다. 그것은 우리들 전문가들조차도 상상하지 못할 정도로 날카로운 비평이다. 내가 꿈은 모두 소망 충족이라고 하면, 환자들은 천편 일률적으로 그 말에 반대한다.

여기에 그런 반증으로서 인용된 꿈의 재료 중에서 몇몇 실례를 들어보겠다.

"선생님은 항상 꿈은 소망 충족이라고 말씀하십니다만" 하고 어떤 머리 좋은 여자 환자가 말문을 연다. "그러면 전혀 반대되는 내용의 꿈을 말씀드려 볼까요? 저의 소망이 이루어지지 않은 꿈인데, 이건 선생님의 말씀과 어떻게 조화될까요? 그 꿈은 이렇습니다. 저녁 식사에 어떤 분을 초대할 계획이었는데, 훈제 연어가 조금 있을 뿐이고, 그 밖에는 준비된 것이 아무것도 없었어요. 그래서 시장으로 나가려고 했지만 일요일 오후였으므로, 이미 상점 문이 닫혔을 거라는 생각이 들더군요. 별수없이 배달해 주는 상점 두 서너 곳에 전화를 걸어 보려고 했으나 전화도 고장이 나 있었어요. 그래서 그날은 손님을 초대하려는 나의 소망을 포기하는 수밖에 없었지요."

나는 그 말에 대해 이렇게 대답했다. 물론 그 꿈은 언뜻 매우 조리 정연하고 소망 충족과는 반대되는 것처럼 느껴지지만, 분석을 해 보기 전에는 이 꿈이 어떤 뜻을 가지고 있는가를 결정하기가 어려운 것이라고. "그러나 이 꿈은 어떤 재료에서 나온 것일까요? 선생님도 아시다시피 꿈의 계기는 언제나 전날의 여러 가지 체험에 있잖아요."

분석

이 여자 환자의 남편은 융통성이 없고 부지런한 푸줏간 주인이다. 그 남편이 전날 그녀에게, 살이 너무 쪘으니 살 빼는 법을 써보라고 해서, 매일 아침 운동을 하고 식이 요법을 하고 특히 식사 초대에는 가지 않을 작정이라고 말했다 — 그녀는 웃으면서 남편에 대해 다시 이야기를 계속했다. 남편은 단골 술집에서 어떤 화가를 사귀었는데, 그가 말하기를 당신만큼 얼굴 표정이 풍부한 사람은 본 적이 없다면서 꼭 모델이 되어 달라는 부탁을 받았다. 그러나 남편은 천성이 털털해서 "뜻은 고마우나 젊고 아리따운 계집 아이의 엉덩이[6] 가 나의 이런 못생긴 얼굴보다 훨씬 나을 것"이라고 대답했다.

그런데 그녀는 지금 남편에게 정을 쏟고 있기 때문에 남편에게 어리광을 피운다. "카비에르kavier를 주지 마세요"라고 말한 일도 있다. 카비에르는 무슨 뜻일까? 그녀는 전부터 매일 오전 중에 카비에르를 바른 빵을 먹고 싶었지만 너무 비싸서 사먹지 못했다. 물론 남편에게 말했으면 금방 사다주었을 것이다. 그러나 그녀는 될 수 있는 대로 오랫동안 남편에게 어리광을 피울 수 있도록 하기 위해 그것과는 정반대가 되는 말을 했던 것이다. 이것은 나에게는 근거가 희박해 보인다. 이런 불충분한 설명의 이면에는 대개 숨기고 싶은 동기가 있는 법이다.

베른하임의 최면술 실험에서는 최면 상태의 환자에게 어떤 명령을 내리면 환자는 깬 뒤에야 그 명령을 실행하는데, 그 동기를 물으면 환자는 왜 자기가 그 일을 하는지 모른다고 대답하지 않고, 그것에 어떤 이유를 단다. 이 카비에르의 예도 이와 비슷한 것이다. 그녀는 생활 속에서 부득이 어떤 충

---

6) 모델이 된다는 뜻. 괴테는 "엉덩이가 없다면 귀인이라도 어떻게 앉을 수 있겠는가"라고 했다.

족되지 않는 소망을 만들어 내지 않을 수 없게 되어 있는 듯하다. 사실 그녀의 꿈은 그녀에게 있어서의 소망의 거부가 바로 충족된 것임을 보여주고 있다. 그렇지만 그녀는 무엇 때문에 충족되지 않는 소망을 필요로 하는 것일까?

여기까지의 생각은 이 꿈 해석에 크게 도움이 되지 않았다. 나는 그녀에게 더 말을 해달라고 부탁했다. 그녀는 저항에 이기려는 사람처럼 잠시 침묵한 뒤에 말문을 열었다. 그녀는 어떤 여자 친구를 방문했다. 남편이 항상이 여자를 칭찬하였으므로 그녀는 이 친구에게 약간의 질투를 느꼈다. 이 여자는 몹시 말랐는데, 다행히 남편은 통통한 여자를 좋아한다. 그런데 이 마른 여자는 자기가 좀 살이 쪘으면 좋겠다고 말하는 것이었다. 그러면서 이 여자 환자에게 이렇게 물었다. "언제 또 저녁 식사에 초대해 주시겠어요? 댁의 음식은 언제나 일품이니 말이에요." 이 말로써 꿈의 의미가 분명해졌다. 나는 환자에게 이렇게 말할 수 있다.

"저녁 식사에 초대해 달라는 말을 들었을 때, 당신은 분명히 이렇게 생각하고 있었던 것 같군요. '내가 이 여자를 초대해서 식사 대접을 하는 것은 마치 맛있는 음식을 먹고 살이 쪄서 내 남편의 마음에 들도록 해 주는 셈이군. 그렇다면 이제 식사 대접 같은 건 하지 말아야지,' 그래서 꿈은 당신에게 이제 식사 초대 같은 것은 할 수 없다고 말해 주는 것입니다. 그것으로써 그 여자가 살찌는 것을 도와주는 일은 하고 싶지 않다는 당신의 소망을 채워주고 있는 것입니다. 그리고 초대되어 가서 만찬을 먹고 살이 찐다는 것은 남편께서 살을 빼기 위해 저녁 식사에 초대되더라도 거절하겠다는 생각에서 알게 된 것입니다."

이제 남은 것이 있다면 이 해답을 확증해 줄 어떤 사항이다. 아직 남아 있는 것은 꿈에 나온 훈제 연어이다. "하필 어떻게 훈제 연어가 꿈에 나타 났을까요? 그것은 그 여자 친구가 가장 좋아하는 음식이에요" 하고 그녀가 대답했다. 그런데 우연히 나는 그녀의 여자 친구를 알고 있었다. 그래서 나 는 이 여자 친구도 바로 나의 환자가 카비에르를 비싸서 사먹지 못했듯이, 비싼 연어를 사먹지 못하고 있었다는 사실을 확인할 수 있었다. 이 꿈은 또 더 다른 미묘한 어떤 해석을 생각하게 한다. 이런 해석은 어떤 부차적인 사 정을 고려하면 필연적이 것이 된다. 이 두 해석은 서로 모순되지 않고 서로 합해져서 꿈과 일체의 정신병리학적 형성물에서 보편적으로 볼 수 있는, 이 중의 뜻으로 보여주는 훌륭한 한 실례를 제공한다.

앞서 본 바와 같이 그 여자 환자는 소망 거부의 꿈을 꾸는 동시에, 거부 된 소망의 충족을 현실적으로 만들어 내려고 노력한다카비에르의 빵. 그 여 자 친구도 더 살이 찌기를 원한다. 그러니까 나와 환자가 그 친구의 소망이 실현되지 않는 꿈을 꾸더라도 조금도 이상할 것이 없다. 즉, 이 여자 친구의 좀더 살이 찌고 싶다는 소망이 채워지지 말기를 바라는 것은, 이 환자 자신 의 소망인 것이다. 그러나 그녀는 그 소망 대신 자기 자신의 소망이 채워지 지 않는 꿈을 꾸고 있다. 그리고 만일 꿈 속의 그녀가 자기 자신이 아니고 그 여자 친구를 뜻하고 있다면, 다시 말해서 그녀가 자기 친구 대신에 자기 를 꿈 속에 나타낸 것이라면이것은 '동일화'이다, 이 꿈은 어떤 새로운 해석이 나오게 된다.

사실 나는 나의 환자가 이 동일화를 했다고 생각된다. 그리고 이 동일화 의 증거로서 그녀는 거부된 소망을 현실 속에서 만들어 낸 것이다. 그러나 이 히스테리성의 동일화에는 어떤 의미가 있는 것일까? 이것을 해명하려면 좀더 자세히 설명하지 않을 수 없다. 동일화는 이 히스테리의 여러 증세의 메커니즘에 대해서 극히 중대한 한 계기이다. 이 방법에 의해서만 환자들은 자기 자신의 여러 체험뿐 아니라, 많은 사람들의 여러 체험을 그들의 히스테리의 증세 속에 재현하고, 말하자면 한 무리의 인간을 대신하여 고민하고 어떤 연극의 모든 역할을 자기 혼자서 자기의 개인적인 수단에 의해서 연출해 보일 수가 있다.

그러면 나에게 이렇게 항의할지도 모른다. "이것은 누구나 다 아는 히스테리의 모방이 아닌가. 그들 히스테리 환자에게 강한 인상을 주는 타인의 모든 증세를 모방하는 히스테리 환자 특유의 능력, 말하자면 재현에까지 높여진 공감이 아닌가"라고. 그러나 이 반론의 설명에서는 히스테리적 모방에 있어서의 심적 과정이 그 위를 지나간 것을 보여준 데 지나지 않는다 그러나 이 길과 이 길을 지나가는 심적 행위와는 다른 것이다. 후자는 사람들이 곧잘 상상하여 결정하는 히스테리 환자의 모방보다 조금 복잡한 것이다. 그것은 뚜렷한 실례로써도 알 수 있지만, 무의식적인 추론 과정에 대응하고 있다. 어떤 특별한 경련 발작을 하는 한 부인 환자를 다른 환자들과 함께 있도록 했더니, 이 환자의 특이한 발작을 다른 환자들이 모방했다. 의사는 별로 놀라지 않고 이렇게 중얼거린다. "다른 환자들이 이 발작을 보고 그것을 모방한 것이다. 이것이 심리적 전염이라는 것이다"라고.

그러나 심리적 전염이라는 대개 다음과 같이 행해진다. 환자들은 의사가 환자 개개인에 대해 알고 있는 것보다 환자들끼리 서로가 더 잘 알고 있어서 의사의 회진이 끝나면 서로의 건강 상태에 대해 걱정을 해 준다. 그러다가 한 환자에게 발작이 일어난다고 하자. 그리고 그 원인이 집에서 온 편지 때문이라거나 또는 새로 생긴 연애의 고통에 있다는 것이 잠시 후면 모든 사람에게 알려지게 되어 있다. 모두 동정하기 시작하다가 무의식 중에 이렇게 상상한다. '만약 이런 원인 때문에 이런 발작이 일어난다면, 나에게도 똑같은 이유가 있으니까 같은 발작이 일어날 것이다'라고. 만약 이것이 의식화될 수 있는 추측이라면, 이 추측은 아마 나에게도 같은 발작이 일어날지도 모른다는 불안감을 조성했을 것이다.

그러나 이 추측은 무의식적인 심층에서 일어나는 것이므로 환자들이 두려워하던 증세가 정말 실현되어 버린다. 그러므로 동일화라는 것은 단순한 모방이 아니고 같은 병리적 요구에 의거한 '동일화'인 것이다. 동일화는 '마치~같은'이라는 것을 표현하여, 무의식계의 내부에 머물러 움직이려 하지 않는 하나의 공통적인 것과 관계하고 있다. 동일화는 히스테리에서 어떤 성적 공통성을 표현하기 위해 가장 빈번하게 이용된다. 언제나 그런 것은 아니지만 히스테리증 여자 환자들은 그들의 증세에서 자기가 성교했던 인물이나 현재 성관계를 지속하고 있는 사람을 자기와 동일화한다.

언어는 재미있는 것이어서 사랑하는 두 사람을 '일심 동체'라고 표현한다. 히스테리의 공상이나 꿈에서 동일화가 행해지는 충분한 조건과 성적 관계를 생각한다는 것이다. 그렇다고 그 성적 관계가 반드시 현실의 것이어야 한다는 것은 아니다. 앞서 예를 든 부인 환자가 꿈 속에서 자기 여자 친구의 위치를 자신과 대치시키고 하나의 증세실현이 가능한 소망를 만들어 냄으로써 자기 자신을 그 친구와 동일화하고, 이 동일화에 의해서 그 여자 친구에 대한 질투심그러나 환자 자신은 이 질투심을 터무니없다고 주장한다을 표현한다면, 그 여자 환자는 단지 히스테리적 사고 과정의 여러 법칙을 따랐을 뿐이다.

이 과정은 다음과 같이 설명할 수도 있을 것이다. 그 여자 환자가 꿈 속에서 자기를 친구의 위치에 놓은 이유는 자기 남편에게 있어서 그 친구가 자기의 위치를 차지하고 있는 데다가, 또 자기 남편의 가치 평가 내용에서는 그 친구가 차지하고 있는 위치를 자기가 차지하고 싶기 때문이다.[7] 내가 꿈의 분석으로 접한 환자들 중에서 가장 머리가 우수한 어떤 여자 환자도 나의 꿈 해명에 극구 반대하고 나섰다. 그러나 이 반대론도 앞의 경우보다 더 간단하게 '어떤 하나의 소망이 이루어지지 않는다는 것은 다른 소망이 이루어진다는 것을 의미한다'는 도식에 따라 명쾌하게 해결되었다.

어느 날 나는 이 여자에게 꿈은 소망 충족이라 말해 주었다. 그랬더니 다음날 그녀는 나를 찾아와서 간밤에 꾼 꿈을 이야기했다. 그녀는 꿈에서 시어머니와 함께 교외로 피서 여행을 떠났다. 그러나 나는 그녀가 시어머니와 함께 여름을 보내기 싫어서, 시어머니에게 가야 하는 바로 직전에 시어머니의 집에서 매우 멀리 떨어진 곳에 별장을 얻어 그 싫은 동거를 겨우 면할 수 있었다는 사실을 알고 있었다. 그런데 이 꿈은 그녀의 소망대로 된 것은 취소하고 있다. 그러니까 이것이야말로 꿈은 소망 충족이라는 나의 견해를 완전히 반박하는 것이 아닌가? 분명 그렇다. 그런데 이 꿈을 해석하려면 이 꿈이 말하고 있는 것을 다시 추궁해 가기만 하면 된다.

이 꿈에 의하면 내가 한 말에 잘못이 있다는 것이다. 즉, 내가 한 말이 잘못이었으면 하는 것이 그녀의 소망이었으므로, 그 꿈에서 그녀의 소망을 실현시킨 것이다. 그러나 내가 한 말이 잘못이기를 바라는 소망과, 그리고 피서를 하기 위해 시골로 떠난다는 테마를 둘러싸고 충족된 소망이 실제로는 이것과는 다른, 더 엄숙한 대상과 관련된 것이었다. 그 당시에 나는 그녀를

---

7) 《히스테리의 정신병리학》 속에서 이런 실례를 택해 인용해 보았는데, 이것만은 따로 떼어내 단편적으로밖에 기술하지 못했기 때문에 사실 상황의 해명에 어느 정도 효과적이었는지는 정확히 알 수 없으나, 만약 이 실례들이 꿈과 정신 노이로제에 관한 테마의 밀접한 관계를 암시할 수 있다면, 내가 이 실례를 택한 의도가 맞아들었다고 할 수 있다.

분석하여 얻어진 재료를 통해서 그녀의 생애 중에 그녀의 병을 일으킬 만한 중대한 사건이 반드시 있었을 것이라는 추론을 내렸다.

그런데 그녀는 나의 추론을 부정했다. 그러나 곧 내가 옳았음이 판명되었다. 내 말이 어긋났으면 하는 그녀의 바람은 그녀가 시어머니와 함께 시골로 떠나는 꿈으로 변하고, 따라서 그때 비로소 희미하게 깨달은 사실이 실제로 일어나지 않기를 바라는 소망과 일치하고 있었던 것이다.

언젠가 나는 분석에 들어가지 않고 추측만으로 어떤 친구와 관련된 조그만 한 사건을 해석한 적이 있었다. 이 친구와 나는 김나지움에서 8년 동안 같은 반이었다. 그는 어떤 모임에서 꿈은 소망 충족이라는 나의 새로운 강연을 듣고 집으로 돌아가, 그날 밤 모든 소송에서 지는 — 그는 변호사였다 — 꿈을 꾸었다. 그래서 나는 모든 소송에서 언제나 이길 수만은 없지 않느냐고 얼버무렸지만 속으로는 이렇게 생각했다. 즉, 나는 8년 동안 학급에서 수석을 차지했고, 그 친구는 중간쯤에 있었기 때문에, 소년 시절부터 그의 마음 속에는 내가 한 번쯤 철저하게 낭패를 당했으면 하는 소망이 자리잡고 있었던 것이 아닐까 하고.

더 암울한 성격을 띤 다른 하나의 꿈으로서, 똑같이 나의 견해를 반박하는 어떤 부인 환자에게서 들은 실례가 있다. 젊은 처녀인 이 환자는 이렇게 말을 했다.

"선생님도 잘 아시다시피 제 언니에게는 칼이라는 남자 아이가 있습니다. 그 아이의 형이었던 오토는 제가 언니 집에 있을 때 죽었어요. 저는 오토를 매우 귀여워했지요. 제 손으로 키우다시피 했으니까요. 칼도 귀엽긴 합니다만, 도저히 오토만큼은 귀여워할 수 없어요. 그런데 어젯밤에 이런 꿈을 꾸었습니다. 칼이 내 앞에서 죽어 있는 거예요. 조그만 관 속에 두 손을 포개고 누워 있었습니다. 주위에는 촛불이 켜져 있고요. 꼭 그 애 형 오토가 죽었을 때와 똑같았어요. 오토가 죽었을 땐 정말 얼마나 슬펐는지 모릅니다. 선생님, 여기에 무슨 뜻이 있는 걸까요? 선생님께서는 저를 잘 아시니까 말씀 좀 해 주세요. 단 하나뿐인 조카가 죽기를 바랄 만큼 제가 나쁜 인간일까요? 아니면 제가 좋아하는 오토 대신에 차라리 칼이 죽었더라면 하고 바라는 것일까요?"

나중의 해석은 문제가 되지 않는다고 나는 그녀에게 단언했다. 그리고 얼마 후에 나는 그 꿈의 올바른 해석을 해 줄 수 있었는데, 그녀도 그 해석에 긍정했다. 이 꿈 해석에 성공한 것은 그녀의 과거사를 내가 모두 알고 있었기 때문이다. 그녀는 조실 부모한 후에 터울이 많은 언니네에서 자랐는데, 그 집의 방문자 중의 한 남자를 알게 되었고, 그에게서 깊은 연정을 느끼게 되었다. 한때는 결혼 얘기까지 나올 정도였으나, 웬일인지 언니의 반대 때문에 좌절되고 말았다. 두 사람 사이가 틀어지고 난 뒤부터, 그 남자는 언니의 집을 드나들지 않게 되었다. 그녀도 그 동안 귀여워하던 오토가 죽은 지 얼마 안 되어 언니네 집을 나왔다.

그러나 그녀는 그 남자에 대한 연정에서 벗어날 수가 없었다. 자존심은 그녀에게 그 남자를 피하라고 명령했다. 게다가 자기를 좋아하는 남자가 새로이 나타났지만, 그녀는 다른 남자에게는 정을 줄 수가 없었다. 문학가였던 그 남자가 강연한다는 것을 알기만 하면, 거기가 어디가 됐든 그녀는 반드시 그를 보기 위해 달려갔다. 그 외에도 멀리서나마 그를 볼 수 있기만 한다면 어떤 기회도 놓치지 않았다. 내가 기억하는 바로는, 그 꿈을 꾸기 전날 그녀는 나에게 애인인 그 교수가 어떤 음악회에 나간다는데 자기도 가서 멀리서나마 그를 보고 싶다고 말했었다. 그것은 그 꿈을 꾸기 전날의 일이었다.

나에게 꿈 이야기를 해 주던 날이 바로 그 음악회가 열리는 날이었다.

그래서 나는 이 꿈의 올바른 해석을 쉽게 내릴 수가 있었다. 그러고 나서 나는 그녀에게 오토가 죽은 뒤에 기억될 만한 사건이 없었느냐고 물었다. "있어요. 무척 오랜만에 그 교수님이 오셔서 오토의 관 옆에 서 계셨어요." 바로 내가 예상했던 대로였다. 그래서 나는 이 꿈을 다음과 같이 해석했다. "만일 지금 또 한 아이가 죽는다면 오토가 죽었을 때와 같은 일이 다시 한 번 생기겠지요. 당신은 그 날 언니집에서 보내야 할 것이고, 그 교수도 틀림없이 문상하러 오겠지요. 그리하여 오토가 죽었을 때와 똑같은 상황에서 당신은 그를 만날 수 있게 되는 겁니다. 그러니까 당신의 꿈은 내심 항거하고 있지만, 사실은 그를 또 만나고 싶다는 소망을 뜻하는 것입니다. 당신은 지금 음악회의 입장권을 갖고 있지요? 당신의 꿈은 기다릴 수 없는 꿈입니다. 오늘 이루어질 재회를 꿈이 두세 시간 미리 앞당겨 이루어준 셈입니다."

그녀는 분명 자신의 소망을 감추기 위해서 그런 소망이 억제되는 상황을 택했던 것이다. 즉, 모두가 슬픔에 싸여 있으므로 연정 같은 것은 생각할 수 없는 상황이다. 그러나 꿈에서 재현한 현실의 상황에서도 그녀가 오랫동안 만나지 못했던 연인의 방문에 대해 그리운 마음을 억누르기 힘들었으리라는 것만은 쉽게 상상할 수 있다.

또 다른 여환자의 꿈은 이와 비슷한데, 전혀 다른 해명이 내려졌다. 이 부인은 처녀 시절에 두뇌가 명석한 데다 명랑한 성격으로 평판이 나 있었다. 이 특성들은 적어도 내가 치료하는 동안에 보기에는 여실히 증명되었다. 이 부인은 긴 꿈 속에서, 15세 된 외동딸이 상자 속에 죽어서 누워 있는 것을 보았다. 그녀는 이 꿈의 현상을 구실로 삼아 꿈의 소망 충족설을 반박할 작정이었던 모양인데, 그녀 자신도 이 상자에 대한 명확한 파악이 이 꿈의 열

쇠를 쥐고 있다는 것을 어느 정도 짐작하고 있었다.[8]

　분석 중에 그녀가 생각해 낸 것인데, 전날 밤의 모임에서 화제가 영어의 '박스box'에 이르렀는데, 그것과 같은 뜻의 여러 가지의 독일어, 즉 상자Schachte · 관람석Loge · 궤Dasten · 손바닥으로 치는 것Ohrfeige 등의 말이 문제되었다. 그런데 같은 꿈의 다른 부분에서 그녀가 영어의 '박스'는 독일어 '뷔흐제Büchse'와 비슷하다는 것을 생각하고, 흔히 여성의 성기도 '뷔흐제'라고 불린다는 걸 기억해 냈다. 그러니까 그녀의 국소 해부학의 지식을 참작해 준다면, 상자 속의 아이란 다름 아닌 자궁 속의 태아를 뜻하는 것이다.

　여기까지 해명되고 나니, 이 꿈의 형상이 실제로는 그녀의 어떤 소망과 합치되는 것임을 그녀도 부인하지 않았다. 젊은 여인들의 대부분이 그렇듯이, 그녀도 임신이 되자 결코 행복하지 않은 마음에 뱃속의 아이가 죽으라고 배를 마구 친 적도 있었다. 그러므로 죽은 아이는 사실상 하나의 소망 충족이었으며, 그것도 15년 동안 외면했던 소망 충족이었던 것이다. 이렇게 늦게 나타나는 경우는 그것이 정말로 소망 충족인지 알아내기가 힘들 경우가 많지만, 그렇다고 이상하게 생각할 것은 없다. 그 동안에 상황이 여러 모로 변화되었기 때문이다.

　가족의 죽음을 내용으로 하는 마지막의 두 꿈이 속하는 일련의 예에 대해서는 유형적인 꿈을 논할 때 한 번 더 고찰해 보겠다. 그때에는 바라지 않는 내용임에도 불구하고 모든 꿈이 소망 충족으로 해석되어야 한다는 것을 새로운 꿈의 실례에 의해 입증할 수가 있을 것이다. 다음에 드는 꿈은 환자로부터 들은 것이 아니라, 나의 보증인인 법률가에게서 들은 내용이다. 이

---

8) 중지했던 그 '만찬회 꿈'에 나오는 훈제 연어와 비슷하다.

꿈도 소망 충족의 꿈에 관한 나의 견해를 어느 정도 저지하려는 의도로 말해진 것이었다.

"나는 한 부인과 팔짱을 끼고 나의 집 앞까지 왔습니다. 그 앞에는 포장마차가 있는데, 한 사나이가 다가오더니 자기는 형사인데 동행하자고 말합니다. 나는 용무를 끝낼 때까지 기다려 달라고 부탁했습니다. 어떻습니까? 이 꿈에서 체포되는 것이 나의 소망인지요?"

"물론 그렇지 않을 겁니다. 그런데 무슨 혐의로 체포된 거라고 생각하십니까?"

"아마도 유아 살해죄라는 죄목이었던 것 같습니다."

"유아 살해죄? 선생도 잘 아시다시피 그런 범행은 어머니가 갓난아기에게 저지르는 죄가 아닙니까?"

"그래요." [9]

"그런데 선생께서 그 꿈을 꾸기 전에 어떤 상황이 있었습니까? 전날 무슨 일이 있었습니까?"

"말씀드리고 싶지 않군요."

"하지만 그걸 말씀하시지 않으면 꿈 해석이 불가능합니다."

"그렇다면 말씀드리죠. 그날 밤은 어떤 여자와 함께 있느라고 집을 비웠어요. 내가 좋아하는 여잡니다. 아침에 깨고 나서 우리는 또 한 번 성교를 했습니다. 그리고 나서 다시 잠이 든 다음에 꾼 꿈입니다."

"유부녀입니까?"

"네."

---

[9] 꿈 이야기가 불완전해서 분석 중에 탈락된 부분이 머리에 떠오른 일은 흔히 있다. 나중에야 삽입되는 이런 부분이 대개 꿈 해석의 열쇠를 숨기고 있는 법이다. 제7장 〈꿈의 망각〉의 항을 참조.

"그런데 선생님께서는 그 여자가 임신하는 걸 원치 않으시나 보군요."

"물론입니다. 그러다간 두 사람의 관계가 탄로날 테니까요."

"그럼 정식 사정은 하지 않았겠군요?"

"사정 전에 그만두기로 했습니다."

"이렇게 생각해도 좋겠군요. 선생은 그날 밤 그런 방법으로 여러 번 성교를 했는데, 아침에 다시 한 번 하던 중 정말 괜찮을까 하고 좀 불안한 생각이 들었던 겁니다."

"그럴지도 모르겠군요."

"그렇다면 선생의 꿈은 분명 소망 충족입니다. 그 꿈을 통해서 선생은 아기를 만들지 않았다던가, 또는 그와 동일한 것으로서 아이를 죽였다는 안심을 얻은 것입니다. 꿈과 이 결론 사이를 메우는 가운데 부분은 쉽게 입증됩니다. 기억하시겠죠. 2, 3일 전에 우리들은 최근의 결혼의 어려움에 대한 것과, 일단 난자와 정자가 결합되어 만들어진 태아를 낙태시키면 죄가 되어 처벌되는데, 수태되지 않도록 하는 성교는 허용되고 있다는 부조리한 사실에 대해 이야기했었지요. 그리고 또 영혼이 태아 속으로 들어가느냐 하는 중세의 논쟁 문제에 대해서도 언급했습니다. 살인이라는 개념은 그 시점 이후가 아니고는 성립되지 않는다고 했어요. 물론 선생께서는 레나우의 유아 살해죄와 산아 제한은 똑같은 것이라고 말하는 시詩를 알고 계시겠지요."

"그러고 보니 묘하게도 오늘 오전에 우연히 레나우를 생각했습니다."

"그것은 꿈의 여운입니다. 그런데 또 한 가지 선생의 꿈 속에 있어서의 조그만 어떤 부수적인 소망 충족을 입증해 드리죠. 선생은 그 부인의 팔을 끼고 집 앞까지 왔다고 하셨지요. 즉, 선생께서는 그 사람을 데리고 댁으로 돌아오신 겁니다. 하지만 실제로는 선생께서는 그 부인댁에서 묵으셨지요. 이 꿈의 핵심을 이루고 있는 소망 충족이 이토록 불유쾌한 형식 속에 감추어져 있는 이유는 단 하나뿐일 것입니다. 불안 노이로제에 관한 저의 논문을 읽으시면 이해가 쉬우리라 여겨집니다. 저는 '중절 성교'를 신경증적 불안이 성립되는 병원적病源的 요소로 보고 있습니다. 도중에서 사정을 중지하는 일을 여러 차례 되풀이하여 불쾌한 기분이 남아 있다가, 그것이 이번에 선생의 꿈을 구성하는 요소가 된다면, 나의 주장을 뒷받침해 주는 것이 됩니다. 선생께서는 소망 충족을 은폐하기 위해서 이 불안감을 이용하고 있는 겁니다. 그러나 유아 살해죄에 대한 것은 아직 풀리지 않고 있습니다. 어째서 하필 여성들이 범하는 범죄를 꿈 속에 끌어들였을 거라고 생각하십니까?"

"사실은 몇 년 전에 한 번 그런 사건에 말려든 적이 있었죠. 결국 나의 불찰이지만, 어떤 처녀가 나와의 관계에서 생긴 태아를 낙태시키려고 했습니다. 나는 전혀 모르고 있었지만, 그 일이 들통나면 어쩌나 하고 매우 오랫동안 걱정을 했습니다."

"이제 알겠습니다. 그 기억이 바로 선생께서 도중에 그만둬도 확실하게 잘 되지 않는다는 의심 때문에 고통을 받고 있던 두 번째 근거가 되는 것입니다."

나는 이 꿈 이야기를 강의 시간에 말했는데, 이것을 들은 어떤 젊은 의사는 대단히 공감했는지, 이와 유사한 꿈을 꾸고 앞의 꿈의 사고 형식을 다른 테마에 적용했다. 이 의사는 전날 소득세 신고를 했는데, 소득액이 뻔한 것이어서 정직하게 신고해 두었다. 그런데 그는 이런 꿈을 꾸었다. 〈세무서에 있는 친구가 와서 다른 사람들의 신고는 별탈 없이 접수되었는데, 그의 것만 의심을 받아 상당한 탈세 형벌이 가해질 것 같다고 알렸다.〉 이 꿈은 수

입이 많은 의사로 알려지기 바라는 소망의 서투른 은폐이다. 그리고 이 꿈은 앞의 젊은 처녀의 이야기를 생각나게 한다. 이 처녀의 구혼자라는 사람의 성격이 날카로워서 결혼을 하게 되면 구타할 가능성이 농후하니 구혼을 거절하는 것이 좋을 거라고 주위에서 권유했다. 그러자 처녀는 "맞아 보지도 않고 어떻게 때린다는 걸 알아요!"라고 대답했다. 결혼하고자 하는 소망이 너무나 강해서 결혼 후에 분명히 맞게 될 그런 두려운 일도 참을 수 있다는, 아니 오히려 그 불쾌한 일을 소망으로까지 높이고 있다. 나의 설에 직접적으로 반대되는 꿈, 즉 꿈 속에서 어떤 소망이 이루어지지 않거나, 혹은 무언가 원치 않는 일이 일어나는 것을 그 내용으로 하는 꿈들이 매우 자주 나타난다. 이런 꿈들은 '소망에 위배되는 꿈'으로 총괄한다면, 그 꿈들은 일반적으로 두 가지 원리로써 귀결된다.

그 두 원리 중의 하나는, 인간의 실생활, 또는 꿈 속에서 큰 역할을 맡고 있음에도 불구하고 여태까지 아직 한 번도 언급되지 않았다. 이런 꿈들은 보통 환자가 나에게 저항하는 치료 중에 꾼 것이었다. 그리고 그 대부분은 내가 환자에게 꿈은 소망 충족이라는 설을 처음으로 말해 준 다음에 꾼 꿈이다.[10]

그리고 덧붙여서 이 책의 독자 여러분의 신상에도 나의 환자들에게 일어난 것과 같은 일이 일어나리라고 예측해도 어긋나지 않을 것이다. 독자 여러분은 나의 설이 틀리기를 바라는 마음에서 꿈 속에서 기꺼이 어떤 소망을 단념까지 할 것이다. 여기서 보고하려고 하는 이런 종류의 마지막 꿈으로서 치료 중에 꾼 꿈도 역시 같은 것을 보여주고 있다.

---

10) 최근에 나는 이와 비슷한 소망에 반대되는 꿈을 청강생들로부터 여러 번 보고받았는데, 그것은 그들이 처음으로 꿈 소망설을 이해했다는 의미로 받아들여지고 있다.

어떤 젊은 처녀가 식구들이나 담당 의사의 반대를 무릅쓰고 나의 치료를 받겠다고 나섰는데, 그녀의 꿈은 이런 내용이었다. 〈그녀의 집에서 나에게 치료받으러 다니는 것을 중도에서 금지시켰다. 그래서 나를 찾아와 내가 그녀에게 한 약속, 즉 돈이 없으면 무료로 치료해 주겠다는 약속에 대해 말을 꺼냈더니, 내가 돈에 관한 것은 말할 수 없다고 했다는 것이다.〉

이 꿈에서 소망 충족을 입증한다는 것은 그리 쉬운 일은 아니다. 그러나 이런 경우에는 몇 가지 수수께끼가 복합적으로 있지만, 그 가운데 어떤 다른 수수께끼 하나를 푸는 것이 처음 수수께끼를 푸는 데 도움이 된다. 그녀에게 약속했다는 나의 말은 어디에서 연유한 것일까? 물론 나는 그녀에게 그런 말을 한 적이 없다. 그러나 그녀의 형제 가운데 그녀에게 가장 큰 영향력을 가지고 있는 오빠가 친절하게도 나에 관한 이야기를 그런 식으로 했던 적이 있었다. 그래서 이 꿈은 오빠가 한 그 말이 진실이기를 바란다는 소망을 표현하고 있다. 그녀는 꿈 속에서만 이 오빠가 어떤 말을 하든지 진실이기를 바라는 것은 아니었다. 현실 생활에서도 그녀는 오빠를 철두철미하게 믿었고, 그것이 그녀의 노이로제의 원인이기도 했다.

어떤 의사는 얼른 보기에 꿈의 소망 충족설에 어긋나는 꿈을 꾸고, 스스로 해석하였다. "나는 나의 왼쪽 집게손가락 첫마디에 매독의 초기 경결硬結이 나타난 꿈을 꾸었다." 이 꿈의 내용은 너무나도 얼토당토않은 것이 분명하니까, 구태여 분석할 필요가 없다고 생각할 것이다. 그러나 분석의 수고를 아끼지 않는다면, 초기 경결primaräffekt은 첫사랑prima-affection으로 볼 수 있고, 불쾌한 부스럼은 스테켈의 말에 의하면 '정열적인 소망 충족의 대리자'라는 사실을 알게 된다.[11] 소망에 반대되는 꿈의 또 다른 동기는 너무 잘 아는 일이어서 자칫 간과해 버리기 쉽다. 나 역시 오랫동안 지나치고 있었다.

대개 인간의 성향에는 공격적·사디슴적 요소가 정반대로 전화轉化함으로써 생기는 매저키즘적 요소가 있다.

인간이 자신에게 가해진 육체적 고통 속에서가 아니라, 비굴과 정신적 자책감 속에서 쾌락을 추구할 때, 우리들은 그들을 관념적 매저키스트라고 부른다. 이런 사람들은 대개 소망에 어긋나는 꿈이나 불쾌한 꿈을 자주 꾸는데, 사실은 그 꿈들이 그들에게는 어떤 소망의 충족이라는 것을 알 수 있다. 그 한 예를 들어보자.

어떤 청년은 어린 시절에 동성애적 경향을 느끼고 있던 형을 매우 학대하였다. 그 후 그의 성격이 완전히 변했는데, 그 무렵에 다음 세 가지로 구분되는 꿈을 꾸었다. 〈a. 형이 자기를 못 살게 구는 장면, b. 두 어른이 동성애의 추한 모습을 보이는 장면, c. 형이 장차 자기에게 양도하려던 사업을 다른 사람에게 넘겨주는 장면〉. 여기까지 꿈을 꾸었을 때 그는 고통감을 느끼고 잠에서 깼다. 그러나 이것은 매저키즘적 소망의 꿈이므로 번역하면, 형이 전에 그로부터 받은 여러 가지 고통의 보복으로써 그 사업체를 팔아 넘겨서 그를 곤궁에 빠뜨린다 해도 전혀 무리가 아니라는 것이다.

이상과 같은 예로써, 고통스러운 내용을 가진 꿈이라도 실제로는 소망 충족의 뜻을 담고 있다는 것을 알 수 있을 것이다.[12] 이런 꿈들을 해석할 때 언제나 사람들이 말하기를 꺼리는 일이나, 생각조차 하기 싫은 테마에 부딪치게 된다는 사실을 그저 우연한 일로 치부해 버리지는 않을 것이다. 이런 꿈이 불러일으키는 고통은 확실히 우리들에게 그런 테마를 취급하거나 생각하지 못하게 하려는 — 이것은 대부분 뜻대로 된다 — 혐오감과 완전히

---

11) 《정신 분석 중앙 기관지》 제2권, 1911~1912년
12) 이 테마는 이것으로 처리된 것이 아니라, 뒤에 다시 논의될 것이다.

동일한 것이다. 게다가 아무래도 그런 테마에 연관 짓지 않을 수 없다는 사실을 알게 되는 경우에, 우리들은 누구를 막론하고 그 혐오감을 극복하지 않으면 안 된다. 그러나 그로 인해서 꿈 속에 자주 등장하는 이 불쾌감이 결코 다른 어떤 소망을 없애 버리지는 못한다.

사람은 누구나 아무에게도 말하고 싶지 않은 소망이나, 자기 자신에게조차 있지 않았으면 하는 바람을 갖는다. 또 한편, 우리들은 이 모든 꿈이 이렇게도 왜곡되어 꿈 속의 소망 충족을 알지 못하게 은폐하는 것은, 틀림없이 그 꿈의 내용이나 그 꿈 속에 알 수 있는 소망에 대한 억압 및 혐오 의도가 존재하기 때문이라고 추측해도 무리는 아닐 것이다. 따라서 꿈 왜곡은 사실상 검열 행위임을 알 수 있다. 그러나 불쾌한 꿈의 분석이 밝혀내는 것은 모두 우리들이 앞에서 말한 꿈의 본질을 표현하는 공식에 다음과 같은 변경을 가할 때 충분히 고려되었던 것이다. 즉, "꿈은 어떤 억압되고 배척된 소망의위장된 충족이다." [13]

그러면 이제 남은 것은 고통스러운 내용을 가진 꿈의 특수한 최하위 부류로서의 불안몽뿐이다. 불안한 꿈을 소망의 꿈이라고 해석한다면, 보통 사람들은 맹렬하게 반대할 것이다. 그러나 불안한 꿈은 여기서 시원하게 처리할 수 있다. 불안한 꿈은 우리들에게 꿈 문제의 새로운 일면을 보여주는 것이 아니라, 노이로제적 불안을 우리가 어떻게 이해하느냐에 달려 있다. 우리들이 꿈 속에서 느끼는 불안은 꿈 내용에 따라서 단지 피상적으로 설명된다. 꿈 내용을 분석할 때 꿈의 불안이 쉽게 설명되지 않는 이유는, 가령 공포증

---

13) 어떤 유명한 시인은 내가 듣기로 정신 분석이나 꿈 해석에 관해서는 전혀 문외한인데, 독자적인 견해로서 꿈의 본질에 관한 나와 거의 일치된 정의를 서술하고 있다. 즉, 꿈이란 '억압된 소망의 위장된 이름과 얼굴을 가지고 자유로이 떠오르는 것'이라는 것이다《유년 시절의 체험》R. 슈퍼테리, 1913년.

의 불안이 그 공포증의 표면적인 원인이 되는 표상에 의해서는 해명되지 않는 것과 같다.

쉬운 예로 창에서 떨어질 수도 있으므로 창가에 있을 때는 조심하는 것이 최고라는 말은 당연한 이야기이다. 그러나 창가의 공포증에 있어서 왜 그토록 불안이 극심하여 환자를 괴롭히느냐 하는 문제는, 창가에 있으면 위험하기 때문이라는 사실만으로는 납득이 될 수 없다. 그러므로 공포증에는 꿈 속의 불안에도 똑같은 설명이 적용된다. 이 양쪽 경우가 다 불안은 불안에 따르는 관념에 약간 '결합되어 있을 뿐' 사실은 전혀 다른 원천에서 생기는 것이다. 이와 같이 꿈의 불안은 노이로제적 불안과 밀접하게 관련되어 있기 때문에 꿈의 불안을 설명하려면 노이로제적 불안을 논해야 한다.

나는 전에 '불안 신경증'에 대해 논한 작은 논문《신경증학 중앙 기관지》제1권, 1895년에서, 노이로제적 불안은 성생활에서 유래되고 있으며, 그 본래의 사명에서 벗어나서 쓰여지지 않은 채 그쳐 버린 리비도를 나타내는 것이라고 주장했다. 그 뒤부터 이 공식은 더욱더 확실히 실증되었다.

그런데 이 공식에서 다른 명제를 도출해 낼 수 있다. 즉, 불안한 꿈은 성적 내용을 가진 꿈이므로, 그에 속해 있는 리비도가 불안으로 변화한 것이다. 나중에 적절한 때에 노이로제 환자의 몇 가지 꿈의 사례를 분석함으로써 이 주장을 입증하기로 하겠다.

또한 앞으로 불안한 꿈의 조건을 논함으로써 불안한 꿈이 소망 충족설과 모순되지 않는다는 것을 밝히고자 한다.

제5장
꿈의 재료와 원천

일머의 주사의 꿈 분석을 통해서 꿈은 하나의 소망 충족임을 알았을 때 그것으로 꿈의 일반적인 성격이 밝혀졌는가 하는 데 초점이 모아졌으므로, 해석 작업 중에 생각할 수 있었던 다른 모든 학문적 호기심을 일단 묻어 두었었다. 이제 그 중의 하나의 문제를 통해서 우리가 뜻한 바를 달성했으니, 다시 되돌아가서 꿈의 여러 문제를 고루 섭렵하기 위한 새로운 테마를 설정해도 좋을 때가 됐다.

꿈의 해석에 있어서 우리들의 독특한 방법을 적용함으로써 꿈의 현재 내용보다 더 의미 깊은 잠재 내용을 발견해 낸 이래, 현재 내용만 알고 있었을 때는 전혀 손도 댈 수 없을 것 같던 수수께끼나 모순점이 만족스럽게 풀리는가 하는 것을 알기 위해 꿈이 개별적인 문제를 새로이 취급해야 한다고 생각해도 무리는 아닐 것이다. 꿈의 각성시와의 관련과, 꿈의 재료의 출처에 관해 연구한 여러 사람들의 견해는 서장에서 상세히 소개한 바 있다. 어떤 사람이든지 흔히 깨닫게 되는 일이지만, 아직 설명되지 않은 꿈 기억의 세 가지 특성을 여기서 한번 상기해 보기로 하자.

첫째, 꿈은 분명히 최근의 여러 인상을 잘 나타낸다R. 스트림펠·힐데브란트·위드 할램.

둘째, 꿈은 본질적이고 중요한 것이 아닌 부수적이고 잊어버린 것을 기억하고 있으므로, 꿈이 재료 선택을 할 때에는 각성시의 기억과는 일치되지 않는 원리에 따른다.

셋째, 꿈은 우리들의 유년 시절의 인상을 자유자재로 나타낸다. 그래서 우리들은 단순히 엉터리 꿈이라고 생각하지만, 어쨌든 각성시에는 까마득히 잊어버린 유년 시절의 하찮은 일까지도 꿈 속에서 끄집어낸다.[1]

꿈 재료의 선택에 있어서의 이런 여러 가지 특성들은 말할 것도 없이 많은 연구가들이 꿈의 현재 내용에 관해 관찰한 것이다.

[1. 꿈 속에서의 최근의 것과 시시한 것]

나 자신의 경험에 비추어 보면, 꿈 내용 속에 나타나는 여러 요소의 출처에 관하여 이렇게 주장하지 않을 수 없다. 즉, 어떤 꿈 속에서도 전날의 여러 체험과의 결합이 보인다. 다른 사람의 꿈이건 자기 자신의 꿈이건 간에 어떤 꿈을 취급해 보면 나의 이 경험은 어김없이 실증된다. 이 사실을 인정하고 난 연후에, 나는 우선 꿈을 꾸는 계기가 된 전날의 체험을 먼저 찾음으로써 꿈 해석은 시작하게 된다. 대부분의 경우 이것이 가장 첩경이다.

앞장에서 자세하게 분석한 두 꿈 — 일머의 주사의 꿈과 노란 수염을 기

---

1) 꿈 속에 우리들의 유년기의 중요치 않은 기억상이 매우 자주 나타난다는 것을 볼 때 "꿈의 사명은 우리들의 기억력으로 하여금 낮 동안의 하찮은 갖가지 인상의 부담을 덜어주려는 데 있다"라고 한 로버트의 견해는 이미 인정할 수 없다. 로버트의 견해를 긍정한다고 해도, 꿈은 그 수행해야 할 과제를 충분히 이행하지 못한다고 결론 지을 수밖에 없다.

른 큰아버지의 꿈 — 에서는 전날의 일과의 관계가 너무나 명백해서 그 이상 특별히 설명할 필요가 없을 정도였다.

그러나 이 관련성이 얼마나 규칙적으로 입증되는가를 나타내기 위해서나 자신의 꿈을 실례로 삼아 고찰해 보겠다. 단지 꿈 원천의 발견에 필요한 범위 내에서만 이야기를 한정시키겠다.

(1) 나는 어떤 집을 방문했는데, 까다로운 절차를 밟은 후에야 겨우 들어갈 수 있었다. 그 사이에 한 부인이 나를 '기다리고' 있다.

원천 : 전날 밤 나는 친척 부인과 이야기를 나누었는데, 그녀는 좀더 기다릴 수밖에 없다고 했다.

(2) 어떤불분명한 식물에 관해 한 권의 '연구서'를 저술했다.

원천 : 이틀 전 어떤 서점의 진열장에서 시클라멘 과科에 관한 연구서를 보았다.

(3) 거리에서 두 여자를 보았다. 부녀인데, 딸은 나의 환자이다.

원천 : 현재 내가 치료 중인 여환자가 전날 밤 나에게 계속 치료받는 것을 어머니가 반대한다고 불평했다.

(4) S. R. 이라는 서점에서 나는 어떤 정기 간행물의 예약을 한다. 1년에 20굴덴gulden이다.

원천 : 아내가 전날 1주일 동안의 가계비 20굴덴을 아직 받지 않았다고 지적해 주었다.

(5) 내가 당원으로 소속해 있는 사회민주당으로부터 한 통의 편지를 받는다.

원천 : 자유당 선거위원회와 박애협회 본부로부터 편지를 받았다.

(6) '베크린의 그림처럼' 한 남자가 바다 한복판에 있는 험한 바위 위에 있다.

원천 : '악마섬의 드레이푸스', 그리고 영국의 친척으로부터 편지가 왔다.

꿈은 반드시 전날의 사건과 관련되는 것인가, 혹은 꿈의 관련은 비교적 장기간에 일어난 여러 인상까지 해당되는 것인가 하는 문제가 생기겠지만, 이 문제는 그다지 중요한 것으로 생각되지는 않는다. 그러나 나는 꿈에 나타나는 것은 꿈을 꾼 전날의 사건이 우선적이라고 생각한다. 가끔 어떤 인상이 꿈의 원천으로 생각될 때가 있었는데, 그럴 때마다 좀더 깊이 관찰해 보면 역시 꿈을 꾼 전날의 인상을 생각하고 있었음이 판명되었다. 즉, 그 인상을 준 사건이 있던 날과 꿈을 꾼 날 밤과의 사이에, 꿈을 꾼 전날에 있어서의 입증될 수 있는 재현이 끼어 있는 것이다. 게다가 비교적 오래 된 인상을 상기시키는 극히 최근의 계기도 입증할 수 있었다.

그런데 꿈을 유발시키는 각성시의 인상과 그 인상이 꿈에 재등장하는 것 사이에 생물학적으로 중요한 의미를 갖는 규칙적인 주기H. 스보보다는 18시간이라는 예를 들고 있다가 끼어 있다는 데에는 납득되지 않는 점이 있다.[2] 하베로크 엘리스도 이 문제에 주목하고, 그 자신의 꿈 속에서 이러한 재현의 주기성에 '특별히 주의했음에도' 불구하고 발견해 낼 수 없었다고 말한다.

엘리스가 보고한 꿈은 그가 스페인에서 다라우스·바라우스, 혹은 차라우스라는 곳으로 떠나려고 계획한 내용이었다. 꿈에서 깨었을 때 그는 아무리 생각해도 그런 도시의 이름이 생각나지 않았다. 그래서 그냥 지나쳐 버렸다. 그런데 그로부터 3, 4개월 후에 그는 실지로 차라우스란 도시를 발

---

2) 제1장에서 말한 바와 같이 스보보다는 23일과 28일이라는, W. 플리스가 발견해 낸 생물학적 주기를 일반적인 심적 사상事象으로 옮겨 놓았다. 특히 이 기간은 꿈에 등장하는 여러 요소에 결정적인 영향을 미치는 것이라고 주장하고 있다. 그런데 설령 이런 것이 증명되었다고 해도 꿈 해석 자체는 본질적으로 전혀 변하지 않을 것이다. 그러나 꿈 재료의 출처에 관해서는 어떤 새로운 원천이 생기게 될 것이다.

견했다. 산사바스티안과 빌보아 사이에 있는 정거장의 이름인데, 그가 이 꿈을 꾸기 250일 전에 기차로 지나친 적이 있었던 곳이다.

그래서 나는 어떤 꿈을 일으키는 계기는 '아직 하룻밤도 지나지 않은' 경험이라고 생각한다. 가장 가까운 과거^{꿈꾼 날 밤의 전날을 제외하고}의 여러 인상의 꿈 내용에 대한 관계는 제멋대로인 더 먼 과거의 여러 인상들과 똑같은 관계를 가지고 있다. 만일 다만 꿈을 꾼 전날의 여러 체험'^{최근의}' 온갖 인상에서 더 먼 과거의 여러 인상으로 어떤 생각의 실마리가 걸쳐 있는 한, 꿈은 인생의 그 어떤 시기에서부터도 그 재료를 골라 올 수가 있다. 그러나 최근의 여러 인상이 이런 식으로 특별히 선택되는 것은 무엇일까? 앞에서 서술한 꿈 중의 하나를 세밀하게 분석해 보면 이 점을 좀더 밝힐 수 있을 것이다. 나는 여기에서 '식물학 전공 논문'의 꿈을 소개해 보겠다.

꿈

나는 어떤 식물에 관한 전공 논문을 썼다. 그 책이 내 앞에 있었고, 나는 그때 접어놓은 원색 화보를 펼치고 있었다. 한 장 한 장마다에 실려진 그 식물의 건조된 표본이 마치 표본첩에서 실물을 뽑아낸 듯 칠해져 있었다.

분석

그 전날 아침, 나는 어느 서점의 진열대에 《시클라멘 과科》라는 제목이 붙은 새 책이 꽂혀 있는 것을 보았다. 그 책은 분명히 시클라멘에 관한 전공 논문이었다. 시클라멘은 아내가 좋아하는 꽃이라고 나는 생각했다. 그리고 아내가 꽃을 받는 것을 좋아하는 데도 불구하고, 나는 별로 꽃을 사가지고 들어가는 것을 생각하지 못한다는 데 대해 자책감을 느꼈다. '꽃을 사다준다'는 것에서는 어떤 추억담이 있다. 나는 최근 친구들이 모인 자리에서 그 이야기를 하여, 망각은 매우 빈번하게 무의식적인 목적에 부합되므로 항상 거기에서 당사자가 잊어버린숨겨진 의도를 추측할 수 있다는 견해를 입증하는 데 사용했던 것이다.

어떤 젊은 부인이 생일이면 언제나 남편으로부터 꽃다발을 선사받았었다. 그런데 어느 해인가는 남편으로부터 그 애정의 표시를 받지 못했다. 그러자 그녀는 엉엉 울기 시작했다. 남편은 아내가 왜 우는지 영문을 알지 못했다. 그러다 그 날이 바로 아내의 생일이라는 사실을 알게 되었다. 그는 크게 뉘우치는 기색으로 "잘못했소. 내가 깜빡 잊었구려. 지금 당장 나가서 당신의 꽃을 사오겠소" 하고 말했다. 하지만 그녀의 기분은 풀리지 않았다. 남편이 자기의 생일을 잊었다는 것은 자기가 이제는 더 이상 남편의 마음 속에 전처럼 자리잡고 있지 않음을 보여주는 증거라고 믿었기 때문이었다.

이 부인은 내가 꿈을 꾸기 이틀 전에, 내 아내와 만나 이제는 기분이 회복되었다고 말하면서 나의 안부를 물었다. 몇 년 전에, 그녀는 내게 치료를 받으러 온 일이 있었다. 그런데 다른 새로운 단서가 있다. 나는 실제로 어떤 식물에 관한 전공 논문을 썼음을 기억해 냈다. 그것은 코카 나무에 관한 것인데, 이 논문은 칼 콜러Karl Koller의 주의를 코카인의 마취적 특성에 돌리게 했다. 나는 내가 발표한 논문 중에서 알칼로이드를 이 방면에 응용할 것을 시사했지만, 이 문제를 그 이상 추구할 만큼 철저하지는 못했다.

지금 생각난 일이지만, 그 꿈을 꾼 다음날 아침 ― 저녁때까지 나는 그것을 해석할 시간이 없었다 ― 나는 비몽사몽간에 코카인의 일을 기억해 냈다. 그리고 만일 내가 녹내장이 되면 베를린으로 가리라고 생각했다. 그러고는 친구 플리쓰Fliess의 집에서 내 이름을 숨기고 그가 추천하는 의사에게 수술을 받는 것이다. 수술하는 의사는 내가 누구인지도 모르고, 코카인의 도입 이래 이와 같은 수술이 얼마나 쉬워졌는지를 자랑스럽게 이야기할 것이다. 그리고 나는 내가 코카인의 발견에 한몫했다는 사실을 입 밖에 내지 않는다.

이렇게 공상하는 동안에, 나는 결국 의사가 자기 동료에게 치료를 부탁하는 것이 얼마나 기분 나쁜 일인가를 생각하기 시작했다. 베를린의 의사는 나를 모를 것이다. 그렇다면 나는 다른 사람과 마찬가지로 치료비를 지불할 수 있다. 이런 공상을 생각해 낸 뒤, 비로소 어느 특별한 일의 기억이 배후에 있다는 사실을 알았다. 콜러의 발견이 있고서 얼마 후에 나의 아버지가 실제로 녹내장이 되었다. 나의 친구인 안과 의사 케니히슈타인 박사의 부친이 수술을 했다. 그리고 콜러가 코카인 마취를 담당하면서, "이번에는 코카인 채용에 관계한 세 사람이 모두 모인 셈이군" 하고 말했다.

나의 생각은 다시 진행된다. 이 코카인의 이야기를 마지막으로 생각해 낸 것이 언제쯤일까? 그것은 2, 3일 전에 제자들이 스승을 위해 기념 출판한 논문집을 받았을 때였다. 이 책에 손꼽힌 업적 중에는 콜러가 이 연구실에서 코카인의 마취 특성을 발견한 사실이 게재되었다. 여기서 나는 갑자기 내 꿈이 그 전날 밤의 일과 결부되어 있음을 깨달았다. 나는 케니히슈타인 박사와 함께 돌아오면서, 그 이야기가 나올 때마다 흥분하지 않을 수 없는 어떤 문제에 대해 이야기하고 있었다. 현관에서 그와 이야기를 하고 있는데, 게르트너 교수 부부가 왔다. 나는 그들 부부에게 꽃다운 모습이라고 칭찬하지 않을 수 없었다. 그런데 게르트너 교수는 앞서 말한 기념 논문집을 낸 사람 중의 한 사람이었으므로, 내가 논문집의 일을 생각해 낸 것이 틀림없었다.

게다가 앞에서 남편이 자기 생일을 기억해 주지 않아서 실망했다고 말한 부인의 이름이 케니히슈타인 박사와의 대화 중에 나왔다. 물론 다른 내용의 대화에서였지만, 나는 이 꿈의 내용 이외의 결정 요소의 해석도 시도해 보고자 한다. 그 전공 논문에는 마치 표본첩 같은 건조한 식물 표본이 있었다. 이것은 나에게 고교 시절의 일을 상기시켰다. 교장 선생님이 언젠가 상급생들을 불러모아 놓고 학교의 표본첩을 건네며 잘 검사하고 정리하라고 명령했다. 그런데 거기에서 작은 벌레가 발견되었다. 좀벌레였다.

교장 선생님은 나의 능력을 믿지 않았던지 표본을 두세 장밖에 주지 않았다. 지금도 정확히 기억하고 있지만, 그 가운데는 몇 개의 겨자과의 식물이 포함되어 있었다. 나는 특별히 식물학을 열심히 공부하지는 않았다. 식물학의 예비 시험에서도 나는 겨자과의 식물을 받아서 붙이라는 것이었는데, 나는 잘 알 수가 없었다. 만약 이론에서 점수가 좋지 않았더라면, 나는 시험에 실패했을 것이다. 겨자과의 식물이라면 나는 국화과 식물을 생각한다. 엉겅퀴도 본래는 국화과 식물의 하나인데, 내가 가장 좋아하는 꽃이라고 할 수 있다. 아내는 나를 위해 곧잘 이 꽃을 시장에서 사다준다.

나는 내가 쓴 전공 논문이 앞에 있는 것을 보고 있다. 이것은 내게 다시 어떤 일을 상기시켰다. 그 전날 나는 베를린의 친구플리쓰에게서 편지를 받았다. 이 친구는 천리안적 능력을 가지고 있었다. "나는 자네가 쓴 꿈에 대한 책을 언제나 생각하고 있네. 내게는 그것이 완성되어 눈앞에 놓여지고, 내가 그 책장을 넘기고 있는 모습이 눈앞에 보이네." 그의 천리안과 같은 힘이 얼마나 부러웠는지 모른다. 그것이 완성되어 내 눈앞에 있는 것을 내가 볼 수만 있다면!

접어놓은 원색 화보. 의과 학생 시절에 나는 무엇이든 전공 논문의 완성을 위해 공부를 하겠다는 끊임없는 충동에 사로잡혔었다. 한정된 자료였음에도 불구하고, 나는 의학 관계의 학회지를 많이 수입하는 데 성공했는데, 그것은 내가 그것들의 원색 화보에 매혹된 때문이었다. 나는 내가 철저히 파고들고자 한 것을 자랑스럽게 여겼다. 내가 논문을 발표하게 되자, 도해 때문에 나도 그림을 그리지 않으면 안 되었다. 그런데 그 중 하나가 너무 형편없이 되어 호의적인 동료들의 웃음을 샀던 일을 기억하고 있다. 그리고 또 무엇 때문인지는 모르나, 아주 어렸을 때 아버지는 화보가 있는 책《페르시아 여행기》을 나와 내 누이동생에게 주어서 우리는 그걸 찢는 것을 즐겼다. 교육적 견지에서 보면 좋지 못한 일이었다.

그때 나는 다섯 살이고 누이동생은 세 살도 안 되었었다. 우리 둘이 정신없이 그 책을 찢고 있는'엉겅퀴 꽃잎처럼 한 장 한 장 뜯어내듯이'라고 중얼거리며 모습이 그 당시의 추억으로서는 기억에 확실히 남아 있는 유일한 것이다. 그 뒤 대학생이 되면서부터 나에게는 책을 수집하고 소유하는 이상한 버릇이 생겼다그것은 개별적인 연구서에만 의거해서 공부하려는 경향과 일치하는 것이므로, 꿈의 사고 속에 이미 시클라멘 과 엉겅퀴로서 나타나 있는 하나의 취미였다.

나는 책벌레가 된 것이다. 나는 나 자신에 대하여 생각하기 시작한 때부터 줄곧 이 최초의 즐거움을 어린 시절의 추억으로 간직하고 있었다. 또는 오히려 나는 어린 시절의 정경이 후에 나의 서적 수집광적 경향을 위한 '은폐 기억screen memory'[3]이라는 사실을 인정한 것이다. 그리고 나는 물론 정열은 때때로 슬픔을 가져온다는 것을 일찍부터 발견한 것이다. 열일곱 살 때 나는 서점의 외상 거래가 많아져서 값을 지불할 엄두도 못 내고 있었다.

---

3) 나의 논문 〈은폐 기억에 관해서〉《정신병학·신경병학 잡지》, 1899년를 참조하기 바란다.

더구나 아버지는 나의 취미를 별로 좋아하지 않아서 내가 아무리 변명을 해도 아버지는 이해해 주지 않았다. 성장한 후의 추억은 친구 케니히슈타인 박사와의 대화를 기억나게 했다. 그 이유는, 우리는 내가 좋아하는 취미에 지나치게 열중한다고 비난받는 똑같은 문제에 대해 서로 이야기했기 때문이다. 이제 꿈의 해석은 그만두고 해석의 방향만을 제시해 보기로 하자.

분석의 작업을 하고 있는 동안, 나는 몇 가지 방향에서 케니히슈타인 박사와의 대화를 생각해 냈다. 이렇게 할 때, 비로소 꿈의 의미가 내게 이해될 수 있게 된다. 그 꿈에서 비롯된 온갖 사고의 흐름, 즉 아내나 나 자신의 도락, 코카인, 동업자간의 치료의 나쁜 점, 전공 논문을 연구하는 즐거움, 식물학 같은 학과에 대한 나의 태만 등, 이 모든 것들은 그 후에도 계속 실마리를 끌고 있어서 다방면에 걸친 담화의 어느 한 실마리로 주입되고 있다. 이 꿈도 역시 분석에서 해명된 일머의 주사의 꿈처럼 나 자신을 정당화하기 위한 변명의 성질을 띠었다는 사실을 알 수 있다. 오히려 그것은 앞에서 제기된 꿈의 주제를 한 단계 높여서, 그것을 두 개의 꿈 사이의 시기에 생긴 새로운 재료에 관련시켜 문제로 삼는 것이다.

실제로 아무 상관이 없는 꿈일 때조차 그 꿈은 실상은 매우 중요했다는 사실을 알 수 있다. 즉, 내가 중요하고 유익한 논문코카인에 관한을 쓴 당사자가 되어 있다. 서점에 외상을 졌을 때, 나는 유능하고 성실한 학생이라고 변명을 했던 것과 마찬가지이다. 즉, 양쪽의 경우에 다 나는 감히 그렇게 말할 수 있다고 주장하려는 것이다. 그러나 이 꿈의 해석은 여기에서 중단해도 좋다. 왜냐 하면 그것을 보고하는 유익한 목적은 꿈의 내용과 그 꿈을 꾸게 한 전날의 경험과의 관계를 예로 들어 제시하는 일이었기 때문이다.

꿈의 현재 내용을 의식하는 한, 그것은 꿈을 꾼 날의 단일한 일에 관련되는 것같이 보였다. 그러나 분석을 끝내고 보면 그 꿈의 제2의 원인이 같은 날의 다른 경험 속에 모습을 나타내는 것이었다. 그 꿈에 연관된 두 가지 인상 중 제1의 것은 그다지 중요하지 않은 부차적인 것이었다. 나는 서점 창가에서 한 권의 책을 발견했고, 그 표제가 한 순간 나의 주의를 끌었지만, 내용은 아무런 흥미를 끌지 않는 것이었다. 제2의 인상은 큰 심적 가치가 있었다. 나는 친구인 안과 의사와 한 시간 이상이나 열심히 이야기를 했는데, 그때 나는 우리 두 사람에게 영향을 끼칠 것이 틀림없는 어떤 종류의 지식을 깨닫게 만든 기억을 일깨웠다.

그러나 도중에 아는 사람이 왔기 때문에 이 대화는 중단되었다. 그런데 낮 동안의 이 두 체험은 서로 어떤 관계에 있는가? 그리고 그날 밤에 꾼 꿈과는 어떤 관계를 갖고 있는가? 나는 꿈 내용 속에서 그런 좋은 인상에 대한 암시만 발견할 뿐이므로, 꿈은 일상 생활 속에서 부수적인 것을 즐겨 그 내용으로 택한다고 확언할 수가 있다. 그런데 꿈 해석에 있어서는 모두가 당연히 꿈의 자극이 될 수 있는 체험을 지향한다. 나는 꿈의 뜻을 ― 이것이 유일한 올바른 태도이지만 ― 분석에 의해서 드러난 잠재 내용에 따라 꿈을 해석하면 뜻밖에 새롭고 중대한 것을 발견해 낼 수 있다. 그리하여 '꿈은 왜 단순히 낮 생활의 무가치한 단편에만 관계하는가'라는 수수께끼가 해명된다는 것을 알게 된다.

또 나는 각성시의 심적 생활이 꿈 속에 이어지지 않고, 그 대신에 꿈은 변변치 못한 재료 때문에 심적 활동을 낭비하고 있다는 주장에도 반대하지 않을 수 없다. 그 반대가 진실인 것이다. 낮에 우리들의 마음을 지배했던 것은 역시 꿈의 사고에도 작용한다. 그리고 우리들은 낮에 우리들에게 무언가 생각하게 하는 계기를 만들어 주었던 재료가 있을 경우에만 꿈을 꾸려고 한다. 당연하게 자극원이 되는 낮의 인상이 나에게 꿈을 꾸게 하는 데도 꿈의 현재 내용이 아무래도 좋은 낮의 인상을 재현한다는 것은, 역시 거기에 꿈의 왜곡이 작용하고 있다고 할 수밖에 없다. 그런데 우리는 앞에서 그러한 꿈의 왜곡을 검열로써 지배하고 심적인 힘으로 돌릴 수 있다고 말했다.

시클라멘 과에 관한 전공 논문의 기억은, 마치 중지된 그 만찬회의 꿈에서 여자 친구의 말이 훈제 연어의 암시에 의해 대치되어 있는 것과 같이 나의 친구와의 대화에 의한 암시인 듯 이용되고 있다. 그래서 문제는 다만 얼른 보기에는 연관성이 없는 것 같은데도 도대체 무엇 때문에 전공 논문의 인상이 안과 의사와의 대화에 대해 암시 관계가 될 수 있었느냐 하는 점이다. 이루지 못한 만찬회의 꿈에서는 이 관계가 애당초 존재하고 있다. 여자 친구가 좋아하는 훈제 연어는 바로 그 여자 친구가 꿈을 꾼 부인에게 일으킬 수 있는 표상군에 속하고 있다. 그런데 우리들의 새로운 실례에서는 그것들이 똑같은 날 일어났다는 점 이외에 아무런 공통점도 갖지 않는 독립된 두 인상이 문제시된다.

전공 논문에 주의가 끌린 것은 오전 중의 일이고, 대화는 저녁에 한 것이었다. 분석에 의하면, 두 인상 사이에 처음에는 없었던 이 관계가 나중에 한쪽 인상의 표상 내용에서 다른 인상의 표상 내용으로 연결되는 것으로 보여진다.

나는 분석을 기술하면서 이미 이 중간 항을 강조해 두었었다. 시클라멘에 관한 논문의 표상에 다른 것에서의 영향이 없다면, 아마 이 꽃은 아내가 가장 좋아하는 꽃이라는 생각이나, 아니면 그 밖에 부인이 받지 못한 꽃다발의 기억이 연결될 뿐이다. 그러나 나의 이런 배후의 사고만으로 꿈이 일깨워진다고는 생각지 않는다.

"전하, 우리들을 일깨우기 위해 이렇게 유령이 무덤에서 나오실 필요는 없습니다." 이것은 《햄릿》에 나오는 말이다. 그러나 분석 도중에 생각난 것인데, 우리들의 대화를 중단시킨 사람의 이름이 게르트너정원수 또는 원예사의 뜻이고, 나는 그 부인을 보고 '꽃처럼' 아름답다고 말하였다. 그렇게 생각하고 보니 나의 환자 중에 플로라꽃의 여신이라는 뜻라는 예쁜 이름을 가진 부인에 관해 잠시 동안 이야기했었다.

따라서 이렇게 연결을 지을 수 있겠다. 즉, 식물의 표상권에서 온 이 매개 항들을 거쳐 무의미한 체험과 자극적인 체험이라는 낮 동안의 두 체험이 결합된 것이다. 다음에 그 앞의 여러 관계, 즉 코카인의 관계가 나타났다. 그런데 이것은 당연히 케니히슈타인 박사라는 인물과 내가 쓴 식물학상의 전공 논문과의 사이를 중개할 수 있는 것이므로, 이 두 표상권의 융합을 강화하여 하나의 표상권으로 만든 결과, 이제 첫 체험 중의 한 부분이 둘째 체험에 대한 암시로서 이용된 것이다. 이런 해명을 엉터리라고 한 사람도 물론 있을 것이다. 이를테면 게르트너 교수가 꽃이 핀 듯 예쁜 부인과 같이 오지 않고, 대화의 화제가 된 그 부인 환자의 이름이 플로라가 아닌 안나라는 이름이었다면 어떻게 되었을까 하고 반문할지도 모른다.

그러나 거기에 대한 답변은 어렵지 않다. 만일 이런 관념의 여러 관계가 생기지 않았다면 아마 그것을 대신해서 다른 관념의 여러 관계가 선택되었을 것이다. 그런 여러 관계를 만들어 내는 일은 매우 쉽다. 흔히 우리들이 장난으로 즐기는 농담이나 수수께끼와 마찬가지로, 기지는 무량무수無量無數하다. 좀더 진전시켜 보자. 낮의 두 체험 사이에 충분히 유익한 중간 관계가 없었더라면, 그날 밤의 꿈은 다른 내용이 되었을 것이다. 그래서 쉴 새 없이 다가왔다가 끊임없이 잊혀져 가는 낮의 인상 중에서 그래도 좋은 인상이 그 꿈을 위해 전공 논문을 대신하여 그 대화의 내용과 결부되어 이 대화를 꿈 내용 속에 나타내게 되었을 것이다. 이 운명을 담당한 것이 바로 전공 논문의 꿈 내용이었으므로, 이 꿈 내용이야말로 필경 결합을 가장 잘 해 주는 것이었을 거다.

레싱이 묘사한 '교활한 작은 집Häuschen Schlau'처럼 "왜 이 세상에는 부자만이 돈을 많이 가지고 있는 것일까?" 하고 의아해할 필요는 없을 것 같다. 따라서 별로 중요하지 않은 체험이 심적으로 중대한 체험을 대리하는 심적 과정은, 우리들에게 아직도 의심스럽고 낯설게 보일는지 알 수 없는 일이다. 겉으로 보기에는 정확하지 않은 이 작업의 여러 특성을 더 잘 이해하는 문제는 뒷장의 과제로 돌리기로 한다. 여기서는 다만 이 과정의 결과만이 문제가 된다. 이런 과정을 우리들은 꿈 분석에 있어서 항시 반복되는 수많은 경험을 통해 인정하게 된다. 그러나 이 과정은 매개항을 거치는 동안에 마치 어떤 '이동' — 우리들이 말하는 바의 심적 강도의 이동 — 이 그 중간을 거쳐가는 동안에 성립되는 것처럼, 처음에는 미약했던 표상이 처음보다 강한 에너지를 가진 표상을 받아들이기 위해 그 자신도 역시 강도를 증가하고, 그 결과로써 의식 속으로 끌어넣을 만한 힘을 가지는 것 같다.

감정의 장비 또는 일반적으로 신체적 운동 행위가 문제가 될 경우에는 이런 에너지의 이동이 일어나도 조금도 이상할 것이 없다. 독신녀가 동물을 좋아한다던가, 독신 남자가 열렬한 수집광이 된다던가, 군인이 색깔이 있는 헝겊조각, 즉 군기를 피로 사수한다던가, 서로 사랑하는 연인끼리 1초라도 더 손을 잡고 있으면 행복하다던가,《오셀로》에서 잃어버린 한 장의 손수건이 분노 폭발의 원인이 되는 것들은 모두가 의심할 바 없는 심적 강도의 이동의 예이다.

그러나 무엇이 우리들의 의식 속으로 들어올 수 있고 무엇이 차단되는가, 다시 말해서 우리들이 무엇을 생각하던가에 관한 것이 똑같은 과정을 거쳐서 똑같은 원리에 따라 결정된다는 것은 아무래도 병적인 인상을 준다.

그리고 그것이 각성시에 나타날 경우에는 사고 착오라고 부른다. 그런데 우리들이 꿈의 이동 속에서 인정한 심적 과정은 분명히 병적 장애가 있는 과정은 아니다. 그러나 정상적인 과정과는 다른 한 과정, 보다 원초적인 성질을 띤 과정이라는 것을 알 수 있다. 이에 대한 상세한 고찰은 나중에 하기로 하고, 여기서는 결론만으로 그치기로 하겠다. 그러므로 우리들은 꿈 내용이 부수적인 체험의 잔재를 받아들인다는 사실은 이동에 의한 꿈 왜곡의 표현으로 해석되므로, 여기서 우리들은 꿈 왜곡이 두 개의 심적 검문소 사이에 있는 통과 검열의 한 결과였던 것을 상기할 수 있다.

따라서 꿈 분석은 우리들에게 심적으로 뜻있는 실제의 꿈 원천을 발견해 줄 것이며, 그때 그 꿈 원천의 기억이 그 원천의 강도를 중요하지 않은 기억 위로 이동시킬 것으로 기대한다. 이런 파악을 통해서 우리들은 아무 쓸모가 없어진 로버트의 이론과 맞서게 된다. 로버트가 설명하려던 사실은 실제로 존재하지 않는다. 그런 사실을 가정한다는 것은 완전한 오해에서 비롯된 것이므로, 근본적으로는 외견상의 꿈 내용 대신에 꿈의 진의를 파악하는 데 태만히 한 것에 불과하다. 게다가 그의 이론에 대한 반론으로서, 만일 우리들의 기억에 부착해 있는 기억의 '잔재'를 특수한 심적 작업에 의해 제거하는 임무가 꿈에 있는 것이 사실이라면, 우리들은 수면은 고통스러운 각성시보다 더 괴로운 것이 되므로 긴장된 일에 사용된다는 결과가 되지 않겠는가 하는 점이 대두될 것이다.

왜냐 하면 우리들의 기억을 수호해야 할 낮 사이에 겪은 사소한 인상의 수는 확실히 방대한 것이기 때문이다. 그 많은 인상들을 처리하기에 밤은 너무 짧다. 오히려 사소한 인상을 망각한다는 것은, 우리들의 심적인 여러 힘이 적극적으로 활동하지 않으면서 작용한다고 말하는 편이 더 진실에 가까울 것이다. 그럼에도 불구하고 로버트의 견해를 그대로 외면할 수는 없을 것 같다. 낮에 있었던 사소한 인상 중의 하나, 게다가 전날의 사소한 인상 중의 하나가 거의 반드시 꿈 내용의 형성물이 된다는 사실은 아직 해명되지 않았다. 이 인상과 무의식계의 본래의 꿈 원천과의 관계는 반드시 항상 처음부터 있는 것은 아니다. 우리들이 이미 본 바와 같이 이 관계는 꿈 해석 작업 도중에 형성된다.

그래서 아무리 사소한 인상이라 해도 바로 최근의 인상의 방향으로 관념 결합을 개척할 일종의 강제가 반드시 존재한다. 즉, 이 인상은 어떤 특별한 성질을 가지고 있기 때문에 그렇게 되는 특별한 적합성을 제공할 것이 틀림없다. 그렇지 않다면 꿈의 사고가 그 강도를 자기 자신의 표상권 안에 있는 어떤 비본질적인 요소 위에 이동시키는 일이 쉽게 일어날 것이기 때문이다. 이 문제의 해명에 있어서 다음에 드는 여러 경험은 모두 도움이 되리라 믿는다.

낮에 우리들이 둘 또는 그 이상의 꿈의 원천이 될 수 있는 체험을 하면, 꿈은 이 체험들을 하나의 전체로 결합한다. 즉, 꿈은 '모든 체험들을 하나로 결합해야만 하는 강제력'에 복종한다. 이를테면 내가 여름 어느 날 밤에 기차를 타고 우연히 잘 아는 두 사람을 만난다. 그러나 그들은 서로를 잘 모르는 사이이다. 한 사람은 매우 유명한 의사이고, 또 한 사람은 내가 의사로서 드나들던 귀족 집안의 한 사람이다. 나는 그들을 서로에게 인사시킨다. 그러나 그들의 이야기는 긴 여행을 하는 동안 계속 나를 통해서 이루어진다.

그래서 나는 어떤 때는 이쪽과, 어떤 때는 저쪽과 이야기를 해야만 했다.

동업자인 의사에게도 그도 잘 아는 갓 개업한 어떤 의사를 잘 좀 봐달라고 부탁한다. 그러자 상대방은, 그 사람은 실력은 뛰어나지만 그 풍채로는 좋은 가정에 드나들기는 어려울 거라고 대답했다. 그러니까 잘 봐달라는 게 아니냐고 나는 말한다. 그리고 곧 다른 사람을 보면서 그의 큰어머니 — 나의 여환자의 모친 — 의 안부를 묻는다. 이 큰어머니는 그 당시에 중병을 앓고 있었다. 이런 여행을 한 날 밤에 나는 이런 꿈을 꾸었다. 〈내가 잘 돌봐 달라고 부탁한 그 젊은 친구가 부자인 귀족들이 모인 고급 사교 석상에서, 기차 여행 때 또 한 사람 쪽의 큰어머니뻘 되는 노부인꿈 속에서는 이미 고인이었다을 위하여 매우 능란한 태도로 조사弔辭를 낭독하고 있는 장면이었다솔직히 말해서 나는 이 노부인을 그다지 좋아하지 않았다.〉 나의 꿈은 여기서도 낮의 두 인상을 결합하고, 그것에 의해 하나의 통일된 상황을 만든 것이다.

이와 유사한 많은 경험을 근거로 해서, 꿈의 작업에는 모든 존재하는 꿈의 자극원을 꿈 속에서 하나의 통일체로 만들어 가는 일종의 강제력에 있다는 명제를 세울 수 있다.[4] 그런데 이번에는 다음 문제를 연구하기로 하자. 분석이 목표로 하는 꿈을 일으키는 원천은 과연 언제나 최근의그리고 중요한 사건이 아니면 안 되는지의 여부, 또는 어떤 내적 체험, 다시 말해서 심적으로 가치 있는 사건의 기억 및 하나의 사고 과정이 꿈 제작자의 역할을 맡을 수 있는지의 문제이다. 수많은 분석에서 가장 명백하게 밝혀진 대답은 후자를 옳은 것으로 간주한다. 꿈 제작자는 내적인 과정이므로, 말하자면 낮의 사고 작용에 의해 최근의 것으로 되어 있는 것이다. 그러면 이제 꿈 원천이

---

4) 흥미로운 존재물로서 치료시에 동시에 풀려 버리는 꿈 작업의 이런 경향은 이미 많은 연구가들에 의해 지적되어 왔다. 예를 들면 들라즈41년와 델베우프〈강제적 접근〉, P.236가 있다.

될 수 있는 것은 다음과 같다.

① 꿈 속에서 직접 대리되고 있는, 심적으로 가치 있는 최근의 체험.

② 꿈에 의해서 하나의 통일체로 결합되는 몇 가지 최근의 중요한 체험.

③ 사소하지만 시기적으로 일치되는 하나의 체험을 통해서 꿈 내용 속에 표현되는 하나 또는 그 이상의 최근의 중대한 체험.[5]

④ 꿈 속에서 '반드시' 최근의 어떤 사소한 말에 의해서 대리되는 중요한 내적 체험기억·사고 과정[6]

누구나 다 알다시피 꿈 해석에서는 예외 없이 다음과 같은 조건이 절대로 기억에 남겨져야 한다. 즉, 꿈 내용의 한 요소는 전날에 어떤 최근의 인상을 반복한다는 점이다. 꿈 속에서 어떤 것을 대리할 임무를 맡은 이 부분은 본래의 꿈 제작자 자신의 표상권에 속하던가 — 바로 그 표상권의 본질적 요소로서, 또는 비본질적 요소로서 — 아니면 많든 적든지 간에 꿈 제작자와 풍부하게 결합함으로써 관계되었던 어떤 사소한 인상권 안에서 나와 있기 때문이다. 이런 경우에 얼른 보아서 조건이 많다는 것은 '이동이 있었거나 없었거나 둘 중의 하나'에 의해서 생긴 현상에 지나지 않는다. 그리고 이 둘 중의 하나는 우리에게 뇌세포의 부분적인 각성에서 완전한 각성에 이르기까지의 전계열을 설명할 수 있는 것과 마찬가지로 꿈이 갖는 대조적인 관계를 매우 쉽게 설명해 주는 것임을 알게 된다.

이 계열에 대해서는 또 다음과 같은 것도 인정된다. 즉, 그때에 만일 첫째로 꿈 내용이 최근의 체험과의 결합을 보존한다는 것, 둘째로 꿈 자극물이 심적으로 가치 있는 과정이라는 이 두 조건이 지켜지면 최근의 것이 아닌

---

5) 식물학 전공 논문의 꿈.

6) 나의 환자들을 분석하다 보면 종종 이런 종류의 것이 많다.

심적 가치가 있는 요소사고 과정·기억는 하나의 최근의 꿈을 형성하는 목적을 달성하게 된다. 앞에서 열거한 꿈의 원천 중에서 첫째의 경우만이 두 조건 다 같은 인상에 의해 채워진다. 꿈을 위해 이용되는 똑같은 사소한 여러 인상이라도 그것이 최근의 것인 한, 며칠 정도만 지나면 이 꿈에 이용될 수 있는 적성을 잃어버린다는 사실을 고려한다면, 어떤 인상의 신선미는 그만큼 꿈 형성에 있어서의 어떤 심적 가치를 부여하는 것이 되며, 이 심적 가치는 감정적으로 강조된 기억 또는 사고 과정에 어떤 형태로 맞선다는 가정을 세우는 것이 필연적으로 된다.

그런데 꿈 형성에 대한 '최근의' 인상이 갖는 이런 가치가 어디에 근거하는지의 문제는 나중에 밝혀지게 될 것이다.[7] 덧붙여서 우리들은 밤중에 우리들의 의식에는 알려지지 않은 채 기억 재료나 표상 재료에 중대한 변화가 생기는 수가 있다는 것에 주의해 두어야 한다. 사람들이 어떤 일을 최종적으로 결정지으려 할 때 하룻밤을 푹 잘 기회를 가지라는 것은 확실히 정당한 요구이다. 그러나 여기에까지 이르면 우리들은 꿈의 심리학에서 수면의 심리학으로 옮겨가는 것이 된다. 앞으로도 이런 옮김이 가끔 일어날 것이다.[8]

---

7) 전이에 관한 제7장을 참조.

8) 꿈의 형성에 관계된 최초의 것의 역할을 논한 중요한 연구로서 페칠의 논문이 있다. ―《간접 시각과의 관계에 있어서 실험적으로 불러일으켜진 꿈의 여러 형성》《신경병학·정신병학 잡지》제37권. 1917년. 페칠은 피험자에게 타히스트코프순간 노출기로 노출된 영상에 대해서 의식적으로 알아낸 것을 그림으로 그리도록 했다.

그리고 그 다음날 밤에 피험자들이 꾼 꿈을 조사하고, 이 꿈이 낮에 보여준 영상과 관계되는 부분을 또 그림으로 그리게 했다. 그 결과, 피험자들에 의해 포착되지 않았던 낮 동안의 영상의 세부적인 것이 꿈 형성의 재료가 되어 있는데도, 의식적으로 자각되어서 그림으로 그려진 부분이 현재적인 꿈 내용 속에서 재현되어 있지 않는 것이다. 다시 말해서 꿈 작업에 의해서 쓰여진 재료는 자의적인 ― 좀더 바르게 말하면 자주적인 ― 방법으로 꿈 형성의 여러 경향에 따르게끔 변형되어 있었다.

이러한 페칠의 연구는 이 책에서 시도되고 있는 꿈 해석의 의도를 뛰어넘는 것이다. 꿈 형성을 실험적으로 연구하는 이 새로운 방법이 수면을 방해하는 자극을 꿈 내용 속에 도입하는 예전의 조잡한 기술과의 차이에 관해서도 한 마디 지적해 두고자 한다.

그런데 여기에 지금까지의 추론을 무산시켜 버릴 하나의 반론이 있다. 사소한 여러 인상이 최근의 것인 이상, 그것이 꿈 내용 속으로 들어올 수 있다면 우리들은 꿈 내용 속에 오래 된 시기의 여러 요소로서 그것들이 최근의 것일 당시에는 — 스트림펠의 말에 의하면 — 아무런 심적 가치를 가지고 있지 않으므로 이미 오래 전에 잊어버렸다고 생각되는 많은 요소가 발견되는 것은 무엇 때문인가, 즉 최근의 것도 아니고 심적 가치도 없는 요소가 발견되는 것은 무엇 때문인가 하는 것이다.

노이로제 환자에게 정신 분석을 해서 얻어진 여러 결과에 비추어 보면 이 반론은 완전히 역전된다. 즉, 심적으로 중요한 재료를 사소한 재료에 의해^꿈_{을 꾸거나 사고하는 데 대해서도} 대치시키는 이동 현상은 이 경우 이미 훨씬 오래 전에 일어난 것이므로, 이 이동 현상은 그때부터 기억 속에 정착되어 있는 것이다. 본래 그 사소한 여러 요소들은 그것들이 옮겨감으로써 심적으로 중요한 재료의 가치를 맡은 이후부터는 이미 사소한 것이 아니게 된다. 그것이 정말 사소한 것이라면 그것이 꿈 속에 다시 나타날 리는 없는 것이다.

이상과 같은 논의에서 우리들은 무의미한 꿈의 자극물도, 따라서 또 악의 없는 꿈도 없다고 추론할 수가 있다. 어린이의 꿈과 밤에 주어진 자극에 대한 짧은 꿈 반응을 제외하면, 이 명제는 절대적인 진실이다. 사람들의 꿈은 반응을 제외하면, 이 명제는 절대적인 진실이다. 사람들의 꿈은 심적으로 중요한 것으로 인정되던가 혹은 왜곡되어 있어서, 꿈 해석이 이루어져 판정된 후에야 비로소 이것도 역시 중요한 것이었음이 확실하게 인정된다. 꿈은 결코 사소한 일과 관계하지 않는다. 우리들은 결코 사소한 것 때문에 수면을 방해당하지 않는다.⁹⁾ 얼른 보아 단순하나 꿈이라도 막상 해석을 해 보면 결코 단순하지 않다는 것을 알게 된다. 쉬운 말로 표현해서 꿈은 '예사로운'

것이 아니다. 그런데 이것이 또 반론을 당할 수 있는 논쟁점이다. 게다가 나는 꿈 왜곡 작업의 상태를 나타내는 기회를 붙잡을 생각이므로, 여기에 나의 꿈 수집 중에서 몇 가지 '단순한 꿈'을 실례로 들어 분석해 보겠다.

1

실생활에서 매우 교양 있는, 소위 '조용한 물'과 같은 부류의 어느 똑똑하고 지적인 젊은 부인이 이렇게 말했다. "나는 시장에 가는 것이 너무 늦어서 푸줏간에서도 채소 가게에서도 아무것도 사지 못하는 꿈을 꾸었습니다." 확실히 단순한 꿈이다. 그러나 꿈이 이렇게 단순하지만은 않을 것이다. 그래서 더욱 상세하게 말해 달라고 했다. 그랬더니 이런 보고를 하였다. 그녀는 가정부와 함께 시장으로 갔는데, 가정부는 바구니를 들고 있었다. 푸줏간에 가서 자기가 원하는 것을 달라고 하자, 그것은 다 떨어졌다고 하며, "이건 어때요?" 하고 다른 것을 권하기에 그걸 뿌리치고 채소 가게로 갔다. 그랬더니 이번에는 채소 가게 주인은 이상하게 생긴 채소 묶음을 주길래 그녀는, "그런 게 도대체 뭐예요? 그런 건 필요 없어요" 하고 말했다는 것이다.

이 꿈이 낮의 일과 결부되어 있다는 것은 쉽게 지적할 수 있다. 그녀는 실제로 시장에 너무 늦게 가서 아무것도 사지 못했던 것이다. '푸줏간은 이미 닫혀 있다'는 흔한 말이 이런 경험을 나타내는 말로서 누구나 머리에 떠오른다. 그러나 그 반대로 닫혀 있지 않다는 말은 남성이 앞단추를 잠그지 않았다는 것을 가리키는 속된 표현이 아닌가! 그러나 이 꿈을 꾼 부인이 이런

---

9) 본서에 호의적인 비평을 해 준 H. 엘리스는, "여기가 우리들 대부분이 더 이상 프로이트를 따라가지 못하는 지점이다"라고 말하고 있다169면. 그러나 그는 지금까지 꿈을 한 번도 분석한 적이 없어서 현재 내용에 따라 꿈을 해석한다는 것이 얼마나 모순된 것인가를 믿지 않는다.

표현을 썼다는 것은 아니다. 오히려 극구 이런 표현을 쓰기를 회피했다. 이제 이 꿈의 내부를 세부적으로 해석해 보자.

꿈 속의 어떤 일이 하나의 이야기의 성격을 가지고 있을 경우, 즉 그 이야기를 하거나 듣거나 하여 단순히 생각하는 것만으로 그치지 않을 경우 — 이것은 대개 분명하게 식별된다 — 그것은 각성시의 실제적인 회화에서 기인되는 것이다. 그리고 이 회화는 물론 꿈 속에서 소재로 다루어지기 때문에, 세분되고 다소 변화되어서 전체의 연결에서 벗어나 있다.[10] 해석 작업을 할 때에는 이런 회화에서 출발해도 좋다. 그런데 '그것은 이제 없다'라고 한 푸줏간 주인의 말은 어디에서 연유한 것일까? 사실은 나에게서 나온 말이다. 2, 3일 전에 나는 그녀에게 "가장 오래 된 유년 시절의 체험은 그 자체로서는 '이제 없어졌으나' 분석해 보면 전이와 꿈으로써 대치되고 있습니다"라고 말했던 것이다.

그러니까 푸줏간 주인은 바로 나를 가리킨다. 그녀는 고루한 사고방식이나 느낌의 이러한 전이를 부정하고 있다. "그게 뭐예요? 그런 건 필요 없어요"라고 한 꿈 속의 말은 어디에서 나온 것일까? 이 말은 분석의 필요상 세밀하게 파헤쳐 보지 않으면 안 된다. 그녀는 전날 가정부를 나무랐는데, "그게 뭐예요? 좀더 몸을 단정히 해요"라고 말했던 것이다. 여기에서 누구나 다 알 수 있듯이 하나의 움직임이 있다. 그녀가 가정부에게 한 두 가지 말 중에서 무의미한 쪽을 택했지만, 억압된 쪽의 '좀더 몸을 단정히 해요'라는 말이 사실은 꿈 내용에 더 적합한 것이다. 음란한 공상을 하느라고 '푸줏간을 닫는다'는 것을 잊고 있는 사람들에게 해 줄 수 있는 말이다.

---

10) 꿈 속의 회화에 관해서는 뒤에 나오는 〈꿈 작업〉의 항을 참조하라.

우리들이 이것으로 해석의 실마리를 잡았다는 것은 채소 가게 여자와의 대화 속에 나타난 암시와의 합치가 이것을 증명해 준다. 어떤 채소 묶음을 팔려고 하는그녀가 나중에 덧붙인 말에 의하면 길쭉한 모양 거무스레한 것은 꿈 속에서 아스파라거스와 무를 하나로 만든 것이다. 아스파라거스가 무엇을 뜻하는가는 남자에게도 여자에게도 설명할 필요가 없을 것이다. 그러나 또 하나의 야채도 역시 '검은 것, 들이밀다Rett, dich'이 말과 무와는 독일어로 발음이 동일하다라는 말로서, 우리들의 꿈의 분석에 착수하려 할 때에 금방 눈치챘던 '푸줏간이 닫혀 있다'는 그 성적인 테마를 지향하는 것으로 여겨진다. 그런데 지금 문제는 이 꿈의 의미를 완전히 파악하는 데 있지 않다. 다만 이 꿈이 의미 심장하며, 결코 단순한 것이 아니라는 점만은 밝혀졌을 것이다.[11]

2

어떤 점에서 앞의 꿈과 반대로 되어 있는 같은 여자 환자의 다른 꿈. 〈그녀의 남편이 "피아노를 조율하는 게 어떨까?" 하고 물었다. 그녀는 "필요없어요. 새로 가죽을 씌워야 하니까요"라고 대답했다.〉 이 꿈 역시 전날의 현실에 있었던 일의 반복이다. 그녀의 남편은 실제로 그렇게 말했고, 그녀 역시 그런 식으로 대답을 했다. 그러나 그녀가 그것을 꿈꾼 것은 무슨 뜻일까? 그녀는 그 피아노에 관해 '음률이 좋지 않은 기분 나쁜' 싸구려 피아노인데,

---

11) 이 꿈의 배후에는 내 쪽에서 행해지는 음란한 성적 도발을 포함한 태도와 그 부인 쪽의 방어라는 공상이 숨겨져 있다. 이 해석을 잘못됐다고 생각하는 사람은 똑같은 공상이 왜곡되어 꿈으로 나타나지 않고 노골적으로 의식되어서 망상으로 된 신경증인 부인 환자들의 호소를 의사가 많이 접한다는 사실을 상기해 주기 바란다. 이 꿈을 꾼 것은, 이 여자 환자가 정신 분석 치료를 받기 시작했을 때였다. 그녀가 이 꿈에 의해서 노이로제의 원인이 되었던 유년기의 외상을 반복하였다는 것을 내가 이해하게 된 것은 훨씬 후였다. 그 후부터 나는 다른 사람들, 즉 유년기에 성적 폭행을 당하고 그 폭행이 지금 꿈 속에서 반복되기를 바라는 사람들에게서도 그와 같은 태도를 발견할 수 있었다.

남편이 결혼 전부터 가지고 있었던 것[12]이라고 말한 적이 있었다. 그러나 수수께끼를 푸는 열쇠는 역시 '필요 없어요'라는 말에 숨겨져 있다.

이 말은, 사실은 그 전날 여자 친구를 방문했을 때 한 말이다. 친구집에서 그녀는 웃옷을 벗으라는 권유를 받았을 때 "고맙지만, 금방 가야 하니까 벗을 필요 없어"라고 대답했던 것이다. 이 이야기를 듣는 도중에 생각난 일이지만, 그녀는 어제 분석 도중에 단추 하나가 풀어져 있는 웃옷을 갑자기 잡아 쥐었었다. 마치 '보지 마세요. 보셔 봐야 필요 없어요'라고 말하려는 것 같았다. 이렇게 해서 싸구려 피아노Kasten는 가슴Brust Kasten이 된다. 그리하여 꿈 해석은 그녀가 자신의 육체에 불만을 갖기 시작한 지난날의 육체적 발달기로 거슬러 올라간다. 그리고 우리들이 '기분 나쁜'과 '음률이 나쁜'을 생각하면서 아울러 암시나 꿈에서 얼마나 자주 여성의 육체의 작은 반구유방을 의미가 반대물 또는 대용물로서 큰 신체 부분의 대신으로 나타나는가를 생각해 본다면, 이 꿈은 더 먼 과거로 통하고 있는 것이다.

3

여기에서 나는 이 일련의 꿈을 중단하고 어떤 젊은 남자의 짧고 단순한 꿈 이야기를 삽입하고자 한다. 〈젊은 청년이 꾼 꿈의 내용은 '다시 외투를 입는데, 입기 싫어서 견딜 수가 없다'는 것이다.〉 얼른 보기에 이 꿈의 동기는 갑자기 추워진 데 있다. 그러나 잘 분석해 보면 꿈을 만든 부분이 잘 맞지 않는다는 것을 알 수 있다. 왜냐 하면 추울 때에 무겁거나 두꺼운 외투를 입는 것은 결코 '싫은' 일이 아니기 때문이다.

---

12) 이 꿈이 해석된 후에 밝혀지는 바와 같이, 이것은 반대물에 의한 대용이다.

이 꿈이 단순한 것이 아니라는 것은 분석을 통해서 가장 최초의 연상이 이런 것이었다는 점으로 알 수 있다. 즉, 그는 전날 어떤 부인으로부터 그녀의 막내아이가 생긴 것은 콘돔condom이 찢어졌기 때문이라고 고백하는 말을 들었던 것이다. 그래서 그는 이것을 계기로 자기의 생각을 종합했다. 그것은 콘돔이 얇으면 위험하고, 두꺼우면 재미없다는 것이다. 그래서 콘돔은 바로 외투Überzieher이다. 사람들은 흔히 '씌운다überziehen'라는 말을 쓰고, 독일어로는 가벼운 웃옷도 외투라는 말을 쓴다. 그 부인이 말해 준 사건은 미혼인 이 청년에게 무조건 '싫은' 일이었을 것이다. 이제 다시 단순한 꿈을 꾼 여자 환자의 이야기로 돌아가자.

4

〈그녀는 촛대에 초 한 자루를 꽂는다. 그러나 초가 부러졌기 때문에 잘 서지를 않는다. 학교 친구들이 "네가 서투른 탓이야"라고 말한다. 그러나 그녀는 "내 탓이 아냐"라고 대답한다.〉

이 꿈도 현실의 동기가 있다. 그녀는 전날 실제로 촛대에 초를 꽂았었다. 그러나 그것은 부러져 있지 않았다. 이 꿈에도 명백한 상징이 쓰이고 있다. 초는 여성의 성기를 자극하는 물건이다. 그러므로 그것이 부러져서 잘 서지 않았으니까, 그것은 남성의 발기 불능을 뜻한다"그것은 내 탓이 아냐". 다만 이 여자는 엄격한 교육을 받아 음란한 것과는 담을 쌓고 살아왔는데, 어떻게 해서 초의 이런 상징적 의미를 알고 있었을까?

그녀는 우연하게 겪은 어떤 체험에 의해서 자기가 이런 것을 알게 되었음을 말했다. 언젠가 작은 배로 라인 강을 건너고 있었는데, 대학생들이 탄 보트가 지나쳐 갔다. 그들은 유쾌한 노래를 부르고 있었다. "스웨덴 왕비가 창문을 닫아 걸고, 아폴로의 양초로⋯⋯" 하는 것이었다. 끝 구절은 듣지 못했거나 아니면 그녀가 이해하지 못하였다. 그래서 남편을 졸라 그것을 설명해 달라고 했다. 그 노래 구절은 마침내 꿈 속에서 그녀가 지난날 기숙사에서 다른 사람의 부탁을 '서툴게' 처리한 순진한 추억으로 대치되고 있다. 특히 이 노래말과 이 기억은 '창문을 닫아 걸고'라는 공통된 요소를 지니고 있다. 수음手淫이라는 테마와 발기 불능의 결합은 설명할 필요도 없을 것이다. 꿈의 잠재 내용 중의 '아폴로'는 이 꿈을 더 오랜 과거와 결합시킨다. 그 전의 꿈에는 처녀신 파라스가 나타났었다. 이것은 모두 단순하고 순진한 꿈이라고 말할 수는 없다.

5

꿈에 의해서 꿈꾼 당사자의 현실 생활을 추적하기가 매우 쉽다고 생각하면 곤란하므로, 역시 순진하고 단순한 것 같은 여자 환자의 꿈을 또 하나 소개했다.

〈나는 그날 낮에 실제로 행했던 꿈을 꾸었다. 즉, 작은 트렁크에 책이 너무 많이 들어 있어서 뚜껑을 닫느라고 무척 애를 썼는데, 그와 똑같은 것을 꿈꾸었다.〉

이 꿈에서 꿈을 꾼 본인이 꿈과 현실과의 합치를 강조하고 있다. 그런데 꿈에 관한 이런 모든 판단, 꿈에 대한 이런 모든 판단과 해명은 그것이 각성시의 사고 속에 자리잡고 있다 하더라도 나중의 예에서 증명될 것처럼 반드시 잠재 내용에 속하는 것이다. 그래서 우리들은 꿈 속의 내용은 전날 실제로 일어난 일이라고 말한다. 그런데 꿈의 해석에 있어서 영어를 보조 수단으로 택하는 착안이 도대체 어떤 과정에서 비롯되었는가를 설명하자면 끝이 없을 것이다.

요컨대 여기서도 문제는 작은 상자앞에서 예를 든 '상자 속의 죽은 아이' 꿈을 참조이고, 이 상자에는 이미 아무것도 더 넣지 못할 정도로 꽉 차 있으니까, 문제는 이만하면 별로 대단하지 않다. 이런 모든 '순진하고 단순한' 꿈 속에서는 성적 요소가 검열의 동기로서 매우 두드러지게 부각된다. 그러나 이것은 원리적인 뜻을 가진 테마이므로, 여기서는 더 이상 언급할 필요가 없겠다.

[2. 유아적인 꿈의 원천]

꿈 내용의 세 번째 특성으로서, 우리들은 모든 연구가들과 함께로버트를 제외하고 꿈 속에서는 각성시에 기억하지 못했던 여러 인상, 즉 가장 이른 시기의 여러 인상이 나타나는 경우가 있음을 말해 두었었다. 이런 것이 얼마나 자주, 또는 얼마나 드물게 일어나는가는 판단하기가 매우 어렵다. 그 이유는, 꿈에 나타나는 그 여러 요소들은 꿈에서 깨어난 후에는 그 출처가 제대로 인식되지 않기 때문이다. 그래서 이것이 유아기의 이상이라는 증명은 객관적인 방법으로 얻을 수밖에 없는데, 그것 때문에 여러 조건들이 함께 나타나는 일은 흔하지 않다.

A. 모리가 소개한 어떤 남자의 이야기는 가장 명확히 증명될 수 있는 예이다. 어느 날, 그 남자는 20년간 가보지 못한 고향에 가기로 결심했다. 떠나기 전날 밤에 그는 전혀 알 수 없는 낯선 고장에서 어떤 초면의 신사와 같이 이야기를 나누는 꿈을 꾸었다. 그런데 그가 실제로 고향에 가보니 꿈에 본 고장이 고향 마을 가까이에 있었고, 그 신사는 바로 돌아가신 부친의 친구였음이 밝혀졌다. 이것은 그가 이미 유년 시절에 그 고장과 그 신사를

보아 알고 있었다는 사실을 여실히 입증해 주는 것이다.

어쨌든 이 꿈은 음악회의 입장권을 주머니 속에 가지고 있었던 그 소녀의 꿈이나, 부친으로부터 하모니 산장으로 데려가 준다는 약속을 받은 어린이의 꿈과 같은 불안한 꿈이다. 꿈을 꾸는 본인에게 유년기의 인상을 재현해 보이는 여러 동기는 분석을 하지 않는 이상 알 수 없다.

나는 청강자 중에 자기의 꿈에서는 왜곡이 거의 없다고 자랑하는 사람이 있었는데, 그가 얼마 전에 꾼 꿈 이야기를 나에게 들려주었다. 그 내용은 예전의 자기 가정 교사가 유모의 침대 속에 누워 있는 것이었다. 이 유모는 그가 열한 살 때까지 집에 있었다. 그는 꿈 속에서의 장면을 잘 알고 있다. 재미있다고 생각하여 그의 형에게 꿈 이야기를 했더니, 형은 웃으면서 그런 일이 실제로 있었다고 말했다. 그 당시 여섯 살이었던 형은 그 장면을 기억하고 있었던 것이다. 가정 교사와 유모는 밤에 밀애를 나누기 위해 언제나 형에게 맥주를 먹여 취하게 하여 잠을 자게 했다. 그때 세 살밖에 안 된 동생 쪽은 ― 이 꿈을 꾼 당사자 ― 유모 방에서 자고 있었지만, 별로 방해가 되지 않았던 것이다.

또 한 가지 다른 경우는, 꿈 해석을 하지 않더라도 꿈이 유년기의 인상을 내포하고 있다는 것이 확인된다. 그것은 유년기에 처음으로 꾸었던 꿈이 그 후 성인이 되어서도 가끔 꿈 속에서 되풀이되는, 소위 '계속되는' 꿈이다. 내가 경험한 것 중에서 흔히 알고 있는 실례 몇 가지를 들어 보겠다. 그러나 나 자신은 계속적인 꿈을 꾼 적이 없다. 30대인 한 의사는 어렸을 때부터 오늘에 이르기까지 가끔 노란색의 털을 한 사자를 꿈에 본다고 하면서, 그 사자에 관한 것을 아주 자세하게 이야기해 주었다. 그런데 꿈 속에서 낯익은 그 사자가 어느 날 실제로 눈앞에 나타난 것이다. 오랫동안 찾지 못하고 있던 도자기로 만든 사자였다. 그 의사는 어머니를 통해서 자기가 어렸을 때 그 도자기로 된 사자 장난감을 가장 좋아했었다는 말을 들었지만, 그 자신은 물론 기억하고 있지 않았다.

이제 꿈의 현재 내용을 분석함으로써 비로소 규명되는 잠재 사고로 옮아가 보자. 꿈의 내용 가지고는 도저히 그런 추측을 할 수 없는 꿈에도 유년기의 인상이 작용하고 있음을 발견하게 되면 우리는 놀라게 된다. 나는 '노란 사자'의 꿈 이야기를 해 준 친근한 동업자에게서 특히 교훈적인 꿈의 실례 한 가지를 들었다. 그는 난젠의《극지 탐험기》를 읽고, 그날 밤 이런 꿈을 꾸었다. 〈이 용감한 탐험가가 어떤 극지의 빙원에서 그의 고질병인 좌골신경통이 재발해 전기 치료를 받고 있는 것이었다.〉 이 꿈을 분석할 때, 그는 유년 시절의 어떤 일을 기억해 냈다. 이 회상이 없었더라면 이 꿈은 그저 난해한 것으로 생각되었을 것이다. 그가 3, 4세쯤이던 어느 날, 그는 어른들이 탐험 여행 이야기를 하고 있는 것을 귀담아듣고 있었다. 그러다가 그는 아버지에게 바로 그것은 위험한 병이냐고 물었다. 그는 여행Reisen을 병Reiden으로 잘못 알았기 때문에 형제들의 웃음거리가 되었던, 그 부끄러운 체험을 기억하고 있었던 것이다.

나는 시클라멘 과에 관한 논문의 꿈을 분석하다가, 아버지가 다섯 살이었던 나에게 원색 화보가 들어 있는 책을 주어 마음대로 찢게 했다는 어린 시절의 추억을 생각해 낸 사실과 매우 비슷한 경우이다. 이 기억이 실제로 꿈내용의 형성에 관여한 것인가, 아니면 분석 작업을 통해서 비로소 관계가 맺어진 것인가 하는 의문이 생기겠지만, 풍부하게 얽혀 있는 연상의 결합은 전자의 견해를 취하게 한다. 〔시클라멘 ─ 제일 좋아하는 꽃 ─ 좋아하는 음식 ─ 엉겅퀴. 엉겅퀴 잎책의 페이지 수 같은 것을 한 장 한 장 찢는다이 표현은 그 당시의 중국의 분할로 인해 자주 듣던 이야기였다 — 식물 표본 — 책벌레). 이 밖에 여기에서 설명하지 않았던 이 꿈의 마지막 의미가 유년 시절에 본 어떤 인상과 가장 깊은 관계가 있음을 확신할 수가 있다.

또 분석을 통해서 다른 한 계열의 꿈에서 알게 되는 것은 꿈에서 충족시키게 되는 소망은 유년 시절에서 유래되는 것이므로 '꿈 속에서 옛날의 여러 가지 충동을 가진 아기가 계속 살고 있음을 발견한다'는 사실이다. 여기에서 나는 우리들이 이미 한 번 새로운 교훈을 얻었던 꿈의 해석을 계속하겠다. 친구인 R이 나의 큰아버지로 나타났던 꿈이다. 우리들은, 이 꿈은 다름아닌 교수로 임명되고 싶다는 소망을 나타낸다는 데까지만 해석하고, 꿈 속에서의 R에 대한 친근감을 꿈의 잠재사고 속에 포함되어 있는 두 친구의 비방에 대한 반대 창조물 내지 반항 창조물이라고 설명했다. 그러나 그 꿈은 나 자신이 꾼 꿈이고, 나는 그 정도의 해결로는 만족할 수 없으므로 이 꿈의 분석을 계속해도 되는 것이다.

꿈의 잠재 사고 속에서 멸시받고 있는 두 친구에 관한 나의 판단이 실제로 전혀 다르다는 것을 잘 알고 있다. 교수 임명에 있어서 그들과 똑같은 운명을 가지고 싶지 않다는 소망의 힘만 가지고서는 각성시와 꿈과의 평가의 대립성을 완전하게 증명할 수는 없을 것 같았다. 교수라는 직위를 취하고 싶다는 욕구가 그처럼 강렬했다면, 이것은 병적 명예욕이라고 해도 할 수 없다. 그러나 나는 결코 그렇지 않으며, 그런 명예욕과는 담을 쌓은 사람이다. 혹 객관적으로 나라는 사람을 잘 안다고 믿고 있는 제삼자가 볼 때는 이 점에 대해 어떻게 생각할지 모르겠지만, 어쩌면 나에게도 보통 사람들이 갖고 있는 명예욕은 있을 것이다.

그렇다면 그런 명예욕은 이미 교수의 지위나 직함에 대해서가 아닌 다른 대상으로 향해 있었을 것이다.

그러면 나의 꿈에서와 같은 명예욕은 어디에서 연유된 것일까? 여기서 연상되는 것은 내가 어린 시절에 자주 들은 이야기이다. 장남인 내가 태어나자 몹시 기뻐하는 어머니에게 어떤 할머니가, "댁의 아기는 커서 세계적인 위인이 될 것입니다"라고 예언했다는 것이다. 이건 그리 중요한 것은 아니다. 이 세상에는 자식의 장래에 모든 것을 걸고 있는 어머니가 많이 있고, 또 여자로서의 힘을 상실한 농부農婦나 노파가 모든 생각을 미래에 쏟고 있는 경우는 얼마든지 있다. 그 예언이 틀렸다고 해서 이런 예언을 한 사람에게 무슨 해가 돌아가는 것도 아니다. 그렇다면 나의 명예욕의 원천은 여기에서 온 것일까? 바로 이때 나는 또 하나의 어린 시절의 인상이 머릿속에 떠올랐다. 이 인상이 한결 해석에 도움을 줄 것 같다.

언젠가 프라터 공원에 있는 어떤 식당에서의 일이었다. 열한 살인가 열두 살이던 나는 부모를 따라 이 식당엘 자주 갔었다. 그런데 거기에서 어떤 남자가 눈에 띄었다. 그는 식탁 사이를 누비면서 적은 액수의 돈을 받고 손님이 내는 제목으로 즉흥시를 지어 낭독해 주는 거지였다. 나는 그를 우리 식탁으로 불러오라는 명령을 받았다. 그는 심부름한 나를 향해 고맙다고 하면서, 이쪽에서 제목을 내기도 전에 나에 관해 시를 읊었다. 그리고 자기의 영감으로 볼 때, 나는 꼭 '장관'이 될 거라고 단언했다. 이 두 번째의 예언은 지금도 뚜렷이 기억난다. 그때는 마침 평민 내각 시대의 일로서, 아버지는 바로 그 얼마 전에 평민 출신의 장관이었던 허버트·기스크라·웅거·벨저 박사 등의 초상을 집으로 갖고 와서, 우리들은 그 장관들에게 경의를 표하며 액자를 벽에다 걸어 놓았다.

그 중에는 유대인 장관도 끼어 있었다. 그래서 성실한 유대인 소년들은 자기들도 모두 장차 장관이 될 수 있다는 희망에 들떠 있었다. 내가 대학 입학 원서를 내기 직전까지 법과를 지망했던 것도 그때의 일과 전혀 무관하지 않다고 생각한다. 나는 막바지에 이르러서 갑자기 의대를 지망했던 것이다. 의사가 되면 장관이 될 수 없다는 것은 말할 것도 없다. 그러면 나의 꿈이야기로 돌아가서, 이제야 겨우 느낀 것이지만, 꿈은 나의 우울한 현재로부터 그 희망에 부풀어 있던 당시의 나의 소망을 채워 주는 것이다.

나는 평소 존경하던 두 학자를 그들이 유대인이라는 이유로, 한 사람은 바보로, 또 한 사람은 범죄자로 멸시함으로써 마치 내가 장관이기라도 한 듯한 태도를 취하였던 것이다. 이 얼마나 장관에 대한 철저한 보복인가! 장관은 나의 교수 임명을 거부했다. 꿈을 통해 나는 그것에 대해 나 자신을 장관의 위치에 놓았던 것이다. 꿈을 일으키는 소망이 설령 현재의 소망이라 할지라도 먼 유년 시절의 기억이 그것의 강력한 스폰서가 된다는 사실을 나는 또 다른 경우에서도 인정할 수 있었다. 그것은 로마에 가고 싶다는 동경이 근거로 되어 있는 일련의 꿈이다. 나는 이 동경을 아마도 상당히 오랫동안 꿈 속에서만 만족시킬 수 있었다. 왜냐 하면 여행할 여가가 있는 로마에서 체류하는 것이 건강상 불가능했기 때문이었다.[13]

그래서인지 나는 이런 꿈을 꾸었다. 〈기차의 차창에서 티베르 강과 천사교天使橋를 바라보고 있는 동안 발차가 시작되어 나는 아직도 로마의 시가에 발을 들여놓지 못했다는 것을 알았다.〉 꿈 속에서 본 로마의 경치는 그전날 어떤 환자의 집에서 잠깐 본 유명한 석판화와 똑같았다. 또 한 번의 꿈에서는 누군가 나를 언덕 위로 데리고 가서 반쯤 안개에 뒤덮인 로마 거리

---

13) 그 후 나는 많은 경험을 통해 오랫동안 이루지 못할 것 같았던 이런 소망을 충족시키기 위해서는 약간의 용기가 필요하다는 것을 알고 열성적인 로마 순례자가 되었다.

를 가리켜 보였는데, 아주 먼 곳에서 보는데도 이렇게 자세히 보일까 하고 꿈 속에서도 감탄했다. 그런데 사실 이 꿈은 내가 지금 여기에서 소개하는 것보다 훨씬 내용이 풍부하다. '약속의 땅'성경 속의 가나안을 뜻함을 바라본다는 동기가 여기서는 쉽게 인식된다. 그렇게 안개에 싸여 있는 것을 처음 본 도시는 류베크였고, 그 언덕의 원형은 그라이헨벨크였다.

또 하나의 꿈에서는 내가 마침내 로마에 가 있었다. 그런데 그 곳은 대도시다운 정경이 없어 적이 실망했다. 〈시커먼 물이 흐르는 강이 있고, 한쪽 언덕은 검은 바위이고, 다른 쪽 언덕은 커다랗고 하얀 꽃이 만발한 풀밭이다. 주커 씨이 사람과는 안면이 조금 있을 뿐이다를 만나서 시내로 가는 길을 물으려고 했다.〉 각성시에 보지 못한 도시를 꿈에서 본다는 것은 무리이다. 꿈 속의 풍경을 여러 요소로 분해해 보니, 흰 꽃은 내가 잘 알고 있는 라벤나 시를 의미했다. 이탈리아의 도시인 이 곳은 한때 로마를 능가할 기세를 보인 적이 있다. 라벤나 교외인 시커먼 늪 한복판에서 이 아름다운 수련水蓮을 본 적이 있었다.

꿈에서 이 꽃을 오스트리아의 아우스제 호수에 있는 수선화처럼 돌밭에 피게 한 것은, 라벤나에서 이 꽃을 물 속에서 따가지고 오느라고 무척 애를 먹었기 때문이었다. 물가의 검은 바위는 칼스바드 인근의 테펠 계곡을 연상시킨다. 그리고 칼스바드는 내가 주커 씨에게 길을 물으려고 한 이상한 상황을 설명해 주었다. 그런데 이 꿈의 구성상의 재료 속에는 유대인에 관한 흥미로운 에피소드가 두 가지 나타나고 있다. 이 에피소드에는 매우 의미심장하고 신랄한 처세훈이 숨겨져 있어서, 우리들이 대화나 편지 속에 즐겨 인용하는 것이다.

그 하나는 '육체'의 이야기인데, 어떤 가난한 유대인이 칼스바드로 가는 급행 열차에 차표도 없이 몰래 숨어 탔다. 그러나 차표 검사를 할 때마다 차장에게 발각되어 열차 밖으로 내쫓기기도 하다가 나중에는 혹독한 취급을 받는다. 그러다가 또다시 발각되어 밖으로 내쫓겼을 때 뜻밖에도 아는 사람을 만났다. 어디로 가느냐는 친구의 물음에 "몸만 견딜 수 있으면 칼스바드로"라고 대답했다는 것이다.

또 한 가지 이야기는, 프랑스어를 모르는 유대인이 사람들로부터 파리로 가거든 루리슈루로 가는 길을 물으라는 얘기를 들었다는 것이다. 파리도 역시 오랫동안 내가 동경해 오던 곳이어서 처음 파리의 땅을 밟았을 때, 나는 너무나 기뻐서 그 밖의 다른 소망도 모두 이루어질 것만 같은 마음이 들 정도였다. 길을 묻는다는 것은 또 직접 로마를 연상시킨다. 왜냐 하면 누구나 알다시피 모든 길은 로마로 통하기 때문이다. 그 밖에 주커란 이름 역시 칼스바드를 지향한다. 우리 의사들은 모두, 체질상육체의의 질병즉, 당뇨병 환자들에게는 칼스바드로 가라고 권하기 때문이다.

이 꿈의 동기는 베를린에 있는 친구가 부활절에 프라그에서 만나자고 제안한 데 있다. 내가 이 친구와 의논하지 않으면 안 되었던 여러 가지 사정으로 다시 '주커사탕이라는 뜻'와 '당뇨병'의 관계가 성립된 것이다. 나는 이 꿈을 꾼 후 네 번째 꿈을 꾸었다. 또 로마에 간 꿈이다. 〈우연히 어떤 거리의 모퉁이가 눈앞에 보이더니, 거기에 독일어로 된 광고가 많이 나붙어 있어서 이상하게 생각했다.〉 꿈꾼 전날, 나는 베를린의 친구에게 짐작으로 프라그는 독일인 관광객에게는 편안한 곳이 못 될 것이라는 편지를 써서 보냈다. 그러므로 이 꿈은 프라그가 아닌 로마에서 만나고 싶다는 소망을 동시에 나타내고 있는 것이다. 또 아마도 대학 시절에 근원을 둔, 프라그에서 좀더 독일어로 사용해 주면 좋겠다는 소망도 나타내고 있다.

한편 나는 유년 시절에 체코어를 알고 있었던 것 같다. 나는 슬라브인이 거주하던 메렌의 작은 마을에서 태어났으니까. 17세 때 들은 어떤 체코슬로바키아 동요를 뜻도 모르면서 암송하여 지금까지 기억하고 있다. 그러므로 이 꿈에도 나의 유년 시절의 여러 인상의 복잡 미묘한 관계가 나타나 있는 것이다. 최근 나는 이탈리아 여행 중에 트라시멜 호숫가를 지나면서 티베르 강도 보았다. 로마에서 약 80킬로미터 떨어진 곳에서 진한 감동을 느끼고 돌아온 후에 이 영원한 도시에 대한 동경이 소년 시절의 인상에 의해 더욱 강화되었다는 사실을 발견하였다. 마침 나는 이듬해에는 로마를 거쳐서 나폴리로 가려는 계획을 세우고 있었는데, 그때 독일의 어떤 고전 작가[14]의 작품에서 읽은 듯한 구절이 머릿속에 떠올랐다.

이것은 교감 빈켈만과 한니발 장군 중에서 누가 더 로마에 가려는 열망에 들떠 있는가 하는 글이었다. 사실은 나도 한니발과 같은 길을 걸었다. 그래서 그와 마찬가지로 나 또한 로마를 보지 못했다. 한니발도 로마에서 많은 사람이 그를 기다리고 있었기 때문에 캄파니아로 갔다. 이처럼 서로 비슷한 운명을 맞은 한니발이야말로 내가 고교 시절에 가장 존경하던 영웅이었다.

소년 시절에는 누구나 그렇듯이 나도 카르타고 전쟁 중에는 로마의 병사들보다 영웅들이 마음에 들었다. 그 후 상급생이 되면서 내가 유대인의 혈통을 타고난 데서 비롯되는 여러 결과를 알게 되고, 또 동급생들 사이의 반反 유대감을 보면서 마음 속으로 굳게 각오를 해야 한다고 결심하고부터는 이 유대인 영웅의 모습은 나에게 더욱더 위대한 사람으로 새겨졌다.

---

14) 이 구절을 읽었다는 그 고전 작가는 아마도 장 바울이었던 것 같다.

내가 청년 시절일 때 한니발과 로마가 유대인의 인내와 카톨릭 교회와의 대조를 상징하고 있었다. 그 이후 반유대운동은 우리들에게 유년 시절의 생각과 감정을 더욱 확고히 굳히게 해 주었다. 그리하여 로마를 가고 싶다는 나의 소망이 꿈 속에서는 그 밖의 여러 가지 간절한 소망을 이루려면 그 한니발과 같은 인내와 전력을 기울여야 한다고 생각했다. 그리고 그 소망들의 충족은 로마에로의 진군을 지향하는 한니발에게 있어서 필생의 소원이었던 것과 같이, 때로는 운명의 도움이 매우 희소한 것으로 여겨졌던 것이다.

이제 겨우 나는 비로소 이런 모든 감정이나, 꿈 속에서 오늘날까지 그 위력을 나타내고 있는 소년 시절의 체험에 이르게 된다. 열한 살이나 열두 살 때의 일이었는데, 나를 데리고 산보를 하던 아버지는 자신의 인생관을 들려주시곤 했다. 그러던 어느 날, 아버지의 시대에 비해서 지금은 얼마나 살기 좋은가 하는 것을 예를 들어 이야기해 주셨다. "내가 젊었을 때는 토요일에 내가 태어난 고장의 거리를 외출복에다 새털 모자를 쓰고 산책을 했었거든. 그랬더니 저쪽에서 한 그리스도 교인이 다가오더니 다짜고짜 내 모자를 벗겨 진흙탕 속에 던져 넣고 이렇게 소리를 지르는 거야. '이 유대인 놈아, 어서 보도에서 내려 서!' 하고." "그래서 아버지는 어떻게 하셨어요?" "나 말이냐? 그냥 차도로 내려가서 모자를 주웠지" 하고 태연하게 대답하시는 아버지가 나의 손을 잡고 걸어가는 당당하고 훌륭한 사람답지 않게 비굴하게 느껴졌다. 나는 이 불만스러운 상황에다 나의 기분에 맞는 다른 상황을 대치시켰다. 그것은 바로 한니발의 아버지 하밀카르 발카스가 소년 한니발에게 집의 제단 앞에서 로마인에 대한 복수를 맹세하게 했던 그 장면이다.[15] 이런 일이 있은 후부터 한니발은 나의 공상 중에 움직일 수 없는 위치를 차지하게 되었다.

카르타고의 영웅에 대한 이러한 나의 열광은 한 걸음 더 진전하여 유년 시절까지 거슬러 올라갈 수 있다. 그래서 이 경우에도 역시 문제는 이미 형성되어 있던 감정 관계가 새로운 매개물로 전이되었을 따름이라고 생각된다. 내가 처음으로 글을 배워 책을 읽게 되자, 나는 티에르의《집정執政과 제국》이라는 책을 접하게 되었다. 나의 기억에 따르면, 장난감 나무병정의 납작한 등에다 조그만 종이쪽지를 붙이고 거기에다 제국 장군들의 이름을 써넣었는데, 그때부터 이미 나는 마세나유대 이름으로 메낫세를 무척 좋아했었다[16]이것은 이 장군이 1백 년 전의 나의 생일과 같은 날짜에 태어났기 때문이었다고 생각된다.

나폴레옹도 알프스 산을 넘었으니까 한니발의 계열에 속한다. 그리고 아마도 이 영웅 숭배의 발전은 더 어린 시절에서 유래된 것이다. 즉, 세 살 때까지 어울려 놀던, 나보다 힘이 센 한 살 위인 아이와 전쟁놀이를 하면서 소꿉장난을 하던 일이 내 마음 속에 그런 영웅 숭배 소망을 일으켰다고 생각된다. 꿈을 깊이 분석하면 할수록 우리들은 꿈의 잠재 내용 속에 꿈의 원천으로서의 한 역할을 맡고 있는 유년기 체험의 흔적과 부딪치게 된다. 우리들은 앞에서 삭제도 변경도 가해지지 않은 기억이 그대로 꿈의 현재 내용을 형성할 정도로 그 기억을 재현하는 일은 극히 드물다는 것을 알았다. 그러나 예외적인 두세 가지 예가 없는 것은 아니다. 나는 그런 실례에도 조금 색다른 예를 덧붙이겠다. 이것들은 모두 유년 시절의 인상과 관계된 것이다.

나의 환자 중의 한 사람이 어느 날 어떤 성적 사건을 거의 왜곡 없이 재현한 꿈을 꾸었다고 말했다. 이 꿈은 과거에 일어났던 일의 충실한 기억임이

---

15) 이 책의 초판에는 아버지의 이름이 하스드류말로 되어 있다. 내가 생각해도 이해할 수가 없는 잘못을 범한 것 같다.《생활 심리의 착오》제11판《전집》제4권, 1929년, pp.243~245에서 이 실수에 대해 해명한 바 있다.
16) 이 장군이 진짜로 유대인이었는지는 정확히 알 수 없다.

곧 밝혀졌다. 물론 이 사건의 기억은 각성시에 완전히 잊혀졌던 것은 아니지만, 거의 희미해져 있었던 것이다. 그것이 다시금 되살아난 것은 이 꿈에 분석을 가한 결과였다. 그는 열두 살 때 한 친구를 방문했는데, 그 친구가 음부를 드러내 놓은 채 침대에 누워 있었다. 그것을 보고 소년은 자기도 모르게 자신의 음부를 내보이며 친구의 페니스를 움켜잡았다. 그러나 친구는 싫다는 표정을 지어서, 난처하여 그것을 놓았다. 그로부터 23년이 지난 후에 그의 꿈은 그때의 정경을 세밀한 감정까지 그대로 재현하였다. 그러나 약간의 변경이 가해져서 꿈을 꾼 당사자는 수동적인 역할에 있고, 상대방 소년은 현재의 어떤 사람으로 대치되어 나타났다.

일반적으로는 물론 꿈의 현재 내용에 있어서 유아적인 인상은 약간의 암시에 의해 대리되고 있을 뿐이므로, 해석을 통해 그 꿈 속에서 끄집어 내야 한다. 이러한 실례가 별로 신뢰를 받지 못하는 이유는, 유년기의 체험에서는 대부분 다른 어떤 증명도 빠져 있기 때문이다. 유년기의 체험이 아주 어렸을 때의 것이라면, 아마도 기억에 의해서는 그 진실성이 인정되지 않는다. 꿈에서 나타낸 유년기의 체험을 추론할 권리는 정신 분석 작업에서 뚜렷해지고, 하나의 전체로서 간주될 때 충분히 믿을 수 있다고 생각되는 여러 동기에 의해 생긴다.

이처럼 유년기의 체험으로 소급시키는 일이 꿈 해석의 목적 때문에 그 연결에서 분리된다면, 독자들은 아마도 그런 방법에 대해 충분히 납득이 가지 않을 것이다. 게다가 나는 꿈 해석에 의거한 모든 재료에 대해 말하고 있는 것은 아니기 때문이다. 그러나 그렇다고 해서 그런 재료를 전혀 언급하지 않을 수는 없다.

1. 나의 환자인 어떤 여자의 꿈은 모두가 '재촉받는 사람'이라는 성격을 띠고 있다. 그녀는 늦지 않게 도착한다든지, 기차 시간에 늦지 않도록 한다든가 하는 것 때문에 항상 마음이 쫓긴다. 언젠가 그녀는 이러한 꿈을 꾸었다. 〈그녀는 친구를 찾아가야 했다. 어머니가 걸어가지 말고 차를 타고 가라고 했으나, 그녀는 뛰어가느라고 몇 번이나 넘어졌다.〉 분석 중에 떠오르는 재료는 그녀가 어렸을 때 서로 재촉하며 놀던 기억이었다.

그리고 특히 이 꿈에서의 재료는 아이들이 좋아하는 장난, 즉 '암소가 넘어질 때까지 달린다'라는 말을 마치 한 마디의 말인 양 빠르게 하는 장난으로 볼 수 있다. 이 빠른 입 놀리기 장난도 재촉하는 것의 일종이다. 작은 여자 아이들이 하고 노는 이 모든 순진한 장난이 다른 종류의 순진하지 못한 성급한 놀이의 대용으로 되어 있다는 점에서 기억에 남아 있는 것이다.

2. 다른 여자 환자의 꿈. 〈그녀는 큰 방에 있다. 방 안에는 정형외과 수술실을 연상시키는 여러 가지 기구가 놓여 있다. 내가 시간이 없어서 다섯 사람과 함께 치료를 받아야 한다고 말한다. 그녀는 그것이 싫어서 그녀에게 지정된 침대 — 또는 침대 같은 것 — 에 눕지 않으려 한다. 그녀는 방 한구석에 서서 내가 한 말을 취소할 때까지 기다리고 있다. 다른 환자들은 그런 그녀를 보고, "너는 정말 바보로구나" 하고 비웃는다. 그와 동시에 그녀는 무언가 작은 사각형 같은 것을 만들고 있는 것 같았다.〉

이 꿈의 전반부는 치료와 나에 대한 감정 전이와 결부되어 있고, 후반부는 어린 시절의 체험 장면에 대한 암시를 내포하고 있다. 침대가 등장해서 이 두 부분을 연결시켜 주고 있다. 정형외과 수술실이 나타난 계기는, 내가 그녀에게 치료가 장기간을 요한다는 것과, 치료의 성질을 '정형외과'에 비교해서 설명한 데 있다. 치료에 앞서서 나는 "당분간은 당신에게 많은 시간을 낼 수가 없고, 조금 지나면 매일 1시간 정도 할애할 수 있을 겁니다"라고 말해 두었었다. 이 사실이 그녀의 마음 속에 있는 신경증이 되기 쉬운 어린 시절의 감수성을 자극한 것이다. 이런 아이들은 애정에 굶주리고 있다. 이 여자 환자는 6남매 중 막내딸이었다_{그래서 '다른 다섯 사람과 함께'가 등장한 것이다}.

그래서 아버지로부터 사랑을 독차지했음에도 불구하고, 아버지가 자기를 위해 시간도 주의도 기울이지 않는다고 생각하고 있었던 것이다. 그리고 꿈 속에서 내가 그것은 거짓말이라고 할 때까지 기다린다는 것에는 다음과 같은 원인이 있다. 즉, 양장점 점원이 그녀에게 옷 한 벌을 가지고 왔다. 그녀는 그 아이에게 돈을 주었다. 그러고 나서 남편에게 "저 아이가 돈을 잃어버리면 또 돈을 줘야 하나요?" 하고 물었다. 남편은 그녀를 놀려 주기 위해서 "물론 그래야지" 하고 대답했다_{꿈 속에서의 비웃음}. 그래서 그녀는 똑같은 말을 되풀이해서 물었다. 그리하여 '마침내 남편이 그것은 거짓말이라고 말하기까지 기다렸던' 것이다.

이렇게 하여 꿈의 잠재 내용으로서, 만약 내가 그녀를 위해 시간을 두 배로 할애한다면, 그녀는 갑절의 치료비를 내야 되지 않을까 하는 생각, 즉 인색함 내지는 추하다는 생각이 형성된 것이다_{유년 시절의 불결함은 꿈 속에서 종종 금전상의 인색함에 의해 대용된다. '추하다'는 말이 양자의 매개체 역할을 하고 있다}. 이 '추하다'는 말이 꿈 속에서는 내가 말할 때까지 기다린다는 식의 말로 변형되어 사용된다면, '한쪽 구석에 서 있다'와 '침대에 눕지 않으려 한다'는 그녀가 침대를 더럽혔던 유년 시절의 체험과 잘 들어맞는다. 그녀는 오줌을 싼 벌로써 '방 한구석에 세워졌던' 것이다. 그리고 또다시 오줌을 싸면 아버지는 너를 미워할 것이라든가, 형제들의 웃음거리가 될 것이라는 위협을 받았던 것이다. 또한 '작은 사각형과 같은 것'은 어린 조카와 관련된다. 이 조카는 아홉 개의 사각형 속에 어디서 어떻게 덧셈을 해도 15라는 숫자가 나오는 방법을 그녀에게 가르쳐 주었다.

3. 어떤 남자의 꿈. 〈남자 아이 두 명이 길거리에서 맞붙어 다투고 있다. 주위에 흩어져 있는 도구로 미루어 봐서 무슨 통을 파는 상점의 점원들인 것 같다. 한쪽이 상대방을 때려눕혔다. 쓰러진 쪽은 푸른 돌을 박은 귀고리를 하고 있다. 그는 막대기를 들고 상대방을 때리려고 쫓아간다. 상대방은 판자 벽에 서 있는 어머니인 듯한 부인에게로 도망쳐 간다. 이 여인은 날품팔이꾼의 부인으로서 등을 돌리고 서 있다. 부인이 뒤돌아보고 무서운 눈초리로 이쪽을 노려보니까, 그는 놀라서 도망친다. 부인의 아래 눈두덩 근처에 붉은 살점이 돋아나 있다.〉

이 꿈은 전날 일어난 사소한 사건을 충분히 반영하고 있다. 그는 실제로 길거리에서 두 남자 아이가 싸우다가 한 아이를 때려눕히는 것을 목격했었다. 그가 말리기 위해 달려가니 두 아이 모두 달아나 버렸다. 통가게 아이는 이것에 이어지는 꿈에 의해서 비로소 설명된다. 이후의 꿈을 분석할 때 그는 '통 밑을 때려서 뺀다'란 표현을 썼던 것이다. 파란 돌이 박힌 귀고리는, 그의 관찰에 의하면 대개 매춘부가 끼고 있는 것이다. 그래서 두 남자 아이에 관해 노래한 매우 잘 알려진 익살스런 시에 '또 하나의 남자 아이의 이름은 마리^{즉, 여자 아이}'라는 구절이 적용된다.

또 서 있는 부인에 관해서는, 이 남자 아이들이 싸우는 것을 본 후에 그는 도노 강을 산책하다가 마침 인적이 없는 틈을 타서 '판자벽을 향해' 소변을 보았다. 그런데 멀리서 용모 단정한 부인이 웃음을 띠고 그에게 명함을 주려고 했다. 꿈 속의 부인은 그가 소변을 보고 있을 때와 같은 모양으로 서 있는 것으로 보아 그녀 역시 소변을 보고 있는 것으로 생각할 수 있다.

그렇다면 그 놀라운 광경, 즉 붉은 살점이 돋아나 있는 것〔이것은 여성이 쪼그리고 앉으면 벌어지는 여성의 성기라고밖에 생각할 수 없다. 유년 시절에 본 그런 여성의 성기가 나중의 기억 속에서는 '육아肉芽:몸의 파괴된 부분을 고치기 위해 돋아나는 둥글고 불그스름한 결합 조직, 상처'로 다시 등장한다)은 그것에 적합하게 결부된다. 이 꿈은 두 가지 동기를 연관시키고 있다. 이 두 번째의 계기, 즉 '때려눕혔을 때'와 '소변을 본다'는 것에서 남자 아이는 여자 아이의 성기를 볼 수 있었던 것이다. 그리고 또 다른 관련에서 알게 된 일이지만, 그런 기회에 표시한 성적 호기심 때문에 아버지에게서 들은 훈계와 위협의 기억을 계속적으로 지니고 있다.

4. 다음에 드는 어떤 중년 부인이 꾼 꿈의 배후에는 부득이 하나의 공상에 결합된 많은 유년기의 기억을 찾아볼 수 있다. 〈그녀는 허둥지둥 물건을 사러 나간다. 그라벤 광장에 이르러 돌연 넘어졌다. 많은 사람들이 주위로 몰려들었는데, 그 중에는 특히 마부들이 많았다. 그러나 아무도 부축해서 일으켜 주지 않는다. 몇 번이나 일어나려고 했으나 소용 없었다. 그러다가 겨우 일어나 마차에 실려서 집으로 돌아가게 되었다. 누군가 물건이 잔뜩 들어 있는 큰 바구니시장 바구니 같은를 창문으로 던져 주었다.〉

이 꿈은 유년 시절에 성급한 장난을 한 것이 꿈 속에서 항상 시간에 쫓기는 것으로 나타났던 그 여자 환자가 꾼 것이다. 꿈의 처음 광경은 '넘어졌다'는 표현이 마치 경마를 연상시키듯 분명하게 넘어진 말을 본 데서 연유한다. 그녀는 젊었을 때 승마를 했고, 더 어렸을 때는 '말'이 된 적도 있다. 넘어지는 것은 문지기의 열일곱 살 된 아들과 관련된 아주 어렸을 때의 기억이다. 이 아들은 길에서 간질병의 발작을 일으키는 바람에 마차에 실려 집에 돌아온 적이 있었다. 물론 그것은 말로만 전해 들은 것이다. 그러나 간질병의 발작, 즉 '넘어지는 사람'이라는 관념은 그녀의 공상을 강하게 자극시켜서 훗날 그녀 자신의 신경증적 발작에도 영향을 끼치고 있다.

여자가 넘어지는 꿈을 꿀 때 대개 거기에는 성적인 의미가 담겨 있는 듯하다. 즉, 자기가 '타락한 여자'가 되는 셈이다. 이 해석이 아마 틀림없을 것이다. 왜냐 하면 그녀는 매춘부가 모이는 곳으로 유명한 빈의 광장 그라벤에서 넘어졌기 때문이다. 시장 바구니는 여러 가지로 해석된다. 보통 바구니를 들면, 그것은 그녀가 처음으로 접근하는 남자들에게 준 많은 바구니퇴짜를 놓았다는 뜻, 그리고 나중에는 자기 스스로도 말하고 있듯이 자기도 받았던 바구니퇴짜를 맞았다는 뜻를 상기시킨다.

또 아무도 부축해서 일으켜 주지 않는다는 것은 — 이에 대해 그녀는 수치를 당했다고 해석했다 — 역시 이 퇴짜를 맞았다는 것과 관계되어 있다. 그리고 시장 바구니는 신분이 매우 낮은 남자와 결혼했기 때문에 자신이 직접 시장으로 물건을 사러 나간다는 분석에 의해, 이미 밝혀진 공상을 생각나게 한다. 그러나 끝으로 시장 바구니는 남을 섬기는 사람의 상징으로 해석된다. 이것과 관련하여 도둑질하다 쫓겨난 '하녀'에 대한 추억 등 유년 시절의 기억이 가해진다. 이 하녀도 역시 그처럼 폭삭 고꾸라지듯 무릎을 꿇고 용서를 빌었던 것이다. 그녀는 당시 12세였다. 정분이 나서 쫓겨난 하녀그들은 나중에 결혼했다의 기억도 있다.

그러므로 이 기억이 꿈 속의 마부의 한 원천이었음을그러나 꿈 속의 마부들은 현실과는 반대로 넘어진 여자, 즉 타락한 여자를 돌보지 않는다 알 수 있다. 남은 것은 나중에 던져 넣어진 바구니인데, 더구나 그것은 '창문으로' 던져 넣어졌다. 이것은 그녀에게 열차의 화물 수송, 시골에서 창가에서 속삭이는 연애, 어떤 남자가 부인의 창문으로 은행 열매를 던져 넣기도 하고, 그의 누이동생이 밖을 지나가던 바보가 창문으로 들여다보는 것을 보고 무서워하던 일 등, 시골에 머물고 있었을 때의 사소한 인상들을 생각나게 한다. 그러나 이것들의 배후에서 10세경의 희미한 기억이 떠올랐다. 그녀는 어린 시절에 유모가 피서지에서 하인과 좋아지내는 것을 목격한 적이 있었다. 그리하여 이 유모는 애인인 하인과 함께 '운반되고 던져졌다꿈에서는 반대로 던져 넣어졌다.'

이것은 우리들이 다른 경우에서도 종종 듣는 이야기이다. 빈에서는 하인의 짐이나 트렁크를 멸시하여 '일곱 가지 도구일곱 개의 은행 열매'라고 부르고 있다. '얼른 일곱 가지 도구를 챙겨서 나가'라는 따위의 말이다. 환자들의 이러한 꿈을 분석한 결과, 너무 희미해서 거의 사라져 버린 3세경까지인 유년 시절에 나타나는 여러 인상을 수집했다. 그러나 그런 꿈에서 일반적으로 꿈 전체에 적절한 결론을 끌어낸다는 것은 좋지 못하다. 이 경우 문제가 되는 것은 신경증환자, 특히 히스테리 환자이므로, 이런 꿈들에서 유년 시절에 본 광경에 주어진 역할을 노이로제 성질에 의해 제약되고 있으므로, 꿈의 본질에 의해서 제약되는 일은 있을 수 없는 것 같다. 그러나 나는 나 자신의 꿈을 해석하다가 ─ 그렇다고 내가 뚜렷한 병적 증세가 있어서 자신의 꿈을 해석한 것은 아니다 ─ 꿈의 잠재 내용 속에서 갑자기 어렸을 때의 기억에 부딪치는 일이 가끔 있다.

그리고 일련의 연결되는 몇 개의 꿈이 한꺼번에 유년기의 체험에서 생기는 궤도 속으로 흘러드는 것을 경험했다. 이런 실례는 이미 들어 두었지만, 기회가 있을 때마다 다시 인용하기로 하겠다.

이번 장은, 최근의 계기와 오래 전에 잊어버린 유년기 체험이 한데 어울려 꿈 원천이 되어 나타나는 나 자신의 꿈 몇 가지를 소개하는 데서 그치려 한다.

1. 여행에서 돌아와 너무 피곤한 나머지 굶고 잤더니 여러 가지 욕구가 나타나는 꿈을 꾸었다. 〈나는 밀가루로 된 음식을 먹으려고 부엌으로 갔다. 그런데 거기에는 세 명의 여자가 있었는데, 그 중의 한 사람은 그 집의 부인으로서 마치 떡이라도 만들 듯 무언가를 반죽하고 있었다. 그녀는 나에게 "곧 끝나니 조금만 기다려 주세요"라고 말한다. 나는 기다릴 수가 없어서 화를 내며 부엌에서 나왔다. 나는 외투를 꺼냈는데, 처음 입어 본 것은 너무 길었다. 그것을 벗어서 보니 깃에 털가죽이 달려 있어 놀랐다. 두 번째 입어 본 옷에는 긴 줄로 된 터키 무늬가 수 놓여 있었다. 그런데 얼굴이 길고 수염을 짧게 기른 남자가 오더니 자기 옷이라고 하면서 못 입게 했다. 그래서 나는 그에게 옷 전체에 수놓은 터키 무늬를 보여주었다. 그랬더니 그는 "도대체 터키 무늬가 당신과 무슨 관계요?" 하고 물었다. 그러나 우리는 곧 매우 친해졌다.〉

이 꿈을 분석하다 머리에 떠오른 것은 아마 열세 살쯤에 내가 처음으로 읽었던 소설이 머리에 떠올랐다. 그 소설은 제1권의 끝부분부터 읽기 시작했었다. 제목과 저자는 전혀 기억나지 않지만, 결말은 잘 기억하고 있다. 미친 주인공이 계속 세 명의 여자 이름을 부른다. 이 세 여인은 그의 생애에 최대의 행복과 불행을 가져다 주었다. 그 중 한 여인은 페라기라는 이름이었다. 이 기억을 분석 속에서 어떻게 해명해야 좋을지 몰랐다. 그때 이 세 여인에 대해 인간의 운명을 다스리는 세 여신이 떠올랐다. 그 중 한 여신이 생명을 주고, 종종 나의 꿈 속에서처럼 살아 있는 사람에게 '첫 음식을 주는 어머니'유모를 의미라는 것을 알았다. 여자의 유방에서 사랑과 굶주림이 만나는 것이다.

이런 이야기가 있다. 여성미 숭배자인 어떤 남자가 우연히 어렸을 때 그에게 젖을 먹여 준 아름다운 유모에 대한 화제가 나오자, 그 좋은 기회를 좀 더 충분히 이용해 둘 걸 그랬다고 유감스러워하더라는 것이다. 나는 신경증의 메커니즘에 있어서 '나중에 이렇게 생각한다'는 계기를 설명할 때는 언제나 이 이야기를 인용하고 있다. 즉, 운명의 여신 중의 한 사람이 마치 떡이라도 빚듯 손바닥을 비비고 있다. 이것은 운명의 여신으로서는 기묘한 행위이므로 반드시 해명되어야 할 것이다. 그런데 이것은 유년 시절의 매우 이른 시기의 기억으로 설명할 수 있다. 6세에 처음으로 어머니에게서 공부를 배울 때, 인간은 흙으로 만들어졌으므로 흙으로 돌아가는 것이라고 나는 배웠다.

그러나 내가 쉽게 수긍하지 않자, 어머니는 손바닥을 비벼서 ─ 다만 밀가루 반죽만 없을 뿐 떡을 빚을 때와 똑같은 시늉으로 ─ 그 바람에 생긴 거무스레한 표피의 때를, 우리들을 만든 흙의 견본으로 보여주었다. 그 실물에 몹시 놀란 나는 그 이후 '죽으면 어차피 자연으로 돌아가니까'라는 말의 뜻을 이해할 수가 있었다.[17] 그리고 어렸을 때 배가 고파서 부엌으로 가면 아궁이 옆에 서 계시던 어머니가 조금만 있으면 점심 시간이 될 테니 그때까지 기다리라고 하였다.

그와 마찬가지로 꿈 속에서도 부엌에서 만난 사람은 실제로 운명의 여신들이었던 것이다. 그리고 떡에 관한 것인데, 그것은 바로 내가 대학 시절에

---

17) 이 유년기의 정경에 속하는 두 가지의 감정, 즉 놀라움과 불가피한 굴복은 나에게 처음으로 이 유년기 체험의 기억을 소생시킨 그 바로 전의 꿈 속에 나타나 있었다.

배운 스승, 특히 내게 '조직학組織'을 가르쳐 준 교수는 떡Knödel이라는 말이 나오면 자신의 저서를 표절했기 때문에 고소한 어떤 사람의 이름이 크뇌들 Knödl이었음을 상기하곤 했다.

표절한다, 즉 자기의 것이 아니라도 손에 넣을 수만 있다면 자기 것으로 만든다는 주제는, 한때 대학의 강당에 종종 나타났던 '옷 도둑'과 같은 취급을 받는 이 꿈의 후반부로 이어진다. 나는 우연히 생각난 '표절plagiat'이라는 말을 썼는데, 지금 이 말의 꿈의 현재 내용의 여러 부분을 연결하는 매체가 된다는 것을 알았다.

펠라기pélagie — 표절plagiat — 상어plagiostomen — 부레Fis-chblase라는 연상의 사슬은 저 낡은 소설을 크뇌들의 표절 사건과 외투의 일에 결부시킨다.[18] 외투는 물론 하나의 성적 기구를 뜻한다모리의 키로로토의 꿈 참조. 확실히 이것은 고의적인 결합이다. 그러나 만약 이것이 꿈 작업에 의해서 미리 형성되지 않았더라면, 각성시의 의식으로는 도저히 만들 수 없는 것이다. 게다가 어떻게 해서든 결합 관계를 만들고자 하는 강력한 욕구에는 거침이 없다는 듯, 이번에는 존경하는 브뤼케Brücke라는 이름이 내가 그의 제자로서 가장 행복한 나날을 보낸 그 연구소를 연상시키는 역할을 맡고 있다Brücke는 '다리'라는 뜻도 있음.

그 무렵 나는 연구에 정신이 없었다그리하여 너는 날마다 지혜의 유방을 탐낼 것이다. 그런데 이것과는 반대로 나는 이 꿈에서 여러 가지 욕망에 '사로잡혀' 있다. 그리고 끝으로 다른 스승의 기억이 떠오른다. 이 은사의 이름 역시 발음상 음식물의 이름과 비슷하다떡의 경우에서처럼 쇠고기와 비슷한 Fleischul이었다. 그리

---

18) 상어가 등장한 것은 적절한 이유가 있다. 상어 때문에 나는 이 교수 앞에서 무안을 당한 적이 있었다.

고 손바닥의 때의 역할을 맡는 슬픈 장면어머니 — 주부, 광기소설의 주인공, 라틴어의 부엌약국의 뜻도 있음에 있는 공복감을 없애주는 약, 코카인 등에 대한 기억이 떠오른다. 이렇게 해서 나는 복잡한 사고 과정을 거쳐 이 꿈의 분석에서 빠져 있는 부분을 완전히 메울 수도 있다. 그러나 그것은 단념해야겠다. 그 때문에 치러야 할 개인적인 희생이 너무 크기 때문이다. 따라서 여기서는 이런 복잡 미묘한 근저에 있는 꿈 사고로 직접 통할 수 있는 하나의 단서만을 들기로 한다. 내가 외투를 입으려 할 때 입지 못하게 한 얼굴이 길고 수염이 짧은 낯선 사람은 아내가 터키 옷감을 사러 가는 가게의 스파라토 상인과 닮았다. 이 상인의 이름은 포포비크인데, 유머러스한 시인 스테텐하임으로 하여금 어떤 암시적인 말을 하게 한 기묘한 이름이다포포는 엉덩이라는 뜻인데, 그는 자기 이름을 말하면서 얼굴을 붉혔다.

어쨌든 이것은 앞서 서술한 펠라기·크뇌들·브뤼케·플라이슐 등에서와 같은 이름의 남용이다. 이처럼 이름을 갖고 놀린다는 것은 졸렬한 짓이라고 해도 별수없다. 그러나 내가 그런 이름으로 장난을 하고 있는 것은 사실 일종의 복수 행위이다. 왜냐 하면 나의 이름이 지금까지 많은 놀림을 받아 왔기 때문이다Freud라는 말에 '기쁨, 쾌락'의 뜻이 있다. 일찍이 괴테는, "사람은 자기 이름에 매우 민감하다. 마치 자기와 자기 이름을, 자기와 피부가 한덩어리가 되어 있는 것처럼 느끼기 때문이다"라고 말했다. 이것은 헤르더가 괴테의 이름을 희롱하는 시를 지었을 때 한 말이다.

너의 이름은 신들Götter로부터,

고트 족으로부터, 아니 코텐흙찌꺼기으로부터 나왔구나.

그러나 너의 신들 역시 쓰레기로다.

이름의 남용에 관해 이야기가 빗나간 것은 오로지 이 탄식을 말하기 위함이었다. 그러므로 이제 이름에 대한 것은 중단하기로 하겠다.

스파라토에서 물건을 산 일은 카타로에서의 일을 연상시킨다. 그때는 내가 너무 성격이 소극적이어서 굉장한 것을 손에 넣을 수 있는 모처럼의 기회를 놓쳐 버렸다유모의 유방을 즐길 수 있는 기회를 놓친 것. 꿈을 꾸는 당사자에게 공복이 주는 꿈 사고의 하나는 이러하다. '우리들은 어떤 일이라도 헛되이 놓쳐서는 안 된다. 그때 다소의 부정을 피할 수가 없더라도 무언가 가질 수 있는 것이라야 한다. 기회를 놓쳐서는 안 된다. 인생은 짧다. 죽음은 피할 수 없다.' 거기에는 또 성적 의미도 내포되어 있어서 욕망은 부정 앞에서도 물러서려 하지 않으므로, 이 '그날을 이용하라'에는 검열을 두려워할 이유가 있다. 그러기에 꿈의 배후에 몸을 숨겨야만 했던 것이다. 그런데 그 위에 모든 반대 사고, 즉 '정신적인 자양분'만으로 만족했을 때의 추억과 모든 억제, 그리고 싫어해야 할 성적인 벌에 의한 위협이 고개를 쳐든다.

2. 이 꿈은 상당히 긴 '전제'가 필요하다. 휴가 때 아우스제로 여행하기 위해 빈의 서부역으로 마차를 몰아 먼저 떠나는 이슈렐 행 열차의 플랫폼으로 가보았다. 거기에는 툰 백작이 있었다. 백작은 또 이슈렐 황제에게 가는 모양인데, 비가 오는 데도 덮개가 없는 마차를 타고 와서 지선支線 열차의 출입구를 지나서 플랫폼으로 나갔다. 백작을 모르는 개찰원이 차표를 보여달라고 하자, 백작은 손을 흔들면서 아무 말 없이 그를 밀어제치고 나갔다. 백작이 이슈렐 행 열차에 오르고 차가 떠나자, 역원이 내게 와서 플랫폼에서 나가 대합실에 가 있으라고 했지만, 나는 고집을 부리고 그 자리에 남아 있었다. 나는 누군가 은밀한 방법으로 역원에게 좌석 부탁이라도 하지 않

나 하고 살피면서 시간을 보냈다. 그리고 만일 그런 녀석이 나타나면 소란을 떨고, 나도 똑같은 권리를 요구할 것이라고 생각했다. 그러다가 나 자신도 모르게 노래를 읊었다. 그것은 〈피가로의 결혼〉 중에 나오는 아리아였다.

> 백작께서 춤을 추시려면, 춤추시려면
> 제발 저에게 한 곡을 타라고 분부해 주세요.

다른 사람들은 아마 이 노래를 듣지 못했을 것이다. 나는 그날 밤 내내 이상하게 거만하고 신경질적인 기분으로 시중꾼과 마부에게 심술을 부렸지만, 그래도 그들의 마음을 아프게 할 정도까지는 아니었다. 나의 머릿속에는 대담하고 반역적인 생각이 떠나지를 않았다. 그것은 피가로의 대사나 파리의 코미디 프랑세즈에서 본 마르셰의 희극의 기억과 같은 것들이었다. 탄생의 어려움을 겪은 귀족들의 말, 알마비바 백작이 스잔나에게 고집했던 귀족의 특권, 툰 백작의 이름을 비꼬아 악의에 찬 반대파 신문 기자들이 지어낸 니히트툰 백작tun은 행위·행동, Nichttun은 무위·무능이란 뜻과 같은 희롱 등이 머리에 떠오른 것이다. 사실 나는 툰 백작 같은 사람을 조금도 부럽게 여기지 않았다.

백작은 지금 무거운 다리를 이끌고 황제에게 문안을 가야 하는데, 나야말로 니히트툰 백작이 아닌가. 그러니까 나는 휴가로 즐거운 여행을 떠날 수도 있다. 게다가 휴가 중의 여러 가지 계획도 있다. 그때 한 신사가 다가왔다. 내가 의사 자격 국가 시험을 치를 때, 정부 대표로 입회했던 사람이다. 그런 일을 맡았기 때문에 그는 '정부 동참자'라는 그럴 듯한 별명이 붙어 있었다. 그는 자기 관직을 빙자하여 1등실의 쿠페coupé를 달라고 했다. 그러자 그 역원이 다른 역원에게 "1등실 쿠페를 찾으시는데 어디가 좋을까?" 하고 의논하는 소리가 들렸다. 나는 그런 대접이 부러웠다. 나도 1등실 요금을 내고 쿠페를 배정받았으나, 복도가 딸려 있지 않아 밤에 화장실에 갈 수가 없었다. 그래서 역원에게 불평을 했지만 아무 소용이 없었다. 나는 화풀이로, 손님들의 만일을 대비해서 바닥에 적어도 구멍 하나는 있어야 하지 않느냐고 한마디 했다. 사실 나는 새벽 2시 45분경에 또 오줌이 마려워서 잠을 깼다. 그때 꾼 꿈은 다음과 같다. 〈사람들이 많이 모여 있는 학생 집회 — 어떤 백작_튼이나 혹은 _{타요페}이 연설을 한다. 독일 사람에 관해 말하라는 요구를 받자, 백작은 조롱이 섞인 태도로 독일 사람들이 좋아하는 꽃은 머위라고 말하면서 찢겨진 잎사귀 같은 것의 대만 뭉친 것을 단춧구멍에 꽂았다. 나는 화가 났다. 그러나 이런 내 생각이 이상했다_{그러고 나서 애매해진다}. 강당 같은 곳의 출입구가 닫혀 있다. 도망치지 않으면 안 될 것 같다. 깨끗이 정돈된 방 앞을 지나간다. 확실히 정부의 건물 안에 있는 방들인데, 가구는 고동색과 자색의 중간색이다. 이윽고 뚱뚱한 중년 부인이 앉아 있는 복도에 이르렀다. 나는 이 여자와 이야기하는 것을 피하려고 한다. 그 부인은 내가 이 곳을 통과할 만한 권리가 있다고 생각하는 듯 램프를 들고 "안내해 드릴까요?" 하고 말을 건넨다.

나는 몸짓으로_{아니면 말로써} 계단에서 기다려 달라고 한다. '이제 겨우 감시의 눈을 빠져나왔구나!' 하면서 잘 했다고 생각한다. 이렇게 해서 아래로 내려가니 좁고 험한 고갯길이 나와 거기를 올라간다_{다시 희미해진다}. 아까는 집에서 빠져나가야 했는데, 이번에는 동네에서 빠져나가야 할 것 같다. 마차를 타고 역으로 가달라고 말한다. 마치 내게 혹사라도 당한 듯 마부가 "철길까지는 당신 마차로 가지 않겠소?"라고 말했다. 어느 때 같으면 열차로 가야 할 곳을 마차로 달린 것 같은 생각이 든다. 역은 어디나 만원이었다. 나는 크렘스로 갈까, 즈나임으로 갈까 하고 망설이다가, 그 곳에는 궁정이 있다 싶어 생각을 바꾸어 그라즈나 그와 비슷한 다른 곳으로 가기로 마음먹었다. 어느 새 차 안에 앉아 있다. 웬지 시내 전차와 비슷하다. 단춧구멍에 묘하게 생긴 긴 것이 꽂혀 있고, 거기에 딱딱한 재료로 만든 밤색이 섞인 자색 오랑캐꽃이 달려 있어서 다른 사람들의 주의를 끈다여기서 장면이 바뀐다.

또다시 역 앞에 있는데, 이번에는 중년 신사와 함께 있다. 다른 사람에게 발각되지 않으려 하는데, 이 계획이 벌써 실행되고 있음을 알았다. 말하자면 사고와 체험은 하나이다. 함께 있는 신사는 맹인이다이 병은 마을에서 사야 했거나, 아니면 산 것이다. 즉, 나는 간호사이고, 그는 맹인이므로 병을 줄 수밖에 없었던 것이다. 차장은 이런 장면을 보고도 못 본 체하며 지나갈 것이 틀림없다. 그때 맹인 신사의 자세와 소변을 보는 페니스가 분명하게 보였다여기서 오줌이 마려워 잠이 깬다.

이 꿈 전체는 내가 혁명이 일어난 1848년 때의 일을 공상하고 있는 듯한 인상을 준다. 이 혁명의 추억은 1898년의 50주기에 의해 새로워진 데다가 바하우에 소풍을 가서, 대학생들의 지도자였던 피슈호프의 은둔지 엠멜스돌프 마을을 구경했던 데[19]서 비롯되어 더욱 꿈의 현재 내용의 약간의 특색과 혁명의 추억이 관련되어 있는 것 같다. 관념의 결합은 거기에서 나를 영국에 사는 형의 집으로 안내한다. 형은 걸핏하면 형수에게 농담조로 '50년 전에'라고 한다. 그러면 아이들이 그것을 '15년 전에'라고 정정한다. 툰 백작

---

19) 이것도 역시 잘못이지만, 이번의 것은 심리학적인 착오 행위는 아니다. 나중에 안 일이지만 바하우의 엠멜스돌프는 혁명가인 피슈호프와 같은 이름인 은둔지와는 달랐다.

을 본 데서 연유된 여러 관념에 결부되는 이 공상은 다만 이탈리아 사원의 정면처럼 유기적인 관련이 없는 뒷건물의 앞에 놓여 있을 뿐이지만, 교회의 정면과 다른 것은, 어쨌든 이 공상은 허점이 많고 혼란되어 있어서 내부의 여러 요소가 여러 군데에서 밖으로 표출된 점이다.

이 꿈의 처음 상황은 여러 장면에서 합성되어 있음을 그 개개의 장면으로 분해할 수 있다. 꿈 속에서 보인 백작의 오만한 모습은 내가 열다섯 살경 김나지움에 있었던 어떤 광경을 그대로 재현하고 있다. 그 당시 우리들이 미워하는 어떤 무식한 선생에 대한 음모를 계획한 적이 있었던, 그 주동자였던 동급생은 그때부터 자신을 영국의 헨리 8세로 자처하고 있었던 듯하다. 그런데 반항을 지휘한 사람이 나라고 지목받았다. 도나우 강이 오스트리아에 대해 갖는 의의바하우를 토의한 것이 바로 이 소동을 표면화시킨 계기였다. 이 일당 중에 귀족 출신 학생이 있었는데, 그는 유난히 키가 커서 '기린'이라는 별명이 붙어 있었다. 그가 난폭한 독일어 교사에게 야단을 맞고서 있는 모습이 꿈 속에서의 백작과 똑같았다.

'좋아하는 꽃'의 설명과, 이것 역시 꽃임에 틀림없으나 그것이 단춧구멍에 꽂힌 것은이것은 내가 그 날 어떤 여자 친구에게 갖다준 난초와 예리코의 장미를 연상시킨다 붉은 장미와 흰 장미의 전쟁을 일으킨 셰익스피어의 제왕극 중의 한 장면을 분명하게 떠오르게 한다. 헨리 8세의 일이 기억으로 이끌어준 것이다. 그리고 장미에서 붉고 흰 패랭이꽃과의 관련은 아주 가깝다이 사이에서 노래말 두 가지가 분석된다. 하나는 독일 노래이고, 다른 하나는 스페인 노래로서, 전자에는 '장미·튤립·패랭이꽃, 모든 꽃이 시든다'가, 후자에는 '이사벨리타여, 슬퍼하지 마라. 꽃이 시들어가는 것을'이란 구절이 나온다. 스페인어를 생각한 것은 파가로에서 온 것이다. 흰 패랭이꽃은 빈에서는 반유대주의, 붉은 패랭이꽃은 사회민주주의의 표지로 되어 있다. 그 이면에는 경치 좋은 작센 지방앵글로색슨을 기차로 지나갔을 때의 반유대적 도전에 대한 추억이 숨겨져 있다.

첫번째 꿈의 상황을 형성한 여러 요소를 제공한 제3의 장면은 나의 대학 시절의 초창기에서 유래된다. 어떤 독일의 학생 단체에서 여러 자연과학과 철학과의 관계라는 주제로 토론회가 열렸다. 아직 지적으로 미성숙했던 나는 철저한 유물론자로서 극렬한 입장을 대변하고 나섰다. 그때 연장자인 어떤 학생이 일어서서 반론을 가하였는데, 그는 후에 사람들을 지도하고 조직하는 능력을 나타내었다. 이 사람의 이름도 역시 동물의 이름을 딴 것이었다. 그는 "나도 어렸을 때는 돼지를 길렀지만, 곧 후회하고 아버지의 집으로 돌아갔습니다"라고 말하고 우리를 비난했다. 나는 화를 냈다꿈 속에서처럼. 그리고 '돼지처럼 건방진' 태도로 이렇게 대답했다. "당신이 돼지를 길렀다는 것을 알았으니 이제 당신의 그런 표현에 별로 놀라지 않게 되었습니다." 꿈에서 나는 나의 독일에 대한 애국심에 '놀란다.'

그러자 좌중이 시끌벅적해지더니 여기저기서 나의 발언을 취소하라고 아우성이었다. 그러나 나는 완강히 버티었다. 상대는 분별 있는 사람이어서 많은 사람들이 나에게 도전하라고 야단이었는데도 그것은 받아들이지 않고 나를 상대하지 않았다. 꿈 장면의 그 밖의 여러 요소는 더 깊은 심층에서 나온 것이다.

백작이 머위라고 말한 것은 무엇을 뜻하는 것일까? 나는 여기서 연상 계열을 찾아본다. 머위Huflattich — 서양 상추littuce — 샐러드Salat — 욕심 많은 개Salathund. 여기에는 많은 욕설이 들어 있다. 즉, 기린Gir-affe에서 affe는 원숭이라는 뜻·돼지·암퇘지·개, 그리고 아주 우회한 말로서 당나귀도 되고, 이것은 학교 교사에 대한 모욕도 된다. 게다가 나는 — 그것이 옳은지 어떤지 모르겠으나 ― 머위를 '침대에서 오줌을 싼다pisse-en-lit'로 번역한다.

이 지식은 졸라의《제르미널》에서 유래된다. 이 소설에서 아이들은 그런 이름의 샐러드를 가져오라고 명령받는다. 개Hund를 뜻하는 프랑스어Chien는 그 이름 속에 대변을 연상시키는 음을 가지고 있다pisser가 '소변을 보다'의 뜻인 것과 같이 Chien은 '대변을 보다'라는 뜻이다. 그래서 우리들은 이 세 가지 혼합 상태 속에서 망측한 것을 발견한다. 즉, 미래의 혁명과 깊은 관련이 있는 《제르미널》속에는 프라투스란 이름의 가스 상태의 배설물의 생산과 관계되는, 매우 특색 있는 경쟁에 관한 것이 묘사되어 있다.[20]

그래서 나는 이 프라투스로 가는 길은 이미 오래 전에 준비되어 있었다고 인정하지 않을 수 없다. '꽃'에서 스페인의 노래 '이사벨리타'를 거쳐 '이사벨라'와 페르디난드로, 그리고 헨리 8세와 영국사를 거쳐 영국에 대한 스페인의 무적 함대의 전쟁에 도달했고, 거기서 승전고를 울린 후 영국 사람들은 폭풍우가 스페인 함대를 휩쓸었기 때문에 '바람이 불어 그들을 휩쓸었다Flavit et dissipati sunt'라는 문구를 새긴 메달을 만들었다.[21]

그런데 내가 만약 나의 신경증의 해석과 치료에 관한 상세한 보고를 완성할 단계가 되면, 이 논문 중의 한 단원에 반농담으로 이 문구를 택해 쓸 계획이다. 꿈의 두 번째 장면은 첫번째 장면만큼 자세하게 풀어 낼 수가 없다. 왜냐 하면 그것은 특히 심적 검열과 관련되어 있기 때문이다. 즉, 나는 나 자신을 그 혁명 시대의 한 고위 관리의 자리에 놓고 있다. 그 고관은 '매'와

---

20) 이것은《제르미널》이 아니라《흙》이었다. 분석이 끝난 후에 비로소 이 잘못을 알았다. 그리고 나는 Huflattich와 Flatus라는 두 개의 단어 속에 포함된 같은 자모에 관해 독자의 주의를 환기시켜 둔다.
21) 나의 전기 작자 플리츠 비텐스 박사는 위에 쓴 명부 속에 여호와의 이름을 빠뜨렸다고 비난하고 있다. 위의 영국 메달에는 이 신의 이름이 히브리어로 새겨져 있으나, 구름의 배경 위에 씌어 있기 때문에 그림의 일부로도 되고, 이름의 일부로도 해석된다.

엉뚱한 짓을 하기도 하고, 대변 실금증失禁症에 걸리기도 했다 한다. 나는 이 이야기의 대부분을 어떤 추밀고문관樞密顧問官으로부터 들었지만, 아마 여기서 검열에 통과되지 못할 것이다. 꿈 속에 나온 일련의 몇 개의 방들은, 내가 잠시 들여다볼 수 있었던 그 각하의 귀빈 열차의 찻간이 계기가 되었다고 볼 수 있다. 그러나 방은 또 꿈에서 흔히 그러하듯 '여자'를 의미한다.

가정부가 나타난 것은 이렇게 생각된다. 나는 어떤 지적인 중년 부인의 집에서 대접받고 여러 가지 좋은 이야기를 들은 적이 있는데, 말하자면 그 부인에게 은혜를 원수로 갚은 격이다. 램프의 건은 그릴파저로 돌릴 수 있다. 그릴파저는 이와 비슷한 내용을 기록하고, 그 체험을《헤로와 레안더》바다의 파도와 사랑의 파도, 즉 무적 함대와 폭풍우 속에 사용하고 있다.[22] 나머지 두 꿈에 대한 세밀한 분석도 단념해야겠다. 그리고 내가 본래 의도했듯이 이 꿈의 근원인 유년기 체험의 인상으로 소급하는 여러 요소만을 끄집어내기로 하겠다. 이런 이유는 성적인 재료를 파악하기 위해서라는 것을 짐작할 것이다. 그러나 이 정도의 설명만으로 만족할 필요는 없다. 사람은 다른 사람 앞에서는 비밀로 취급해야 할 온갖 일일망정 자기 자신에게는 결코 비밀로 하지 않기 때문이다. 게다가 이 경우, 문제는 나로 하여금 분석의 결과를 감추게 하는 이유에 있는 것이 아니라, 꿈 본래의 내용을 나 자신에게 숨기는 심적 검열이 여러 동기에 있기 때문이다.

그래서 나는 이 꿈을 분석할 때 이들 세 부분은 부당한 허세이므로 나의

---

22) 꿈의 이 부분에 관해서는 H. 질베러가 그의 역작《공상과 신화》1910년에서 꿈 작업이 잠재 사고뿐 아니라, 꿈을 형성하는 데 있어서 심적 과정도 재현할 수 있다는 것을 나타내려 하고 있다. 그러나 내가 꿈을 형성하는 데 있어서의 심적 과정이 다른 모든 것과 마찬가지로 하나의 사고 재료라고 보고 있다는 것을 질베러가 간과하고 있는 것 같다. 이 교만한 꿈 속에서 내가 이 과정을 발견한 것을 자랑으로 생각한다.

각성시 생활에서는 이미 오래 전에 억압되어 있는 우스꽝스러운 과대 망상의 표현이라는 것을 알았고, 그 과대 망상은 꿈의 현재 내용의 구석구석까지 세밀히 드러내고 있어서 '나는 내가 생각해도 아주 잘 했다고 생각한다'는 대목 꿈을 꾼 저녁의 교만을 여실히 드러내고 있는 것이라 하지 않을 수 없다. 모든 영역에서 허세가 엿보인다. 예컨대 그라즈라는 지명이 나오는데, 이것은 돈을 많이 가지고 있다고 생각하여 우쭐해 있을 때 "그라즈가 어떻다고?" 하는 말과 관계되어 있다. 또 거장 라블레의 《가르강튀아와 그의 아들 팡타그뤼엘의 생애와 행적》의 훌륭한 글을 생각할 수 있는 사람이면, 이 꿈의 첫 부분에 암시한 내용 또한 허세의 일종으로 간주할 수 있다.

그런데 앞에서 약속한 두 가지 유년기 체험의 장면에 속하는 것은 다음과 같은 것이다. 나는 이번 여행을 위해 새 트렁크를 샀는데, 그 트렁크의 빛깔은 '고동색이 섞인 자색' ^꿈 속에 여러 번 나타났듯이 ^{이다}바람등이라고 불리는 물건 옆에 단단한 재료로 만든 고동색이 섞인 자색 제비꽃 — 정부 건물의 방 안에 있는 가구. 어떤 새 물건을 가지면 주의를 끌게 된다는 것은 누구나 다 알고 있는 아이들의 믿음이다. 그런데 나는 내가 어렸을 때 이런 장면이 있었다는 것을 언젠가 들은 적이 있는데, 이 장면의 기억은 이야기를 들은 기억에 의해 대치되고 있다. 나는 두 살경에 자다가 곧잘 오줌을 쌌던 모양인데, 꾸중을 들으면 아버지 앞으로 가장 가까운 마을 이름 가서 빨갛고 예쁜 새 침대를 사드리겠다고 약속하면서 아버지를 위로했다는 것이다 그러니까 꿈 속에서 소변기를 이미 '마을에서 샀다' 혹은 '사야 했다'는 삽입 부분이 있다. 약속은 이행해야 한다는 뜻이다. 그 밖의 남자용 소변기와 여자의 트렁크의 병존에 주의하기 바람.

어린이의 모든 과대 망상은 이 약속 속에 내포되어 있다. 그리고 이런 오줌싸개가 꿈에 대해 가지는 뜻은 앞서 소개한 꿈 해석에 이미 규명되었고,

또한 노이로제 환자의 정신 분석에서 다시 오줌싸개와 명예욕이라는 성격상의 특질과의 관련성도 알았다. 또 내가 7, 8세 때 집안에서 일어난 사건이 있었다. 이것은 지금도 뚜렷하게 기억된다. 밤중에 부모의 침실에서 나는 부모 앞에서는 대소변을 보아선 안 된다고 훈계를 들었는데, 어느 날 밤 이 금지를 어기고 말았다. 그래서 아버지로부터 너는 훌륭한 사람이 되기는 틀렸다고 꾸지람을 들었다. 그로 인해 나의 자존심은 마구 허물어졌던 것 같다. 왜냐 하면 이 장면을 암시하는 것이 몇 번이나 꿈에 나타났고, 그럴 때에는 반드시 내가, "어때요, 이만하면 나도 훌륭한 사람이 되지 않았나요?"라고 말하듯 나의 업적과 성공을 열거하고 있기 때문이다.

이 유년기 체험의 장면이 이 꿈의 마지막 영상에 소재를 제공하고 있다. 물론 꿈 속에서는 복수 때문에 그 역할이 대치되었다. 한쪽 눈이 먼 것은 아버지의 녹내장을 의미하므로, 확실히 아버지로 여겨지는 중년 신사는 꼭 전에 내가 아버지 앞에서 하였듯이, 이번에도 그가 내 앞에서 소변을 본다.[23] 녹내장을 끄집어 낸 것은, 내가 그것에 의해 마치 전날의 약속을 이행한 듯이 아버지의 수술을 할 때 크게 효과를 본 코카인에 관한 것을 아버지에게 상기시키기 위해서이다. 게다가 나는 아버지를 조소하고 있다. 그는 눈이 멀었으므로 내가 소변기를 받쳐들어야 했고, 또 나의 자랑스런 히스테리에 관한 학설에 있어서의 여러 인식을 암시하며 흐뭇해하고 있는 것이다.[24]

어린 시절의 두 소변의 장면은 언제나 나에게 과대 망상의 문제와 긴밀한 관계를 맺고 있지만, 아우스제로 여행하는 도중에 내가 탄 찻간에 화장실이 없어서 열차 안에서 당황하지 않도록 미리 각오해야만 했던 우연한 상황

---

23) 또 다른 해석도 가능하다. 그는 신들의 아버지 오딘과 같이 두 눈이다《오딘의 위로》, 토로스토. 새 침대를 사주겠다고 아버지와 약속하는 그 장면의 위로의 말.

이 이 장면을 꿈 속에 불러일으키는 유인이 되었던 것이다. 그때 나는 소변이 마려워 잠을 깼다. 어쩌면 이 요의尿意야말로 본래의 꿈 자극원이라고 볼지도 모르겠지만, 나는 오히려 그렇지 않다고 본다. 즉, 꿈의 사고가 비로소 요의를 일으킨 것이라고 본다. 적어도 새벽 2시 45분이라는 한밤중에 어떤 요구로 수면을 방해한다는 것은 나로서는 이해하기 힘든 일이다. 그래서 아직도 인정하지 않고 있는 사람들에게는, 나는 다른 여행 때 모든 것이 너무 쾌적해서 일찍 잠을 깨는 일은 있어도 요의를 느낀 적은 없다고 대답해 주었다. 그러나 이 점은 분명하게 규정 짓지 않아도 별로 지장이 없다.

---

24) 약간의 해석 재료를 덧붙여 본다. 소변기를 들이댄다는 것은 안경 상점에서 안경알을 차례차례 눈에 대어 보지만 전혀 글을 읽을 줄 모른다는 농부의 이야기를 연상시킨다. 졸라의 《흙》에서 농부들이 미친 아버지에게 대하는 태도, 아버지가 늙어서 아이들처럼 오줌을 싸서 침대를 더럽혔다는 슬픈 복수적 만족, 그래서 나는 꿈 속에서 그의 간호인이 되어 있다. '사고와 체험은 하나다'라고 하는 오스카 파닛자의 혁명적인 드라마를 연상시킨다. 이 작품 속에서 아버지인 신이 뇌경화증인 노인으로서 매우 혹독한 취급을 받는다. 거기에 이런 구절이 있다. "신에 있어서 의지와 행위는 하나다. 그리고 신은 일종의 가뉴미드와 같은 그의 대천사에 의해서 욕하고 저주하는 것을 그만두어야 한다. 왜냐 하면 그 저주들이 곧 실현될 것이기 때문이다."

계획을 세운다는 것은 사물을 비판할 수 있게 된 후년에 아버지에게 돌려진 비난이다. 보편적으로 반역적이고 권위를 모욕하며 윗사람을 조롱하는 꿈 내용은 모두 아버지에 대한 반항으로 귀착된다. 군주란 국부라는 호칭이며, 아버지란 가장 오래 된 최초의 아이에게 있어서 유일한 권리가 되므로, 모권이 이 명제의 제한을 강제하지 않는 한 이 권리의 완전성으로부터 인류 문화사의 흐름에 따라 다른 사회적 권위가 생긴 것이다. 꿈 속의 '사고와 체험은 하나다'라는 표현은 남자용 소변기도 또 하나의 관계를 갖고 있는 신경증 증세의 설명을 지향한 것이다.

빈에 사는 사람이라면 굳이 새삼스레 '그슈나스의 원리'를 설명할 필요는 없을 것이다. 즉, 그것은 진기하고 귀중한 외관을 가진 물건을 보잘것없는, 될 수 있으면 익살스럽고 무의미한 재료를 가지고 만든다는 것이다. 예컨대 우리 미술가들이 유쾌한 저녁을 보낼 때 즐기는 바와 같은 냄비라든가, 짚이라든가, 과자 등으로 무기를 만드는 것 등이 그것이다. 그런데 나는 신경증 환자들도 이런 행위를 한다는 것을 알게 되었다. 그들이 실제로 경험한 것 말고도 체험의 가장 단순하고 흔한 재료로부터 만들어 내는 허황한 공상을 무의식적으로 구성한다.

그들의 증세는 최초에 우선 이 공상과 관계되어 있기 때문에, 그것이 진지한 것이든 단순한 것이든 간에 실제 사건과는 전혀 무관한 것이다. 이러한 견지에서 나는 수차례의 난관을 극복할 수 있었다. 나는 이것을 '남자용 소변기'의 꿈 내용에서 암시할 수 있었다. 왜냐 하면 최근의 그 '그슈나스 회會의 저녁'에 병원에서 사용되는 남자용 소변기가 그 주요한 부분을 이루고 있는 류크레지아 볼지아의 독배가 진열되었다는 말을 들었기 때문이다.

그리고 나는 꿈 분석의 경험을 통해서 꿈의 원천과 소망의 자극자가 쉽게 지적될 수 있으므로 당장에 완전하게 해석될 것처럼 생각되는 꿈에서도 또한 아주 어린 시절까지 소급해 내려가는 중요한 관념의 실마리가 있다는 것을 더욱 주의하게 된 후부터, 나는 어쩌면 이런 특성 속에도 꿈을 꾼다는 것의 본질적인 어떤 조건이 주어져 있는 것이 아닐까 하고 의심해 보지 않을 수 없었다. 만일 이러한 생각을 일반화시켜도 좋다면, 어떤 꿈에도 그 현재 내용 속에는 극히 최근의 경험과의 관련이 있다. 그러나 그에 반해서 잠재 내용 속에는 틀림없이 최고로 오래 된 체험과의 관련이 있을 것이다. 이 최고의 체험에 관해서, 나는 히스테리 분석에 있어서 실제로 그 체험이 좋은 뜻에서 현재에 이르기까지 최근의 것으로 보존되어 온 사실을 정확히 지적할 수가 있다.

　　그러나 지금 추론을 실증하는 것은 매우 어렵다. 가장 이른 시기의 유년기 체험이 꿈 형성에 대해 미치는 역할에 대해서는 다른 각도에서^{제7장 참조} 다시 논해야 한다. 꿈 기억의 세 가지 특수성에 관해서는 서두에서 이미 고찰한 바 있는데, 이것들 중의 한 가지, 즉 꿈 내용 속에 부차적인 것이 취급된다는 것은 그것을 '꿈의 왜곡'으로 귀착시킴으로써 충분히 해명되었다. 그런데 다른 두 가지 특성, 즉 최근의 것과 유아적인 것의 우월은 확인은 하였으나, 그것들을 꿈꾸는 여러 동기에서 끄집어 낼 수는 없었다. 따라서 우리들에게는 이 두 가지 특성의 해석 내지 평가가 남아 있는데, 지금은 다만 그러한 두 가지 특성이 있다는 것만 밝혀 두겠다. 그 해석 내지 평가는 수면 생태의 심리학 또는 심적 장치의 구조에 관한 고찰의 항에서 다루기로 하겠다. 특히 후자에 대한 고찰은 마치 문틈으로 들여다보듯 꿈 해석에 의해 심적 내부를 들여다볼 수 있어야 비로소 그 시도가 가능하다.

이상과 같은 꿈 분석에서 얻은 다른 하나의 결과를 소개하겠다. 꿈에는 종종 여러 가지 의미가 복합되어 있는 것 같다. 많은 실례로써 알 수 있듯이, 여러 소망의 충족이 병존하면서 꿈 속에서 하나로 결합되어 있을 뿐 아니라, 하나의 뜻이나 하나의 소망 충족이 다른 뜻과 다른 소망 충족을 감추고 있기 때문에, 그것을 벗겨 가면 가장 밑바닥에서 최근에 있었던 유년기의 소망 충족과 접하게 된다. 그리고 이 경우에는 또 꿈에는 여러 가지 의미가 있다고 말한 구절에서 '종종'이라고 말했으나, 이것을 '반드시'로 정정하는 것이 좋겠다.[25]

[3. 신체적인 꿈의 원천]

지적 능력이 있는 비전문가에게 꿈 문제에 관심을 유도하기 위해 꿈은 도대체 어떤 원천에서 나오는 것으로 생각하느냐고 질문해 보면, 대개의 사람은 당연하다는 표정을 짓는다. 그는 소화장애라든가, 소화불량이라든가'꿈은 신체 내장기관의 피곤', 수면 중의 우연한 몸의 위치나 사소한 체험 등이 꿈 형성에 주는 영향을 우선적으로 머릿속에 떠올린다. 그리고 그는 그런 모든 계기를 염두에 두더라도 아직 설명되어야 할 것이 남아 있다는 사실에 대해서는 전혀 깨닫지 못하는 것 같다. 신체적 자극이 꿈 형성에 대해 어떤 역할을 담당하고 있느냐는 문제에 관해 학문적 문헌에서 볼 수 있는 견해는

---

25) 꿈의 의미가 몇 겹의 층을 이룬다는 사실은 꿈 해석에 있어서의 가장 난점인 반면, 또 가장 내용이 풍부하다는 문제가 된다. 이런 것을 부정하는 사람은 곧잘 잘못을 범하기 때문에 꿈의 본질에 관해서 엉뚱한 주장을 하기가 쉽다. 그러나 이 문제에 대해서는 아직도 연구가 미비한 상태이고, 현재까지는 겨우 오토 랑크에 의해 뇨 자극의 꿈에 있어서 매우 규칙적으로 형성되는 상징층에 대해 자세히 연구되어 있는 실정이다.

이 책의 첫 장章에서 상세하게 언급한 바 있다.

그러므로 여기에서는 거기서 검토한 것의 결과를 상기하기만 하면 된다. 즉, 우리들은 신체적 자극원을 세 종류의 것으로 구별했다. 첫째는 외부의 여러 객체에서 오는 객관적 감각 자극, 둘째는 순전히 주관적 이유에서 오는 내적 흥분 상태, 셋째는 신체의 내부에서 생기는 육체 자극이었다. 그리고 꿈 연구가들이 자칫하면 이 신체적 자극원 외에는 없다고 단언할 수 없는 심적인 꿈 원천을 문제삼지 않거나 혹은 이것을 제외시키는 경향이 있다는 것을 보았다. 모두가 신체적 자극원에 유리하도록 세워진 여러 견해를 음미해 보고 우리들이 알게 된 것은, 객관적 감각 기관의 흥분이란 ― 수면 중의 우연한 자극이건, 심적 생활로부터 유리시킬 수 없는 자극이건 ― 많은 관찰과 실험을 통해서 확증되었다는 사실, 그리고 주관적 감각 흥분의 역할은 최면 상태의 상징으로 나타나는 꿈 속에서 반복됨으로써 설명되는 듯이 보이는 사실, 또 우리들의 꿈 형상이나 표상이 내적 신체 자극에 귀착시킨다는 매우 광범위한 추론은 물론, 완전하게 입증할 수 없으나 소화기관·비뇨기관·생식기관이 우리들의 꿈 내용에 끼치는 주지의 영향에 의해 충분히 가능한 견해라는 사실 등이었다.

그러므로 많은 연구가에 의해서 원래 꿈의 유일한 원천으로 간주되는 꿈의 신체적 자극원은 육체 자극으로 대별할 수 있을 것이다. 그렇지만 우리들은 신체적 자극 이론의 정확성보다는 오히려 그것만으로 꿈의 설명이 충분한가 하는 사실에 보다 관심을 두었다는 약간의 의문에도 이미 주목해 왔었다. 신체적 자극 이론의 대표자들은 모두 이 이론의 사실상의 기초에 관해서는 ― 특히 아무 노력 없이도 꿈 내용 속에서 재발견될 수 있는, 충동적이고 외적인 신경 자극을 고려하는 한에서는 ― 어떤 불만도 느끼지 않는 것 같지만, 그래도 단순한 외적 신경 자극에서는 꿈의 풍부한 표상을 이끌어 낼 수 없다는 것을 간파하고 있었다. 메리 휘톤 칼킨스 양은 이런 견지에서 자기 자신의 꿈과 제삼자의 꿈을 수집하여 6주일 동안 조사한 결과, 외적 감각 지각의 요소가 입증될 수 있는 꿈은 전체의 13.2퍼센트 내지 6.7퍼센트에 지나지 않는다는 사실을 발견해 냈다.

수집된 많은 꿈의 실례 중에서 겨우 두 가지가 기관적 감각의 원인이었다. 이 통계는 우리들이 자신의 경험으로 이미 추측한 것을 다시금 확증해 주고 있는 것이다. 연구가들 중에는 신경 자극의 꿈을 그 동안 집중적으로 연구되어 온 꿈 종류 중에서의 다른 어떤 꿈 형식보다 존중하는 사람도 있었다. 스피타는 꿈을 신경 자극의 꿈과 연상의 꿈으로 분류했다. 그러나 신체적 자극원과 꿈의 표상 내용 사이의 연결이 입증되지 않는 한, 이 해결은 명백히 불충분하다. 외적 자극원은 그리 자주 나타나는 것이 아니라는 첫째의 비난 외에도 두 번째 비난이 있다. 그것은 이런 종류의 꿈 원천을 이끌어 낸다고 해서 반드시 그 꿈이 충분하게 해명되는 것은 아니라는 것이다. 이런 견해를 대변하는 사람은 우리들에 대해 다음 두 가지 점을 해명할 의무가 있다.

그 하나는, 외적 자극은 꿈 속에서 그 본래의 성질대로 인식되지 않고 꼭 오인되는가 하는 점_{자명종의 꿈 참조}이고, 또 하나는 이 오인된 자극에 대해 지각하는 심적 반응 결과가 왜 이렇게 수시로 변하는가 하는 점이다. 스트림펠은 이 문제에 대해, 마음은 수면 중에는 외부 세계와 단절되어 있으므로 객관적인 감각 자극을 올바르게 판단할 수 없어서 여러 방향으로 흔들리고 있는 흥분을 토대로 착각을 형성하지 않을 수 없게 되기 때문이라고 답하고 있다. 그는 이렇게 말하고 있다.

"수면 중에는 외적 또는 내적 신경 자극에 의해 마음 속에 하나의 감각 또는 감각 복합체, 또는 감정 같은 어떤 심적 과정이 생겨서 그것이 마음에 의해 지각되자마자 이 과정을 각성시부터 마음에 남아 있는 경험권이나 아니면 그대로의, 혹은 그에 부수된 여러 심적 가치를 수반한 감각 형상, 즉 이전의 여러 지각을 불러일으킨다. 이 심적 과정은 자기 주변의 신경 자극에서 유래하는 인상이 많든 적든 간에 그 심적 가치를 얻을 수 있도록 하는 형상을 항상 모은다. 이 경우에도 역시 우리들이 각성시의 태도에 대해 보통 말하고 있듯이 일반적으로 수면 중인 마음이 신경 자극의 여러 인상을 해석한다고 말한다. 이 해석의 결과로 생기는 것이 소위 '신경 자극의 꿈', 즉 하나의 신경 자극이 재현이라는 여러 법칙에 따라 그 심적 작용을 심적 생활 속에서 실행하는 것을 조건으로 삼는 여러 요소를 가진 꿈이다."

분트의 주장도 본질적인 점에서는 모두 이 견해와 같다. 분트는 꿈의 여러 표상은 대부분이 감각 자극에 의해 일어난다고 보고 있다. 특히 그것들은 일반적인 감각 자극에서 일어나고 있기 때문에 대개 공상적 착각에 불과하며, 환각에까지 높여지는 순수한 기억 표상이라는 것은 극히 일부라고 한다. 스트림펠은 이 이론에 따라서 생기는 꿈 자극에 대한 꿈 내용의 관계를 나타내는 가장 적절한 비유를 들고 있다. "그것은 마치 음악에 대한 문외한의 열 손가락이 피아노의 건반을 미끄러지는 듯하다." 이렇게 생각할 때 꿈이라는 것은 심적인 여러 동기에서 생긴 심적 현상이 아니라, 생리학적 자극에서 나온 것이라는 결론이 나온다. 이 생리학적 자극을 받은 기관이 다른 어떤 표현 방법을 몰라서 심적 증세를 가지고 나타나는 것이다.

예컨대 마이넬트의 강박 관념에 대한 해석으로서, 그는 잘 알려진 개개의 숫자가 부조처럼 되어 있는 시계의 문자판을 사용하여 설명하려 했다. 신체적인 꿈 자극설은 일반적으로 유행하는 학설인 데다가 매우 그럴 듯하게 보인다. 그러나 이 견해의 모순점을 지적하기란 매우 쉽다. 모든 신체적인 꿈 자극은 수면 중에 착각을 형성함으로써 심적 장치로 하여금 해석을 가능하게 하므로 수많은 해석의 시도를 촉구할 수 있는 것이다. 즉, 모든 표상 속에 꿈 내용에 있어서의 그 대리자를 나타낼 수가 있다.[26] 그러나 스트림펠과 분트의 설은 외적 자극과 그에 대한 해석을 위해 선택된 꿈 표상과의 관계를 규정하는 어떤 동기를 나타내는 것, 다시 말해서 자극이 매우 자주 그 재현 활동을 할 때 행하는 '기묘한 선택'에 대한 설명이 가능하다《심적 생활의 기본적 사실》, 리프스, p.170. 다른 여러 비난은 모든 환상설의 근본적 전제, 즉 수면 중에 영혼은 객관적 감각 자극의 실제의 본질을 인식할 수 없는 상태에 있다는 것을 전제로 하고 있지만, 이 근본 전제에 대해서는 지금 말한 것과 다른 비난이 일고 있다.

생리학자인 부르다흐가 입증하는 바로는, 마음은 비록 자고 있다 해도 자기에게 다가오는 감각 인상에는 올바른 해석을 할 수 있으므로 이 올바른 해석에 따라서 반응을 할 수 있다고 한다. 왜냐 하면 각 개인에게 중요하다고 생각되는 어떤 감각이라면, 이것은 수면 중의 허술한 취급에서 제외할 수 있다고 설명하고유모와 어린아이, 또 그는 우리들이 그 어떤 청각 인상을 받아도 잠에서 깨지 않으면서 자기의 이름을 불릴 때에는 확실히 잠에서 깬다고 설명한다. 이 사실은 말할 것도 없이 그 전제로서, 마음은 수면 중에도 여러 자극을 마음대로 택한다는 생각이다제1장 참조. 부르다흐는 이 관찰

---

26) 독자들은 반드시 므릴 볼트가 실험적으로 만든 꿈의 상세하고도 정확한 두 권의 기록서를 읽어주기 바란다. 그것을 읽고 나면 위에 기록한 실험의 조건하에서는 개개의 꿈 내용이 밝혀지는 경우가 거의 없고, 또 실험이 꿈의 문제를 해결하는 데 거의 아무런 도움도 되지 못한다는 것을 분명히 이해할 수 있을 것이다.

들을 토대로 수면 상태에 있을 동안에는 감각 자극이 이것을 해석하지 못하는 것이 아니라, 그 자극에 대한 관심이 결여된 것으로 간주해야 한다는 데 귀결을 보고 있다.

1830년에 부르다흐가 사용했던 이론이 1883년에는 리프스에 의해 신체적인 자극 이론을 반박하기 위한 용도로 쓰이고 있다. 그에 따르면, 마음은 우화 속에 나오는 잠자는 사나이와 같은 것이다. 이 잠자는 사나이는 "자고 있니?" 하고 물으면, "아니"라고 대답하고, "10굴덴만 꾸어 주게"라고 하면, "나는 자고 있네" 하고 핑계를 댄다. 신체적 꿈 자극설이 충분하지 못하다는 것은 다른 방법으로도 증명된다. 관찰에 따르면, 나는 외적 자극에 의해서 꿈을 꾸도록 강요되지 않는다. 설령 우리들이 꿈을 꾸고 있을 때 그 외적 자극이 반드시 꿈 내용 속에 나타난다 해도, 예컨대 수면 중에 나에게 가해지는 촉압에 대해서도 나는 자유로이 반응할 수가 있다. 그러므로 그것을 무시할 수도 있을 것이다. 그럴 때 나중에 눈을 떠보면 흔히 한쪽 발이 이불 밖으로 나와 있다든가, 한쪽 팔이 깔려 있는 것을 알 수 있다.

병리학의 많은 실례에 따르면, 여러 종류의 감각 자극과 운동 자극이 수면 중에 아무런 작용도 하지 않는 경우도 있기 때문이다. 나는 수면 중에 이 자극을 희미하게 느낄 수 있다. 그러나 대개는 이것이 고통을 주는 자극일 때 느끼는 것이지만, 그래도 그 고통이 꿈 속에 섞여 나오지는 않는다. 셋째로 나는 자극에 의해 잠을 깨는 경우도 있다. 그리고 그 자극을 제거한다.[27] 넷째로 생각할 수 있는 반응 방법이 비로소 신경 자극에 의해 나로 하여금 꿈을 꾸게 만든다. 그러나 다른 세 가지 가능성도 네 번째의 꿈 형성

----

27) 이에 관해서는 K. 단다우어의 《잠자는 사람의 여러 행동》1918년을 참조하라.

의 가능성과 적어도 같은 빈도로 실현되고 있다. 만약 꿈을 꾸는 동기가 신체적 자극 원천 외에 다른 것이 없을 때는 이런 일이 일어나지 않는다.

신체적 자극에 의하여 꿈을 설명하려는 학설의 부족함을 간파하고 거기에 올바른 비평을 가한 다른 연구가들 ― 세르너와 폴켈트 ― 은 신체적 자극으로부터 다양한 꿈을 발생시키는 심적 작용을 더욱 세밀하게 규정하려고 했다. 즉, 꿈을 꾼다는 것의 본질을 다시 심적인 것과 마음의 적극적 활동 속에서 찾으려고 했다. 세르너는 꿈을 형성할 때 전개되는 여러 가지 심적 특성을 문학적으로 리얼하게 묘사했을 뿐 아니라, 마음이 스스로에게 가해진 자극을 처리하는 데 따르는 원리까지도 추측했다고 믿었다. 세르너는 낮 동안의 구속에서 자유롭게 된 공상의 무제한의 활동에 의해 꿈 작업은 자극 발생 기관의 성질과 이 자극의 종류를 '상징적'으로 표현하고자 애썼다고 생각한다.

그리하여 꿈 해석의 안내자로서 꿈 해석책이 나올 수 있으므로, 이런 책에 의해서 꿈 형성에서 신체 감정이나 자극 상태를 추론해도 좋다는 것이 된다. "그래서 고양이의 모습은 가슴 속에 어려 있는 불쾌한 기분을 표현하고, 색이 연하고 부드러운 과자는 나체를 표현한다. 꿈의 공상에 의해서는 사람의 인체 전체가 집으로 표상되므로, 개개의 신체 기관은 집의 일부로 표현된다. 치통의 꿈에서 나타나는 구강은 높은 천장의 현관으로 표상되고, 목구멍으로 통하는 식도의 굴곡은 계단으로 표상된다. 또 두통의 꿈에서는 천장이 기분 나쁜 두꺼비처럼 생긴 거미로 뒤덮인 광경이 머리 높이를 표현하기 위해 선택된다." p.39 "꿈에 의해 여러 가지로 선택된 상징들은 동일한 신체 기관에 사용된다. 숨쉬는 허파는 불꽃이 활활 타고 있는 난로로 상징되고, 심장은 빈 상자나 바구니로, 방광은 둥근 자루 모양이나 대개 움푹한 물건으로 상징된다. 특히 중요한 것은 꿈의 결말에서 때때로 흥분된 기관이나 그 기능이 대개 꿈꾸는 당사자의 몸에 붙어 있는 것으로서 나타난다. 예를 들면 이빨을 자극하는 꿈에서는 보통 꿈에서는 보통 꿈을 꾸고 있는 사람이 이빨 하나를 뽑는 따위로 끝이 맺어진다." p.35

이러한 꿈 해석의 이론이 꿈 연구가들에게 크게 환영받고 있다고 말할 수는 없다. 이 이론은 무엇보다도 별스런 것으로 여겨지고 있다. 그러나 나의 견해로는 이 이론에도 옳은 부분이 전혀 없지는 않은데, 대부분의 연구가들은 그 부분적 승인마저도 망설이고 있다. 그러나 이 학설은 결국 누구나 알다시피 몇 사람이 사용한 상징에 의한 꿈 해석을 부활시키는 것이 된다. 단지 구분되는 것은 해석이 취해 올 수 있는 영역이 인간의 육체라는 범위로 한정되어 있다는 점이다. 세르너 학설의 난점은, 그 해석에 과학적으로 파악할 수 있는 기술이 결여되어 있기 때문이다. 이런 종류의 꿈 해석은 자의적이라 해도 크게 나무랄 수는 없다. 이 경우에도 특히 어떤 자극이 다양한 대리 방법을 취하여 꿈 내용 속에 나타나는 경우가 있기 때문이다. 이를테면 세르너의 지지자인 폴켈트는, 꿈 속에서 신체가 집으로 나타난다는 세르너의 견해를 입증할 수가 없었다.

그의 견해를 근거로 한다면 마음은 심적 작용의 자극에 관한 여러 가지 공상에만 만족하고, 그 자극을 처리할 가능성을 갖지 못하는 것이 되므로, 여기에서 꿈 작업은 또 마음에 대해 아무런 이득도 목표도 없는 쓸모없는 작업을 부과하는 것이 되지 않겠느냐는 비난을 받게 될 것이다. 그러나 꿈에 의한 육체 자극의 상징화라는 세르너의 견해는 여기서 심한 반론에 부딪친다. 이 육체 자극들은 언제나 존재하고 있기 때문에 마음이 일반적인 사고 방식에 따를 때는 각성시보다 수면 중에 더 자극받기가 쉽다. 그렇다면 왜 마음은 밤새도록 꿈을 꾸지 않는 것일까? 게다가 매일 왜 신체의 모든 기관에 대한 꿈을 꾸지 않는지 알 수가 없게 된다. 꿈의 활동을 불러일으키기 위해서는 우선 눈·귀·이빨·위 등에서 각기 특수한 자극이 주어져야 한다는 조건을 들어서 이 반론을 피하려 해도, 이런 자극을 높이는 것이 객관적인 것이라고 증명하기는 거의 불가능해서 그 난점을 극복하기란 매우 어렵다.

자극의 증대가 객관적인 것이라고 증명되기는 거의 드물다. 하늘을 나는 꿈이, 호흡할 때의 폐부의 상하 운동의 상징화라면, 스트림펠이 이미 지적한 바와 같이 더 자주 꾸어지든가, 아니면 꿈꾸고 있는 동안의 고양된 호흡 활동이 입증되어야 할 것이다. 그런데 그 이상으로 세 번째의 경우가 생각된다. 즉, 균형 있게 주어지는 내장의 여러 기관의 자극에 주의를 돌리기 위해 때때로 특수한 동기가 작용한다는 경우가 바로 이것인데, 이 점이 세 가지 중에서 가장 불분명하다. 그러나 이 세 번째의 경우는 이미 세르너의 설을 초월하고 있다. 세르너와 폴켈트 학설의 가치는, 그들 두 사람이 해명을 필요로 하고, 새로운 인식을 감추고 있는 것 같은 꿈 내용의 일련의 여러 특성에 초점을 맞추었다는 데 있다. 꿈 속에 나타나는 신체의 여러 기관 및 기능의 상징화가 포함되어 있다는 것과, 꿈에서의 물은 종종 방광의 자극을 뜻한다는 것, 그리고 남자의 성기는 딱딱한 지팡이와 기둥으로 표현된다는 것 등은 타당한 것이다.

화려한 시야나 뚜렷한 빛깔을 나타내는 꿈은 흐릿하거나 느린 다른 꿈과는 달리, '시각 자극의 꿈'으로 해석될 수밖에 없으며, 또 소음이나 사람의 말소리가 나오는 꿈에서의 착각을 형성하는 데 공헌한다는 사실을 부인할 수 없다. 금발의 미남 남자 아이들이 다리 위에서 두 줄로 마주서서 서로 맞붙어 싸우다가 본래의 자리로 되돌아가고 나자, 나중에는 꿈을 꾸고 있는 당사자가 다리 위로 가서 자기 입에서 한 개의 긴 이빨을 뽑는다는 세르너의 꿈이라든가, 두 줄의 서랍이 어떤 역할을 하고 결국 이빨 한 개를 뽑는 것으로 끝나는 폴켈트의 유사한 꿈이라든가, 그 밖에 두 연구가의 저서 속에 풍부히 보고되어 있는 그와 같은 꿈을 알고 있다면 세르너의 이론이 갖는 장점을 무조건 단순하고 어리석은 것이라고만 평가할 수는 없을 것이다. 그러나 이런 경우에는 소위 이빨 자극으로 생각되는 상징화에 대한 다른 해명을 할 필요성이 생긴다.

나는 지금까지 계속 신체적 꿈 원천설에만 얽매여 우리들의 꿈 해석으로부터 도출해 낼 수 있는 이론에 대해서는 전혀 언급을 하지 않았다. 우리들은 다른 연구가들이 그들의 꿈 재료에 적용하지 않았던 어떤 방법을 사용하여, 꿈에는 심적 행위로서의 독특한 가치가 있다는 사실, 어떤 소망이 꿈 형성의 동기라는 사실, 그리고 전날의 여러 체험이 꿈 내용의 가장 유력한 재료를 준다는 사실을 입증할 수 있었다. 그런데 이처럼 중요한 연구 방법도 제쳐두고 꿈을 신체 자극에 대한 무익하고 아리송한 심적 반응이라고 간주하는 모든 다른 이론은 이미 비판조차 할 필요가 없는 것으로 보아도 좋을 것이다.

만약 양자가 모두 사실이라면, 어떤 꿈은 우리들에게만, 그리고 다른 꿈은 다른 연구자들에게만 속한다는 식의 전혀 다른 유형의 두 개의 꿈이 있어야 하지만, 그런 일은 결코 있을 수 없다. 따라서 이제는 본래의 신체적 꿈 자극설을 입증해 줄 수 있는 여러 사실들을 어떻게 우리들의 꿈 이론 속에 유입시키느냐 하는 문제만이 남았다. 그 첫 단계는 이미 우리들이 꿈 작업은 동시에 존재하는 모든 꿈의 자극을 하나의 통일체로 병합한다는 명제를 세웠을 때 시작된 것이다. 두 개 또는 그 이상의 전날의 인상적인 체험이 남아 있으면, 우리들은 그 체험으로부터 생기는 소망이 하나의 꿈 속에 통합된다는 것을 알았고, 또 전날의 사소한 여러 체험과 심적 가치가 큰 인상이양자 사이를 관류하는 표상이 만들어진다고 가정할 경우 서로 병합되어 꿈의 재료가 된다는 것도 알았다.

따라서 꿈은 수면 중인 마음 속에서 동시에 활동하고 있는 모든 것에 대한 반응인 것 같다. 그러므로 우리들은 이제까지 꿈 재료에 대한 분석 중에 그 재료가 심적 잔재이자 기억된 흔적의 집합체라는 것을 인정하였다. 이 심적 잔재에는 우리들이꿈은 최근의 재료와 유아기의 재료를 특히 선호하므로 심리학적으로 그 당시에는 결정하기에 곤란했던 능동적 성격이 있다는 것을 인정하지 않으면 안 된다. 그런데 우리들이 수면 중에 이 기억 활동에 대한 새로운 자극의 재료가 부가되면 어떻게 되는가 하는 것을 예측하기는 매우 쉬운 일이다. 그리고 이 자극들이 능동적이라는 점에서 역시 꿈에 대해 하나의 중요성을 갖는다. 그것들은 다른 여러 심적 활동들과 더불어 꿈의 형성을 위한 재료를 제공해 준다. 다시 말해서 수면 중의 여러 자극들은 하나의 소망 충족으로 변형되고, 이 소망 충족의 다른 요소들이 우리들이 알고 있는 각성시의 심적 잔재이다.

이 통합은 꼭 실행되지는 않는다. 왜냐 하면 우리들이 이미 살펴본 바와 같이 수면 중의 신체적 자극에 대해 한 종류 이상의 반응이 가능하기 때문이다. 이 통합이 이루어질 때 심적 및 신체적 꿈의 원천을 대리하고 있는 꿈 내용을 위한 하나의 표상 재료는 쉽게 발견된다. 한편, 심적 꿈 원천에 신체적 재료가 첨가되어도 꿈의 본질적 변화는 일어나지 않는다. 소망 충족의 표현이 현재의 능동적 재료에 의해서 규정되든 그렇지 않든 간에, 꿈은 언제나 변함 없이 소망 충족의 역할을 한다. 나는 여기서 외적 자극에 대한 꿈의 의의를 나타내 주는 일련의 특성에 대해 언급하고자 한다. 개인적·생리학적이며, 또 그때마다의 상황 속에서 주어지는 우연적인 계기가 동시에 작용하는 것이야말로 우리들이 수면 중에 매우 강한 외부적 자극을 받은 각각의 경우에 어떤 반응을 보일 것인가를 결정하는 것이다.

습관적·우연적인 수면의 깊이가 자극의 강도와 어떻게 결합되어 있는가에 따라서, 어느 때는 자극이 수면을 방해하지 않도록 그것을 억압하고, 또 어느 때는 잠을 깨게끔 하거나, 또는 꿈 속으로 끌어넣음으로써 자극을 이기려는 노력에 기여하게 될 것이다. 이러한 융합관계의 다양함에 대응하여 외적·객관적 자극을 어떤 사람에게는 다른 사람의 경우보다 더 자주 꿈 속에 표현되거나 아니면 드물게 표현된다. 나의 경우는 대체로 숙면을 취하는 경우가 많아 일단 잠만 들면 웬만해서는 잠을 깨지 않기 때문에 외적 흥분 원인이 꿈 속에 끼어드는 일은 거의 없다. 그러나 반면에 심적 계기일 경우는 아주 쉽게 꿈을 꾼다. 어떤 객관적인 고통스러운 자극원이 인식되는 꿈을 꾼 적은 여태까지 단 한 번밖에 없었다. 그런데 확실히 이 꿈이야말로 외적 자극이 어떤 꿈을 꾸도록 이끌었는가 하는 것을 알게 해 주는 가장 적당한 재료를 제공하고 있다.

〈회색 말을 타고 간다. 처음에는 겁이 나서 마치 말 위에 놓여진 것같이 어색한 자세로 탔다. 그때 동료 의사인 P를 만났다. P는 털옷을 입고 말 위에 의젓하게 올라앉아 나에게 어떤 충고 같은 말을 했다아마도 말타는 기술이 서툴다고 한 듯하다. 그러다가 이번에는 내가 매우 영리한 말의 등에서 점점 멋지게 탈 수 있게 되어 매우 기분이 좋아진다. 안장 대신에 일종의 헝겊 같은 것이 말의 머리 부분에서 허리까지 완전히 덮여 있다. 두 대의 마차 사이를 누비며 지나간다. 말을 타고 얼마간 가다가 되돌아와서 길로 향한 문을 열어 놓은 작은 교회 앞에서 내리려고 했으나, 실지로는 그 가까이에 있는 다른 교회 앞에서 내렸다.

그 길에 호텔이 있다. 말을 따로 보낼 수도 있지만 호텔까지 몰고 가는 편이 좋을 거라고 생각했다. 아마도 말을 타고 호텔로 가는 것이 부끄러웠던 것 같다. 호텔 앞에 보이가 서 있다가 나에게 쪽지를 내밀었다. 그것은 맨처음에 내가 발견한 것이었기 때문에 보이는 나를 비웃었다. 종이에는 밑줄을 두 줄이나 그어서 '아무것도 먹지 않는다'라고 씌어 있고, 다음에는 두 번째 결심분명하지 않다인 '아무 일도 하지 않는다'라는 식의 글귀가 씌어 있었다. 이에 대해 나는 지금 낯선 도시에 있으므로 아무 일도 하지 않는다라는 생각이 어렴풋이 떠오른다.〉

이 꿈이 어떤 고통스런 자극의 영향을 받고, 아니 그보다도 그것에 강제되어 생겼다는 것을 처음에는 간파하지 못할 것이다. 그런데 실제로 나는 그 전날 종기 때문에 고생했다. 조금만 몸을 움직여도 통증이 느껴졌다. 나중에는 음낭 주변까지 사과 크기만큼 부어서 걸을 때마다 못 견딜 정도로 아팠다. 열이 나고 피곤하며 식욕이 부진한데, 그런데도 하지 않으면 안 될 일과의 중노동, 이런 것들이 고통과 겹쳐져서 나의 기분을 망쳐 놓았다. 의사로서 내가 해야 할 임무를 도저히 해낼 수 있을 것 같지가 않았다. 그러나 이 병증과 환부 때문에 걸음을 걷지 않고 어떻게 할 수 있는 방법이 없을까 하는 생각을 했는데, 그것은 나에게 가장 부적합한 일었다. 그것은 '말에 탄다'는 것이었다.

그런데 꿈은 나에게 바로 이 행위를 하게 했다. 이것이야말로 병고에 대한 가장 강력한 부정이다. 본래 나는 말을 탈 줄 모를뿐더러 평소에 그런 꿈을 꾼 적도 없다. 말을 탄 적은 꼭 한 번밖에 없었는데, 그때는 안장 없이 탔기 때문에 기분이 좋지 않았다. 그런데 이 꿈에서는 마치 회음부會陰部에 종기가 나지 않은 것처럼, 다시 말해서 종기 같은 것으로 고통을 받기 싫었기 때문에 말을 타는 것이다. 꿈의 묘사상으로 볼 때 안장은 그 덕택에 잠들 수 있었던 습포였던 것이다. 아마도 이 습포 덕분에 처음 두세 시간은 아픔도 잊고 잠들었던 것 같은데, 이윽고 다시 고통이 느껴지기 시작하여 잠을 깰 지경에 이르렀다.

그때 꿈이 와서 이렇게 위로의 말을 해 주었다. "안심하고 잠을 자도록 해요. 종기 같은 건 없답니다. 당신은 말을 탈 수 있잖아요. 종기가 나 있다면 어떻게 말을 탈 수 있겠어요!" 이렇게 해서 꿈은 그 의도를 달성한 것이다. 나는 고통을 느끼지 않고 다시 잠을 계속했다. 그러나 이 꿈은 병고와 화해할 수 없는 종기를 암시에 의해 제거한다는 관념을 강력하게 주장하는 것만으로는 만족하지 않았다. 이런 경우, 이 꿈은 자식을 잃어버린 어머니나[28] 재산을 날려 버린 상인의 환각적 광기 같은 작용을 하고 있다. 꿈은 또 부정된 자극과 그것을 억압하기 위해 사용된 형상과의 세부를 재료로 사용하여, 그것 이외에 현재 마음 속에 작용하고 있는 것을 꿈의 상황에 결부시켜서 표현의 수단으로 삼고 있다.

나는 '회색' 말을 탄다. 이 색은 내가 최근에 시골에서 P를 만났을 때, 그가 입고 있던 양복색과 같다. 내 종기는 향신료가 너무 많이 든 음식물이

---

28) 이에 해당되는 그리징거의 저서와 《신경병학 중앙 기관지》1896년에 게재된 나의 〈방어 신경정신병〉에 관한 두 번째 논문 《전집》 제1권을 참조하라.

원인이라고 했는데, 보통 설탕이 원인이라는 것보다 훨씬 설득력이 있다. P 는 나를 대신하여 어떤 여자 환자를 맡고 있는데, 그 후부터 나에 대해 매우 우쭐해져 있다.의젓하게 말을 타고 있다. 그런데 이 여자 환자는 마치 일요일의 승마 이야기처럼 실제로 나를 제 뜻대로 움직였다. 그러므로 말은 이 여자 환자의 상징적 의미를 갖게 된 것이다.꿈 속에서 말은 매우 영리하다. '매우 기분이 좋다'는 것은, 내가 P와 교대하기 전에 그 환자 집에서 차지했던 위치와 관련된다.

얼마 전에 빈의 고명한 의사들 중에서 나를 감싸주는 얼마 안 되는 의사 중의 한 사람이 이 환자의 일을 듣고 내게, "자네 안장 위에 탄탄하게 올라앉아 있는 줄 알았는데……"라고 말한 적이 있었다. 종기의 아픔을 견뎌가며 매일 여덟 시간 내지는 열 시간에 걸친 정신 요법을 행한다는 것은 매우 힘든 일이었기 때문이다. 게다가 내가 하고 있는 매우 복잡한 치료법은 몸이 완전히 건강한 사람이 아니면 견디기가 힘들기 때문에, 이 꿈은 그런 경우에 반드시 나타날 상황을 우울하게 암시해 주는 듯하다.신경증 환자가 가지고 있다가 의사에게 보여주는 종이조각. '아무 일도 하지 않고 아무것도 먹지 않는다.' 분석을 진행해 나가면서 말을 탄다는 소망은 분명 현재 영국에 있는 한 살 위인 조카와의 사이에 있었을 유년기의 체험에서 나오는 것임을 발견할 수 있었다.

그 밖에 이 꿈은 나의 이탈리아 여행의 여러 인상을 반영하고 있다. 꿈 속의 도시는 벨로나와 시에나의 인상에서 합성된 것이다. 분석을 더 진행시켜 보니 성적인 꿈 사고가 나타났다. 이탈리아에 가본 적이 없는 한 부인 환자를 빙자로 한 그 아름다운 이탈리아에 대한 꿈의 암시가 무엇을 뜻하고 있는 것인지는 나 자신도 잘 알고 있으며'gen Italian'은 이탈리아를 향하여,

'Genitalian'은 성기라는 뜻, 거기에는 또 친구 P가 가기 전에 내가 가 있던 환자의 집이나, 나의 종기가 생긴 곳과의 연관성도 물론 있는 것 같다.

또 다른 꿈에서 나는 같은 방법으로 '이번에는' 어떤 감각 자극에서 생긴 수면의 방해를 막는 데 성공했다. 그러나 그 꿈과 우연적인 꿈 자극과의 연관성을 발견하는 이 꿈을 이해할 수 있었던 것은 아주 우연한 일이었다. 한여름에 치롤 산중에서 일어난 일인데, 어느 날 '교황이 죽었다'는 꿈을 꾸었다. 짧지만 시각적이 아닌 이 꿈의 해석이 용이하지가 않았다. 꿈의 단서라고 하면 며칠 전 신문에서 교황의 건강이 좋지 않다는 기사를 본 것밖에 없다. 그러나 오전 중에 아내가 "오늘 아침에 요란하게 종소리가 울리는 것을 들으셨어요?" 하고 물었다. 들은 기억은 나지 않았지만 그것으로 꿈의 의미를 파악해 낼 수 있었다. 이 꿈은 믿음이 깊은 치롤 주민들이 울린, 나를 잠에서 깨울 것 같은 요란스런 종소리에 대해 나의 수면 욕구가 나타낸 반응이었다. 나는 그러한 주민들에게 꿈 내용을 이루는 '교황이 죽었다'는 추론으로써 보복한 것이다. 그러고 나서 나는 종소리에 아무 상관 없이 수면을 계속 취했던 것이다.

앞장에서 언급한 꿈 가운데는 소위 신경 자극의 가공 변형을 나타내는 실례로 삼을 수 있는 꿈이 몇 가지 정도 있었을 것으로 여겨진다. 그 중의 하나가 무언가를 마시는 꿈이다. 이런 꿈에서는 얼른 보아서 신체적 자극이 유일한 꿈의 원천이므로, 자극에서 생기는 소망 — 즉, 갈증 — 이 유일한 꿈의 동기이다. 신체적 자극만이 소망을 형성할 때에는 다른 단순한 꿈에서도 역시 마찬가지이다. 자다가 얼굴에 붙인 습포를 떼어 버리는 여자 환자의 꿈은 소망 충족을 가지고 고통의 자극에 반응하는 기묘한 양상을 보여 주고 있다. 그녀는 일시적으로 고통을 타인에게 전가시키고 자신의 고통을 무감각화하는 데 성공한 것처럼 보인다.

3명의 운명의 여신이 나오는 나의 꿈은 분명히 허기의 꿈인데, 이 꿈은 음식이 먹고 싶다는 욕구를 갓난아이가 어머니의 젖을 그리워하는, 너무 적나라한 동경심을 감추기 위해 그런 순진한 소망을 사용하고 있는 것이다. 또 튠 백작이 나오는 꿈에서 우연하게 주어진 신체적 욕구가 심적 생활의 가장 강하면서도 가장 심하게 억압된 충동과 어떻게 결합되는가를 보았다. 또 갈니엔이 보고한 경우에서 볼 수 있듯이, 나폴레옹이 지뢰의 폭음을 전쟁의 꿈 속에서 보고 눈을 떴다면, 일반적으로 심적 활동이 수면 중의 자극에 반응하려는 노력이 특히 뚜렷하게 나타나 있다. 어떤 젊은 변호사가 처음으로 대파산 사건을 맡고 잔뜩 마음이 부풀어서 낮잠을 잤는데, 나폴레옹과 비슷한 일을 하고 있는 꿈을 꾸었다.

그는 어떤 파산 사건으로 알게 된 후시아틴의 G. 라이흐라는 사람의 꿈을 꾸었다. 그러나 꿈에서 이 후시아틴이라는 명칭이 끈질기게 계속 나타났다. 눈을 뜨니 기관지염에 걸려 있는 그의 아내가 심하게 기침을 하고 있는 소리를 들었다Hussiatyn은 '기침을 한다'는 독일어의 husten과 음이 비슷하다. 보통 때는 아주 잠을 잘 자는 나폴레옹의 꿈과 "병원에 갈 시간이에요" 하고 하숙집 여주인이 깨우는 소리를 듣고도 자기가 이미 병원 침대에 있는 꿈을 꿈으로써 안심하고 계속 잠을 잔 잠꾸러기 의사의 꿈을 생각해 볼 때, 후자는 분명히 자기 편리를 도모한 꿈으로써, 꿈을 꾼 본인은 자기 꿈의 동기를 숨김없이 고백하고 있다. 그러나 그것에 의해서 꿈을 꾸는 일의 전반적인 비밀을 폭로하고 있는 셈이다. 어떤 의미에서는 모든 꿈은 '편의의 꿈'이다. 꿈은 한결같이 깨지 않고 계속 수면을 취하고자 하는 의도에 기여한다. '꿈은 수면의 방해자가 아니라, 그 파수꾼이다.'

잠을 깨우는 여러 가지 심적 계기에 대해서도 우리는 역시 이 견해의 정당성을 다른 곳에서 입증하게 될 것이다. 그러나 객관적인 역할에 대해서 이 견해를 적용할 수 있다는 사실은 이미 여기서 증명된 셈이다. 마음이 외적 자극의 강도와 의의를 무시하게 될 때, 마음은 수면 중의 자극에 대한 동기 같은 것에 주의를 기울이지 않는다든가, 아니면 이 자극을 부정하기 위해 꿈을 이용한다. 또 그렇지 않으면 마음이 이 자극들을 인정하지 않을 수 없는 때는 현재 작용하고 있는 그 자극을 수면에 유용하고 조화로운 어떤 상황의 일부로 볼 수 있는 해석을 구하기도 한다. 꿈은 현재 작용하고 있는 자극의 현실성을 빼앗기 위해서 그것을 자기 속으로 끌어들인다. 나폴레옹은 계속해서 수면을 취할 수 있었다. 그의 수면을 방해하려는 것은 알코올 전쟁터의 포성을 꿈꾼 기억에 불과했다.[29]

'의지적 자아가 지향하고, 또 꿈의 검열과 더불어 꿈꾸는 데 기여하는, 계속 잠을 자고자 하는 소망은 꿈 형성의 동기로서 고려해야 한다. 그리고 모든 성공적인 꿈은 이 소망의 충족이다. 언제나 존재하는 이 보편적이고 변함 없는 수면의 소망이 꿈 내용에 의해서 어느 때는 A로, 어느 때는 B로 충족되는 다른 여러 가지 소망에 대해 어떤 관계에 있는가 하는 점에 관해서는 나중에 논하기로 하겠다. 그러나 우리들은 수면의 소망 속에서 바로 스트림펠과 분트 이론의 결함을 보완하고 외적 자극의 해석에 있어서의 오류와 변화성을 올바르게 해명할 수 있는 계기를 발견한 것이다. 수면 중인 마음에는 올바른 해석을 내릴 수 있는 능력이 얼마든지 있지만, 이 올바른 해석은 아마도 확실한 관심을 환기시키고 우리들에 대해서 수면을 중단하라

---

29) 이 꿈 내용은 내가 의존한 두 원전 사이에서 서로 어긋나고 있다.

고 요구할 것이다.

따라서 모든 해석 가운데서 수면의 소망의 독재적으로 행사하는 검열과 조화를 이룰 수 있는 해석만이 인정되는 것이다. 예컨대 '이것은 밤 꾀꼬리이지, 종달새가 아니다'라는 식의 해석은, 그것이 종달새라면 잠을 잘 수 있는 행복한 밤이 끝나 버리기 때문이다. 그때 선택되는 것은 자극에 관해 승인되는 해석 중에서 마음 속에 숨어 있으면서 기회를 엿보고 있는 소망 충족과 가장 바람직하게 결합될 수 있는 해석이다. 이와 같이 모든 것은 분명하게 결정 지어져 있기 때문에, 아무것도 변덕스러움에 좌우되지는 않는다. 잘못된 해석은 오류가 아니라, 일종의 핑계이다. 꿈의 검열을 우려한 이동이라는 방법이 있는 것과 마찬가지로, 이 경우에도 역시 정상적인 심적 과정을 굴절시킨 하나의 행위가 인정되어야 한다.

외적 신경 자극과 내적 육체 자극이 너무나 강력해서 그에 대해 마음이 도저히 무관심할 수가 없을 때, 그 자극들은 ─ 그 결과, 잠을 깨지 않고 꿈을 꾸는 경우 ─ 꿈 형성에 대해 뚜렷하게 반영시켜 그에 대응한 어떤 소망 충족이, 마치 꿈에 있어서 두 가지의 심적 자극 사이를 연결하는 표상이 발견되는 것과 똑같은 방법으로 표출된다. 꿈 속에서는 신체적 요소가 그 내용을 만든다는 주장도 이와 같은 의미에서라면 타당하다고 볼 수 있다. 이런 극단적인 경우에서는 꿈을 형성하기 위한 비현실적 소망마저 재생된다. 그러나 꿈은 어떤 상황에 있어서의 어떤 소망을 충족시키는 것으로만 표현한다. 그것이 꿈의 의무라고 해도 과언이 아니다. 다시 말해서 현재 활동 중인 현실 자극을 통해 어떤 소망을 충족된 것으로 표현할 수 있는가를 알아내는 일이다.

현재 주어지는 재료가 불쾌하다거나 고통스럽다고 해서 그것이 꿈 형성에 이용되지 않는 것은 아니다. 심적 생활은 설사 불쾌감을 주는 소망일지라도 소망 충족을 자유자재로 구현한다. 이에 대해 자칫 모순을 느낄지도 모르겠지만, 마음에는 두 가지 심적 검문소가 있고, 이 검문소에서 행해지는 검열을 생각하면 쉽게 이해가 갈 것이다. 우리는 앞에서 이미 심적 생활 속에는 제1의 조직에 속해 있으면서 그 충족에 대해 제2의 조직이 반대를 표명하는 억압된 소망이 존재한다는 것을 보아 왔다. 나는 그런 종류의 소망의 엄연한 존재를 말하는 것이지, 이전에는 존재했으나 후에 파괴되었다는 역사적인 의미로 말하는 것은 결코 아니다. 정신신경증학에서 필요한 억압 이론에서는, 이렇게 억압된 소망은 계속적으로 존재하기는 하지만, 그와 동시에 그런 소망을 위로부터 내리누르는 억압도 존재한다고 주장한다.

  이러한 충동은 '억누른다'고 표현하는 것이 타당할 것이다. 그러나 억눌린 소망을 충족시켜 주는 심적 수단은 사라진 것이 아니라, 언제든지 이용하려고 생각만 하면 이용할 수가 있다. 그러나 이 억눌린 소망이 충족되는 날에는 제2의의식되는 기관의 억제가 극복됨으로써 그것이 불쾌감으로 나타난다. 이상의 논의를 요약해 보면 수면 중에 신체적 원천에서 나온 불쾌감의 성격을 띤 자극이 존재할 때에는 이 상황이 꿈 자극에 의해 이용되어, 그 결과 보통 때는 억눌려 있는 소망 충족이 ― 많거나 적거나 간에 검열의 구속을 받으면서 ― 꿈 속에 표현된다. 이런 사정으로 인해 일련의 불안몽이 생기는 것이다. 그러나 한편으로는 소망론에 부적당한 다른 일련의 꿈 형성이 있으므로, 우리들은 또 다른 심적 메커니즘의 존재를 인식하게 된다.

  꿈 속의 불안은 정신신경증적 불안이므로 성욕의 증대에서 오는 경우가 많다. 그때 불안은 억압된 리비도에 대응하고 있다. 그러므로 모든 불안과 불안의 꿈은 신경증적 증후의 의미로 볼 수 있다. 그리고 우리들은 여기서 꿈의 소망 충족적인 경향이 좌절되는 국면을 맞이하게 된다.

그러나 다른 불안몽에서 불안감은 신체적 기원을 갖고 있기도 하므로예컨대 우연한 호흡 압박을 느낀 폐결핵 환자나 심장병 환자의 경우처럼, 그런 경우에는 이 불안감을 그렇게 강력하게 억눌린 소망을 꿈으로 충족시키는 데 이용된다. 그런 소망을 반영하는 꿈을 꾸면 심적 동기에서 똑같은 불안으로부터 벗어날지도 모른다. 표현상으로는 전혀 다른 이 두 경우를 통합하기는 쉽다. 감정 욕구와 표상 내용이라는 깊은 연관성을 가진 두 심적 형성물 중에서 적극적으로 능동적인 쪽이 꿈 속에서도 다른 쪽을 고무시키기 때문에, 어떤 경우에는 억압에서 해방된 심적 흥분과 병행하는 표상 내용이 불안을 환기시킨다.

첫째 경우에 관해서는 신체적으로 주어진 감정이 심적으로 해석된다고 할 수 있고, 둘째 경우에는 심적으로 주어져 있으나 억압된 모든 내용은 불안에 걸맞은 신체적 해석에 의해 대리되기가 쉽다. 이 경우 우리들을 가로막는 난점은 꿈 자체와는 전혀 무관하다. 그 난점들은 우리들이 이상의 논의에 의해 불안의 발전 경로와 억압의 여러 문제에 접한 데서 생긴다. 신체적인 모든 기분이라는 것은 신체의 내부에서 생기는 주된 꿈 자극 중의 하나이지만, 그것이 꿈 내용이 된다는 의미에서 그런 것은 아니다. 신체적인 모든 기분은 꿈의 사고 및 내용에 있어서의 표현에 쓰일 만한 재료에서 선별할 것을 요구한다. 즉, 신체적인 모든 기분은 이 재료의 어떤 부분을 자기의 성질에 알맞은 것으로 추천하고, 그렇지 않은 부분은 내버린다. 게다가 낮에서부터 남아 있는 이 일반적인 신체의 기분은 물론, 꿈에 있어서 중요한 의미를 갖는 심적 잔재물과 결합되고 있다.

그때에 기분 자체는 꿈 속에서 유지되기도 하고 사라지는 경우도 있어서,

그로 인해서 설령 불쾌한 것이라 해도 그 반대물로 바뀌어 버리는 경우가 있다. 나의 견해로는 수면 중의 신체적 자극원이 매우 강한 것이 아닌 경우에는 그 자극원들은 꿈 형성에 있어서 최근의 것으로 남아 있지만, 사소한 것에 불과한 낮의 인상과 비슷한 역할을 묘사한다. 즉, 그 신체적 자극원들이 심적 꿈 원천의 표상 내용과 결합하는 데 적합할 때에만 그것들이 꿈 형성에 참여하게 된다. 그것들은 손쉽게 구할 수 있는 값싼 재료처럼 취급되고 있다. 그것이 만일 값비싼 재료라면, 그것을 사용하는 데에도 그 나름대로의 방법이 필요할 것이다.

그렇지만 그게 아니라, 필요할 때에는 언제든지 이용이 가능한 재료로 여겨지고 있다. 이 경우는 예술 애호가가 조각가에게 진귀한 보석 등을 가져와서 그것을 미술품으로 만들어 달라고 하는 것과 같은 이치이다. 조각가는 대리석이나 사암 같은 깨끗하고 풍부한 재료로 하는 것이라면 편한 마음으로 솜씨를 발휘하겠지만, 귀중한 재료라면 두상頭像을 조각하느냐, 어떤 정경을 나타내느냐 하는 것이 그 재료의 크기나 빛깔이나 얼룩무늬 등에 의해 미리 결정되지 않으면 안 된다. 위와 같이 미약하나마 우리들의 몸 속에서 생기는 자극이 제공하는 꿈 내용도 역시 모든 꿈 속에 나타나지 않는다는 사실을 생각하고 나니 비로소 이해가 되는 것 같다.[30]

나의 견해를 가장 분명히 설명해 줄 하나의 실례가 있다. 이 실례는 우리들을 다시 꿈 해석으로 이끌고 간다. 그것은 꿈 속에서 매우 자주 일어나고 또 불안감에 가까운 것으로서, 한 곳에서만 머무른다든가, 어떤 일을 처

---

30) 랑크는 그의 일련의 연구에서 기관 자극에 의해서 생기게 되는, 어떤 종류의 잠을 깨게 만드는 뇨의 尿意 자극이나 누정漏精의 꿈은 수면 욕구와 기관 욕구가 제기하는 여러 욕구 사이에 행해지는 투쟁 및 후자가 꿈 내용에 미치는 영향을 설명하는 데 특히 적합하다는 것을 잘 알 수 있다고 주장했다.

리하지 못하겠다든가 하는 따위의 감정에는 도대체 어떤 의미가 있는가? 언젠간 나는 그 의미를 알아내려고 여러 가지로 생각해 본 적이 있었다. 그날 밤 나는 이런 꿈을 꾸었다.

〈나는 흐트러진 차림으로 아래층 거실에서 위층으로 올라간다. 그때 나는 세 계단씩 뛰어올라 갔는데, 그렇게 빠르게 올라가는 것이 기뻤다. 그때 갑자기 하녀가 위에서 내 쪽으로 내려오는 것을 보았다. 나는 창피해서 빨리 가려고 했으나 그때 저지 상태가 일어나 계단에서 꼼짝도 할 수가 없었다.〉

분석

이 꿈 장면은 보통 때의 현실에서 유래되고 있다. 나는 빈의 한 건물 안에 두 채의 집을 가지고 있는데, 이 두 집은 외부 계단으로만 연결되어 있다. 아래층에는 진찰실과 서재가 있고, 위층에 안채로 쓰고 있는 몇 개의 방이 있다. 밤늦게 아래층에서 일을 끝내면 외부 계단을 통해서 침실로 간다. 꿈을 꾼 전날 밤, 이 짧은 계단을 나는 실지로 약간 흐트러진 차림으로 올라 갔다. 즉, 칼라와 커프스의 단추를 채우지 않고 넥타이도 풀었다.

그것이 과장되어 꿈 속에 흐트러진 차림새로 나타났다. 계단을 뛰어넘는 것은 계단을 올라갈 때의 나의 버릇이다. 그러나 이것은 이미 꿈 속에서 인정된 소망 충족이다. 왜냐 하면 쉽게 계단을 뛰어넘게 됨으로써 나 자신의 심정 상태를 확인하고 이만하면 괜찮다고 자위하고 싶었기 때문이다. 그리고 이렇게 계단을 뛰어넘는 것은 꿈의 후반부에서 저지되어 꼼짝 못 하게 된 데 대한 유력한 반대물이다. 그것은 따로 증명할 필요는 없겠지만, 꿈 속에서는 운동 행위가 완전히 수행된 것으로 생각해도 아무런 지장이 없는 것을 나타내 주고 있다. 이것은 꿈 속에서 하늘을 나는 경우를 생각해 보면 된다. 그러나 내가 올라간 계단은 우리 집 계단이 아니었다. 처음에는 어느 집 계단인지 몰랐는데, 위에서 내려오는 하녀를 보고 그 곳이 누구네 집인지 겨우 알게 되었다. 그녀는 내가 하루에 두 번씩 주사를 놓아 주기 위해 왕진하는 노부인의 집 하녀였다. 사실 계단도 바로 그 집 계단과 똑같았다.

그런데 이 계단과 하녀가 어떻게 나의 꿈 속에 들어왔을까? 단정한 차림새가 아니어서 부끄럽게 생각하는 것에는 틀림없이 성적인 경향이 있으며, 내가 꿈에서 본 하녀는 나보다 연상인 데다 애교도 없고 매력이라고는 찾아볼 수 없었다. 이런 점들에 대해 나의 머릿속에 떠오르는 것은 다음과 같은 것이었다. 아침에 이 환자의 집을 왕진할 때면 반드시 계단 위에서 기침을 하고 싶어진다. 계단 위로 침이 떨어진다. 이 집에는 위층에도 아래층에도 타구唾具가 하나도 없다. 그래서 나는 계단을 깨끗이 해두려면 타구를 갖다 놓으면 되는 것이지, 구태여 내가 기침을 참아야 할 필요는 없다고 생각했다. 이 집 하녀도 꿈 속의 하녀처럼 나이가 든 무뚝뚝한 여자였으나 매우 깨끗한 것을 좋아하는 것 같았다. 그러나 계단을 깨끗하게 해둔다는 점에서는 나와 다른 견해를 가지고 있었다.

그녀는 내가 또 침을 뱉지나 않을까 숨어서 보다가, 드디어 내가 침을 뱉는 것을 보면 들으라는 듯이 무슨 말인가 쫑알거린다. 그런 때는 며칠씩 얼굴을 마주쳐도 아는 체도 하지 않았다. 그런데 꿈을 꾸기 전날, 그 집 하녀가 나에게 주의를 준 일로 해서 이 하녀 쪽이 더 강한 입장이 되었다. 평소와 마찬가지로 나는 주사를 놔주고 서둘러 나왔더니, 현관에서 하녀가 나를 잡고 이렇게 말했다. "선생님, 오늘 밤에 들어가실 때 구두를 깨끗이 닦으셨으면 좋았을 텐데요. 빨간 카펫이 선생님 구두 때문에 더러워졌어요." 이것이 계단과 하녀를 나의 꿈 속에 나타내기 위해서 제기할 수 있었던 요구의 전부였다. 계단을 몇 칸씩 넘어 올라가는 것과 계단 위에 침을 뱉는 것 사이에는 깊은 연관성이 있다.

인후염과 심장 장애는 모두 지나친 흡연이라는 나쁜 버릇에 대한 벌로 간주된다. 흡연으로 인해서 나는 아내에게도 불결하다는 말을 듣고 있기 때문에, 이 점이 그 환자의 집과 나의 집을 동일하게 융합시켜 버린 것이다.

이 꿈의 해석을 더 발전시키는 것은 흐트러진 차림새라는 종류의 꿈이 어디서 발생되는가를 논할 때까지 보류해 두어야만 하겠다. 다만 우선 결론으로서 무엇인가에 저지되어 움직일 수 없었다는 꿈의 감각은, 어떤 관련이 그것을 필요로 할 때는 언제든지 환기된다는 것이다. 수면 중의 나의 운동 능력의 어떤 특별한 상태가 이 꿈 내용의 원인은 아니다. 왜냐 하면 그 바로 직전에 마치 이 인식을 증명이라도 해 주듯 아주 가볍게 계단을 뛰어올라갔기 때문이다.

[4. 유형적인 꿈]

일반적으로 우리들은 어떤 사람이 꿈 내용의 이면에 있는 무의식적인 사고를 알려 주지 않으면 그 사람의 꿈을 해석할 수 없다. 따라서 우리의 방법으로 꿈 해석을 하는 실제상의 효력은 분명 감소된다.[31] 그러나 각 개인의 특수성 속에 자신의 꿈 세계를 만들어 줄 이제까지의 개인의 자유와, 또 이런 개개인의 독자성 때문에 다른 사람에게는 자기의 꿈을 전혀 모르게 꾸

---

31) 꿈을 꾼 당사자의 연상 재료를 자유롭게 이용하지 못하면 우리들의 꿈 해석 방법은 적용되지 않는다는 명제는 다음과 같이 보충되어야 할 것 같다. 즉, 꿈을 꾼 당사자가 꿈 내용 속에 '상징적' 요소를 사용하고 있을 경우에 한해서, 우리들의 해석 작업은 이 연상 재료를 문제삼지 않는다. 정확히 말해서 그럴 경우에는 제2의 '보완적' 방법을 쓴다.

밀 수 있는 자유와는 반대로, 거의 모든 사람에게 공통적인 방법으로 나타나는 몇 개의 꿈이 있다. 이런 꿈들에 관해서 우리들은 그것이 누구에게나 똑같은 의미를 가진다고 상정한다. 이 유형적 꿈들은 특별한 주의를 끌고 있는데, 그 이유는 이런 꿈이 동일한 하나의 원천에서 유래하고, 따라서 이 꿈이 꿈의 원천을 해명하는 데 매우 적합한 것 같기 때문이다.

그러므로 우리들은 큰 기대를 갖고 우리들의 꿈 해석의 기술을 이 유형적인 꿈에 적용해 보려 하지만, 유감스럽게도 우리들의 기술은 이 꿈에 관해서 뚜렷한 효과를 보지 못한다는 것을 고백하지 않을 수 없다. 유형적인 꿈 해석에 있어서 대개의 경우, 나는 이해의 단서를 제공할 만한 것을 생각해 내지 못한다. 설사 생각이 떠올랐다 해도 너무도 불분명하고 불충분하므로, 그런 것을 방법으로 채택해서는 도저히 우리들의 과제를 풀어나갈 수가 없다. 어디서 이런 것이 생기는가? 이에 관해서는 이 장의 뒤에서 살펴볼 것이다. 그때가 되면 독자들도 내가 왜 여기서는 유형적인 꿈의 예를 조금밖에 취급하지 않고 그 밖의 것을 뒷장으로 미루는가를 알게 될 것이다.

1) 나체로 당황하는 꿈

전혀 낯선 사람 앞에서 벌거벗고 있다든가, 단정하지 못한 차림새로 있는 꿈이 '그래도 조금도 부끄럽지 않았다'고 하는 것을 덧붙이게 되는 경우도 있다. 그러나 우리가 말하는 나체 꿈은 꿈 속에서 부끄러움을 느끼고 숨으려고 하거나, 그 곳에서 도망치려고 하지만, 바로 그 알 수 없는 저지력이 작용하여 그 자리에서 꼼짝도 할 수 없는 상황에 처해 있음을 느끼는 것으로서, 그런 꿈만이 우리가 말하고자 하는 형태이다. 이런 모순된 것이 결합되어 있을 경우에만 나체 꿈은 유형적 꿈이 된다. 그러한 꿈 내용의 핵심은 그 밖의 많은 어떤 것과 관계해도 좋고, 또 개인적인 첨가물을 갖고 있어도 관계 없다. 대부분의 경우는 상황을 바꿈으로써 자신의 나체를 감출 수 있다.

그런데 그것이 이루어지지 않을 때 수치감에서 오는 고통, 이것이 본질적인 것이다. 대부분의 독자가 한 번쯤 꿈 속에서 이런 상황에 처한 경험이 있으리라 생각된다. 나체의 상태나 정도는 대개 그다지 뚜렷하지 않은 것이 보통이다. 예를 들면 흔히 속옷을 입고 있었다고 하지만, 그렇게 뚜렷한 영상인 경우는 드물다. 흔히 옷을 입지 않았다고 하는 경우도 매우 불확실해서, 물어 보면 '셔츠가 아니면 팬티를 입고 있었다'는 식으로, 이것인지 저것인지 분명하게 대답을 하지 못한다. 보통 복장이 흐트러진 것은 그리 심하게 수치감을 느낄 필요가 없기 때문에 그리 심한 것이 아니다.

군인의 경우에는 나체가 아니라, 그 대신 규칙에 위반된 복장으로 나타난다. '칼을 차지 않고 길에 서 있다가 건너편에서 상관이 오는 것을 보았다'라든가, '깃에 휘장을 달지 않았다', 또는 '체크 무늬의 평상복을 입고 있었다'라는 따위이다. 타인에 대해 부끄럽게 생각했었다고 말하지만, 당사자가 어떤 표정을 지었는지에 대해서는 언제나 뚜렷하지 않다. 따라서 당혹스런 복장의 불비不備가 상대의 눈에 띄어 비난을 받는다든가 하는 일은 결코 없다. 오히려 그 반대로 타인은 모두 무관심하거나 혹은 엄숙하게 무표정으로 있다. 이것은 생각을 요하는 문제이다. 꿈을 꾸고 있는 본인의 수치심에서 오는 당혹감과 그것을 보고 있는 사람들의 무관심을 합치면, 꿈 속에서 흔히 나타나는 모순이 생긴다. 꿈을 꾸고 있는 사람의 기분은, 예컨대 다른 사람이 놀라서 자기를 쳐다보며 비웃는다든가, 또는 그런 모양의 자기를 보고 화를 내야만 이치에 맞다.

그러나 나의 견해로는 이 난잡한 점은 소망 충족에 의해 제거된다. 다른 한쪽의 수치스러운 당황은 어떤 힘에 지탱되어 잔존하고 있기 때문에 양자 사이에 모순이 발생한다. 어떤 꿈이 소망 충족 때문에 그 형태가 부분적으로 왜곡되어서 올바르게 이해되지 않는다는 것에 대한 흥미로운 증거가 하나 있다. 그 꿈은 누구나 다 잘 알고 있는 《황제의 새옷》이라는 안데르센의 작품에 취급되고 있는 동화의 기초가 되어 있는 꿈이다. 이 동화는 최근에 폴다의 《부적》이라는 작품 속에서도 문학화되었다.

안데르센의 동화에는 두 명의 사기꾼의 이야기가 나온다. 그들은 황제를 위해 귀한 옷 한 벌을 짰는데, 이 옷은 착한 사람과 충성스러운 사람의 눈에만 띄도록 만들어진 것이다. 황제는 이 눈에 보이지 않는 옷을 입고 외출한다. 그러나 백성들은 이 신비스러운 옷의 힘에 겁을 먹고 황제의 나체를 못 본 척한다.

우리들의 꿈 상황도 이와 같다. 이해할 수 없는 꿈 내용이 하나의 자극을 주어서 어떤 표현 형식을 만들어 낸다. 이 표현 형식에서 기억에 남아 있는 상황이 의미 깊은 것이 된다 해도 결코 지나친 생각은 아닐 것이다. 그때 기억에 남아 있는 상황은 본래의 뜻을 잃고 여태까지 전혀 무관한 여러 목표를 위해 이용된다. 그러나 우리들은 꿈 내용의 이러한 오해가 흔히 제2의 심적 조직의 의식적 사고 활동에 의해 생기고, 이것이 또 최후적인 꿈 형성의 한 요인으로 인정된다는 것을 알게 될 것이다. 또한 강박 관념이나 공포증의 형성에 있어서 이것과 비슷한 오해가 역시 같은 심적 개성의 내부에 있어서 주요한 역할을 하는 것을 보게 될 것이다. 뜻을 전환시키는 재료가 어디서 얻어지는지는 위의 꿈에 대해서도 설명할 수 있다.

동화 속의 사기꾼에 해당하는 것은 꿈 자체이고, 황제는 꿈을 꾸고 있는 본인이므로, 이 동화의 설교적인 경향은 꿈의 잠재 내용 속에서는 억압에 희생된 용납할 수 없는 소망이 문제라는 막연한 자각을 암시하고 있다. 내가 노이로제 환자를 분석하는 동안에 이런 꿈이 나타나는 관련을 생각해 보았는데, 이 꿈의 밑바닥에는 유년기 초기의 기억이 깔려 있음은 의심할 여지가 없었다. 우리들이 가족이나 유모나 하녀 또는 손님 같은 다른 사람들 앞에서 옷을 입지 않고도 태연할 수 있었던 것은 유년 시절뿐이었다. 그리고 그때에는 자신의 나체를 조금도 부끄럽게 생각하지 않았다.[32] 아이들은 옷을 벗는 것을 부끄럽게 생각하기는커녕 오히려 좋아하는 것을 상당히 큰 아이들에게서도 흔히 볼 수 있다. 벌거벗은 아이들은 웃고 뛰놀며 자기 배를 툭툭 치기도 한다. 그러면 어머나나 그것을 보는 다른 사람들이 아이들을 향해 "그게 뭐니, 보기 흉하게. 그럼 못써"라고 나무란다. 아이들은 가끔 노출욕을 보인다.

오스트리아의 어느 마을의 2, 3세의 어린이들은 지나가는 통행인들에게 경의를 표하려는 것인지, 웃옷을 걷어올리는 장면을 보게 된다. 나의 환자 중의 어떤 사람은 여덟 살 때의 광경을 또렷하게 기억하고 있다. 잠자기 전에 옷을 벗고 속옷 바람으로 옆방의 누이동생에게 가려다 하녀에게 제지당한 것이다. 노이로제 환자의 유년기에는 이성의 아이 앞에서 자기 몸을 드러내는 것이 큰 역할을 한다. 망상중에서는 옷을 입거나 벗거나 할 때 사람들이 보고 있다는 망상을 이런 유년기의 체험에 귀착시킬 수가 있다. 유년기의 성도착 상태를 탈피하지 못한 환자 가운데는 유아적 충동이 증세로까지 발전되어 있는 사람들, 즉 노출증 환자들이 있다.

우리들은 부끄러움을 몰랐던 유년 시절을 천상의 낙원처럼 생각한다. 그

---

32) 그런데 또 동화 속에는 아이가 등장한다. 왜냐 하면 거기서 어떤 작은 아이가 갑자기, "뭐야, 임금님은 아무것도 안 입으셨잖아" 하고 외치기 때문이다.

러나 그런 천상의 낙원은 단지 개개인의 유아적인 집합적 공상에 지나지 않는다. 그래서 천상의 낙원에서는 사람들이 벌거벗고도 부끄러움을 못 느꼈던 것인데, 수치감과 불안이 눈을 뜨는 순간이 오자 낙원에서의 추방이 행해지고, 남녀의 성생활과 문화의 영위가 시작된 것이다. 그런데 꿈은 밤마다 이 낙원으로 우리들을 데려다 준다. 우리들은 이미 최초의 유아기_{만 3세 말까지의 의식 이전의 시기}의 여러 인상은 단지 그 자체로서 있는 그대로 재현되기를 갈망하고 있는 듯하다. 즉, 앞서 말한 바와 같이 그 재현은 하나의 소망 충족임을 시사한다. 따라서 나체의 꿈은 노출의 꿈[33]이다.

노출 꿈의 핵심을 이루고 있는 것은 자기 자신의 모습과 복장의 불비함이다. 자기의 모습이라고 해도 그것은 유년 시절의 자기가 아닌 현재의 자기 모습이다. 또 복장의 불비함은 유년 시절 이래의 많은 복잡한 복장의 기억이 겹쳐 있기 때문에 매우 애매하다. 여기에 또 본인이 부끄럽게 생각하는 상대자가 겹쳐진다. 유년 시절의 노출 경험시에 실제로 그것을 본 사람이 꿈 속에 다시 등장한다는 예를 나는 한 번도 접한 적이 없다. 꿈이란 결코 단순한 기억이 아니다. 유년기에 우리들의 성적 관심을 끈 사람이 꿈이나 히스테리 및 강박 관념의 재현 속에는 전혀 나타나지 않는다는 사실은 주목할 만하다. 단지 망상중에만 그런 노출을 본 사람이 재현되어 눈에 보이지 않는데도 불구하고 거기에 있다고 광적인 믿음을 갖는다.

꿈은 그런 사람 대신에 실제로는 아무런 관련도 없는 많은 다른 사람들을 끌어들이는데, 이것은 전에 그 사람 앞에서 벌거벗은 몸을 보인 사람에 대한 각 사람의 '소망 반대물'에 지나지 않는다. 이 밖에도 꿈에 나오는 많

---

33) 부인에게 있어서 약간의 흥미로운 나체 꿈은 별 어려움 없이 유아적 노출 욕구로 환원시킬 수가 있었다. 그러나 페렌치는 '유형적인' 나체 꿈과는 다르다는 점에 관해서 보고한 바 있다.

은 다른 사람들은 임의로 설정된 다른 관련 속에 나타난다. 그런 사람들은 항상 소망 반대물로서 '비밀'을 뜻하고 있다.[34] 망상증의 경우에 일어나는 과거의 상황의 재현이 또 얼마나 이 소망 반대물을 고려하고 있는지를 잘 알 수 있다. 나는 이미 혼자가 아니다. 다른 사람에게 관찰되고 있는 것이 분명한데, 관찰하고 있는 사람들이란 많은 낯설고 이상한 사람들이라는 것이다.

이외에 또 노출 꿈에 있어서는 억압이 한몫을 한다. 이런 꿈이 갖는 고통 감은 노출 장면의 내용이 '제2의 심적 조직'에 의해 거부되는 데도 불구하고 표상되었다는 사실에 대한 이 조직의 반응이기 때문이다. 이런 고통감의 억제를 위해서는 그 장면이 꿈 속에 재현되는 것을 막아야 했던 것이다.

억압된 감정에 대해서는 뒤에 가서 다시 한 번 고찰해 보기로 하겠다. 이 감정은 꿈 속에서 의지의 갈등, 즉 '아니다'라는 것을 표현하는 데 있어서 훌륭한 역할을 수행한다. 무의식적 의도에 따르면 노출은 계속되어야 하고, 검열의 요구에 따르면 중단되어야 한다. 동화나 그 밖의 다른 문학적 소재에 대해 우리들이 말하는 유형의 꿈의 관계는 확실히 그리 진귀한 것도 아니고, 또 우연한 것도 아니다. 날카로운 시인의 눈이 이 변형 과정을 — 시인이야말로 흔히 이 과정의 수단이지만 — 정신 분석적으로 소추하여, 문학을 꿈으로 환원시킨 일도 종종 있다. 나는 한 친구로부터 G. 켈러의《푸른 하인리히》속에 다음과 같은 구절이 있다는 얘기를 들은 적이 있다.

"레이 씨, 호메로스의 작품에 나오는 오디세이가 벌거벗은 채 흙투성이가 되어 나우시카와 그의 친구들 앞에 나타나는 대목이 있죠? 나는 당신이

---

[34] 부인에게 있어서 약간의 흥미로운 나체 꿈은 별 어려움 없이 유아적 노출 욕구로 환원시킬 수가 있었다. 그러나 페렌치는 '유형적인' 나체 꿈과는 다르다는 점에 관해서 보고한 바 있다.

그 오디세이와 같은 상태에 내포되어 있는, 특별히 날카로운 진리를 분명하게 깨닫기를 바라는 것은 결코 아닙니다. 그러나 이것이 도대체 무슨 뜻인지 알고 싶지 않습니까? 호메로스가 묘사한 이 경우를 잘 생각해 봅시다. 만약 당신이 고향을 떠나고 그 동안 정들여 온 모든 것을 떠나서 이국 땅 하늘 아래를 방황한다고 가정해 보세요. 당신은 많은 것을 듣고 보고 경험하고, 고생과 근심이 많은 참으로 불쌍하고 고독한 처지에 놓일 것입니다. 그렇게 되면 당신은 반드시 밤에 이런 꿈을 꿀 것입니다.

즉, 당신이 한 걸음 한 걸음 고향에 가까이 가는 꿈을 꿀 것입니다. 꿈 속의 고향은 매우 찬란한 빛으로 빛나고, 정겨운 사람들의 모습이 당신에게로 다가옵니다. 그러면 갑자기 당신은 자기 자신이 흉칙하게 알몸으로 먼지 투성이가 되어 다녔다는 것을 떠올릴 것입니다. 당신은 무어라고 표현할 수 없는 수치감과 불안에 사로잡힙니다. 바로 그때 당신은 땀에 흠뻑 젖은 채 눈을 뜨게 되는 거지요. 이 세상에 인간이 존재하는 한, 이것이 고뇌에 찬 방랑객의 꿈입니다. 호메로스는 이렇게 인간의 가장 심오하고 영원한 본성을 바탕으로 삼아 그 오디세이의 경우를 설정한 것입니다."

흔히 시인들은 독자의 마음에 인간성의 가장 심오하고 영원한 본질을 환기시키는 데 공헌한다. 그러나 이 심오하고 영원한 본질이란 나중에는 전의식前意識이 되어 버리는 유년기 심적 생활의 여러 움직임에 지나지 않는다. 타향살이를 하는 사람의 의식에 떠오를 수 있는, 나무랄 수 없는 소망의 배후에서 억압되고 용납될 수 없는 것이 되어 버린 갖가지 유아 소망이 꿈 속에 나타난다. 그러므로 나우시카의 전설에 의해 객관화된 꿈은 보통 하나의 불안한 꿈으로 변화된다.

앞에서 소개한 나 자신의 꿈은, 처음에는 서둘러 계단을 올라가지만 나중에 곧 계단 위에서 꼼짝 못 하게 되는 것처럼 변화한다. 이 꿈은 노출 꿈의 본질적인 여러 성분을 나타내고 있기 때문에 역시 하나의 노출 꿈이라 할 수 있다. 그러므로 이 꿈은 유년 시절의 체험으로 귀속시킬 수가 있다. 그 유년 체험이 어떤 것인지 알게 되면, 하녀의 나에 대한 태도나, 내가 카펫을 더럽힌 데 대한 하녀의 나에 대한 비난이, 꿈 속에서 하녀가 차지하는 위치를 만드는 데 어느 정도 협조하고 있는가가 반드시 해명된다. 그리고 나는 실제로 다음과 같이 설명할 수 있다. 정신 분석에서는 시간적 접근으로 구체적인 관련을 유추해 낸다.

만일 두 가지 사고가 얼른 보기에 전혀 무관하게 서로 이어 나타날 경우에, 이 두 사고는 판단이 가능한 통일이다. 그것은 마치 내가 a라고 쓰고 그 것과 나란히 b를 쓰면, ab라는 단어가 되어 '애브'라는 하나의 철자가 되는 것과 같다. 꿈의 전후 관계도 이와 같다. 앞서 기록한 계단의 꿈은 하나의 연결된 꿈 속에서 끄집어 낸 것이므로, 나는 이미 그 꿈 이외의 부분을 꿈 해석에 의해 알고 있다. 그 부분에 싸여 있는 그 꿈은 하나로 연결된 꿈과의 관련에서 고찰되어야 한다. 그런데 그 꿈을 싸고 있는 다른 여러 꿈의 배후에는 어떤 음모에 대한 기억이 숨겨져 있다.

이 유모는 내가 아기 때부터 약 두 살 반이 되기까지 나를 돌봐 주었기 때문에, 나의 의식 속에는 그녀에 대한 기억이 어렴풋하게나마 남아 있다. 최근에 어머니로부터 들은 바에 의하면, 이 유모는 늙고 얼굴은 못생겼지만, 머리가 비상하고 성실했다고 한다. 내가 나의 꿈에서 끄집어 낸 추론에 따르면, 유모는 항상 내게 잘 해 주지만은 않았다. 청결하게 하라고 아무리 주의를 주어도 내가 그 말을 어기거나 하면 나를 몹시 꾸짖었다는 것이다. 그렇다면 꿈 속에서 하녀는 유모의 이 교육을 계속함으로써, 꿈 속에서 나의 전의식적 늙은 유모의 화신으로서 취급받고자 하는 것이다. 어린 내가 꾸중을 들어가면서도 이 유모를 대단히 좋아했다는 것은 얼마든지 이해할 수가 있는 일이다.[35]

2) 근친자 사망의 꿈

유형 꿈이라고 부를 수 있는 또 한 가지 계열의 꿈은 소중한 가족, 즉 부모라든가, 형제 자매라든가, 자녀 등이 죽은 내용의 꿈이다. 이런 꿈은 우선 두 종류로 구별해야 한다. 하나는 그런 꿈을 꾸어도 당사자가 꿈 속에서 조금도 슬픔을 느끼지 않기 때문에 잠을 깬 뒤에 자신의 부정함을 의심하는 경우이고, 또 하나는 꿈 속의 그런 죽음에 몹시 슬픔을 느끼고 잠을 자면서 뜨거운 눈물을 흘리는 꿈이다. 전자의 유형 꿈에 대해서는 언급하지 않기로 하겠다.

그것은 이 꿈이 사실상 유형 꿈으로 보기가 어렵기 때문이다. 이런 꿈을 분석해 보면, 그 내용과는 다른 뜻을 가지기 때문에 어떤 다른 소망을 은폐하는 역할을 하고 있음을 알 수 있다. 언니의 외아들이 관 속에 누워 있는 광경을 본 여자의 꿈이 바로 이런 꿈이다. 이 꿈의 의미는 그녀가 어린 조카의 죽음을 바라는 것이 아니라, 오랫동안 만나지 못했던 연인과의 재회를 소망하는 것에 지나지 않았다는 것은 우리들이 이미 본 바와 같다. 그것은 전에 다른 조카가 죽었을 때 그 관 옆에서 그 애인을 오래간만에 만날 수 있었기 때문이다. 이 소망이야말로 이 꿈의 본래의 내용이었으므로 슬픔

---

35) 이 꿈의 보충적 해석. '계단 위에 침을 뱉다auf der Treppe spucken'는 유령이 나타난다spuken가 망령의 활동을 의미하므로 그대로 번역하면 불어의 '계단의 정신esprit d' escalier'이 된다. '계단의 정신 Treppenwitz'의 뜻은 대개 눈치가 없다는 의미가 쓰인다. 사실 나는 나 자신의 눈치가 좀 부족하다고 생각한다. 그러나 유모에게 그런 눈치가 부족했는지의 여부는 알 수 없다.

의 동기가 될 수 없는 것이다. 그래서 꿈 속에서 전혀 슬픔을 느끼지 않았던 것이다. 이 경우에 인정되는 것은 꿈 속에 내포된 가정은 현재 내용에 속하는 것이 아니라, 잠재 내용에 속한다는 것, 그리고 꿈의 정서 내용은 표상 내용에 덧붙여진 왜곡을 받지 않는다는 사실이다.

사랑하는 가족의 죽음을 보고 슬픈 감정을 느끼는 꿈은 앞의 꿈과는 전혀 다르다. 이런 꿈은 그 꿈 내용이 입증하고 있는 것, 즉 그 사람의 죽음을 소망하는 의미를 담고 있는 것이다. 내가 이런 해석을 내리면, 이와 비슷한 꿈을 꾼 적이 있는 독자 여러분께서 분명히 그럴 리가 없다고 반대할 것이다. 그래서 나는 여기서 충분한 자료를 들어 나의 견해를 입증하고자 한다. 우리들은 이미 어떤 꿈을 해석한 결과, 그 꿈 속에 실현된 것으로 표현된 소망이 반드시 현재 작용하고 있는 소망은 아니라는 것을 알 수 있다. 그것은 오래 전에 지나가고 이미 처리된, 밑에 깔려 버린 억압된 소망일 수도 있다. 다만 그것이 꿈 속에 재현됐기 때문에, 우리들은 그 소망이 역시 아직 살아 있다는 것은 인정하지 않을 수 없는 것이다.

그것은 우리들의 이해에 따르면 완전히 죽은 사람이 아니라, 피를 빨자마자 되살아나는《오디세이》에 나오는 망령과 같은 것이다. 상자 속의 죽은 아이의 꿈에서는 오래 전부터 적극적으로 작용하고 있던 소망이 15년 전부터 그 존재가 분명하게 인정되었던 것이 문제였다. 나는 여기서 이 소망의 저변에는 매우 이른 유년기의 기억이 깔려 있다고 부언해 두겠는데, 이 부언은 아마도 꿈 이론에 있어서 결코 무의미한 것은 아닐 것이다. 그 꿈을 꾼 부인은 자기의 어린 시절에 ― 그때가 언제였는지 확실할 수 없지만 ― 자기를 임신한 어머니가 속이 상한 나머지, 뱃속의 아기가 죽었으면 좋겠다는 생각을 한 적이 있었다는 말을 들었다. 어른이 된 그녀가 임신을 했을 때,

자기도 어머니의 선례에 따른 것에 불과하다.

어떤 사람이 부모나 형제 자매가 죽은 꿈을 꾸고 슬픔에 잠겼을 경우에 나는 그 꿈을 꾼 사람이 현재 그 가족 중의 누군가가 죽기를 바라는 증거라고 단정 지을 수는 없다. 꿈 이론에는 그만한 권한이 없다. 꿈 이론은 그 사람이 유년 시절의 어떤 시기에 그 가족 중의 누군가가 죽기를 바란 적이 있었다고 추론하는 것만으로 충분하다. 그러나 이렇게 꿈 이론에 제한을 두어도, 나의 견해도 반대하려는 사람에게는 아직도 이해가 되지 않을 것 같아 걱정된다. 그들은 번번이 나는 여태까지 한 번도 그런 것을 생각한 적이 없다라든가, 현재 그런 소망을 품고 있다는 건 당치 않는 말이라고 하면서 집요하게 반대할 것이다.

그러므로 나는 지금도 역시 그렇다는 것을 나름대로 입증하기 위해, 이미 오래 전에 소멸되어 버린 유년기의 심적 생활의 일부를 여기에 되살려야 한다.[36]

우선 아이들의 형제 자매에 대한 관계를 생각해 보자. 형제 자매와의 관계가 무턱대고 정답다고만은 생각할 수 없는 것이라고 본다. 왜냐 하면 어른들의 세계에서는 형제간의 불화를 얼마든지 볼 수 있고, 또 형제 자매의 불화의 씨가 유년 시절에서나 혹은 그 훨씬 이전부터 계속돼 오고 있는 것을 쉽게 확인할 수가 있기 때문이다. 그리고 지금은 서로 사랑하고 돕고 있지만, 그 어른들 대부분은 어렸을 때에는 늘 싸우면서 지냈던 것이다. 손위 아이는 손아래 아이를 골탕먹이거나, 장난삼아 빼앗거나, 어른에게 고자질

---

36) 이 점에 관해서는 《정신 분석 및 정신 병리 연구 연감》제1권 《전집》제 7권, 1909년에 게재된 〈5세 된 남자 아이의 공포증 분석〉과 《신경증학에 관한 소론집》속편에 실린 '유아의 성욕 이론에 관해서' 《전집》 제7권를 참조하라.

하기도 했다.

손아래 아이는 손위 아이를 이기지 못하기 때문에 화를 내고 이를 갈며, 손위 아이를 부러워하기도 하고 두려워하거나, 혹은 자유에 대한 강한 욕구나 정의감의 태동을 가해자인 손위 아이에게 돌렸던 것이다. 부모들은 자녀들이 서로 사이가 좋지 않다고 불평하면서도 그 원인을 찾아내지 못한다. 행동이 방정하다고 생각되는 아이들도 자세히 관찰해 보면 어른들이 기대하는 것과는 다름을 알 수 있다. 아이는 완전히 이기적이다. 자기의 욕구를 강렬하게 느끼는 아이는 그것을 경쟁자인 다른 아이들, 특히 그 중에서도 자기의 형제 자매에게서 만족시키려 한다. 그러나 그렇다고 해서 우리는 그들을 나쁘다고 말하지 않고, 다만 개구쟁이라고 한다.

아이는 우리들의 판단으로 보나 벌칙의 규정으로 볼 때 자기의 나쁜 행위에 대한 책임이 없다. 그래도 그들에게 아무런 긴장감이 없다. 그 이유는 우리들이 유년기라고 부르는 기간 동안에 이미 이 작은 이기주의자의 안에서는 이타적인 마음의 움직임이나 윤리 의식이 눈뜨고, 마이네르트가 말하는 소위 제2차 자아가 제1차 자아를 덮어 그 움직임을 저지한다고 기대해도 되기 때문이다. 물론 그렇다고 해서 윤리 의식이 새로이 생기는 것은 아니다. 그리고 부도덕적인 유년기의 지속 기간도 어린이에 따라 각기 다르다. 또 그러한 윤리 의식이 언제까지나 나타나지 않는 아이를 보고 우리들은 흔히 '변질자'라는 말을 쓰고 싶어한다.

그러나 이 경우에 뚜렷이 문제가 되는 것은 그런 윤리 의식의 발달에 대해 억제가 있느냐의 여부이다. 제1차 성격이 후기의 발달에 의해서 이미 감추어져 있을 때에라도 히스테리에 의해서 이 제1차 성격이 부분적으로 표면에 나타나는 수가 있다. 소위 히스테리적 성격과 개구쟁이 성격과의 일치는 누가 보든지 뚜렷한 것이다. 이와 반대로 강박 노이로제는 다시 움직이기 시작하는 제1차 성격에 대한 무서운 부담으로서의 과잉 윤리감에 해당한다. 그러므로 지금은 형제 자매를 사랑하고 있기 때문에 그들이 죽으면 말할 수 없는 슬픔에 잠기는 사람들도, 그들의 무의식 속에서는 예전부터 형제 자매에 대한 악감정을 갖고 있었기 때문에 그런 나쁜 소망이 꿈 속에 나타남으로써 자기를 실현하게 되는 것이다.

특히 흥미로운 것은 세 살 전후의 아이가 손아래 누이나 동생을 대하는 태도이다. 동생이나 누이가 태어나기 전까지는 자기가 혼자였는데, 황새가 그 아이를 데려왔다는 말을 듣는다. 그러면 그 아이는 새로 생긴 아이를 보며 이렇게 말한다. "황새가 도로 데리고 가 버렸으면 좋겠다……."[37] 나는 아이가 새로 생긴 동생 때문에 손해를 입을 것을 정확히 계산에 넣고 있다. 어떤 절친한 부인에게서 들은 이야기로는, 지금은 네 살 아래인 여동생과 아주 사이가 좋은 큰아이가 어렸을 때는 동생이 태어났다는 말을 듣고, "하지만 내 빨간 모자는 아기에게 주지 않을래"라고 말했다는 것이다. 아이가 동생에 대한 적의를 분명하게 의식하게 되는 것은 훨씬 후의 일일지라도, 이 적의가 싹트는 것은 그 동생이 태어난 시점이다.

세 살 안팎의 여자 아이가 요람 속에 있는 아기의 목을 졸라 죽이려고 한 사건을 나도 알고 있다. 아기가 앞으로 계속 있다는 것은 자기에게 결코 이득이 될 수 없다고 생각한 것이다. 이 나이 또래의 아이의 질투심은 매우

---

37) 앞서 말한 논문에서 내가 그 공포증을 분석한 한스3년 반는 누이동생이 태어나고 얼마 후에 열에 들떠서 이런 헛소리를 했다. "난 동생이 필요없어." 그 후 1년 반이 지나자 한스는 신경증에 걸렸는데, 그때 그는 작은 누이동생이 죽기를 바라는 마음에서 어머니가 누이동생을 목욕시키다가 욕조 속에 빠뜨렸으면 좋겠다는 소망을 나타내었다. 그러나 이 한스라는 아이는 착하고 인정이 많은 아이여서 그런지 얼마 안 되어 이 동생을 매우 아껴 주었다.

강하고 분명하다. 그러나 작은아이가 어디론가 가고, 그래서 아이가 집안의 관심을 한 몸에 모으고 있을 때, 또다시 황새가 새 아기를 데리고 온다. 이 때 이 아이는 이번의 아기도 전과 같이 되기를 바라고, 자기가 전의 아이가 죽었을 때부터 이번 아기가 낳았을 때까지 맛보았던 행복을 다시 찾고 싶다는 소망을 갖는다 해도 이것은 그다지 무리한 이야기가 아니지 않겠는가.[38] 물론 새로 태어난 아이에 대한 그 아이의 태도는 정상적인 상태에서는 나이 차로 생긴 결과에 불과한 것이다. 터울이 길면 손위의 여자 아이의 마음 속에는 가련한 아기에 대한 모성애가 작용하게 될 것이다.

형제 자매에 대한 적대감은 우리 어른들의 둔한 관찰에 비치는 것보다 유년 시절에는 훨씬 더 자주 나타났을 것이다.[39] 나는 이어서 태어난 나 자신의 아이에 대해서 이런 관찰을 할 기회를 잃었지만, 그 대신 어린 조카를 통해 그것을 배울 수 있었다. 조카는 누이동생의 출현으로 15개월 동안의 독재를 빼앗겼다. 그러나 들은 바에 의하면, 이 조카는 매우 의젓한 태도로 누이동생의 손에 입도 맞추고 머리도 쓰다듬어 준다고 한다. 그러나 나는 만 두 살을 앞두고 있는 이 조카도 말만 배우면 반드시 자기로선 불필요한 존재로 여기는 누이동생에게 심술을 부릴 것으로 확신한다.

지금도 누이동생이 화제에 오르게 되면, 이 어린 조카는 언제나 대화 중에 끼어들어서 기분 나쁘다는 듯이 소리친다. "아직 꼬마예요, 꼬마!" 하고. 이 꼬마 아기가 순탄하게 성장해서 이 조카의 멸시를 벗어날 수 있게 된 두서너 달 동안에 그는 누이동생 따위는 별 볼일 없는 존재라는 자기 의견을

---

38) 유년기에 체험한, 다른 사람의 죽음에의 소망은 가족들 사이에서는 금방 잊혀진다 해도, 정신 분석적인 연구는 이런 사례들이 후년의 신경증 형성에 결정적인 의미를 준다는 사실을 입증하고 있다.
39) 아이들이 형제 자매나 부모 중에서 한쪽에 대해 나타내는 본래부터의 적대적인 태도에 관계되는 관찰은 그 후에도 많이 행해져 왔고, 정신 분석학의 많은 저술 속에도 기재되어 있다.

그럴 듯하게 꾸민다.[40) 또 하나 나의 누이동생의 맏딸의 일로 우리 식구들이 기억하고 있는 것은, 이 아이가 여섯 살 때 큰어머니를 붙잡고 30분 동안이나, "루이스는 아직 그런 거 몰라요" 하고 자기 의견을 설득시킨 사실이다. 루이스는 두 살 아래인 동생의 이름이다.

또 한 예로써 나의 부인 환자들을 생각해 보아도 더 강한 적대감이 내재된 형제 자매의 사망의 꿈을 꾸지 않은 사람은 한 사람도 없다. 꼭 한 사람 예외가 있지만, 이것도 조금 해석을 달리하면 원칙을 확인할 수 있는 성질의 것이었다. 전에 어떤 부인을 진찰했을 때, 그 환자의 중세로 보아서 설명해 주어야겠다고 생각한 이 형제 자매에 대한 적대감을 설명했더니, 그녀는 그런 꿈을 꾼 적이 없다고 대답하여 나를 놀라게 했다. 그러나 그녀는 다른 꿈을 기억해 냈다. 얼른 보기에 이 꿈은 지금 문제시하고 있는 꿈과는 아무런 관련도 없는 것으로서, 막내딸인 그녀는 네 살 때 처음으로 이 꿈을 꾸었는데, 그 뒤 여러 번 반복해서 꾸었다고 한다. 그 꿈은 〈그녀의 오빠·언니·사촌 등 많은 아이들이 풀밭에서 뛰어놀고 있었다. 갑자기 아이들에게 모두 날개가 돋아 어디론가 날아가 버렸다〉는 내용이었다.

그녀는 이 꿈의 의미를 전혀 알지 못하겠다고 했다. 그러나 이 꿈 속에서 검열 때문에 조금 영향은 입었지만, 사실은 형제 자매들이 죽는 꿈이라는 본래의 형태를 인정하기는 그리 어렵지 않을 것이다. 이것을 분석해 보면 다음과 같다. 그 아이들 중의 한 명이 죽었을 때, 아직 네 살이 되기 전이었던 그 부인환자가 한 어른에게 아이가 죽으면 어떻게 되느냐고 물었던 적이 있다. 아이는 그때 분명 날개가 생겨 천사가 된다고 하는 대답을 들었을

---

40) 3년 반이 된 한스는 같은 말로 자기 누이동생에 대한 부정적 비판을 하고 있다앞에 기록한 해당 대목을 참조. 그는 누이동생이 이가 없어서 말을 못 하는 것으로 생각하고 있었다.

것이다. 이런 설명을 들은 뒤 꿈 속에서 형제 자매들이 모두 천사 같은 날개를 달고 — 여기가 중요하다 — 어디론가 날아가 버리는 것이다. 다른 아이들은 모두 천사로 만든 다음 자기만 남는다. 그 많은 아이들 중에 혼자만 남는다는 것은 조금만 생각해 보아도 그 아이로서는 얼마나 신나는 일인가를 알 수 있다.

아이들이 풀밭에서 뛰어놀다가 이윽고 어디론가 날아가 버린다는 것은 나비를 암시하고 있다고 해도 무방할 것이다. 고대인으로 하여금 마음의 여신 푸슈케에게 나비의 날개를 달게 한 것과 같은 관념 결합이 여자 아이에게 그런 생각을 하게 한 것 같다. 아이들이 형제나 자매에게 그런 적대감을 품는다는 것은 확실히 인정하지만, 마치 모든 잘못은 오로지 죽음의 형벌로써만 배상된다는 식으로 경쟁자나 자기보다 강한 친구의 죽음을 바랄 정도로 사악한 마음이 어떻게 아이들에게 생기겠는가 하고 의심을 품을 사람도 있을 것이다. 그러나 이런 사람들은 아이들의 죽음에 관해 품고 있는 관념이 우리 어른들의 관념과는 다른 죽음이라는 말이 공통되어 있을 뿐이고, 그 외에는 거의 공통되는 것이 없다는 사실을 생각지 않는다.

아이들은 사후 세계에 관한 모든 신화가 증명해 주는 이 영원한 허무는 생각만 해도 견디기가 어려운 것이다. 죽음에 대한 공포 같은 것은 아이들과는 상관이 없다. 그래서 아이들은 죽음이라는 무서운 말을 하고, 다른 아이들에게, "한 번 더 해 봐. 그러면 너도 프란시스처럼 죽을 거야" 하고 을러대기도 한다. 그런 말을 듣는 어머니들은 소름이 끼쳐 몸을 떤다. 어머니는 태어나는 아이들의 반 이상이 어려서 죽은 기억을 잊을 수 없기 때문이다. 또 여덟 살의 아이가 박물관을 돌아보고 어머니에게 이런 말을 하기도 한다. "엄마, 나는 엄마가 제일 좋아. 그러니까 엄마가 죽으면 박제로 만들어서 내

방에다 장식해 놓을래. 그러면 언제든지 엄마를 볼 수 있잖아." 죽음에 대해서는 아이와 어른 사이에 관념상의 차이가 있다.[41]

아이들은 사람이 죽기 전에 괴로워하는 광경을 직접 본 적이 없기 때문에 죽는다는 것이 '없어졌다', 또는 '이제 다른 사람들을 방해하지 않는다'는 정도의 의미만 갖는 것으로 생각한다. 이제는 왜 없는가, 여행을 갔기 때문인가, 해고되었나, 멀어진 탓인가, 혹은 죽었기 때문인가 하는 구별을 아이들은 하지 못한다.[42] 어린아이의 기억 이전의 전의식 시대에 유모가 집을 떠나간 지 얼마 되지 않아 어머니가 죽었을 경우, 분석에 의해서 밝혀지는 그의 어린 시절이 기억에 있어서 이 두 사건이 하나로 겹쳐져 있다. 아이는 없는 사람에 대해서는 그다지 신경을 쓰지 않는다. 예컨대 어머니가 몇 주간을 피서 여행에 갔다가 돌아와서 아이들의 동정을 물으면, 아이들이 어머니에 대해 단 한 번도 묻지 않더라는 말을 듣고 매우 서운해할 때가 적지 않다.

그러나 어머니가 정말로 '어떤 사람도 돌아온 전례가 없는' 죽음의 나라로 가 버리면 아이들은 처음에는 어머니를 잊은 것처럼 보이다가 시간이 흐르면 비로소 죽은 어머니를 생각하기 시작한다. 그러므로 한 아이가 어떤 동기에 의해 다른 아이가 없어졌으면 좋겠다고 원한다는 것은 곧 그 아이가

---

41) 열 살의 똑똑한 남자 아이가 자기의 아버지가 갑자기 죽은 후에 이런 말을 함으로써 나를 놀라게 한 적이 있다. "아버지가 죽었다는 건 나도 알지만, 아버지가 왜 저녁 식사때에 집에 돌아오지 않는지 모르겠어요." 이 테마에 관한 더 이상의 재료는 《이마고》지 제1~50권1912~1918에 실려 있다.

42) 정신 분석을 잘 알고 있는 한 아버지의 관찰은 지능이 발달한 4세 된 딸이 '가 버렸다'와 '죽어 버렸다'의 구별을 하는 순간을 포착하고 있다. 이 아이가 식사때 트집을 잡자, 여관집 하녀가 기분 나쁜 눈초리로 쳐다보았는데, 이 아이는 그것을 눈치채고 "요제피네가 죽어 버렸으면 좋겠어요"라고 아버지에게 말하는 것이었다. 그래서 아버지가 타이르듯이 "죽어 버리다니! 어떻게 그런 소릴……. 저쪽으로 가 버리면 될 텐데"라고 말했더니, 아이는 "저쪽으로 가 버리면 또 오잖아요" 하고 대답했다. 아이의 끝없는 나르시시즘에 있어서는 어떠한 장해도 모두 반역죄가 되어 준열한 드라코의 입법과 같이, 아이의 감정은 이런 죄에 여지없이 사형을 선고하는 것이다.

죽었으면 좋겠다는 것이 되니까, 죽음을 바라는 꿈에 대한 심적 반응을 내용에 어떤 차이가 있더라도 결국 아이의 소망은 어른의 그것과 틀리지 않는다는 것을 입증해 주는 것이다.

그런데 아이가 형제 자매에 대해 품는 죽음의 소망은 그 아이로 하여금 형제 자매를 경쟁자로 생각하게 하는 이기주의에 의해 설명될 수 있다. 하지만 부모에 대한 죽음의 소망은 어떻게 설명될 수 있겠는가? 부모는 그 아이에게 아낌없는 사랑을 베풀고 그의 욕구를 채워 주는 사람이므로, 이기주의로 말하자면 오히려 아이는 부모의 생존을 바라는 것이 당연하지 않겠는가. 이와 같은 문제의 난점에 해결의 단서를 제공해 주는 것은 아이의 꿈속에서 죽은 쪽은 부모 중에서 아이와 같은 성性 쪽일 경우가 압도적으로 많다는 사실이다. 즉, 남자 아이는 아버지가 죽는 꿈, 여자 아이는 어머니가 죽는 꿈을 많이 꾼다. 물론 이것이 통례라고 할 수는 없다. 그러나 압도적으로 많은 것만은 사실이므로, 그것이 보편적 의미를 갖는 계기에 의해 해명될 필요가 없는 것이다.[43]

대체적으로 아이에게는 심적 편향이 나타나서 남자 아이는 아버지를, 여자 아이는 어머니를 각각 연애의 경쟁자로 보아서 각기 그 경쟁자를 없애 버리면 자기에게 이득이 돌아온다고 생각하는 경향이 있는 것 같다. 나의 이런 견해에 대해 터무니없다고 반박할 사람도 있겠지만, 그런 사람은 부모와 자식 사이의 현실 관계를 유심히 주시해 보기 바란다. 우리들은 부모를 경애하는 문화가 이 관계를 요청하는 것과, 일상 생활의 관찰이 사실로서 나타내고 있는 것과를 분리시켜야 한다. 부모와 자식 사이의 관계에서 아이

---

43) 이런 사태는 가끔 도덕적 반응이라는 형태로 자기가 사랑하는 쪽인 아버지가 죽을지도 모른다는 두려움으로 나타나는 형벌적 경향이 나타남으로 해서 은폐되는 경우가 있다.

는 부모에 대해 얼마든지 적대감을 품을 계기가 많이 있다. 검열을 통과하지 못할 만한 소망이 생길 수 있는 조건은 얼마든지 있다.

우선 아버지와 아들의 관계를 살펴보자. 우리들은 모세의 십계명에 대해 승인해 온 신성神聖 때문에 현실에 대한 우리들의 인식이 흐려져 있는 것이다. 인류의 대부분이 네 번째 계명의 준수를 무시하고 있다는 것을 인정할 용기가 누구에게나 있는 것은 아니지만, 인간 사회에서는 그 귀천을 막론하고 부모에 대한 경애가 다른 이해 관계에 비해서 미미하다는 것이 일반적 흐름이 아니겠는가. 신화나 전설 속에서 인류의 원시 시대 이래 우리들에게 전해 오는 우울한 이야기는, 아버지의 절대적인 권력과 그 권력이 행사될 때의 잔혹성에 관해 매우 기분 나쁜 상념을 준다.

크로노스는 마치 수퇘지가 암퇘지 뱃속에 있는 새끼 돼지를 삼켜 버리듯이 자신의 아이들을 삼켜 버리고, 제우스는 자기 아버지를 거세한 뒤[44] 자기가 지배자로서 그 자리에 앉는다. 고대의 가족 안에서는 아버지가 무제한의 지배력을 휘두르면 휘두를수록 그 세습 후계자인 자식은 적의 위치에 놓이게 되므로, 아버지가 죽어야만 자신이 지배자의 자리에 앉을 수 있는 자식의 초조감이 그만큼 더 커졌을 것이다. 그리고 현대 사회의 가정에서도 역시 아버지는 자식이 자주적으로 자기의 길을 결정하는 것을 허락하지 않고, 자식의 독립에 필요한 생활 수단의 제공을 거부함으로써 이미 부자 관계 속에 있는 적대감을 자연스럽게 키우는 것이 보통이다.

의사는 아버지를 잃은 자식의 슬픔이 어렵게 손에 넣은 자유에 대한 만

---

44) 적어도 몇 가지 신화에서는 그렇게 되어 있다. 다른 신화의 묘사에 의하면 크로노스가 그의 아버지 우라노스를 거부했을 뿐이라는 식으로 되어 있다. 이 동기의 신화적 의의에 대해서는 O. 랑크의 《영웅 탄생의 신화》〈응용심리학 논집〉 제5호, 1909년 및 《문학과 전설에서 볼 수 있는 근친 상간의 모티브》 1920년를 참조하라.

족감에 제압되는 장면에 자주 접하게 된다. 현대 사회에서는 어떤 아버지이든지 예외없이 해묵은 가장권의 잔재에 필사적으로 매달리려고 한다. 아버지와 자식 사이에서 볼 수 있는, 예로부터의 상극된 갈등을 입센처럼 잘 부각시키고 있는 소설가는 드물다. 딸과 어머니 사이의 갈등의 동기는 딸이 성장하여 어머니를 자기의 감시인처럼 느끼기 시작할 때 생겨난다. 즉, 딸은 성적 자유를 원하지만, 어머니는 딸이 성장하는 모습을 보고 자기에게 성적 요구를 단념해야 할 시기가 왔음을 깨닫게 되는 시기이다.

이러한 모든 사정은 누구나 잘 알 것이다. 그러나 이러한 사정도 효도를 옛적부터 절대적으로 신성시해 온 사람들이 부모가 죽는 꿈을 꾸는 것을 설명하는 데는 별로 도움이 되지 않는다. 그러나 또 우리들은 앞에서 서술한 논의에 의해 부모에게 돌려진 죽음의 소망이 아주 어린 소아기에서 연유되는 것임을 추측하고 있다. 이런 추측은 신경증 환자를 분석해 보면 분명하게 입증된다. 이 분석은 우리들에게 아이의 성적 소망이 매우 일찍부터 눈 떠진다는 것 ― 성적 소망이 싹트는 상태를 성적 소망이라고 표현해도 좋다면 ― 과, 또 여자 아이의 유아적 첫 애정은 아버지에게, 남자 아이는 어머니에게로 향한다는 것이다.

그리하여 남자 아이에게는 아버지가, 여자 아이에게는 어머니가 각기 자신의 애정을 방해하는 경쟁자가 된다. 그리고 아이가 이런 느낌을 얼마나 쉽게 죽음의 소망으로 옮겨 놓는가는 이미 형제 자매의 경우에 관해서는 상세히 보아 왔다. 성적인 선택은 이미 아이들에 대한 부모의 태도 속에 나타나 있다. 아버지가 어린 딸을 귀여워하고 어머니가 아들에게 기우는 것은 그리 어색하지 않다. 그러면서도 부모는 성적 매력이 아이들의 판단을 미혹시키기 전에 아이들을 엄격히 교육하려고 하지만, 그래도 역시 그 편견을 없애기는 거의 불가능하다. 아이들은 특히 자기가 사랑받는 데 민감하기 때문에 자기를 사랑해 주지 않는 부모 쪽에 반항한다.

어른들에게 사랑을 받는다는 것은 아이들로서는 어떤 특별한 욕구의 충족이며, 게다가 그 이외의 모든 점에서도 자기 뜻대로 할 수 있음을 의미하는 것이기도 하다. 그러므로 아이는 자기 자신의 성적 충동에 이끌리고, 동시에 자기가 부모 사이에서 행한 선택이 부모가 행한 것과 같은 의미로 행해진 것이라면, 그것은 부모에게서 나온 자극을 변화시키고 있는 것이 된다. 이와 같은 아이 쪽의 유아적 애정 증후의 대부분은 쉽게 간과된다. 그러나 그 중 몇 가지는 최근의 유년 시절이 지나고 나서야 겨우 어른들의 주위를 끄는 수가 있다. 내가 아는 여덟 살의 소녀는 그녀의 어머니가 일이 있어서 식탁에서 떠나자, 곧바로 자기가 어머니의 후계자임을 선언했다. "이제 내가 엄마야. 애, 야채를 좀더 먹여야 해. 자, 어서 들어요" 하는 식이었다. 매우 영리하고 재치 있는 네 살의 여자 아이는 유아 심리의 일부를 여실히 보여주며 이렇게 말한다. "엄마가 언제 어디로 가실지 알 수 없잖아. 그러면 나는 아버지와 결혼할 거야. 그래서 내가 아버지의 부인이 될래." 유아 생활에서는 이런 소망이 있다고 해서 아이가 그 어머니를 진심으로 사랑하지 않는 것은 아니다.

아버지가 여행을 떠나자, 그날 밤부터 어린 남자 아이는 어머니 옆에서 잠을 잤다. 그런데 아버지가 돌아오신 후부터는 다시 제 방으로 가서 어머니만큼 흡족하지 않은 상대 옆에서 잠을 자게 되면, 아버지만 어디로 가고 없다면 내가 그 대신 어머니 곁에 있을 수 있을 텐데 하는 소망을 품기 쉽다. 그리고 이 소망을 이룰 수 있는 수단은 분명 아버지의 죽음이다. 왜냐 하면 그의 경험으로서 그것을 가르쳐 주기 때문이다. 예컨대 할아버지같이 죽은 사람은 항상 그 곳에 없고, 두 번 다시 돌아오는 일이 없기 때문이다. 어린 아이들에 대해 시도한 이와 같은 관찰이 내가 제기한 견해에 정확히 들어맞는다 해도, 그 관찰들은 아직 충분한 확신을 주지는 않는다.

그것은 성인 신경증 환자의 정신 분석에 의해서 비로소 의사인 나에게 확신이 서게 되는 것이다. 그래서 그들 노이로제 환자들의 꿈을 보고함에 앞서, 여기서는 이들 꿈이 소망의 꿈으로밖에는 해석되지 않는다는 것을 말해 두겠다. 어느 날, 한 부인이 슬프게 우는 것을 보았다. 그녀는 이제 친척들을 다시는 만나고 싶지 않다고 했다. 그 이유는 그들이 자기를 보면 몸서리를 칠 것이라는 것이었다. 그러다가 갑자기 떠오른 어떤 꿈 이야기를 시작했다. 물론 그녀는 그 꿈의 뜻을 몰랐다. 그 꿈은 그녀가 네 살 때 꾼 것인데, 다음과 같은 내용이었다. 〈살쾡이 같기도 하고 여우 같기도 한 것이 지붕 위를 걷고 있었다. 뭔가가 밑으로 떨어졌다. 어쩌면 나였는지도 모른다. 그 후 어머니가 죽어서 집에서 운반되어 나갔다.〉

이런 꿈 이야기를 하면서 그녀는 슬프게 울었다. 나는 그녀에게 이 꿈은 그녀의 유년기의 소망, 즉 어머니가 죽었으면 좋겠다는 소망을 의미하는 것이며, 이 꿈을 꾸었기 때문에 그녀를 보고 친척들이 몸서리칠 것이라고 생각하게 된 것이라고 말해 주었다. 그녀는 내 말이 채 끝나기도 전에 벌써 이 꿈을 해명할 자료를 주었다. 그녀는 어렸을 때 '살쾡이의 눈'이라는 별명을 갖고 있었다. 그녀가 세 살 때 지붕에서 기와 한 장이 떨어져 어머니가 머리를 맞아 피를 많이 흘린 일이 있었다. 나는 전에 여러 심적 상태를 거친 한 젊은 여성 환자를 자세하게 조사한 적이 있었다. 이 환자는 초기에 조광성躁狂性 착란이었는데, 이 상태에 빠지면 그녀는 어머니에 대한 특별한 증오를 나타내어, 어머니가 침대에 가까이 가기만 해도 때리거나 욕설을 퍼붓는다.

그러나 나이 차이가 많은 언니에 대해서는 순하고 얌전하게 대했다. 이런 단계가 지나가고 나면 수면 장애를 수반하는, 이를테면 의식은 또렷하지만 다소 무감각한 상태가 계속되었다. 이런 단계에서 나는 이 환자의 치료를 하고 그 꿈을 분석했다. 꿈의 대부분은 은폐에 다소 차이는 있어도 어머니의 죽음을 내용으로 삼고 있었다. 그리고 때로는 어떤 늙은 부인의 장례식에 참석하거나, 또는 자기와 언니가 나란히 상복 차림으로 탁자 앞에 앉아 있는 꿈이었다. 그러나 이런 꿈의 의미는 전혀 의심할 점이 없었다. 다시 상태가 회복될 기미가 좀 보이면 히스테리성 공포증이 나타났다. 그 공포증 중에서 환자가 가장 괴로워한 것은 어머니의 신변에 무슨 일이 일어나지나 않을까 하는 공포감이었다. 그녀가 어디에 있든지 발작이 시작되면, 그녀는 곧장 집으로 달려가서 어머니의 무사함을 확인해 보지 않고는 견디지 못했던 것이다.

그런데 이 경우는 나의 다른 경험에 비추어서 매우 배울 점이 많았다. 즉, 이 경우는 동일한 자극적인 표상에 대한 심적 장치의 여러 반응 방법을 세계 각국의 언어를 번역하는 형태로 표시하고 있었다. 내가 해석하는 바로는 여느 때에는 억압되어 있는 첫번째 심적 검문소에 의한 두 번째 심적 검문소의 제압인 착란 상태에서는 어머니에게 향한 무의식적인 적대감이 자연히 강해졌다. 그리고 제1차 안정기가 시작되어 마음의 소요가 진압되고 검열의 지배력이 재건되면, 이 적대감이 어머니의 죽음을 바라는 소망을 실현하기 위해 사용되는 것은 오로지 꿈의 영역밖에 없었다. 거기에서 좀더 정상적인 상태에 근접하면 그것은 히스테리성의 반대 반응과 방위 현상으로서 어머니를 지나치게 걱정하게 된 것이다. 따라서 이렇게 볼 때 신경증적인 소녀가 왜 그토록 어머니를 지나치게 걱정하는가를 잘 알 수 있으리라고 생각된다.

또 나는 어떤 기회에 젊은 남자의 무의식적인 심적 생활을 깊이 엿볼 수 있었다. 그는 강박 관념 때문에 거의 폐인이 되다시피 하여 거리에 나다니지도 못했다. 그것은 자기가 길에서 만날 모든 사람을 살해할 것 같다는 불안으로 괴로워하고 있었기 때문이다. 그래서 어쩌다가 시내에서 살인이라도 저지를 때를 대비해서 매일 알리바이를 꾸미면서 지내고 있었다. 이 청년이 윤리적이고 교양도 있는 사람임을 말한다는 것은 불필요한 일인지도 모르겠다. 분석을 통해 이 견딜 수 없는 강박 관념의 원인은 지나치게 엄격한 아버지에 대한 살인 충동이었음이 밝혀졌다.

이 충동은 환자가 일곱 살 때의 의식에 나타나서 그 자신을 매우 놀라게 했다. 물론 이것은 더 이른 유년 시절에 발달한 것이다. 그가 고통스러운 병에 걸렸다가 회복된 후에 아버지가 죽었다. 그 뒤 31세가 된 그는 앞서 말한 강박 관념이 나타나서 공포증의 형태로 알지 못하는 사람들에게 전이된 것이다. 자기의 친아버지를 산꼭대기에서 골짜기 아래로 밀어 떨어뜨리고 싶은 심정이 되어 본 사람이라면, 자기와 전혀 무관한 사람의 목숨 따위는 아무렇지도 않게 생각한다는 것을 믿어도 좋을 것이다. 그러니까 그런 사람이 자기 방 안에만 틀어박히는 것은 당연한 일이다.

지금까지 나의 많은 경험에 따르면, 나중에 신경증 환자가 된 사람들의 유년기의 심적 생활에 있어서는 부모가 중대한 역할을 담당하고 있으며, 한쪽 부모에 대한 애정과 반대쪽 부모에 대한 증오감은 이미 유년 시절에 형성되고, 후년의 노이로제 증세의 형성에 있어서 극히 중요한 뜻을 가지고 있는 심적 흥분의 재료로서 못박혀 있다. 그러나 나는, 신경증 환자들이 그들만이 새롭고 독자적인 것을 만들어 낼 수 있다는 것으로 그들을 다른 정상적인 사람들과 엄연히 구별된다고는 생각지 않는다. 그들 신경증 환자들은 부모에 대한 사랑과 미움에 관해서 다만 과장해서 보이는 것에 불과한 것이므로, 대부분의 아이들의 마음 속에도 그와 마찬가지로 분명하거나 강렬하게 나타나는 일은 없다고 보는 것이 현실적으로 타당한 것 같다.

또 종종 정상적인 아이들을 관찰해 보면 그런 견해가 옳다는 걸 확인하게 된다. 고대 사회에서 이 견해를 뒷받침해 주는 전설을 제공해 준다. 이 전설의 소재가 보편 타당한 영향력을 갖고 있다는 사실은 바로 앞서 말한 유아 심리의 전제가 거기에 일치됨으로써만 이해될 수 있다.

즉, 오이디푸스 왕의 전설과 소포클레스의 같은 이름의 작품이 그것이다. 테베 왕 라이오스와 왕비 이오카스테 사이에 난 아들 오이디푸스는 태어나기도 전에 자기 아버지를 살해할 것이라는 신탁이 내려져 낳자마자 버려짐을 당한다. 그러나 극적으로 구제된 오이디푸스는 다른 나라의 왕자로 키워진다. 그는 자신의 신분을 알고 싶어서 신에게 묻는다. 그러자 "너는 아버지를 죽이고 어머니를 아내로 맞게 될 터이니 고향땅을 피하라" 하는 신탁이 내려진다.

오이디푸스는 고향으로 생각했던 나라를 떠나다가 도중에 아버지인 줄 모르는 라이오스 왕을 만나게 되어, 우연한 계기로 심한 말다툼 끝에 그를 죽이게 된다. 이윽고 테베에 당도했다. 이 곳에서 길을 막는 스핑크스가 던진 수수께끼를 풀어서 그에 대한 감사로 왕으로 추대되고, 이오카스테를 왕비로 맞게 된다. 그는 오랫동안 평화스럽게 나라를 다스리면서 친어머니인 줄 모르는 이오카스테 사이에서 2남 2녀의 자식을 낳았다. 이런 중에 나라 안에 악질惡疾이 돌아 테베 사람들이 신탁을 청했다. 소포클레스의 비극은 여기서 시작된다. 사자使者들이 신탁을 받아가지고 돌아온다. 라이오스를 살해한 사람이 이 나라에서 추방될 때에 악질이 그칠 것이라는 신탁이었다.

그러나 그 살인자는 어디에 숨어 있을까.

> 어디에 있는가.
> 그 오래 되고 오리무중인
> 죄의 암울한 흔적은……
>   도너역

  연극의 줄거리는 ― 정신 분석의 작업과 유사하게 ― 조금씩 조금씩 고조
되고, 교묘하게 늘어지면서 막을 내린다. 라이오스를 살해한 범인은 오이디
푸스이고, 게다가 그는 살해된 라이오스와 이오카스테 사이에 태어난 아들
이라는 것이 폭로된다. 비록 모르고 범했다고는 하지만, 죄의 무서움에 몸
을 떨고, 오이디푸스는 자신의 눈을 찌르고 고국을 떠난다. 이렇게 하여 신
탁의 예언은 실현된다. 오이디푸스 왕은 운명의 비극을 보여준다. 이 비극적
효과는 신들의 절대적 의지와 불행에 쫓기는 인간의 허무한 반항 사이의 대
립에서 나온다.
  이 극을 매우 감명 깊게 본 사람은 이 비극 속에서 신에의 귀의, 즉 인간
의 방자함에 대한 깨달음을 얻게 된다. 이와 같은 대립 관계를 통해 근대
작가들이 자기의 창작 이야기에 섞어서 같은 비극적 효과를 거두려하는 것
도 그럴 듯한 이야기이다. 그러나 근대 작가들이 붓으로 그려 낸 죄 없는 인
간들의 처절한 저항에도 불구하고 끝내 그들의 몸에 저주나 신탁이 실현되
는 것을 본다 해도, 사람들은 아무런 감동도 느끼지 않는다. 후대의 운명
비극은 모두 보는 이의 마음을 감동시키지 않는다. 《오이디푸스 왕》이 당대
의 그리스인들을 감동시켰던 것 못지않게 현대인들을 감동시킬 수 있다면,

그것은 이 그리스 비극의 효과가 결코 일반적으로 말해지는 것처럼 운명과 인간의 의지의 대립에 있는 것이 아니라, 오히려 이 대립이 증명되는 소재의 특이성에 있다는 것이다.

그릴파르차의《조비祖妣》, 또는 그 밖의 운명 비극에 그려져 있는 사건의 경과는 이것을 자의적인 것으로 물리칠 수 있는 데 반해,《오이디푸스 왕》에서 볼 수 있는 항거하기 어려운 힘은 이것을 자진해서 인정하려는 하나의 소리가 우리들의 마음 속에 존재해 있는 것이 분명하다. 그리고 실제로 또 오이디푸스 왕의 이야기 속에는 그런 계기가 포함되어 있다. 그의 운명이 우리들에게 감명을 주는 것은 그것이 동시에 우리들의 운명일지도 모르며, 우리들이 태어나기도 전에 내려진 신탁은 그에 대해서와 마찬가지로 우리들에 대해서도 저주를 하고 있기 때문이다.

최초의 성적인 마음을 어머니에게 돌리고, 최초의 증오와 난폭한 소망을 아버지에게 돌리는 것은, 어쩌면 우리 모두에게 해당되는 섭리였었는지도 모른다. 우리들이 꾸는 꿈이 이 사실을 뒷받침해 주고 있다.

오이디푸스 왕은 아버지 라이오스를 살해하고 어머니 이오카스테와 결혼했는데, 이것이야말로 우리들의 소아기의 소망 충족에 지나지 않는 것이다. 그러나 우리들은 오이디푸스 왕에 비하면 다행히 우리들이 신경증 환자가 되지 않는 한, 어머니로부터 성적인 충동을 해방시키고 아버지에 대한 질투심을 잊어버리게 된다. 저 원시적인 유아 소망을 채워준 인물 앞에서, 이 소망들이 우리들의 마음 속에 있게 된 이후부터 받고 있는 억압이 맹렬해지면 우리들은 그만 겁을 먹고 물러난다. 시인 소포클레스는 작품 속에서 오이디푸스의 죄를 폭로하면서, 한편으로는 비록 억압되어 있기는 하지만 여전히 근친 상간의 충동이 존재하고 있는 우리들 자신의 마음을 꼬집는다.

합창단이 무대를 떠날 때 나오는 대사 —

> ……보라, 저것이 오이디푸스다.
> 어려운 수수께끼를 풀고 누구도 따를 수 없던 그 권세.
> 우리가 모두 그의 행복을 찬양하고 부러워했으나
> 보라, 불행하게도 소름 끼치는 파도의 물거품에 삼켜진 그를!

이 경고는 우리들 자신과 우리들의 긍지 위에 던져지고 있다. 우리들도 오이디푸스와 같이, 자연이 우리에게 짐 지운 도덕을 훼손시키는 소망을 무의식 중에 품고 살아간다. 그리하여 이 소망이 폭로되면, 우리들은 누구나 모두 자기들의 유년기의 여러 장면에서 눈을 돌리고 싶어진다.[45] 오이디푸스 전설이 부모에 대한 관계가 성욕의 최초의 움직임 때문에 불쾌하게도 어지럽혀진다는 것을 내용으로 한, 매우 오래 된 꿈의 소재에서 나온 것이라는 분명한 암시는 소포클레스의 비극 속에 잘 나타나 있다. 이오카스테는 아직 분명한 상황 파악을 못 하고 있지만, 신탁의 말을 생각하고 불안을 감추지 못하는 오이디푸스를 위로하기 위해서 어떤 꿈 이야기를 해 주면서 많은 사람들이 이런 꿈을 꾸지만 실제로 전혀 무의미한 것이라고 말한다.

> 왜냐 하면 이제까지 많은 사람들이 꿈 속에서
> 어머니와 잤기 때문입니다.
> 하지만 그런 것을 걱정하지 않는 사람이
> 인생의 무거운 짐을 지고 갈 수 있습니다.
>
> 제5막, 955행 이하

어머니와 성교하는 꿈은 고대 그리스와 마찬가지로 오늘날에도 많은 사람들이 꾸기 때문에, 그들은 이 꿈에 격분하고 이상히 여기면서 그것을 사람들에게 말한다. 이 꿈이야말로 이 비극을 푸는 열쇠인 동시에 아버지가 죽는 꿈을 보충해 주는 것이다. 오이디푸스 이야기는 이 두 유형의 꿈에 대한 공상의 산물이며, 그런 꿈이 어른들에게 혐오감을 불러일으키기 위해 오이디푸스 전설은 공포와 자기 징벌을 그 내용 속에 넣어야 한다. 이 전설에 대한 그 후의 형상화는 그 소재를 종교적 설교의 목적에 유리하게 하려는 오해되기 쉬운 부차적 해석에 의거하고 있다노출 꿈의 소재 참조. 신의 전능을 인간의 책임과 결부시키려는 시도는 다른 모든 재료에서와 마찬가지로 당연히 이 재료에서도 실패하고 말 것이다.

또 하나의 대비극인 셰익스피어의《햄릿》도《오이디푸스 왕》과 같은 뿌리를 두고 있다. 그러나 소재는 같아도 그 다루는 방법이 다르다는 점에서, 서로 멀리 떨어진 두 문화적 시기에 있어서의 인간의 심적 생활의 큰 차이, 즉 인류의 정의 생활情意生活에 있어서의 몇 백 년에 걸친 억압의 진보가 여실히 나타나 있다.《오이디푸스 왕》에서는 어린아이의 근본적인 소망 공상이 꿈 속에서와 같이 뚜렷이 밝혀지고 있으나,《햄릿》에서는 그것이 어디까지나 억압되어 있어서 우리들은 그 존재를 ― 노이로제의 경우와 마찬가지로 ― 다만 그 소망 공상에서 생기는 억압의 작용에 의해서만 알게 된다. 주인공 햄릿의 성격이 끝까지 분명해지지 않는다는 것은 이상한 일이기는 하지만, 이 근대극의 압도적 효과와 조금도 모순되지 않는다. 이 극은 햄릿이 자기에게 주어진 복수의 임무를 자꾸 지연시킨다는 점에서 성립된다.

----

45) 정신 분석적 연구가 밝혀 낸 사실 가운데, 무의식계에 남아 있는 어린이의 근친 상간적 경향의 지적만큼 격심한 반대와 강력한 항변, 그리고 엉뚱한 비판을 불러일으킨 것은 없을 것이다.

책에서는 그가 망설이는 이유와 동기가 무엇인가 하는 점을 밝히지 않는다. 게다가 수없이 시도된《햄릿》의 해석에서도 이 점을 밝힐 수 없었다. 오늘날에도 널리 행해지고 있는 괴테의 견해에 따르면, 햄릿은 그 발랄한 행동력이 사고 활동의 과잉 발달 때문에 마비된 인간 유형을 표현한 것으로 되어 있다. 또 다른 견해에 따르면, 셰익스피어 자신이 신경쇠약이라고 할 만큼 병적이고 연약한 성격이라고 한다. 그런데 이 극의 줄거리로 알게 되는 일이지만, 햄릿은 결코 행동을 못 하는 인간 같지는 않다. 우리들은 그가 두 번 결연히 행동하는 것을 본다. 한 번은 커튼 뒤에서 엿듣는 사람을 분격하여 칼로 찔러 죽인 때이고, 또 한 번은 계획적으로 마치 르네상스 시대의 왕자처럼 태연하게 그의 생명을 노리는 신하 두 사람을 죽였을 때이다.

그러면 도대체 그를 지지하고 부왕의 망령이 그에게 과한 임무 수행을 방해하는 것은 무엇인가? 이 임무가 특별히 어려운 것이었기 때문이라고 설명하는 사람도 있을 것이다. 햄릿은 마음만 먹으면 무슨 일이든 할 수 있었다. 다만 어머니 곁에서 죽은 부왕의 자리를 찬탈한 백부를 죽여 복수하는 일만은 하지 못했다. 백부는 햄릿의 소아기의 억압된 소망 충족을 나타내고 있다. 햄릿으로 하여금 복수를 하지 않으면 안 되게 만든 혐오감은, 이렇게 하여 햄릿의 마음에서 자기에 대한 비난과 양심의 가책이 뒤바뀌어, 이 양심의 가책은 그에게, "사실 너 자신도 네가 죽이려는 천벌받을 백부보다 훌륭한 인간은 못 된다"라고 책망하는 것이다. 햄릿의 마음 속에서는 무의식적이었던 것을 내가 의식적인 것으로 번역하면 이러하다.

햄릿을 신경증 환자로 간주하려는 사람이 있다면, 나는 앞의 해석에서 나온 추론으로서만 이것을 승인할 수 있다. 그리고 햄릿이 오필리아와의 대화를 통해 나타내는 성적 혐오감도 이상의 견해와 일치된다. 이 성적 혐오감은 그 후에 셰익스피어 자신의 마음 속에서 점차 강렬해져서 마침내《아덴스의 타이먼》속에서 그 정점을 이룬다. 햄릿이라는 인물이 우리들에게 말해 주는 것은 말할 것도 없이 셰익스피어 자신의 심적 내막이다. 게오르그 브란데스는 그의 저서《셰익스피어론》1896년에서, 이 작품은 셰익스피어의 아버지가 죽은1601년 직후, 그러니까 아버지의 죽음을 애도하는 마음이 아직 가라앉지 않았을 무렵에 아버지에 관한 유아기 감정의 부활을 경험하면서 씌어진 것이라고 말하고 있다.

또 어릴 때 죽은 셰익스피어의 아들 이름이 햄네트햄릿과 같다였다는 것도 널리 알려져 있는 사실이다.《햄릿》이 부모에 대한 자식의 관계를 취급한 데 대해서 그보다 나중에 씌어진《맥베스》는 자식이 없는 사람을 주제로 삼고 있다. 하여튼 모든 신경증적 증후와 꿈조차 재해석이 될 수 있는 것과 같이, 모든 예술적인 문학 작품도 역시 작가의 마음에서 일어난 몇몇 동기와 자극으로부터 생기는 것일 터이므로 그에 따른 몇 종류의 해석이 가능할 것이다. 여기서 나는 창조를 해내는 시인의 마음 속에 있는 모든 움직임의 심층을 분석해 보려고 시도했을 뿐이다.[46)]

근친자의 죽음이라는 유형 꿈에 대한 논의를 끝내기 전에, 이런 유형의 꿈이 꿈 이론에 대해 갖는 의의에 관해 좀더 부언하여 이것을 밝혀 두고자 한다. 이런 꿈들이 우리에게 보여주는 것은, 억압된 소망에 의해 형성된 꿈 사고가 모든 검열을 피하여 그대로 꿈 속으로 들어간다는 매우 기묘한 경우

---

46) 햄릿의 정신 분석적 이해를 위한 위의 암시는 그 후 E. 존스가 치밀하게 기록한 다른 의견에 의해 옹호되었다.《햄릿 문제와 오이디푸스 콤플렉스》1911년. 셰익스피어의 여러 작품의 저자가 스트라트포드 출신의 사람이었다는 위의 전제는 나도 좀 이상하게 생각한 문제였다.《맥베스》에 대한 그 이상의 연구에 대해서는 나의 논문 〈정신 분석적으로 연구된 약간의 성격 전형〉《이마고》제10권, 1916년,《전집》제10권 및 예켈스의 〈셰익스피어의 맥베스〉《이마고》제5권, 1918년을 참조하라.

를 실현하고 있다는 점이다. 이런 과정이 이루어지려면 거기에 무슨 특별한 사정이 있어야 할 것이다. 나는 다음 두 가지 계기가 바로 이런 꿈이 발생되는 적합한 조건이라고 생각한다. 그 첫째는, 우리들과 그 이상 더 인연이 먼 소망은 없다고 믿고 있는 점이다.

우리들은 흔히 그런 소망을 가지리라고는 '꿈에도 생각지 못했다'고 말한다. 그렇기 때문에 꿈의 검열은 이 황당한 것에 대한 대비가 되어 있지 않다. 말하자면 마치 솔로몬의 율법에는 부친 살해에 대한 형법이 규정되어 있지 않는 것과 같다. 둘째는, 바로 이때에 이 억압된 뜻밖의 소망에 대해 특별히 자주 자신의 소중한 사람의 생명에 관한 걱정이라는 형식으로 낮 동안의 잔재가 결합한다. 이 걱정은 내용상의 소망을 이용하지 않고는 꿈 속에 들어오지 못한다. 그러나 이 소망은 낮에 활동하던 걱정으로 위장되는 수가 있다. 이런 모든 것이 대체로 간단하게 이루어져 낮에 시작한 것은 밤의 꿈 속에서 계속되는 것뿐이라고 생각한다면, 친척이 죽는 꿈은 꿈 해석에의 관련을 모두 잃게 되는 것이므로 쉽게 풀릴 수수께끼도 언제까지나 풀지 못하고 남겨지게 될 것이다.

이런 꿈들의 불안몽에 대한 관계를 추구해 보는 것도 매우 유익하다. 친척이 죽는 꿈에서 억압된 소망의 검열을, 그리고 검열 때문에 생기는 왜곡의 손을 피할 수 있는 하나의 길을 발견한다. 이 경우에 필연적으로 생기는 부수적 현상이 꿈 속에서 참혹한 감정을 맛본다는 것이다. 마찬가지로 불안몽이 생기는 것은 검열이 전면적으로, 혹은 부분적으로 정복될 때에만 한한다. 또 한편으로 불안이 신체적 원천에서 현실적 자극으로 주어졌을 때에는 검열을 정복하기는 더욱 쉽다. 이렇게 생각해 보면, 검열이 어떤 의도로 그 임무를 완수하고 꿈 왜곡을 행하려 하는가가 분명해진다. 그것은 불안이나 그 밖의 고통감의 전개를 보호하기 위해서 행해진다.

나는 앞에서 어린아이의 마음 속에 내재한 이기주의에 관해 말했다. 그러나 지금 여기서 한 번 더 그것을 언급하려 하는데, 그것은 꿈도 역시 그런 이기주의적 성격을 지니고 있다는 점을 말하기 위해서이다. 모든 꿈은 극도의 이기주의를 나타낸다. 모든 꿈 속에는 위장된, 사랑스런 자기가 등장한다. 꿈 속에서 실현되는 소망은 언제나 틀림없이 자기의 소망이다. 표면적으로는 타인에 대한 관심이 꿈을 불러일으킨 것처럼 보인다. 나는 여기에 이 주장에 반대되는 것 같은 몇 가지의 실례를 들어서 분석해 보고자 한다.

(1) 네 살이 채 안 된 남자 아이의 꿈 ― 〈그는 구운 고기와 야채를 담은 큰 접시를 보았다. 구운 고기를 자르지도 않은 채 갑자기 누군가 먹어 버렸다. 그것을 먹은 사람의 모습은 보지 못했다.〉[47]

커다란 고깃덩어리를 통째로 먹어치운 꿈 속의 이 낯선 사람은 누구일까? 그 아이가 꿈을 꾼 날의 그것을 우리들에게 밝혀 줄 것이다. 이 아이는 2, 3년 전부터 의사의 지시대로 우유만을 마셔 왔다. 그런데 그날 밤에는 어떤 잘못을 저질러 벌로 그 우유조차 먹지 못했다. 언젠가 전에도 한 번 이런 공복 치료법을 치른 적이 있었는데, 그때는 아주 잘 참았다. 그는 자기에게 먹을 것을 주지 않는다는 것을 알고 있었지만, 배가 고프다는 말은 하지 못

---

47) 꿈 속에 나오는 큰 것, 엄청나게 많은 것, 도에 넘친 것, 극단적인 것도 유년기의 한 특색이다. 아이에게는 크고 싶다라든가, 무엇이든 어른만큼 받고 싶다는 소망만큼 진실한 것이 없다. 아이는 웬만해서는 만족하지 않고, 어느 정도면 충분하다는 것을 모른다. 마음에 든 것이나 맛이 좋았던 것은 그칠 줄 모르고 탐을 낸다 아이가 절제·분수·체념 등을 배우게 되는 것은 교육으로 배워져야 한다. 이미 말한 바와 같이, 신경증 환자도 분에 맞는 절도를 지키지 않는 경향이 있다.

했다.

교육의 효과가 이미 나타나기 시작한 것이다. 이것은 꿈 왜곡의 시초를 표시하는 것이 꿈 속에 이미 나타나고 있다. 그 소망을 그런 풍요로운 식사, 특히 구운 고기로 돌리고 있는 인물이 바로 그 아이 자신임은 의심할 여지가 없다.

그러나 나는 구운 고기는 먹지 못하게 금지되어 있다는 것을 알고 있었기 때문에, 배고픈 아이가 꿈 속에서 하듯이 나의 딸 안나가 꾼 딸기 꿈 참조 자신은 밥상 앞에 앉는 것을 피했다. 그러므로 구운 고기를 먹은 사람이 누군지 모르는 것이다.

(2) 언젠가 나는 이런 꿈을 꾸었다. 〈서점의 진열장에 언젠가 내가 사들인 총서의 화려한 신간이 한 권 나와 있는 것이 보였다 예술가 평전·제목별 세계사·유명한 미술사 등. 새로운 총서의 명칭은《저명 웅변가 혹은 웅변》였고, 그 중 한 권에는 레커 박사의 이름이 씌어 있었다.〉

이 꿈을 분석하면, 의회의 의사 진행 방해파의 지연 작전 연설가인 레커 박사의 이름이 꿈 속에 등장한 것은 아무래도 석연찮다. 아마도 그 사정은 이런 것 같다. 며칠 전에 나는 새로운 몇 명의 환자의 정신 요법을 맡게 됐다. 그래서 매일 10시간 내지 11시간 동안 말을 해야만 했다. 그러니까 나 자신이 그 지연 연설가였다는 것이 된다.

(3) 꿈 속에서 내가 아는 어떤 교수가 이렇게 말한다. "근시안인 내 아들이⋯⋯." 여기서부터 짧은 대화가 나오고, 그 다음에 나와 나의 아들들이 나오는 꿈의 세 번째 부분이 나타난다. 이 꿈의 잠재 내용으로서는 아버지

라든가, 아들·교수 등은 내 대신으로서의 인물에 불과하다. 나는 이 꿈을 다른 한 가지 특색 때문에 뒷장에서 재차 다룰 생각이다.

(4) 다음 꿈은 친절한 성품 뒤에 있는 매우 치사한 이기주의적 감정을 보여주는 예이다. 〈친구 오토는 안색이 나빠 흙색을 띠고 있는 대다 눈이 튀어나와 있다.〉

오토는 우리 집 주치의로서 몇 년 전부터 아이들의 건강을 돌보아 주고 있는데, 아이들이 병이 나더라도 깨끗하게 치료해 줄 뿐 아니라, 가끔씩 적당한 구실을 붙여서 선물을 하곤 해서, 나는 그에 대해 늘 감사하고 있다. 내가 꿈을 꾸던 그날도 그가 우리 집에 왔었는데, 아내가 그를 보고 몹시 피로해 보인다고 말했다. 그날 밤에 나는 꿈을 꾸었는데, 꿈 속에서 그는 바세도씨 병의 몇 가지 증세를 나타냈다.

꿈의 해석에 있어서 나의 법칙을 무시하는 사람이라면, 이 꿈이 내가 그 친구의 건강을 걱정한 데서 비롯된 것이라고 생각할지도 모르겠다. 만약 그렇다면 이것은 꿈이 소망의 충족이라는 의견에 상치되는 것이며, 또한 꿈은 이기적인 심적 동기에만 좌우된다는 또 다른 견해에도 상치되는 것이다.

그렇게 해석하는 사람은 표면적으로는 오토에게 바세도씨 병으로 진단을 내려야 할 이유가 전혀 없는데, 내가 왜 그런 걱정을 하느냐는 점을 설명해 주기 바란다. 이에 반해서 나의 분석은 6년 전에 일어났던 어떤 사건에서 다음과 같은 재료를 얻는다. 우리들은 몇 명의 친구가 ─ 그 가운데는 R교수도 있었다 ─ 어두컴컴한 N숲 속을 마차로 지나가게 되었다. 이 N은 우리들의 피서지로부터 두세 시간 걸리는 곳에 있었다. 마차꾼은 조금 취해 있었는데, 그만 마차가 언덕 밑으로 굴러떨어지고 말았다. 다행히 아무도 다친 사람은 없었다. 그러나 우리들은 그날 밤에 인근 여관에서 지내야만 했다. 여관에서는 우리들의 사고를 알고 모두 동정적으로 대해 주었다. 그 중 분명히 바세도씨 병을 앓고 있는 것 같은 남자가 ─ 얼굴이 흙빛이고 눈이 튀어나온 증세만 꿈과 같고, 갑상선종_{갑상선이 붓는 것}은 전혀 없었다 ─ 나오더니, 필요한 것이 있으면 언제든지 말하라고 했다.

그러자 R교수가 예의 그 털털한 어투로, "잠옷을 빌려 주신다면……" 하고 대답했다. 이에 대해 그 남자는, "죄송합니다만, 그것만은 어쩔 수가 없군요" 하고는 가 버렸다. 분석 중에 불현듯 떠오른 일인데, 바세도란 의사의 이름일 뿐 아니라, 어떤 저명한 교육자의 이름이기도 했다. 생시에는 이 사실이 아무래도 불분명했다. 그런데 오토는 만일 나의 신상에 어떤 일이 일어날 경우에는 나를 대신하여 내 아이들의 신체적 교육, 특히 사춘기에 대한_{잠옷이란 말이 나온 것은 그 때문일 것 같다} 감독권을 부여받은 사람이다. 내가 꿈에서 오토에게 그 친절한 남자의 증세를 부여한 이유는 바로 이런 것이리라. 즉, 나의 신상에 어떤 일이 발생할 경우, 그때 L남작이 친절한 제의를 해 주었는데도 불구하고 막상 아무것도 해 주지 못했던 것과 같이, 오토도 나의 아이들에게 아무것도 해 주지 못하는 것이 아닐까 하는 걱정이다. 이제 이 꿈의 이기주의적인 성격은 아마 분명해졌을 것이다.[48]

그러나 이 꿈에는 과연 어디서 소망 충족이 숨어 있는 것일까? 내 꿈 속에서는 결국 오토가 좋지 않은 역할을 맡는 운명에 놓여 있다. 그러나 소망 충족을 오토에 대한 복수가 아니라 바로 다음과 같은 데 있다. 즉, 나는 오토를 L남작으로 대치시킴으로써 나 자신도 다른 어떤 인물, 즉 R교수와 동

---

[48] 위의 명제가 말하는 것은, 꿈의 무의식적 자극 속에는 매우 빈번하게 각성시의 생활에서 극복되고 있는 것처럼 보이는 이기주의적인 여러 경향이 발견된다는 사실일 뿐이라는 점에 유의해 주기 바란다.

일화하고 있는 것이다. 그것은 6년 전에 R이 L남작에게 요구했던 것처럼 내가 오토에게 무언가를 요구하고 있기 때문이다. 그리고 문제는 바로 여기에 있다.

여느 때 같으면, 나 자신을 교수와 비교한다는 것은 생각조차 할 수 없는 일이지만, R교수는 나와 마찬가지로 학교를 떠나서 독자적인 길을 가다가 이미 많은 나이를 먹은 후에 비로소 진작 받았을 교수의 칭호를 얻은 사람이다. 그러므로 나도 언젠가는 교수가 되기를 희망하고 있는 것이다. 오히려 '많은 나이를 먹은 후'라는 것도 하나의 소망 충족으로 볼 수 있다. 왜냐하면 이것은 내가 오래 살아서 아이들의 사춘기를 내 눈으로 직접 돌보아 줄 수 있다는 것을 말하고 있기 때문이다.

신나게 공중을 난다든가, 공포에 떨면서 높은 곳에서 떨어지는 다른 유형의 꿈에 대해서는 나의 직접 경험이 없기 때문에, 이런 꿈에 관해서 내가 말하는 것은 모두 다른 사람을 정신 분석한 결과를 토대로 한 것이다. 그로부터 얻은 결론은 이 꿈들도 마찬가지로 유년기의 많은 인상들의 반복이라는 점이다. 말하자면 어린이들의 큰 관심사인 운동 경기와 관련된다. 친척의 아저씨들은 모두 아이를 높이 쳐들어 온 방 안을 빙빙 돌든가, 또는 무릎 위에 앉혀 놓고 흔들다가 돌연 다리를 쭉 뻗는 바람에 바닥에 떨어뜨린다.

혹은 또 번쩍 쳐들어 훌쩍 던지는 시늉을 하여 아이를 깜짝 놀라게도 한다. 그러면 아이들은 환호성을 지르면서 좋아한다. 그러고는 자꾸만 또 해달라고 졸라댄다. 특히 현기증이 날 정도일 경우는 더 해달라고 조른다. 그런 아이들이 몇 년 후에 그것을 다시 꿈 속에서 되풀이하는데, 꿈 속에서는 어렸을 때처럼 받쳐 주던 손이 없으므로 공중을 날거나 떨어진다. 어린아이들이 그나마 시소 타기를 좋아한다는 사실은 새삼 말할 필요도 없을 것이다.

어린아이들이 서커스에서 아슬아슬한 재주를 보면, 반드시 과거의 기억이 되살아난다.[49] 대부분의 남자 아이들에게 일어나는 신경증적 발작은 오로지 그런 곡예의 재현으로 성립되어 있기 때문에, 그들은 매우 교묘하게 그것을 해낸다. 이런 것들은 단순한 운동이나 놀이를 할 때, 성적 감각으로 일깨워지는 경우도 있다.[50] 그런 현상을 우리들의 일반적인 용어로 표현한다면 유년기를 '재촉하는 것'으로서, 이것은 날거나 추락하거나 어지러운 꿈 등이 되풀이되는 것이므로, 이 '재촉하는 것'의 쾌감이 어른이 되어서는 불안으로 변하는 것이다. 그러나 웬만한 어머니라면 누구나 알고 있다시피, 아이들의 재촉하는 놀이도 실제로는 싸움과 우는 것으로 끝이 나는 경우가 많다.

그래서 수면 중에 우리들의 피부의 감각 상태나 심장의 운동에는 오는 자극 등이 비행이나 추락의 꿈을 일으키는 유인이 된다는 설명은 인정할 수가 없다. 이런 자극들 자체가 기억에 의해 재생산되고 있는 것이기 때문에 꿈은 이 기억과 관련되어 있으며, 따라서 그 자극들은 꿈의 내용일지라도 사실은 꿈의 원천은 아니다. 그러나 위와 같은 일련의 유형 꿈이 완전히 해명된다고는 나 자신도 생각지 않는다. 내가 생각한 재료는 바로 여기서 나를 배반하고 말았다. 나는 어떤 심적 동기가 그것을 요구하게 되면 이 유형

---

49) 정신 분석적 연구에 의해 우리들은 아이들의 체조적 표현에서 나타내는 편애 및 히스테리 발작에 있어서의 반복에는 기관 쾌감 외에도 또 하나의 다른 계기가 참가하고 있음을 알게 되었다. 즉, 사람이나 동물의 교미를 목격했을 때의 기억상또는 종종 무의식적으로이 그것이다.

50) 이에 관해서 신경증과는 전혀 거리가 먼 나의 젊은 동료가 이런 말을 해 주었다. "나의 직접적 경험 가운데, 내가 어렸을 때 그네를 타는데, 허공을 높이 올라갔다가 확 내려오는 순간에 그 근처가 이상한 느낌이 들더군요. 사실 이 느낌이 나에게는 별로 기분이 좋지 않았지만, 그래도 역시 쾌감이라고 해야 하겠죠." 남자 환자들로부터 종종 듣는 일이지만, 그들이 기억하고 있는 쾌감을 동반한 최초의 음경 발기는 어린 시절에 나무에 올라갔을 때였다고 한다. 정신 분석의 결과로 볼 때, 최초의 성적 충동은 어렸을 때 서로 밀어 넘어뜨리는 놀이에 근원을 두고 있다고 단언할 수 있다.

꿈들의 피부 및 운동 자극이 한꺼번에 일깨워지고, 또 이러한 필요가 없을 때에는 그 자극이 무시될 수 없다는 견해를 일관할 수밖에 없다.

유아기 체험과의 관련도 분명히 내가 신경증 환자의 분석에서 얻은 환자의 암시에서 생기는 것 같다. 그러나 인생을 살아가면서 또 다른 어떤 의미가 그 자극의 기억과 결부되었는지는 알 수 없다. 이 꿈들의 유형적인 표현 방법에도 불구하고 사람에 따라서 각기 다른 의미가 결부되는 것일까? 이에 대해서는 나로서도 무어라고 말할 수 없다. 그래서 언젠가 적당한 실례를 신중하게 분석해서 이 부분을 보충할 생각이다. 공중을 나는 꿈이나 떨어지는 꿈, 또는 이빨을 뽑는 꿈 등은 너무나 자주 꾸어지는 꿈인데도 불구하고, 내가 재료의 부족을 탄식하는 것에 대해 이상하게 여기는 사람도 있을 것이다.

하지만 그런 사람에게는 사실 내가 꿈 해석이라는 테마에 관심을 쏟기 시작한 후에 직접적으로 그러한 꿈을 꾼 적이 없기 때문이라고 설명할 수밖에 없다. 한편, 또 내가 수집할 수 있는 신경증 환자의 꿈도 꼭 전부 다 해독한다는 것은 불가능하며, 그 꿈들의 최후의 저의도 찾아내지 못한다. 신경증의 형성에 관여하고 있다가, 그것이 나았을 때 재활동을 시작하는 어떤 심적 원동력이 꿈 해석을 방해하고 최후의 수수께끼의 정체를 밝히는 것을 가로막는다.

[5. 시험의 꿈]

졸업 시험을 보고 김나지움의 과정을 마친 사람이라면, 누구나 낙제하고 다시 유급된다는 식의 불안한 꿈을 꾸기 마련이다. 박사 학위를 딴 사람이라면, 이런 유형의 꿈은 약간 그 형태를 변형하여 자기가 구술 시험에 불합격한 꿈을 꾼다. 그러면 그 사람은 꿈 속에서 자기가 이미 수년 전에 개업하고 있다든가, 현재 대학에서 무급 강사로 근무하고 있다든가, 관청의 과장을 지내고 있다는 식으로 항변한다. 물론 그것은 아무 소용이 없다. 시험에 낙제하는 꿈은 우리들이 어렸을 때 금지된 행동을 하여 받은 벌에 대한 지울 수 없는 기억이기 때문에, 그것이 우리들의 학창 시절의 두 접합점, 즉 엄격한 시험의 '그 날은 분노의 날이다'에서 우리들의 마음 속에 다시 강렬하게 소생하는 것이다.

신경증 환자의 시험 공포도 이 유아 불안 속에 결부되어 강화된다. 우리들이 학교를 졸업한 후에는 우리들에게 벌을 내리는 것은 이미 부모나 교사가 아니다. 그때부터는 인생의 인과 법칙이 우리들의 교육을 맡는다. 그래서 우리는 어떤 일을 제대로 하지 않았거나 소홀히 한 결과로 벌을 받으리라고 예상할 때마다, 또는 책임의 중압감을 느낄 때마다 — 시험을 치를 때 완벽한 자신감을 갖는 사람은 거의 없으므로 — 김나지움의 졸업 시험이나 박사 과정의 구술 시험을 치르는 꿈을 꾸게 되는 것이다.

시험의 꿈에 대한 설명을 좀더 보충할 수 있는 것은 사실 정신 분석에 도통한 동료의 견해로부터 도움을 받았다. 그는 언젠가 학문상의 토론을 하던 중 다음과 같은 것을 지적했다. 즉, 김나지움의 졸업 시험의 꿈은 그가 알고 있는 한 그 시험에 합격한 사람에게만 꾸어지며, 실패한 사람에겐 절대로 나타나지 않는다는 것이었다. 그 후 차츰 확인된 바로는, 이튿날 어떤 중요한 일과 그것에 대해 비난받을 것이 예상되는 경우에 꾸어지는 시험에의 불안한 꿈은, 그런 까닭에 커다란 불안이 온당하지 못한 것이었다는 사실이 드러나므로, 일의 경과에 따라 그 불안이 해소될 수 있었던 과거의 사건을 발견했는지도 모른다.

이것은 검열에 의한 꿈 내용을 각성시에 오해하는 매우 뚜렷한 실례가 아닐까? 그 까닭은 '나는 벌써 박사가 되어 있지 않느냐' 하는 꿈에 대한 반발로 해석되는 항의도 사실은 꿈이 베풀어주는 일종의 위안이므로, 즉 그 뜻은 "너는 미래의 일을 두려워할 필요는 없다. 전에 너는 김나지움의 졸업 시험에 매우 커다란 불안을 느꼈지만, 생각보다 쉽지 않았는가? 그리고 너는 현재 이미 훌륭한 박사가 아니냐" 하는 것이다. 그러나 우리들이 꿈의 탓으로 돌리고 있는 불안은 각성시에 체험한 인상의 잔재에서 유래한다.

내가 나 자신에 관해서나 다른 사람에 관해서 수립할 수 있었던 이 설명을 검토해 보니, 그런 실례가 많지는 않았지만 한결같이 일치하고 있었다. 예를 들면 나는 법의학의 구술 시험과 관련한 꿈은 한 번도 꾼 적이 없다. 반면에 식물학·동물학·화학의 시험을 보는 꿈은 매우 자주 꾼 것으로 기억한다. 이 모든 과목의 시험 때는 자신이 없어서 대단한 불안을 느끼고 임했었는데, 운이 좋았었던지, 아니면 시험관의 동정에 힘입었던지, 어쨌든 무사히 통과되었다. 김나지움의 재학 중에, 나는 시험 때면 언제나 역사 시험의 꿈을 꾸었다. 당시 역사 과목의 시험에는 무난히 합격하였다. 그러나 그것은 동정심 많은 역사 선생이 — 다른 꿈에 등장했던 그 애꾸눈의 구원자 — 내가 답안지의 세 문제 가운데 중간항의 문제 밑에 손톱으로 줄을 그어서 '문제의 답만은 좀 잘 봐주십시오' 하고 암시한 뜻을 간파했었기 때문이다.

김나지움의 졸업 시험을 보지 않고 퇴학했다가 나중에 재시험에 통과하였고, 그 후 사관 시험에 낙방한 나의 한 환자에 의하면, 그는 합격한 시험의 꿈을 자주 꾸었으나 낙제한 사관 시험의 꿈은 꾼 적이 없다고 말했다. 시험 꿈의 해석에서도, 역시 내가 앞에서 말한 유형 꿈의 많은 특색이라고 말했던 그 난점에 봉착한다. 꿈을 꾼 당사자가 우리들에게 제공하는 연상 재료로는 꿈을 충분히 해석할 수 없다. 이런 꿈을 보다 정확히 이해하려면 더 많은 실례를 수집해야 한다. 그런데 최근에 나는, '너는 이미 박사가 아닌가' 하는 항변은 단순한 위로의 뜻을 내포하고 있는 동시에, 또한 거기에는 어떤 비난도 암시되어 있다는 확신을 갖게 되었다.

이 비난이란, "나는 이제 나이가 들 만큼 들었고 인생 경험도 쌓았는데, 그런 유치한 짓을 하다니!"라는 것이리라. 이렇게 자기 비판과 탄식이 섞여 있는 것이 시험 꿈의 잠재 내용일 것이다. 그렇다면 '유치한 짓'이나 '어리석은 짓'을 한다는 비난이 앞서 분석한 몇몇 예에서 야단맞은 성적 행위의 반복과 관계된다고 해도, 그것은 이미 의심할 여지가 없는 것이다. W. 스테켈은 '김나지움 졸업 시험의 꿈'의 분석을 처음으로 시도한 사람으로서, 이런 꿈은 반드시 성적 성숙이나 시련과 관계된다고 본다. 그리고 나도 치료 과정에서 실제로 이것을 여러 번 확인해 볼 기회가 있었다.

제**6**장
꿈의 작업

D i e   T r a u m d e u t u n g

꿈이 일으키는 갖가지 문제를 해결하려는 지금까지의 시도는 기억 속에 새겨진 꿈의 현재 내용과 직접적으로 연관되어 있다. 그리하여 이 현재 내용에 의거해서 꿈을 해석하려 하든가, 아니면 그와 같은 시도가 해석을 포기하게 하더라도 그 꿈의 판단의 근거를 꿈 내용에 의해 채택된 증거에 두기 위해서 노력해 왔다. 오직 우리들만이 그것과는 다른 논리를 추측하고 있다. 말하자면 우리들은 꿈 내용과 우리가 관찰한 여러 가지 결과와의 사이에 어떤 새로운 심적 재료를 추가시킨다.

그것은 우리의 방법에 의해서 획득된 꿈의 잠재 내용이거나, 또는 꿈의 사상을 형성한다. 우리가 꿈의 해석을 시도한 것은 꿈의 잠재 내용에 의해서이지, 현재 내용에 의한 것은 아니었다. 그러므로 여기서 새삼 우리는 하나의 문제에 이르게 된다. 즉, 꿈의 잠재 내용에 대한 현재 내용의 관계를 고찰하고, 잠재 내용이 현재 내용으로 된 것은 어떤 과정을 거친 결과인가를 밝혀야만 하는 것이다. 꿈의 사고와 내용_{꿈의 잠재 사고와 현재 내용을 의미한}다은 바로 똑같은 내용을 두 가지의 다른 말로 표현한 것이다. 그렇지 않다면 꿈 내용이란 꿈 사고를 다른 표현으로 번역한 것이며, 이 표현 방법의 기호나 조립 법칙을 알기 위해선 당연히 원본의 번역과 비교해 보아야 할 것이다. 꿈 사고는 우리가 그것을 알기만 하면 곧바로 쉽게 이해할 수 있는 것이다.

이와 반대로 현재 내용은 일종의 상형 문자로 비유할 수 있는 것으로서, 이 상형 문자의 기호는 그 하나가 꿈 사고의 언어로 번역될 수가 있다. 만약 우리가 이 상형 문자의 기호들을 그 기호의 법칙에 의거해 해석하려 하지 않고, 그 상형 가치에 따라 읽으려 한다면 틀림없이 궁지에 몰릴 것이다. 여기에 한 장의 그림으로 된 수수께끼가 있다고 가정해 보자. 집이 한 채 그려져 있고, 그 지붕 위에 보트가 한 척 올라 있다. 그리고 글씨가 씌어져 있고, 또 한편으로 달리고 있는 인물이 한 명 있는데, 이 사람은 머리가 없고 부호만 적혀 있다. 이런 그림을 있는 그대로 인정한다면 이와 같은 사물의 조립이나 그 부분들은 전혀 무의미하다는 비평도 할 수 있을 것이다. 보트가 지붕에 올라가 있다는 것도 이상하고, 머리가 없는 인간이 달린다는 것도 불합리하다. 게다가 또 인간이 집보다 더 큰 것도 묘하고, 그 전체를 하나의 풍경 묘사라고 한다면 글자 같은 것은 자연계에서 볼 수 없는 것이므로, 글씨가 씌어져 있다는 것도 걸맞지 않는다. 그러나 이 그림의 전체와 세부에 대해서 이런 식으로 모순점을 따지지 말고, 거기에 그려져 있는 개개의 형상을 어떤 절차나 말로 바꾸어 놓게 되면 그제서야 비로소 이 그림에 대한 올바른 판단을 하게 될 것이다.

이렇게 해서 종합 정리된 말은 이미 무의미하지 않고 가장 의미 깊고 아름다운 시 한 구절이 될 수 있다. 꿈은 이렇게 그림 수수께끼와 같은 것으로서, 꿈 해석에 있어서 우리 선인들은 그림 수수께끼를 단지 올바른 그림으로만 판단하려는 실책을 범해 왔던 것이다. 그것은 올바른 그림으로 취급한다면, 꿈이 무의미하고 무가치한 것에 지나지 않는 것은 당연한 것이다.

[1. 압축 작업]

　꿈의 내용과 사고를 비교해 볼 때, 가장 먼저 깨닫게 되는 것은 거기서 행해지고 있는 대규모의 압축 작용이다. 꿈 사고가 거대하고 풍부한 내용을 갖는 것에 비한다면, 현재 내용은 작고 빈약하다. 어떤 꿈을 종이에 옮겨 쓴다면 겨우 반 페이지 정도밖에 안 되겠지만, 여러 가지 꿈 사고를 내포하고 있는 분석은 그 2배, 6배, 8배의 분량이 된다. 이 비율은 물론 꿈에 따라 다르지만, 내가 조사한 바에 따르면 이 비율의 의미는 거의 같다. 보통 사람들은 표면적인 꿈의 내용을 완전한 재료로 간주하고, 거기에 작용되는 압축의 정도를 대수롭지 않게 평가하기 쉽지만, 더욱 깊이 분석해 보면 꿈의 이면에 감추어져 있는 새로운 사상이 얼마든지 나타난다.

　우리들은 앞서도 말한 바와 같이 어떤 꿈을 결코 완전히 분석했다고 단정지을 수는 없지만, 이것으로 대체로 만족할 만하다 할 때에도 이제까지 알려지지 않은 뜻이 같은 꿈 속에서 밝혀지는 경우가 자주 있다. 그래서 압축의 분량은 엄격하게 말해서 정할 수는 없다. 우리들의 입장은 이렇다. "꿈의 내용과 사고의 오해에서 꿈을 형성할 때의 심적 재료에 압축 작용이 심하게 가해진 것으로 생각한다." 그러나 이에 대한 반론이 나올 수 있다. 물론 우리들은 흔히 이런 경험을 한다. 즉, 우리들은 하룻밤 사이에 매우 많은 꿈을 꾼 것처럼 생각하지만, 그 대부분은 깨고 나면 잊어버린다. 그리고 만일 우리들이 꾼 꿈 전체를 완전히 기억하고 있다면 아마 꿈 사상과 같은 분량이 될 것이지만, 우리들이 깨어났을 때는 그 꿈 전체의 일부만을 기억하고 있는 것이다.

이 반대론의 일부는 일리가 있다. 실제로 우리는 잠을 깬 직후에 꿈을 기억하려고 애쓸 때에만 그 꿈을 가장 충실하게 재현시킬 수 있다는 것과, 꿈의 기억은 시간이 지남에 따라 점점 희미해진다는 것을 잘 알고 있기 때문이다. 그러나 반면에, 우리가 실제로 재현할 수 있는 것보다 훨씬 많은 꿈을 꾼 것 같은 기분이 든다는 느낌은 하나의 착각에서 나온다는 것도 대체로 인정된다이 착각이 왜 일어나는지는 나중에 설명하기로 하겠다. 게다가 꿈 작업에 있어서의 압축이라고 하는 가설은, 꿈이 잊혀지는 일이 있다는 사실로서는 아무런 영향도 받지 않는다. 왜냐 하면 이 가설은 꿈의 잔재에 속하는 표상에 의해 증명되기 때문이다.

사실상 꿈의 대부분을 망각했다면, 그 때문에 우리는 어떤 새로운 계열의 꿈 사고에로의 길을 더듬을 수가 없게 될 것이다. 우리의 기억에서 빠져 버린 꿈의 여러 부분도 이미 그 잔재의 분석으로 알려진 꿈 사상에만 똑같은 관계를 가지고 있는 것은 아닐까 하는 기대는 전혀 인정할 수 없다고 할 수 있다.[1] 분석에서 주어지는 꿈의 현재 내용의 개별적인 관념에 관하여 독자들은 다음과 같은 원리적인 의문을 갖게 될 것이다. 이를테면 분석에 즈음하여 나중에 생각나는 일의 전부를 꿈의 사고로 간주해도 좋으냐 하는 문제, 즉 그 모든 관념들이 과연 수면 중에 활동하여 꿈 형성에 협력하는지, 아니면 분석 중에 꿈 형성에는 참가하지 않았던 새로운 관념 결합이 생기는 것은 아닌가 하는 의문이다.

---

1) 꿈의 압축 과정을 인정하는 연구가는 많이 있다. 뒤 프렐은 그의 저서에서, "꿈 속에 나타나는 표상은 어떤 압축 과정에 지배받고 있는 것이 분명하다"라고 말하고 있다.

나는 이 의문에 대해 조건부로만 인정하겠다. 개개의 관념 결합이 분석 중에 비로소 생겨난다는 것은 물론 옳다. 그러나 그와 같은 관념 결합은 이미 꿈 사고 중에 다른 방법으로 결합된 사이에서만 만들어진다는 것은 결코 부인할 수 없다. 이 새로운 관념 결합은, 말하자면 좀더 다른 심층부에 있는 결합 방법의 존재로 인해서 가능하게 된 첩경 같은 것이다. 분석 중에 발견된 대량의 관념 집단에 대해서는 그것들이 이미 꿈 형성시에 작용하고 있었다는 것을 인정하지 않을 수 없다. 왜냐 하면 꿈의 형성과는 무관한 것처럼 보이는 이들 관념의 사슬을 추구해 들어가면 꿈의 현재 내용 중에도 있고 꿈 해석에도 필수적인 것으로서, 관념 연쇄에서 발단을 찾지 않고는 도저히 발견될 수 없는 하나의 관념에 도달하게 된다.

이 점에 대해서는 앞서 소개한 식물학 전공 논문의 꿈을 대조 비교하길 바란다. 나는 꿈을 빈틈없이 분석했다고 장담할 수는 없지만, 대충 꿈의 놀라운 압축 작용이 어떤 것인가를 분명히 제시했다고 생각한다. 그렇다면 꿈 꾸기 전의 수면 중의 심적 상태를 어떻게 생각해야 하는가? 모든 꿈의 사고가 병존하는 것일까, 혹은 전후 관계에 놓여 있을까, 아니면 몇 개의 사고 과정이 각각의 중심점에 한꺼번에 모여 그것들이 나중에 합류하는 것일까?

여기서 꿈 형성시의 심적 상태를 반드시 규명해야 할 필요성은 아직 없다고 생각한다. 다만 문제는 무의식적 사고라는 점과 이 사고 과정은, 우리가 고의적으로 의식의 지배하에서 반성과 사색을 함으로써 우리들의 내부에서 인지하는 사고 과정과는 완전히 별개의 것이라는 점을 기억해야 한다. 그러나 꿈의 형성이 어떤 압축 작용 위에 성립된다는 것은 확실한 것이다. 그러면 이 압축은 어떻게 이루어지는가? 발견된 꿈의 사고 중에서 극히 적은 분량만이 그에 속하는 관련 요소의 하나에 의해서 꿈 속에 표현되고 있다는 것을 생각한다면, 압축은 생략에 의해 이루어진다고 할 수 있다. 다시 말해서 꿈이라는 것은 여러 꿈 사고의 완벽한 번역 또는 빈틈없는 투영도가 아니라, 오히려 매우 불완전한 것이라고 할 수 있다.

그러나 이런 관점에 입각해서 다음과 같이 자문해 볼 수 있다. '전체의 꿈 사고 중의 아주 적은 부분만이 꿈의 현재 내용에 이르지 못한다면, 그때 이루어지는 선택을 규정하는 것은 과연 어떤 조건일까?' 이것을 알기 위해서는 꿈의 현재 내용의 여러 요소에 초점을 맞추어야만 한다. 이 여러 요소야말로 우리들이 찾고 있는 여러 조건을 틀림없이 충족시켜 줄 것이기 때문이다. 이 여러 조건을 연구하기 위해서 가장 충실한 재료는 꿈의 형성에 있어서 특히 강한 압축이 행해진 것이다. 그래서 나는 앞서 보고한 바 있는 식물학 전공 논문의 꿈을 선택한다.

A. 식물학 전공 논문의 꿈
내용 〈나는 어떤 식물의 종류그것이 무엇인지는 정확하지 않다에 대한 전공 논문을 썼다. 그 책이 내 앞에 놓여 있다. 지금 나는 그 책장을 뒤적이며 원색 화보를 바라본다. 이 책에는 식물 표본이 들어 있었다.〉

이 꿈에서 가장 분명한 요소는 식물학 전공 논문이다. 이 논문서는 꿈을 꾼 날의 인상에서 기인한다. 나는 어떤 서점의 진열대에서 실제로 시클라멘과의 관한 전공 논문을 보았다. 꿈의 현재 내용에서는 다만 전공 논문이라는 것과, 그것이 식물학과 관계가 있다는 것만을 알 수 있을 뿐 시클라멘에 대한 것은 없다. '식물학 전공 논문'은 내가 앞서 쓴 코카인에 관한 연구가 있었다는 사실을 암시한다. 관념 결합의 방향은 코카인으로부터 축하 논문집이나 대학 실험실 안에서의 몇 가지 일을 연결한 선을 더듬고, 또 한편으로는 코카인의 이용에 공헌한 친구인 안과 의사 케니히슈타인 박사는 며칠 전에 나와 나눈 대화와 그 대화의 중단을 연상시키고, 또 동료 의사끼리 진찰을 받았을 때 보수를 어떻게 해야 하는가라는 등의 복잡한 사고와 결부된다.

그런데 이 대화가 본래의 현실적인 꿈의 자극원이다. 시클라멘 전공 논문도 역시 현실성을 갖고는 있으나, 그것은 부차적 성질의 것에 불과하다. 그렇다면 꿈에 나온 식물학 전공 논문은 낮 동안에 겪은 두 가지 체험의 반영이라는 것을 알게 된다. 다시 말해서 그것은 흔히 있는 낮의 인상의 약간이 그대로 꿈 속에 채용되고, 자유로운 연상 결합에 의해 심적으로 의미심장한 체험과 결합된 것이다. 그러나 식물학 전공 논문이라는 합성 관념뿐 아니라, 그것을 구성하고 있는 식물학과 전공 논문이라는 두 가지도 각기 여러 결합에 본래의 꿈 사상의 미궁 속으로 빠져들어간다. 식물학이란 관념 속에는 게르트너원예사라는 뜻도 있음 교수와 그 꽃 같은 부인 플로라Flora : 꽃이라는 뜻라는 이름의 나의 여자 환자와, 그리고 남편이 생일날 꽃 선물을 잊어버렸다는 이야기를 한 부인 등에 대한 기억이 겹치고 있다. 게르트너는 또 실험실이나 케니히슈타인과의 대화로 연결된다. 게니히슈타인과의 대화에서 두 여자 환자를 화제로 삼았었다.

관념의 길은 앞서 말한 꽃 사건의 부인의 일로부터 아내가 좋아하는 꽃 쪽으로 갈라져서 낮에 얼핏 본 전공 논문의 표제를 또 다른 출발점으로 삼는다. 그 밖에도 식물학이라는 관념은 나의 김나지움 시절의 삽화와 대학 시절의 어떤 시험을 연상하게 하고, 케니히슈타인과의 대화 중에 나온 나의 도락이라는 새로운 테마는 항상 내가 좋아하는 꿈이라고 말해 온 엉겅퀴를 매개로 하여, 잊혀진 꽃에서 시작된 관념의 고리에 연결되는 것이다. 엉겅퀴의 배후에는, 한편으로는 이탈리아의 추억이 있고, 또 한편으로는 내가 책과 관계를 갖기 시작하여, 그 후 아주 미쳐 버리게 된 유년 시절의 한 장면에 대한 추억이 내재해 있다. 그래서 식물학이라는 것은 꿈 속에서 무수한 사고 과정이 교차하고 있는 접합점이 되는 것이다. 그리고 그들 사고 과정이 그 대화 속에서 정당하게 연결되어 있는 것이라고 믿는다. 여기에서는 마치 직조공이 세련된 솜씨를 보이는 것과 같이, 어떤 관념의 제작 공장의 중심부에 서 있는 듯하다.

> 한 발자국만 디디면 천만 가닥의
> 실오라기가 움직이고
> 북이 왔다갔다 한다.
> 눈에 보이지 않게
> 실오라기가 흐른다.
> 한 번 치면
> 천만의 교차가 이루어진다.
> ─괴테의 《파우스트》 중

　꿈 속의 전공 논문은 또한 나의 연구가 편파적이라는 것과, 나의 책 수집이 돈이 드는 일이라는 두 가지 테마와 관련되고 있다. 이 최초의 고찰에서 우리는 식물학과 전공 논문이라는 두 요소가 채용된 이유는, 그것이 매우 많은 꿈 사고와 자유로이 접촉할 수가 있기 때문임을 알 수 있다. 이 요소는 꿈 해석에서는 매우 다의적이기 때문에 많은 꿈의 요소가 교차되는 접점을 나타내는 것 같다. 또 이 설명의 근저에 있는 사실은 곧 꿈의 현재 내용의 각 요소가 꿈 사고 속에서는 복합적이고 다면적인 것으로 대변되고 있다. 그 밖의 꿈의 현재 내용의 여러 요소에 대해서는 그것들이 꿈 사고 속에서 대변자를 갖는가의 여부를 검토함으로써 더 많은 것을 알게 된다. 내가 펼친 원색 화보는 나의 연구에 관한 동료들의 비평이라는 새로운 테마와 이미 꿈 속에서 표현된 나의 도락이라는 테마, 그 밖에 내가 원색 화보가 들어 있는 책을 찢으며 놀았던 어린 시절의 추억과 결부되고, 식물 표본은 김나지움 시절의 체험과 결합되어 이 기억을 한층 더 강조하는 것이다.

　이렇게 해서 나는 꿈 내용과 사고와의 관계가 어떤 성질을 띠고 있는가를 알게 되었다. 즉, 꿈의 여러 요소는 꿈 사고에 의해서 갖가지 제약을 받을 뿐만 아니라, 꿈의 개개의 사고도 꿈 속에서 각기 여러 요소에 의해서 대변된다. 연상의 길은 꿈의 한 요소로부터 출발하여 수많은 꿈 사상에 이르고, 하나의 꿈 사상에서부터 수많은 꿈 요소로 통한다. 따라서 꿈의 형성은 개개의 꿈 사고와 혹은 한 무더기의 꿈 사고가 꿈 내용의 간략화를 제공하고, 이어서 그 다음 꿈 사고가 — 마치 어떤 선거구의 주민 속에서 한 의원이 선출되듯 — 각기의 대변자로서 다음의 간략화를 제공하는 것이 아니라, 전체 꿈 사고가 일종의 가공을 받는다. 그리고 이 가공에 의해서 마치 후보자 명단에 의원 선거처럼 가장 많은 지지를 받는 요소가 꿈 내용 속에 포함될 자격을 얻는 것이다. 어떤 꿈이라도 이 같은 방법으로 분석해 보면 나는 언제나 똑같은 원칙을 발견하게 된다. 즉, 꿈의 여러 요소는 전체의 꿈 사고가 만들어 낸다는 것과, 개개의 꿈 요소는 꿈 사고에 있어서 몇 가지고 규제되어 나타난다는 것이다. 이제 여기서 꿈 내용과 꿈 사고와의 이 관련을 어떤 새로운 실례로 입증해 보는 일은 결코 무의미하지 않을 것이다. 다음은 내가 폐쇄 공포증을 치료하고 있던 남자 환자의 꿈이다. 이 매우 오묘한 꿈에 내가 왜 다음과 같은 표제를 붙이게 되었는지는 곧 알게 될 것이다.

B. 매우 아름다운 꿈

내용 〈그는 여러 사람들과 함께 마차를 타고 L가로 달려갔다. 이 거리에는 아담한 요릿집이 있다이것은 사실과 다르다. 거기서는 연극이 공연된다. 그는 구경꾼이 되기도 하고 배우가 되기도 한다. 나중에는 옷을 갈아입고 거리로 나가라는 말을 듣는다. 거기에 있는 사람들의 일부는 아래층으로, 그리고 나머지 사람들은 위층 방으로 가라고 한다. 그때 싸움이 벌어졌다. 위층에 있는 사람들은 아래층 사람들이 꾸물거리기 때문에 내려오지 못한다고 화를 내고 있다. 그의 형은 위층에 있고, 그는 아래층에 있는데 너무나 혼잡해서 형에게 대들고 있다이 부분은 불분명함. 아무튼 이 곳에 도착했을 때는 이미 위층과 아래층 편이 결정되어 있었다. 다음에 그는 혼자 시내 쪽으로 통하는 언덕을 넘어갔다. 그런데 올라가기가 너무 힘들어 꼼짝달싹 못할 지경이 되었다. 어떤 중년 신사가 그와 동행했는데, 이탈리아 왕을 비난했다. 드디어 언덕 끝에 이르렀을 때는 전보다 훨씬 편하게 걸었다.〉

언덕을 올라갈 때의 고통은 너무나 분명히 잠이 깬 뒤에도 마치 생시처럼 느껴졌다. 현재 내용으로 말하면 이 꿈은 바람직하지 못하다. 해석에 앞서서 나는 항상 해오던 방식과는 반대로, 이 꿈을 꾼 당사자가 가장 뚜렷하게 느낀 부분에서부터 시작하겠다.

꿈에 나오고, 꿈 속에서 느낀 고통의 부분 — 숨가쁜 호흡 곤란은 이 환자가 수년 전에 실제로 나타낸 증세로서, 그때 다른 증상과 한데 어울려아마도 신경증의 위장인 것 같지만 결핵과 관계되는 것으로 보인다. 우리는 이미 노출 꿈으로 인해서 보행 곤란이라는 꿈 특유의 감각을 알고 있다. 그런데 여기서 또다시 이 보행 곤란의 감각이 어떤 다른 표현을 위해서 준비되어 있는 이상異常 재료로써 이용되고 있음을 알 수 있다. 처음에는 올라가기가 굉장히 힘이 들었지만, 언덕 끝에 이르러서는 한층 쉬워졌다는 꿈 내용의 이 부분은 나로 하여금 알퐁스 도데의《사포》의 유명한 구절을 생각나게 했다.

《사포》에서는 한 청년이 애인을 들어 안고 계단을 올라간다. 처음에는 아주 가볍게, 그러나 올라갈수록 차츰 품에 안은 애인의 몸이 무겁게 느껴진다. 이 장면은 작자인 A. 도데가 신분이 낮고 불확실한 과거를 가진 여자를 사랑해선 안 된다고 경고하는 것이다.[2] 이 환자가 어떤 여배우와 사랑에 빠졌다가 최근 다시 이별했다는 것을 알고 있었지만, 나는 나의 착상이 들어맞으리라고는 기대하지 않았었다. 게다가 실제로《사포》에서는 이 꿈과 사정이 반대로 되어 있다. 꿈에서는 처음에 올라가기가 힘들고 나중에 쉬워진다. 처음에는 쉽게 생각했던 일이 나중에 가서 어려워진다는 것은 소설에서는 단지 상징적 표현 수단에 지나지 않는다. 그런데 환자는 이 해석이 자기가 엊저녁에 본 연극과 똑같다고 하여 나를 놀라게 했다.

그 연극은《빈의 변두리》라는 것이었는데, 처음에는 요조 숙녀였던 한 여자가 매춘부가 되어 높은 신분의 남자들과 관계를 맺음으로써 높이 올라가지만, 나중에는 점차 떨어진다는 내용이었다. 이 연극은 환자로 하여금 몇 년 전에 본 다른 연극을 연상시켰다. 그 연극은《계단에서 계단으로》이라는 제목으로서, 팜플렛에는 많은 계단이 있는 그림이 있었다고 한다. 이 해

---

2) 이와 관련하여 앞서 예를 든 '계단의 꿈'의 의의를 상기하라.

석을 좀더 파고들어가 보자. 이 환자가 최근에 사귀었다는 여배우는 과거에 M가에 거주하고 있었다. 그런데 이 거리에는 요릿집이 한 군데도 없었다. 그가 이 여배우와 함께 여름 한때를 빈에서 지내면서 가까운 호텔에 묵었다. 호텔을 떠나기 위해 탄 마차의 마부에게, "이가 달라붙지 않아서 그나마 다행이었소"라고 말하였다이가 달라붙었다는 것도 그의 공포증의 하나였다. 그러자 마부는, "이런 곳엘 어떻게 계셨습니까? 어떻게 보면 호텔도 아니죠, 음식점 겸 여관이니까요" 하고 대답했다고 한다. 이 음식점 겸 여관이라는 말은 환자에게 어떤 시구절을 연상시켰다.

> 친절하고 알뜰한 여관 주인
> 나는 근래에 그의 손님이 되었네.

우란트의 시의 한 구절인 여기서 여관 주인이란 다름 아닌 한 그루의 사과 나무를 말한다. 그러자 이번에는 다른 시구절이 또 환자의 머리에 떠올랐다.

> 파우스트 : 아가씨와 춤을 추며 언젠가 아름다운 꿈을 꾸었네.
>
> 한 그루의 사과나무가 있었지.
>
> 통통하게 윤이 나는 사과 두 개가 탐이 나서 올라갔다네.
>
> 미인 : 그거야 천국의 오랜 옛날부터 모두 탐내는 것
>
> 여자 아이로 태어난 보람으로 나의 정원에도 열렸네.

사과나무가 무엇을 의미할지는 굳이 설명이 필요하지 않을 것이다. 아름다운 유방이야말로 이 환자가 여배우에게서 느끼는 여러 가지 매력 중의 첫째였던 것이다.

우리는 이와 같이 분석을 연결시켜 봄으로써 이 꿈이 유년 시절의 어떤 인상과 연결된다는 근거를 발견하게 되었다. 그렇다면 이 꿈은 이제 30대가 된 이 남자의 유모와 관련될 것이 분명하다. 어린아이에게는 유모의 젖이 사실 포근한 안식처가 된다. 유모 역시 A. 도데의《사포》와 마찬가지로 최근에 버린 여인에 대한 암시로서 꿈 속에 등장한 것이다. 꿈에는 환자의 형도 나온다. 게다가 형은 위층에 있고 자신은 아래층에 있다. 그런데 실제의 관계는 이것과 반대이다. 즉, 내가 알기로는 형은 사회적 지위를 잃어버린 데 반해, 환자 쪽은 건재했기 때문이다. 환자는 꿈을 말하면서, 형은 위층에 있고 자기는 아래층에 있었다고 말하기를 꺼렸다.

아마도 그렇게 하면 너무도 분명하게 드러날 것이기 때문이었으리라. 대개 사람이 재산이나 지위를 잃으면 '아래로 내려간다'라고 표현하며, 이 말을 '몰락했다'는 뜻으로 쓰고 있다. 그런데 꿈의 이 대목에서 상황이 반대로 나타난 데에는 필시 거기에 무슨 뜻이 있을 것이다. 이와 같은 반대 상황을 어떻게 받아들여야 할지에 대해서는 꿈의 마지막 부분에 단서가 있다. 거기서는 이 환자가 언덕을 올라갈 때의 모양이《사포》와 반대로 되어 있다. 그렇게 되면 이 반대로 되어 있는 상황이 어떤 것인지는 쉽게 알 수 있다. 즉,《사포》에서는 남자가 성적 관계를 가진 여자를 안고 가지만, 꿈 사고에서는 역으로 남자를 안은 여자에게 문제가 있는 것이다.

이와 같은 경우는 유아기에만 일어날 수 있으므로, 그것은 어린아이를 힘겹게 안고 있는 유모와 관계되는 것으로 볼 수 있고, 이 꿈의 결말은《사포》

와 유모를 동일시하는 데서 멋지게 성공되는 것이다. 작가 도데가 사포라는 이름을 분명 레스보스 섬 ― 사포의 출생지인 ― 의 어떤 관습과 관련지어 선택한 것처럼, 보통 사람들이 위층과 아래층에서 무엇인가 하고 있는 꿈의 부분은 이 환자의 마음을 혼란시켜, 억압된 소망으로서의 그의 신경증과 관계되는 성적 공상임을 나타내는 것이다. 꿈에서 그와 같이 표현되는 것이 공상이고, 실제 기억은 아니라는 것은 꿈 자체의 판단으로써는 알 수 없다. 꿈 해석은 다만 우리들에게 사고 내용을 제공할 뿐, 그 사고 내용의 현실적 가치들은 우리들에게 맡긴다. 현실적 사건과 공상적 사건은 꿈 속에서, 그리고 꿈보다 더 중대한 심적 소망을 창조하는 데 있어서도 똑같이 가치 있는 것으로 나타난다. 꿈에 나오는 많은 사람은 우리가 이미 알고 있는 바와 같이 비밀을 의미한다. 형은 공상의 소원 작용遡願作用:사물의 근원을 따지어 밝히는 작용에 의해 어린 시절의 한 장면 속에 놓인 후년에 나타난 모든 연적의 대리물일 뿐이다. 이탈리아의 왕을 비난하는 남자의 삽화는 그 자체로서는 별 의미 없는 어떤 체험을 매개로 하여, 신분이 낮은 사람이 상류 사회로 끼어드는 일과 관련된다. 그것이 마치 도데가 청년에게 주는 경고와 함께, 그와 유사한 어린아이에게도 적절한 경고를 주려는 것 같다.[3]

꿈 형성에 있어서 행해지는 압축의 단계를 나타내는 제3의 실례로서, 나는 정신 분석의 치료를 받고 있는 어떤 중년 부인의 꿈과 그 부분적 분석 결과를 예로 들겠다. 이 부인 환자는 심한 불안 상태에 놓여 있었는데, 그에 대응하여 그녀의 꿈에도 성적 사고의 재료가 많이 내포되어 있었다. 그것

---

3) 꿈을 꾼 당사자의 유모와 관련되는 상황이 갖는 공상적 성질은, 이 경우에 있어서 유모는 어머니의 대리였다는 객관적 사정에 의해 입증된다. 그래서 이 꿈은 유모의 젖을 먹던 어린 시절의 상황을 좀더 누리고 싶다는 이 남자의 소망을 상기하는 것으로서, 그런 마음이 이 꿈의 원천이 되고 있다.

을 알고 난 그녀는 처음에는 매우 당혹해하였다. 이 꿈의 해석은 마무리를 지을 수 없었기 때문에, 꿈의 재료가 분명한 연관이 없는 몇 개의 그룹으로 나뉘어지는 듯이 보이는 것이 불가피하다.

C. 딱정벌레의 꿈

내용 〈그녀는 상자 속에 딱정벌레 두 마리를 넣어 두었다는 일을 생각해 낸다. '꺼내 주지 않으면 질식해 죽겠지' 하고 뚜껑을 열어 보니 딱정벌레는 맥을 못추고 있다. 한 마리는 열려 있는 창문으로 날아갔지만, 다른 한 마리는 덧문에 치여 죽었다. 누가 문을 닫을 때 치인 것이다_{혐오감의 표현}.〉

남편은 여행 중이고, 14세 된 딸이 옆 침대에 누워 있다. 잠들기 전에 딸이 엄마의 컵에 나방 한 마리가 빠져 죽었다고 말했다. 그러나 그녀는 그것을 잊어버리고 그냥 잠들었으므로, 이튿날 아침 나방이 죽어 있는 것을 보고 안쓰러워 했다. 잠들기 전에 읽은 책에서 개구쟁이 아이들이 고양이를 끓는 물에 집어넣어 그 고양이가 뜨거워서 바둥거리는 이야기가 나왔다. 그 자체로는 별 의미가 없는 이것이 꿈의 계기가 되고 있다. '동물 학대'라는 테마가 계속 그녀의 마음을 사로잡는다. 몇 년 전에 피서지에 갔을 때, 딸이 몹시 동물을 학대한 적이 있었다. 그 당시에 딸은 나비를 수집하고 있었으므로 나비를 죽일 살충제를 달라고 졸라댔다. 딸애는 어떤 때는 나방이 핀에 꽂힌 채 방 안을 날아다니게 하는 일도 있고, 또 어떤 때는 번데기가 되라고 상자 속에 넣어둔 애벌레가 굶어죽는 일도 있다.

이 아이는 더 어렸을 때는 늘 딱정벌레나 나비의 날개를 찢으면서 노는 버릇이 있었다. 지금이라면 그렇게 잔인한 짓은 생각조차 못 할 것이다. 그만큼 요조 숙녀가 되어 있었다. 딸의 이 성격 모순이 그녀의 마음 속에서 지워지지 않았다. 이러한 모순은 엘리어트의 《아담 비드》에 묘사되어 있는 것과 같은, 외관과 심성 사이에 있는 다른 모순을 상기시켰다. 즉, 아름답고 허영심 많은 여성과, 못생겼으나 심성이 고운 여성이 대조되고 있다. 어리석은 아가씨를 유혹하는 귀족과 고상한 심성으로 고귀한 행동을 하는 노동자와 마찬가지로, 겉과 속은 다른 것이다. 그녀가 관능적인 욕망에 고민하고 있다는 것을 외모만 보고 누가 알 수 있겠는가.

딸이 나비 수집을 시작한 그 해에 그 지방 일대에는 풍뎅이_{원뜻은 5월의 딱정벌레}가 몰려와 큰 난리를 겪었다. 아이들은 신이 나서 풍뎅이를 잡아 무참하게 짓밟았다. 그 당시 그녀는 날개만 떼어 버린 풍뎅이를 먹는 남자도 보았다. 그녀는 5월생으로서 결혼도 5월에 했다. 그녀는 결혼한 지 사흘째 되는 날에 친정 부모에게 자기는 매우 행복하다는 내용의 편지를 띄웠다. 그러나 사실은 결코 행복하지 못했다. 꿈꾸기 전날 밤에, 그녀는 오래 된 편지들을 꺼내어 ─ 진지한 것도 있었고 하찮은 것도 있었다 ─ 식구들에게 읽어 주었다.

처녀 시절에 그녀를 좋아하던 피아노 선생의 기가 막힌 편지와 어느 귀족의 편지도 있었다.[4] 그녀는 딸이 모파상의 좋지 않은 책을 몰래 읽고 있다는 것을 알고 자신을 나무랐다.[5] 딸이 달라고 조르던 살충제는 그녀에게 《르나바브》에 나오는 드 모라 공작에게 청춘을 되살려 준 '비상 알약'을 생각나게 했다. '놓아준다_{자유롭게 해 준다}'에 대해서는 모차르트의 《마적》의 한

---

4) 이것이 본래의 꿈 자극의 원천이다.
5) 이런 책은 처녀에게는 해로운 것이라고 부언해야 할지 모르겠다. 그녀는 젊었을 때 열심히 금서를 읽었었다.

구절을 연상시켰다.

그대에게 사랑을 강요하진 못하지만

그대에게 자유는 주지 않으리

또 풍뎅이에 관해서는 케츠헨Kätschen의《작은 고양이》의 한 구절을 연상시켰다.

그대는 내게 풍뎅이처럼

반해 버렸네.

그 공간에《탄호이저》의 "그대는 사악한 욕정에 불타 있어서……"라는 대목이 낀다. 그녀는 여행 중인 남편의 안부를 걱정하며 나날을 보낸다. 남편의 신상에 뜻하지 않은 재난이 객지에서 일어나지 않을까 하는 불안이 갖가지 공상을 불러일으켰다. 얼마 전에, 그녀는 분석 중에 자기의 무의식 속에 남편의 '노쇠함'에 대한 불평이 숨어 있다는 것을 발견한 적이 있었다. 이 꿈이 은폐하고 있는 소망 사고는 다음과 같은 이야기로써 분명해질 것이다.

이 꿈을 꾸기 며칠 전에, 그녀는 열심히 일하다 말고 남편이 목매달아 죽어 버렸으면 좋겠다는 말이 떠올라 자기 자신도 소스라치게 놀랐다. 나중에 알았지만, 그 몇 시간 전에 어떤 책에서 남자가 목을 매달면 음경이 몹시 발기한다는 사실을 읽었던 것이다. 자기 자신이 소스라치게 놀란다는 위장 아래 일시적인 억압에서 다시 밖으로 얼굴을 내민 것은 바로 음경의 발기에 대한 욕망이었던 것이다. '목매달아 죽어 버리라'는 것은 무슨 짓을 해서라도 음경을 발기시켜 달라는 의미인 것이다.《르 나바브》중에 나오는 옌킨스 박사의 비상 알약도 역시 같은 목적의 것이었다. 게다가 이 부인 환자는 가장 강력한 강정제는 이 풍뎅이를 짓이겨서 만든다는 사실도 이미 알고 있었던 것이다. 이 꿈 내용의 주요 부분은 이런 뜻을 가리키고 있는 것이다.

창문은 항상 남편과의 싸움의 불씨가 되었다. 그녀 자신은 창을 열어 놓은 채 잠을 자기를 원하는 반면에, 남편은 창을 닫는 걸 좋아했다. 맥을 못 추는 것은 요즘 그녀의 불만 요인인 남편의 주요 증상이다. 그런데 이 세 가지 꿈은 모두 끝까지 분석되지 않았으므로, 꿈 사고에 대한 내용의 다면적 관계를 입증하기 위해서는 그 상세한 분석을 끝낸 꿈을 인용하는 것이 좋을 듯 여겨진다. 그래서 나는 다시 한 번 일머의 주사의 꿈을 예로써 들기로 한다. 이 꿈으로써 꿈 형성의 압축 작업이 하나가 아닌 여러 가지 방법을 쓰고 있음이 쉽게 밝혀진다.

꿈 내용의 주인공은 나의 환자인 일머로서, 그녀는 꿈에 현실에서의 일머 그대로의 특성을 띠고 나타나므로 일단 그녀 자신을 나타냈다고 하자. 그런데 내가 그녀를 창가에서 진찰할 때의 상황은 다른 인물의 기억에서부터 온 것이다. 즉, 꿈 사고가 제시하는 바와 같이 내가 일머와 바꾸려고 하는 다른 여성이다. 일머의 목에 디프테리아 성의 피막을 보인다는 점에서는 내 큰딸에 대한 우려를 나타낸다고 볼 수 있겠지만, 내 딸의 이면에는 이름이 같은 중독으로 죽은 다른 부인 환자가 숨겨져 있다. 그런데 꿈이 진전됨에 따라 일머라는 인물의 의미가 바뀐다꿈에 나타난 그녀의 모습은 변함이 없지만. 일머는 우리가 소아과의 외래 환자를 진찰하는 어린아이 중의 하나인 셈이다. 그 진찰에 있어서 동료들은 각기 정신적 소질의 차이점을 나타내고 있다.

이와 같은 이행은 확실히 나의 둘째딸이라는 표상을 매개로 하여 가능해진 것이다. 입을 벌리기를 싫어하는 것으로써 일머는 내가 전에 진찰한 적이 있는 다른 부인을 암시하며, 동시에 그와 똑같은 관련으로써 내 아내도 암시하고 있다. 게다가 내가 그녀의 목에서 발견한 증상 속에서 나는 그 밖의 여러 사람에 대한 암시를 종합하는 것이다. 일머를 고찰하면서 내가 만난 모든 인물은 꿈 속에서는 현실의 모습으로 나타나지 않는다. 그들은 꿈 속의 인물인 일머의 배후에 숨어 있고, 이렇게 함으로써 일머는 모순되는 여러 특성이 결합된 하나의 집합상이 되었다. 일머는 압축 작용 때문에 버려진 다른 몇 사람의 대표자가 되고, 나는 몇몇 사람에 대한 이런저런 일들을 모두 일머라는 한 인물에게 부여한다.

나는 둘이나 혹은 그 이상의 인물의 현실적 특성을 하나의 꿈의 형상에 통합시킴으로써 꿈의 압축을 위한 하나의 집합체를 만들어 낼 수 있다. 꿈에 나온 M박사가 그 예로서, 그는 M박사라는 이름을 갖고 M박사인 것처럼 행동하지만, 실상 그의 신체상의 특징이나 병은 나의 맏형과 같았다. 다만 창백한 얼굴색이라는 특성만은 현실적으로 이 양자에게 공통되는 점이므로 이중으로 규제된다. 또 나의 '백부의 꿈'에 나오는 R도 역시 혼합 인물이다. 그러나 이 경우 꿈 속의 상은 각기 다른 방법으로 형성되었다. 나는 한 인물의 어떤 특성을 다른 인물의 특성과 결합시키고, 그로 인해 각각의 인물의 기억상에서 어떤 종류의 특성을 깎아내지 않고, 갈턴이 가족 사진을 만들 때 쓴 방법, 즉 두 개의 상을 포갰던 것이다. 그렇게 하면 양자의 공통된 특징은 한결 강하게 나타나는 한편, 양자의 불일치되는 특징은 상쇄되어 흐지부지되고 만다.

그리하여 '백부의 꿈'에서는 불투명한 인상 중에서 금빛 수염만은 강조된 특성으로서 두드러진다. 게다가 이 금빛 수염은 다시 백발이 된다는 관계를 매개로 하여 나의 아버지와 나 자신에 대한 암시를 포함하고 있는 것이다.

집합 인물과 혼합 인물의 제작은 꿈 압축의 주요 방법이다. 이 문제는 나중에 다른 관련으로 다시 다루겠다. '주사의 꿈' 중의 이질이라는 생각도 역시 여러 층의 규제를 받고 있는데, 한편으로는 디프테리아라는 말과 혼동을 일으키기 쉬운 동음성 때문에, 다른 한편으로는 신경증으로 오진하여 동양으로 떠나게 한 그 환자와의 관계로 인해서 각기 '이질'이라는 관념과 결합되고 있다. 이 꿈 속에서 '프로필렌'이 나오는 것도 흥미로운 압축의 한 실례라는 것도 알게 된다. 꿈 사고 속에 내포되어 있는 것은 프로필렌이 아니라 '아미렌'이었다. 이 경우 꿈 형성에 있어서의 단순한 이동이 아니었을까 하고 생각하는 사람이 있을지도 모른다.

그러나 이 이동은 다음의 꿈의 보완적 분석에서 알 수 있는 바와 같이 압축의 목적에 봉사하고 있다. 내가 얼마 동안 이 프로필렌이라는 단어에 주의를 집중하고 있으니 '프로필레엔'이라는 말과 음이 너무나 흡사하다는 생각이 들었다. 그런데 프로필레엔이라는 건물은 아테네에도 있고 뮌헨에도 있다. 이 꿈을 꾸기 1년 전 나는 당시 중병에 걸린 친구를 문병했고, 이 꿈 속에서 프로필렌이라는 말 다음에 '트리메틸아민'이라는 말이 나온 것을 감안하면, 이 친구의 일이 꿈 사고 중에 포함되었다고 단정지을 수 있다. 이 꿈에서나 또 다른 꿈에서나, 분석할 때 잡다한 가치를 갖는 연상이 마치 같은 가치의 것인 듯 사고의 결합에 이용된다는 중요한 사정이 있지만, 지금 여기에서는 이 사정을 잠시 접어두고, 아미렌이 꿈 내용에서 프로필렌에 의해 대치될 때의 과정을 좀더 추구해 보기로 하자.

한편으로 나의 친구 오토를 중심으로 하는 표상군이 있다. 오토는 내 심중을 알지 못하고 오히려 날더러 잘못이라고 하면서 나에게 아미렌 냄새가 나는 리큐르 술을 주었다. 또 다른 한편으로는 베를린의 친구 빌헬름을 중심으로 하는 표상군이 있다. '빌헬름은 나를 이해하고 나의 판단을 옹호해 줄 것이며, 성적 사상事象의 화학적 관계에 관해서도 나를 위해 여러 보고를 제공해 주었다. 이 두 표상군이 대상 관계로 결합되고 있는 것이다. 오토의 표상군 가운데서 특히 나의 주의를 끈 것은 최근에 이 꿈을 일으킨 계기에 의해서 규제되고 있으며, 아미렌은 꿈 내용에 이용되도록 예정된 여러 요소 중의 하나이다. 풍부한 표상군인 빌헬름은 바로 오토와의 대조로 인해서 살아나고, 그 표상군 속에서 오토에게서 야기된 요소를 생각나게 하는 요소가 특히 강조된다.

이 전체 꿈 속에서 나는 나에게 혐오감을 주는 인물을 떠나서 그에 대항할 수 있는 다른 인물에게 의지하고, 여러 면에서 적에 대항하여 아군을 동원하고 있다. 예를 들어 오토의 표상군에 있어서의 아미렌은, 다른 한편으로 빌헬름 표상군 중에 있어서도 기억을 불러일으킨다. 즉, 트리메틸아민은 여러 면에서 지지를 받고 꿈 내용 속으로 들어오는 것이다. 아미렌도 변화되지 않고서 꿈 내용에 합류될 수 있을 것이다. 그러나 그것은 빌헬름 군群의 작용에 굴복해 버린다. 왜냐 하면 이 명칭이 포함하고 있는 모든 기억군 중에서 아미렌을 강력하게 규제할 만한 요소를 찾아낼 수 있기 때문이다. 아미렌은 프로필렌을 쉽게 연상시킨다. 빌헬름의 범주로부터 프로필렌을 향해, 프로필레엔을 가진 뮌헨이 아미렌에 맞닿는다. 프로필렌 ― 프로필레엔에서 두 표상권이 상호 교접한다.

그렇게 되면 이 중간 요소는 타협한 형태로 꿈 속으로 유입된다. 여기에서 몇 층의 규제를 허용하는 중간적 공통물이 형성된다. 이런 견지에서 보면 몇 층의 규제를 받는 것이 꿈 내용으로 용이하게 들어가게 하는 일이라는 것을 알게 된다. 이 중간물 형성의 목적으로 인해서 주의력이 본래 생각했던 것으로부터 쉽게 연상되는 것으로 이동했다는 것은 분명하다. 주사의 꿈을 고찰함으로써 우리는 이미 꿈을 형성할 때 생기는 압축 과정을 웬만큼 예감할 수 있게 되었다. 그리고 꿈 사고 속에서 여러 형태로 꿈 사상에 나타나는 요소의 선택과 새로운 통일체집합 인물과 혼합 형성물 등의 형성, 그리고 중간 공통체의 제작이 꿈의 압축 작업의 특색이라는 것을 인정해야 한다.

그런데 압축은 과연 무엇 때문에 이루어지는가, 무엇이 압축을 필요로 하는가 하는 문제는 우리가 꿈 형성에 있어서 심적 과정의 문제를 총체적으로 파악해 볼 때 생각하기로 하자. 지금은 오직 꿈의 사고와 내용과의 특이한 관계로서 꿈의 압축을 확인하는 것만으로 만족하도록 하자. 꿈의 압축 작용이 가장 분명해지는 것은, 그것이 압축하려 하는 대상에 말과 명칭을 선택해 주었기 때문이다. 본래 말이란 꿈에 의해서 사물인 것처럼 취급되며, 그때 많은 사물의 표상과 같은 합성 작용을 겪는다. 우습거나 기묘한 조어는 그런 꿈의 소산이다.

(1) 언젠가 동료 한 사람이 나에게 자기가 쓴 논문을 보여주었다. 내가 볼 때 이 논문은 근대의 어떤 생리학상의 발견을 과대 평가한 듯이 생각되었다. 그날 밤 나는 분명 이 논문과 관계된 한 문장을 꿈 속에서 보았다. '이것은 완전히 노레크달norekdal한 문체이구나.' 처음에 나는 이 낯선 조어를 어떻게 분해해야 좋을지 몰라 망설였다. 그것이 '거대하다kolossal'라든가, '엄청나다 Pyramidal'의 극단적인 형태를 띠고 있다는 것만은 분명한 것 같다. 그러나 그것이 어디서 유래된 것인지는 쉽게 알아낼 수 없었다. 그런데 마침내 이 조어는 입센의 유명한 두 개의 희곡에 나오는 노라와 에크달이라는 두 이름으로 분해되었다. 그리하여 연유를 알게 되었는데, 최근에 비판한 그 논문을 쓴 사람이 입센론을 신문에 발표한 것을 읽었다.

(2) 나의 어떤 부인 환자가 짧은 꿈을 보고했다. 그 꿈은 무의미한 말의 결합으로 일관하고 있다. 그녀는 남편과 함께 어느 마을의 축제를 구경하고 있었는데, 그때 그녀는 "이제 곧 모두 마이스톨뮈츠Maistollutz가 될 거예요"라고 하면서 옥수수Mais로 만든 과자의 일종인 폴렌타Polenta : 이탈리아의 옥수수죽일까 하고 생각한다. 분석을 통해 이 말은 옥수수Mais+떠들썩하다toll+남자에 미친manstoll+올뮤츠olmüutz로 분해되며, 이 말들은 각기 그녀가 친척들과 함께 식사를 하면서 주고받은 대화의 단편이었다. 옥수수라는 말의 배후에는 마침 그때 개최되고 있었던 기념 박람회에 대한 암시와 함께 마이센Meiβen : 새 모양을 한 마이센 도자기 • 미스Miβ : 그녀의 친척인 영국의 부인이 올뮤츠를 향해 떠났다 • 미스Mies : 유대인의 속어로 기분 나쁘다는 의미 등의 말이 숨어 있었다. 그리하여 사고와 연상의 기나긴 실마리가 이 기묘한 말의 덩어리를 이루고 있는 어느 단어에서나 공통적으로 들어 있었던 것이다.

(3) 어떤 청년이 밤늦게 친척의 방문을 받았는데, 그는 벨만 울리고 명함을 놓고 갔다. 그날 밤 이런 꿈을 꾸었다. 〈사무원 한 사람이 밤늦게 실내 전화기를 수선하기 위해서 기다리고 있다. 그 남자가 가고 났는데도 전화기는 계속 이어졌다 끊어졌다 하며 울리고 있다. 하인이 다시 그 남자를 데리고 온다. 남자가 이렇게 말한다. "참 이상하군요. 전에 튜텔라인tutelrein한 사람들도 이런 고장을 고치지 못했습니다."〉

누가 봐도 알 수 있듯이, 이 꿈의 부차적인 계기는 꿈의 여러 요소 중의 하나를 은폐시키는 것에 지나지 않는다. 이 계기가 처음에 의미를 가질 수 있었던 것은 그것이 이 꿈을 꾼 당사자의 이전의 어떤 체험과 결부되었기 때문이다. 그런데 이 체험이라는 것도 그 자체만으로는 별 의미가 없지만, 이 남자의 공상에 의해서 그 의미를 갖게 된 것이다. 그가 아버지와 함께 지내던 유년 시절의 어느 날 밤에 잠을 자다가 컵에 담긴 물을 엎질렀다. 물이 옥내 전화기의 줄을 적시는 바람에 전화기가 계속해서 울려댔고, 그래서 아버지의 잠을 깨운 적이 있었다. 전화가 끊임없이 울린다는 것은 젖는다는 것과 대응하고 있기 때문에, '단속적으로 우는 일'은 물방울이 떨어진다는 것을 표현하는 데 사용되었던 것이다. 그런데 튜텔라인이라는 말은 세 방향으로 분해되고, 그에 따라 꿈 사고 중에 대치된 세 가지 물질을 암시하고 있다.

다시 말해서 튜텔tutel은 쿠라텔Curatel과 같은 '보호'라는 뜻이다. 또 튜텔은 여자의 유방을 가리키는 속어이기도 하다. 깨끗하다는 의미의 'rein'은 실내의 깨끗함Zimmerrein이라는 말을 형성하기 위하여 실내 전화기 Zimmertelegraph의 첫음절인 실내Zimmer를 이어받은 것이다.[6] 이것은 바닥을 적신다는 것과 관계가 있으며, 이 남자의 가족 중의 한 사람의 이름을 암시하는 것이다.

(4) 내가 꾼 혼란스런 긴 꿈으로서, 선박 여행이 중심이 되고 있는 것이 있다. 꿈 속에서 다음 기항지는 헤어징Hearsing이라고 하면서, 그 다음 기항지는 플리츠Flieβ라고 했다. 이 플리츠는 B시에 사는 친구의 성으로서 나는 자주 그를 만나곤 했었다. 그러나 헤어징은 빈 외곽의 몇 가지 지명, 즉 히칭이라든가, 리징 또는 뫼드링[Me-delitz, 영어로는 meaeine으로서 나의 기쁨meine Freud이라는 뜻이다]과 허세이hearsay:소문라는 말이 합성된 것

---

6) 철자를 분해·합성하는 일은 각성시에 우리가 농담을 할 때 흔히 쓰이고 있다. "은silver을 가장 싸게 하려면 어떻게 해야 할까?" "그거야 포플러 나무〔silverpappeln＝silver은＋pappeln수다를 떨다〕앞에 가서 열심히 수다를 떤 후에 남은 은을 가지고 오면 되지." 그리고 혹시 본서의 독자나 비평가 중에 이 책에 실린 꿈을 꾼 당사자들은 아무래도 과장된 기지를 보인다고 내게 이의를 제기할지도 모르겠다. 그러나 이 점에 대해서는 나 자신이 실제로 기지가 넘치기 때문이 아니고, 꿈을 만들어 내는 독특한 심리학적 조건 때문이라는 점을 밝혀 두고 싶다. 이러한 비난이 계기가 되어 나는《기지와 무의식의 관계》1905년를 저술했다.

같다. 영어의 'hearsay'는 비방이라는 뜻도 있는데, 이것이 낮 동안의 작은 꿈 자극원에 대한 관계를 형성하고 있다. 다시 말해서 그것은 《프리겐데 브레터》지誌에 실린 어떤 시로서, 그 시인이 다름아닌 Sagter Hatergesagt라는 이름의 난쟁이 험구가였다.

어미의 철자 ing가 플리츠Flieβ라는 말과 맺고 있는 관계로서 플리싱겐Flissingen이라는 말이 만들어진다. 플리싱겐은 형이 영국에서 우리를 찾아올 때 기항하는 실제 항구의 이름이다. 그런데 이 플리싱겐의 영어명은 flushing얼굴을 붉히다이므로, 내가 치료하고 있는 '적면 공포증'의 부인 환자를 생각나게 하고, 또 나를 격분하게 한 비흐테리Bechterew의 최근의 한 논문을 연상시킨다.

(5) 어느 날 나는 두 가지 다른 부분으로 형성된 꿈을 꾸었다. 그 하나의 부분은 분명히 아우토디다스커Autodidasker라는 말이고, 나머지 다른 부분은 다음에 N교수를 만나면, "며칠 전에 그 병으로 상의한 그 환자는 정말 선생님 말씀대로 신경증이었습니다"라고 말해야겠다는 내용의 공상과 부합되는 것이었다. 여기서 조어 '아우토디다스커'는 그것이 복잡한 의미를 갖고 있는가, 아니면 그 의미를 대리하고 있는가 하는 양자 중의 한쪽을 결정해야 할 뿐 아니라, 또 그 말은 내가 잠을 깬 뒤에 다시 N교수에게 앞서 말한 것 같은 뜻을 나타내려고 하는 결심 의도와도 정확히 들어맞는 것이어야 한다.

그런데 Autodidasker는 Autor저자 또는 필자의 뜻와 Autodida-kt독학자의 뜻, 그리고 Lasker인명로 쉽게 분해할 수 있다. 이 라스커에는 라살Lassall이라는 다른 인명이 결부된다. 이 말들의 첫글자는 꿈의 중대한 동인이 된다. 즉, 나는 아내에게 어느 유명한 저자의 책을 몇 권 건네주었다. 이 저자와 나의 형은 친구였고, 또 내가 알기로는 이 사람J. J. David은 나와 같은 곳에서 태어났다. 어느 날 밤, 아내는 나와 데이비드의 단편 소설에 나타난 어떤 다재다능한 사람의 감동적인 이야기에서 받은 깊은 인상에 대해서 말했다. 그러고 나서 우리는 다시 어린아이들에게서 찾을 수 있는 재능이라는 문제로 화제를 옮겼다. 소설에서 받은 감동으로 아내는 아이들의 일이 꽤히 걱정스럽다고 푸념하였지만, 나는 그런 정도의 위험은 교육으로써 얼마든지 피할 수 있다고 위로하였다.

그날 밤 나는 이 문제에 대하여 더욱 깊게 생각하면서 아내의 걱정과 또 다른 갖가지 일들을 관련시켜 보았다. 그리하여 결혼에 관해서 데이비드가 형에게 말한 의견은 내 마음 속에 어떤 방향을 제시하고, 그것이 꿈 속에 나타나게 되었다. 이 어떤 길이라는 것은 우리가 굉장히 가깝게 지내고 있던 어떤 부인이 결혼 후에 간 부레스로로 통하는 길이었다. 여자로 인해서 몸을 망치는 것은 아닌가 하는 걱정이 나의 꿈 사고의 핵심을 이루고 있던 좋은 예는 부레스로에 있는데, 그 남자들의 이름이 라스커와 라살이었던 것이다. 이 두 가지 경우가 재난을 초래하는 이 영향의 두 가지 형태를 동시에 보여주는 것이었다.[7] 이 생각들이 요약되는 '여자를 가려라' 하는 일은, 지금 말한 것과는 다른 의미에서 나로 하여금 알렉산더라는 미혼의 동생을 연상시켰다.

그리고 지금 깨닫지만 알렉산더의 약칭은 알렉스Alex가 되는데, 이 알렉스는 라스커Lasker의 철자를 바꾼 것과 음이 비슷하다. 또 이 계기는 나의 견해로는 부레스를 지나는 우회로를 일깨워 주는 데 협력했을 것이다. 내가

---

7) 라스켈은 진행성 마비, 즉 여자에게 전염된 병으로 죽고, 라사레는 여자 문제로 결투 끝에 죽었다.

여기서 이름이나 철자를 가지고 따지는 데는 어떤 다른 의미가 포함되어 있다. 그것은 동생을 위해서 행복한 가정 생활을 원하는 소망을 대신하고 있는 것이다. 게다가 다음과 같은 방법으로써 나의 꿈 사고와 내용적인 유사성이 있는 에밀 졸라의 소설《창작》속에서 자신과 그 가족의 행복을 삽화로 그리고 있는데, 작가 자신은 그 속에서 산도즈Sandoz라는 이름으로 나오고 있다. 아마도 졸라는 이 이름을 다음과 같은 경위로 창출해 냈을 것으로 생각된다. 즉, 졸라Zola라는 이름을 거꾸로 하면이것은 어린아이들이 장난삼아 잘 하는 일이지만 Aloz가 된다. 그러나 이렇게 하면 너무 쉽게 나타나므로, 알렉산더라는 이름의 첫글자이기도 한 Al을 세 번째 철자인 Sand와 바꾼 것이라고 여겨진다.

내 꿈에 나오는 아우토디다스커는 바로 이런 식으로 만들어졌다. 내가 N 교수에게, "우리가 진찰한 그 환자는 신경증에 걸린 겁니다"라고 말하는 공상은 다음과 같은 형태로 꿈 속에 삽입되었다. 나는 인턴 과정을 마치기 전에, 도저히 진단이 어려운 환자를 만난 적이 있었다. 척추에 병이 든 심한 기관적 질환으로 짐작되었지만, 그것을 증명할 길이 없었다. 이 환자가 성적 병력을 순순히 진술해 주었다면, 신경증으로 진단을 내려 모든 난점을 해결하고 싶었다. 그러나 환자는 그런 쪽으로는 전혀 진술을 하지 않았으므로 신경증이라고 진단을 내릴 수 없었다. 그리하여 고심 끝에 내가 평소에 존경하던 의사그는 다른 모든 사람들에게도 존경의 대상이었다에게 원조를 청하였다.

나는 이 의사의 학문적 권위에도 깊은 존경심을 품고 있었던 것이다. 그는 나의 말을 조용히 듣고 난 다음, "좀더 관찰을 해 보시오. 신경증일지 모르니" 하고 말했다. 신경증의 병인에 대해서는 그와의 의견차를 보였으므로 그의 말에 이의를 제시하지는 않았다. 그러나 나는 조금 석연찮은 태도를 보이지 않을 수 없었다. 그리고 며칠 뒤에, 나는 환자에게 당신의 병은 나의 능력 밖이니 다른 의사에게 가서 진찰을 받아 보라고 권했다. 그러자 환자는, 사실은 이제까지 너무나도 부끄러워서 말을 못 했다면서, 내가 예상한 대로 신경증의 병인이 될 요점을 남김없이 고백했던 것이다. 나는 안도의 숨을 내쉬긴 했으나, 한편 부끄러운 생각이 들었다. 내가 상의했던 교수가 환자의 병력 따위에는 구애되지 않고 사태를 보다 예리하게 간파하였다는 사실을 인정하지 않을 수 없었다. 그래서 나는 다음에 N교수를 만나면 "당신이 옳았고 내가 틀렸었습니다"라고 말하려고 마음먹었다.

그런데 바로 이 일을 꿈 속에서 실행했다. 어떤 독자는 자기가 틀렸었다고 고백하는 일이 어떻게 욕망을 충족시키는 것인가고 의아해 할지도 모르겠다. 그러나 내가 틀렸었다고 고백하는 일이야말로 분명한 나의 소망 충족이었다. 나는 나의 근심이 잘못이면 좋겠다고 생각하고 있었다. 그리고 아내도 그런 종류의 근심을 하고 있었으므로 나 역시 꿈의 사고 속에서 그것을 걱정했던 것인데, 그와 같은 아내의 근심이 잘못이었으면 좋겠다고 생각했다. 꿈 속에서 옳았다, 틀렸었다라는 일과 연관된 테마는 꿈 사고에서 실제로 관심을 두고 있는 것과 결부되어 있었던 것이다. 즉, 기관적 장애와 성생활에 의한 기능적 장애 중에 과연 어느 쪽이 좋으냐 하는 양자 택일의 테마이다. 다시 말해서 라스커의 경우처럼 진행성 뇌경화증이냐, 아니면 신경증이냐 하는 것이 꿈의 테마이다.

이 견고한그리고 잘 해석해 보면 뜻이 분명한 꿈 속에서 N교수가 나타난 것은 단지 이 유사성과 나의 소망 때문만이 아니라, 그와 내가 함께 관계하고 있던 다음과 같은 사건 때문이기도 하다. 내가 의논하였을 때 교수는 앞서와 같은 추측을 내게 말한 다음, 나의 개인적 사정에 관심을 돌렸다.

"자녀는 몇입니까?"

"6남매 두었습니다."

^{"경의와 의구심이 뒤섞인 표정으로} 아들입니까, 딸입니까?"

"셋씩입니다. 그들이 나의 자랑이자 재산이지요."

"그렇지만 어렵겠군요. 딸들은 별 문제가 없겠지만, 남자 아이들은 교육
상 어려운 점이 많지요?"

　나는 현재까지는 매우 순조로웠다고 대답은 했지만, 나의 환자를 신경증
같다고 말했을 때와 마찬가지로 내 아들들에 대한 그의 진단에 속으로는
은근히 불안을 느꼈던 것이다. 즉, 이 두 가지 인상이 체험과 그 근접 관계
로 인해서 하나로 결합되었던 것이다. 그리고 나는 신경증의 이야기를 꿈의
내용에 채택함으로써 아들들의 교육에 대한 대화를 대신하고 있는 것이다.
이 교육에 관한 이야기는 나중에 아내가 토로한 근심과 매우 유사성이 있
으므로, 이것은 꿈 사고와 가장 밀접한 관련을 갖고 있다. 그와 같은 밀접성
으로 아들들의 교육의 어려움이라는 문제에 있어서는 N교수의 견해가 옳을
지도 모른다는 나의 불안조차도 나 자신의 그와 같은 의구심이 잘못이었으
면 좋겠다는 소망의 이면에 숨어 꿈 속으로 들어왔던 것이다.

　(6) 말타노브스키에 의한 실례 — 오늘 아침에 나는 비몽사몽간에 어떤
매우 압축적인 말을 경험하였다. 거의 기억에 없는 어수선한 꿈 속에서 나
는 내 눈앞에 어찌 보면 펜으로 쓴 것도 같고, 또 어찌 보면 인쇄한 것 같은
글씨들을 보고 놀랐다. 그것은 '에어체필리쉬erzefilisch'라는 말로서, 아무런
관련도 없이 완전히 고립되어 나의 의식상의 기억 속으로 들어왔다. 그 문
장은, "그것은 성적 감정에 대하여 에어체필리쉬한 영향을 끼친다"라는 것
으로서, 나는 즉시 그것은, 사실은 에어치에리쉬erzieherisch : 교육적인여야 한

다고 생각했지만, 어쩌면 에어치필리쉬erzifilisch가 더 맞을지도 모른다고도 생각했다.

그때 지필리스Syphilis : 매독라는 말이 떠올랐다. 그리고 거의 수면 상태에서 분석을 시작하면서, 나는 개인적·직업적 측면에서 이런 병과는 전혀 관련이 없는데 어떻게 해서 이런 것이 꿈에 들어왔을까 하고 의아해했다. 그 다음에 엊저녁에 여자 가정 교사Erzieherin가 계기가 되어 매춘 문제를 논했다는 일도 아울러 설명하는 것으로서 에어첼레리쉬erzehlerisch라는 말이 떠올랐다. 그래서 나는 그 여자 가정 교사의 정서 생활이 정상적으로 발달하지 못한 점에 교육적인erzieherisch 영향을 주기 위해서 매춘 문제에 대해 두루 설명해 준 다음에 H. 헤세의《매춘론》이란 책을 빌려 주었던 것이다.

이리하여 지필리스는 글자 그대로의 의미로 풀이할 것이 아니라, 그것이 성생활에 대한 관계에 있어서 독毒을 대신하여 쓰여졌다는 것이 확실해졌다. 그래서 앞의 글은 다음과 같이 되는 것이다. "나는 내 이야기Erzählung로써 여자 가정 교사Erzieherin의 정서 생활에 교육적인erzieherisch 영향을 주려고 했지만, 그런 행위가 오히려 나쁜 영향을 끼치게 되는 것은 아닐까 하는 걱정을 하였다." 〔에어체필리쉬Erzefilisch는 에어체erzäh와 에어치erzieh가 복합된 것이다.〕 꿈의 언어의 변조는 망상증에서 볼 수 있는 낯익은 것으로서, 반면 신경증이나 강박 관념에도 종종 나타나는 언어의 변조와도 많은 유사성이 있다.

어떤 시기에 언어를 물건처럼 취급하여 새로운 단어나 인위적인 문장 구조를 만들어 내는 어린아이들의 언어 기술은 꿈에 있어서나 신경증에 있어서나 공통적인 원천을 이루고 있다. 꿈에 있어서의 무의미한 언어 형성물의 분석은 꿈 작업의 압축을 나타내기에 적합하다. 여기에서는 실례를 적게 들어, 이런 종류의 재료는 거의 드물게만 나온다든가, 예외적으로밖에 볼 수 없다는 식으로 추론하지 말았으면 좋겠다. 오히려 매우 자주 볼 수 있는 현상이지만, 꿈의 판단은 정신 분석의 치료에 의존하고 있기 때문에 매우 적은 실례가 집중적으로 보고되는 것에 불과하며, 그 보고된 분석의 예도 대개의 경우 신경병리학의 전문가에게만 이해될 수 있는 것이다.

무의미한 조어 '스빙눔 엘비Svingnum elvi'를 보여주는 폰 칼핀스카 박사의 꿈《국제 정신 분석학 잡지》, 1914년도 그 한 예이다. 여기서 특히 강조해야 할 것은 꿈 속에는 본래 어느 정도 의미 있는 말이 나타나지만, 사실 그 말은 본래의 의미에서 분리되어 포괄적인 여러 가지 다른 의미를 나타내고, 이러한 별도의 의미에 대하여 그 말은 마치 무의미한 것처럼 보이는 것이다. V. 타우스크가 보고한 남자 아이의 범주Kategorie의 꿈이 그 대표적 예이다《유아 성욕의 심리학에 관하여》제1권, 1913년. 이 경우에 '범주'는 여성 생식기를 뜻하고, '범주에 들어간다Kategorieren'는 것은 방뇨한다는 의미였다. 꿈 사고와 구별되는 대화가 꿈 재료 속에 기억되고 있는 이야기로부터 나온다는 사실은 예외없는 통칙이다. 대화의 문구는 본래 그대로 표현되든가, 아니면 약간 변형되어 표현된다. 또 꿈의 대화가 여러 기억 속에서 만들어지는 경우도 많이 있다. 그런 경우에는, 말은 본래 그대로이지만, 의미가 흐려지거나 아예 딴 뜻이 되기도 한다. 꿈 속의 대화는 기억 속에 있는 대화의 계기가 된 사건에 대한 단순한 암시로 쓰여지는 일도 가끔 있다.[8]

---

8) 나는 최근에 이와 같은 통념에서 벗어나는 한 예를 발견했다. 그것은 강박 관념에 시달리고는 있지만, 그 외의 기능이나 지능은 정상적인 한 청년의 경우에서였다. 그의 꿈에 나오는 대화는 자기가 한 말이나 남에게서 들은 데서 유래하는 것이 아니고, 그의 강박 관념상에 있어서 각성시의 것에서 변형되어 들어온 문구이다.

[2. 이동 작업]

꿈의 압축 작업을 나타내는 실례를 들고 있는 동안에, 우리는 이와는 다른 의미 있는 관계를 간파하게 된다. 꿈의 내용 중의 본질적인 성분으로서 특히 표면에 나오는 요소가 꿈의 사고 안에서는 결코 똑같은 역할을 하지 않는다는 사실에 대해서는 앞에서 이미 언급한 바 있다. 이에 대한 상관 개념으로서 이 명제를 거꾸로 해 볼 수도 있는 것이다. 즉, 꿈 사고 중에서 분명 본질적인 내용으로 보여지는 것이 반드시 꿈 속에 대치되어 있어야 하는 것은 아니다. 말하자면 꿈은 꿈 사고와는 다른 중심점을 갖고 있다. 그 내용은 꿈 사고의 요소와는 다른 요소가 중심이 되어 있다.

예를 들어 식물학 전공 논문의 꿈에서의 꿈 중심점은 분명 식물학이라는 요소이지만, 꿈 사고에서는 의사들 사이에서의 의무적인 교류에서 발생하는 귀찮은 논쟁의 결과로서, 나 자신의 책 도락에 너무 많은 희생을 치른다는 비난이 문제였던 것이다. 식물학이라는 요소는, 만일 그것이 일종의 대립성에 의하여 막연히 그것과 결부되지 않았더라면 꿈 사고의 이 중심에 자리를 차지하는 일은 있을 수 없다. 왜냐 하면 나는 식물학을 좋아하는 연구 과목으로 한 적은 한 번도 없었기 때문이다. 나의 그 남자 환자의 '사포의 꿈'에서는 올라가고 내려오고, 또 위층이냐 아래층이냐가 중심을 이루고 있다. 그러나 꿈이 문제시하고 있는 것은 낮은 신분의 사람과의 성적 관계에 대한 위험이다.

그래서 꿈 사고의 많은 요소 중의 하나만이 지나치게 과장되어 꿈에 나타난 것으로 생각된다. 풍뎅이의 꿈은 그와 같은 잔인성에 대한 성욕의 관계를 테마로 하고 있는데, 이 잔인성이라는 계기는 꿈 내용 중에 다시 나타나긴 하지만, 종류가 다른 결합 방식을 취하고 있어서 성적인 것은 아무것도 나오지 않으므로, 본래의 관련에서부터 밀려남으로써 아무런 상관도 없는 것으로 변형되고 있다. 바꿔 말하면, '백부의 꿈'에서 핵심이 되고 있는 금빛 수염은 우리가 꿈 사고의 중심적인 입신 출세에의 소망에 대한 관계가 끊어진 것 같다. 그리하여 이런 꿈들이 '옮겨진' 인상을 주는 것도 당연하다. 그런데 이 꿈들의 예와 정반대가 되는 것은 '일머의 주사의 꿈'이다. 그 꿈에서는 꿈 형성에 있어서의 각 요소들은 모두 꿈 사고 속에 포함될 수 있는 것으로 보인다.

꿈의 사고와 내용과의 사이에 있는 이 새롭고 불안정한 관계에 대해서 우리는 처음에는 의아하게 생각하게 된다. 우리가 정상적 생활의 어떤 심적 과정에 있어서 하나의 관념이 다른 몇 가지 관념 속에서 발췌되어 의식에 대해 특별한 활기를 띠게 되는 사실을 발견할 경우에, 일반적으로 우리는 이 결과를 미루어 특히 그 존재를 부각시킨 이 관념에 고도의 심적 가치_{관심의 정도}가 있는 증거라고 본다. 그리하여 꿈 사고 중의 각 요소의 이와 같은 가치가 꿈 형성에 대해서 계속적으로 유지되지 않는다 — 아니, 어떤 면에서 도외시된다는 것을 알게 된다. 꿈 사고의 여러 요소 중의 어느 것이 최고의 가치를 갖는가에 대해서는 추호의 의심도 없다. 우리의 견해가 직접적으로 그것을 입증해 준다.

그런데 꿈 형성시에 이러한 본질적이고 강력한 관심으로써 강조된 여러 요소가 마치 그것이 무가치한 것인 양 취급되기도 하고, 또 꿈 속에서 그것들 대신에 꿈 사고로서는 두말할 나위 없이 무가치한 다른 여러 요소가 나타난다. 그래서 우리는 처음에 다음과 같은 인상을 받는다. 즉, 각 관념의 심적 강도[9]는 대개 꿈을 선택하는 데 있어서 전혀 고려되지 않고, 다만 그 여러 관념의 다면적인 피규정성만이 고려되고 있는 것 같다. 꿈 사고 중에서의 중점이 꿈 속에 들어 있는 것이라고 생각할 수 있다. 그러나 이렇게 가정하는 것만으로는 꿈 형성의 이해를 제대로 할 수 없다. 왜냐 하면 몇 층으로 규제된 동기와 개별적인 가치를 가진 동기가 꿈 선택에 있어서 동일한 의미로 작용하지 않는다고 단정 지을 수 없기 때문이다.

꿈 사고 중에서 가장 중요한 여러 관념은 마치 그것들이 핵심인 것처럼 그로부터 각각의 꿈 사고가 나오는 것이므로 어떻게 보면 꿈 사고 중에서 가장 많이 나타나는 것이기도 하다. 그런데도 꿈은 크게 부각되고, 다면적인 지지를 받고 있는 여러 요소를 부정하고, 오로지 다면적으로만 지지되고 있는 특성만을 갖고 있는 다른 요소를 꿈 내용으로 채택하는 경우가 있다. 이러한 난점을 해결하기 위해서 우리는 꿈 내용의 다면적인 피규정성을 고찰하면서 받은 다른 인상을 이용하려 한 것 같다. 독자들 중에는 아마도 이미 꿈의 여러 요소의 다면적 피규정성은 너무도 명백한 일이니까 결코 중대한 발견이 될 수 없다고 할지도 모른다. 왜냐 하면 분석시에는 분명 꿈의 여러 요소로부터 출발하여 이들 여러 요소와 결합되는 모든 생각을 기록하기 때문이다. 그러므로 이렇게 해서 취해진 사고 재료 가운데는 결코 이들 여러 요소만이 특별히 많이 나타나는 것을 이상하다고 여길 필요는 없을 것 같다. 내가 굳이 이 항변을 인정할 이유는 없지만, 이 항변과 상통하는 한 가지 점을 밝히고자 한다. 그것은, 즉 분석이 간파해 내는 사고 중에는 꿈의 핵심에서 매우 동떨어져 있어도 웬지 어떤 목적을 위하여 고의적으로 그 곳에 삽입된 것처럼 부각되어 보이는 사고가 많이 있다는 것이다. 이들

---

9) 어떤 표상의 심적 강도와 의의 및 관심의 강조 등은 물론 감성과 표상된 것의 강도와는 전연 별개의 것임을 고려해야 한다.

사고의 존재 목적은 쉽게 판명된다. 즉, 이 사고들 중에는 간혹 그 결합 방식이 어색한 경우도 있지만, 꿈의 내용과 사고를 연결시켜 주는 것이다. 그리고 만약 분석시에 이들 여러 요소가 제외된다면 꿈 내용의 구성 요소로서는 단순히 다면적 피규정성뿐 아니라, 본래 꿈 사고에 의한 타당한 피규정성까지 빠져 버리는 경우가 흔히 있게 될 것이다.

그래서 우리는 다음과 같이 단정짓지 않을 수 없다. 즉, 꿈을 선택하는 다면적 피규정성은 언제나 반드시 꿈 형성의 최우선적인 동기가 아니라, 우리가 알 수 없는 어떤 심적 힘의 부차적 산물이라는 것이다. 그런데 설사 그렇다고 하더라도 이 다면적 피규정성은 꿈 속에 각각의 요소가 유입되는 일에 대해서는 분명 중대한 의미가 있을 것이다. 왜냐 하면 우리는 그것이 꿈 재료에서 원조를 받아 생겨나는 경우에라도 어느 정도의 노력을 치르고 만들어진다는 사실을 관찰할 수 있기 때문이다. 그리하여 이렇게도 생각할 수 있다. 즉, 꿈의 작업에는 어떤 신체적인 힘이, 한편으로는 신체적으로 의미심장한 여러 요소에서 그 강도를 박탈하고, 다른 한편으로는 다면적으로 규제하는 방법에 의해 저급한 여러 요소를 신선하고 가치 있는 여러 요소로 변형시킨 다음에, 그 새로운 여러 요소를 꿈 내용 속에 등장시키는 역할을 한다.

이것이 사실이라면 꿈 형성에 있어서 각 요소의 심적 강도의 전이 및 이동이 이루어지고, 그 결과 꿈 내용과 사고의 표면적인 가치의 차이가 생긴다. 다시 말해서 이 과정은 '꿈의 이동 작업'이라고 불릴 만한 것이다. 그리고 이동 작업과 압축 작업의 힘에 의해서 꿈이 형성된다고 할 때, 그것은 두 직공과 같다. 꿈의 이동시에 나타나는 심적 능력은 대체로 쉽게 간파되는 것이다. 그러나 우리는 이미 꿈의 왜곡에 대해 알고 있다. 우리는 꿈 왜곡을 관념 생활 중에 있는 하나의 심적 검문소에 대하여 행사하는 검열이라고 보았다.

꿈의 이동 작업은 이 왜곡을 구체적으로 실현시키는 하나의 수단이다. 그 이익을 취하는 쪽이 그것을 행하는 것이다. 꿈의 이동은 내부의 심적 방위인 검열의 영향에 의해 생긴다고 가정해도 좋을 것이다.[10] 꿈 형성시에 이동·압축·다면적 피규정성 등의 여러 요소가 어떻게 섞여 있는가, 또한 그 중 어떤 요소가 주도적이고 어떤 요소가 부차적인가 하는 문제에 대한 고찰은 나중에 언급할 기회가 있을 것이다. 여기서는 우선 꿈 속에 유입되는 여러 요소는 필수 불가결한 둘째 조건으로서, 저항의 검열을 뚫고나와 있어야 한다는 점만 밝혀 두겠다. 그러나 앞으로는 꿈 해석에 있어서 꿈의 이동이라는 과정을 필수적인 사실로 인정하지 않으면 안 된다.

[3. 꿈의 여러 표현법]

잠재적인 사고 재료가 현재적인 꿈 내용으로 변화되어 가는 과정에 작용하는 것으로 알려진 꿈의 압축과 이동이라는 두 가지 계기 이외에도, 꿈 속으로 들어오는 재료의 선택에 어김없이 영향을 미치고 있는 다른 두 개의 조건과 만나게 된다. 그러나 이 문제에 들어가기에 앞서, 꿈 해석에 있어서의 여러 과정을 잠시 살펴보고자 한다. 만약 여기서 내가 어느 것이든 하나의 꿈을 범례로 들어 제1장에서 일머의 주사의 꿈에 대한 것과 같이, 꿈 해석을 행한 다음 거기서 내가 발견한 꿈 사고를 종합하고, 다시 꿈 형성을

---

10) 꿈 왜곡을 검열에 귀착시키는 것이 나의 꿈 이론의 핵심이다. 이와 관련하여 룬코이스의 《어느 리얼리스트의 공상》1900년이라는 소설은 나의 꿈 학설의 주요 성격을 매우 분명하게 묘사해 주고 있다.

꿈 사고에 재구성하는, 다시 말해서 꿈의 분석을 꿈의 종합에 의하여 보완한다면 온갖 반론에 대하여 그 여러 과정을 입증하는 것은 아주 쉬운 일일 것이다.

나는 전에 몇 가지 실례에 대해 그와 같은 방식을 취함으로써 매우 큰 성과를 보았었다. 그러나 여기서는 그런 방법을 쓸 수가 없다. 왜냐 하면 웬만한 사람이라면 그다지 무리한 것은 아니라고 생각하는 심적 재료에 대한 갖가지 고려가 나에게 그와 같은 설명 방법을 허락하지 않기 때문이다. 이런 식으로 심적 재료를 고려하는 일은 꿈의 분석시에 크게 방해되지는 않았다. 왜냐 하면 분석은 불완전한 것이었어도 지장이 없었고, 설령 분석이 복잡한 꿈의 내면을 조금밖에 파고들지 못했다 하더라도 그것은 역시 무가치하지는 않았기 때문이다. 그런데 꿈의 종합이라고 하면 독자들이 납득할 수 있도록 완전하게 해야만 할 것이다. 이런 완전한 종합이 가능한 것은 독자들이 알지 못하는 사람의 꿈에 대해서뿐이다.

하지만 내게 그것을 위한 재료를 제공해 주지 않는 것은 신경증 환자들뿐이므로, 꿈에 관한 설명의 이 부분은 우리의 테마와 관련된 연구로서 신경증의 심리학적 해명을 할 수 있을 때까지 일단 보류해 두어야만 한다.[11] 꿈 해석시에 나오는 재료의 가치가 다양하다는 것은 꿈을 꿈 사고에서 종합적으로 구성하기 위해 시도한 경험에 의해 알게 되었다. 본질적인 꿈 사고는 그 같은 가치의 부분을 이루고 있다. 만약 꿈에 있어서 검열이라는 것이 없으면 본질적인 꿈 사고는 꿈을 완전히 대신하고 그것만으로 꿈의 대용물이

---

11) 그 후 나는 두 개의 꿈을 완전히 분석 종합해서 《어떤 신경증 분석의 단편》1905년에 기록해 두었다. 비판적이고 장황한 꿈의 완전한 해석은 O. 랑크의 《자기가 자기의 꿈을 해석하는 꿈》에 나오는 분석에서 잘 나타나 있다.

될 수 있었을 것이다. 그런데 우리는 곧잘 다른 가치를 경시하기가 쉽다.

　그리고 또 이들 사고가 전부 꿈 형성에 참가하고 있었다는 주장에 귀를 기울이지 않고, 오히려 그 사고들 가운데는 실제로 꿈을 꾼 시점과 그 꿈을 해석하는 시점 사이의, 꿈을 꾼 뒤의 여러 가지 체험에 결합되는 착상이 섞여 있는 일이 있다. 이 부분은 꿈의 현재 내용이 잠재 사고로까지 이어지는 모든 결합로를 포괄하고 있는데, 그러나 또 마찬가지로 해석 작업 사이에 그것으로 인해서 이들 결합로를 알게 된 매개적이고 근사적인 연상도 포괄하고 있다. 여기서 오로지 우리의 관심 대상이 되는 것은 본질적인 꿈 사고뿐이다. 이 꿈 사고는 대개의 경우, 우리가 각성시부터 익숙해져 있는 여러 가지 사고 과정의 특성 전부를 갖춘 매우 복잡한 구조를 가진 관념이나 기억의 복합체라는 것을 알 수 있다.

　그것은 한 개 이상의 중심에서 시작하고 있지만, 엄연히 접점을 갖고 있는 관념 계열인 경우도 많다. 하나의 사고 과정의 옆에는 대조적인 연상에 의해서 그것과 결합한 정반대의 물질이 존재하고 있다. 이 혼합된 구성물의 각 부분은 물론, 서로 매우 복잡한 논리적 관계에 있다. 그들 각 부분은 전경이나 배경을 이루고, 부언이나 주석이 되고, 조건과 증명과 항변이 된다. 그리고 이러한 꿈 사고의 모든 무더기가 꿈 작업에 의해 압박당하여 각 부분이 마치 유빙流氷처럼 뒤섞이고 떠밀리는데, 그것을 생각하면 다음과 같은 의문이 생긴다. 즉, 여태까지 이 전체를 한데 묶어 주던 유대는 어떻게 되었는가, 그리고 우리가 문장이나 이야기를 이해하기 위한 필수 조건인 '만일, ~때문에, 마치 ~와 같이, ~라 해도, ~가 아니면, 또는~'이라는 말이나, 그 밖의 모든 전치사는 꿈 속에서 어떤 모양으로 표현되는가 하는 것이다.

　그 대답은 우선 이렇게 할 수 있다. 꿈은 개개의 꿈 사고 사이의 논리적인 관계를 표현할 만한 어떤 수단도 없다. 꿈은 대부분 이런 전치사들을 거의 무시해 버리고, 꿈 사고의 즉물적卽物的 내용만을 채택하여 가공하려고 한다. 꿈 작업이 파괴해 버린 관련을 다시 살리는 것은 꿈 해석에 맡겨진다고 볼 수 있다. 꿈이 이러한 표현력을 갖지 못하는 것은 꿈 작업이 이루어지는 심적 재료 때문일 것이다. 그림이나 조각 같은 것도 말을 구사하는 문학과 비교해 보면 역시 표현력에 한계가 있으며, 그 능력 부족의 원인도 이와 마찬가지로 그림이나 조각이 그것에 가공하여 무엇인가를 표현하려는 재료에 있는 것이다. 그림이 이용하는 표현 법칙을 알기 전까지는 어떻게 해서든 이 단점을 메우려고 노력하였다. 옛날 그림에는 그려진 인물의 입에서 작은 종이쪽지가 드리워지고, 거기에다 화가가 그림으로는 도저히 표현하지 못한 상황을 나타낸 글씨가 적혀 있기도 했다.

아마도 여기서 독자들은, 꿈도 논리적인 관계를 표현하지 못하라는 법은 없지 않느냐고 할지도 모른다. 거기에서는 각성시의 사고와 마찬가지로 매우 복잡한 정신의 조작이 이루어져서 증명되거나 대비되는 꿈이 있지 않은가. 이 경우에도 외관에 기만되지 말아야 한다. 만일 그러한 꿈들을 해석하면 그 모든 해석이 꿈의 재료이지, 결코 꿈 속에서의 지적 활동의 표현은 아니라는 것이 밝혀진다. 꿈 사상의 내용은 꿈의 외관상의 사고에 의해서 재현되고, 꿈 사상의 상호 관계에 의한 것이 아니다. 그러나 가장 쉽게 확인할 수 있는 것은 꿈 속에 나오는 말은 모두 한결같이 꿈 재료의 기억 속에서 발견할 수 있는 말과 같다든가, 아니면 그것을 약간 변형시킨 것이다. 꿈 속에 나오는 말의 어구는 꿈 사고 중에 포함된 사건의 암시에 불과하고, 꿈의 의미는 전혀 다른 경우가 흔히 있다.

물론 나로서도 꿈 사고 중의 재료를 다만 단순하게 반복만 하는 것 같은 비판적인 사고 작업도 역시 꿈의 형성에 참여하고 있음을 부정하려는 것은 아니다. 이 인자의 영향에 대해서는 본론의 끝에쯤 가서 밝히려고 한다. 그때에는 이 사고 작업이 꿈 사고에 의해서가 아니라, 어떤 의미에서는 이미 완성된 꿈 그 자체에 의해 일깨워진다는 것을 알 수 있으리라. 그러므로 일단은 꿈 사고 간의 논리적 관계는 굳이 꿈 속에서 표현되는 일은 없다고 해두자. 가령 꿈 속에 모순이 있을 경우에, 그 모순은 꿈 그 자체에 대한 모순이든가, 아니면 꿈 사고의 하나의 내용에서 생기는 모순이라고 볼 수 있다. 꿈에 있어서의 모순은 꿈의 사고 사이에서 일어나는 모순에 간접적·매개적으로 대응하는 것에 그친다.

그러나 결국 그림에 있어서 적어도 애정·위협·경고의 말과 함께 그려져 있는 인물이 나타내고자 하는 말을 입에 달린 종이에 쓴 방법 이외에도 나름대로의 표현을 했던 것과 같이, 꿈에서도 그 꿈 사고 간의 각각의 논리적 관계를 본래의 꿈 표현에 적절한 변경을 함으로써 나름대로 표현할 가능성이 생겨난 것이다. 물론 이것은 꿈에 따라 다르다. 그 재료의 논리적 연결을 무시하거나, 또 어떤 꿈은 그 연결을 완전히 무시해 버리는 꿈도 있고, 그것을 되도록 완전히 외워 두려고 하는 꿈도 있다. 이 점에서 꿈은 떨어져 나가는 것이다이제부터 다루려고 하는 본문과는 다소의 차이는 있지만. 꿈 사고의 시간적 조립이 만약 무의식계에서 만들어진 것이라면가령 일머의 주사의 꿈에서와 마찬가지로, 꿈은 꿈 사고의 이 시간적 조립에 대해서도 앞서 말한 논리적 관계와 마찬가지로 여러 가지 태도를 취한다.

그러나 꿈의 작업이 꿈 재료 중에서 표현하기 어려운 관계를 암시할 수 있는 것은 어떤 방법으로 가능한 것일까? 그 방법의 예를 들어 보자. 첫째로 꿈은 이 재료를 어떤 상황이나 과정으로서 일괄해서 통합하기 때문에,

꿈 사고의 모든 부분 사이에 존재하는 부정할 수 없는 관련을 그런대로 정확하게 나타내 준다. 꿈은 논리적인 관련성을 다시 동시성으로 보여준다. 그림의 꿈은 실제로는 아테네의 회당이나 파르나스 산 꼭대기에 있을 리는 없지만, 그 그림을 보는 쪽에서는 한 무리의 철학자나 시인들을 모두 아테네의 회당이나 파르나스 산의 그림 속에 한데 그려넣는 화가와 같은 방식을 취하는 것이다.

　꿈은 세부적인 부분에서도 이런 표현법을 취한다. 그것은 꿈이 두 개의 요소를 서로 근접시킬 때에는 항상 꿈의 사고 속에 있는 여러 대응물 사이의 특별히 긴밀한 관련을 보증하고 있는 것이다. 그것은 마치 우리가 사용하는 철자법과 같다. 즉, ab는 두 글자가 한 음절로 발음되어야 하고, a와 b 사이가 약간 떨어져 있으면 a는 앞의 말의 끝 글자이고, b는 뒤의 말의 첫 글자가 되는 것이다. 이처럼 꿈에 있어서의 결합은 꿈 재료의 임의대로 완전히 별개의 여러 성분으로 형성되지 않고, 매우 긴밀한 관련성이 있는 여러 성분으로 형성되는 것이다. 인과 관계를 표현하는 데 있어서 꿈은 두 가지 방법을 택하지만, 그 두 가지 방법은 실제로는 똑같은 것이다.

　가령 꿈 사고가 이것은 이러했으니까 이러이러한 일이 일어나야만 했다는 경우에, 보다 자주 쓰이는 표현법은, '이것은 이러했으므로'라고 하는 부문장을 예비적인 꿈으로 끌어내어, 다음에 이러이러한 일이 일어나야만 했다는 주문장을 실제적 꿈으로서 접속시킨다. 여기서 시간의 연속이 역으로 되는 경우도 있는 것 같다. 그러나 주문장에 대응하는 것은 언제나 꿈의 세밀한 주요 부분이다. 어느 부인 환자의 꿈이 이와 같이 인과 관계를 표현한 놀라운 실례를 제공해 주었는데, 이에 대해서는 나중에 보다 완전한 형태로 소개할 계획이다. 이 꿈은 짧은 서두와 매우 긴 본론 부분으로 되어 있는데,

이 본론에 해당하는 부분은 매우 잘 정돈되어 '꽃에 의해서'라는 제목을 붙여도 좋을 듯하다. 꿈의 서두 부분은 이러하다.

〈그녀는 주방에 있는 두 하녀에게 가서 '일 조금 하는데, 아직도 준비가 안 되었느냐'고 나무란다. 그때 그녀의 눈에 보기 싫게 쌓아올려진 그릇들이 보인다. 하녀는 둘 다 물을 길러 간다. 물을 긷기 위해서는 강 비슷한 곳엘 들어가야 했다. 그 강 비슷한 것은 집 안까지, 아니 마당 끝까지 다다라 있다.〉

다음으로, 꿈의 본론 부분의 앞부분은 이렇다.

〈그녀는 이상한 구조로 된 난간에 의지해서 높은 곳에서 내려올 때 옷이 한 번도 걸리지 않는 것이 기뻤다.〉

꿈의 예비 부분은 부인의 친정집과 관계된다. 주방에서 나무란 것은 그녀의 친정어머니가 자주 그랬던 것이다. 산더미처럼 쌓인 그릇들은 그녀의 집 건물 안에 있던 조그만 도기점에서 나온 것이다. 꿈 속의 다른 부분은 거의 하녀들과 관계되었고, 홍수가 났을 때 — 집은 강과 인접해 있었다 — 중병에 걸린 아버지에 대한 암시를 나타내는 것이다. 꿈의 본론 부분은 이런 동일 관념을 소망 충족에 의해서 변형시켜 놓았다. 즉, '나는 귀족 태생이다'라는 것이다. 따라서 원래 뜻은 '나는 이런 미천한 신분 출신이니까, 나의 생애는 이러이러했다'는 것이 된다.

나의 견지로는, 꿈이 두 개의 불균등한 부분으로 나뉘어졌다는 것이 반드시 이 두 부분의 사고 사이에 인과 관계가 있음을 의미하는 것은 아니다. 이 두 꿈 속에서 똑같은 재료가 마치 서로 상이한 관점에서 나타난 것처럼 보이는 경우도 흔히 있다. 이것은 분명히 신체적 욕구가 점차 명백한 표현을 취할 수밖에 없게 되어, 결국은 몽정으로 끝나는 밤의 꿈에 적용된다. 또

때로는 두 개의 꿈이 각기 꿈 재료 중의 서로 다른 중심에서 갈라져 나와 내용상 서로 교차하고, 그 결과 한쪽 꿈에서는 암시로, 다른 한쪽 꿈에서는 중심점으로 되어 있기도 하며, 그 반대의 경우도 있다. 그러나 약간의 꿈에서는 대체로 짧은 앞의 꿈과 긴 뒤의 꿈으로 나뉘어 있는 것은 사실 두 부분 사이의 인과 관계를 의미하는 것이다.

인과 관계를 표현하는 다른 방법은 범위가 작은 재료에 국한되고, 사람이나 물건이 꿈 속의 어떤 표상에서 다른 표상으로 변하는 형태를 취한다. 이와 같은 변형이 꿈에서 이루어지는 경우에 나는 인과 관계를 분명히 증명할 수 있다. 어떤 표상을 대신하여 다른 표상이 나타났다고 하는 것만으로는 안 된다. 나는 앞에서 이 두 가지의 인과 관계를 표현하는 방법은 결국 동일한 것이라고 말했지만, 두 경우에 모두 거기에 표현되는 것은 전후의 관계에 의해 발생된다는 것이다. 단지 한쪽의 경우는 두 개의 꿈의 계기에 의한 것이지만, 다른 한쪽의 경우는 하나의 상이 다른 상으로 변형하는 일에 의해 이루어진다. 그 중에서도 인과 관계가 전혀 나타나지 않고, 꿈 과정에서도 꼭 필요한 여러 요소의 전후 관계 속에 포함되는 경우가 가장 많다.

꿈은 '~이 아니면~'라는 양자 택일로써 나타낼 수는 없다. 꿈은 선택의 각 항목을 똑같은 가치로 보고 하나의 관련으로 묶어 표현하는 것이 일반적인 예이다. 그 모범적인 예를 포함하고 있는 것은 일머의 주사의 꿈이다. 그 꿈의 잠재 사고는 분명 다음과 같은 것이다. 즉, 일머의 고통이 여전히 지속되는 것은 내 책임이 아니다. 그 책임은 내가 제의한 해결 방안을 그녀가 거부한 데 있다거나, 아니면 그녀가 나의 힘으로는 도저히 변경시킬 방도가 없는 불리한 성적 조건 아래 살고 있기 때문이라든가, 그것도 아니면 그녀의 고통이 본래 신경질적인 것이 아니라, 기질적인 것이라는 점에 있는 것이다.

그런데 꿈은 이 모든 상호 배타적인 가능성을 열거하고, 거기에 다시 꿈 소망의 네 번째 해결책을 덧붙일 수 있다. 이 경우에 '~이든가, 아니면 ~이든가'라는 것은 꿈 해석을 마친 후에 내가 꿈 사고의 연관성 속에 결부시킨 것이다.

그러나 꿈 내용을 이야기하는 사람의 꿈의 재현에 있어서 '그것은 정원이 었거나, 아니면 거실이다'라는 식으로 '~이든가, 아니면 ~든가'를 쓰려는 경우에는 절대로 꿈 사고 중에 그런 양자 택일이 있다고 간주할 것이 아니라, 단순한 병렬 관계로 봐야 한다. '~이든가, 아니면 ~이든가'에서 대개 우리는 하나의 꿈 요소를 해결할 수 있는 애매한 성격의 것으로 해결하기가 쉽다.

즉, 표면적으로 양자 택일의 각 항목을 서로 똑같은 것으로 보아야 하며, '~와'로 연결시켜야 한다. 예컨대 내가 오랫동안 이탈리아에 머무르고 있는 친구의 주소를 알고 싶어하던 중에, 그 주소를 알려주는 전보를 받는 꿈을 꾸었다고 하자, 주소는 전보 용지에 푸른색으로 인쇄되어 있다. 처음 말은 분명치 않다.

〈비아Via : 경유의 뜻이든가, 빌라Villa : 별장이란 뜻이든가, 카사Casa : 집이라는 뜻으로 읽힌다. 그리고 둘째 말은 분명히 세체르노Secerno였다.〉

이 둘째 말은 이탈리아 이름처럼 발음되어 그 어원적 논리를 상기시키지만, 이 친구가 이탈리아의 자기 주소를 이렇게 오랫동안 내게 '비밀'로 했다는 데 대한 분노를 나타내는 것이다세체르노는 이탈리아어로 비밀을 의미하는 Segreto 와 음이 닮았다. 그러나 첫째 말에 대해 꺼낸 세 가지 말 ― 비아·빌라·카사 ― 은 모두 분석 결과, 관념 연쇄의 독립적이고 동등한 출발점으로 인정된다. 아버지의 장례식 전날 밤에 나는 인쇄한 종이를 보는 꿈을 꾸었다. 〈금연〉

이라고 쓴 정거장 대합실에 걸려 있는 게시판이나, 아니면 플래카드 같은 것이었다. 거기에는 '두 눈을 감으십시오'이든가, 아니면 '한 눈을 감으십시오'라고 씌어 있었다. 나는 이런 경우 그것을 다음과 같이 쓰고 있다 — 한/두 눈을 감으십시오 Man bittet, die/ein Augen zuzudrücken.

  이 두 문장은 각기 특수한 의미를 갖고 있으므로 꿈 해석에서는 각기 다른 양상을 띤다. 나는 평소 아버지의 관혼 상제에 대한 견해를 잘 알고 있었기 때문에 될 수 있으면 장례식을 간소하게 치르려고 했다. 그런데 가족들은 그런 청교도적인 간소화에 반대했다. 조객들에게 부끄럽다는 것이 이유였다. 그래서 꿈 속에서 '한 눈을 감으십시오, 즉 눈 감아 달라, 또는 너그러이 보아 달라'는 뜻을 나타낸 것이다. 우리가 '~이든가, 아니면 ~이든가'로 나타낸 애매한 의미는 이 실례로써 분명히 파악될 것이다. 꿈 사고로 인해서 통일적이면서도 다의적인 문구를 형성하는 것은 꿈 작업에서는 실패했다. 이처럼 두 개의 주요 사고 계열은 꿈 내용 안에서 이미 동떨어져 있는 것이다.

  어떤 경우에는 꿈이 두 개의 똑같은 크기로 나뉘어져 분명한 표현이 어려운 양자 택일을 나타내 주기도 한다. 특히 흥미로운 것은 반대 또는 모순에 대한 꿈의 태도이다. 이 두 범주는 완전히 무시되는 것 같다. 꿈은 기묘하게도 대립물을 통일물로 만든다든가, 또는 하나의 것으로 표현하기를 서슴지 않는다. 꿈은 자유로이 임의의 한 요소를 그 반대물로 표현하므로, 그것이 꿈 사고 속에 긍정적으로 표현되는지, 아니면 부정적으로 표현되는지에 대해서 그 반대물을 정립할 수 있는 어떤 요소에 대해서도 처음에는 알기가 힘들다.[12]

  앞서 인용한 꿈에서는 서로 부분의 진의는 이미 해석되었지만, 꿈을 꾼 부인 환자는 난간에 의지해서 내려오고, 그때 꽃이 달린 나뭇가지를 양손에 들고 있다. 이에 대해서 그녀가 연상한 것은 성모 마리아의 수태고지受胎告知의 그림으로서, 그 속에는 천사가 백합가지를 손에 들고 있는 것과 그녀의 이름도 마리아이다 성체 행렬에 흰옷을 입은 소녀들이 참가하여 푸른 나뭇가지로 장식한 거리를 걸어가는 모양이 있는데, 그러고 보면 이 꿈 속에 꽃이 달린 가지라는 것이 성적 순결의 암시임에 틀림없는 것이다.

그런데 그 가지에는 동백과 비슷한 빨간 꽃이 가득 달려 있다. 길의 끝쯤에는 꽃이 거의 다 떨어졌다. 그리고 다음에는 월경을 암시하는 것이 나타난다. 거기서 소녀들이 손에 들고 있는 백합 비슷한 꽃이 달린 그 가지는 보통 때는 흔히 항상 흰 동백을 가슴에 갖고 있지만, 월경시에는 그것을 빨간 동백으로 바꾸는 춘희椿姬를 암시하는 것이다. 이와 같은 꽃이 달린 가지는 괴테의《방아를 찧는 여인》의 노래 중의 〈소녀의 꽃〉 성적 순결을 나타내며, 그와 동시에 반대도 표현하고 있다. 순결한 몸으로 인생을 보내는 데 성공했다는 기쁨을 표현하는 이 꿈은, 다시 그 반대로 몇 군데에서는 가령 꽃이 떨어지는 대목 자기는 성적 순결에 위배되는 많은 죄를 저질렀다 특히 어린 시절에는 사고 과정도 나타내고 있다.

우리는 이 꿈의 분석에 있어서 분명히 이 두 사고 과정을 구별할 수가 있다. 양자 중에 옹호하는 편은 표층에, 비난하는 편은 심층에 있는 것 같다.

---

12) K. 아벨의《원시 언어의 반대적 의미》1884년에 의해 나는 다음과 같은 놀라운 사실을 알게 되었다. 이 사실은 다른 언어학자에 의해서도 확인되고 있다. 즉, 이 점에 있어서 최고의 언어는 꿈과 같다는 것이다. 고대 언어는 질적 행위면에서 서로 상반되는 개념을 하나의 단어로 표현했다 [강약·노소·원근·이합離合 등]. 그러던 것이 점차 이 공통어를 아주 조금씩 변경시켜서 두 개의 대립어를 독립적으로 표현하게 되었다. 아벨은 이와 같은 관계가 고대 이집트어에 가장 많이 나타난다고 지적하면서, 셈어나 인도·게르만 어군語群 속에도 이와 같은 언어 관계의 흔적을 발견할 수 있다고 했다.

또 양자는 정면으로 대립하고 있으며, 양자의 균등하면서도 정반대되는 여러 요소가 똑같은 꿈 요소에 의해서 표현된 것이다. 꿈 형성의 메커니즘은 여러 논리적 관계 중에서 오직 한 가지에만 적용되는 것이다. 이것은 유사·일치·접촉의 관계, 다시 말해서 '마치 ~처럼'이라는 관계인데, 이 관계는 꿈 속에서 다른 관계에서는 보지 못할 정도로 매우 다양하게 표현되기도 한다.[13] 꿈 재료 중에 존재하는 일치라든가, 또는 '마치 ~처럼'의 경우는 분명히 꿈 형성의 최초의 계기이고, 대부분의 꿈 작업은, 현존하는 일치 관계가 저항과 검열로 인해서 꿈 속에 들어갈 수 없을 때에는 그와 같은 합치 관계를 새로 만들어 낸다. 꿈 작업의 압축은 유사 관계를 표현하는 데 도움을 준다.

유사·일치·공통성은 꿈에 의해서 꿈 재료 속에 이미 존재하고 있든가, 아니면 다시 새로 형성되는 통일로 집결시키는 일로써 표현된다. 그것이 이미 꿈 재료 중에 존재하고 있는 경우에는 이것을 '통일화'라고 부르고, 새로 만들어지는 경우에는 '혼합화'라고 부를 수 있다. 인물이 문제시될 때는 동일화가 사용되며, 사물이 통합 재료일 때는 혼합화가 사용된다. 그러나 인물의 혼합화라는 것도 전혀 불가능한 것은 아니다. 왜냐 하면 장소는 흔히 인물처럼 취급된다.

동일화의 본질은 다음과 같다. 어떤 공통되는 것에 의해 결합되어 있는 인물 가운데서 오직 한 사람만이 꿈 내용에 표현되며, 제2·제3의 인물은 억압되어 꿈에 나타나지 않는다. 그러나 이 꿈 속에 나오는 한 사람의 대표 인물은 이 인물 자신이나, 혹은 이 인물로 대표된 몇 사람과 관계되는 어떤 관

---

13) 꿈 해몽가가 되는 자격에 대한 아리스토텔레스의 견해를 참조하라.

련성이나 상황에서 유래한다. 혼합화가 인물에까지 영향을 미치는 경우에 있어서는 그들 인물에 공유한 것이긴 하지만, 공통된 것이 아닌 여러 특성이 이미 꿈 형상 속에 존재하고 있기 때문에, 이들 여러 특징의 통합으로 인해서 하나의 새로운 통일체인 혼합 인물이 만들어지는 것이다. 혼합 그 자체는 복잡한 방법으로 이루어진다. 꿈의 인물이 관련된 여러 인물 중의 한 사람의 이름을 빌려오지만 — 그럴 경우에는 우리는 각성시의 지각과 똑같은 방식으로 '아, 바로 그 사람이로구나'라고 깨닫게 된다 — 시각적 특징은 다른 인물이든가, 또는 꿈 형상을 띠고 있든가, 아니면 실제로는 양쪽 인물을 합성한 것이다.

제2의 인물이 참가하는 것은 시각적 특징에 의한 것이 아니라, 그 제2의 인물의 동작·말 및 그의 상황에 의해 대치되는 경우도 있다. 이 뒤의 특징 부여에 있어서는 동일화와 혼합 인물의 형성 사이에 명백한 차이는 흐려진다. 그러나 또 이와 같은 혼합 인물의 형성이 실패하는 경우도 있다. 그때에는 꿈의 장면은 한쪽 인물에 몰려 다른 인물은 그 장면과 아무런 관계도 없는 방관자로 나타난다. 가령 꿈을 꾼 사람은 이렇게 말한다. "또 어머니도 거기에 계셨어요."스테켈 꿈 내용의 이런 요소는 다른 문자를 설명하기 위해 쓰여지는 상형 문자로 기록된 문장의 합성어로 비유할 수 있다. 두 인물의 합성을 정당화시키는 공통점이 꿈 속에 표현되는 경우도 있고, 또 나오지 않는 경우도 있다.

일반적으로 동일화 또는 혼합 인물의 형성은 바로 이 공통점의 표현을 생략하는 데 쓰인다. A는 나에게 적대감을 품고 있는데 B도 그렇다고 하는 대신에, 나는 꿈 속에서 A와 B를 하나의 혼합 인물로 만들든가, 혹은 B의 특징을 가진 A를 만들어 낸다. 이렇게 해서 형성된 인물은 꿈 속에서 어떤 새로운 결합을 통해 나타나며, 그 인물이 A이기도 하고 B이기도 하다는 사정으로 인해서, 나는 꿈 해석에 두 인물에게 공통된, 즉 나에 대한 적대감을 끼워넣게 된다. 그리하여 종종 나는 꿈 내용에 대단한 압축을 가한다.

내가 어떤 인물에 대해서 다른 인물을 발견해 내고, 이 다른 인물이 앞의 인물과 관련된 여러 관계성을 앞의 인물과 마찬가지로 갖고 있다면, 나는 먼저 인물에 얽힌 관계를 직접적으로 그리지 않아도 된다. 이와 같은 동일화에 의한 표현은 꿈의 작업을 매우 엄격한 조건하에 두는 저항 검열을 회피하는 데도 작용을 미친다는 것을 쉽게 이해할 수 있을 것이다. 검열이 주의하고 있는 이유는 재료 가운데 그 인물과 결합되는 여러 표상 속에 있는 것이다. 그런데 지금 나는 제2의 인물을 찾아낸다. 이 인물은 문제의 재료에 대해서 제1의 인물과 마찬가지로 여러 관계를 갖고 있긴 하지만, 그것은 그 재료의 일부에만 한정된다. 검열을 당하게 된 점에 있어서의 접촉이 이제 비로소 내게 양 측면의 사소한 특성에 의해 성격이 형성된 혼합 인물을 만들어 낼 수 있게 해 준다. 이 혼합 인물 또는 동일화 인물은 거기서 검열을 면하고 꿈 내용 속에 채택된다. 그리고 나는 꿈 압축을 이용하는 일로 꿈 검열의 갖가지 욕구도 만족시켰다.

꿈의 어느 부분에 두 인물의 공통점이 표현되어 있든 간에, 그것이 표현되고 있다는 것은 대개 그 표현이 검열에 걸려서 감추어진 다른 공통점을 찾으라는 암시인 것이다. 다시 말해서 여기서는 공통점에 이동이 이루어져 어떻게든 표현되게 한 것이다. 사소한 공통점을 가진 혼합 인물이 꿈 속에 제시된다는 사실을 기본으로 해서, 나는 결코 사소하다고만 할 수 없는 공통점이 꿈 사고 속에 있다고 추정하고 싶다. 따라서 동일화 또는 혼합 인물의 형성은, 첫째는 두 인물의 공통점의 표현이고, 둘째는 이동된 공통점의 표현이며, 셋째는 오직 단순하게 소망된 공통점의 표현이라는 목적에 기여한다. 두 인물 사이에 어떤 공통점이 있으면 좋겠다는 소망은 흔히 그 두 인물의 치환置換 : 바꾸어 놓음과 합치되므로, 이 관계도 꿈에서는 동일화에 의해 표현된다.

앞의 '일머의 주사의 꿈'에서 나는 일머를 다른 여성과 바꾸었으면 좋겠다고 소망하고 있다. 즉, 일머가 나의 환자인 것과 같이 다른 한 여성도 나의 환자였으면 좋겠다고 원했었다. 그 꿈에서는 이름이 일머였지만, 사실은 다른 한 여성에게서만 볼 수 있는 위치로서 내게 진찰받은 어떤 인물을 제시함으로써 이 소망을 실현하고 있다. 또 '백부의 꿈'에서는 이 치환이 꿈의 중심에 자리잡고 있다. 나는 나의 동료들을 장관과 같은 위치에 놓음으로써, 실제로는 나를 장관과 동일시하고 있는 것이다. 어떤 꿈이든 대개는 그 꿈을 꾸고 있는 본인 자신을 다루고 있다. 꿈은 완전히 이기적이다.[14] 꿈 내용에는 나 자신이 아니라, 오직 한 사람의 타인이 나올 경우에도 어김없이 나의 동일화에 의해 그 인물의 배후에 숨어 있는 것이다.

그것은 내게 나 자신이 꿈에 등장하는 경우에라도 내가 처한 상황은 동일화에 의해서 나의 배후에 어떤 다른 인물을 숨기고 있다는 사실을 깨우쳐준다. 그런 경우에 꿈은 내게 꿈 해석 속에서 이 인물과 결부된 어떤 일, 즉 숨겨진 공통점을 나에게 적용시켜 보라는 뜻이다. 나 자신이 다른 인물들과 함께 나오지만, 동일화가 제거됨에 따라 그 인물들은 바로 나 자신이었음을 나타내는 꿈도 있다. 그럴 때에 나는 이 동일화를 통해서 나와 검열에 의해 제거된 여러 관념을 결부시켜 보아야만 한다. 즉, 하나의 꿈 속에

---

14) 이에 대해서는 《햄릿》으로 본 오이디푸스 콤플렉스의 설명을 참조하라.

나오는 나 자신은 어떤 때는 직접적으로, 또 어떤 때는 다른 인물과의 동일화를 통해서 몇 개로 표현될 수 있다.

이와 같은 몇 개의 동일화로 인해서 매우 풍부한 관념 재료도 얼마든지 압축된다.[15] 자기 자신이 어떤 꿈 속에 여러 번 등장한다거나, 혹은 갖가지 형태로 나타나는 경우는, 예컨대 '나는 얼마나 건강한 아이였는지를 스스로 생각하는 경우'라는 문장에서와 마찬가지로 의식적 사고에 있어서도 자기 자신이 몇 번이나 여러 부분 또는 다른 관계에 포함되어 있는 것과 같이 하등 이상하게 생각할 것이 없다. 고유명사로 나타난 장소라면 꿈 속에서 지배적인 힘을 발휘하는 나에 의한 방해가 없기 때문에, 동일화의 제거는 인물의 경우보다도 더 쉽게 이루어지고 있다.

나의 '로마의 꿈'의 하나에서는 내가 있는 장소가 로마로 되어 있는데, 어느 길모퉁이에 독일어로 된 광고 포스터가 다닥다닥 붙어 있는 것을 보고 놀란다. 이 광고 포스터는 나에게 프라하를 연상시키는 소망 충족인 것이다. 이 소망 자체는 현재로서는 이미 극복된 것이지만, 내가 젊었을 때 독일의 보수주의적인 시기로부터 온 것 같다. 그 꿈을 꾸었을 무렵에 나는 프라하에서 친구와 만나기로 약속되어 있었다. 그러므로 로마와 프라하의 동일화는 공통되는 소망의 공통점에 의해 설명할 수 있다. 즉, 나는 가능한 한 프라하보다 로마에서 그를 만나고 싶었기 때문에 이 해후를 위해서 로마와 프라하를 바꾸고자 했던 것이다.

혼합된 형성물을 만들 확률은 꿈에 그렇게도 자주 공상적 성격을 부여하는 여러 특성 중에서도 가장 높다. 왜냐 하면 이 가능성에 의해서는 지각의

---

15) 꿈 속에 나타나는 여러 인물 중에 내가 숨어 있을 가능성을 분석할 때, 흔히 나는 수면 중의 내가 느끼고 있는 감정과 일치하는 인물을 나로 보고 있다.

대상이 되기 힘들었던 여러 요소가 꿈 내용 속에 도입되기 때문이다. 꿈을 혼합 형성할 때의 심적 과정은 우리가 각성시에 켄타우로스〔半人半馬〕나 용을 상상하는 경우와 마찬가지이다. 그 차이점은 다만 꿈의 혼합은 그 구성의 외부에 존재하는 한 계기가 되는 꿈 사고 중의 공통점에 의해서 규제되는 데 대하여, 각성시의 공상적 창조에 있어서는 새로이 만들어진 의도적인 인상이 결정권을 갖는다는 것뿐이다. 꿈은 매우 다양한 방법으로 혼합된다.

그것이 가장 원만히 이루어질 경우는 한 사물의 여러 특성만이 그려지며, 이 표현에는 다른 대상도 그와 같이 표현 가능하다는 지식이 동반된다. 그것보다 좀더 기교적인 혼합은 어떤 대상과 다른 대상의 여러 특성을 섞어 새로운 형상으로 만들어 내고, 그러면서 두 대상 사이에 있는 유사점을 능숙하게 이용한다. 그리하여 새로 만들어진 것은 전혀 엉뚱한 것이 되어 버리는 경우도 있고, 성공적으로 되는 경우도 있다. 이것은, 즉 합성시의 재료와 능력 여하에 달려 있는 것이다. 하나의 통합물로 압축될 여러 대상이 서로 많이 다르면 다를수록 꿈의 작업의 핵심이 비교적 분명하지만, 별로 분명치 못한 혼합물을 형성하는 데서 그쳐 버리는 경우가 많이 있다.

이런 경우에는 하나의 형상물을 만드는 데 실패했다는 것이 된다. 쌍방의 표현이 서로 상대편을 이기려고 각축하여 시각상視覺像 사이의 경쟁이 벌어지는 것이다. 물론 꿈 속에는 이런 혼합물은 매우 많다. 앞서 분석한 꿈을 통해 몇 가지 실례가 보고되었지만, 여기서 조금 다른 예를 덧붙이겠다.

어느 부인 환자의 내력을 '꽃을 통해서' 혹은 '꽃으로서' 형상화한 꿈에서, 꿈 속의 나는 꽃이 달린 가지를 손에 들고 있었다. 그 가지는 앞서 이야기한 것처럼 성적 죄악과 동시에 순결을 상징하는 것이다. 그 가지는 개화된 것으로 봐서 벚꽃을 연상시킨다. 꽃 자체는 자세히 들여다 보면 동백인데,

전체로서는 이국적인 어떤 식물 같다. 이 혼합 형성물의 여러 요소의 공통점은 꿈 사고로 판단하는 것이다.

꽃이 핀 가지는 그녀를 즐겁게 해 주려는 것이거나, 아니면 그녀가 좋아할 만한 여러 가지 식물에 대한 암시로 합성되고 있다. 유년 시절에는 버찌, 커서는 동백이 그것을 대신했다. 이국적인 것은, 꽃 그림으로 그녀의 환심을 사려고 했던 어느 자연 연구가에 대한 암시이다. 또 다른 부인 환자는 꿈 속에서 해수욕장의 탈의실과 시골 변소와 도시의 아파트 지하실로 구성되는 중간 건축물을 만들어 냈다. 마지막 두 가지 요소에 공통되고 있는 것은 인간의 나체 및 육체의 노출과의 관계이며, 이것과 세 번째 요소의 합성에서 그녀가 어렸을 때는 지하실도 자기의 몸을 노출하는 무대였다고 추론할 수 있다. 또 어떤 사람은 치료가 행해지는 두 장소, 즉 나의 진찰실과 그가 현재의 부인과 만난 공공 장소로서 어떤 혼합된 장소를 형성했다.

어떤 소녀가 카비아를 사준다는 오빠의 약속을 받고, 그날 밤 오빠의 두 다리에 검은 카비아 알이 잔뜩 붙어 있는 꿈을 꾸었다. 이것은 윤리적 의미에서 감염의 요소와 두 다리에 검은 것이 아닌 붉은 구슬이 잔뜩 붙어 있는 것을 본 유년 시절의 발진에 대한 기억이다. 이 꿈에서 카비아 알과 합성되어 '그녀의 오빠에게서 받은 것'이라는 새로운 개념이 형성된 것이다.

인간의 신체의 각 부분은 물체처럼 취급되고 있다. 페렌치가 보고한 꿈에서는 어떤 의사와 한 필의 말이 합성되어 있는데, 그 혼합물은 잠옷까지 걸치고 있다. 이 세 가지 구성 요소의 공통점이 나타난 것은 분석을 통해, 잠옷은 꿈을 꾼 여자의 유년 시절에 있어서의 부친에 대한 암시라는 것이 밝혀진 뒤였다.

이 세 가지 경우에 있어서 모든 문제는 그녀의 성적 호기심을 자극했던 대상이 있었다. 그녀는 어렸을 때 유모와 함께 육군 종마種馬의 사육장에 자주 갔었다. 거기에서 그녀는 자기의 호기심을 충족시킬 수 있었던 것이다. 나는 앞에서 꿈은 모순과 대립의 관계, 그리고 부정을 나타내는 수단이 없다고 말했지만, 여기에서 처음으로 이 주장과 어긋나는 말을 해야만 하겠다. 대립으로 총괄되는 경우의 일부는, 만약 교환이 대치와 결합할 수 있을 때는 우리가 보아온 바와 같이 아주 쉽게 동일화에 의해서 꿈 속에 표현되는 것이다. 이에 대해서는 앞서 여러 실례를 들었었다. 꿈 사고 중의 대립물의 다른 일부, 가령 '거꾸로'나 '반대로'의 범주에 속하는 것은 다음에 설명하는 바와 같은 묘한 방식으로 꿈 속에 나타나게 된다.

즉, '거꾸로'는 꿈 내용 속에 들어가지 못하고, 이미 만들어져 있는 꿈 내용의 다른 이유들 때문에 그 일부분이 바뀌어짐으로써 그것이 꿈 재료 속에 있다는 것을 표시한다. 실례를 들어 이 과정을 설명해 보겠다. '위와 아래'라는 그 아름다운 꿈에서 상승의 꿈 표현은 꿈 사고 속에 나오는 자료, 즉 도데의《사포》의 첫 장면과는 거꾸로 되어 있다. 그 꿈에서는 처음에는 힘들고 나중에는 편안해지는데,《사포》에서는 상승이 처음에는 쉽지만 차츰 힘들어지는 것이다. 또 형에 관한 '위'와 '아래'도 꿈에서는 현실과는 반대로 표현되었다. 이것은 꿈 사고 중의 두 재료 사이에 있는 대립의 관계, 즉 유년 시절의 공상에 있어서 환자는 소설 속의 주인공이 그 애인을 포용하는 것과는 반대로, 자기 유모에게 안기는 것 속에 발견되는 대립 관계를 나타낸다.

M씨에 대한 괴테의 공격이라는 나의 꿈 또한 꿈 해석에 도달하기 이전에 우선 재정리되어야 하는 이런 '반대되는' 관계를 포함하고 있다. 이 꿈 속에서 괴테는 M이라는 청년을 공격한다. 그런데 실제로는 어떤 유명한 나의 친

구가 무명의 젊은 문필가의 공격을 받고 있는 것이었다. 꿈에서 나는 괴테가 죽은 해로부터 시작되었다. 꿈 재료의 지배적인 사고는 괴테를 미친 사람처럼 취급하지 말라는 항의인 것이다. 그래서 이 꿈은 거꾸로 만약 당신에게 이 책이 이해되지 않으면 저자가 아니라, 당신의 머리가 나쁜 것이라고 말하고 있다.

이런 모든 '거꾸로' 된 꿈에서는 특히 경멸적인 표현예컨대 남에게 거꾸로의 면이나 결점을 보여주는에 대한 관계가 포함되는 것 같다.《사포》의 꿈에서 형에 대한 역전. 그리고 또 주목할 만한 일은 억압된 동성애적 충동에 의해 주어진 꿈에는 이와 같은 거꾸로의 관계가 매우 자주 나타난다는 점이다. 거꾸로 해서 반대물로 전환되는 일은 꿈 작업이 가장 즐겨 쓰며, 가장 다면적으로 이용할 수 있는 표현 방법의 하나이다. 그것은 꿈 사고의 어느 특정한 요소에 대해 즉각적으로 소망을 충족시킬 수 있게 하는 데 영향을 끼친다. '이것이 거꾸로라면 얼마나 좋을까!' 하는 것은 언제나 어떤 고통에 대한 반응에 있어서 최상의 표현인 것이다.

그러나 거꾸로의 관계는 꿈의 이해를 난해하게 만들고, 약간의 왜곡을 행함으로써 검열에 봉사하는 귀한 존재가 된다. 그리하여 어떤 꿈의 의미가 잘 밝혀지지 않을 때에는 그 꿈의 현재 내용의 특정한 여러 부분을 거꾸로 해 보는 것이 도움이 된다. 그러면 거의 즉각 분명하게 나타나는 일이 종종 있다. 또 내용이 거꾸로 되어 있는 것 외에 시간이 거꾸로 되는 경우도 있다. 어떤 사건의 결말이나 사고 과정의 결론 부분을 꿈의 첫부분에 놓고, 꿈의 끝부분에 그 결론을 전제나 원인을 첨가하는 것은 꿈 왜곡에서 자주 쓰는 수단이다. 이것을 감안하지 못하면 꿈 해석이 어렵게 된다.[16]

게다가 대개의 경우, 여러 가지 관계에 의거해서 꿈 내용을 몇 번이나 거꾸로 해 보고서야 비로소 꿈의 의미를 알아낼 수가 있다. 예를 들어 강박 관념에 사로잡힌 어떤 환자의 꿈에서는 그가 '늦게 귀가하였다고 아버지가 크게 화를 내신다'는 내용의 이면에, 너무나 두려웠던 아버지에 대해 죽음을 바라는 유아적 소망이 숨겨져 있는 것이다. 그런데 정신 분석적인 치료상의 관련과 꿈을 꾼 환자의 견해는, 그 꿈의 내용은 처음에는 '아버지를 미워하고 있는' 것이며, 그 다음에는 어쨌거나 '아버지는 너무나 일찍 집으로 돌아왔다'라는 것임을 증명해 준다. 즉, 그는 아버지가 다시는 집으로 돌아오지 않기를 바랐던 것이다. 이것은 아버지가 죽었으면 좋겠다는 소망이다. 왜냐 하면 이 꿈을 꾼 환자는 유년 시절에 어머니에게 성적인 행동을 보였는데, 그때 "안 돼! 곧 아버지가 돌아오신다"라고 위협받았던 것이다.

꿈 내용과 꿈 사고와의 관계를 좀더 알고자 할 때는, 꿈 자체를 기점으로 해서 '꿈 사고에 관하여 꿈 표현의 어떤 형식적 특성은 무엇을 뜻하는가?'라는 물음에서 시작하는 것이 좋다. 우리가 꿈을 꾸고 나서 깨닫는 이들 형식적 특성의 첫째는, 각각의 꿈의 형성물이 갖고 있는 감각적 강도에 있어서의 차이점과 비교된 꿈의 부분 및 전체의 명확성에 있어서의 차이이다. 각각의 꿈의 특색이라고 할 만한 애매성에 이르기까지 매우 광범한 영향을 끼치고 있다.

게다가 우리는 흔히 꿈의 불분명한 대상에서 '어리둥절하다'는 인상을 받고 있지만, 한편 비교적 분명한 형상에 대해서는 매우 오랫동안 그것을 지각했다고 생각한다. 그런데 사실 꿈 내용의 각 부분이 선명한가, 그렇지 않은가 하는 차이는 꿈 재료의 어떤 조건에 의해서 불러일으켜지는가 하는

---

16) 히스테리의 경우에서는 흔히 시간 관계를 거꾸로 파악하는 수법을 쓴다.

데 있다. 여기서 우리는 어떤 예상을 피해야 한다. 수면 중의 실제적인 자극도 충분히 꿈의 재료가 될 수 있으므로 다음과 같은 가설을 세울 수 있을 것이다. 즉, 이들 꿈의 여러 요소라든가, 또는 거기서 나온 온갖 요소들은 꿈 내용 속에 특별한 강도로 부각된다. 그렇지 않으면 반대로 꿈 속에서 특히 부각되는 존재를 나타내는 것은 이와 같은 현실의 수면 중에 작용하는 여러 자극에 귀착할 수 있다는 것이다.

그런데 나의 경험상 그런 것은 입증할 수 없다. 수면 중에 있어서의 현실적 여러 인상신경 자극에서 파생한 꿈의 여러 요소는 기억에서 나온 다른 요소들에 비해 감각적으로 뚜렷한 것이 특징이라고 단정짓는 것은 잘못이다. 현실성이라는 계기는 꿈 형성의 강도를 규제하는 데 있어서 거의 힘을 미칠 수 없다. 또 개중에는 꿈 형상의 감각적 강도는 꿈 사고 속의 꿈 형상에 대응하는 여러 요소의 심적 강도에 관계된 것이 아닐까 하고 생각할지도 모르겠다. 그런데 꿈 사고에 있어서는 강도는 심적 가치도와 일치한다. 가장 강한 요소는 꿈 사고의 핵심을 이루는 가장 중요한 요소임이 분명하다.

그런데 우리는 이런 요소가 바로 검열에 의해서 꿈 내용에 흡수되지 않기가 쉽다는 것을 알고 있다. 반면에, 또 그와 같은 요소의 대리자로서의 가장 근접한 요소는 꿈 속에서 매우 높은 강도를 가지며, 또 그렇다고 해서 꼭 꿈 표현의 핵심을 이루지는 않는다는 것도 생각할 수 있을 것 같다. 그러나 이러한 예견도 꿈과 꿈 재료를 비교해 봄으로써 제거된다. 꿈 재료 측의 여러 요소의 강도와는 별 관련성이 없다. 꿈과 꿈 재료 사이에는 사실 완전히 모든 심적 가치의 가치 전도가 이루어진다. 오히려 강한 형상에 밀려 가리어지는 미약한 꿈의 요소에 지배적으로 자리잡고 있던 파생물을 발견해 내는 경우가 자주 있다.

우리는 꿈의 여러 요소의 강도는 꿈 사고 속의 강도와는 다른 규제를 받는다는 사실을 알고 있다. 게다가 두 개의 서로 독립된 계기에 의해서 규제되고 있다. 우선은 소망 충족을 나타내는 요소는 특히 강력하게 표현된다는 사실을 쉽게 알 수 있다. 그러나 이어서 우리는 분석을 통해 꿈의 가장 분명한 여러 요소는 동시에 가장 잘 규제된 요소임을 알게 된다. 우리는 경험으로 얻어진 이 최후의 명제를 다음과 같이 표현해 볼 수 있다. 즉, '최대의 강도를 나타내는 것은 그 형성 때문에 가장 활발하게 압축 작업이 행해진 꿈의 여러 요소이다'라고.

이 조건과 소망 충족이라는 다른 조건은 또 단 하나의 공식으로 나타낼 수 있다. 내가 지금 취급하는 문제는 각각의 꿈 요소에 따라 그 강도에 다소의 차이가 있는데, 그것은 그 원인상의 문제에 관계된 것이며, 이 문제를 꿈 전체나 부분의 여러 명료성과 관계되는 또 다른 문제와 혼동하지 말기를 바란다. 전자는 명료성과 애매성의 대립이고, 후자는 혼란의 문제이다. 어쨌든 이 두 계열에서는 질적 상승과 하강은 서로 정비례한다는 사실은 분명하다. 우리가 분명하게 인정하는 꿈의 부분은 대개 강도가 높은 요소를 내포하고 있으며, 반면에 불분명한 꿈은 강도가 낮은 요소로 이루어져 있다.

그런데 표면적으로 명료한 것에서 불명료하고 어수선한 것에 이르는 과정에서 제기하는 문제는 꿈 요소의 선명도의 동요의 문제에 비해 훨씬 복잡하다. 게다가 앞의 문제는 다음에 기술할 여러 가지 이유 때문에 여기서는 아직 확인할 수 없다. 어떤 꿈에서 받는 명료 및 불명료라는 인상은, 원래 꿈 구조로서는 아무런 의미도 갖지 않으며, 꿈 재료 중의 구성 요소로서 꿈 재료에서 연유된 것임을 알게 된다. 예를 들면 나는 이런 꿈을 기억하고 있다. 그 꿈을 깨고 나서 생각해 보니 매우 놀랍게 조립되었고 명료했으므로, 나는 비몽사몽간에 이런 꿈이 있다면 압축이나 이동이 그 구조에 지배되지 않고 오히려 '수면 중의 공상'이라고 부를 만한 꿈의 새 영역이 세워질 수도 있겠다고 생각했을 정도이다.

그런데 좀더 자세히 고찰해 본 결과, 명료한 꿈도 다른 모든 꿈과 똑같이 그 구성 중에 오점이 있다는 것을 알아냈다. 거기서 나는 꿈의 공상이라는 새로운 영역을 포기했다.[17] 그런데 이 꿈의 환원된 내용은 내가 친구에게 추구해 온 난잡한 양성 성욕성을 논한다는 것이며, 이 꿈의 소망 충족의 능력은 우리로 하여금 이 이론이 명료하고 완벽한 것으로 생각하게 하는 것을 입증하는 점에 있다. 그러므로 내가 완결된 꿈에 대해서 한 판단으로 간주한 것은 사실 꿈 내용의 본질적 일부였다고 할 수 있다.

이런 경우에 꿈의 작업은 최초의 각성시의 사고에까지 영향을 미치고 있어서 꿈 속에서의 꿈 재료의 일부를 꿈 전체로써의 판단으로 전달한 것이리라. 그런데 이와는 정반대의 실례를 어떤 부인 환자에게서 발견했다. 이 환자는 처음에는 분석에 필요한 꿈을 도무지 이야기하려 하지 않았다. 그 이유는 그 꿈이 아주 분명치 않은 데다 혼란했기 때문이라는 것이었다. 그러다가 얼마 후 겨우 이런 보고를 했다. 그 꿈 속에는 여러 사람 ─ 그녀 자신·남편·아버지 등 ─ 이 교대로 나타난다. 그리고 그녀는 자기 남편이 아버지인지, 아니면 도대체 어떤 사람이 아버지인지 모를 것 같은 생각이 들었다 한다. 이 꿈과 분석 중의 그녀의 연상을 관련지어 보니, 이 꿈은 그저 하녀와 관련된 흔한 사건에 관한 것이었음을 알게 되었다.

이 하녀는 임신을 했는데, '도대체 누가 그 아기의 아버지인지' 자기 자신도

---

17) 이것이 합당한 일이었는지, 아닌지는 오늘날에 와서는 평가할 수가 없다.

잘 모르겠다고 고백했던 것이다. 그래서 이 꿈이 나타낸 불명료성은 이 경우에도 꿈을 일으키는 재료가 되었던 것이다. 즉, 이 내용의 일부가 꿈 형식으로 되었다. 꿈의 형식이나 꿈을 꾸는 형식은 매우 놀라울 만큼 자주 감추어진 내용을 표현하는 데 이용된다. 꿈에 대한 주석, 즉 꿈에 대한 객관적 견해는 종종 꿈 내용의 일부를 아주 교묘하게 은폐시키는 것을 도와준다. 그런데 그와 같은 견해는 실제로는 꿈 내용을 들추어 내기 마련이다. 예컨대 꿈을 꾼 사람이 '꿈의 이 부분이 빠졌습니다_{숨겨져}'라고 해서 분석해 보니, 이것은 용변 후에 뒤를 닦고 있는 사람의 행동을 엿보고 있던 유년 시절의 기억이었음을 판명되었던 적이 있다.

또 다른 예로서는, 한 청년이 지금까지 뚜렷이 기억하고 있는 유년 시절의 한 공상을 연상시키는 명료한 꿈을 꾸었다. 그는 밤에 피서지의 호텔에 머무르고 있다. 방 번호를 잘못 알고 다른 방으로 들어갔는데, 거기에는 나이든 부인과 그녀의 두 딸이 잠자리에 들려고 옷을 벗고 있었다. 그런데 그 부분에서부터 꿈 내용이 끊긴다. 그리고 뒤에 한 남자가 방에 있는데, 그를 몰아내려 해서 그는 그 남자와 싸운다. 꿈을 꾼 사람은 그 꿈이 분명히 암시하고 있는 유년 시절의 공상의 내용과 뜻을 생각해 내려고 하지만 생각나지 않았다. 그러나 나중에 알고 보니 그 추구되는 내용은 이 꿈의 불명료한 곳에 대해 서술한 말에 의해 이미 주어졌던 것이다. 꿈의 단절은 잠자기 위해 옷을 벗은 여자들에게서 볼 수 있는 성기의 균열이며, '거기에 무엇인가 결여되어 있다'는 여성 성기의 주요 성격을 묘사하는 말이다. 이 남자는 그 당시 여자에게도 음경이 있다고 생각했던 유아적 성이론에서 미탈피 상태였으므로, 여자의 성기를 간절히 보고 싶어했던 것이다.

또 다른 꿈을 꾼 한 남자의 이와 흡사한 잔존 기억도 매우 비슷한 형식을 취하고 있다. 〈K양과 공원 안에 있는 레스토랑에 간다. 그 다음 부분이 끊긴다……. 다음에 나는 창녀촌에 있는데, 여러 명 중의 한 여자는 팬티에 속치마만 걸치고 있었다.〉 이 꿈을 분석해 보면 이렇다.

K양은 그 남자의 전 주인의 딸로서, 그 자신의 말로는 그의 누이동생의 대치 인물이다. 그는 K양과 좀처럼 말을 나눌 기회가 없었다. 그런데 어느 날 함께 한가로이 이야기를 한 적이 있었다. 그 대화 중에 마치 '나는 남자고, 너는 여자다'라는 것처럼 분명하게 성욕을 느끼고 있음을 알았다. 꿈 속의 레스토랑에는 매부의 누이동생과 꼭 한 번 간 일이 있다. 이 여자에게는 전혀 관심이 없었다. 그리고 언젠가 그는 세 여자를 따라서 이 레스토랑 입구까지 간 적이 있었다. 이 세 여자는 누이동생과 숙모와 매부의 누이동생으로 모두 그의 관심 밖의 사람들이었지만, 그들은 모두 자매 관계였다. 창녀촌에는 거의 가지 않는다. 아마도 두 번 내지 세 번밖에 간 기억이 없다. 이 꿈을 꾼 청년은 어쩌다 두어 살 아래인 누이동생의 성기를 호기심에 차서 바라본 적이 있음을 고백하였다. 그리고 2, 3일이 지나자, 꿈에 의해 암시된 누이동생이 성기를 훔쳐본 행위의 분명한 기억이 되살아났다.

같은 날 밤에 여러 개로 꾸어지는 꿈은 모두 그 내용상으로 동일한 하나의 꿈으로 보아야 한다. 하나의 꿈이 몇 부분으로 분리되는 것은 그럴 만한 이유가 있고, 또 꿈의 잠재 사고의 일부가 보고되고 있는 것으로 보아도 좋다. 몇 개의 주요 부분으로 이루어진 꿈이라든가, 하룻밤에 꾼 여러 개의 꿈을 해석하고자 할 때는, 그 꿈들은 모두 같은 의미를 지향하고 있으며, 똑같은 심적 움직임을 다양한 재료로써 표현하고 있다고 간주하면 틀림없다. 그런 경우에 시간적으로 앞서고 있는 꿈은 나중에 꾸는 꿈보다 더 왜곡되고 미약한 꿈이며, 나중 꿈은 훨씬 방대하고 명료한 경우가 많다. 《구약 성서》

에서 요셉이 해석한 바로의 '이삭과 암소'의 꿈은 이런 종류의 것이었다. 이 꿈에 관해서는 요셉의 저술《유대고사》제2권, 5, 6장에 성서보다 더 자세히 보고되어 있다.

왕은 처음 꿈을 이야기한 뒤에 이렇게 덧붙인다. "이 꿈을 꾸고 나니 불안한 마음이 들어 이 꿈은 어떤 의미일까 하고 생각해 보다가 다시 잠깐 잠이 들었는데, 이번에는 처음보다 더 무섭고 혼란스러웠다." 그러자 요셉이 이렇게 말한다. "폐하, 폐하께서 꾸신 꿈은 겉으로는 두 개의 꿈이지만, 사실 그 두 꿈은 하나의 의미로 통합되는 것입니다." 융은《소문의 심리학에 대한 견해》에서 한 여학생의 감추어진 성적 꿈이 그녀의 여자 친구들에 의해서 이해되고, 형체가 변경되어 계속 꿈으로 꾸었다는 것을 말하면서, 이 꿈의 하나에 대해서 "꿈 형상의 긴 계열의 관념은 이미 이 계열의 첫째 형상 속의 표현을 시도하고 있다. 검열은 이 콤플렉스를 가능한 한 오래 반복하여 새로이 시도되는 상징적 은폐·전이 및 전화轉化에 의해 점차 이루어진다"라고 쓰고 있다《정신 분석학》지 제1권, 1910면, P.87.

세르너는 꿈 표현에 있어서의 이 특성을 파악하고, 이것을 그의 기관 자극설과 관련시켜 하나의 법칙으로 삼고 있다166면. "그러나 결국에는 특정한 정신 자극에 있어서 공상을 나타내는 모든 상징적 꿈 형상에 대해서 다음과 같은 일반적 법칙을 관찰할 수 있다. 즉, 공상은 꿈의 시작에서는 매우 간접적이고 불분명하고 자극 대상을 암시하는 데 그치지만, 나중에 꿈의 그같은 회화적 표현법을 쓸 수 없으면 자극 그 자체나 자극을 받는 기관, 또는 그 기관의 기능을 면밀하게 보여주며, 이렇게 하여 꿈은 그 기질적인 특성을 나타내면서 끝맺는다."

O. 랑크는《자기의 꿈을 스스로 해석하는 꿈》속에서 이 세르너의 법칙

을 뒷받침해 주고 있다. 그가 보고하고 있는 한 소녀의 꿈은 하룻밤 동안에 시간적 배열에서 어긋나는 두 개의 꿈이 합쳐진 것으로서, 그 두 개의 꿈은 몽정으로 끝나고 있다. 이 꿈 몽정은 꿈을 꾼 소녀에게서는 아무 힌트도 얻지 못했지만, 해석은 세부적인 데까지 가능했다. 그리고 두 꿈 내용 사이의 풍부한 여러 관계에서, 앞의 꿈은 뒤의 꿈과 같은 것을 미약하게 나타내고 있기 때문에, 뒤의 몽정 꿈은 앞의 꿈을 완벽하게 해명하는 데에 많은 도움이 되었음을 알 수 있었다.

랑크는 이 예에 의거해서 꿈 이론에 있어서 꿈 몽정이 갖는 의의를 논하고 있다. 그러나 이러한 꿈의 명료성이나 혼란을 꿈 재료의 확실성이라든가, 불확실성으로 바꾸어 해석할 수 있는 경우는 거의 드물다. 이러한 꿈의 질적 향상을 좌우하는 영향력을 갖는 꿈 요인에 대해서는 나중에 밝히고자 한다. 몇몇 꿈에서는 오랫동안 어떤 장면이 이어지다가 다음과 같은 형태의 중단이 나온다. '⋯⋯그런데 그 다음에 장소가 변경되고, 거기서 이러이러한 일이 일어난다.' 이런 식으로 단절되는 꿈의 본내용은 계속 다시 이어지지만, 이것은 꿈 재료 속에서 삽입된 관념으로서 부문장이 되는 것이다. 꿈 사고에서 '만약 ~라면, ~의 때에'라는 조건은 꿈 속에서는 동시성으로 표현된다.

꿈 속에서 자주 몸이 뜻대로 되지 않아서 불안을 느끼는 것은 왜일까? 그 곳을 뜨려 하는데 움직여지지가 않는다. 어떤 일을 하려는데 무언가가 자꾸 방해한다. 기차가 떠나려고 하는데 도저히 탈 수가 없다. 모욕을 당해 화가 나서 팔을 쳐들려고 하는데 팔이 말을 듣지 않는다는 것 등이다. 앞의 노출 꿈의 항에서 우리는 이미 꿈 속의 이런 느낌에 대해서 언급했지만, 자세하게 해명하지는 않았었다. 수면 중에는 어디에 닿는 것 같은 감각을 통해 그와 반대의 마비가 있기 마련이라는 식의 설명은 납득하기가 어렵다. 만약 그렇다면 우리는 왜 그러한 꿈을 꾸지 않는가 하는 의문이 생길 것이다. 그에 대해선 이렇게 대답할 수 있다. '수면 중에 언제라도 불러일으켜질 수 있는 이와 같은 감각은 그 어떤 표현의 목적에 쓰여지는 것이며, 꿈 재료 속에 가해지는 이러한 표현에의 욕구에 의해서만 불러일으켜진다고 할 수 있다.'

꿈 속에서 어떤 일을 할 수 없다는 것은 항상 감각으로 나타나는 것이 아니라, 쉽게 꿈 내용의 일부로 나타난다. 나는 이런 경우를 통해 꿈 재료의 의미를 분명히 알 수 있다고 생각한다. 그럼 여기서 내가 절도 혐의를 받고 있는 꿈을 간략히 소개해 보겠다. 〈어떤 개인 진료소와 몇 개의 다른 점포가 뒤섞여 있는 곳이다. 한 하인이 나에게 검사를 받으러 오라고 말한다. 그런데 나는 이렇게 느낀다. 무언가를 훔친 절도 혐의로 불린 것이라고 분석은 검사가 두 가지 측면에서 이해되어야 한다는 것과, 거기에는 의학적인 검사도 포함되어 있음을 보여주었다. 나는 나의 무죄와 이 집에서의 의사로서의 역할을 의식하고 있어서 침착하게 하인을 따라나섰다. 문에서 다른 하인이 나를 가리키면서, "이분을 데리고 왔나요? 이분은 훌륭하신 분인데"라고 말한다. 나는 그 하인과 떨어져서 다른 방으로 들어갔다. 그 방에는 기계가 있었는데, 이 기계는 인간의 죄과를 문책하는 지옥을 연상시킨다. 나는 이 기계의 하나에 평소 나를 위해 걱정해 주는 친구가 매어 있는 것을 보았다. 그는 내가 온 것에 대해 별로 신경쓰지 않는 것 같았다. 얼마 후에 나는 가도 된다는 말을 들었는데, 나의 모자가 보이지 않아서 가지 못하고 있다.〉

내가 결백하다는 것이 인정되어 가도 된다는 것은 분명 소망 충족이다. 그러므로 꿈 사고 중에 나의 결백성에 대한 반대 재료가 많이 존재해야만 하는 것이다. 내가 가도 된다는 것은 나의 면소免訴의 증거이다. 따라서 꿈에서 마지막에 모자가 보이지 않아 나를 가지 못하게 하는 것은, 나의 결백성에 대한 반대 재료가 이 특질로 자기 주장을 하고 있는 것으로 볼 수 있다. 그렇다면 나의 모자가 보이지 않는 것은 곧 '너는 결백한 인간이 아니다'라는 것이다. 꿈 속에서 '어떤 일을 할 수 없다'는 것은 반대 표명, 즉 '아니다'라는 것이며, 따라서 꿈은 '아니다'를 표현할 수 없다고 한 앞의 주장을 철회해야만 할 입장이 된다.[18]

몸을 움직이지 못한다는 것을 단순한 상황이 아닌 감각적인 뜻으로 보여주는 다른 꿈에서는 그와 같은 반대가 동작을 저지당하고 있다는 감각에 의해, 반대 의지에 대결하는 의지보다도 더 강하게 표현되고 있다. 그래서 동작을 저지당하는 감각은 의지의 갈등을 나타낸다. 수면 중의 운동 마비는 꿈을 꾸는 동안에 일어나는 심적 과정의 기본적인 여러 조건의 하나인 것이다. 그리고 운동의 궤도에 들어간 충동은 의지라고 볼 수 있고, 수면 중에 우리는 분명히 이 충동이 저지되고 있다고 느끼는 것을 감안할 때, 이 과정은 의욕과 그 의욕에 대항하는 '아니다'를 표현하기 위한 가장 적절한 것임이 판명된다.

내가 앞의 불안에 대한 설명에서 의지를 억제하는 감각이 거의 불안과 같

---

18) 이 꿈을 끝까지 분석해 보면 다음과 같은 사실을 알게 된다. 모르인人은 어떤 일을 수행한다. 그는 가도 된다. 그리고 농담조로 질문한다. "그 모르인은 자기 일을 완수했을 때가 몇 살이지? 한 살? 그렇다면 가도 좋아."나는 검은 고수머리였으므로, 어머니는 나에게 어린 모르인이라는 애칭을 썼다고 한다. 모자가 보이지 않는다는 것은 여러 가지 의미로 쓰여지는 각성시의 체험 중의 하나이다. 물건을 정리하는 데에는 놀라운 능력을 가지고 있는 우리 집 하녀가 모자를 어디다 잘 넣어 두었던 것이다. 이 꿈의 끝부분의 이면에는 슬픈 죽음의 관념을 부정하는 것이 숨겨져 있다. 즉, 나는 내가 해야 할 일을 다 하지 못했으므로 아직 가면 안 된다는 것이다. 이것은 바로 앞의 괴테의 꿈과 마비증 환자의 꿈에서와 같은 삶과 죽음의 테마를 보인다.

은 것이며, 그것이 꿈 속에서 자주 불안과 결합된다고 한 것은 쉽게 납득할 수 있을 것이다. 불안은 무의식에서 출발하여 전의식에 의해 억제되는 리비도적 충동이다.[19] 그러므로 꿈 속에서 저지하는 감각이 불안과 결합되었을 때에는 리비도를 발전시킬 수 있었던 하나의 의욕, 즉 성적 충동을 문제삼아야 한다. 종종 꿈을 꾸는 동안에 '이것은 꿈에 불과해'라고 생각하는 것은 무슨 뜻이며, 이런 생각은 어떤 심적 세력이 관여하는 것인가라는 의문에 대해서는 나중에 논하기로 하겠다. 다만 여기서 미리 언급하려는 것은, 그런 생각이 꿈에 나타난 것의 가치를 저하시키려는 목적을 가진 것이라는 점이다.

꿈 속의 어떤 내용이 '이건 꿈이니까'라고 하는 것의 의미는 무엇인가라는 문제, 즉 '꿈 속의 꿈'의 수수께끼를 스테켈이 설득력 있는 꿈 분석의 예를 통해 나와 비슷한 의미로 풀이했다. 꿈 속에서 꿈꾸어진 것은 그 가치가 저하되고 현실성을 잃기 쉽다. '꿈 속의 꿈'에서 잠깬 뒤에 다시 계속 꿈꾸는 것은, 꿈 소망이 제거된 현실성을 다시금 살리려는 의지이다. 그러므로 '꿈 속의 꿈'은 현실성의 표현, 그리고 실제 기억을 내포하고, 그 뒤로 계속 이어지는 꿈은 반대로 단순히 그 꿈을 꾼 사람에 의해 소망된 것을 표현하는 것이라고 단정지어도 좋다. 따라서 '꿈 속의 꿈'에 어떤 종류의 내용이 포함되어 있다는 것은 그런 식으로 꿈 속에서 '또 꿈이다'라고 말하는 일은 일어나지 않았으면 하는 소망과 같은 것이다.

다시 말해서 어떤 특정한 사건이 꿈의 작업에 의해 하나의 꿈으로 만들어진다면, 이것은 이 사건의 현실성을 결정적으로 확증하려는 가장 강력한 긍정인 것이다. 꿈 작업은 꿈을 꾼다는 일 자체를 거부로서 이용하여, 꿈은 그

---

19) 이 명제는 나중에 얻은 견해로 보면 타당하지 않다.

것에 의해 소망 충족이라는 견해를 증명하는 것이다.

[4. 표현 가능성에 대한 고찰]

이제까지 우리는, '꿈이 꿈 사고 사이의 관련을 어떻게 표현하는가'라는 문제에 대해 집중적으로 살펴보았다. 그 과정에서, '꿈 재료가 꿈을 형성하는 여러 목적을 위해 어떻게 변하는가'라는 광범위한 문제에 대해서도 언급한 바 있다. 꿈 재료는 여러 관계의 많은 부분을 잃고 압축되고, 동시에 꿈 재료의 여러 요소 사이의 강도 이동으로 인해서 불가불 이 재료의 심적 가치의 전환이 일어난다는 것도 알았다. 우리가 관찰했던 이동은, 어떤 특정 관념이 연상 속에서 어떤 방법으로 그 관념 가까이에 있는 연상으로 바뀌어지는 일이라는 것이 판명되었다. 그리고 그렇게 하여 그 두 요소의 중간적 공통물이 두 요소를 대신하여 꿈 속에 받아들여짐으로써, 이동이 압축에 협력하게 되었던 것이다.

또 다른 한 종류의 이동에 대해서는 아직 논의하지 않았다. 우리는 분석을 통해 이와 같은 종류의 또 다른 이동이 있어서, 그것은 문제의 사고의 언어적 표현의 대리로 나타난다는 것을 알고 있다. 이 두 경우 모두가 어떤 연상의 사슬과 관련된 이동의 문제이지만, 이런 과정은 다양한 심적 영역에서 흔히 일어난다. 그리고 이 이동의 결과는 어떤 경우에는 하나의 요소에 의해서 대치되고, 또 어떤 경우에는 하나의 요소가 그 언어 표현을 다른 언어 표현과 대치하는 형식으로 나타난다.

꿈 형성에 있어서 이 후자의 이동은 이론적 흥미를 크게 불러일으킬 뿐만 아니라, 또 꿈의 공상적이고 터무니없는 외형을 해명하는 데 도움이 된다.

일반적으로 이동은 꿈 사고의 무딘 추상적 표현이 구체적 표현과 대치되는 방향으로 이루어진다. 이 대치의 의도는 분명한데, 즉 꿈에 있어서 구상적인 것은 표현이 가능하다는 것이다. 추상적 표현 방법이 꿈 표현에 갖가지 곤란을 만드는 것은 마치 신문의 정치 논평을 그림으로 표현하기가 곤란한 것과 같은데, 그런 상황일지라고 구상적인 것은 얼마든지 삽입시킬 수가 있다.

그러나 단순히 표현의 가능성뿐만 아니라, 압축과 검열의 이득도 이 대치로써 얻어진다. 추상적으로 표현될 경우는, 사용할 수 없는 꿈 사고는 구상적인 언어로 바뀌어져야 비로소 이 새로운 표현과 나머지 꿈 재료와의 사이에 꿈 작업이 행해지게 된다. 그리고 그것이 존재하지 않는 곳에서는 그것을 만들어 내는 접촉점이나 동일성이 앞서보다 한결 쉽게 생겨나는 것이다. 왜냐 하면 구체적인 용어는 어떤 언어에 있어서도 그 언어가 발전됨에 따라 개념적인 용어보다는 다른 것과 더욱 풍부하게 접속되기 때문이다. 흩어진 꿈 사고를 꿈 속에서 가능하면 간결하고 통일된 표현으로 함축하려는 꿈 형성시의 대부분의 중간 작업은 개개의 사고를 적당한 언어적 형태로 변경시킴으로써 진행되는 것이다.

어떤 다른 이유로 표현이 확정되는 하나의 사고는 분할·선택하면 다른 사고의 표현력에 영향을 미칠 것이다. 이것은 시인의 작업과 거의 같다. 운율이 다른 시를 지을 때 둘째 압운구押韻句는 두 개의 조건에 구속된다. 그 구는 자기가 속한 구에 포함시켜야 할 의미를 표현해야 하며, 그 표현은 첫째 압운구와 같은 운이어야 한다. 훌륭한 시는 두드러지지 않게 운을 맞추면서도, 양쪽 관념의 언어 표현이 상호적 유인에 의해 선택되어, 나중에 약간만 가감하면 자연히 운율이 맞게 되는 것이다.

표현의 대치에 있어서 몇몇 경우에는 좀더 빠른 길로 압축을 돕는다. 즉,

표현의 대치가 애매모호한 하나의 이상의 꿈 사고를 표현하는 어구의 결합을 발견할 수 있다. 이렇게 해서 언어에 있어서의 모든 기지가 꿈 작업에 쓰여진다. 꿈 형성에 있어서 언어가 갖는 커다란 역할을 기묘하게 생각할 필요는 없다. 몇 겹의 관념이 교차되는 말의 다의성多義性은 본래부터의 운명이고, 갖가지 신경증 ― 강박 관념·공포증 ― 은 그처럼 말이 압축이나 위장을 위해 제공하는 이점을 꿈에서와 마찬가지로 서슴없이 활용한다.[20] 표현이 이동하면 꿈의 왜곡도 동시에 이득을 취한다는 것을 보여주기는 매우 쉬운 일이다. 의미가 분명한 두 말 대신에 애매모호한 의미의 말이 놓여지면 이상하게 생각될 것이다.

그리고 항상 쓰이고 있는 구태의연한 표현법으로 구상적 표현을 대치하면, 우리는 이해하기가 어려워진다. 게다가 꿈의 요소를 직역할 것인지, 혹은 비유적으로 해석할 것인지, 아니면 삽입된 문구를 매개로 하여 관계를 맺어야 할 것인지에 대해서는 아무 언급도 없기 때문이다. 보편적으로 어떤 꿈 요소의 해석시에 다음과 같은 의문점들은 확실히 나타나 있지 않다.

(1) 적극적인 뜻으로 해석될 것인지, 아니면 소극적인 뜻으로 해석될 것인지대립 관계,

(2) 과거의 것으로 풀이할 것인지기억의 잔존,

(3) 상징적으로 풀이될 것인지,

(4) 그것이 음音에서 온 것인지,

하는 것들은 밝혀지고 있지 않다.

이와 같은 다면성이 있지만, 이해의 여지를 주지 않는 꿈 작업의 표현은

---

20)《기지와 무의식과의 관계》와 〈신경증적 증상 해소에서의 언어의 다리〉를 참조하라.

해석자에게 고대 상형 문자의 해독의 곤란함보다 더 한 곤란은 주지 않는다. 나는 앞에서 그 표현의 불확실성에 의해 지탱되는 꿈 표현의 여러 실례를 제시했었다일머의 주사의 꿈에서 '입이 잘 벌어진다'라든가, '발이 떨어지지 않는다'는 등.

나는 여기서 또 하나의 꿈의 예를 보고하겠다. 이 꿈의 분석에서는 추상적인 사고를 구상화시키는 것이 매우 중요한 역할을 하고 있다.

추상성에 의한 꿈 해석과 이런 꿈 해석과의 차이점은 언제나 세밀하게 규제된다. 상징적인 꿈 해석에서는 상징화의 단서가 해석자에 의해 선택된다. 우리의 경우에는 언어의 위장이라고 하는 단서는 보편적으로 알려져 있는 언어 습관에 따라 주어진다. 올바른 착상을 올바른 기회에 쓴다면, 이런 종류의 꿈은 그 꿈을 꾼 당사자의 보고와는 상관없이 부분적으로 완전하게 해석할 수 있다. 내가 아는 어떤 부인의 꿈의 예를 보자. 〈그녀는 오페라 극장 안에 있었다. 바그너의 오페라 공연은 아침 8시 15분 전까지 계속되었다. 앞자리의 상등석과 보통석에는 테이블이 놓여 있으며, 모두 먹고 마신다. 신혼 여행에서 돌아온 사촌형 내외가 그와 같은 테이블에 앉아 있고, 그 옆에는 어떤 귀족이 있다. 마치 신부가 신혼 여행에서 어떤 물건을 사오듯 이 귀족을 데리고 왔다는 것이다. 보통석의 중앙에는 높은 탑이 있고, 그 탑 위는 편편하고 가장자리에 철책이 둘러져 있다. 그 꼭대기에 한스 리히터Hans Richta처럼 생긴 지휘자가 있다. 그는 철책 안에서 쉬지 않고 빙빙 돌며 진땀을 뻘뻘 흘리고 있다. 그는 이 곳에서 탑 주변에 배치된 오케스트라의 지휘를 하고 있는 것이다. 그녀는 한 여자 친구나도 아는와 의자에 앉아 있다. 그녀의 여동생이 상등석에서 그녀에게 커다란 석탄 덩어리를 주려 한다. '이렇게 오래 걸리다니, 너무 춥다'는 뜻으로장시간의 상연 때는 실내 난방이 되어야 한다는 뜻.〉

이 꿈은 훌륭한 상황을 표현하고 있지만, 거의 무의미하다. 보통석 중앙에 탑이 있고, 게다가 그 탑 위에 지휘자가 있다는 것과, 또 여동생이 석탄 덩어리를 주려 한다는 것은 황당 무계하다. 나는 이 꿈을 굳이 분석하지 않았다. 꿈의 어떤 부분은 그 부인에 대해 내가 알고 있는 지식을 바탕으로 충분히 해석할 수 있었다. 내가 알기로는 그녀는 어떤 음악가를 사랑했는데, 그는 일찍이 정신병 증세가 나타나 음악가로서는 거의 폐인이 되어 버렸다. 그 사실을 토대로 나는 보통석의 탑을 그 상황대로 파악해 보았다. 즉, 한스 리히터처럼 되고자 했던 그 남자는 오케스트라를 멀리 눈 아래 내려다보는 것이다. 이 탑은 첨가물에 의해 형성된 혼합물이라고 볼 수 있다.

탑은 그 토대로서 그 남자의 위대성을 표현해 주는 것이다. 또 그가 죄수나 혹은 우리 속의 짐승[21]처럼그 음악가의 이름을 암시한다 빙빙 돌고 있는 탑 위의 철책은 이 음악가의 말년의 불안한 인생을 나타내고 있다. 이 두 가지 사고가 결합시킬 수 있는 말은 '바보의 탑'바보'라는 뜻의 독일어 Narr에는 광인의 뜻이 있고, 바보의 탑, 즉 Narrenturm이란 '정신 병원'을 말한다'을 나타내는 것 같다. 그러고 나니 여동생이 석탄을 건네준다는 불합리한 점도 절로 분석되었다. 즉, 숯은 '비밀스런 연정'을 뜻하는 것이다.

그 어떤 불도

그 어떤 숯도

아무도 모르는

비밀스런 연정처럼

뜨겁게 타지 않으리.

---

21) 푸르고 울프wolf : 이리를 말한다.

그녀 자신과 여자 친구는 앉은 상태였다. 앞으로 결혼할 여동생은 '그렇게 오래 걸릴 줄 몰랐기 때문에' 그녀에게 석탄을 주려고 했다. 무엇이 그렇게 오래 걸리는지에 대해서는 꿈에 언급되어 있지 않다. 얼른 생각하기에 오페라 상연이 오래 걸리는 것이라고 하겠지만, 여기서는 '시집가는 것'이라고 보는 게 타당할 듯하다. 그리고 '비밀스런 연정'이라는 해석은 신부와 함께 사촌형이 나온다는 것, 그리고 이 신부와 관련된 연애 관계에 의해 뒷받침된다. 그녀의 불 같은 연정과 신부의 차가움이라는 대립 관계가 이 꿈의 골자이다. 어쨌든 양쪽 모두 '높은 곳에 있는 사람'이란 귀족과, 장래성 있던 음악가 사이의 중간어의 역할을 하는 것이다.

여기서 우리는 꿈 내용의 변화에 관여하는 제3의 동기를 발견하게 된다. 즉, 꿈이 이용하는 특별한 심적 재료에 있어서의 — 대개 시각적 형상에 있어서 — 표현력에 대한 고려이다. 본질적인 꿈 사고에 부차적으로 여러 가지 형태가 결합될 수 있는 것 가운데 시각적 표현을 용인하는 것이 최우선적으로 채택되어, 꿈 작업은 비록 비정상적인 형식일지라도 그것에 의해 표현될 수가 있게 된다. 이렇게 좁혀진 사고의 심리학적 궁지 상태가 끝난다면, 여타의 것은 모두 제쳐놓고 심오한 사고를 다른 언어 형식으로 전화시키는 작업을 우선적으로 하게 되는 것이다.

이런 식으로 사고 내용을 따른 형식으로 바꾸는 일은 동시에 압축작업에도 협력하여 다른 사고에 대한 관계를 형성하게 된다. 만약 그런 과정이 없었다면 이와 같은 관련성은 생기지 않았을 것이다. 이 다른 사고도 아마 수용의 자세를 정비하기 위해 스스로 미리 그 본연의 표현을 바꾸어 버렸을지도 모른다. 질베러는 꿈 형성에 있어서 이루어지는 사고 형상의 전환을 관찰하고, 꿈 작업의 이런 한 가지 동기만을 집중 연구할 수 있는 놀라운 방법을 제시하였다.[22] 그는 피로와 졸음이 엄습하는 상태에서 어떤 사고 노력을 시도하면, 그 사고가 빠져나가는 대신, 어떤 형상이 나타나 이 형상에서 앞의 사고의 대용물이 인식된다는 것을 알았다. 그는 이 대용물을 '자동 상징성'이라고 명명했으나, 이것은 그리 신빙성이 있어 보이지 않는 명칭이다. 여기서 나는 질베러의 연구의 몇 가지 실례를 들겠다.

〔제1의 예〕

나는 어떤 울퉁불퉁한 나무를 매끄럽게 하려 한다.

〔상징〕

나 자신이 나무를 대패질하고 있는 모습을 본다.

〔제2의 예〕

나는 지금 내가 하려는 형이상학적 연구의 목적을 떠올리려 한다. 이 목적은 여러 존재의 목적을 추구하며, 점차 고차원적 의식 형태, 또는 여러 존재층으로 돌진해 들어가는 것이다.

〔상징〕

나는 긴 칼을 케이크 아래로 밀어넣는다. 그 조각을 떼어 내려는 듯이.

---

22) 브로이어와 프로이트의 《연감》제1권 1909년을 보라.

〔해석〕

내가 칼을 든 것은 문제가 되어 있는 '돌진한다'를 의미한다……. 상징적 근거는 다음과 같다. 즉, 나는 종종 식탁에서 케이크를 잘라 나눠 주는 역할을 한다. 칼은 길고 탄력성 있는 것으로서, 케이크를 자른다는 것은 매우 신중하게 해야 한다. 칼을 조심스럽게 자른 케이크 밑으로 밀어넣어야 한다 제일 끝까지 다다르기 위해서 천천히 '돌진한다'. 그런데 앞의 형상에는 그 이상의 상징성이 내포되어 있다. 상징의 케이크는 여러 겹으로 된 것이고, 그래서 그것을 자르는 칼은 몇 층이나 뚫고 들어가야 한다 의식과 사고의 층.

〔제3의 예〕

나는 어떤 일을 생각하고 있는 동안에 그 생각의 실마리를 잊어버렸다. 나는 다시 그 실마리를 찾으려고 무척 애를 쓰지만, 진짜 중요한 실마리는 잊어버렸다고 인정할 수밖에 없다.

〔상징〕

인쇄된 문장의 마지막 한 줄이 빠져 있다.

언어의 기교나 격언·노래·가사·비어 등이 지성적인 사람들의 사고 생활 속에서 하는 역할을 생각한다면, 이런 종류의 여러 의식이 꿈 사고를 표현하는 데 자주 사용된다 해서 놀랄 일은 못 된다. 예를 들면 각기 다른 채소를 가득 실은 마차는 꿈 속에 어떤 의미를 나타내는 것이다. 그것은 양배추와 무의 소망 대비, 즉 '혼란'을 의미하고, 그것은 곧 무질서를 나타낸다. 이 꿈이 단 한 번밖에 보고되지 않은 것은 매우 이상하게 생각된다.[23] 우리가 잘 알고 있는 것처럼 비유라든가 언어의 대용을 사용한, 폭넓게 적용되는 꿈 상징은 아주 극소한 재료에 대해서만 형성되고 있다. 그러나 꿈은 노이로제나 전설 또는 민간 풍습과 함께 그와 같은 상징성을 대부분 갖고 있다.

좀더 자세히 살펴보면 꿈 작업의 이런 종류의 대치란 결코 독창적인 것이 아니라는 사실이 드러난다. 이 경우에서는 꿈 작업은 어떤 목적을 달성하기 위해 검열을 하고 표현할 가능성으로 이미 무의식적 사고 속에 개척되고 있는 길을 따라가는 데 불과한 것이며, 또 기지나 은유를 통해 의식으로 올라올 수 있는 신경증 환자의 갖가지 공상을 충족시켜 주는 여러 가지 형태의 억압된 재료를 자주 이용하는 것이다. 그 지점에서 비로소 앞의 세르너의 꿈을 해석할 수 있는 길이 열린다. 자신의 신체에 관한 온갖 공상은 비단 꿈에서만의 일은 아니며, 또 꿈의 특색도 아니다. 분석을 통해서 나는 그와 같은 공상 습관은 신경증 환자에게는 거의 예외없이 일어나는 것이며, 그것은 대개 성적 호기심에서 유래하는 것임을 인정하게 되었다. 그리고 성적 호기심의 대상이 되는 것은 사춘기의 아이들에게 있어서는 동성이나 이성의 성기이다.

그러나 세르너와 폴켈트가 지적하고 있는 바와 같이, 집은 육체의 상징화에 이용되는 유일한 표상은 아니다꿈에서도, 신경증의 무의식적 공상에서도. 내가 아는 어떤 환자는 분명히 신체와 성기의 구조적 상징성성적 관심은 외부 생식기에만 국한되지 않고 광범하게 미치는 것이기 때문에에 의거해서, 크고 작은 기둥을 다리로 생각하고, 문을 보면 신체의 구멍을 연상하며, 물이 흐르는 것을 보고 배뇨기관을 생각하는 사람이 있다. 그런데 그와 마찬가지로 식물의 생활이

---

23) 이 표현에 대해서는 두 번 이상 본 적이 없어서 이 해석이 옳다고 확신할 수 없다.

나 부엌도 성적 형상의 상징물로 은폐되어 표상화된다.[24] 식물 생활의 표상권에서 선택되는 경우에는 언어 습관 및 고대의 공상적 비교의 잔유물이 이미 풍부하게 준비된 셈이다 주님의 '포도원' · '종자정자의 뜻', 그리고《아가雅歌》의 '동산' 등.

걷으로 보기에는 대수롭지 않은 부엌일에의 은유에 의해서 성생활의 가장 추하고 은밀한 세부적인 면이 연상된다. 그리고 신경증의 여러 증세는 만약 비상식적인 것의 배후에 성적 상징을 감추지 않는다면 그야말로 오리무중한 것이 되어 버린다. 신경증인 아이가 피나 날고기를 피하려 하고, 계란이나 마카로니를 먹이면 토할 경우에는 감출 수 없는 성적 의미가 있는 것으로 본다. 신경증이 그런 베일을 이용하는 것은 과거의 낡은 문화 시대에서 전인류가 지나온 것과 같은 길을 걷는다는 얘기이다. 그런 길이 얼마간 땅 속에 묻혀 있긴 하지만, 오늘날에도 오히려 언어 습관·미신·관습에 의해 입증되고 있다. 여기서 나는 전에 어떤 부인 환자가 보고한 '꽃에 관한 꿈'을 삽입하고자 한다. 꿈을 꾼 당사자는 분석 후에는 그 아름다운 꿈을 싫어하게 되었다.

(a) 전몽前夢

〈그녀는 주방의 두 하녀에게 가서 '잠깐 식사하는 일'이 아직도 끝나지 않았느냐고 호통을 친다. 그리고 그때 씻어서 엎어 놓은 많은 그릇들을 본다. 값싼 도기 그릇이 산더미처럼 포개져 있다……다시 보충. 두 하녀는 물을 길러 간다. 물을 길으려면 강처럼 생긴 데를 들어가야만 한다. 강은 집 안, 아

---

24) 이에 관한 풍부한 증례는 에드워드 폭스의《그림으로 보는 풍속사》유고, 제3권에 나와 있다.

니 마당 앞까지 와 있다.[25]〉

(b) 본몽本夢[26]

〈그녀는 높은 곳에서 이상하게 생긴 난간 또는 울타리를 따라[27] 아래로 내려온다. 그 울타리는 격자창같이 생겼는데, 여기저기에 작은 사각의 구멍이 뚫려 있다.[28] 그 곳은 사람이 내려갈 만한 곳이 아니어서, 그녀는 발을 내딛기가 힘들다. 그렇지만 내려올 때 옷이 아무 데도 걸리지 않아 흐트러지지 않은 것을 다행으로 생각한다.[29] 그녀는 손에 '큰 나뭇가지'를 들고 있다.[30] 본래는 나무처럼 생긴 것인데 '빨간 꽃'이 잔뜩 매달려 있다.[31] 그때 벚꽃이라는 생각이 든다. 그러나 한편으로 동백나무처럼 보이기도 한다. 물론 나무에 핀 동백은 아니다. 그녀는 내려가면서 처음에는 '하나', 그 다음에는 갑자기 '둘'을, 나중에는 다시 '하나'의 가지를 더 들고 있다.[32]

밑에 다다랐을 때 가지의 아래쪽 꽃은 많이 '떨어져 나갔다.' 그리고 밑에 내려와 보니 하인이 한 사람 있었는데, 비슷한 나무를 빗질하는 것 같은 동작을 하고 있다. 즉, 그 나무에 이끼처럼 붙어 있는 머리카락을 나뭇가지[33]로 빗어내고 있다. 또 다른 노동자들은 마당에서 그 비슷한 '가지'를 잘라

---

25) 이에 대해서는 제6장 중 〈꿈의 여러 가지 표현법〉의 항을 참조하라.
26) 그녀의 경력이다.
27) 고관 출신. 앞의 꿈에 대한 소망의 반대 문장이다.
28) 그녀의 공상 대상인 남동생과 어릴 적 같이 놀던 집의 침실과, 항상 그녀를 괴롭힌 큰아버지 집의 안마당을 혼합한 형성물이다.
29) 그녀가 누워 알몸을 내놓는 버릇이 있었다는 큰아버지의 집 안마당에 대한 실제 기억에 대한 소망의 반대물.
30) 잉태 고지도告知圖의 천사가 백합 가지를 들고 있는 것처럼.
31) 이 혼합 형성물의 설명에 관해서는 앞의 순결·월경·춘희椿姬를 참조하라.
32) 그녀의 공상에 관련되는 여러 사람이 있다는 암시.
33) 자기도 꺾어도 되나, 즉 자위 행위를 해도 되느냐 하는 것.

내 길에 던져서, 주변에는 그 가지가 여기저기에 흩어져 있다. 그래서 사람들이 그 가지를 따간다. 그러나 그녀는 그렇게 해도 괜찮은지, 자기도 하나 가져도 좋은지를 물어 본다. 마당에 청년 한 사람그녀의 친척이나 외국인 같은이 서 있다. 그녀는 그 남자에게 가서 이런 '가지'를 어떻게 하면 그녀의 '마당'에 옮겨 심을 수 있겠느냐고 묻는다.[34]

청년은 그녀를 포옹한다. 그녀는 그를 뿌리치며, 도대체 무슨 생각으로 남을 포옹하느냐고 따진다. 그는 이것은 결코 나쁜 일은 아니며, 이미 허락된 일이라고 말한다. 그리고 그는 그녀와 함께 '다른 마당'에 가서 심는 법을 가르쳐 줄 수도 있다고 말하면서, 다시 그녀가 알아들을 수 없는 말을 한다. 나에게는 3미터나중에 그녀는 3평방미터라고 정정했다, 또는 3크라프터의 땅이 없다고 했다. 그는 자기의 호의에 대한 그녀의 반응을 기대하며, 그녀의 마당에서 보충하려는 것 같기도 하고, 또 그녀에게 폐를 끼치지 않고 거기에 어떤 이익을 얻으려는 법칙을 '어기려는' 것 같다. 그리고 그 남자가 그녀에게 실제로 무엇을 보여주었는지는 기억하지 못했다.)

이 꿈에서는 상징적인 여러 요소로 인해서 마치 '전기적傳記的'인 성격을 띤다. 이런 꿈은 정신 분석의 경우에는 자주 나타나지만, 그 외의 경우에는 거의 보기 드문 예이다.[35] 물론 나에게는 이와 같은 재료가 많이 있지만, 그 것을 소개한다는 것은 신경증적 논의에 너무 깊이 관여하는 것이다. 결론은 언제나 같다. 즉, 우리는 꿈 작업에 있어서 영혼이 특수한 상징화 활동을 한다는 식으로 생각할 필요는 없다. 그보다는 오히려 꿈이 무의식적 사

---

34) 부부 관계에 대한 우려를 나타내는 것.

35) 꿈의 상징성에 관한 실례 중에서 세 번째로 보고해 둔 꿈도 이와 비슷한 '전기적' 꿈이다. 그리고 O. 랑크가 보고한 바에 의하면 '자기가 자기의 꿈을 해석하는 꿈'도 그렇다.

고 속에 이미 형성되어 있는 이와 같은 상징화를 사용하는 것은, 상징화의 표현 가능성과 검열 통과 능력으로 꿈 형성의 의도를 더욱 잘 충족시켜 주기 때문이라는 것이다.

[5. 꿈에서의 상징적 표현 ― 유형적 표현]

앞에서 서술한 전기적인 꿈의 분석은 내가 처음부터 상징적 표현을 인정해 왔다는 것을 증명해 주는 것이다. 그러나 내가 꿈 상징의 전모와 그 의의를 낱낱이 파헤칠 수 있게 된 것은 나 자신의 경험의 증대와 더불어 W. 스테켈의 연구[36]에 힘입은 것이다. 여기서 스테켈의 연구에 대해 잠시 살펴보자. 스테켈이 들고 있는 새로운 상징 해석의 예들은 처음에는 아무도 믿지 않았으나 나중에는 그 대부분이 인정되기에 이르렀다.

스테켈의 업적은 다른 꿈 연구가들의 부정적 태도가 온당했다는 사실에 의해서도 결코 과소 평가되지 않았다. 그 이유는 그의 해석을 받쳐 주는 기초적 실례들은 타당하다고 인정받기에 어려운 방법을 사용했기 때문이다. 스테켈은 직관을 통해서 상징을 직접적으로 이해하는 독자들의 능력에 호소했다. 그러나 이 같은 방법은 아무나 할 수 있는 것이 아니고, 그런 작업 능력은 따로이 문제삼을 만한 것이 못 되며, 그로 인해 생기는 갖가지 결론은 신빙성을 요구할 수도 없는 것이다. 그것은 마치 임상 의사 가운데는 보통 사람보다 월등히 뛰어난 후각을 갖고 있어서 냄새만 맡고도 장티푸스의 진단을 내릴 수 있는 사람도 있기는 하겠지만, 그렇다고 해서 환자에게서

---

36) 스테켈의 《꿈의 언어》를 참조하라.

나는 냄새로 전염병의 진단을 내린다는 것은 일반적으로는 인정할 수 없는 것과 같은 이치이다.

정신 분석학은 차차 그 경험이 축적됨에 따라, 꿈 상징의 그와 같은 직접적 이해를 보여줌으로써 우리를 놀라게 하는 환자의 예를 자주 만나게 해준다. 게다가 조발성 치매 환자에게 그런 경우가 자주 있었기 때문에, 한때는 그와 같은 꿈 상징의 이해 능력을 가진 환자는 모두 조발성 치매가 아닌가고 생각했을 정도였다. 그러나 실제로는 단지 개인적인 특성에 지나지 않았던 것이다.

꿈 속에 나타나는 성적 재료의 표현을 위해서 상징이 자주 쓰여진다는 것을 알게 됨에 따라, 이들 상징들이 속기速記의 '기회'처럼 분명한 의미가 있는 것이 아닐까 하는 의문을 갖게 된다.[37] 그리하여 암호의 해독법에 따른 새로운 꿈 해석서를 만들어 볼 생각이 드는 것이다. 그런데 이와 같은 상징적 표현은 단지 꿈의 독점물이 아니라, 일반의 무의식적 표상 작용에서도 볼 수 있는 것이며, 민간 전설 — 어떤 민족의 신화·전설·속담·격언 등 — 에서는 꿈에서보다 훨씬 더 완전한 모습을 찾아볼 수 있다. 그러므로 만약 우리가 상징의 의의를 올바르게 평가하고, 상징의 개념과 결부된 무수한 미해결의 문제를 논하려 한다면 꿈 해석이라는 범주에서 벗어날 수밖에 없을 것이다.

그래서 우리는 문제를 국한시켜 놓고 간접적 표현법의 하나인 상징적 표현에서의 상위점을 아직 개념적으로 분명히 파악하지 못하고 있다. 그래서 나는 상징을 다른 여러 종류의 간접 표현과 혼동하지 말 것을 경계해 두겠

---

37) 이 문제에 대한 가장 적절한 견해는 O. 랑크와 작스의 공저 《여러 정신 과학에 대한 정신 분석의 의의》 1913년와 E. 존스의 《상징 표현이 이론》1919년을 참조하라.

다. 상징과 상징되는 본래의 것과의 공통점이 어떤 경우에는 분명하게 나타나 있고, 또 어떤 경우에는 감춰져 있다. 후자의 경우에는 그 상징이 어떤 의도로 쓰였는지 알 수 없다. 그러나 사실은 상징의 공통점이 감추어져 있는 경우에 오히려 상징 관계의 의미를 더 분명히 알게 된다. 이것은 상징이 발생사적 성질의 것임을 말해 주는 것이다.

오늘날 상징적으로 결합되고 있는 것은 아마 옛날에는 개념적·언어적 동일성을 통해서 결합되었을 것이다.[38] 상징 관계는 과거의 동일성의 잔재로 보인다. 그 경우에 일부 상징 공동체는 언어 공동체를 초월해 퍼져 있었다. 이것에 대해서는 슈펠버1814년의 주장이 있다.[39] 매우 많은 상징 가운데는 본래 언어가 태동되었을 무렵에 형성되어진 것처럼 오래 된 것이 있는가 하면, 그 반면에 현재 형성되는 것도 있다예컨대 체펠린 비행선 등. 그런데 꿈은 이 상징을 그 잠재 사고를 위장하는 데 사용한다. 그렇게 사용된 상징 가운데는 똑같은 것을 의미하는 것이 상당수 있기도 하다. 단지 심적 재료라는 것은 새로이 형성한 것이라는 사실을 기억해 두기 바란다.

종종 어떤 상징은 꿈 내용 속에서 상징적으로 풀이되기보다는 그 본래의 의미로 풀이되어야 할 경우도 많이 있다. 또 어떤 경우에는 꿈꾸는 사람이 특수한 기억 재료를 성적 재료로 사용하기도 한다. 하나의 내용을 표현하기

---

38) 이와 같은 견해는 한스 슈펠버 박사가 주장한 이론에 의해 충분히 입증되고 있다(언어의 발생과 발달에 관한 여러 성적 동기의 영향에 관하여). 슈펠버는 거의 대부분의 원시어는 사물을 나타내는 것이었지만, 시간이 지남에 따라 그런 말들이 성적 사물이나 행위와 비교되는 다른 사물이나 행위를 표현하게 됨으로써 성적 의미를 상실하게 된 것이라고 말하고 있다.

39) 예컨대 약간의 헝가리인들의 최면몽에는 물 위를 달리는 배가 나타나고 있다. 그런데 헝가리어에서는 '소변을 본다'는 의미를 가진 독일어의 schiffen배로 간다에 해당하는 말이 없는데, 프랑스인이나 기타 라틴 민족은 독일어의 '여자Frauenzimmer'에 해당하는 말이 없음에도 불구하고, 방이란 말이 여자의 상징적 의미로 쓰이고 있다.

위해 여러 개의 상징을 쓰는 경우에는 그것에 의해 표현되는 것은 물론이고, 그 이외에도 꿈꾸는 사람의 사고 재료와 연관된 것을 표현한다. 즉, 개인적인 동기를 부여할 수 있다는 것이다.

세르너 이후의 꿈 연구는 꿈의 상징을 기정 사실화해 놓았다.H. 엘리스도 꿈 상징을 인정했다. 그런데 꿈의 상징으로 인해서 꿈 해석의 과제는 더욱 쉽게 된 반면에, 또 거꾸로 더욱 어렵게 되었다는 것을 알아야 한다. 꿈을 꾼 사람의 자유 연상에 의한 꿈 해석의 기법에서는 대개 꿈 내용 속의 상징 요소를 해결하지는 못한다. 꿈 해석자의 자의성을 인정하는 고대의 방식으로 되돌아가는 경향은 스테켈의 복잡한 꿈 해석에서 부활한 것처럼 보이지만, 이것은 학문적으로는 결코 인정할 수 없는 것이다. 그러므로 우리는 꿈 내용 속의 상징 요소를 기억하고, 한편으로는 꿈꾼 사람의 자유 연상에 의해서, 다른 한편으로는 해석자의 상징 이해로 보충하는 식의 종합 기법으로 꿈을 해석해야 한다.

꿈 상징을 파악할 때에는 비판적이고 신중한 자세로 해야 하며, 특히 뚜렷한 꿈의 실례로서 상징을 면밀하게 풀이하지 못하면 지나친 자의적 해석이라는 비난을 받게 된다. 그 이유는, 첫째 우리의 꿈에 대한 인식이 불충분하기 때문인데, 이것은 차츰 제거될 수 있는 것이지만, 한편 그러한 불확실성은 꿈 상징의 어떤 특성과도 연관된 것이다. 꿈의 상징은 대체로 다의적多義的이다. 그리고 매우 애매하다. 그래서 마치 한자漢字에서와 같이 앞뒤의 연결을 통해 비로소 그때 그때의 적당한 의미가 되는 것이다. 이러한 다의성은 과잉 해석을 허용하거나, 매우 복잡한 사고의 형성이나 소망 충동을 하나의 내용 속에 표현하는 것과 결부되어 있는 것 같다.

이제부터는 꿈 상징에 대해 본격적으로 언급하고자 한다. 황제와 황후왕과 왕비는 대개의 경우에 꿈꾼 당사자의 부모를 나타내며, 왕자또는 왕녀는 그 사람 자신을 가리킨다. 위대한 인물에게도 황제와 같은 권위가 주어진다. 그래서 가령 괴테는 아버지의 상징으로 쓰여진다휘치만. 길다랗게 생긴 것, 가령 지팡이·나무줄기·우산 및 길고 뾰족한 무기 — 가령 칼·단도·창 등 — 는 남자의 성기를 대리한다. 손톱줄도 자주 남자의 성기를 상징하는데, 나는 그 이유를 잘 모르겠다. 작은 궤·상자·장포·난로·동굴·배·그릇 들은 여체의 상징으로써 쓰인다. 꿈 속의 방Zimmer은 대개 '여자Frauenzi-mmer'를 나타낸다.[40]

　방이 열려 있거나 닫혀 있다는 식의 관심은 다음과 같은 관련으로 이해하는 것이 좋을 것이다⟨어떤 신경증 분석의 단편⟩에 나오는 '도라의 꿈' 참조. 방문을 여는 열쇠는 상관이 없다. 우란트Uhland는 ⟨에버슈타인 백작⟩이라는 시에서 자물통과 열쇠의 상징을 고도의 음담淫談으로 풀이하고 있다. 죽 이어진 방을 지나가는 꿈은 유곽이나 할렘hallem의 꿈이었다. 그런데 이 꿈은 한스 작스H. Sachs가 제시한 바와 같이, 부부 생활의 표현에도 이용된다. 처음에 하나였던 방이 두 개로 나뉘는 꿈이나, 또는 그 반대의 꿈을 꿀 경우에, 그것은 유아적인 성적 관심에서 나오는 것이다. 유년기에는 여자의 엉덩이성기에 하나의 구멍밖에 없는 것으로 알고 있다가 — 유아적 배설항의론 — 조금 커서야 비로소 그 곳에 두 개의 구멍이 있다는 것을 알게 된다.

　층계·사다리·발판이나, 게다가 그런 곳을 올라갔다 내려갔다 하는 행위

---

40) 하숙생인 한 환자의 꿈 — ⟨그는 하녀를 만나 너는 몇 번이냐고 물어 보았다. 14번이라는 말을 듣고 그는 깜짝 놀란다.⟩ 이 꿈은 그가 그 꿈에 나온 하녀의 방에서 그녀와 몇 번이나 밀회를 즐겼음을 반영하고 있다. 하녀는 주인 여자에게 들킬까 봐, 그 꿈을 꾸기 전날 다른 방에서 만나자고 제의하였다. 실제로 그 방은 14호실이었는데, 꿈 속의 여자는 번호가 14번이었다. 그러므로 여자와 방의 동일화가 매우 명백하게 나타난 것이다E. 존스 ⟪국제 정신 분석학 잡지⟫ 제2권, 1914년.

는 성행위의 상징적 표현이다.[41] 미끄러운 벽을 기어오르거나 집의 벽을 불안하게 내려올 때, 그 벽은 똑바로 선 사람의 육체를 상징한 것으로서, 유년 시절 어머니나 유모의 몸에 기어올라갔던 기억의 재현인 것 같다. '미끄러운 바깥 벽'은 남자로서, 꿈 속에서는 곧잘 불안을 느끼고 집의 돌출부를 붙잡는다. 탁자·식탁·쟁반 등은 여자를 나타내는데, 그것은 아마도 신체의 요철凹凸을 없애는 대조성 때문이리라. '재목材木'은 그 언어적 관계로 인해서 대개 여성적 소재물질를 상징하는 것으로 보인다물질이라는 독일어인 Materie 는 라틴어에서 왔는데, 라틴어로는 '사물을 낳는 것 및 어머니'의 의미가 있다. '마데이라'라는 섬의 이름은 포르투칼어로 재목을 가리킨다. 탁자와 침대는 결혼 생활의 필수적인 것이므로, 꿈 속에서 흔히 탁자는 침대를 대신하여 나타내는 경우가 많고, 또 가능한 범위 안에서 성적 표상권은 음식 표상권으로 대치된다.

몸에 걸치는 것 중에서 부인 모자는 남자의 성기를 상징한다. 또 외투도 남자의 성기를 상징하는데, 그것은 그 음音의 연관성 때문인지 모르겠다외투의 뜻인 Mantel은 남자의 Mann과 음이 비슷하므로. 남성의 꿈에서는 자주 넥타이가 음경의 상징으로 쓰이곤 하는데, 그것은 넥타이가 길다랗게 생겼고, 남자들의 전유물이라는 이유 외에도 넥타이는 자기의 기호에 맞게 선택할 수 있기 때문인 것도 같다. 그런데 실제로 자기의 음경을 자유롭게 선택할 수 있는 것은 아니다.[42] 남성이 이 상징을 꿈꿀 경우에는 현실 생활에서 넥타이 수집가인 경우가 많다. 꿈에 등장하는 복잡한 기계나 기구는 거의가 남성 성기를 상징하며, 이러한 꿈 상징은 남자의 성기를 갖가지 기교를 부려 묘사

---

41) 이에 대해서는 나의 저술《정신 분석 치료의 미래의 기회》《정신 분석학 중앙 잡지》제1권. 1910년를 참조하기 바란다.

한다.

또 거의 모든 무기나 도구가 음경의 상징으로 쓰인다 — 괭이·망치·총·
단도 등. 그리고 꿈에 다리나 숲에 덮인 산이 있는 풍경도 성기의 상징이다.
말티노브스키는 꿈을 꾼 당사자가 자기의 꿈 속에서 나오는 풍경이나 장소
를 그림으로 그리면서 꿈 상황을 표현하는 예를 수집해 놓았다. 이 그림들은
꿈의 현재적 의의와 잠재적 의의와의 차이점을 매우 분명하게 제시해 준다.

그 그림들을 자세히 관찰해 보면 인체나 성기의 표현이라는 것을 금방 알
게 되고, 그럼으로써 비로소 그 꿈 전체의 의미를 파악하게 되는 것이다이에
대해서도 피스터의 비유나 그림 수수께끼에 대한 연구를 참조. 또 알지 못할 신조어도
여러 성적 요소의 형성으로 볼 수 있다. 꿈 속에 나오는 어린아이도 성기의
상징으로 보인다. 대개의 성인 남녀는 자기의 성기를 애칭으로 '나의 작은
아이'라고 부르기 때문이다. 스테켈도 '작은 동생'이란 음경을 뜻한다고 했
다. 꿈에서 어린아이와 놀거나 업어 주는 것은 흔히 자위 행위의 상징이다. 또
거세의 상징적 표현은 대머리나 머리를 자르는 일, 이가 빠지는 일, 목을 베이
는 일 등이다. 꿈 속에서의 음경 상징이 둘 이상 나오는 경우에는 거세에 대한
항의로 보아야 한다.

꿈 속에서 도마뱀이 나오는 것도도마뱀은 꼬리가 잘려도 다시 생겨나는 동물이다
역시 거세에 대한 항의이다. 신화나 전설 중에 성기의 상징으로 등장하는
동물 가운데는 꿈에서도 같은 역할을 하는 것이 있다 — 물고기·달팽이·고

---

42) 소녀 쪽으로 머리를 돌리고 있는 한 마리의 뱀을 넥타이로 맨 한 남자의 그림 —《정신 분석학 중앙
잡지》제2권의 조울증은 여자 환자가 그린 그림을 참조하라. 또 〈부끄러움이 많은 작가〉《안토로포푸
티아》제6권라는 이야기에서는, 한 부인이 목욕탕엘 들어가니 한 남자가 와이셔츠를 입지도 못하고 있
었다. 그는 너무도 부끄러워하며 와이셔츠 깃으로 목을 가리고, "부인 용서하십시오, 넥타이도 매지 않
아서"라고 말했다.

양이·쥐털의 상징, 그리고 가장 중요한 남근의 상징은 역시 뱀이다. 또 작은 동물이나 독충은 어린아이들, 즉 없었으면 좋겠다고 생각하는 동생의 상징이다. 벌레들이 우글대는 상태는 임신의 상징이다. 또 비행선은 남성 성기의 상징으로서 아주 새로운 것이며, 비행선은 그 형태적인 면에서나 비행의 관계로서 충분히 남성 성기에 사용될 만하다.

스테켈은 부분적으로 아직 불충분한 상징 예를 실례로써 설명하고 있다. 스테켈의 다른 저서, 특히《꿈의 언어》속에는 각 부분별로 면밀한 추정에 의한 상징 해석을 풍부하게 수록해 놓았다. 가령 죽음의 장후이 그것인데, 그러나 그의 해석 중의 일부는 쓸모없는 것이거나 혹은 의심스러운 것이 되어 버려, 그로 인해서 스테켈의 연구를 사용하는 경우에는 매일 신중을 기하고 있다. 따라서 나는 약간의 사례를 드는 것으로 그치고자 한다.

스테켈에 의하면 꿈 속에서의 '오른쪽과 왼쪽'은 도덕적 의미로 해석해야 한다는 것이다. "오른쪽은 항상 정의의 길이요, 왼쪽은 죄의 길을 상징한다. 그러므로 오른쪽은 결혼·매춘부와의 성교이고, 왼쪽은 동성애·근친 상간·성도착을 표현한다. 이것은 꿈꾸는 사람의 도덕적 입장에 의해 평가되는 것이다." 466면 꿈 속에서의 친척도 성기의 역할을 하는데, 그 경우에는 아들·딸·누이동생에게만 적용된다. 즉, '작은 것'에만 해당된다. 이와 반대로 자매는 확실히 유방의 상징이고, 형제는 대뇌의 상징으로 보인다. 스테켈은 차를 뒤쫓지 못하는 것은 도저히 극복하지 못할 연령차를 안타깝게 생각하는 마음이라고 풀이하고 있다479면. 여행 짐은 죄의 억눌림을 상징한다. 그런데 가끔 이 여행 짐이야말로 자기 자신의 성기를 분명하게 상징해 주는 경우가 있다.

또 스테켈은 꿈에 자주 나타나는 숫자에도 확실히 상징적 의의가 있다고 보는데, 이 해석은 정확히 입증할 수 없고, 또 보편적으로 적용되지도 않는 것이지만, 아주 무시할 수는 없을 것 같다. 3이라는 숫자는 남자의 성기를 상징한다는 사실은 널리 인정되고 있다. 스테켈이 일반화시킨 것 중에 성기 상징의 이중적 의의에 관한 것이 있다. "대개의 상징은 ─ 만일 공상이 이것을 어느 정도 허락한다면 ─ 동시에 남성적·여성적이라는 이중적 성격을 띠지 않는 것은 없다." '만약 공상이 허락한다면'이라는 가정이 있기 때문에, 그의 주장이 뚜렷하지 못한 것으로 된다. 왜냐 하면 공상은 거의 언제나 그것을 허락하지 않기 때문이다. 남자 및 여자의 성기를 함께 표현하는 상징 외에 주로 한쪽 성만 나타내는 상징도 있다. 길고 단단한 물체나 무기 등은 여성 성기의 상징으로 쓰거나, 혹은 움푹한 물체_{상자·항아리 등}를 남성 성기의 상징으로 쓰는 일은 공상이 허락치 않는다. 꿈이나 무의식적 공상이 양성兩性의 성적 상징을 나타낼 때에 일종의 태고적 특징을 결부시키는 이유는, 유년기에는 양성 성기의 차이를 알지 못하기 때문이다. 그러나 많은 꿈에 있어서 성적 도착이 나타나고, 그 결과 남성과 여성적 성 상징이 뒤바뀌어 나타나는 것을 잊어버린다면 양성적 성 상징을 잘못 이해하게 될 우려가 있다.

음경이 손이나 발에 의해서 상징된다거나, 여자의 음문이 입·귀·눈에 의해서도 상징되는 일이 있듯이, 성기는 꿈 속에서 자주 신체의 다른 부분으로 대치되어 표현된다. 인체의 분비물, 즉 가래·눈물·오줌·정액 등은 꿈 속에서 서로 대치하는 일이 많다. 스테켈은 이와 같은 견해를 인정했지만, R. 라이틀에 의해 비판적으로 시정되었다._{《국제 정신 분석학 잡지》제1권, 1913년.} 라이틀은, 정액의 경우는 그와 상관없는 것으로 바꿔 놓는 일이 있다는 것을 지적하고 있다. 이렇게 해서 매우 불완전한 암시 정도로 꿈 상징의 예를 그치지만, 이것으로 좀더 면밀한 수집적 연구를 고무시킬 수 있을 것이다.[43] 이것보다 더욱 자세한 꿈 상징에 관해서는 나의 저서《정신 분석 입문》에서 다루었다.

여기서 나는 꿈 상징의 실례를 좀더 부연하고자 한다. 만약 우리가 꿈의 상징을 무시한다면 꿈 해석이 얼마나 난해할 것인가, 그리고 꿈 상징이 종종 얼마나 불가피한 요소인가라는 점을 강조하기 위해서이다. 그러나 그렇다고 해서 꿈 해석의 의의를 결코 과대 평가해서는 안 된다. 예컨대 꿈의 해석은 상징을 해석하는 것으로 충분하므로, 꿈을 꾼 당사자의 연상 기법을 제외시키는 일은 없도록 해야 한다. 꿈 해석에 있어서 이 두 가지 기법은 상호 보완적이어야 한다. 그러나 이론적으로나 실제적으로 어디까지나 중시해야 할 것은 꿈꾼 당사자의 자유 연상 기법이 주체적이고, 상징 해석은 그 보조 수단이라는 점이다.

A. 남성성기의 상징으로서의 모자[44]

유혹적 불안 때문에 광장 공포증에 걸린 어떤 젊은 여자의 꿈 속에서 ― 〈여름에 나는 이상한 모자를 쓰고 큰길을 걷고 있었다. 그 모자의 가운데는 위쪽으로 꼬부라져 양쪽 부분은 아래로 늘어져 있다……여기서부터 더듬으며 말한다. 게다가 한쪽이 다른 한쪽보다 더 늘어졌다. 기분은 상쾌했다. 젊은 사관들의 곁을 지나가지만, 그들은 모두 나에게 손을 내밀지 못할 것

---

43) 세르너의 꿈 상징 이론과 여기서 전개한 꿈 상징 이론과의 사이에는 몇 가지 차이점이 있지만, 세르너 야말로 꿈 상징의 최초의 발견자라는 점을 인정해야 한다는 것과, 그가 해명한 정신 분석학의 여러 영역은 그의 저서의 명예를 회복시켜 주었음을 지적해 두어야겠다.
44) 《꿈 해석 보강》《정신 분석학 중앙 잡지》제1권, 1911년에서.

이라는 생각이 든다.)

〔분석〕─ 그녀는 꿈 속의 모자에 대해서는 아무런 연상도 하지 못하여 내가 이렇게 말했다. "그 모자는 한가운데가 위로 뻗치고 양쪽이 아래로 늘어진 것으로 보아 아마도 남성 성기인 것 같군요"라고. 모자가 남성을 상징한다면 이상하게 생각될지도 모르겠지만, 흔히 시집가는 것을 '모자 밑으로 들어간다'고 말하는 것을 상기해 보라. 그리고 나는 계속 이렇게 말한다. "당신이 훌륭한 성기를 가진 남자와 결혼했다면 사관들을 두려워할 필요가 없지요즉, 사관들에게 아무것도 원할 필요가 없다. 그렇지 않으면 당신의 유혹 공상으로 인해서 경호원이 없이는 길을 다닐 수가 없을 테니까요."

그녀의 공포에 대한 이와 같은 설명은 그 이전에 벌써 여러 번을 다른 방법으로 행했던 것이다. 그런데 그 꿈에 대한 그 부인의 반응은 매우 주목할 만한 것이었다. 그녀는 앞서 얘기한 모자의 설명을 번복하였다. 즉, 양쪽이 아래로 늘어졌다고 말한 기억은 없다고 주장하였다. 그러나 나는 분명히 들은 바가 있으므로 승복하지 않았다. 그랬더니 잠시 후에 그녀는, "남편의 한쪽 고환이 다른 쪽보다 늘어진 것은 무슨 까닭입니까? 남자는 다 그렇게 생겼나요?" 하고 내게 물었다. 이렇게 해서 그 모자의 기묘한 형태가 그녀에 의해 해석된 것이었다.

나는 이 부인 환자가 그녀의 꿈 이야기를 해 주었을 때부터 모자 상징에 관한 것을 짐작하고 있었다. 이와 비교해서 모자가 여자의 성기를 상징하기도 한다는 결론을 내릴 수 있었던 몇 가지 실례가 있다.[45]

---

45) 킬리그라버가 보고한 실례《정신 분석학 중앙 잡지》제3권, 1912년를 참조하라. 스테켈은 중앙에 비스듬히 깃털이 달린 모자가 남자성적 불능의를 상징하고 있는 꿈을 보고하고 있다.

B. 작은 것은 성기 ─ 차에 치이는 것은 성교의 상징

광장 공포증에 걸린 앞의 부인 환자의 다른 꿈 ─ 〈그녀의 어머니가 그녀의 어린 딸의 걸음마를 연습시키기 위해 밖으로 내놓는다. 그녀는 어머니와 함께 기차를 타고 가는데, 어린 딸이 금방 철로를 향해 걸어오는 것이 보인다. 딸이 곧 기차에 치일 것 같다. 뼈가 부스러지는 소리가 들린다소름이 끼치지만 경악은 아니다. 그리고 그녀는 차창 밖으로 머리를 내밀고 딸의 몸의 일부라도 뒤에서 보이지 않을까 하고 둘러본다. 그녀는 어머니에게 딸을 혼자 밖에 내놓았기 때문이라고 나무란다.〉

〔분석〕 ─ 여기서 이 꿈의 분석을 완벽하게 하기란 쉽지 않다. 이것은 많은 꿈의 계열 중의 하나이므로 그와 같은 다른 꿈과의 관계 속에서만 이해될 수 있는 것이다. 상징의 존재를 증명하기 위해 필요한 요소를 적절하게 분리해 낸다는 것은 쉬운 일이 아니다. 환자는 처음에 꿈 속에서 기차를 타고 간 것을 과거에 실제로 있었던 일로서, 신경병 요양소에서 돌아올 때의 기차 여행이라고 연상하였다. 그녀는 이 요양소 소장을 사모했었다. 퇴원할 때 어머니가 마중을 나오고, 소장도 역까지 나와 작별의 꽃다발을 주었었다. 그런 장면을 어머니에게 보인다는 것은 그다지 내키지 않는 일이었다. 그 경우에 어머니는 그녀의 연애의 방해자가 되어 있다. 실제로 그녀의 처녀 시절에 어머니는 항상 그런 역할을 해왔던 것이다.

그 다음에 그녀는 몸의 일부가 뒤에서 보이지 않을까 하고 둘러본다는 장면에 대해서, 그 몸의 일부는 꿈의 내용상 당연히 딸의 몸의 일부이어야 하겠지만, 그녀는 전혀 다른 연상을 했다. 그녀는 과거에 욕실에서 벌거벗은 아버지의 뒷모습을 본 것을 기억해 내고, 성의 차이에 대해서 남자의 경우는 성기가 뒤에서도 보이지만 여자는 그렇지 않다는 점을 지적했다. 이러한

관련성으로 그녀는 스스로, 그녀의 어린 딸은 자기 자신의 성기라고 해석하게 되었다.

그녀가 어머니를 나무라는 것은 어머니가 자기의 여성적 면을 부정한 데 대한 것이며, 이 비난을 꿈의 앞부분, 즉 어린 딸의 걸음마를 시키기 위해 밖에 내놓는다는 장면에서 재발견하였다. 그녀의 공상으로는 한길을 혼자 걷는다는 것은 남자가 없다, 즉 성관계를 갖지 않는다는 것을 의미하고, 그것이 그녀는 불만스러웠다. 그녀는 처녀 시절에 아버지의 귀염을 독차지해서 어머니의 질투를 사기도 했었던 것이다. 이 꿈의 더욱 심오한 분석은 똑같은 날 밤에 꾼 다른 하나의 꿈에 의해서 가능해진다. 이 다른 꿈에서는 그녀는 자신과 남동생을 동일화시키고 있다. 실제로 그녀가 남자 아이 같아서, 여자로 잘못 태어났다고 놀림을 당한 사실을 고려한다면, 남동생과의 동일화에 대해서 '작은 것'이 성기를 의미한다는 사실이 더욱 분명히 입증된다.

어머니는 그그녀를 거세한다고 윽박지른다. 거세는 음부를 애무하는 일에 대한 벌이다. 그리하여 이 남동생과의 동일화는 그녀 자신이 어렸을 때 수음에 열중하였다는 것을 의미한다. 이 둘째 꿈이 의미하는 바에 따르면, 그녀의 남자 성기에 대한 지식은 여려서 이미 획득되었을 것으로 여겨진다. 또 둘째 꿈은 남자 아이가 거세되어 여자 아이가 형성되는 것이라는 유아적 성이론을 가리킨다. 이런 견해를 말해 주었더니, 그녀는 어떤 이야기를 안다고 하면서 다음과 같은 이야기를 하였다. 즉, 남자 아이가 여자 아이에게, "넌 잘라냈니?"라고 묻는다. 그러자 여자 아이는, "아니야, 원래 이렇게 생겼어"라고 대답한다.

첫째 꿈에 나오는 어린 딸, 즉 성기를 밖에 내놓는 것은 거세의 위협이라고 볼 수 있다. 결국 어머니가 그녀를 남자 아이로 태어나게 하지 않은 데 대한 분노인 것이다. '치이는 일'이 성교를 상징하고 있는 것은 이 꿈으로서는 분명치 않다.

C. 건물·층계·갱도坑道에 의한 성기의 표현

부친 콤플렉스 때문에 억제받고 있던 청년의 꿈 — 〈그는 아버지와 함께 어떤 곳을 거닐고 있다. 원형 건물이 보이고, 그 앞에 작은 돌출부가 있어서 거기에 고무 풍선을 매달아 놓은 것으로 보아 빈의 프라터 공원 같다. 그런데 고무 풍선은 축 늘어져 있다. 아버지가 여기에 있는 것이 뭔지 아느냐고 묻는다. 이상하게 생각하면서 그는 아버지에게 설명한다. 그리고 그들은 안마당으로 들어간다. 거기에는 커다란 함석판이 한 장 놓여 있다. 아버지는 주변에 사람이 있는지 둘러본 다음에 그 함석판을 한 조각 떼어내려고 한다. 그는 아버지에게, "감시원에게 슬쩍 양해를 구하면 돼요. 그러면 얼마든지 떼어낼 수 있어요."라고 말한다. 이 안마당에 갱도로 통하는 층계가 있다. 그 갱도의 벽은 마치 안락의자에 댄 가죽처럼 부드럽게 싸발라져 있다. 이 갱도 안쪽으로는 길고 평평한 길이 있고, 거기서 다시 새 갱이 시작된다…….〉

〔분석〕— 이 꿈을 꾼 청년은 치료하기가 어려운 유형의 환자로서, 어느 선까지는 분석에 잘 협조하다가 갑자기 분석에 저항하기 시작했다. 이 꿈의 분석은 거의 그 스스로가 해냈다. 그가 설명한 내용은 다음과 같다. 원형 건물은 자신의 성기이고, 그 앞의 고무 풍선은 자기의 음경인데, 그는 음경이 늘어져 있어서 고민하고 있다. 더 자세히 말하면 원형 건물은 엉덩이어린 아이는 대개 엉덩이를 성기로 생각한다이고, 그 앞의 작은 돌출부는 음낭인데, 꿈

속에서 아버지가 이것이 뭔지 아느냐고 물은 것은 성기의 목적과 기능에 대한 질문이라는 것이다. 실제로는 대개 청년이 아버지에게 묻는 것인데, 현실에서는 아버지에게 그런 것을 묻지 않았으므로, 이 꿈 사고는 하나의 소망으로 보아야 한다.

그렇지 않으면 '만약 내가 아버지에게 성적 질문을 했다면' 하는 가정법으로 본다면, 이런 사고의 계속은 다른 곳에서 찾아질 것이다. 함석판이 깔려 있는 안마당은 상징으로서보다 아버지의 작업장과 관계되는 것 같다. 환자의 비밀을 지켜 주기 위해서 나는 그의 아버지의 사업에서 취급하고 있는 다른 재료 대신에 '함석'을 삽입한 것만을 밝혀 둔다. 그렇지만 꿈의 줄거리에는 크게 변함이 없다. 이 청년은 아버지의 사업이 다소 부당한 점에 대한 반발을 느끼고 있었다. 그러므로 앞의 꿈 사고는 이렇게 이어진다고 볼 수 있다. "만약 내가 아버지에게 질문하였다면 아버지는 나를 속였을 것이다. 마치 고객을 속이는 것처럼."

상업상의 부정을 나타내는 '뜯어낸다'는 말을 그는 굳이 수음이라고 설명했다. 이것은 수음의 비밀이 그 반대물에 의해서 표현된다는 사실을 입증해 주는 것이다. 이것은 또 최초의 꿈 장면에 있어서의 질문처럼 수음 행위가 아버지에게 떠맡겨진다는 기대와 일치된다. 그는 또 부드럽게 싸바른 갱벽은 질을 의미한다고 서슴지 않고 말했다. 내려오는 일은 올라가는 일과 마찬가지로, 질 내에서의 성교를 의미한다는 것은 다른 여러 지식에 의해서도 보충적으로 덧붙일 수 있다.

최초의 갱에 매우 길고 평평한 지면이 이어지고, 거기서 다시 새로운 갱이 시작된다는 것은 그의 생활사를 통해 설명해 주었다. 그는 성적 장애로 인해서 현재 성교를 단념하고 치료 중에 있으며, 다시 성교하게 되기를 바라고 있는 것이다. 그러나 이 꿈은 뒤에 가서 애매해져 있으므로, 전문가의 입장에서 다음과 같이 추정하게 한다. 즉, 이 꿈의 둘째 장면에서 이미 어떤 다른 요소가 나타나 있어서 아버지의 사업과 사기적인 행동, 그리고 갱으로 표현된 질 등이 다른 테마로 암시되어 있어서, 우리는 거기에서 어머니에 대한 어떤 관계를 추측하게 된다.

D. 남성 성기는 인물로, 여성 성기는 풍경에 의해 상징

남편이 순경인 어떤 하류층 여자의 꿈B. 다트너의 보고 — 〈누가 침입해 들어와 그녀는 무서워서 순경을 부른다. 그러나 순경은 두 사람의 떠돌이와 정답게 교회로 들어갔다.[46] 교회는 층계[47]를 한참 올라간 후에 있었다. 교회 뒤에 산[48]이 있는데, 산꼭대기는 울창한 숲이 되어 있었다. 순경은 헬멧을 쓰고 린즈라겐(Rindsragen : 胸褓)을 대고 외투[49]를 입고 있다. 그는 갈색의 수염을 기르고 있었다. 순경과 사이좋게 걸어들어간 두 떠돌이는 허리에 자루 같은 앞치마를 두르고 있었다.[50] 교회 앞에는 산 쪽으로 통하는 길이 있다. 이 길은 양쪽이 풀과 덤불로 무성해 있고, 올라갈수록 점점 울창해지고 산꼭대기는 진짜 삼림이 이루어져 있었다.〉

E. 아이들의 거세 꿈

(1) 3년 5개월 된 남자 아이. 이 아이는 아버지가 들에서 돌아오는 것이

---

46) 또는 예배당으로서 여자의 질을 의미한다.
47) 성교의 상징이다.
48) Mons veneris : 음부陰阜.
49) 어느 전문가의 말을 빌리면 외투와 두건을 쓴 정령精靈은 남근적 성질의 것이라고 한다.
50) 양쪽의 음낭.

싫은지, 어느 날 아침 잠이 깨자 상기된 얼굴로 계속 같은 질문을 되풀이한다. "아버지는 왜 머리를 접시에 담아왔어요? 어젯밤에 아버지가 머리를 접시에 담아 가져왔잖아요."

(2) 현재 중증의 강박 관념에 시달리고 있는 학생이 6세 때 몇 번이나 이런 꿈을 꾼 일을 생각해 낸다. 〈그는 이발하기 위해 이발소에 간다. 그러자 무서운 얼굴을 한 여자가 성큼성큼 다가와 그의 목을 친다. 그 여자가 어머니라고 생각한다.〉

F. 오줌 배설의 상징

앞의 그림은 페렌치가 헝가리의 만화 잡지《피디푸스》지에서 발견한 것인데, 꿈 이론의 설명에 도움이 된다고 생각한 것이다. O. 랑크는 〈프랑스 보모의 꿈〉이라는 제목의 이 그림을 그의 연구 속에서 이미 언급한 바 있다. 어린 아이의 울음소리에 유모가 잠이 깨는 마지막 그림을 보고 비로소 앞의 그림들이 어떤 단계를 나타내는 것인지를 알게 된다. 첫째 꿈은 유모의 잠을 깨우는 자극을 인지시킨다. 남자 아이는 오줌이 마렵다고 소리치고 있다. 그러나 꿈에서는 침실에서의 상황을 산책 중의 상황으로 대치시키고 있다.

둘째 그림에서는 유모가 그 아이를 길모퉁이에서 오줌을 누이고 있으므로, 굳이 잠에서 깨지 않아도 된다. 그러나 각성 자극은 점점 강해지고 있다. 어린아이는 더욱더 울어댄다. 유모가 잠에서 깨어나 오줌을 뉘어 줄 것을 아이가 더욱 절실하게 요구하면 할수록, 유모는 이제 오줌을 뉘어 주었으니 잠에서 깨지 않아도 된다고 스스로 타이르고 있다. 꿈은 그래서 각성 자극을 상징적으로 표시한다. 아이가 누는 오줌은 점점 불어나 넷째 그림에서 보트가 뜰 정도이고, 다섯째 그림에서는 돛단배, 일곱째에 이르러서는 대형 선박

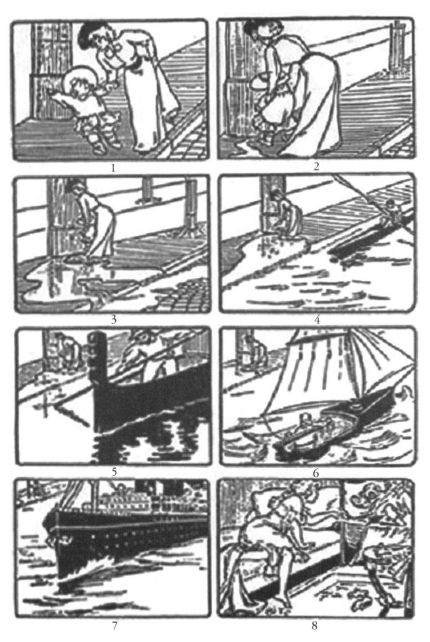

오줌 상징에 관한 꿈의 에

이 되는 것이다. 이기적인 수면의 욕구와 끊임없는 각성 자극 사이의 투쟁이 재미있게 만화화되어 있다.

G. 계단의 꿈O. 랑크의 보고와 분석

이빨 자극 꿈을 보고한 친구가 비교적 분명한 몽정꿈을 보고해 주었다. 〈나는 계단 입구에서 어떤 어린 소녀의 뒤를 쫓아 계단을 내려간다. 내게 못된 짓을 했기 때문에 나는 그 아이를 잡아 혼내 주려고 하였다. 아래 계단 끝에서 어떤 사람이어른 여자 같기도 하다 그 아이를 붙잡아 주었다. 거기서 나는 그 아이를 붙잡았는데, 그 다음엔 어떻게 했는지 기억나지 않는다. 그 때 갑자기 나는 계단 중앙쯤에서 그 아이와 마치 공중에 뜬 상태로 성교하고 있다. 그런데 진짜 성교가 아니라, 단지 나의 음경을 그녀의 외음부에 마찰시켰을 뿐이고, 그러면서 그녀의 성기와 살짝 뒤로 젖힌 머리가 선명하게 보였다.

성교 중에 나는 왼쪽으로 두 장의 작은 그림이 걸려 있는 것을 보았다이 또한 공중에 뜬 상태로. 푸른 초원에 둘러싸인 한 채의 집을 그린 풍경화였다. 작은 쪽의 그림에는 보통 화가의 사인이 있는 자리에 마치 그 그림이 내 생일 선물이기나 한 듯이 나의 이름이 씌어 있었다. 그리고 이 두 장의 그림 앞에는 종이가 한 장 매달려 있는데, 그 위에 "더 싼 그림도 있습니다"라고 씌어 있었다그리고 분명치는 않지만 앞서와 같이 계단 중간쯤의 침대에 누워 있다. 그리고 축축한 기분을 느꼈는데, 나도 모르게 몽정을 했던 것이다.〉

〔분석〕 — 꿈을 꾼 당사자는 전날 저녁에 어떤 서점에서 기다리는 동안 거기 걸린 그림들을 보고 있었는데, 그 그림들은 꿈 속에 나온 것과 비슷한 것이었다. 특히 마음에 드는 작은 그림 앞으로 다가가 화가의 서명을 살펴보

았지만 전혀 알지 못하는 화가의 이름이었다. 그는 그날 밤 늦게 보헤미아 출신의 여자와 함께 지냈는데, 그 여자가 말하기를 자기의 사생아는 '계단에서 만들어졌다'고 했다. 그래서 그는 이 기묘한 사건을 자세히 묻고 다음과 같은 사실을 알게 되었다. 즉, 이 여자는 애인과 함께 자기 부모의 집에 갔었는데, 갑자기 흥분한 그 남자가 계단 위에서 성교를 했다는 것이다. 그래서 꿈꾼 당사자는 그에 대해 밀주를 만드는 것과 관련된 욕설로서 "그 아이는 그야말로 진짜 '지하실 계단'에서 만들어졌군" 하고 말해 주었다.

이것이 당사자의 체험이 매우 강력하게 꿈 내용에 끼어들어 당사자가 쉽게 기억을 되살릴 수 있었던 사건이다. 그런데 그는 마찬가지로 쉽게 유아기의 기억을 생각해 냈다. 이것 역시 꿈 속에 쓰여지고 있었던 것이다. 꿈 속의 계단은 그가 어린 시절의 대부분을 지내고, 게다가 성의 여러 문제를 최초로 알게 된 곳이었다. 그는 이 계단의 난간을 타고 미끄럼을 탔는데, 언젠가 갑자기 성적 흥분을 느꼈다. 그런데 꿈 속에서도 마찬가지로 무서운 속력으로 계단을 내려오고 있다. 이 꿈의 시초는 유아기 체험과 관련되어 성적 흥분의 동기를 표현하고 있는 것 같다.

성적 상징에 관한 프로이트의 연구《정신 분석학 중앙 잡지》제1호에서 꿈 속에 나오는 계단이나 계단의 오르내림은 성교를 상징하고 있다는 것을 보면, 이 꿈의 의미는 더욱 분명해질 것이다. 이 꿈의 동기는 오로지 리비도적 성질의 것이다그 결과인 몽정이 말해 주듯이. 수면 상태에서 성적 흥분이 자각되고꿈 속에서 계단을 급히 내려온다, 이 성적 흥분의 사디슴적 특질은 그 여자 아이를 쫓아가 쓰러뜨린다는 점에 의해 암시되고 있다. 리비도의 흥분이 고조되어 성행위에 들어간다꿈에서는 그 여자 아이를 붙잡아 계단 중앙쯤으로 끌고 간다고 표현되어 있다. 여기까지는 순수한 성의 상징으로 어설픈 꿈 분석가에게는 완전히 풀이하기 어려운 것이다.

너무나 쌓인 리비도의 흥분은 이 상징적 만족만으로는 불충분하여, 이런 정도로서는 꿈이 깨어지지 않는다. 그러나 흥분은 마침내 사정을 초래하고, 그것으로 계단 상징은 바로 성의 대용이었음을 드러내는 것이다. 나프로이트는 계단 상징이 성적으로 이용되는 이유로서 계단의 오르내림과 성행위의 운동성을 지적하고 있는데, 이 꿈은 나의 이 주장을 매우 명료하게 입증해 주는 것이다.

상징적 의미에 있어서 '여성상'으로 여겨지는 그 두 장의 그림 — 꿈에서 큰어른 여자와 작은 여자 아이가 나타나는 것처럼 큰 그림과 작은 그림이 문제된다는 사실로 알 수 있지만 — 의 의미는 다음과 같다. 더 값싼 그림도 있다고 하는 문구는 매춘부 콤플렉스와 연관되는 것이며, 작은 쪽 그림에 꿈꾼 당사자의 이름이 서명되어 있어 자기의 생일 선물인 것처럼 생각하는 것은 부모에 대한 콤플렉스를 나타내는 것이다계단 위에서 태어난다 = 성교로 태어난다. 꿈꾼 당사자가 가운데 층계쯤에서 침대에 누워 있다는 것은, 유년기까지 거슬러 올라가서, 자면서 오줌 싸는 쾌감을 느낀 장면을 반영하고 있는 것 같다.

H. 계단꿈의 다른 유형

나는 언젠가 중증의 금욕가인 한 남자 환자가 그 공상이 어머니에게 고착되어 있어 어머니와 함께 계단을 오르내리는 꿈을 자주 꾼다고 하기에, 그에게 무리한 금욕보다는 적당한 수음이 오히려 해가 적을 거라고 말해 준 적이 있다. 그런데 그 후에는 다음과 같은 꿈을 꾸었다. 〈피아노 교사가 피아노 연습을 게을리한다고 야단을 치면서, 모셸리의 에튜데Etüde도 클레멘

티의 그라두스 아드파르나슘Gradus adparnassum도 치지 않는다고 말했다.〉이 꿈에 대해서 그는, 그라두스는 두말할 것도 없는 계단이고, 피아노도 역시 건반 자체가 계단을 나타내는 것이라고 스스로 분석했다. 그러므로 성적 사실이나 소망의 표현을 거부할 어떤 표상권도 존재하지 않는다고 말할 수 있다.

I. 현실감과 반복의 표현

현재 35세인 남자가 4세 때 꾸었다는 꿈 — 〈아버지의 유언서를 갖고 있던 공증인이 이 사람의 아버지는 3세 때 죽었다 커다란 배 두 개를 갖다 주었는데, 그 중의 하나를 먹었다. 그리고 나머지 하나는 거실 창틀 위에 올려놓았다.〉그는 잠을 깬 뒤에도 꿈을 현실로 알고 어머니에게 가서 나머지 한 개를 달라고 졸랐다.

〔분석〕 — 이 공증인은 명랑한 노인으로서, 그가 기억하는 바로는 언젠가 한 번 정말로 배를 갖다 준 적이 있었다. 창틀도 현실과 똑같은 것이었다. 그리고 다른 연상은 할 수 없었다. 그런데 최근에 어머니가 그에게 이런 꿈 이야기를 해 주었다. 두 마리의 새가 어머니의 머리 위에 날아와 앉아서, 언제 날아갈까 하고 기다리는데, 날아가기는커녕 그 중 한 마리가 입 가장자리로 날아와 입을 빨더라는 것이다.

꿈꾼 당사자가 연상되는 것이 없다고 하므로, 우리는 당연히 상징 해석을 시도할 수밖에 없다. 두 개의 배는 어머니의 유방을 상징한다. 창틀은 집에 있어서의 발코니와 마찬가지로 가슴의 돌출부이다. 잠이 깬 뒤에 남은 그의 현실감이 옳다고 할 만한 것은 실제로 그의 어머니는 그에게 젖을 먹이고, 게다가 이유기가 지나서까지 젖을 먹였던 것이다. 그래서 그는 아직도 어머니의 유방에 대한 그리움이 남아 있는 것이다. 그러므로 이 꿈은, "어머니, 젖을 한 번 더 주세요. 옛날에 내가 빨아먹던 유방을……" 하고 말하는 것이다.

여기에서 '옛날'은 한 개의 배를 먹은 일로, '한 번 더'는 나머지 한 개의 배를 달라고 조르는 일로서 표현되고 있다. 어떤 행위의 시간적 반복은 꿈 속에서 흔히 어떤 물건의 수적 증대로 나타난다. 상징이 4세 된 아이의 꿈 속에서 어떤 역할을 하고 있는가는 물론 매우 주목할 만한 것이지만, 그러나 그것은 매우 일반적인 것이다. 꿈은 본래 상징의 표현이라고 보아도 좋다. 인간은 꿈 생활의 밖에서도 얼마나 이른 시기에 벌써 상징 표현을 사용하고 있는가 하는 예로서, 27세 된 부인의 꾸밈없는 기억이었다. 그녀가 3세에서 4세 사이의 일이다.〈아이를 돌보는 하녀가 그녀와 그녀보다 11개월 아래인 남동생과 이 두 아이의 중간 나이인 사촌 여동생을 산책 나가기 전에 화장실에 데리고 가서 오줌을 누인다. 그녀는 가장 크므로 보통 변기에 앉고, 나머지 두 명은 요강에 눈다. 그녀는 사촌 여동생에게 "너도 지갑을 갖고 있니? 발터는 소시지를 갖고 있는데, 나는 지갑을 갖고 있어" 하고 말한다. 그러자 사촌 여동생은 "나도 있어" 하고 대답한다. 하녀가 이 말을 듣고 그대로 어머니에게 이르니, 어머니는 아이들을 크게 꾸중했다.〉

J. 건강한 사람의 꿈에 있어서의 상징 표현[51]

정신 분석의 반대자들은 흔히 다음과 같은 반박을 했다최근에 H. 엘리스도 그러하다.[52] 즉, 꿈 상징은 아마도 신경증의 산물이며, 정상인에게는 적용되지

---

51) 알프레트 로비체크의 보고《정신 분석학 중앙 잡지》제2권, 1911년
52) 《꿈의 세계》1911년

않는다는 것이다. 그런데 정신 분석적 연구는 정상적인 심적 생활과 신경증의 심적 생활과의 사이에 원리적인 차이가 있다고 보지 않고, 다만 양적인 차이를 둔다. 건강인이거나 환자이거나 간에 억압된 콤플렉스가 작용하고 있는 꿈에서 상징 표현이라는 메커니즘은 완전히 동일한 것이다. 게다가 건강인의 자연스러운 꿈에서는 훨씬 간단 명료한 상징이 표현된다.

신경증 환자의 꿈에 나타나는 상징 표현은 보통 사람보다 조금 더 강력하게 검열이 작용하여, 그 결과 꿈 왜곡이 대대적으로 행해지기 때문에 복잡하고 분석이 어려운 경우가 많이 있다. 다음에 드는 꿈이 그 예이다. 이 꿈은 내성적인 건강한 젊은 처녀가 꾼 것으로, 이야기를 듣는 동안 그녀가 약혼 중이지만 결혼이 지연되는 여러 장애가 있음을 알았다. 그녀는 자진해서 꿈 내용을 보고했다.

〈나는 테이블 중앙에 생일 축하의 꽃을 장식한다.〉

그녀는 나의 질문에, "꿈 속에서 나는 마치 내 집에 있는 것처럼 느꼈다현재 그녀는 자기의 가정을 갖고 있지 않다, 행복감을 느꼈다"라고 대답했다. 이 '평범한' 상징으로 이 꿈의 분석이 가능해진다. 이 꿈은 빨리 결혼하고 싶다는 그녀의 소망을 나타내고 있다. 중앙에 꽃을 장식한 테이블은 그녀 자신과 성기의 상징이다. 그녀는 이미 아기의 탄생의 관념으로 장래 자기의 소망을 충족시키고 있다. 즉, 꿈 속에서는 이미 결혼한 것으로 표현되고 있는 것이다. '테이블 중앙에'라는 표현은 일반적인 것은 아니라고 하였더니, 그녀도 그 점을 인정하였지만 좀더 직접적으로 물을 수는 없었다.

나는 다만 꿈의 각 부분에 대한 연상만을 물었다. 분석이 진행됨에 따라 그녀는 점차 적극적인 자세로 임하게 되었다. 그 꽃은 무슨 꽃이었느냐고 묻자, 그녀는 "비싼 꽃이죠…… 돈이 많이 듭니다. 그건 골짜기·비비추〔鈴

蘭〕·제비꽃·백합·석죽화·카네이션을 조화시킨 것이었어요"라고 대답했다. 이 꿈에 나오는 백합에 대해서는 상식적인 의미로 '순결'일 것이라고 했더니 그녀도 동감을 표시했다. '골짜기'는 여성의 꿈 상징으로 자주 쓰이는 것이다. 비비추를 영어로 하면 '골짜기의 산나리'로서, 그 속에서 두 개의 상징을 동시에 표현함으로써 그녀의 귀중한 처녀성을 강조하는 상징으로 썼다'. 귀중한'의 뜻인 독일어 kostbar는 '돈이 드는'이란 뜻도 있다. 그리고 장차 자기의 남편 될 사람에게 자기의 가치를 올바르게 평가해 주면 좋겠다는 뜻도 내포하고 있는 것이다.

값 비싼 꽃이란 세 가지 꽃 상징에 의해 각기 다른 의미를 갖고 있다. 제비꽃violets은 얼른 보기에 상징적 의미로 보지 않지만, 사실 그 은밀한 의미를 프랑스어로 '강간violate'이라는 말과 관련시켜 보았다. 그런데 그녀 자신이 먼저 그것을 violate로 연상한 데 대해 적이 놀랐다. 이 두 단어의 유사성을 이용해서 이 꿈은 '꽃에 의해' 처녀를 범하는 폭력이라는 관념으로 그녀의 매저키즘적 성격 특질을 표현하고 있는 것 같다. 이것이야말로 무의식 세계로 통하는 언어의 다리를 가리키는 놀라운 예가 아닐까. 꽃을 사려면 돈이 든다는 것은, 그녀가 어엿한 남의 아내가 되고 어머니가 되기 위해서 꼭 치러야 할 인생 체험을 의미하는 것이다.

카네이션에 대해서는 처음에 '석죽pinks'이라고 하고서 다시 카네이션이라고 고쳐 말했는데, 나는 이 카네이션carnations이라는 말이 '육체적인' 것과 관련돼 있음을 알았다. 즉, carnation에는 '육적肉的'이란 뜻이 있다. 그러나 그에 대해 그녀가 생각한 것은 색color이었다. 또 그 꽃은 약혼자로부터 자주 선사받은 꽃이라고 덧붙였다. 그러다가 거의 대화를 끝내려 할 때 그녀는 불쑥 "아까는 거짓말을 했고, 실은 색이 아니라, 육체화incarnation를 생각했다"라고 고백했다.

이 '육체화'라는 말은 내가 예견했던 것이었다. 그녀의 이 사소한 거짓말은 이 부분에 대해 그녀의 저항이 가장 컸다는 것을 말해 주고 있으며, 게다가 그것은 상징이 이 점에서 가장 명백하다는 것을 입증해 주는 것이다. 다시 말해서 리비도와 억압 사이의 투쟁이 이 성적 테마에 있어서 가장 치열했다는 말이 된다. 이 꽃을 약혼자에게서 자주 선사받았다는 것은 carnation이라는 말의 이중의 의미 외에 꿈 속에서와 같은 성적 의미도 보여주는 것이다. 꽃을 선사한다는 낮 생활의 계기는, "나는 나의 순결을 바칩니다. 그러니 나에게 풍성한 사랑을 주세요"라는 성적 선물과 보답이라는 관념을 표현하기 위해 이용되는 것이다.

여기서도 또 '비싼 꽃, 돈이 드는 꽃'이 있다. 아마도 현실의 경제적인 의미이리라. 그러한 관계로서 꿈의 꽃 상징은 여성의 처녀성 및 남성의 상징, 그리고 강간에 대한 관계를 내포하고 있다. 꿈 외에도 광범하고 일반적으로 쓰이는 꽃의 성적 상징은 식물의 생식 기관을 대표하는 꽃으로 인간의 성적 기관을 상징하고 있음을 지적해 두고 싶다. 흔히 연인끼리 주고받는 꽃 선물은 아마도 이러한 무의식적 의미가 숨어 있는 게 아닐지.

그녀가 꿈 속에서 생일 준비를 하는 것은 아마도 아기의 탄생을 의미하는 것 같다. 그녀는 자기를 약혼자인 남자와 동일시하고 그녀로 하여금 아기를 낳게 만드는, 즉 성교해 주는 그를 표현한다. 잠재 의식은 '만약 내가 그 사람이라면 무작정 기다릴 것이 아니라, 힘으로라도 성교해서 처녀성을 빼앗을 텐데' 하는 것이다. violate라는 말도 이것을 암시해 주는 것이다. 이렇게 함으로써 사디슴적 리비도의 요인도 거기에 표현되고 있다. 이 꿈의 심층부에서는 자기 성애적인 ― 유아적인 ― 의미를 가지고 있는 것이다.

그녀는 또 자신의 육체가 빈약하다는 것을 꿈 속에서는 인식하고 있다. 그녀의 몸은 마치 테이블처럼 편편하다가슴이 편편하다, 즉 성적 매력이 결여되었다는 뜻. 그래서 그녀는 한가운데다른 때에 그녀는 '꽃의 한복판'이라고도 말했다의 귀중성값비싸다는 것, 즉 처녀성을 강조한다. 테이블이 수평인 것도 상징에 대한 한 요소로 볼 수 있다. 여기서 주목할 것은 이 꿈의 집중성이다. 즉, 무익한 것은 하나도 없고 모두 하나의 상징이다.

그녀는 나중에 이 꿈에 대해 다음과 같이 보충했다. "나는 꽃을 오그라든 푸른 종이로 장식했어요. 그리고 그 종이는 보통 화분을 싸는 종이였어요." 그러고는 다시 "지저분하고 찢겨져 나갔고, 그리고 꽃과 꽃 사이의 틈을 메우기 위해 그 종이는 마치 벨벳이나 이끼처럼 보여요"라고 덧붙였다. 그리고 '장식한다decorate'라는 점에 관련해서 그녀는 내가 예측한 대로 '감미롭다, 애교스럽다decorum'라는 말을 연상했다. 푸른색에 대해서는 '희망'을 연상했는데, 이 말은 임신이라는 말과도 관련되고 있다'희망'이라는 영어는, 독일어로는 '임신 중'이라는 뜻이다. 이 부분에서는 남자와의 동일화보다는 수치심과 진실이라는 관념이 나타나고 있다.

그녀는 연인을 위해 내 몸을 청결히 하고 자신이 수치스럽게 생각하는 육체의 결함을 고백하고 있는 것이다. 벨벳이나 이끼라는 관념은 음모의 상징임을 가리키고 있다. 이 꿈은 그녀의 각성시에는 거의 지각되지 않는 관념의 표현이다. 그것은 관능욕과 성적인 여러 기관과 관련되는 관념이다. 그녀는 생일을 준비한다. 즉, 성교를 하게 된다. 처녀성을 잃는다는 것의 두려움과 쾌락이 수반되는 인고도 표현되고 있다. 그녀는 스스로 자신의 육체적 결함을 자인하면서도 자기의 처녀성을 과대 평가함으로써 그 결함을 숨기려고 한다.

성욕이란 것을 내보일까 봐 두려워하여, 사실은 아기를 갖고 싶어서라고 무마시키고 있다. 연애 중인 이 여자의 꿈에서는 물질상의 고려도 나타나 있다. 그리고 행복감은 꿈 속에서 강렬한 감정 콤플렉스가 만족되어 있음을 제시하고 있다. 페렌치가 '아무 선입관도 갖고 있지 않은 사람들의 꿈'이야말로 아주 쉽게 상징의 의의와 꿈의 의미를 보여준다는 데 대해 지적한 것《국제 정신 분석학 잡지》제4권은 실로 타당한 말이다.

여기서 나는 현대의 역사적 인물의 꿈을 소개하겠다. 이 꿈에서는 꿈이 아닌 실생활에서도 음경을 대신할 수 있을 만한 어떤 물건이 그것에 부가된 규정에 따라 매우 분명하게 성적 상징으로 특징 지어져 있기 때문이다. 승마용 채찍이 무한정으로 길어지는 것은 음경의 발기를 나타내는 데 적합하지 않은가. 게다가 이 꿈은 성적인 것과는 거의 무관한 관념이 유아적 성적 재료에 의해 표현되는 좋은 실례가 될 것이다.

K. 비스마르크의 꿈한스 작스에 의함

비스마르크는 그의 저서《수상과 추억》속에서 1881년 12월 18일에 독일 황제 빌헬름에게 띄운 편지를 싣고 있다. 이 편지 중의 일절은 다음과 같다.

폐하의 말씀에 힘을 얻어 저의 이 꿈 이야기를 전할 용기가 생겼습니다. 이 꿈은 1863년 봄에 제가 진퇴유곡의 난국에 처해 있을 때 꾼 것입니다. 이 꿈을 꾼 다음날 아침에 저는 즉시 아내와 다른 사람들에게 꿈 이야기를 들려주었습니다. 꿈에서 저는 말을 타고, 오른쪽은 협곡, 왼쪽은 절벽을 낀 알프스의 험한 산길을 지나고 있었습니다. 산길은 점점 좁아져서 말은 움직이려고도 하지 않고, 되돌아서려 해도, 말에서 내리려 해도 꼼짝달싹할 수 없는 지경이었습니다.

　그래서 나는 왼손에 든 채찍으로 절벽을 치면서 신의 이름을 불렀습니다. 그랬더니 채찍이 마구 길어지고, 암벽이 마치 무대의 배경처럼 갈라지더니, 그 뒤로 한 줄기 넓은 길이 열리고, 보헤미아에서 본 듯한 언덕과 숲이 보이고, 군기를 받든 프로이센 부대가 보였습니다. 거기에서 나는 꿈 속에서도 '이것을 어떻게 해야 빨리 보고 드릴 수 있는가'고 걱정했습니다만, 꿈은 그것으로 끝나 버렸습니다. 그러고는 가뿐하게 잠에서 깨어나 꿈 덕택으로 완전히 기력을 되찾게 되었던 것입니다.

　이 꿈은 두 갈래로 나뉘어진다. 비스마르크는 제1부에서 궁지에 빠지고, 제2부에서는 불가사의한 방법으로 궁지에서 빠져나온다. 사람과 말이 함께 봉착한 난국은 이 정치가의 위기적 상황을 나타내는 것이다. 그는 꿈을 꾸던 밤에 여러 가지 정책 문제를 생각하면서 깊은 위기감을 느꼈을 것이다. 이 꿈은 당시 상황의 절박성을 그리고 있다. 그러므로 이 꿈의 절망적 상태는 명백한 것이었다. 또 이 꿈은 질베러가 말하는 '기능적 현상'의 훌륭한 예가 되기도 한다. 비스마르크의 마음의 갈등은 꿈 장면을 통해 아주 적절히 표현되고 있다. 그가 양보하거나 후퇴하는 것을 싫어하는 자존심은 꿈 속에서는 '되돌아설 수도, 내릴 수도 없다'라는 말로 잘 표현되어 있다.

　많은 사람들의 복지를 위해 고민하고 항상 긴장해 있는 행동인으로서의 비스마르크가 자신을 말에 비유한 것은 그럴 법한 일이다. 실제로 그는 여러 석상에서 자기를 말에 비유했었다. 그 좋은 예로서 "용기 있는 말은 마구를 갖고 죽는다 훌륭한 사람은 일터에서 죽는다는 뜻"는 유명한 말이다. 이런 뜻에서 보면 '말이 움직이려 하지 않았다'는 상황은 극도의 난국에 처한 그가 현재의 고민에서 해방되고 싶다는 욕구를 느끼고 있음을 의미하는 것이다. 다음 제2부에서 그토록 강렬하게 표현된 소망 충족은 제1부에서 이미 '알프스의 산길'이라는 말로 암시되고 있다.

비스마르크는 그때 이미 휴가를 알프스로 떠나려고 생각하고 있었다. 그러므로 이 꿈은 그를 현실의 복잡한 정무에서 해방시켜 줄 알프스로 데려갔던 것이다. 제2부에서 꿈을 꾼 비스마르크의 소망은 이중의 방법으로, 즉 한편으로는 매우 분명하게, 한편으로는 상징적으로 충족되어 나타난다. 앞을 가로막는 길이 트이고 한 줄기 넓은 길이 나타나는 것은 매우 상징적이고, 또 전진하는 프로이센의 군대가 보이는 점이 분명히 나타난다. 이 예언적 환상을 설명하는 데 있어서 신비적인 관련성을 짜맞출 필요는 없다. 소망 충족론으로도 충분하기 때문이다.

비스마르크는, 당시 이미 프로이센의 내분에서 벗어나는 방법은 오로지 오스트리아와 싸워 이기는 길밖에 없다고 생각하고 있었다. 그가 꿈에서 프로이센의 부대가 보헤미아^{보헤미아는 당시 오스트리아령이었다} 군기를 받들고 행진하는 것을 보았다는 것은 그야말로 소망의 충족인 것이다. 다만 개인적으로 중요한 것은 꿈을 꾼 당사자인 비스마르크는 꿈에서 소망 충족에 만족하지 않고 현실적으로도 그것을 이루려 했다는 점이다. 정신 분석의 해석 기법을 이해할 수 있는 사람은 '마구 길어지는' 채찍에 대해 당연히 주목할 것이다. 채찍·단장·창 등은 음경의 상징이라는 것은 너무도 잘 알려진 것이다. 그러나 이 채찍이 길게 뻗는 음경의 특질을 갖고 있다는 점에서 더 이상의 의심을 가질 여지가 없다.

'마구 길어지는' 현상의 과장은 과중한 유아적 에너지의 충당에서 오는 것으로 생각된다. 채찍을 손에 드는 일은 분명 수음을 암시하는 것이지만,

물론 그것은 비스마르크의 유년기의 쾌락으로 생각되어져야 한다. 이 경우에 꿈 속의 왼쪽은 부정·죄악 및 금지된 일을 의미한다는 스테켈의 해석은 매우 중요하다. 이것은 금지를 배반하고 행하는 어린아이의 수음을 생각하면 잘 어울리는 것이다. 이 심층의 유아적 층과 정치가의 스케줄에 열중하는 가장 바깥층 사이에는 이 두 층과 연관된 또 하나의 중간층이 있다는 것을 알 수 있다.

그런데 신의 도움을 간구하면서 절벽을 때리자, 기적적으로 궁지에서 벗어난다는 장면은 마치 성서상의 기적을 연상시킨다. 즉, 모세가 갈증을 느끼는 이스라엘 백성을 위해 바위를 치니 물이 솟아났다는 장면이다. 물론 독실한 신앙 가정에서 자랐다는 비스마르크는 이 장면을 잘 알고 있을 것이다. 궁지에 빠져 신음하던 비스마르크는 자기를 민중의 지도자인 모세와 비교하기에 그다지 어렵지 않았을 것이다. 자기가 해방시키려고 하는 민중의 반항과 증오와 배신을 받았다는 점에서 모세도 그와 같았으므로. 그러므로 그로 인해서 현실의 소망에 대한 계기가 생기는 것이다.

한편 성서의 이 장면은 또 수음의 공상에 이용하기에 적당한 요소를 포함하고 있다. 신의 계율을 어기고 모세는 지팡이를 들었고, 신은 그에 대한 벌을 모세에게 내렸는데, 그것은 바로 모세가 약속의 땅을 밟지 못하고 죽게 되리라 했다. 꿈 속에서는 지팡이 이외에도 유아적 수음의 주요 계기는 다 갖추어졌다. 그 하나는 천재적 정치가의 마음에서 비롯되는 것이고, 다른 하나는 어린아이의 원시적인 영혼의 충동에서 생긴다. 서로 다른 이 두 형상을 성서의 장면을 매개로 하여 결합시키고, 게다가 고통스러운 계기는 모두 없애 버린 그 각색의 솜씨는 매우 흥미롭다.

지팡이를 잡는 일이 금단의 반역 행위가 되는 것은, 그것이 이루어지는 왼손에 의해 상징적인 의미가 더욱 부가된다. 그러나 현재 내용 속에서는 마치 금단이나 비밀에 대한 관념을 철저하게 거부하려는 듯 신의 이름을 부르고 있다. 모세는 '약속의 땅을 볼 것이다. 그러나 그 땅을 밟지 못하리라'고 한 신의 두 가지 예언 중의 하나는 분명하게 이루어진 것으로언덕과 숲이 있는 토지가 보이는 것, 그리고 나머지 매우 고통스러운 예언은 완전 무시된다. 물은 이 장면과 그 앞의 장면을 부드럽게 연결시키는 2차적 가공에 이용된 것으로서, 물이 솟아나오는 대신에 암벽 자체가 무너진다.

금지의 동기가 되고 있는 유아적 수음의 결말은 어린아이가 자기 주변에 있는 권위적 인물에게 수음한 사실이 발각되지 않으면 좋겠다는 소망으로 보아야 할 것이다. 꿈 속에서는 그 반대물, 즉 이 소망은 사건을 황제에게 즉각 보고하려는 소망으로 대치되고, 이 전환은 꿈 사상의 맨 위층과 꿈의 현재 내용의 일부에 포함되어 있는 승리의 공상에 아주 자연스러운 결합으로 맺어져 있다. 이러한 승리라든가, 정복의 꿈은 대개 성적인 정복 욕망의 베일인 경우가 많다. 우리는 이 꿈에서 꿈의 왜곡이 적절하게 들어맞은 것을 볼 수 있다. 불쾌한 것은 교묘하게 위장되어 가리워져 있어, 그 위에서는 아무런 불쾌한 것이 보이지 않는다.

그 결과 불안의 방출을 철저하게 막을 수 있었던 것이다. 그리하여 이 꿈은 검열로 상처 입지도 않고 훌륭하게 성공한 소망 충족의 실례이므로, 비스마르크가 기운차게 잠에서 깨어나 기력을 되찾았다는 것도 이해할 수 있는 일이다.

마지막으로 다음의 예를 하나 더 들어 보겠다.

L. 화학자의 꿈

이 젊은 남자는 여성과 성교함으로써 수음의 습관을 교정하려고 노력하고 있었다. 꿈 내용을 소개하기 전에, 그 꿈의 배경이 된 사건을 말해 두겠다. 그는 꿈을 꾼 전날에 어떤 한 대학생에게 '그리나르드grignard 반응'에 대해 설명해 주었다. 이 반응은 마그네슘이 요오드의 촉매 작용에 의해 순수 에테르에 용해되는 과정이다. 이 실험을 하다가, 꿈을 꾸기 이틀 전에 한 인부가 손에 화상을 입었다.

〔꿈 1〕 ― 〈그는 페닐마그네슘Phenylmagnesium 취화물을 만들어야 한다. 정신을 집중해서 그 장치를 주목하고 있자니, 자기 자신이 마그네슘으로 대치되었다. 그리하여 이상하게 동요되는 심적 상태에 빠졌는데, 쉬지 않고 자기 자신에게, "괜찮아. 잘 될 거야. 내 다리는 이미 용해되고 있잖아. 무릎이 벌써 부드러워졌어"라고 말하면서 팔을 뻗어 다리를 만진다. 그러다가 어떻게 해서 그렇게 되었는지 모르겠지만 자기의 두 다리를 플라스크에서 꺼내면서 다시 자신에게, "이거 안 되겠는데, 아니, 됐어 됐군"이라고 중얼거리면서 반쯤 눈을 떴다. 그리고 이 꿈이야기를 내게 하려고 꿈의 줄거리를 회상해 보았다. 그는 꿈에서 깨는 것이 싫어서 반수면 상태에서 계속 "페닐, 페닐" 하고 되풀이했다.〉

〔꿈 2〕 ― 〈그는 가족 모두와 ~을 하는 중ing이었다. 11시 반에 어떤 부인과 쇼텐토어에서 만나기로 되어 있었는데, 눈을 떠보니 벌써 11시 반이 되어 있었다. 그래서 "이미 늦었군. 그 곳에 가면 12시 반은 될 텐데" 하고 중얼거린다. 그 다음에 가족 모두가 식탁에 둘러앉아 있는 것이 보인다. 특히

어머니와, 수프 그릇을 든 하녀가 분명하게 보인다. 그는 "그러니까 식사 후에 나갈 이유가 없잖아" 하고 또 중얼거린다.

〔분석〕— 첫째 꿈에서는 밀회할 부인과 이미 관계를 가졌다는 것이 나타난다. 이 꿈은 밀회할 예정이던 전날 밤에 꾼 것이다. 그가 화학 반응의 설명을 해 준 대학생은 특히 못마땅한 녀석이었다. 그는 이 대학생에게, "마그네슘은 아직 접촉을 받지 않아서 그러면 안 된다"라고 말한다. 그러자 그 학생은 자기에겐 대단치 않은 일이라는 듯이 "이래가지고는 안 되겠군요"라고 대답한다. 이 학생은 바로 그 자신일 것이 틀림없다. 그는 마치 이 학생의 냉담함과 같이 자기의 분석에 대해 냉담한 것이다. 꿈 속에서 실험 중인 그는 내프로이트가 아니면 안 된다. 그리고 꿈 속의 대학생은 나현실로는 프로이트, 꿈에서는 그의 입장에서 보면 매우 못마땅한 놈인 것이다.

한편, 그는 그것으로써 분석종합을 이루고 있다. 문제는 치료의 성공 여부에 달려 있다. 다리는 전날 밤의 어떤 인상과 관련되어 있다. 그는 댄스 교습소에서 만난 한 부인에 대해 엉뚱한 생각을 했다. 그는 이 부인을 너무 꽉 껴안았으므로, 그녀가 소리를 질렀다. 그가 그녀의 넓적다리에 가했던 압박을 풀자, 이번에는 그녀가 자기의 무릎 위를 세게 압박해 오는 것을 느꼈다. 즉, 꿈 속에서 만지던 그 부위이다. 이 상황에서 볼 때 그 부인은 어렵게 성공한 플라스크 속의 마그네슘이다. 그는 나프로이트에 대해서는 여성적이지만, 그녀에 대해서는 남성적이다. 그러므로 부인 쪽이 잘 되면 치료 쪽도 잘 될 것이다. 몸이 만져지고, 무릎 위의 느낌은 곧 수음을 의미하며, 전날의 피로감도 반영하는 것이다.

밀회는 11시 반으로 예정돼 있었다. 늦잠을 자는 바람에 밀회에 나가지 못하고, 부족하나마 수음으로 참아 두자는 소망은 그의 저항에 부딪친다. 페닐을 되풀이하는 일에 대해서 그는 이렇게 풀이한다. 자기는 언제나 'yl'로 끝나는 화학명을 좋아하는데, 그 이유는 벤졸이나 아세틸처럼 쓰기가 편해서라고 했다. 그래서 내가 "그럼 슐레밀의 어미는 어떤가요?"라고 묻자, 그는 폭소를 터뜨리면서 이렇게 대답했다. '이번 여름에 프레보의 작품을 읽었는데, 그 속에 〈사랑에 거절당한 사람들〉이란 장에서 '불운한 사람들 Schlemillés'의 얘기가 테마로 전개되는 것을 보고 나 역시 똑같은 입장이라고 생각한다'는 것이다. 그가 밀회 시간에 늦었다면 그것 역시 불운이라고 할 수 있을 것이다.

성적인 꿈의 상징은 이미 직접적인 실험으로 확인된 것처럼 보인다. 철학자 K. 슈레터는 1912년에 H. 스보보다의 시사에 의해, 깊은 최면술에 걸린 사람의 꿈 내용에까지 관여할 만한 암시를 걸어 꿈을 꾸게 한 적이 있다. 정상적이거나 비정상적인 성교를 꿈꾸라는 암시가 걸리자, 꿈은 이 암시를 실행하기 위해 성적 재료가 아닌 정신 분석적 꿈 해석으로 잘 알려진 상징을 삽입하였다. 가령 여자 친구와 동성애를 하는 성교를 꿈꾸라는 암시가 내려지면, 꿈 속에서 그 여자 친구는 낡은 여행용 가방을 들고 나타났는데, 거기에는 '부인 전용'이라고 씌어진 종이가 붙어 있었다. 이 꿈을 꾼 부인은 꿈의 상징이라든가, 해석이라는 것에 대해서는 아무것도 모르는 사람이었다. 이 의미 깊은 연구의 결과는 슈레터 박사의 자살로 인해 무산되었다. 그가 행한 꿈 실험에 관해서는 정신 분석학 중앙 잡지에 일부 보고가 실려 있을 뿐이다.

1923년에 G. 로펜슈타인이 그와 비슷한 결과를 보고한 바 있다. 그 외에 매우 흥미로운 실험으로서 베른하임과 하르트만이 최면술을 걸지 않고 행한 것이 있다. 이 두 연구가는 환자들에게 갖가지 음담을 들려준 다음에, 그 내용을 따라하게 하면서 그때 나타나는 왜곡을 포착했다. 그랬더니 꿈 해석에서 널리 알려진 여러 상징이 나타난 것을 알 수 있었다. 그 두 사람은 공통적으로 계단의 상징이 나타나는 것은 '의식적인 왜곡 소망의 힘이 미치지 않기 때문'이라고 결론지었다.

꿈 상징의 가치를 알고 나서야 비로소 우리는 앞에서 중단한 '유형 꿈'을 계속 고찰해 볼 수 있다. 나는 유형 꿈을 크게 두 종류로 분류하고 싶다. 그 하나는 실제로 항상 똑같은 의미를 갖는 것이며, 다른 하나는 반드시 해석을 해야만 하는 것이다. 전자의 유형 꿈에 대해서 우리는 앞에서 시험의 꿈을 자세히 언급한 바 있다. 기차 시간에 늦은 꿈은 시험 꿈과 함께 이와 비슷한 정서 인상을 갖는 것으로 보아도 된다. 이 두 꿈을 잘 비교해 보면 이것을 같은 동류로 취급하는 것이 잘못이 아니라는 것을 알게 된다. 그것은 수면 중에 느낀 불안, 즉 죽는 게 아닌가 하는 불안에 대한 위로의 꿈인 것이다. '여행'은 가장 자주 나타나는 죽음의 상징의 하나이다.

그래서 기차 시간에 늦는 꿈에서도 "안심하세요. 당신은 죽지 않을 겁니다. 여행을 떠나지 않을 겁니다"라는 위로의 말을 해 주고 있는 것이다. 마치 시험 꿈에서 "걱정 마. 너는 이번에도 잘 할 거야"라고 안심시켜 주는 것과 같은 것이다. 이 두 유형의 꿈이 난해한 것은 불안감이 위안의 표현과 결합되는 데서 비롯되는 것이다. 환자를 분석하면서 내가 자주 부딪치는 '이의 자극 꿈'은 오랫동안 그 의미를 알지 못했었는데, 그 이유는 이것을 해석할 때 맞부닥친 커다란 저항 때문이었다. 이제야 겨우 분명한 사실을 말할 수 있게 되었다. 즉, 남성에게 있어서는 이런 꿈의 계기는 사춘기의 수음 욕구에서 온다는 사실이다. 이런 종류의 꿈 두 가지를 예를 들어 분석해 보겠다. 그 중의 하나는 '비행 꿈'이기도 하다. 양쪽 다 동성애자이지만, 현실 생활에서는 자제하고 있는 똑같은 한 젊은이의 꿈이다.

〈그는 오페라 극장 아래층의 칸막이 관람석에서 L과 함께 앉아 있다.《피델리오》의 상연을 관람하고 있다. 그는 L과 가까워지고 싶어한다. 갑자기 그는 칸막이 좌석을 비스듬하게 날아가 입 안에 손을 넣어 이 두 개를 뽑는다.〉

그는 이 나는 모양을 마치 공중에 '던져진' 것 같았다고 말했다.《피델리오》가 상연된 것과 관련하니 당연히 '아름다운 여인을 얻는 자는……'이라는 시구를 연상했을 것이다. 그러나 아무리 아름다운 여자를 얻었다고 해도 이 꿈을 꾼 남자는 그것을 원치 않는다. 이 남자의 소망에는 다음과 같은 시구가 더 적합하다.

한 사람의 친구와 애인이 되는
놀라운 일에 성공한 사람은……

그런데 이 꿈의 배후에 숨어 있는 것은 그가 동성의 친구와 가까워지려고 노력하다가 이미 여러 번 좌절당한 애절한 마음이며, 그래서 지금 함께 관람을 하고 있는 L에게서도 똑같은 일이 일어나지 않을까 하는 공포이다. 그리하여 이 감수성이 예민한 청년은 그 거절당한 친구가 그리워 연이어 두 번이나 수음을 했다고 수줍은 듯 고백을 했던 것이다. 다른 하나의 꿈은 이러하다.

〈그의 친척인 두 사람의 대학 교수에게 나프로이트 대신 진찰을 하게 한다. 한 교수는 그의 음경을 계속 주무른다. 그는 수술을 해야 하는 건 아닌가

하고 두려워한다. 다른 한 교수는 철봉을 그의 입 속에 넣고 쑤신다. 그러자 이가 두어 개 빠진다. 그는 네 장의 비단 헝겊에 묶여져 있다.〉

이 꿈의 성적 의미는 매우 뚜렷하다. 비단 헝겊은 그의 친척이라는 동성애자의 남자와의 동일화를 의미한다. 여성과는 한 번도 성교를 한 적이 없고, 남자와도 성적인 행위를 해 보지 않은 그는 사춘기에 자주 하던 수음을 본보기로 성교라는 것을 상상하고 있는 것이다. 가령 이를 뽑힌다는 유형의 전형적인 이 자극 꿈의 변형도 같은 설명에 의해 이해될 수 있을 것이다.[53] 그러나 '이 자극 꿈'이 왜 이와 같은 의미를 갖게 되는지 모르겠다고 할 사람도 있을 것이다. 이에 대해 나는 성적 억압에 있어서 아래에서 위로 향하는 변위가 매우 자주 일어난다는 것을 강조하고 싶다. 그리고 이 변위에 의해서 신경증에 있어서는 본래 성기에서 이루어져야 하는 모든 종류의 감각들이 다른 장애가 없는 부위에서 실현될 수 있는 것이다.

무의식적 사고의 상징적 표현으로서 성기가 얼굴로 대치되는 것도 이와 같은 변위의 한 예이다. 관용적 언어도 그와 관련되어 있다. '둔부엉덩이'라는 말은 뺨의 유사어로 인정되며, 입술을 음순이라는 말과 병행해서 쓰기도 하기 때문이다. 코는 많은 암시에서 음경과 동일시되며, 그런 의미에서 코 밑과 음경 밑의 털도 유사성을 갖는다. 이와 같은 대비에서 어긋나는 것이 이인데, 오히려 이러한 일치와의 어긋남이 이로 하여금 성적 억압시의 표현에 적합하게 해 준 것이다. 그리하여 나는 이의 자극 꿈을 수음으로 해석하는 데 더 이상 이의가 없지만, 그렇다고 완전한 해석이 이루어졌다고 주장하지는 않겠다.[54]

---

53) 다른 사람에게 이를 뽑히는 것은 대개 거세 상징으로 해석된다. 가령 B. 코리어가 보고한 것처럼, 일반적인 치과 의사의 꿈과 이 자극 꿈과는 분명히 구별해야 한다.

그런데 언어의 표현 속에 내포되어 있는 또 하나의 관련도 여기서 지적해 두겠다. 오스트리아에서는 '한 대 뽑는다'라든가, '한 대 훑는다'라는 음담이 있다.[55] 이 표현의 어원은 알 수 없지만, 전자의 표현은 '이'와 아주 잘 어울리는 것 같다. 민간 신앙에서 이를 뽑거나, 이가 빠지거나 하는 꿈은 식구의 죽음을 의미한다고 전해지고 있지만, 정신 분석으로는 그와 같은 해석에 대해 확실한 근거를 댈 수 없으므로, 나는 여기서 O. 랑크의 '이 자극 꿈'의 예 및 그의 해석을 인용해 보겠다.

이 자극 꿈이라는 테마에 관해 얼마 전부터 꿈 해석의 여러 문제에 큰 관심을 보여 온 어느 동료가 들려 준 다음의 꿈을 게재한다.

〈아주 최근에 나는 치과에 가서 아래 어금니의 뿌리를 치료받는 꿈을 꾸었다. 의사가 너무 오랫동안 만지작거려 이가 망가졌다. 그리고 의사는 그 이를 핀셋으로 집어 쉽게 뽑아내는 것에 나도 놀랐다. 그런데 그는, "이건 아니야. 치료해야 할 이가 아니니까" 하면서 그 이를 테이블 위에 올려놓자, 그 이는 생각건대 위의 앞니인 것 같다 여러 층으로 부수어졌다. 나는 치료대에서 내려와 호기심으로 그에게 어떤 의학적 질문을 하였다. 그 의사는 이상하게 생긴 희뿌연 이의 각 부분을 골라내어 기구로 그것을 잘게 부수면서 가루로 만들면서 이렇게 설명했다. "이건 사춘기와 관계됩니다. 사춘기 이전이 아니면 이가 이렇게 쉽게 빠지지 않으니까요. 그러나 부인들에게 있어서는, 이가 이렇게 쉽게 빠지는 결정적인 이유는 아기의 출산 때문입니다."

---

54) C. G. 융은 부인이 꾸는 이 자극 꿈은 출산 꿈을 의미한다고 본다. 그리고 E. 존스는 이 견해를 입증하였다. 각주 53)의 견해와 이 해석의 공통점은 두 경우 모두거세 ─ 출산 몸으로부터 일부가 이탈된다는 점이다.
55) 이에 관해서는 '전기적' 꿈을 참조하라.

나는 비몽사몽간에 몽정을 하고 있다는 것을 알았지만, 꿈의 어느 부분에서 몽정을 했는지 분명치가 않다. 어쩌면 이가 뽑혀질 때인 것도 같다.

〈그리고 다시 어떤 사건을 꿈꾸었는데 생각이 나지 않는다. 다만 뒷부분에서 누가 옷을 갖다 주겠거니 하고 모자와 윗도리를 아무 데나 내던지고 외투만 걸친 채 열차가 떠날 시간이 촉박한 역을 향해 서둘러 갔다. 겨우차 뒤칸에 올라탔는데, 거기에 누가 서 있었다. 나는 더 이상 차 안으로 들어가지 못한 채 불편하게 여행을 계속해야 할 형편이었으므로, 좀더 편해지려고 노력한 결과 조금 편안해졌다. 마침내 터널로 들어갔다. 그러자 반대편에서 두 대의 기차가 달려와, 마치 우리가 탄 기차가 터널인 것처럼 그 아래를 지나간다. 나는 밖에서 안을 기웃거리듯이 차창 안을 들여다보았다.〉

이 꿈 해석의 재료로서 다음과 같은 전날의 체험 및 관념이 필요할 것이다.

(1) 나는 얼마 전부터 이의 치료를 받고 있어서, 이 꿈을 꾸던 당시에는 아랫니가 항상 아팠다. 이 이가 바로 꿈에 뿌리가 파헤쳐진 것인데, 현실에서도 치과 의사는 진저리가 날 정도로 그 이를 오랫동안 만지고 있었던 것이다. 꿈을 꾸던 날 오전에도 나는 그 이가 아파서 치과를 찾아갔었다. 의사는 "지금 아픈 이는 같은 아래턱이지만, 치료 중인 이와는 다른 것이므로 그것도 뽑아야겠다"라고 말했다. 사랑니라는 것이었다. 나는 이 일에 관한 그의 의학적 양심과 관련한 어떤 질문을 하였다.

(2) 같은 날 오후에 나는 어떤 부인에게 이가 아파서 컨디션이 좋지 않다고 핑계를 댄 일이 있었는데, 그에 대해 부인은 자기도 치관齒冠이 다 헐어 이를 뽑으라고 할까 봐 무섭다고 말했다. 이를 뽑을 때는 송곳니가 특히 아프고 위험하다지만, 그녀가 아는 어떤 여자는 아랫니보다 윗니가 더 아프다고 했다는 것이다. 그녀는 전에 마취하고 다른 이를 뽑은 적이 있는데, 그

이야기를 들으니 이 뽑는 것이 더 두려워졌다고 말했다. 그리고 그녀는 송곳니는 어떤 것인가, 또 이에 관한 어떤 이야기가 있느냐고 물었다. 나는 그녀에게 일반적으로 전해지는 이야기 중에서 미신적인 것이 많고, 또 이와 같은 미신적 사고 중에는 어느 정도의 일리가 있다는 것을 말해 주었다. 그러자 그녀는 아주 옛날부터 전해 오는 미신을 알고 있다면서, 그것은 임신한 여자가 치통이 있으면 아들을 낳는다는 것이라고 했다.

　(3) 나프로이트의《꿈의 해석》에 나오는 이 자극 꿈의 유형적 의의는 수음 내용이라는 설과 관련해 보면 매우 흥미롭다. 왜냐 하면 이는 흔히 남성 성기와 관련되어 있다고 믿기 때문이다. 그래서 나는 그날 밤에《꿈의 해석》에 나오는 그 부분을 다시 읽어 보니, 거기에는 다음과 같은 설명이 나와 있었다. "남성에 있어서 이런 꿈의 계기는 사춘기의 수음 소망임이 분명하다." 이 설명이 나의 꿈에 영향을 미쳤다는 것은 쉽게 인정할 수 있다. 다시 나프로이트는 계속한다.

　"가령 남에게 이를 뽑힌다는 종류의 전형적인 이 자극 꿈이 자주 나타나는 변형에도 같은 설명을 할 수 있다. 그러나 이 자극 꿈이 왜 이와 같은 의미를 갖게 되는지 모르겠다고 할 사람도 있을 것이다. 이에 대해 나는 성적 억압에 있어서 아래에서 위로 향하는 변위가 매우 자주 일어난다는 것을 강조하고 싶다. 그리고 이 변위에 의해서 신경증에 있어서는 본래 성기에서 이루어져야 하는 모든 종류의 감각들이 다른 장애가 없는 부위에서 실현될 수가 있는 것이다……. 그런데 언어의 표현 속에 내포되어 있는 또 하나의 관련도 여기서 지적해 두겠다. 오스트리아에서는 '한 대 뽑는다'라든가, '한 대 훑는다'라는 음담이 있다."

　이 표현이 수음을 나타내고 있다는 것은 이미 널리 알려져 있고, 이런 점에서 숙련된 꿈 분석가는 이 꿈의 밑바탕에 깔려 있는 유아적 재료를 발견하는 것이 과히 힘들지 않을 것이다. 나는 여기서 한 가지만 부연해 두겠다. 즉, 뽑힌 뒤에 윗니로 변하는 이가 쉽게 뽑힌 것은 나 자신의 유년기에 있었던 어떤 사건, 즉 심하게 흔들리는 윗니를 아프지도 않게 쉽게 혼자 뽑아낸 일이 생각나는 것이다. 지금까지도 그 장면을 또렷이 기억하고 있는 이 사건은, 내가 처음 의식적으로 수음을 행한 것과 같은 유년기이다은폐 기억.

이 자극 꿈은 부인에게 있어서는 출산의 꿈과 같은 의의를 갖는다고 C. G. 융의 보고를 프로이트가 인용한 것, 그리고 임산부에게 있어서 치통이 갖는 의의에 대한 미신은 꿈 속에 있어서의 남자사춘기의 의의에 대신하여 여자의 의의를 나타내는 계기가 되었다. 이에 관해 나는 과거에 꾼 꿈을 기억해 낸다. 그것은 실제로 이의 치료를 마치고 나서 꾼 꿈으로서, 꿈 속에서 나는 막대한 비용을 들여 끼운 금관金冠이 허사가 되었구나 하고 안타까워했다. 이 꿈은 현재의 나로서는 어떤 한 체험과 관련하여 어떤 형태로든 돈이 드는 성애와 비교하여 수음은 훨씬 경제적이라는 것과 결부되며, 또 임산부의 치통의 의의에 관한 그 부인의 이야기는 이와 같은 사고 방식을 다시 불러 일으키는 것으로 여겨진다.

이상이 나의 동료가 꾼 꿈, 그리고 그와 관련한 그의 해석인데, 매우 간단하고 반론의 여지도 없는 것이다. 그러나 내 입장에서 약간 부연한다면, 둘째 꿈의 부분에 내포되어 있다고 생각되는 의미를 조금 지적하는 것으로써 그친다. 그것은 이Zahn — 뽑다ziehen — 열차Zug — 잡아뽑다reißen — 여행하다reisen라는 언어 연상을 매개로 하여 꿈을 꾼 당사자가 어렵게 행한 수음에서 정상적 성교몇 개의 열차가 다른 방향에서 들어갔다 나갔다 하는 터널로의 이

행과, 성교에 수반되는 갖가지 위험임신·콘돔을 표현하고 있는 것이다.

그런데 이 꿈의 예에서 나는 이론적으로 두 가지 관점에서 흥미를 가진다. 그 하나는 꿈 속에서의 상황이 이를 뺀다고 하는 행위시에 일어난다는 것이, 프로이트가 발견한 관련을 뒷받침하고 있는 점이다. 몽정이라는 것은 어떤 형태로 일어나든 기계적 자극에 힘입어서 성립되는 수음적 만족이라고 하지 않을 수 없기 때문이다. 게다가 이 경우에는 몽정에 의한 만족은 수음의 경우와는 달리 가공의 것에 지나지 않는다 해도, 어쨌든 대상에 의해 취해지는 것이 아니라 대상 없이, 다시 말해서 순전한 자기 성애적인 것이고, 기껏해야 동성애적 특징치과 의사을 불투명하게 인정시킬 뿐이라는 것이다.

두 번째로 특히 강조할 만한 다음과 같은 대목이 있다. "우리가 이 꿈 내용을 이해하는 데는 전날의 체험만으로도 충분한 것이기 때문에, 프로이트의 견해를 거론하는 것은 전혀 무익한 것이 아니겠느냐는 이론이 나올지 모른다. 그 전날 치과에 간 일, 어떤 부인과 주고받은 대화,《꿈의 해석》을 읽은 것 등은 밤에 잠자리에 들어서도 치통으로 시달린 사람이 이런 꿈을 만들어 냈다는 점을 충분히 뒷받침해 주는 것이다. 게다가 수면을 방해하는 고통을 없애려고 노력할 경우한편으로 고통감을 리비도에 의해 없애려고 하면서도, 또 한편으로는 그 아픈 이를 제거한다는 표상을 만들어 냄으로써 이와 같은 꿈을 꾼다는 것은 당연하지 않겠는가."

그러나 이와 같은 견해로 다음과 같은 주장까지 내세우지는 못할 것이다. 즉, 꿈을 꾼 당사자가 고백하고 있듯이'한 대 뽑는다', 이를 뽑는다는 일과 수음과의 관련이 유년기의 본보기가 없었다 해도 프로이트의 설명만으로도 사람의 머릿속에 인식되어 작용하게끔 되었을 것이다. 그리고 그 부인과의 대화나, 아니면 다른 무엇이 이를 뽑는 일과 수음을 관련시켰는지에 대해서는, 그가 《꿈의 해석》을 읽고 이 자극 꿈의 이와 같은 유형적 의의가 믿겨지지 않아 프로이트가 하는 말이 다른 종류의 꿈에도 적용되는지의 여부를 알고 싶어하는 소망을 품고 있었다는 것이 나중에 그가 말한 것으로써 입증되는 것이다.

그런데 이 꿈은 적어도 그 자신에게 있어서는 이 일을 입증해 주었으며, 또 그렇게 함으로써 왜 그가 이것에 의혹을 품었는가도 밝혀 주었다. 즉, 이 꿈은 이 점에 있어서도 또 하나의 소망 충족 — 프로이트설의 유효 범위와 타당성을 믿으려는 소망 충족인 것이다. 유형 꿈의 두 번째 계열은 공중을 날고 추락하고 헤엄치는 꿈이다. 이런 꿈들이 과연 무엇을 의미하는지에 대해서는 일반적으로 답할 수 없다. 그러나 그 의미는 자주 바뀌지만 그들 유형 꿈에 포함되고 있는 감정 자극의 재료만은 언제나 같은 원천에서 주어지고 있다.

정신 분석에 의해서 얻어지는 결론을 인정하지 않을 수 없는 것은 이들 유형 꿈도 역시 유년기의 인상을 되풀이한다는 것, 즉 어린아이가 가장 흥미롭게 여기는 운동놀이과 관계된다는 것이다. 어른은 두 팔을 높이 들어 어린아이를 처들고 방 안을 빙빙 돌아서 마치 나는 것처럼 하기도 하고, 무릎 위에 올려놓고 흔들다가 갑자기 다리를 벌려 아이를 바닥으로 떨어뜨리기도 한다. 그러면 아이는 깔깔대며 좋아하면서 계속 그렇게 해달라고 조른다. 결코 싫다고 하지 않는다. 게다가 약간의 어지러움과 두려움이 동반되면 더욱 좋아한다. 이런 아이가 성인이 되어 꿈 속에서 그것을 반복하는데, 이제는 어릴 때 자기를 받쳐 주던 손이 없으므로 자기의 몸만 공중에 둥둥 떴다가 추락하게 되는 것이다.

어린아이들은 예외없이 그네나 시소 타기를 좋아한다. 나중에 그들이 커서 서커스에서 곡예를 구경하게 되면 어린 시절의 기억을 회상한다. 대부분의 남자 아이들은 교묘한 히스테리의 발작이 그와 같은 곡예의 재연으로 나타난다. 그 자체로서는 전혀 무의미한 종류의 놀이도 때로는 성적 감각을 불러일으키기도 한다. 그러므로 수면 중에서 우리의 피부의 감각 상태나, 폐장 운동의 자극 등이 날거나 또는 추락하는 꿈을 야기시킨다는 견해를 부정할 근거가 나에게는 충분히 있는 것이다.

나의 견지로는 이들 자극 자체가 꿈과 연관된 기억에서 재현되는 것이며, 따라서 그 자극들은 꿈의 원천이 아니라 꿈의 내용이 되는 것이다.[56] 똑같은 원천에서 나오는 같은 성질의 운동 감각의 재료는 매우 다양한 꿈 사고의 표현을 위해 이용된다. 공중에 뜨고 나는 꿈은 대개 쾌감을 수반하는 것이기 때문에 세밀한 해석이 이루어져야 한다. 어떤 사람들에게 있어서는 유형적이라고도 할 만한 해석이 요구되기도 한다. 나의 환자인 한 부인은 길 위의 높은 공중에 떠 결코 땅에 발이 닿지 않는 꿈을 꾸곤 했다. 그녀의 뜨는 꿈은 발이 땅에서 떨어지고, 머리가 높은 곳에 위치하는 것으로써 그녀의 두 가지 소망이 다 이루어지는 것이었다.

다른 꿈을 꾼 부인들에게 있어서 비행 꿈은 동경의 의미를 띤다. 그녀들은 말하자면 '내가 새라면' 하고 바라는 것이다. 또 다른 여자들은 현실 생활에서는 천사라고 불리는 적이 없으므로, 밤마다 꿈 속에서 천사가 되는 것이다. 공중을 난다는 것은 새라는 관념과 깊은 연관성이 있기 때문에, 남자가 나는 꿈을 꿀 때는 대개 음란한 성적 의미를 갖는다는 것을 알 수 있다.새라는 뜻의 Vogel은 같은 계열의 동사형으로 Vögen, 즉 교접한다는 의미가 있다.

---

56) 이 운동의 꿈 실례는 전기한 것을 다시 인용하였다.

파울 페데른 박사는 매우 흥미로운 추론을 내세우고 있다. 즉, 이와 같이 나는 꿈은 대개 음경 발기의 의미라는 것이다. 페데른 박사는 그 이유로서, 발기 현상은 중력의 지양으로서 우리에게 일종의 감동을 준다는 것을 들고 있다고대에 날개가 달린 음경을 생각해 보라. 몰리 폴드는 공상과 관련 없는 꿈 해석은 하지 않는 꿈 실험가이지만, 그도 역시 나는 꿈에 대해서는 성적인 해석을 내리고 있다. 그는 성욕이 나는 꿈의 가장 중요한 계기라고 지적하고, 이런 꿈에 수반되는 신체의 강한 진동감과 함께 발기 혹은 몽정과 자주 결합됨을 강조하고 있다. 추락하는 꿈은 나는 꿈에 비해 불안의 농도가 진하다. 여성이 꾼 추락 꿈의 해석이 간단하다는 것은, 그들 꿈에서 한결같이 성적 유혹에 대한 굴복이 교묘하게 상징적 이용을 쓰고 있기 때문이다.

추락 꿈의 유아적 원천에 대해서는 아직 충분한 규명을 하지 못했다. 어린아이는 언제나 누군가에 의해 안아 일으켜지고 애무받았다. 밤에 침대에서 굴러떨어지면 어머니나 유모에 의해 다시 자리에 뉘어졌다. 헤엄치는 꿈을 자주 꾸는 사람은 대개 어렸을 때 방뇨의 습관이 있던 사람으로, 이미 오랫동안 단념해 온 쾌감을 되풀이하는 것이다. 헤엄치는 꿈이 어떤 표현을 즐겨 사용하는가는 다음의 몇 가지 실례로써 알게 될 것이다. 화재가 나는 꿈의 해석은 아이들에게 밤에 오줌을 싸지 말라고 '불장난을 하면 오줌 싼다'는 경고의 정당성을 나타낸다. 이런 종류의 꿈에도 유년 시절의 야뇨증에 대한 기억이 숨어 있는 것이다.

나는 《어떤 히스테리증 분석의 단편》[57]1905년에서 그 꿈을 부인의 병력과 관련하여 화재 꿈의 완전한 분석을 행하고, 이 유아적 재료가 어른이 된 후

---

57) 전집 제5권 참조

에 어떤 충동을 표현하는 데 이용되는가 하는 것을 제시했다. 만약 우리가 많은 다른 꿈 가운데서 똑같은 현재 내용이 자주 반복되는 것도 유형 꿈에 포함시킨다면 '유형적인' 꿈의 예는 얼마든지 들 수 있다. 예컨대 좁은 골목 길을 지나간다든가, 방이 쭉 늘어선 사이를 지나간다든가, 도둑이 드는 꿈 이라든가, 야수황소나 말 등에게 쫓긴다든가, 칼 등으로 위협당하는 꿈 등이다. 특별히 이런 재료를 다루어 보는 연구도 의미 있을 것이다. 그러나 지금은 다른 두 가지 사항을 언급해 두어야 한다. 이것은 반드시 유형 꿈에만 한정 되는 것이 아닌 것으로서, 다음과 같은 것이다.

꿈 해석을 해나가면 성인이 꾸는 꿈이 대부분이 성적 재료를 다루고 성 적 소망을 표현하고 있다는 사실을 인정하지 않을 수 없게 된다. 꿈의 현재 내용에서 잠재 사고를 파악할 수 있는 사람만이 이에 대한 약간의 성과나 마 얻을 수 있으며, 꿈의 현재 내용을 기록하는 것에 그치는 사람에게는 아 무것도 주어지지 않는다가령 네케와 같은 사람. 우리는 성인의 꿈이 대부분 성 적 재료를 다루고 있다는 사실에도 놀라지 않고, 오히려 그것이 우리의 꿈 해석의 원리와 완전히 부합되는 것임을 밝혀 두고 싶다.

끈질긴 압박을 받은 성 충동에 비해 다른 충동들은 유년기 이래 그다지 억압받지 않았고,[58] 성 충동만큼 강렬한 무의식적 소망을 가지지는 않는다. 이 강렬한 무의식적 소망이 바로 수면 상태에서 꿈을 만들어 내는 것이다. 꿈 해석에 있어서 성적 콤플렉스가 갖는 이와 같은 의의를 결코 잊지 말아 야겠지만, 그렇다고 또 지나치게 과장해서도 안 된다. 꿈을 잘 분석해 보면 꿈 자체는 양성적으로 이해할 수 있다는 것을 알게 된다. 왜냐 하면 꿈에

---

58) 《성에 관한 세 개의 논문》1905년이라는 나의 저서를 참조하라.

있어서의 동성애적 충동, 즉 꿈꾼 사람의 정상적인 성행위와 역행되는 충동을 실현하는 제2차적 해석이 성립되기 때문이다. 그러나 W. 스테켈[59]과 A. 아들러[60]가 주장하는 바와 같이, 꿈이란 모두 양성적 측면에서 해석되어야 한다는 것은 논증하기도 어렵고 또 실제로는 불가능한 것으로 생각되기 때문에, 나로서는 찬성할 수가 없다.

꿈에는 성적 욕구 이외의 욕구 ─ 배고픔의 꿈, 목마름의 꿈, 편리한 꿈 등 ─ 를 만족시키는 꿈도 많이 있다는 사실을 외면할 수 없다. '어떤 꿈이나 그 배후에는 죽음의 약속을 품고 있다'스테켈라든가, '어떤 꿈이나 여성적인 면에서 남성적으로의 전진'아들러이라는 의견도, 나의 견해로는 꿈 해석의 범주를 크게 이탈하는 것으로 생각된다. 꿈에 관한 문헌 가운데서 끊임없이 반대론에 부딪치는 주장, 즉 모든 꿈은 성적 측면에서 이해되어야 한다는 주장은 나의 저서《꿈의 해석》와는 관계 없는 일이다. 이와 같은 주장은 본서의 어디에서도[61] 발견되지 않으며, 또 그와 같은 견해는 본서의 견해와 분명히 상반되는 것이다.

대수롭지 않은 꿈이 매우 적나라한 성적 소망을 감추고 있다는 견해는 이미 다른 곳에서도 주장해 온 것이지만, 많은 새로운 실례에 의해 충분히 확증할 수 있다. 그러나 가끔 여러 면에서 지극히 보잘것없는 평범한 꿈을 분석해 보면 의외로 거짓없는 성적 소망의 충동이라는 것이 밝혀지기도 한다. 예컨대 다음과 같은 꿈은 분석 작업 전에는 결코 성적 소망이 숨어 있으리라는 예견을 할 수가 없을 것이다.

---

59)《꿈의 언어》를 참조.

60) 〈현실 생활의 신경중에 있어서의 심적 양성체兩性體〉《의학의 진보》제16권, 1910년를 참조하라.

61) 이 역서의 원본은《꿈의 해석》제8판이다.

〈두 개의 웅장한 궁전 사이로 조금 들어가면서 문이 닫혀진 작은 집 한 채가 있다. 아내가 나를 안내하여 큰길을 조금 걸어가서 그 집 앞에 당도하여 문을 밀어 열었다. 그래서 나는 재빠르게 비스듬하게 경사진 안마당으로 미끄러져 들어간다.〉

얼마간 꿈 해석의 경험이 있는 사람이라면 좁은 장소로 들어간다는 일과 닫힌 문을 연다는 행위가 가장 흔한 성적 상징이라는 것을 즉각 알아차리고, 이 꿈이 등뒤로부터의 성교여체의 둔부 사이로부터의를 표현한다는 것을 발견할 것이다. 이 꿈을 꾼 사람의 아내가 협조해야 한다는 점에서 볼 때, 현실적으로는 아내의 거절로 단념되어진 소망의 표현이라고 해석하지 않을 수 없다. 꿈꾼 당사자의 보고에 의하면, 꿈을 꾸던 날 그의 집에 젊은 여자가 고용되어 왔는데, 그는 이런 여자라면 자기가 앞서와 같은 형태의 성교를 제의해도 거절하지 않으리라고 생각했던 것이다.

두 궁전 사이의 작은 집은 프라하의 프라딘에 대한 기억에서 유래된 것으로, 따라서 프라그 출신의 젊은 여자를 가리키는 것이다. 내가 환자들에게 자기의 어머니와 성적으로 교합하는 오이디푸스 꿈은 매우 자주 볼 수 있는 것이라고 강조하면 으레 "나는 그런 꿈을 꾼 적이 없습니다"라고 대답한다. 그러나 대개는 분명치 않은 꿈이 그의 뇌리에 떠오른다. 그것은 그 남자가 몇 번이나 꾼 꿈으로써 분석해 보면 틀림없이 동일한 꿈, 즉 오이디푸스 꿈이다. 어머니와 성교하는 것을 위장한 꿈이 노골적으로 어머니와 성교하는 꿈보다 훨씬 더 많이 나타난다는 것을 나는 단언할 수 있다.[62]

---

62) 나는 이와 같이 위장된 오이디푸스 꿈의 전형적인 실례를 《정신 분석학 중앙 잡지》 제1호에 발표하였다. 또 O. 랑크는 동지의 제4호에 다른 실례를 들어 자세한 해석을 덧붙였다. 눈의 상징에 관련되는 다른 위장된 오이디푸스 꿈에 대해서는 랑크의 저술 《국제 정신 분석학 잡지》 제1권, 1913년을 참조하라.

꿈 속에서 어떤 풍경이나 땅에 대해 이 곳은 언젠가 한 번 와본 곳이라고 느끼는 경우는 매우 특별한 의미를 갖는 것이다. 그것은 언제나 어머니의 성기이다. '전에 한 번 있었던 적이 있다'는 주장을 하는데, 어머니의 성기만큼 명백한 장소가 또 있을까. 나는 언젠가 강박 관념에 시달리는 환자의 꿈 이야기를 듣고 놀란 적이 있다. 이 꿈은 그 환자가 전에 단 두 번 간 적이 있는 집을 방문하는 내용이었다. 그런데 이 환자는 그 일이 있기 전에 내게 그가 여섯 살 때의 어떤 사건을 보고한 적이 있었다. 어느 날 그는 어머니와 한 침대에 누워 자게 되었는데, 어머니가 잠든 틈에 어머니의 음부에 손가락을 집어넣은 적이 있었다는 것이다. 불안을 느끼는 많은 꿈 ― 좁은 장소를 지난다든가, 물 속에 있다든가 하는 꿈 ― 은 거의 자궁 내에서의 생활모태 속에 머무르고 있는 일과 출산에 관한 공상이 결부되어 있다. 한 청년이 부모의 성교를 엿보기 위하여 공상 속에서 자궁 내의 존재를 이용하는 꿈의 예가 있다.

〈그는 깊은 웅덩이 속에 있다. 그 웅덩이에는 젬메링 터널처럼 창문이 하나 있다. 이 창문 밖으로 우울한 경치가 보인다. 그는 그 창문 안에 어떤 광경을 그려 넣는다. 그러자 그 광경이 나타나 우울한 경치를 메운다. 거기에서는 경작 도구에 의해 깊이 파헤쳐진 밭이 보인다. 산뜻한 공기와 그 밭의 정성스러운 작업, 그리고 검은 흙은 아름다운 감동을 준다. 다음에 다시 웅덩이를 전진해 가니 어떤 교과서가 펼쳐져 있다⋯⋯. 그 책을 보니 어린아이의 성적 감각에 대해 씌어 있으므로, 그는 나프로이트를 생각한다.〉

다음에 특히 치료에 인용된 한 부인 환자의 물의 꿈이다.

〈어떤 호숫가에서 피서하던 중에 그녀는 검푸른 물 속에 빠졌다. 물 속에는 허여멀건한 달 그림자가 비치고 있었다.〉

이런 종류의 꿈은 출산 꿈이다. 꿈 속의 상황을 뒤집어서, 즉 물에 빠지는 것이 아니라 물에서 나오는 태어나는 것으로 보면, 이 꿈은 쉽게 해석된다.[63]

달이라는 뜻을 갖는 프랑스어의 익살스런 뜻 엉덩이라는 뜻을 생각하면 사람이 태어나는 장소를 나타낸다는 것을 알게 된다. 그러므로 허여멀건한 달은 아기가 막 나온 흰 둔부이다. 그런데 그녀가 그 피서지에서 '태어나고 싶다'고 소망한다는 것을 과연 어떤 방향으로 풀이해야 할까. 내가 그에 관해 물으니, 그녀는 대뜸 "선생님의 치료를 받으니 저는 새로 태어나는 것과 같잖아요"라고 대답했다. 이리하여 이 꿈은 치료를 그 피서지에서도 계속하는, 즉 피서지로 자기를 방문해 달라는 초대의 뜻이다. 이것을 다른 각도로 보면, 자신이 어머니가 되고 싶다는 소망을 은근하게 표시하는 것일 수도 있다.[64]

또 다른 출산의 꿈 및 그 해석을 E. 존스의 연구에서 인용해 보자.

〈그녀는 해변에 서서 자기의 아이 같은 작은 남자 아이가 혼자 물 속으로 들어가는 것을 바라보고 있다. 그 아이는 완전히 물에 잠겨 머리밖에 보이지 않는다. 머리가 물 위로 떠올랐다 잠겼다 한다. 그 다음에 갑자기 광경이 바뀌어 어느 호텔 로비에 사람이 붐비고 있다. 남편이 그녀 곁을 떠나고, 그녀는 어떤 낯선 남자와 대화를 나눈다.〉

분석 결과, 이 꿈의 후반부는 그녀가 남편의 곁을 떠나 다른 남자와 관계를 맺는 것을 나타내는 것임이 밝혀졌다. 전반부는 분명한 출산 공상이다.

---

63) 수중 탄생의 신화적 의미에 대해서는 랑크의 《영웅 탄생의 신화》 1909년를 참조하라.
64) 태내 생활에 관한 공상과 무의식적 사고가 가지는 의미는 내가 한참 후에야 해명할 수 있었던 것이다. 그와 같은 공상이나 사고는 살아 있으면서 묻힌다는, 대부분의 인간이 품는 기묘한 불안을 해명할 단서를 주는 동시에, 또 탄생 이전의 암울한 생활을 미래로 투영하는 사후 생명에 대한 신앙을 무의식 중에 가장 깊게 갖게 하는 일도 포함하고 있다. 어쨌든 출산 행위는 최초의 불안의 체험이고, 따라서 모든 불안감의 원천으로 작용되는 것이다.

신화나 꿈에서나 양수에서 나오는 유아의 분만은, 보통 반대로 어린아이가 물 속으로 들어가는 것으로 표현된다. 아도니스·오시리스·모세·바쿠스의 출생 신화는 그 좋은 예이다. 수면에 머리가 떠올랐다 잠겼다 하는 것은, 그녀가 단 한 번 임신했을 때 느껴보았던 태아의 움직임을 생각하게 한다. 물 속으로 들어가는 남자 아이라는 관념은 어떤 환상 속에서, 그녀 자신이 남자 아이를 물 속에서 끌어내 방으로 데리고 가서 목욕을 시키고 옷을 입혀서 결국 자기 집으로 데리고 갔다.

그러므로 꿈의 후반부는 은폐된 꿈 사고의 전반부에 관계된 '도망친다'는 관념을 표현하는 것이다. 꿈의 전반부는 후반부의 잠재 내용인 출산 공상에 알맞게 형성되었다. 이 꿈의 각 부분에는 앞서와 같은 역행 외에도 몇 가지가 더 역행되어 있다. 전반부에서는 어린아이가 물 속으로 들어가고, 그 다음에 머리가 움직인다. 그 장면의 꿈 사고는 먼저 태아가 떠오르고, 이어서 그 아이는 물에서 떠나는 것이다이중의 역행. 후반부에서는 그녀의 남편이 그녀에게서 떨어져 간다. 즉, 꿈 사고로는 그녀가 남편을 떠나는 것이다. 아브라함은 초산을 앞둔 한 젊은 부인의 출산 꿈을 보고하고 있다.

〈방바닥의 한구석에서 하나의 도랑이 물 속으로 통하고 있다. 그녀가 방바닥을 뜯어내다가 그 밑에 바다표범과 비슷한, 황갈색 가죽에 싸인 생물이 보였다. 이 생물은 이 꿈을 꾼 부인의 남동생이라고 생각된다.〉 그녀는 오래 전부터 이 남동생에게 있어서 어머니와 같은 입장에 있었다. O. 랑크는 출산 꿈도 뇨 자극 꿈과 같은 상징 표현을 사용한다는 것을 입증해 보였다. 이 꿈들에 있어서 성적 자극은 뇨 자극으로 표현된다. 이들 꿈의 의의가 중복되는 것은 유년기 이래의 상징 의의가 변화된 데 따른 것이다.

그러면 이제 앞에서 잠시 중단했던 테마, 즉 기질적·수면 방해적 자극이 꿈의 형성에 미치는 영향에 대해 고찰해 보아도 좋을 것 같다. 그러한 영향을 받고 만들어진 꿈은 단순히 소망 충족과 편리의 성격 및 매우 완전하고 분명한 성적 상징을 나타낸다. 왜냐 하면 어떤 자극의 만족이 상징적 위장을 써서 꿈 속에서 이미 시도되었으나 효과를 보지 못한 자극으로서는 수면을 방해하지는 못하기 때문이다. 이것은 몽정 및 오줌이나 대변에 의해 환기되는 꿈에도 적용이 된다.

몽정 꿈의 특성은 이미 유형적인 것으로 인정되고 있다. 우리는 몽정 꿈에서 격렬한 반론이 가해지고 있는 어떤 종류의 성적 상징의 베일을 벗겨내고, 다음과 같은 사실을 인정하게 된다. 즉, 얼른 보기에 전혀 무의미한 꿈 상황의 대부분은 어김없는 성적 상징 장면이며, 이 성적 장면은 대부분 몽정 꿈에서만 직접 표현됨으로써 불안을 야기시켜, 그 때문에 잠에서 깨어난다는 것이다. 뇨 자극 꿈의 상징 표현은 예부터 특히 분명한 것으로 알려져 왔다. 히포크라테스는 이미 분수나 샘물 꿈은 방광의 장애를 의미한다고 주장했었다H. 엘리스에 의함. 또 세르너는 뇨 자극 상징의 표현이 매우 다양하다고 보고 "매우 강한 뇨 자극은 언제나 성기 자극과 그 자극의 상징적 형성물로 대치된다……. 뇨 자극 꿈은 성욕 꿈의 대리이다"라고 주장했다.

나는 여기서 O. 랑크의 《잠을 깨우는 꿈 상징의 성층》에 관한 연구와 관련하여, 대부분의 뇨 자극 꿈은 본래 성적 자극에 의해 일깨워진 것이며, 성적 자극은 요도애尿道愛의 유아적 형태로 만족을 얻으려 한다고 보고하고 있다. 그렇다면 꿈에서의 뇨 자극으로 잠을 깨어 배뇨하고도 계속 꿈이 계속되어, 이번에는 분명한 성적 형상물이 나타나는 경우는 특히 시사적이다.[65]

장腸 자극의 꿈은 그에 필요한 상징 표현을 사용하면서 일반 심리학적으로도 충분히 입증된 '금金'이나 '대변'이라는 관념을 끼워 넣는다.[66]

〈어떤 부인이 장 질환으로 치료받던 중 보물을 캐는 꿈을 꾸었다. 보물 캐는 사람은 시골의 변소같이 보이는 오두막 가까이에서 보물을 캐고 있다. 꿈의 후반부에서는, 대변을 흘려서 엉덩이가 더러워진 자기 딸애의 엉덩이를 닦아 주고 있는 내용이 그 주상황이 되고 있다.〉

또 출산 꿈과 관련되는 것으로서 '구조救助'의 꿈이 있다. 물 속으로부터의 구조는, 부인의 경우 출산의 뜻이며, 남성의 경우는 다른 뜻을 갖는다^{피스터의《정신 분석적 수양과 심인성 병 치료의 예》참조}. 구조의 상징에 대해서는 프로이트의 강연 〈정신 분석 치료의 미래〉《정신 분석학 중앙 잡지》제1호,《전집》제8권와 〈연애 생활이 심리학에 주는 기여〉 중의 '남성에 있어서의 대상 선택의 특수한 유형.'《정신 분석학 연감》제2권,《전집》제8권을 참조하기 바란다. 도둑·강도·유령은 대개 사람들이 잠자기 전에 두려워하지만, 때로는 취침 중에 사람을 습격하는 일도 있다. 이와 관련한 꿈은 모두 유아적 잔존 기억에서 나오는 것이다.

그것은 어린아이가 밤에 오줌을 싸지 않도록 깨워서 오줌을 누인다거나, 아이가 두 손을 어떻게 하고 있는지 살짝 이불을 쳐들어보는 방문자이다. 이러한 불안 꿈을 분석해 본 결과, 나는 이 방문자의 인물을 밝힐 수 있었다. 도둑은 언제나 아버지였고, 유령은 대개 하얀 가운 차림의 여자였다.

---

65) 방광의 꿈에서 그 근저에 깔려 있는 비슷한 상징 표현은 유아적 의미에 있어서 성적 의의를 띤다. 물 ─ 오줌 ─ 정액 ─ 양수, 배 ─ 배타다오줌을 누다 ─ 자궁상자, 젖다 ─ 오줌을 싸다, 성교 ─ 임신, 헤엄치다 ─ 방광, 충만 ─ 태내 생활, 비 ─ 오줌을 누다 ─ 임신 상징, 여행을 가다차를 타고 가다 ─ 차에서 내리다, 침대에서 일어나다 ─ 성교하다신혼 여행을 가다, 오줌을 누다 ─ 정액을 방출하다.

66)《성격과 항문애》S. 프로이트,《상징 성층成層》O. 랑크 및 B. 다트너의 저술《국제 정신 분석학 잡지》제1권을 참조하라.

[6. 꿈에서의 계산과 회화의 실례]

꿈 형성에 결정적인 영향을 미치는 네 번째 계기를 논하기 전에, 이미 우리들이 알고 있는 세 가지 계기의 공동 작용을 설명하고, 여태까지 입증하지 않은 채 보류해 둔 몇몇 주장을 다시 보충하기 위해 나의 꿈 수집 중의 약간의 실례를 발췌해서 분석해 보겠다. 앞의 서술 중에서는 내가 얻은 결론을 각기 실례에 따라 증명해 보인다는 것이 불가능했으므로, 개개의 명제에 대한 실례는 하나의 꿈 해석의 관련을 통해서만 증명력이 있을 뿐, 그 관련에서 벗어나면 제대로의 의미가 없어진다.

그리고 꿈 해석이라는 것은 깊이 파고들수록 본래의 의도를 잊어버리기가 일쑤이다. 따라서 나는 앞장과의 관계에 의해서만 연결되는 것을 몇 가지로 열거하겠지만, 이것도 역시 앞서와 같은 기술적 동기에서 온다는 것을 기억해 두기 바란다. 나는 우선 꿈에 있어서 특히 독특하거나 비정상적인 표현 방법을 보여주는 몇 가지 실례를 들겠다. 다음은 어떤 부인의 꿈이다. 〈하녀가 창문 유리를 닦으려는지 사다리에 올라가 있다. 그리고 침팬지와 고릴라고양이나중에 앙고라고양이로 정정함를 한 마리씩 안고 있다. 하녀는 그 짐승들을 그녀에게 던진다. 침팬지가 그녀에게 몸을 기대는 것이 웬지 불쾌하다.〉

이 꿈은 아주 간단한 방법으로, 즉 어떤 말을 글자에 따라 표현하는 방법에 의해 그 목적을 달성하고 있다. 일반적으로 동물의 이름이 그렇듯이 원숭이도 사람을 욕하는 말로 쓰여, 이 꿈 상황에서는 '닥치는 대로 욕을 한다'는 것을 의미하고 있는 것이다독일어로 침팬지는 Schimpanse, 매도하다는 schimpfen, 닥치는 대로 욕을 하다는 mit Schimpfworten um sich werfen이다.

〈두상頭像이 보기 흉한 아기를 가진 어느 부인. 그녀는 아기가 뱃속에 있었을 때 위치가 나빴기 때문에 머리가 이렇게 된 것이라는 말을 들었다. 의사는 압축하면 두상이 훨씬 나아지겠지만, 그것은 뇌에 해롭다고 말한다. 그녀는 속으로 아직 어린아이니까 그리 큰 해는 없을 것이라고 생각한다.〉이 꿈은, 꿈꾼 부인이 정신 분석 치료에 관한 설명에서 들은 '어린아이의 여러 인상'이라는 추상적 개념의 그림 풀이인 것이다. 어린아이의 여러 인상은 kindereindrücke, 압축하다는 eindr-ücken이다.

다음의 예에서는, 꿈 작업은 조금 다른 길을 취하고 있다. 이 꿈은 그라츠 근처의 힐름 연못으로 소풍을 나갔던 기억을 포함하고 있다. 〈밖은 몹시 날씨가 나쁘다. 허름한 호텔은 벽에서 물이 흐르고, 침대는 젖어 있다.〉

이 꿈은 '남는'이라는 말의 의미를 나타내고 있는 것이다. '남은'의 독일어는 überflüssig이며, über는 '위의, 넘치다, 남는다'라는 의미가 있고, flüssing은 '액체의, 흐른다'라는 뜻을 갖고 있다. 꿈 사고 중에 발견된 '남는'이라는 이 추상어는 처음에 얼마간 애매함을 가장하고 표현되어, 예컨대 '물에 잠기다überflie βend'라는 말로 대치되든가, 혹은 '흐르고 넘쳐흐른다flüssig und über flüssig'로 대치되었으나, 다시 동질적 인상의 중첩으로 표현되었다. 밖의 빗물과 내벽의 물, 젖은 침대의 물은 모두가 흐르고, 또 '남아서' 넘쳐흐른다überflüssig.

O. 랑크는 한 젊은 여자의 긴 꿈을 자세히 분석한 결과를 다음과 같이 보고하고 있다. 그녀는 들을 산책하면서 보리와 밀의 아름다운 이삭Ähren을 자른다. 젊은 남자 애인이 저만치서 다가오는데, 그녀는 그를 피하려고 한다. 분석은 경의감을 나타내기in Ehren 위한 키스를 의미한다《정신 분석학 연감》제2권. 이삭은 자르지 않으면 안 되는 의미로서의 경의Ehre와, 또 경의를 표하는 일Ehrungen과 어울려 일련의 다른 관념을 표현하는 데 쓰이고 있다.

이와 반대로 말이 꿈 사고의 표현을 매우 유쾌하게 해 주는 경우가 있다는 것은, 언어 가운데는 원래 형상적·구체적인 의미였던 많은 말들이 현재는 추상적인 의미로만 쓰이고 있기 때문이다. 꿈은 이 언어에다 과거의 의미를 부여하든가, 또는 어원의 변천사를 조금만 거슬러 올라가면 된다. 가령 어떤 사람이 자기 동생이 상자 속에 들어 있는 꿈을 꾸었다고 하자. 분석 작업을 해 보면 상자는 장롱에 의해 대치되고, 그 결과 꿈 사고는 자기가 아닌 동생 쪽이 모든 일에 절제한다는 것을 의미한다. 또 하나의 예로서 산에 올라가 놀라운 경치를 조망하는 꿈에서는 그 꿈을 꾼 사람은 극동極東 관계를 취급하고 있는《전망》이라는 잡지를 간행하고 있는 형과 자기를 동일화하고 있다.

켈러의《녹색 하인리히》에 나오는 어떤 꿈에는 고삐 풀린 말이 풍성하게 열매 맺은 귀리밭을 마구 짓밟는다. 그 귀리의 낱알들은 달콤한 복숭아나 건포도나 새 동전으로서 빨간 명주에 한데 싸여서 한 가닥의 돼지털로 묶었다. 작가또는 꿈을 꾼 사람는 이 꿈을 쉽게 분석해 낸다. 즉, 말은 간지러워서 좋아 날뛰며, "귀리가 날 찌른다"고 외치는 것이다'귀리가 날 찌른다'는 것은 '나는 우쭐해진다'는 뜻이다. 헨젠에 따르면, 고대 북방의 전설 문학은 다분히 은유적이어서, 이 전설 문학 중에 이중적 의미나 언어의 재치가 없는 꿈은 하나도 없다고 한다. 이와 같은 표현 방법을 수집해서 그 바탕에 깔린 공통 원리에 따라 정리하는 일은 매우 특수한 연구가 될 것이다. 이들 표현은 거의가 유머러스하며, 만약 꿈을 꾼 당사자가 말하지 않으면 결코 그 뜻을 알아낼 수 없을 것 같은 인상을 받는다.

(1) 어떤 남자의 꿈 ― 〈그는 어떤 사람의 이름을 들었지만, 그 이름을 생각해 낼 수가 없다.〉 그 자신의 설명에 따르면, 그것은 꿈 속에서도 생각나

지 않는다는 것이다.

(2) 한 부인 환자의 꿈 — 〈꿈에 나오는 사람들이 굉장히 컸다.〉 그녀는
이 꿈에 대해 자기의 어린 시절의 한 사건이 반영된 것 같다고 했다. 어렸을
때는 자기 눈에 비치는 어른들은 모두 엄청나게 크게 생각되었기 때문에,
그녀 자신은 꿈 속에 들어가지 않았던 것이다. 유년기로 되돌아가는 일은,
다른 꿈에서는 시간이 공간적으로 해석되는 다른 방식으로 표현되어 있다.
예컨대 한 줄기 길다란 저쪽 끝에 문제의 인물이나 광경이 보인다거나, 오페
라 관람용 안경을 거꾸로 들고 보는 경우이다.

(3) 술에 취하면 곧잘 농담을 하는데, 깨고 나면 엉뚱하고 애매한 말을 하
는 한 남자가 이런 꿈을 꾸었다 — 〈때마침 열차가 도착했을 때 나는 역으
로 갔다. 그런데 갑자기 플랫폼이 움직여 멈춰 있는 열차로 다가갔다.〉 이것
은 현실의 우스운 전도이다. 이러한 세부적인 표현은 어떤 다른 일이 꿈 속
에서 반대로 되어 있음을 암시하는 것임이 분명하다. 분석 결과, 이 꿈은 손
바닥으로 물구나무를 서고 있는 남자가 그려져 있는 그림책과 연결되어 있
었다.

(4) 앞서 예를 들었던 남자의 다른 꿈 — 〈큰아버지가 자동차Au-tomobil 안
에서 나에게 키스했다.〉 이 꿈은 수수께끼 그림의 기교를 연상시킨다. 나로
서는 생각이 미치지 못할 해석, 즉 그것은 자기 성애Autoerotismus의 표현이
라고 그 스스로 말했다.

(5) 한 남자가 침대 뒤에서 어떤 여자를 끌어내는 꿈을 꾸었다. 그 의미는 그가 그녀를 우대한다는 것이었다 우대라는 뜻의 독일어 vorzug는 '끌어내다'는 뜻도 있다.

(6) 어떤 남자가 사관士官이 되어 황제와 식탁에 마주앉아 있는 꿈을 꾸었다. 그 뜻은 아버지와 대립하고 있는 것이다.

(7) 한 남자가 다른 사람의 골절을 치료하는 꿈을 꾸었다. 분석 결과, 골절이란 곧 파혼의 표현임이 드러났다 골절은 knochenbruch이고, 파혼은 Ehebreuch 이다.

(8) 하루의 시간은 꿈 내용에서는 흔히 유년기의 생활을 나타낸다. 가령 어떤 남자는 오전 5시 15분에 동생이 태어나는 꿈을 꾸었는데, 그것은 그에게 중대한 의미를 갖는 5년 3개월의 나이를 나타내는 것이었다.

(9) 꿈에서 생활 시기를 나타내는 다른 표현 ─ 〈터울이 1년 3개월 되는 어린 두 딸을 부인이 데리고 간다.〉 이 꿈을 꾼 부인의 친척 가운데는 여기에 해당되는 가족이 없다. 그녀는 스스로 이렇게 해석하고 있다. 두 아이는 그녀 자신을 나타내고 있는 것으로서, 즉 이 꿈은 그녀가 유년기에 겪었던 두 번의 외상外傷이 그와 같은 시간차를 두었음을 상기시켜 준다고 말했다 즉, 3년 6개월 때와 4년 9개월 때.

(10) 정신 분석 치료를 받고 있는 사람들이 정신 분석의 꿈을 꾸고, 분석

이 야기시키는 관념이나 기대를 꿈 속에서 모두 표현한다는 것을 알아도 별로 이상할 것은 없다. 치료를 나타내기 위해 선택된 형상은 대개 차를 타고 달린다는 것, 그 중에서도 가장 많은 것이 최신식의 복잡한 차로 달리는 것으로 나타난다. 또한 자동차의 속도에 대해서는 환자가 자기의 계산에 대한 조소를 지적한다. 각성시 사고의 요소로서의 무의식이 꿈 속에서의 표현을 시도할 때에는 대개 '지하의' 장소에 의해 대치되는데, 이것은 매우 합리적인 일이다. 그런데 이 지하의 장소는 다른 경우에는 정신 분석 치료와 전혀 관계 없이 여체나 모태를 의미한다.

꿈 속에서의 '아래'는 흔히 성기와 연관되고, '위'는 얼굴·입·가슴과 연관된다. 또 야수는 보통 꿈을 꾸는 당사자가 두려워하고 있는 자기 자신 및 타인의 정열적인 충동을 상징하는가 하면, 조금 전진해 직접 이와 같은 정열의 소유자인 인물을 상징하는 경우도 있다. 그리고 맹수·개·사나운 말 등에 의해 아버지를 표현하는 경우는 토테미즘과 관련된다. 다시 말해서 야수는 자기가 두려워하고 억압으로 이겨 낸 리비도를 표현하는 데 이용된다고 볼 수 있다. 또 노이로제 자체도 꿈 속에서 독립된 한 인물로 대치되어 나타난다.

(11) "우리는 프로이트의《꿈의 해석》을 통해, 꿈의 작업이 어떤 말이나 어법을 감성적·형상적으로 표현하는 여러 종류의 방법을 알고 있다. 예컨대 꿈 작업은 표현한 언어나 어법이 애매모호한 것을 역이용하여, 그 애매모호한 의미를 '전철기轉轍器'로 이용하면서 꿈 사고 속에 나타나는 제1의 의미 대신에 제2의 의미를 현재 내용 속에 채택해 쓴다." H. 작스

다음에 드는 짧은 꿈에서는 이것이 실제로 이루어지고 있으며, 게다가 그

것에 유용한 최근의 낮 동안의 인상을 표현 재료로서 교묘히 이용하고 있다. 내가 이 꿈을 꾼 날은 감기 때문에 되도록 숙면을 취하려고 생각하고 있었다. 이 꿈은 나의 낮의 일을 계속하는 것처럼 보인다. 나는 그날 낮에 신문을 스크랩하면서 그 조각들을 각기 제자리에 붙이느라 고생을 했었다. 꿈은 이러하다. 〈나는 신문지를 오린 조각을 스크랩북에 붙이려고 한다. 그런데 그 종이가 스크랩북에 올라가지 않는다. 그래서 나는 큰 곤혹감을 느꼈다.〉 꿈 속의 고통이 실제로는 복통이 되어, 나는 숙면을 취하려던 계획을 철회해야만 했다. 이 꿈이 나에게 '수면의 보초'로서 침대에 계속 있고 싶어 하는 나의 욕구를 '종이가 스크랩북에 올라가지 않는다'는 것으로 충족시키고 있다.

꿈의 작업은 꿈 사고를 시각적으로 표현하기 위해서라면 수단 방법을 가리지 않는다. 꿈 작업은 그러한 방법이 우리들의 각성시의 비판에 견딜 수 있는 것이건 그렇지 않건 간에 전혀 상관하지 않는다. 그래서 꿈 해석을 직접 해 보지 않은 사람들은 그런 꿈을 의심하는 것이다. 스테켈의 저서 《꿈의 언어》에는 특히 이런 실례가 많이 있다. 내가 그의 저서에서 재료를 인용하지 않는 이유는, 그의 태도가 무비판적인 데다가 기술상의 미비함 때문에 인용하기에 적합하지 않기 때문이다

(12) V. 타우스크의 〈꿈 표현에 이용되는 의복과 색깔〉《국제 정신 분석학 잡지》 제2권, 1914년에서 인용한 실례.

ⅰ) A라는 남자의 꿈 ― 〈그는 옛날의 여자 가정 교사가 검은색의 얇은 무명 옷Lüsterkleid을 입고 있는 것을 본다. 옷은 엉덩이에 착 달라붙어 있다.〉 이 꿈은 그가 여자 가정 교사를 음탕하게Lüstern 생각한다는 것을 뜻한다.

ii) B라는 남자의 꿈 — 〈X도로에서 한 소녀를 바라본다. 소녀는 흰weiß 블라우스를 입고 흰빛에 둘러싸여 있다.〉 이 꿈을 꾼 남자는 그 X도로에서 바이스양Früulein Weiss과 처음으로 정담을 주고받았다.

iii) C부인의 꿈 — 〈늙은 브라젤den alten Blasl : 80세 된 빈의 여배우이 완전 무장한 채 긴 의자에 누워 있다.〉 그는 칼을 뽑아들고 탁자와 의자를 뛰어넘어 거울에 자기 모습을 비춰보면서, 마치 가상의 적과 싸우는 행동을 한다.〉 이 여자는 전부터 방광병ein altes Blasenleiden을 앓고 있었다. 그녀는 정신 분석을 받을 때 긴 의자에 눕는다. 그리고 거울에 자기 자신을 비춰볼 때마다 자기는, '이미 늙고 병들었지만, 아직은 활기가 있다sehr rüstig'고 스스로 위로하고 있다.

(13) 꿈 속의 대사업 — 〈그는 자기 자신이 임신한 여자가 되어 침대에 누워 있다. 그는 그것이 구역질난다. 그는 "이럴 바엔 차라리……" 하고 절규한다그는 한 보모에 대한 기억에 따라 '돌을 깨주겠다'고 외친 것이라고 보충했다. 침대 뒤에 한 장의 지도가 걸려 있는데, 밑에는 나무를 고정시켰다. 그는 이 나무틀의 양끝을 잡고 아래로 잡아당겼다. 그런데 나무틀은 부서진 게 아니라, 두 개로 길게 갈라졌다. 그래서 그는 마음이 편안해져 해산도 쉽게 했다.〉

그는 자기가 나무틀Leiste을 아래로 잡아당기는 일은 하나의 '대사업'이라고 스스로 해석하고 있다. 이 사업을 통해서 자기를 여자의 위치에서 끌어내림으로써 불쾌한 상황치료에 관한에서 탈피한다……. 나무틀이 부러지지 않고 길게 갈라진다는 상황은, 그가 '파괴를 동반하는 배증倍增은 거세의 암시'라는 것을 연상함으로써 설명된다. 꿈은 흔히 두 개의 음경을 상징함으로써 반항적인 욕망의 반대물로서 거세를 표현한다. 나무틀이란 말에는 또

'음부'의 뜻이 있기 때문이다. 최종적으로 그는 자신을 여자와 같은 상태에 놓은 거세 위협을 극복하는 것이라고 해석한다.[67]

(14) 내가 프랑스어로 정신 분석을 행하였을 때 어떤 꿈을 해석한 적이 있었다. 내가 코끼리로 나온 꿈이다. 그 꿈을 꾼 환자에게 내가 어째서 코끼리로 나오는가를 묻자, 그는 "선생님이 나를 속이는 것입니다"라고 대답했다. 간혹 꿈 작업은 전혀 엉뚱한 관계를 무리하게 만들어 낸다. 예컨대 고유 명사와 같은 다루기 힘든 재료를 교묘하게 표현한다. 내가 꾼 꿈으로 이런 것이 있다. 〈나는 브뤼케 선생님이 낸 문제를 받았다. 나는 표본을 만들어 마구 구겨진 은종이 같은 것을 집어냈다.〉이 꿈에 대해서는 나중에 다시 설명하겠다. 처음에는 이에 대한 연상이 막막했으나, 나중에야 '은박지Stanniol'라는 것을 생각해 내고, 마침내 꿈 사고는 스탄니우스Stannius라는 저술가의 이름을 나타낸 것임을 알았다. 그는 신경 조직에 관한 연구 논문의 저자로서, 내가 진작부터 관심을 갖고 있던 사람이었다.

브뤼케 선생이 내게 처음으로 준 과제는 칠성장어라는 물고기의 신경 조직에 관한 것이었다. 이 칠성장어Ammocoetes라는 명칭은 수수께끼 그림 속에서는 아무런 쓸모가 없었다. 나는 여기서 어떤 기묘한 내용의 꿈을 하나 예로 들겠다. 이 꿈은 어린아이가 꾼 것으로서, 매우 흥미롭고 분석을 통해 쉽게 그 의미가 간파된다. 어떤 부인이 어렸을 때 꾼 꿈이다.〈그녀는 하느님이 뾰족한 종이 모자를 쓰고 있는 것을 보았다.〉분석 결과, 꿈에 나타난 그 모자는 실제로 그녀가 식사때마다 머리에 써야 했던 것이었다.

---

[67] 랑크의 〈구조 공상의 여러 증거 자료〉와 〈조산助産 공상〉《꿈과 문학》 중 및 라이크의 〈구조의 상징 표현에 대하여〉를 참조하라.

다른 아이들의 접시를 넘겨다보지 못하게 하기 위해서였다. 그녀는 평소 하느님은 전지전능하시다고 알고 있었으므로, 이 꿈에서 그녀는 자기에게 그런 모자를 씌워도 자기는 이미 다 알고 있다는 표현을 하고 있는 것이다.

꿈 작업의 전모와 꿈 작업이 그 재료인 꿈 사고를 어떻게 다루는가를 알기 위해서는 꿈 속에 나오는 숫자나 계산을 보면 된다. 꿈의 숫자는 대개 예언적인 것으로 간주된다. 나는 이런 종류의 꿈의 실례를 몇 가지 들겠다.

ⓐ 치료가 끝나기 직전에 한 부인이 꾼 꿈 - 〈그녀는 어떤 것의 대금을 치르려고 한다. 딸이 그녀의 지갑에서 3플로린 65크로이처를 꺼낸다. 그녀는 딸에게 "아니, 21크로이처면 될 텐데……" 하고 말한다.〉 환자에 대해서 잘 알고 있던 나는 즉각 이 꿈을 해석할 수 있었다. 이 부인은 외국인으로서 딸이 빈의 어느 학교에 입학하여, 딸이 빈에 있을 동안은 나의 치료를 계속 받을 수 있었다. 그런데 3주일 후에 학교를 졸업하므로, 따라서 나의 치료를 끝낸다. 이 꿈을 꾸기 전날에 그녀는 교장 선생으로부터 딸을 1년 더 자기에게 맡겨 달라는 청을 받고서, 그러면 자기도 1년 더 치료를 받을 수 있겠다고 생각했던 것이다.

그런데 꿈은 바로 이 점에 착안하고 있다. 1년은 365일, 딸의 학교가 끝남으로써 치료를 마치기까지의 3주일을 환산하면 21일이 된다물론 21일을 하루도 거르지 않고 치료하는 것은 아니지만. 꿈 사고에 관련된 숫자는 꿈의 현재 내용 속에서 흔히 금액으로 나타나는데, 그렇다고 해서 거기에 특별한 의미가 있는 것은 아니다. 단순히 시간은 금이라는 의미이다. 365크로이처는 3굴덴 65크로이처이다. 꿈 속에 나오는 금액이 적은 것은 분명한 소망 충족으로서, 치료비와 학비를 절감시켜 주는 것이다.

ⓑ 또 다른 꿈에서의 숫자는 좀더 복잡한 관계를 나타내고 있다. 어린 나

이로서 이미 수년 전에 결혼한 어떤 부인이 자기의 친구 엘리제 L이 최근 약혼했다는 말을 듣고 다음과 같은 꿈을 꾸었다. 〈그녀는 남편과 함께 극장에 있다. 아래층 좌석에는 한쪽이 텅 비어 있다. 남편은 엘리제 L과 그 약혼자도 같이 오려 했는데, 1플로린 50크로이처인 3등석밖에 없어서 오지 않았다고 말했다. 그녀는 '그 거래도 그리 나쁜 것은 아니었는데'라고 생각한다.〉 여기서 1플로린 50크로이처는 전날의 아주 사소한 계기에서 유래하고 있다. 그녀는 시누이가 남편에게서 150플로린을 받아 그것으로 장신구를 구입했다. 150플로린은 1플로린 50크로이처의 백 배이다.

3등석이라는 3의 숫자는 엘리제 L이 그녀보다 세 살 아래라는 연관성이 있다.

여기서 이 꿈의 결정적인 열쇠를 쥐고 있는 것은 아래층 좌석 한쪽이 텅 비어 있다는 데 있다. 이것은 남편이 그녀를 조롱할 만한 어떤 사건을 암시하고 있다. 그녀는 전부터 그 공연을 꼭 보아야겠다고 생각했기 때문에 며칠 전에 예매권을 사두었다. 예매권은 별도의 예매료를 지불해야 한다. 그런데 극장에 와보니 한쪽이 텅 비어 있음을 보았다. 그러므로 그렇게 서두를 필요가 없었던 것이다. 이 상황은 다음과 같다. '그렇게 일찍 결혼한 것은 바보스런 일이었다. 엘리제 L처럼 나도 지금쯤 결혼해도 될 만큼 아직 젊다. 내가 기다렸다면 시누이가 서두른 것과 반대로 지금의 남편보다 백 배나 나은 재산적으로 남자를 만났을 텐데. 내 지참금으로 그런 남자는 세 명은 얻을 수 있었을 것이다.

이 꿈에서는 앞의 꿈에서보다 숫자가 훨씬 더 꿈의 의미와 관련을 맺고 있다. 꿈의 개조 및 왜곡은 매우 활발히 이루어지고 있지만, 우리는 꿈 사고가 그런 식으로 표현되기까지는 커다란 내적 저항의 극복 과정이 있었으리라고 해석한다. 또 이 꿈에는 두 사람이 세 사람의 몫을 차지하지 않으면 안 된다는 미묘한 요소가 포함되어 있다는 점에 유의해야 한다. 이 미묘한 요소는, 즉 너무 일찍 결혼한 것은 바보스런 짓이었다고 지적한다면, 꿈의 불가해성을 침범하는 것이 된다. 또 3이라는 숫자는 이 꿈에서 바보스런 면을 만드는 데 교묘히 이용되고 있다. 현실의 150플로린이 1플로린 50크로이처로 축소된 것은 이 꿈을 꾼 부인의 억압된 사고 속에 남편혹은 재산을 업신여기는 것과 관련된다.

ⓒ 꿈의 불신을 조장하는 데 기여한 계산술을 보여주는 다른 꿈 ─ 〈그는 B의 집에전에 알던 가족 있다. 그는 거기서, "당신이 마리에 양을 내게 주지 않은 건 어리석은 일이었어요"라고 말한다. 그리고 나서 그 여자에게, "당신 나이가 몇이죠?"라고 묻자, 그녀는 "1882년생이에요" 하고 대답했다. 그는 "아, 그럼 스물여덟 살이 되는군요"라고 말한다.〉 이 꿈은 1898년에 꾼 것이니, 스물여덟이라는 나이는 분명 계산 착오이다. 꿈을 꾸는 사람이 이와 같이 계산상의 착오를 하는 것은 자칫 진행성 마비 환자의 계산 능력 부족으로 생각되기가 쉽다.

이 꿈을 꾼 환자는 어떤 여자를 만나도 쉽게 반하는 남자로서, 나의 진찰실에 규칙적으로 드나들던 어떤 부인을 보고 그녀와 가까워지고 싶다는 뜻을 비추었었다. 그는 이 여자의 나이를 28세로 짐작했던 것이다. 28세라는 틀린 계산을 해명할 방법은 이것밖에 없다. 그런데 1882년이란 또한 그가 결혼한 해이기도 하다. 한편, 그는 또 나의 진찰실에서 다른 두 여자와도 친해지고 싶어했다. 그녀들은 젊은 아가씨가 아니었는데, 항상 그에게 친절히 문을 열어 주었다. 그러던 그녀들이 그에게 크게 관심을 보이지 않자, 그녀들이 자기를 나이가 지긋한 '아저씨'로 생각하는 것 같다고 추측하고 있었다.

ⓓ 복잡한 제약을 특색으로 하는 또 다른 숫자 꿈은 B. 다트너에 의한 실례를 든다. 시청에 근무하는 보안 경찰관인 나의 하숙집 주인이 꾼 꿈 ― 〈그때 한 감찰관이 그에게 다가갔다. 감찰관은 휘장徽章에 22, 62 혹은 26이란 숫자를 달고 있었다. 분명하지는 않지만 2262란 숫자가 몇 개 있었다.〉 꿈 이야기를 하면서 2262라는 숫자를 분할시키고 있다는 것이, 이미 이 분할된 요소가 각기 별개의 의미를 갖고 있음을 시사해 준다. 그는 전날 근무처에서 22세로 퇴직한 한 감찰관이 계기가 되어 자기들의 근무 연한을 화제삼아 이야기했었다. 꿈을 꾼 경찰관은 이제 겨우 재직 연한이 22년이 되었으므로, 9할의 은급을 받기 위해선 앞으로도 2년 2개월을 더 근무해야만 한다. 이 꿈은 또 그에게 오랫동안 품어 온 소망의 실현, 즉 감찰관이라는 지위를 주고 있다. 휘장에 2262라는 숫자를 붙인 상관은 사실은 그 자신이며, 역시 그가 늘 바라던 가두 근무를 하고 있다. 그러므로 이제 그도 2년 2개월의 근무를 마치면 저 62세의 감찰관처럼 완전히 은급을 받고 퇴직할 수 있는 것이다.[68]

이와 같은 실례와 비슷한 예를 총괄해서 말하면 다음과 같다. 즉, 꿈 작업은 본래 어떠한 계산이든 하지 않는다는 것이다. 다만 꿈 사고 속에 나타나 표현해야 할 재료의 암시로서 이용될 만한 숫자가 계산이라는 명목으로 존재하는 데 불과하다. 그런 경우, 꿈은 이름이나 언어 표상으로 인정되는 그림도 포함시켜서 다른 모든 관념과 동일한 방식으로 숫자를 자기가 의도하는 표현 재료로 삼을 뿐이다. 왜냐 하면 꿈 작업은 그림의 문구를 새롭게 만들어 내지는 못하기 때문이다. 꿈 속에서 어떤 그림의 단편이 나오는 것은,

(68) E. 존스의 〈무의식적인 숫자 처리에 대하여〉《정신 분석학 중앙 잡지》제2권. 1911년을 참조하라.

그 자체에 의미가 있기도 하고 그렇지 않을 수도 있지만, 분석을 통해 우리가 알게 되는 바로는 꿈은 꿈 사고에서 취한, 그때 실제로 행한 대화나 문구를 재료로 이용하는 것이다.

꿈은 한 문장의 일부를 떼내고 다른 부분을 버리며, 또 대개 그것을 새로 구성함으로써 연관성이 있는 것처럼 만든다. 그래서 그것을 분석해 보면 서너 개의 음절로 분해되는 경우가 있다. 이 새로운 이용에 있어서 꿈은 항상 그 언어가 꿈 사고 속에서 갖고 있던 의미를 버리고 완전히 색다른 말을 만들기도 한다.[69] 그리고 꿈의 언어에는 비교적 체계적인 요소가 결합되어 보완해 주는 요소가 있음을 알 수가 있다. 그리하여 꿈 속의 회화 부분은 강력함과 같은 성격을 띠고, 갖가지 재료의 블럭들이 강력한 중간 물질에 의해 접착되어 있는 것 같다.

이상의 설명은 꿈 속의 대화가 얼마나 감각적인 특성을 갖고 언어로서 기술될 만한 것에만 적용되는 것으로서, 듣고 말하는 것으로 느껴지지 않는 즉, 꿈 속에서 청각적·운동상으로 부각되지 않는 언어나 문구는 단지 여러 꿈 속에 끼어드는데 불과한 관념이다. 꿈 속에서의 독서는 대단치 않은 의미의 회화 재료이지만, 정확한 원천을 알 수 없다. 그러나 어쨌든 꿈에 나타나는 뚜렷한 대화나 문구는 모두 현실에서 자기 또는 남에게서 들은 이야기로 환원된다.

이와 같은 꿈에서의 대화의 출처에 관한 실례는 우리가 이미 다른 목적을 위해 소개한 몇 개의 꿈 분석에서 발견할 수 있다. 예컨대 '터무니없는 시장

---

69) 신경증도 꿈과 비슷한 기교를 부린다. 어떤 노래의 일절이 싫은데도 자꾸만 귀에 들려환청 고민하는 한 부인 환자가 있었다. 물론 그녀는 그 노래가 그녀의 심적 생활과 어떤 관계가 있는지 알지 못했다. 그렇지만 그녀는 망상증은 아니었다. 분석 결과, 그녀의 무의식적 심층에서 그 노래 가사를 성적 의미로 멋대로 남용하고 있음이 밝혀졌다.

의 꿈'에 나오는 "그건 벌써 품절이에요"라는 문구는 자신을 도매상과 동일화시키는 구실을 하므로 "그런 건 모르겠어요. 그것은 필요 없어요"라고 꾸짖었는데, 이 말 중에 앞부분이 꿈 속에 채택되어 이 꿈의 근간을 이루고 있던 공상과 아주 적절히 어울리고 있다. 그리고 또 다음과 같은 예가 있다.

〈시체가 화장되는 커다란 안마당에서 그는 말한다. "이런 데 있지 못하겠어weggehen. 차마 볼 수가 없어Das kann ech nicht sehen." 그리고 그는 두 명의 정육점 점원을 만나 "맛있었나?" 하고 묻는다. 그들 중의 하나가 "천만에요, 마치 사람의 고기 같았어요"라고 대답한다.〉

이 꿈의 계기는 이러하다. 그는 저녁 식사 후에 아내와 함께 이웃집을 방문했다. 그 집 사람들은 모두 좋은 사람이었으나, 썩 '구미에 맞는' 친구들은 아니었다. 노부인은 마침 저녁 식사를 하고 있었는데, 그에게 같이 식사를 하자고 강요한다nötigen : 이 말은 남자들끼리 하는 성적 의미의 농담과 같이 쓰인다. 그가 거절하자 "이 정도 가지고 뭘 그래요Abergehens' weg"라고 말한다. 그는 할 수 없이 식사를 하고 나서 인사치레로 "정말 맛있었습니다"라고 말했다. 그리고 아내와 나왔을 때, 그 노부인의 극성과 음식의 맛없음을 욕하면서 "그런 건 보기도 싫어Das kannich nicht sehen"라고 말했다. 꿈 속에서 이 문구는 그대로의 형태는 아니었지만, 노부인의 육체와 관련하여 자기는 그런 할머니를 보는 것조차 싫다는 관념이다.

좀더 배울 점이 많은 다른 꿈 분석의 예를 들어 보겠다.

〈밤에 브뤼케 교수의 실험실에 있는데, 문을 두드리는 사람이 있어 문을 열었더니 플라이슐이미 죽은 교수였다. 교수는 4, 5명의 낯선 사람들과 함께 들어와서 뭐라고 몇 마디 하더니 자기의 책상에 가서 앉았다.〉

그리고 계속 다른 꿈이 이어진다.

〈친구 FI가 7월에 아무도 모르게 빈으로 왔다. 나는 그가 길에서 역시 나의 친구인 P이미 고인이 된와 이야기를 주고받는 것을 보았다. 다음에 나는 그들과 함께 어디론지 가서, 작은 탁자를 사이에 두고 그들과 마주앉았다. 나는 그 작은 탁자의 좁은 쪽의 앞에 걸터앉았다. FI는 자기 누이동생에 관한 이야기 중에 "45분만 죽었다"고 하면서 "이건 문지방인가"라는 말을 한 것 같다. P가 그 말을 알아듣자, FI는 내게 "내 얘기를 P에게 어느 정도 했느냐?"고 물었다. 나는 야릇한 감정에 휩싸여 "아무것도 알 수 없지, 그는 이미 죽었으니까"라고 대답하려 했다. 그런데 나는 얼떨결에 "살고 있지 않았다non vixit"라고 말해 버렸다. 그리고 내가 P를 쳐다보자, 그의 얼굴은 새파랗게 질리고 눈이 파래지면서 점차 몽롱해지더니 이내 그 모습이 사라져 버렸다. 그러자 나는 매우 기쁜 마음이 되어 에룬스트 플라이슐도 망령과 환상에 불과하다는 것을 깨닫고, 이런 사람은 그 존재를 바라는 동안만 생존할 수 있고, 다른 사람의 소망에 따라 이 세상에서 사라지는 일도 있을 수 있음을 알았다.〉

이 꿈은 몇 가지 불가해한 성격을 띠고 있다. 예컨대 "살아 있지 않다"고 하지 않고 "살아 있지 않았다"고 말해 버리는 잘못을 스스로 깨닫는 것, 꿈 속에서의 자기 비판, 이미 고인이 된 것을 알면서도 그와 말을 주고받는 것, 논증의 엉뚱함, 그 논증이 주는 환희 등이 그렇다. 그리하여 나는 이 꿈의 수수께끼를 가능한 한 완벽하게 해명하려고 한다. 그러나 실제로는 꿈 속에서와 같은 일을 할 수 없다. 왜냐 하면 내가 존경하는 분들을 내 명예욕의 희생물로 삼고 싶지 않기 때문이다. 그러나 나 자신은 분명히 알고 있는 이 꿈의 뜻을 조금이라도 은폐시키려 하면 꿈의 진위가 손상될 것이므로, 여기서는 이 꿈의 약간의 요소를 가지고 분석하는 것으로 만족하기로 한다.

이 꿈의 중심부는 내가 P를 쳐다보아 그 모습을 사라지게 하는 장면이다. P의 눈은 정말 불가사의한 기묘한 빛을 띠면서, 이윽고 그의 모습이 사라진다. 이 장면은 실제 상황의 모방이다. 나는 전에 생리학 연구소의 실험 설명관이었는데, 언젠가 이른 아침부터 몇 번 지각한 여학생 실험실에 들어간 일을 브뤼케 교수가 알게 되었다. 그는 어느 날 연구실이 열리는 정시에 와서 나를 기다리고 있었다. 그가 내게 던진 말은 간단했다. 그런데 그가 한 말이 문제가 아니고, 아직도 내 머릿속에 남아 있는 것은 그가 나를 쏘아본 그의 푸른 눈빛이었다. 그때 나는 땅이 꺼지는 듯한 현기증을 느꼈다. 마치 꿈 속의 P처럼 꿈에서는 이 역할이 바뀌어 나는 한시름 놓았다. 그 정도로 나이가 들었어도 그토록 아름다웠던 위대한 교수의 눈을 기억하고, 또 한 번이라도 교수님이 화내는 것을 본 적이 있는 사람은 그때 나의 기분이 어떠했는지는 짐작할 수 있으리라 여겨진다.

그런데 내가 자기 비판을 가하여 '살아 있지 않았다'고 한 것은 어디서 유래된 것인지 오랫동안 풀 수 없었는데, 이 말이 꿈 속에서 그토록 뚜렷했던 이유는, 들은 것도 아니고 말한 것도 아니며, 눈으로 본 것이기 때문이라는 점을 생각해 냈다. 그러자 그 출처가 곧 밝혀졌다. 빈의 호프블그에 있는 요셉 황제의 기념비에, "조국의 행복을 위해 살았네. 오래 되지는 않았으나 몸과 마음을 다 바쳐"[70]라는 아름다운 글귀가 새겨져 있다. 나는 비문에서 나의 꿈 사고 중의 악의 있는 관념의 계열에 적합한 것을 따온 것이다. 즉, 그 저의는, "저런 녀석을 그대로 놔두진 않겠어. 이미 살아 있지도 않으니까 말이야!"라는 것이다.

---

70) 묘비명엔 이렇게 쓰여 있다 — "Sault publicae백성의 vixit, non diusedtotus." 왜 publicae를 patrial 라고 했는지에 대해서는 비텔즈가 적절한 설명을 하고 있다.

그리하여 비로소 나는 이 꿈을 꾼 것은 알카데스에 있는 플라이슐 교수의 기념상 제막식이 있은 지 며칠 후였음을 생각해 냈다. 그때 나는 다시 브뤼케 교수의 기념상을 보고 P를 떠올리며, '뛰어난 두뇌의 소유자이고 학문에만 정진한 그도 일찍 죽지만 않았더라면 틀림없이 동상이 세워졌을 텐데' 하고 아쉬워했던 것이다. 그래서 나는 꿈 속에서 P를 위해 기념상을 세웠던 것이다. 나의 친구 P의 이름은 오스트리아 황제의 이름과 같은 요셉이었다.[71]

꿈 해석의 법칙에 따르면 나에게 내가 필요로 하는 '살아 있지 않다'를 요셉 황제의 기념비에 대한 기억에서 나온 '살아 있지 않았다'로 대치할 만한 필연적인 이유가 있다고는 할 수 없을 것 같다. 그것이 가능했던 것은 꿈 사고 중의 다른 한 요소가 원조를 했기 때문일 것이다.

그런데 그에 대한 나의 견해는 이러하다. 즉, 그 장면은 친구 P에 대한 악의와 우정의 관념이 합치되어 있다가, 악의는 표면에 나타나고 우정은 은폐되어, 그것이 '살아 있지 않았다'는 동일 문구로 표현된 것이다. P가 학문적인 공적이 컸기 때문에 그를 위해 동상을 세우는 반면에, 나는 그가 나쁜 소망을 품고 있었기 때문에 그가 죽기를 바란다. 거기서 내가 만든 문장은 매우 독특한 것으로서, 그것은 필시 어떤 전례가 내게 영향을 미쳤을 것이다. 이와 유사한 대립 명제라든가, 동일 인물에 대한 정반대의 반응은 모두 완전한 정당성을 요구하고, 그러면서도 각기 독립적인 공존을 하는 예는 어디에서 찾아볼 수 있는가? 그것은 독자에게 깊은 감동을 줄 수 있는 구절로서, 셰익스피어의《줄리어스 시저》에 나오는 한 구절이다.

브루투스의 변명 연설이 그것으로, 그 문장은 다음과 같다. "시저가 나를

---

71) 복잡한 피규정성과 관련하여 참고적으로 말해 두면, 나는 지각을 변명하기 위해서 밤에 늦도록 일한 다음 이튿날 아침에 카이저 요셉 가街에서 배링 가까지의 먼 거리를 걸어왔다고 말했다.

사랑하였으므로 나는 그를 위해 울었고, 시저가 행복하였으므로 나는 그를 위해 기뻐했고, 시저가 용감했으므로 나는 그를 존경하였으나, 그가 권세를 얻으려 했으므로 나는 그를 무찔렀다." 이것은 놀랍게도 내가 발견한 꿈 사고와 같은 문장 구조가 아닌가. 바꿔 말해서 나는 꿈 속에서 브루투스가 되었던 것이다. 이러한 의외의 부차적 결합을 보완해 줄 만한 다른 예를 내용에서 하나 더 찾아낸다면 그것은 다음과 같은 것이다. 즉, 꿈 속에서 친구 FI는 7월에 빈에 오게 되어 있지만, 현실에서는 그가 7월에는 결코 올 이유가 없었던 것이다. 그는 내가 아는 한, 7월에 빈에 있었던 적은 없다. 그런데 7월July이라는 것은 율리우스 케사르줄리어스 시저:julius Cäsar를 따서 만든 것이며, 그럼으로써 내가 브루투스 역할을 한다는 중간 사고에 대한 암시를 표현한다고 생각할 수 있는 것이다.[72)]

그런데 여기서 흥미로운 것은 나는 전에 실제로 브루투스 역할을 한 적이 있었던 것이다. 실러의 시에 의한 브루투스와 시저의 장면을 꼬마 구경꾼들 앞에서 연기한 적이 있었다. 내가 열네 살 때였는데, 그때 시저 역을 맡은 사람은 영국에서 우리 집에 와 있던 한 살 위의 조카였다. 그러므로 이 또한 하나의 망령이었다. 왜냐 하면 이 조카로 인해서 나의 어린 시절의 소꿉친구들의 모습이 떠올랐기 때문이다. 나는 세 살이 되기까지 그 조카와 항상 붙어다니며 놀다 싸우다 했던 것이다. 그리하여 앞에서 암시한 바와 같이, 어릴 때의 관계가 후에 동년배 사람들과 교제하는 데 결정적 영향을 끼쳤다. 조카인 존은 그 후 갖가지 형상으로 꿈에 나타나 나의 무의식적 기억 속에 깊이 새겨진 그의 본성이 여러 양성으로 재현되었다.

---

72) 이와 관련하여 '시저 ― 카이저황제'의 여러 관계도 함께 고려해 볼 수가 있다.

존은 나를 몹시 괴롭혔던 것 같다. 그리고 나는 그의 횡포에 맞서 결연히 저항했을 것이다. 그 증거로서, 나의 아버지즉, 존의 할아버지가 나에게, "너는 왜 존을 괴롭히느냐?"고 나무라실 때 내가 변명했다는 짧은 말을 후에 자주 듣곤 했기 때문이다. 그것은 두 살도 안 된 내가, "존이 날 때려서 나도 존을 때렸어요"라고 말했다는 것이다. 어린 시절의 이 광경이 바로 '살아 있지 않다'를 '살아 있지 않았다'로 바꾸게 한 까닭이 된 것이 틀림없다. 왜냐하면 유년기의 끝무렵을 나타내는 '친다schlagen'는 말은 '구두약을 바른다, 때린다, 멋을 낸다, 수음한다'는 뜻의 말wichsen과 통하기 때문이다. 꿈 작업은 이와 같은 기술을 얼마든지 이용한다. 여러 면에서 나보다 뛰어나고, 또어린 시절 소꿉친구의 변신으로 나타난 친구 P에 대한 이유 없는 나의 적개심은, 바로 조카 존과 관련된 복잡 미묘한 유아적 근원에 바탕을 두고 있는 것이다. 이 꿈에 대해서는 나중에 다시 다루기로 하겠다.

[7. 황당 무계한 꿈]

이제까지 여러 유형의 꿈의 분석을 해오면서 우리는 몇 번이나 꿈 내용의 황당 무계함을 겪었으므로, 이와 같은 꿈의 황당 무계함은 어디에서 유래하는가, 그 의미는 무엇인가 하는 데 논점을 맞추어야 할 시점에 와 있다. 꿈의 이 황당 무계성이야말로 꿈을 경시하는 이론가들에게 꿈이란 정신 활동의 쇠퇴와 붕괴에 있어서의 무가치한 산물이라는 유력한 논거를 제공해 주는 것임을 유의해 주기 바란다. 여기에 든 몇 가지 꿈의 실례에서는 꿈 내용의 황당 무계성은 단지 표면적이고, 좀더 깊이 분석해 보면 꿈의 의미 속에 파묻혀 버린다. 다음에 드는 예는 죽은 아버지를 소재로 하고 있다.

A. 6년 전에 부친을 여읜 여환자의 꿈[73]

〈아버지의 신변에 큰 재난이 닥쳤다. 야간 열차를 타고 오던 아버지는 갑자기 열차가 탈선하여 좌석이 서로 부딪치는 바람에 머리가 깨졌다…… . 다음에 그녀는 아버지가 침대에 누워 있는 것을 본다. 왼쪽 눈썹 위에 길게 찢긴 흉터가 보인다. 아버지가 재난을 당한 것이 이상하게 생각되었다 '부친은 벌써 작고하셨는데' 하고 그는 덧붙였다. 아버지의 눈이 몹시 해맑았다.〉

일반적인 해석을 한다면 다음과 같이 될 것이다. 즉, 이 환자는 아버지의 재난을 묘사하고 있던 꿈 상황의 처음에는 아버지가 이미 오래 전에 돌아가셨다는 사실을 잊고 있었지만, 꿈이 진행됨에 따라 아버지의 죽음에 대한 기억이 되살아났고, 그래서 자기로서도 꿈 내용을 이상하게 여기는 것이다. 그런데 분석은 이와 같은 해명은 설득력이 없는 것임을 가르쳐 준다. 이 환자는 어느 조각가에게 아버지의 흉상을 의뢰했는데, 그것이 이 꿈을 꾸기 이틀 전에 완성되었던 것이다. 이 흉상이 그에게는 재난을 만난 것으로 생각된 계기였다. 조각가는 그의 아버지를 본 적이 없었기 때문에 사진을 보고 제작했다.

꿈을 꾸기 전날 이 효자는 전부터 집안일을 보아 왔던 하녀를 조각가의 아틀리에로 보냈는데, 그것은 아버지의 흉상에서 이마의 폭넓이가 좀 좁게 느껴진 데 대해서 이 하녀도 똑같은 견해인가 하는 것을 파악하기 위해서였다. 그리고 이 꿈의 구조에 커다란 영향을 미친 하나의 기억 재료가 있다. 아버지는 생전에 사업상의 걱정이라든가, 집안일로 골칫거리가 생기면 습관적으로 두 손으로 관자놀이를 누르곤 했었던 것이다. 마치 점점 늘어나는

머리를 꽉 조이는 것처럼, 또 환자는 네 살 때 장전한 권총이 발사되어 아버지의 눈을 시꺼멓게 한 사건을 목격했었다눈이 몹시 해맑았다. 꿈 속에서 아버지의 이마에 생긴 흉터는 생전에 아버지가 고민하거나 슬퍼할 때 주름을 짓던 곳이다. 이 주름이 꿈에서 흉터로 대치된 것은 이 꿈의 제2의 계기를 암시하는 것이다.

환자는 전에 자기 딸의 사진을 찍다가 건판을 떨어뜨려, 줍고 보니 금이 가 있었다. 그 금은 마치 수직으로 된 주름처럼 딸의 이마에서 눈썹에 이르기까지 세로로 그어져 있었다. 그러자 그는 불현듯 어머니가 돌아가시기 전에, 어머니를 찍은 건판이 쪼개진 일을 생각하고 불길한 예감에 휩싸였다. 그러므로 이 꿈의 황당 무계성은 단순히 언어 표현의 미묘함으로 인해, 아버지의 흉상과 사진을 구별하지 않는 데서 기인한 것이다. 흔히 우리는, "아버지를 쏙 닮았구나" 하는 말을 듣는다. 물론 표면적으로 이 꿈의 황당 무계성은 쉽게 피할 수 있을지 모르지만, 단 한 번의 경험으로 감히 판단을 내린다면 이 황당 무계성은 꿈 작업에서 허용되었거나 욕구된 외관으로 볼 수 있다.

B. 위의 예와 비슷한 나의 꿈나의 부친은 1896년에 작고함

〈아버지는 돌아가신 후에 마가르족族 사이에서 어떤 정치적 역할을 하여 그들에게 정치적 통일을 안겨 주었다. 이에 대하여 나는 불투명한 정경을 본다. 마치 국회라도 개회된 것처럼 많은 사람들이 모이고 있다. 한 사람이 한두 개의 의자 위에 서고, 다른 사람들이 에워싸고 있다. 다음에 나는 임종하시던 아버지의 모습이 가리발디와 많이 닮았다고 생각했음을 기억해 낸다. 그리고 이 기대가 이루어진 것이 기뻤다.〉

이것은 정말 보통 황당 무계한 꿈이 아니다. 이 꿈을 꾼 때는 헝가리가 의회의 방해 사태로 무법 천지가 되자, 콜로만 젤이 나타나 그 위기를 극복한 시대였다. 꿈에 본 정경이 몇 개의 장면으로 나뉘어진다는 것은 별 의미가 없어 보여도, 꿈 요소의 해명을 위해서는 전혀 무의미한 것도 아니다. 우리들의 관념상의 일반적인 시각적 꿈 표현은 우리에게 실물 크기의 인상을 줄 만한 화면을 형성한다. 그런데 내 꿈에 나오는 삽화들은 오스트리아 역사서 속에 삽입된 목판화의 재현으로서, 이 목판화는 프레스부르크의 제헌 의회에 있어서의 마리아 테레사를 그린 것, 즉 '우리의 국왕을 위해 몸바치리'의 유명한 장면이다.[74] 이 그림에서의 마리아 테레사처럼 아버지는 꿈 속에서 군중에게 둘러싸여 있다. 그러나 아버지는 하나 내지 두 개의 의자 위에 서 있다. 즉, '의자 위에 앉아 있는 재판장'이 되었다'아버지는 그들에게 통일을 안겨 주었다'라는 대목에서 중간 역할을 하고 있는 것은 '우리는 재판장 같은 것은 필요 없다'라는 표현이다.

임종하시던 아버지의 모습이 가리발디와 비슷하게 보였다는 것은 나중에 그 자리에 있었던 다른 사람들도 인정하는 바이다. 아버지는 죽은 직후에 체온 상승으로 인해서 볼이 점차 불그스레해졌다……. 무심결에 우리는, "그리하여 그의 배후에는 근원 무근한 빛 속에 우리를 잡아매는 평범한 것이 드러누워 있었다"라고 말한다. 우리들의 이와 같은 상념의 고조는 바로 이 '평범한 것'으로 인해서 우리가 골탕을 먹게 될 문제에 대해 우리로 하여금 각오하게 하려는 의도인 것이다. 사후에 체온이 상승하는 것은 꿈 내용에서 '아

---

74) 한 저자가 기묘하고 작게 생긴 인간들이 우글거리는 꿈에 대해 서술한 것을 기억한다. 나는 그 꿈의 원천은, 이 꿈을 꾼 당사자가 각성시에 본 자케로의 동판화임을 알았다. 이 동판에는 '30년 전쟁'의 참상을 소재로 하여 매우 작은 모습들을 그려 놓고 있었다.

버지가 돌아가신 후'라는 말과 일치된다. 아버지를 죽음으로 몰고 간 직접적인 병인은 장폐색Obstruktion : 여기에는 앞서 말한 의사 방해의 뜻도 있다이었다.

그런데 여기에는 여러 가지 불운한 관념이 결부되어 있다. 내 또래의 어떤 사람이 김나지움 재학 중에 부친상을 당하여, 나는 그에게 동정을 베풀었던 적이 있다. 그가 언젠가 내게 자기 친척인 어떤 여자의 슬픔을 비웃으면서 이야기했다. 그 여자의 아버지는 길거리에서 죽어 집으로 옮겨졌는데, 시체의 옷을 벗기자 탈분脫糞되어 있었다. 이것을 본 딸은 매우 가슴 아파했고, 이로 인해 아버지에 대한 추억이 더럽혀진 모양이었다. 여기까지로 봐서 우리는 꿈 속에서 실현되고 있는 소망의 정체를 알게 된다. 자식된 입장에서 아버지에 대한 추억을 깨끗하고도 위대한 모습을 보이기를 바라지 않는 사람이 있겠는가. 그렇다면 이 꿈의 황당 무계성이 없어진다고 생각될 것이다. 겉으로 보기에 황당 무계성이 생겨난 것은 다음과 같은 이유에서이다. 즉, 꿈의 구성 요소 사이에 존재하는 것으로 생각되는 말이 꿈 속에 표현된다는 점이다.

이 꿈의 황당 무계한 외관은 꿈을 꾼 당사자가 욕구하고 의도하여 불러일으킨 외관이라는 느낌을 지울 수 없다. 꿈 속에서 죽은 사람이 살아 있는 듯이 행동하는 경우가 자주 일어나기 때문에, 우리는 그것을 이상하게 생각한 나머지 과분한 해석을 내리지만, 이와 같은 일이야말로 꿈에 대한 우리의 몰이해성을 자인하는 것이 된다. 그런데 이와 같은 꿈의 해명은 매우 간단하다. 그래서 우리는 대개 '만약 아버지가 생존해 계신다면 그에 대해 무어라고 하셨을까?'라는 상상에 골똘하게 된다. 꿈은 이런 상상을 현재의 어떤 특정 상황에 의해 표현하는 것이다. 예를 들어 조부의 막대한 재산을 상속받은 한 젊은 남자가 있다고 하자. 그는 주위 사람들이 재산을 탕진한다고 비난하면, 꿈에서 조부가 살아서 자기를 나무라는 꿈을 꾼다는 식이다.

자기가 꾼 꿈에 대한 항의, 즉 꿈에 나온 그 사람은 이미 오래 전에 죽지 않았느냐라는 항의는, 실제로는 그 죽은 사람은 이런 일을 겪지 않았어도 되었을 텐데 하는 안타까움과 위로의 관념이든가, 아니면 그 사람은 이미 죽었으니까 이제는 간섭할 수 없다는 만족감이다. 꿈 속에 죽은 가족이 나타나는 것과는 구별되는 다른 종류의 황당 무계성은 조롱이나 욕설을 표현하는 것이 아니고, 도저히 있을 수 없는 일이라고 단정짓고 싶은 억제된 사고 표현에 기여하는 것이다. 이런 종류의 꿈은 욕구된 것과 현실의 것을 구별하지 않는다는 것을 염두에 두어야만 풀이가 가능해진다. 예를 들어 오랫동안 간호해 오던 병든 아버지가 보람도 없이 갑자기 세상을 떠나자, 비탄에 잠긴 남자가 그로부터 얼마 후 이런 무가치한 꿈을 꾸게 된다.

〈아버지는 살아 계실 때처럼 건강한 모습으로 언제나처럼 나와 이야기를 나누었다. 그러나 아버지는 역시 죽은 것이었고, 단지 그런 것을 모를 뿐이다.〉

이 꿈은 '역시 죽은 것이었고'에 '꿈꾼 당사자의 소망의 결과'를 덧붙이고, '단지 그런 것을 모를 뿐이다'에 '꿈꾼 당사자가 그런 소망을 갖고 있었다'라는 말을 보충해 보면 쉽게 의미를 알 수 있을 것이다. 이 꿈을 꾼 아들은 아버지의 간호를 하면서 수없이 차라리 돌아가셨으면 하고 바랐다. 다시 말해서 죽음으로 어서 아버지의 고통이 끝나기를 바라는 마음이었다. 그래서 아버지가 죽은 후 슬픔 속에서도 자기가 그런 마음을 품음으로써 아버지의 생명이 단축된 것이 아닌가 하는 양심의 가책을 느끼게 되었던 것이다. 아버지에 대한 최초의 유아적 충동을 일깨움으로써 자기 비난을 꿈으로 표현하는 것이 가능하게 된 것인데, 꿈을 일으키게 한 원인과 낮의 관념 사이에 너무 큰 괴리가 있기 때문에, 이 꿈은 당연히 황당 무계하게 될 수밖에 없었던 것이다《정신 분석 연감》제3권 참조.

　죽은 사람을 사랑하는 꿈은 대개 꿈 해석에 있어서 어려운 문제를 도출
시키고 있으며, 이 문제의 해결은 언제나 만족스럽게 성공하지는 못한다. 왜
냐 하면 꿈을 꾼 당사자가 죽은 사람에 대해 품는 지배적인 감정이 특히 강
하기 때문이다. 이와 같은 꿈에서 죽은 사람은 처음에는 살아 있다가 다음
에는 죽어 있고, 계속 꿈이 이어지면 다시 살아 있는 것이 상례이다. 그래서
우리가 혼란에 빠진다. 나는 이런 현상을 꿈꾼 당사자의 무관심으로 생각
하게 되었다. 즉, 그 사람이 죽었거나 살았거나 자기에게는 마찬가지라는 것
이다. 물론 이와 같은 무관심은 결코 현실인 것이 아닌 욕구된 것으로서, 꿈
꾸는 사람의 매우 강력한 정반대의 감정을 부정하기 위한 수단이다. 그럼으
로써 이 무관심이 그 사람의 양가성兩價性의 꿈 표현이 되는 것이다.

　또 죽은 사람과 교섭을 갖는 꿈의 방향은 다음과 같은 법칙으로 결정된
다. 만약 꿈 속에서 사자死者가 죽었다는 사실이 상기되지 않을 때에는, 꿈
을 꾼 사람은 자신을 사자와 동일화한다. 다시 말해서 그는 자기 자신의 죽
음에 대한 꿈을 꾸는 것이다. '이 사람은 이미 오래 전에 죽었으니까' 하고
어떤 의구심이나 반성의 관념을 보여주는 것은 이 동일화에 대한 일종의 항
변이며, 꿈을 꾸는 당사자로서는 죽음을 거부하려는 것이다. 그러나 솔직히
말해서 나의 꿈 해석은 아직도 이런 종류의 꿈 내용의 수수께끼에 대해서
완전한 해명을 하지 못했다고 생각한다.

　C. 툰 백작과의 만남으로 꾼 나의 꿈

　이제부터 드는 예에서는, 꿈 작업이 그 재료 속에 전혀 그 계기가 없는 듯한
황당 무계성을 어떻게 만들어 내는가를 분명하게 포착할 수 있으리라 여겨진

다. 다음 꿈은 내가 휴가 여행을 떠나기 전에 툰 백작을 만나고 꾼 꿈이다.

〈나는 한 필의 말이 끄는 마차에 올라타서 역으로 가자고 명령한다. 마부는 마치 내 시중을 드느라 지친 사람처럼 투덜대므로, 나는 마부에게, "물론 선로 위를 자네와 함께 달릴 수는 없을 거네" 하고 말한다. 그때 여느 때 같으면 전차로 갈 거리를 이미 마차로 온 것 같은 기분이 들었다.〉

이 복잡하고 무의미한 꿈을 분석하면 다음과 같은 것이 된다. 나는 그 날 마차를 타고 티룬바하의 어떤 시골길을 가달라고 말했다. 그런데 마부는 그 길을 잘 알지 못했는지 엉뚱한 길로 달리고 있었다. 문득 정신을 차려 본 나는, 길은 이쪽이라고 말하면서 몇 마디 나무라는 말을 하지 않을 수 없었다. 관념의 결합은 이 마부에게서 귀족으로 옮아가지만, 이 귀족에 대해서는 나중에 설명하기로 하겠다. 다만 지금은 우리 보통 사람의 입장에서 볼 때 귀족들은 무슨 일에나 마부의 자리에 앉고 싶어한다는 것만을 암시해 두겠다. 툰 백작만 해도 오스트리아 제국이라는 마차를 몰고 있지 않은가.

그런데 나는 마부를 나의 동생과 동일화시키고 있다. 그 해에 동생이 내게 이탈리아 여행을 함께 가자고 제의한 것을 거절했었다'물론 선로 위를 자네와 함께 달릴 수는 없을 거네'. 그런데 이 거절은 바로 동생이 평소 늘 나에게 여행을 같이 가면 자기를 피곤하게 만든다고 불평한 데 대한 일종의 보복이었다. 그의 불만은 내가 하룻동안 지치도록 구경하고, 또 너무 빠르게 여기저기로 돌아다닌다는 것이었다. 그날 밤은 동생이 역까지 바래다 주었는데, 역전에 있는 시내 전차의 정류장에서 내려 전차를 타고 풀켈스돌프로 갔다. 그때 나는 동생에게 전차보다 서부선 철도로 가면 나와 좀더 함께 갈 수 있지 않느냐고 말했었다.

이 사건이 꿈 속에서 '전차로 갈 거리를 마차로 왔다'고 하는 형태로 나와 있다. 그런데 현실은 정반대였다. 나는 동생에게, "네가 전차로 가는 구간을 서부 철도를 타면 나와 함께 갈 수 있다"라고 말했다. 매우 복잡한 이 꿈의 혼란은, 내가 꿈 속에 '전차' 대신에 '마차'를 끌어들였기 때문이다. 이 일은 또 마부와 동생을 동일화시키는 일을 돕고 있다. 한편, 나는 이 꿈 속에서 거의 설명하기가 어렵고, 내가 "선로 위를 자네와 함께 달릴 수는 없다"라고 한 말과 상반되는 어떤 무의미한 것이 들어 있다는 것을 발견하게 된다. 그렇지만 나는 애당초 전차와 마차를 혼동한다는 것은 있을 수 없는 일이므로, 이러한 불가해한 도취는 분명 어떤 의도에 의해 만들어졌을 것이다. 그렇다면 과연 어떠한 의도에서 만들어진 것일까?

그에 대한 답을 하려면 꿈에서의 황당 무계성이 무엇을 의미하는지, 그리고 그와 같은 황당 무계성이 만들어지는 것은 어떤 동기에서인가를 밝히지 않으면 안 된다. 나는 이 꿈 속에서 '탈 것으로 간다'는 것과 어떤 황당 무계성이 결합된 관념을 필요로 한다. 왜냐 하면 내가 이 꿈 사고에 대해 갖고 있는 나름대로의 해석이 꿈 내용 속에 나타나기를 바라기 때문이다. 같은 날 꾼 다른 꿈에서 내가 아는 한 부인이 가정부로 나왔다. 그 부인은 명석하고 손님 초대하기를 좋아하는 사람으로서, 전날 밤에 나는 그녀의 집에 초대되어 즐기던 중 두 가지 수수께끼를 들었으나 도저히 풀 수 없었다. 그러나 다른 사람들은 해답을 알고 있었으므로, 답을 풀려고 애쓰던 내 모습이 무척 우스웠을 것이다. 그것은 '뒤에 온다nachkommen : 자손·후예'는 말과 '앞서 간다vorfahren : 조상'는 말을 낀 애매 모호한 퀴즈였다.

주인이 명령한다.
마부가 실행한다.

누구나 갖고 있다.

무덤 속에서 쉬고 있는 것은?

답 : 앞서가는 것 ― 조상

두 번째 수수께끼는 전반부가 첫번째의 것과 동일하다는 점이 오히려 더 혼란스러웠다.

주인이 명령한다.

마부가 실행한다.

아무도 갖고 있지 않다.

요람에서 자고 있는 것은?

답 : 뒤에 오는 것 ― 자손

그런데 툰 백작이 당당하게 마차를 타고 가는 것을 보고, 나는 문득 피가로 같은 기분이 들었다. 즉, 위대한 귀족이라 해도 그것은 단지 귀족 집안에서 태어났다는 것자손에 불과한 것이 아닌가 하는 기분이 되었을 때, 앞의 두 수수께끼는 꿈 작업에서 중간적 사고가 되었던 것이다. 귀족이 마부와 혼동되는 것은 흔히 있을 수 있는 일이며, 게다가 오스트리아에서는 옛날에 마부를 '형님'이라고 부르던 관습이 있었으므로, 꿈의 압축 작업은 내 동생을 똑같은 표현 속에 끌어들일 수 있었던 것이다. 그 배후에 있는 꿈 사고는 '자기 조상을 자랑하는 것은 바보짓이다. 차라리 나 자신이 앞서가는 자조상가 되겠다'는 것이다. 여기서 그런 것은 바보짓이라는 관념이 나왔으므로 꿈 속에 무의미한 것이 끼어들었던 것이다. 이렇게 해서 이 꿈의 애매한 부분, 즉 '나는 마부와 함께 이미 마차를 달리고 있었다'라는 것이 풀이가 되는 셈이다.

그러고 보면 꿈이 황당 무계하게 만들어지는 것은 꿈 내용의 여러 요소 중에서 '그런 것은 바보짓이다'라는 판단이 나오는, 즉 조롱과 비난이 꿈을 꾸는 당사자의 무의식적인 사고 과정의 하나에 동기를 만드는 것이다. 따라서 꿈의 황당 무계성은 꿈 사고와 내용 간의 재료 관계를 반대로 뒤집는다든가, 신체 운동의 억제 감각을 이용하는 것과 같이 모순된 꿈 작업을 나타낼 때 쓰인다. 그렇다고 해서 황당 무계한 것이 모두 '부정'으로 해석되지 않고, 그와 동시에 그 모순을 조롱하거나 만족하는 꿈 사고의 의도도 나타내려는 것이다. 꿈 작업은 또 이 경우에 있어서도 잠재 내용의 일부를 어떤 현지적 모양으로 전환시킨다.[75]

우리는 이제 황당 무계한 꿈이 갖는 이와 같은 의의가 뚜렷하게 나타나는 실례를 접할 수 있다. 한 지휘자가 아침 7시 45분까지 계속 오케스트라의 지휘를 한다는 '바그너의 오페라 상연의 꿈'은 따로 분석을 할 필요도 없이 '세상은 거꾸로 돌아간다. 모두 미쳐 버렸다'는 의미이다. 합당한 사람에게 그에 걸맞은 일이 일어나지 않고 엉뚱한 사람에게 돌아간다. ― 이런 생각으로 그 꿈을 꾼 부인은 자신의 운명을 사촌동생의 운명과 비교하고 있다. 내가 꿈의 황당 무계성의 실례로써 죽은 아버지에 대한 꿈을 소개한

---

75) 이렇게 해서 꿈 작업은 어떤 우스꽝스런 관념이 나타나면 그것과 관련지어 다른 우스꽝스런 관념을 만들어 냄으로써, 앞의 우스꽝스런 관념을 빗대어 조롱한다. H. 하네는 이와 같은 방식으로 바이에른 왕의 저급한 시를 조롱했다. 그는 왕의 시보다 더 서투른 시를 지어 왕의 시를 조롱했던 것이다.

　　　루드비히 님은 위대한 시인
　　　그의 시를 보면
　　　위대한 아폴로도 무릎을 꿇고 이렇게 말한다.
　　　"그만둬, 그만. 미쳐 버리겠다."

것은 결코 우연이 아니다. 그 꿈에는 황당 무계한 꿈을 만들어 내는 데 필요한 여러 가지 전형적인 조건이 들어 있다. 아버지가 갖는 권위는 자식으로 하여금 일찍이 비판력을 일깨운다. 아버지의 지나친 요구는 자식이 어떻게든 자기 마음을 편하게 하기 위해서 아버지의 약점을 찾도록 한다. 그러나 아버지가 죽은 후에는 아버지를 향한 마음이 더욱 강해져, 이런 마음이 꿈의 검열을 강화하여 아버지를 비판하는 의도를 억압함으로써 의식을 저지한다.

D. 죽은 아버지에 관한 황당 무계한 새로운 꿈

〈나는 1851년에 어떤 발작이 일어나 어쩔 수 없이 입원을 하게 되었는데, 그 입원료의 지불에 관해 고향의 한 사무소로부터 온 한 통의 편지를 받았다. 그것은 매우 흥미로운 것이었다. 그 이유는 첫째로 1851년이라면 내가 아직 태어나기 전이며, 둘째로 그와 관련된 아버지는 이미 돌아가셨기 때문이다. 나는 옆방에 계신 아버지에게 가서 그 일을 이야기했다. 그런데 놀랍게도 아버지는 그 해에 한 번은 술에 취해서 불심 검문을 당한 적이 있었다고 말했다. 그 당시 아버지는 T가를 위해 일하고 있을 때였다. 그래서 나는, "아버지도 술에 취하셨군요. 그렇다면 그 뒤 바로 결혼하셨나요?"라고 물었다. 계산해 보니 과연 나는 1856년에 태어났으며, 그것은 이 일이 있은 직후인 것으로 생각되었다.〉

이 꿈은 그 황당 무계성을 표출하고 있는데, 이러한 직접적인 황당 무계성은 이제까지의 논의에 비추어 볼 때 꿈 사고 속에 있는 격렬한 적대감의 표시라고 할 수 있다. 그러나 우리는 이 꿈 속에서는 적대감이 쉽게 노출되고, 조롱의 목표로써 아버지를 제시하고 있음을 확인하게 되어 점점 더 묘한 기분이 되는 것이다. 이와 같은 노골성은 꿈 작업에 있어서 우리의 꿈 검열에 관한 전제와 모순되는 것처럼 보인다. 그러나 우리는 해석을 통해 이 꿈에서 아버지는 다만 이용된 것에 지나지 않으며, 실제로 싸움의 상대는 꿈 속에서 단 하나의 암시로 존재를 나타내는 다른 인물이라는 것을 가르쳐준다.

대개의 경우 어떤 사람에 대한 적대감을 취급하는 꿈은 그 사람의 배후에 아버지를 숨기고 있는데, 이 꿈에서는 그것이 반대로 되어 있다. 즉, 아버지는 다른 사람을 감추기 위한 대용물이 되어 있어서, 여기에서는 실제로는 아버지가 아니라는 암묵적 인정이 작용되고 있으므로, 이 꿈은 일반적으로 신성시되고 있는 아버지를 그렇게까지 적나라하게 조롱하는 일이 허락되는 것이다. 이런 사정이 나온 꿈의 유인은 다음과 같다. 이 꿈을 꾼 것은 어느 선배가 나를 비난한 일, 즉 나의 환자 중의 한 사람이 5년 동안 정신 분석 치료를 받고 있는 데도 결과가 나오지 않은 것은 이상한 일이라고 말했다는 것을 들은 다음이었다. 이 꿈의 앞부분은 은폐되고 있지만, 이 선배는 한때 그 아버지가 할 수 없게 된 의무 — 입원 및 비용의 지불 — 를 인수한 일을 가리키고 있다.

그리고 우리의 우정이 금가기 시작하면서, 나는 아버지와 아들의 관계가 나쁜 경우에 흔히 볼 수 있는 것처럼 과거의 행위로 인한 감정상의 갈등에 봉착하게 되었던 것이다. 그리하여 꿈 사고는 나의 환자의 치료와 다른 모든 일에 대한 비난에 대해 분석하고 반항하는 것이다. '도대체 그는 나보다 더 유능한 의사라도 알고 있다는 말인가? 그는 이런 종류의 병은 거의 불치의 병이어서 치유가 불가능하다는 사실을 모르고 있단 말인가? 그리고 한 인간의 일생 중에서 기껏 4, 5년이라는 시간이 뭐가 길단 말인가? 게다가 치료를 받는 동안에는 환자가 더할 나위 없이 평화로운 생활을 했는데.'

이 꿈의 황당 무계성은 대부분의 꿈 사고의 영역으로부터 나온 테마가 어떤 매개적 존재도 없이 나란히 이어져 있기 때문에 비롯된 것이다. 예를 들어, '나는 옆방에 있는 아버지에게 간다'는 명제는 바로 앞의 명제와 연결되는 것이 아니라, 내가 전에 내 마음대로 결정한 약혼을 아버지에게 말하던 때의 상황과 연결되고 있다. 그렇다면 이 명제는 그때 아버지가 나타내 보인 품위 있고 공정한 태도를 상기시켜서 어떤 다른 인물의 태도와 아버지의 태도를 대조시킨다. 그런데 꿈 사고 중에는 주위 사람들이 아버지를 훌륭하게 인정하므로 꿈 속에서 감히 아버지를 조롱할 수 있었던 것이다. '전에 술에 취해 불심 검문을 받은 적이 있다는 것을 기억해 냈다'는 명제는 실은 아버지와 관계된 것이 아니다. 단지 아버지가 대용물이 되고 있는 인물은 바로 마이네르트이다.

나는 본래 마이네르트를 매우 존경하여 그의 길을 따르려고 했었다. 그런데 그가 내게 보인 태도는 얼마 동안은 호의적이었으나, 나중에는 강한 적대감으로 변하였다. 그래서 이 꿈은 나에게 그의 말을 연상시킨다. 그는 젊었을 때 클로로포름에 중독되어 한동안 치료를 받아야만 했던 적이 있다. 그리고 또 하나, 이 꿈은 마이네르트의 사망 직전에 일어났던 한 사건을 연상시킨다. 언젠가 나는 남성 히스테리라는 문제에 관해서 그와 격렬한 논쟁을 벌였다. 얼마 후 임종이 가까운 그를 찾아가 병세를 물으니, 그는 증상을 자세히 얘기한 다음, "이보게, 실은 나야말로 남성 히스테리 환자였다네" 하고 말끝을 맺었다.

그가 그토록 오랫동안 완강하게 부정해 오던 일을 이런 식으로 인정한 것은, 나로서는 한편 놀랍기도 했으나 내심 회심의 미소를 지었다. 그러나 내가 이 꿈에서 아버지를 마이네르트의 대리물로 이용할 수 있었던 것은 이 두 사람 사이의 공통점이 있기 때문이 아니라, 꿈 사고 속에 있는 짧은 문장 표현 때문이다. 그 문장을 자세히 말하면 이렇게 된다. '그래, 만일 내가 대학 교수나 궁중 고문관의 자식으로 태어났다면 물론 좀더 출세가 빨랐을 거야.' 이렇게 해서 나는 꿈 속에서 내 아버지를 궁중 고문관으로, 대학 교수로 만들었던 것이다.

이 꿈에서 가장 두드러진 황당 무계성은 1851년이라는 해이다. 나는 1851년과 1856년의 차이를 완전 무시한 채 그 두 연도 사이의 5년이라는 연차를 대수롭지 않게 생각했다. 그런데 바로 이것이야말로 이 꿈이 표현하고자 한 것이다. 4, 5년이란 기간은 내가 선배 마이네르트의 지원을 받고 있었던 기간이며, 나의 약혼녀에게 결혼을 기다리게 한 기간이고, 또 내 환자를 치유하기까지 필요하다고 생각한 기간이기도 하다. 꿈은 이렇게 반문한다. "5년이라는 기간이 무슨 문제인가. 그런 것은 내게는 결코 긴 시간이 아니다. 나는 그런 건 신경쓰지 않는다. 내게는 앞으로 얼마든지 시간이 있다. 당신이 믿지 않으려 했던 일도 결국 인정되었으니까. 그와 마찬가지로 이 일도 반드시 이루어질 것이다."

그러나 이 밖에 1851년에서 떼어낸 51이라는 숫자는 좀더 다른 의미로 쓰이고 있다. 그래서 이 숫자가 꿈 속에서 여러 번 나오는 것이다. 51은 남자에게 있어서 액년이다. 나의 동료 중에 51세에 타계한 사람을 많이 보았고, 그 중에는 오랫동안 기대하던 교수직에 임명되기 2, 3일 전에 갑자기 죽어버린 사람도 있었다.

E. 숫자를 다룬 또 다른 황당 무계한 꿈

〈친척인 M씨는 괴테의 거센 공박을 받았다논문을 통해서. 우리는 그건 너무 부당하다고 생각했을 정도이다. M씨는 물론 그 공박으로 완전히 지쳐 버렸다. 그는 어떤 자리에서 이 일을 크게 한탄하였다. 그러나 괴테를 향한 그의 존경심은 변할 줄 몰랐다. 그런데 나는 시간적 관계가 매우 이상하여 그것을 해명해 보려 하였다. 괴테는 1832년에 죽었다. 따라서 M에 대한 괴테의 공박은 그 이전이어야 하는데, 그때라면 M은 퍽 어린 나이였을 것이다. 아마 열여덟 살 정도일 것 같다. 그런데 현재가 몇 연도인지 알 수 없어 계산을 하지 못한다. 어쨌든 공박이 가해진 것은 괴테의 유명한 에세이《자연에 대해서》에서였다.〉

이 꿈의 황당 무계성은 쉽게 드러난다. 나는 M씨를 어느 파티에서 알게 되었는데, 그 얼마 전에 그의 동생을 진찰해 달라는 의뢰를 받았었다. 진행성 마비에 의한 전신 장애인 것 같다는 것이다. 진찰 결과, 역시 M씨의 예측이 들어맞았다. 그런데 이 진찰 중에 예기치 않은 일이 일어났다. 환자가 불쑥 형의 젊은 시절의 과오를 암시하는 듯한 말을 내뱉어 형인 M씨를 몹시 당황케 했던 것이다. 나는 환자에게 생년월일을 묻고 기억력 감퇴의 징후를 파악하기 위해 몇 가지 간단한 계산을 시켜 보았다. 이 시험은 그런대로 통과했다. 나는 내가 그 꿈 속에서 스스로 진행성 마비 환자로 행동하고 있다는 것을 발견했다'현재가 몇 연도인지 알 수 없다'.

또 다른 재료는 최근에 있었던 다른 원천에서 온다. 내가 아는 어느 의학 잡지의 편집자가 베를린에 있는 나의 FI의 작품에 대해서 신랄한 비평을 게재했다. 필자는 젊은 사람으로서 비평에는 부적합한 사람이었다. 나는 이 사건에 대해 친구인 편집자에게 해명을 요구했다. 그는 매우 유감스럽다는 의사를 표명했으나, 그에 대해 어떤 조치를 하겠다는 언질은 없었다. 그래서 나는 그 잡지와의 관계를 끊겠다는 편지를 보냈는데, 거기서 나는, "우리의 개인적 친분은 이번 사건과 하등 관련이 없을 것이다"라고 부언했었다.

이 꿈의 세 번째 원천은 그 무렵에 어느 부인 환자로부터 그녀의 남동생이 정신 질환을 앓고 있다는 말을 들은 데서 기인한다. 모든 의사들은 그 환자가 '자연, 자연'이라고 절규하는 것은 괴테의 아름다운 에세이에 매료된 것이며, 환자가 자연철학에 몰두해 과로한 탓이라고 규정지었다.

그러나 나는 오히려 성적 의미를 고려해 보아야 한다는 생각이었다. 보통 사람들이 '자연'이라고 할 때는 대개 거기에 성적 의미를 부가시키기 마련이며, 게다가 이 불행한 환자가 뒤에 자신의 음경을 잘라 버렸다는 사실을 감안하면 내 생각은 더욱 굳건해진다. 이 환자가 광기를 일으킨 것은 열여덟 살 때였던 것이다.

내 친구의 잡지에서 혹평을 받은 저서다른 비평가는 '필자가 미쳤는지, 아니면 우리들이 미쳤는지 자문하게 된다'고 말하기도 했다에는 생명의 시간적 관계가 서술되어 있고, 괴테의 수명도 생물학적으로 중대한 의미가 있는 숫자의 배수가 된다고 지적하고 있다. 이것을 고려해 보면 그 꿈 속에서 친구의 대리가 되어 있는 사실을 쉽게 이해할 수 있다'나는 시간적 관계를 해명하려 한다'. 그러나 내가 꿈 속에서 진행성 마비 환자처럼 행동하고 꿈의 황당 무계성을 마음껏 활용하고 있다는 것은 바로 다음과 같은 꿈 사고의 표현인 것이다. "물론이 말은 독일어로 natürlich로서, 자연이라는 Natur에 근원을 두고 있다 그는 미친 바보이다. 그리고 당신들은 천재적이니까 사물을 잘 분간하고 있다. 아니 어쩌면 그 반대인지도 모른다."

그리고 이 반대의 것은 꿈 내용 속에 충분한 이상으로 표현되어 있다. 괴테는 그 젊은 필자를 공박하고 있지만, 그것은 실로 황당 무계한 것으로서 사실은 그 반대인 것이다. 즉, 오히려 그 피라미가 불후의 괴테를 공박하는 것인지도 모른다. 또 내가 괴테가 죽은 해로부터 계산하는 것도, 사실은 그 반대로 내가 진행성 마비 환자에게 그의 생년을 기준으로 계산하게 했던 것이다. 그런데 또 나는 앞에서 어떤 꿈도 이기적인 충동 이외의 것에 의해 생겨나는 일은 없다는 점을 제시하겠다고 언급했었다. 이 점과 관련하여 이 꿈에서 나는 친구의 일을 나 자신의 일로 만들고, 나 자신을 친구 대신으로 앉혀 놓았다는 것을 인정하지 않을 수 없다. 그런데 현실에서의 나의 비판적 확신은 이것을 충분히 설명해 주지 못한다.

한편, 열여덟 살의 환자와 그가 절규한 '자연'이란 말에 대한 대립은, 내가 정신 질환의 병인에 대해 성적인 견해를 내세워 많은 의사들과 맞서게 된 대립을 나타내고 있다. 나는 나 자신에게 이렇게 말할 수 있다. '너의 친구가 당한 비평은 너 자신에게도 가해질 수 있다. 아니, 이미 부분적으로 가해지고 있다.' 여기서 나는 꿈 사고 중의 그를 '우리'라고 바꿔 놓고 싶은 것이다. "그래, 당신들은 옳고 우리들은 바보다." 괴테의 저 아름다운 에세이에 관한 이야기를 들은 후에, 김나지움을 마치고 장차 어떤 길로 나아갈 것인가 방황하고 있던 나에게 자연과학의 방향을 제시해 주었기 때문이다.

F. 앞의 꿈의 보충

나는 앞에서 내가 꿈 속에 나타나지 않은 다른 꿈에 관해서 그 꿈이 이기적이라는 해명을 보류해 두었었다. 나는 앞에서 M교수가 "내 아들, 그 근시안이……"라고 한 짧은 꿈을 언급할 때, 이 꿈은 내가 등장하는 다른 꿈의 서몽序夢에 지나지 않음을 밝혔었다. 여기서 그때 언급하지 않은 본론적인 꿈을 소개하겠다. 이 꿈은 우리에게 황당 무계하고 불가해한 여러 가지 형성이 왜 이루어지지 않는가를 밝혀 준다.

〈로마의 거리에서 어떤 사건이 일어나서 아이들이 도망치지 않으면 안 되게 되었고, 실제로 또 그렇게 되었다. 어떤 고풍의 이중문 앞꿈 속에서도 나는 "아아, 시에나의 폴타 로마나로구나" 하고 중얼거렸다, 나는 분수 가에 앉아서 너무 슬픔에 겨워 울음이 터질 것만 같았다. 한 여자가보모 또는 여승 남자 아이를 데리고 와서 아버지에게 인계했다. 그 아버지는 내가 아니다. 두 남자 아이 중에 큰아이는 분명 나의 맏아들이고, 다른 한 아이는 얼굴이 보이지 않는다. 그 아이를 데리고 온 부인은 헤어질 때 그 아이에게 키스를 하려 한다. 부인은 코가 유별나게도 붉다. 그 아이는 키스를 하는 대신 작별 인사로 부인에게 손을 내밀면서, "아우프 게제레스Auf Geseres : 게제레스를 기하여"라고 말하고, 우리들에게는, "아우프 운게제레스Auf ungeseres"라고 했다. 나는 나중의 그 말이 더 정감어리다고 생각했다.〉

이 꿈은 극장에서 〈새로운 유대인 거리〉라는 연극을 보고 자극되어 생긴 갖가지 관념 덩어리를 기초로 하여 구성되어 있다. 유대인에 대하여, 조국을 잃은 아이들의 장래에 대한 우려, 아이들이 자유 이주권을 가지도록 교육시키고 싶다는 소망 등이 이 꿈에 나타난 꿈 사고이다. "우리는 모두 바빌론의 물가에 앉아 울었노라" 바빌론은 시에나의 폴타로마나와 마찬가지로 아름다운 분수가 많이 있는 것으로 알려져 있다. 내가 로마 대신이 될 장소를 물색해야 한다.

시에나의 폴타로마나 근처에서 우리는 불빛이 밝게 비치는 큰 저택을 보았다. 그것은 마니코미오, 즉 정신병원임을 알았다. 이 꿈을 꾸기 전에, 나는 유대인인 한 의사가 어렵게 얻은 어느 국립 정신병원의 자리를 포기해야만 했다는 얘기를 들었다. 꿈 속에서 확인할 수 있는 상황으로서 '아우프 비더젠이어야 할 아우프 게제레스'와 그 반대의 뜻인 '아우프 운게제레스Un은 부정의 뜻이다'라는 말이 우리의 흥미를 끈다. 유대인 법률학자에 따르면, 게제레스는 정확히 그리스어의 동사 goiser에서 파생된 것이며, '명령받은 고뇌 또는 재난'으로 번역하면 가장 적당하다는 것이다. 비유적 표현이라면, 그것은 다시 말해서 '비애와 신음'으로 볼 수 있다.

운게제레스는 꿈이 만든 조어로서 처음에는 나의 주의를 끌었으나 선뜻 어떻게 해석해야 좋을지 몰랐다. 게제레스보다 운게제레스가 더 정감어린 것으로 생각한 것은 보는 각도에 따라 이해의 방향이 달라진다. 이와 비슷한 언어의 관계는 카비아kaviar에서도 볼 수 있다. '소금에 절이지 않은 카비아ungesalzen'는 '절임 카비아gesalzen'보다 상등품으로 친다. 보통 사람에게 카비아는 '값비싼 식품'으로 꼽힌다. 이 일과 관련하여 나의 지인知人 한 사람에 대한 농담이 있다. 나는 나보다 젊은 그 사람이 장차 우리 아이들을 돌보아 줄 것을 기대하고 있다.

그리고 이것 역시 우리 집의 어떤 사람, 즉 지혜롭고 우직한 보모가 꿈 속에 선명하게 나타났다는 것과 부합되는 것이다. 소금에 절인 것과 절이지 않은 것, 그리고 게제레스와 운게제레스라는 한 쌍의 말 사이에는 하나의 중간 과정이 놓여 있다. 그것은 바로 '효모가 든 것과 들지 않은 것'이라는 말인 것 같다. 이스라엘의 후손들이 이집트를 떠나갈 때에 시간적 여유가 없어서 발효시키지 않은 효모를 넣은 빵을 먹은 것을 기념하여, 오늘날에도 부활제에 그런 빵을 먹는다.

여기서 나는 갑자기 하나의 연상이 떠오른다. 즉, 나는 얼마 전의 부활제 때에 베를린의 친구와 함께 브레스라우라는 낯선 거리를 산책했었다. 그때 한 소녀가 내게 길을 물었었다. 나는 미안하게도 잘 알지 못한다고 대답하고, 옆의 친구에게, "저 여자는 나중에 인생길에서 다른 사람의 가르침을 받으려 할 때 상대를 보는 안목이 있어야겠는걸" 하고 말했다. 그리고 다시 얼마간 지나가니 '헤로데스 박사 진료 시간'이라는 간판이 보였다. 거기서 나는 또 "이 동업자는 소아과가 아니었으면 좋겠군" 하고 말했다. 한편, 그 동안 나의 친구는 생물학적으로 좌우가 균정^{均整}한 것의 의의를 설명했다. "만일 우리 인간들이 괴물 지클로프처럼 얼굴 한복판에 눈이 하나만 있다면……." 그런데 이것이 꿈의 전반부에 나오는 M교수의 "우리 아들, 저 근시안이"라는 말로 바뀐 것 같다.

이렇게 해서 우리는 겨우 게제레스라는 말의 핵심에 이른 셈이다. 지금은 훌륭한 사상가가 된 M교수의 이 아들은 학생 시절에 눈병에 걸린 적이 있었다. 의사는 한쪽 눈에 그친다면 별 문제가 없겠지만, 다른 쪽 눈으로 옮으면 큰일이라고 말했다. 다행히 그때는 한쪽 눈에 그쳐 거의 완쾌되었으나, 얼마가 지나자 이번에는 정말로 다른 쪽 눈에도 증상이 나타나기 시작했다. 깜짝 놀란 어머니는 곧바로 그 의사를 그들의 시골 피서지로 왕진해 달라고 부탁했다. 그런데 안과 의사는 의외로, "그렇게 야단 법석하실_{geseres} 필요 없습니다. 한쪽이 나았으니 다른 쪽도 곧 나을 겁니다"라고 하면서 어머니를 나무랐다. 그리고 그 말대로 되었다.

자, 그러면 이 꿈과 나의 가족과의 관계를 살펴보자. M교수의 아들이 처음 ABC를 배우던 책상_{Schulbank}은 그 집 부인의 배려로 나의 맏아들이 쓰게 되었다. 나는 앞의 꿈 속에서 이 맏아들에게 작별의 인사를 하도록 했다. 여기서 이 양도^{讓渡}와 관계된 소망의 하나는 쉽게 알 수 있다. 이 책상은 근시안이거나, 자세가 비뚤어지지 않도록 고안하여 만들어진 것이므로, 꿈 속에 근시안_{Myop} — 또 외눈박이 괴물 지클로프_{Zyklop} — 이 나오고, 생물학적인 좌우 균정의 원리가 나온 것은 그 때문이다. 또 한쪽으로 쏠리지 않도록 하기 위해서라는 염려에는 몇 가지 의미가 있는데, 그 한 가지는 신체적 자세가 한쪽으로 쏠리는 외에 지능의 발달이 한쪽으로 치우친다는 문제와 관련되는 것이다.

또 그 꿈의 장면은 꿈의 황당 무계성을 통해 이러한 걱정을 부정하고 있는 것처럼 보이지 않는가. 그런데 이 아이는 한쪽을 향해 작별의 말을 하고 나서, 이번에는 반대쪽을 향해 마치 균형을 이루려는 것처럼 그 반대의 말을 한다. 이것은 아이가 좌우 균정의 원리에 따라 행동하는 것이 아닌가. 그래서 흔히 꿈이 가장 우스꽝스럽게 보일 때 가장 의미 심장한 경우가 많다. 어떤 말을 꼭 해야 하는데, 그것을 말해 버리면 어떤 재앙이 닥칠 것 같은 상황에 처한 사람은 자주 도사와 같은 가면을 쓴다.

그러다가 마침내 입 밖에 내지 말아야 했던 그 말을 듣게 된 사람이, 그것은 바보스런 일에 불과하다고 넘겨 버리면 도사의 가면을 보고도 결코 화를 내지 않는다.

꿈도 그와 마찬가지이다. 어떤 행동을 해 보여야 하는 연극에서의 왕자와 같다. 그러므로 햄릿이, "나는 북서풍이 불 때는 완전한 미치광이이지만, 남풍이 불기만 하면 솔개와 매의 구별을 할 줄 안다"라고 절규한 말이 꿈에 대해서도 적중한다.[76] 나의 꿈의 황당 무계성에 대한 견해는 이러하다. 적어도 정신적으로 건강한 사람에 있어서 꿈 사고는 결코 황당 무계하지 않다. 그리고 꿈 작업이 꿈 사고 속에 비평·조소·욕설 등을 본래 갖고 있는 경우에는, 꿈 작업은 전체적으로 또는 개개의 요소로 황당 무계한 꿈을 형성하게 되는 것이다. 여기서 다시 나에게 중요하게 부각되는 것은 다음과 같은

---

76) 이 꿈은, 같은 날 밤에 꾼 여러 복합된 꿈은 비록 기억 속에서는 끊겨 있지만, 엄연히 동일한 사고 재료에서 나온 것이라는 보편 타당한 명제를 입증해 주는 좋은 실례이다.

사실이다. 첫째로, 꿈 작업은 보통 앞에서 이미 언급한 세 가지 요소와 앞으로 언급할 네 번째 요소와의 공동 작업에 의해 이루어진다는 사실이며, 둘째는 꿈 작업은 규정된 이 네 가지 조건을 엄격하게 준수하여 꿈 사고를 해석하는 일 외에도 아무것도 하지 않는다는 사실이다. 그리고 셋째로, 인간의 마음은 꿈 속에서 모든 정신 능력을 총동원하여 일하는가, 아니면 그 일부 능력만으로 일하는 것인가 하는 문제는 바람직한 문제의 설정이라고 볼 수 없다는 사실이다.

꿈 내용이 판단되고 비평되고 승인되고, 그리고 꿈의 각 요소에 대한 경이로움이 나타나고, 설명을 하고 논의하는 꿈들은 얼마든지 있으므로, 그러한 현상 속에서 유출되는 항변에 대해 나는 약간의 실례를 들어 해명해야 할 것 같다. 그와 같은 항변에 대한 나의 대답은 이러하다. 꿈 속에 나타나는 비판 기능의 활동인 듯한 요소는, 모두가 결코 꿈 작업의 사고 활동이 아니라, 꿈 사고의 재료에 속한 것이며, 꿈 사고로부터 꿈의 현재 내용 속에 하나의 완성된 형성물로 들어 있을 것이다. 즉, 잠을 깬 뒤에 기억나는 꿈에 대해서 내리는 여러 가지 판단과, 그 꿈의 재현을 통해 불러일으켜지는 갖가지 감정의 대부분은 꿈의 잠재 내용에 속하는 것이며, 그것은 꿈 해석시에 꼭 반영하지 않으면 안 된다고 하는 것이다. 이에 대한 분명한 실례는 앞서 이미 소개한 바 있다.

(1) 어떤 부인 환자는 자기가 꾼 꿈이 분명치 않음을 이유로 얘기하려 하지 않았다. 〈그녀는 꿈 속에서 어떤 사람을 보았는데, 그가 자기 아버지인지 남편인지 정확히 알 수 없다는 것이다. 그리고 이어서 꿈의 후편이 나오고, 거기서 한 대의 '비료 운반차'가 나타났다.〉 그와 관련하여 그녀는 다음

과 같은 일을 기억해 냈다. 그녀가 시집 와서 얼마 되지 않았을 무렵, 어느 날 집에 자주 놀러 오는 친척 청년에게 자기의 코앞에 닥친 걱정은 비료 운반차를 새로 사는 일이라고 농담 삼아 이야기한 적이 있었다. 그러자 다음 날 아침 새 비료 운반차가 한 대 배달되었는데, 그 차 안에는 비비추가 가득 실려 있었다.

꿈의 이 부분은 '내가 생각해 낸 일이 아니다'라는 것을 표현하고 있다. 분석 결과, 이 꿈의 핵심적인 꿈 사고는 그녀가 젊었을 때 들은 이야기, 즉 어떤 여자가 아기를 낳았는데, '아버지가 누구인지 분명치 않았다'는 이야기에서 유래한 것임을 알 수 있었다. 그래서 이런 경우의 꿈 표현은 각성시의 사고 내부까지 관여하고서, 꿈 사고의 요소 중의 하나를 그 꿈 전체에 관한 각성시의 판단으로 대신케 한다.

(2) 비슷한 예. 나의 환자가 꾼 꿈으로서 그 자신이 매우 재미있게 생각하였다. 왜냐 하면 그는 꿈에서 깨어나자마자 곧바로, "어서 이 꿈을 선생님께 얘기해야지" 하고 중얼거릴 정도였기 때문이다. 그의 꿈을 분석해 본 결과, 그가 나의 치료를 받으면서 생긴 어떤 관계 ─ 그가 내심 내게 말하지 않으려던 어떤 관계에 대한 아주 분명한 암시를 나타내는 것이었다.[77]

(3) 내가 꾼 꿈에서의 세 번째 예. 〈P와 함께 집과 뜰이 있는 곳을 지나 병원으로 간다. 그 곳은 이미 몇 번인가 꿈에서 본 적이 있다는 생각이 든다.

---

77) 정신 분석의 치료 중에 꾸는 꿈 속에서 "이거야말로 선생님에게 보고할 만한 것이다"라는 말을 하는 것은 일반적으로 꿈을 고백한다는 일에 대한 커다란 저항으로서, 그와 같은 결심은 반드시 나중에 꿈에서 깨어났을 때 꿈을 모두 잊어버리게 하는 것이다.

그러나 나는 이 길을 잘 모른다. P가 어떤 길을 가리켰는데, 그 길은 모퉁이를 돌아 레스토랑으로 연결되어 있었다홀은 있는데 마당은 없다. 거기서 내가 도니 부인에 관해 묻자, 세 아이와 함께 안방에 있다는 것이었다. 그래서 그리로 가려고 할 때 나의 어린 두 딸을 데리고 오는 어떤 사람을 만났다. 한참 동안 나는 그 곳에 있다가 그 아이들을 데리고 갔다. 아내가 딸들을 그런 곳에 내버렸다고 비난하는 것 같은 마음이 된다.)

이 꿈을 꾼 뒤 나는 깊은 만족감을 느꼈다. 그것은 이 꿈을 분석해 보면 반드시 '전에도 이것을 꿈에서 본 적이 있다'라는 관념의 의미를 알 수 있다는 데서 오는 것이다.[78] 그런데 분석을 해 봐도 아무것도 알 수 없었다. 다만 만족감은 꿈의 잠재 내용에 대한 판단에 귀속되어 있지 않다는 사실만을 알 수 있을 뿐이었다. 즉, 만족이란 내가 결혼해서 몇 명의 자녀를 얻었다는 것이다. P는 얼마 동안은 나와 같은 길을 걸었으나, 마침내 나보다 훨씬 뛰어난 사회적·재정적 성공을 이루었다. 그러나 그에게는 아이가 없었다. 이 꿈과 관련된 두 계기가 완전한 분석에 의한 증명을 대신해 준다.

그 전날 나는 신문 지상에서 도나 A…Y 여기서 나는 도나라는 이름을 만든 것이다라는 부인이 산욕열로 사망했다는 기사를 읽었다. 나는 아내로부터 이 죽은 부인을 돌보아 준 조산원이 바로 나의 두 아이를 돌보아 주는 조산원이라는 사실을 들었다. 또 신문에서 도나라는 이름이 나의 주의를 끌었던 것은, 그 조금 전에 영국 소설을 읽다가 처음으로 그 이름을 발견했기 때문이다. 그리고 두 번째 계기는 이 꿈을 꾼 날로부터 기인한다. 이 꿈을 꾼 날은 글솜씨가 있는 듯이 보이는 맏아들의 생일 전날 밤이었다.

----

78) 《철학 잡지》에 게재된 대대적인 전쟁 테마꿈에 있어서의 기억 착오가 바로 그것이다.

(4) 이와 비슷한 만족감은 아버지가 사망한 후에 마가르인들 사이에서 정치적 역할을 하였다는 그 황당 무계한 꿈을 꾸고 난 뒤에도 느꼈었다. 이 만족감이 일어나고 있는 것은 그 꿈의 마지막 부분, 즉 그가 임종시에 가리발디처럼 보인 것을 생각해 내고, 이것이 사실이 된 것을 기쁘게 생각한 부분에서였다. 분석하고 나서 나는 이 꿈의 허전한 부분을 보완할 수 있었다. 그것은 나의 차남에게 역사상의 위대한 인물의 이름을 붙여 준 것이다차남의 이름은 올리버인데, 이것은 크롬웰의 이름이다. 나는 소년 시절에, 특히 영국에 머무른 뒤로 더욱 이 인물을 존경해 왔다. 그리고 이번에 태어나는 아이가 남자 아이이면 반드시 이 이름을 붙여야겠다고 다짐하고 있었다.

그로부터 1년 후에 바라던 남자 아이가 태어나자, 나는 대단히 만족하여 그 이름을 붙였다. 아버지의 억압된 성공욕이 관념 속에서 어떻게 자식들에게 전이되는 것인가를 쉽게 간파할 수 있다. 그리고 한편으로는 이 일이야말로 현실적으로 불가피했던 출세욕의 억제가 이루어지는 한 방편이라고 생각할 수도 있다. 이 아이가 이 꿈과 관련될 수 있었던 것은 그 무렵 비슷한 실수, 즉 속옷을 더럽힌다는 실수를 저지른 데서 기인한다. 이에 대해서는 앞에서 한 꿈의 실례 및 분석 결과를 참조하기 바란다.

(5) 이번에는 꿈 그 자체 안에 머물러 있을 뿐 각성시로 표출되지 않는 판단의 근거를 찾아보겠다. 앞에서 다른 의도로 보고해 둔 몇 가지 꿈의 예를 다시 인용할 수 있어 다행으로 생각한다. M씨를 공박한 괴테의 꿈은 이와 같은 판단 행위를 다수 포함하고 있다. '나는 웬지 이상하게 여겨지는 시간적 관계를 규명하려 한다'는 부분은 괴테가 나의 친척인 청년에게 공격을 가했다는 식의 넌센스에 대한 비판적인 심적 움직임이라고는 볼 수 없을까.

'이제 겨우 열여덟 살 정도가 아닐까라고 생각한다.' 이 부분은 역시 계산 착오로 생각된다. 그리고 '지금이 몇 년도인지 잘 모르겠다'는 꿈 속의 불확실성 내지는 의구심의 일례로 볼 수 있다.

그런데 나는 이 꿈의 분석에서 비로소 행해지는 것처럼 보이는 판단 행위는 그 자체로 인정하면 별도의 해석이 가능해진다. 그리고 이 별도의 해석에 의해 이들 판단 행위는 꿈 해석에 있어서 필수 불가결한 것임이 인정되는 동시에 모든 황당 무계성이 소멸된다. '시간적 관계를 규명하려고 한다'라는 대목에서, 나는 나 대신에 실제로 인생의 시간적 관계를 밝히려는 나의 친구를 놓는다. 그렇게 함으로써 이 대목은 앞부분의 넌센스에 대한 반론의 의의를 상실한다. '웬지 이상하게 여겨지는……'이라는 삽입구는 뒤에 이어지는 '……이 아니었을까 생각했다'와 상통한다. 나에게 남동생의 병력을 이야기해 준 부인에게 나는 그와 비슷한 대답을 했던 것이다. "자연, 자연이라고 외치는 일이 괴테와 무슨 관련이 있다는 것은 웬지 이상하게 생각됩니다. 당신도 잘 알다시피, 그 절규는 오히려 성적 의의를 갖고 있었지 않나 하는 생각이 듭니다."

이것은 분명히 비평 내지는 판단이 가해지고 있다고 보아야 하는데, 그러나 그것은 어디까지나 꿈 속에서가 아니라, 꿈 사고를 통해 기억되고 이용되는 어떤 유인으로 인해 현실에 보내어진 것이다. 꿈 내용은 이 판단을 꿈 사고의 다른 부분들과 마찬가지로 다른 데에 활용해 쓴다. 꿈 속의 판단이 무의미하게 결합되고 있는 18이라는 숫자는 현실의 판단이 유입된 흔적을 나타내는 것이다. '지금이 몇 년도인지 잘 모르겠다'는 진행성 마비 환자와 나와의 동일화를 표시하려는 것 외에 다른 뜻은 없다. 그 환자는 진찰시에 실제로 하나의 계기를 얻었던 것이다.

이렇게 표면적인 꿈의 판단 행위를 해석하는 경우에 있어서 우리는 꿈의 해석 작업을 위해 처음에 세운 법칙, 즉 꿈 속에서 만들어 낸 꿈의 구성 요소의 관련을 표면상 비본질적이라는 이유로 없애 버리고, 각 요소의 근원을 개별적으로 탐색하는 법칙을 고려해야 한다. 꿈은 여러 가지 인상을 집합한 것이므로, 꿈의 정체를 규명하기 위해서는 그것을 다시 분석하지 않으면 안 된다. 그러나 한편으로 꿈 속에는 어떤 심적인 힘이 나타나, 이것이 그와 같은 표면적인 관련성을 구성한다. 그러므로 꿈 작업에 의해 취해진 재료에 제2차적 가공이 행해진다는 사실에 주의해야 한다.

(6) 앞서 소개한 꿈 속에서 판단 행위를 하고 있는 또 다른 예를 살펴보자. 동회에서 편지가 왔다는 내용의 황당 무계한 꿈 속에서 나는 이렇게 묻고 있다. 〈"그리고 당신은 곧바로 결혼했나요?" 나는 내가 1851년 생이라는 것을 따져 보았다. 그랬더니 나는 그 직후에 태어난 것으로 생각되었다.〉 이것은 완전히 추론의 형식을 띠고 있다. 아버지는 그 발작이 일어난 후 1851년에 결혼했는데, 내가 1856년에 태어났으므로 계산은 정확히 들어맞는다.

그런데 이 결론은 소망 충족에 의해서 꾸며진 것이며, 꿈 사고 속의 핵심 내용이 "4, 5년 정도의 세월은 별로 문제가 안 돼"라는 것임을 우리는 잘 알고 있다. 그러나 이 추론의 각 부분은 내용면이나 형식면으로 볼 때 꿈 사고에서 다른 내용을 대변하고 있는 것이다. 즉, 그것은 동료 의사가 인내심이 없다고 불평하는, 치료가 끝나는 대로 결혼할 계획을 세운 그 환자인 것이다. 꿈 속에서 내가 아버지와 대응하는 상황은 심문 내지는 시험을 연상시키는 동시에 어떤 대학 교수도 생각나게 한다.

이 교수는 학생이 수강 신청을 할 때 철저하게 신원을 파헤치는 버릇이 있었다. "생년월일은?" "1856년." "아버지 이름은?" 이에 대해서는 아버지의 이름 끝에 라틴어 어미를 붙여 대답하였다. 그리하여 우리들은, 이 궁중 고문관 교수는 학생이 대는 아버지의 이름을 미루어 어떤 추측그 학생이 유대인인가, 아닌가를을 하려는 것으로 생각했다. 그러므로 꿈을 추론하는 재료의 일부로서, 꿈 사고 속에서도 '추론을 한다'는 식의 되풀이에 불과한 것이라고 할 수 있다.

그리하여 우리는 하나의 새로운 사실을 접하게 된다. 꿈 내용 속에 어떤 추론이 나올 경우는 반드시 꿈 사고에서 나온 것이다. 그런데 이 추론은 꿈 사고 속에 기억되어 있는 재료의 일부분으로 포함되어 있던가, 아니면 이 추론의 논리적 연결 매체로서 일련의 꿈 사고를 접합시킨다. 어쨌든 꿈 속의 추론은 꿈 사고의 추론을 반영하는 것이다.[79] 여기서 이 꿈의 분석을 계속해 보자. 앞서 말한 교수의 질문은 대학생 명부와 나의 수강 신청의 기억을 연상시킨다.

의학 과정을 마치기 위한 5년이라는 기간은 나로서는 너무 짧았다. 그래서 나는 예정된 5년을 넘겨 계속 공부를 하였다. 그러자 친척들은 내가 어영부영 대학에 남아 있는 것으로 알고, 도대체 언제나 학업을 마칠지 모르겠다는 회의를 품었다. 그리하여 나는 서둘러서 시험을 치르고 졸업을 했다. 내가 비평가들에게 반박하고 있는 꿈 사고는 이 시점에서 새롭게 조명된다. 그것은 "내가 시간을 오래 끄니까 당신들은 믿지 않으려 하겠지만, 나는 꼭 끝을 내고 말 겁니다. 여태까지 몇 번이나 그렇게 해왔으니까"라는 것이다.

이와 같은 꿈의 앞부분에는 논증의 성격을 완전히 부인할 수 없는 몇몇

---

79) 이와 같은 귀결은 약간의 점에서 나의 이전의 견해와 어긋나는 것이다. 나는 꿈 작업의 일반적 방식을 기술했으나, 꿈 작업의 가장 미묘하고 치밀한 작업은 고려하지 못했다.

명제가 포함되어 있다. 그리고 이 논증은 황당 무계하지 않은 각성시의 것이라 해도 좋을 것이다. 나는 꿈 속에서 동회로부터 온 편지를 우습다고 생각했다. 왜냐 하면 나는 1851년에는 아직 태어나지도 않았을뿐더러, 이미 그때는 아버지가 죽은 후였기 때문이다. 그런데 이 두 가지 일이 그 자체로서는 잘못이 없고, 설사 내가 실제로 그와 같은 편지를 받게 되더라도 역시 그렇게 말했으리라고 추측되는 현실의 논증과도 어긋나는 것은 아니다. 우리는 앞의 분석을 통해서 이 꿈이 격한 분개와 조소를 띤 꿈 사고에서 파생된 것이라는 사실을 알고 있다.

게다가 검열의 동기가 매우 강한 것이라고 가정한다면, 꿈 작업은 꿈 사고 속에 내포되어 있는 모형에 의해 '무의미한 추측'에 대한 가차없는 논박을 할 만한 충분한 이유가 있다는 것을 납득할 수 있을 것이다. 그런데 이런 경우의 꿈 작업에는 자유로운 모방 행위 같은 것이 부과되어 있지 않으므로, 그에 대해서는 꿈 사고 속에 있는 재료를 사용할 수밖에 없게 된 것이다. 그것은 마치 숫자 이외에도 플러스나 마이너스의 부호 및 멱기호^{동일}한 수의 상승적 내용을 보이는 수, 예컨대 52·a3 등_나 근기호_{어떤 수 a를 n번 곱하여 c가 되었을 때 c에 대한 a의 일컬음을 나타내는 기호}가 나오는 어떤 방정식을 옮겨 쓰는 사람이, 그 부호나 기호를 이해하지 못하면서도 그것을 혼합하여 해답을 쓰는 것과 같다.

그 두 가지 추측은 다음과 같은 재료에 귀착된다. 즉, 내가 신경증에 대한 심리학적 해석의 기초로 삼고 있는 전제의 대부분이 세상에 널리 공표되면 비웃음과 조소를 불러일으킬 것이라는 상상은 분명 기분 나쁜 일이다. 여기서 나는 이렇게 주장할 수 있다. 생후 2년까지의 인상 — 경우에 따라서는 1년까지의 인상이 성장 후의 환자의 정서 생활에까지 영향을 끼치고, 또 가장 깊은 최초의 히스테리증의 기반을 만들 수가 있다. 나의 이런 견해를 환자들에게 설명해 주면, 그들은 한결같이 자기들이 아직 태어나기 전의 기억을 더듬어 보아야겠다면서 농담으로 넘겨 버린다. 나의 추측으로는 부인 환자들에게 성적 충동의 발달에 영향을 끼치는 '최초의 아버지의 역할'을 설명해 줄 때에도 아마도 그와 비슷한 태도를 취할 것 같다.

그렇지만 앞서 말한 두 가지 사실은 분명 진실이라는 것을 충분한 근거로서 확신한다. 이 주장을 입증하기 위해 다시 한두 가지 실례를 더 들 수 있다. 이 예에서는 어린 시절에 아버지를 여의었음에도 불구하고, 후년에 겪은 어떤 사건으로 인해 그토록 일찍이 잃어버린 인물의 기억을 무의식 속에서 간직하고 있었다는 것이 입증된다.

(7) 앞에서 대충 언급한 바 있는 꿈의 서두에 떠오르는 테마에 의구심을 갖는 것이 뚜렷하게 나타난다. 〈브뤼케 교수가 내게 어떤 과제를 부과했다. '매우 기묘하게도' 그 문제는 나의 하반신의 골반과 두 다리의 표본을 제작하는 것과 관계되는 것이다. 마치 해부실에 있는 것처럼 나의 하반신이 앞에 놓여 있다. 그런데도 내 몸에서는 하반신이 없어진 것 같지도 않고 두렵지도 않다. 루이제 N이 옆에서 나와 같이 일하고 있다. 골반에서 내장이 내려앉는다. 골반 위가 보이기도 하고 아래가 보이기도 하다가, 그것이 한데 엉킨다. 투박한 살빛 덩어리꿈 속에서 나는 그것을 보고 치질을 생각한다가 보인다. 게다가 꼬깃꼬깃한 은종이 같은 것[80)]을 조심스럽게 제거하지 않으면 안 된다. 다음에 다시 다리가 몸에 붙어 거리를 걷다가 마차를 불렀다피곤해서. 놀

---

80) 은박Stanniol은 스타니우스Stannius의 어류의 신경조직에 대한 암시이다.

랍게도 마차는 어떤 저택 안으로 들어갔다. 열려진 문으로 들어간 마차는 외길을 따라가는데, 이윽고 길이 끊기고 드넓은 광야가 나타난다.[81] 그러다가 나는 등짐을 진 알프스의 안내인과 함께 변화 무쌍한 경치 속을 걷는데, 중간에서 안내자는 내 다리가 피로할 것을 염려하여 나를 업어 주었다. 그런데 땅이 마치 늪지대와 같아 우리는 가장자리를 골라 걸었다. 땅바닥에 앉아 있었는데, 그 가운데 인디언 내지는 집시처럼 보이는 여자가 보인다. 나는 혼자 성큼성큼 앞서 걸었다. 골반과 다리를 잘라냈는 데도 이렇게 잘 걷는 것이 이상하게 생각되었다.

마침내 어떤 자그마한 오두막에 도착했다. 집의 한쪽은 열어젖힌 창문으로 되어 있었다. 안내인은 나를 거기까지 인도하고, 준비했던 나무 판자 두 장을 문지방 위에 놓았다. 창문을 통해 깊은 골짜기를 통과하기 위해서이다. 그때 다리가 걱정되기 시작했다. 그런데 골짜기를 건너가지 않은 채 나무 벤치에 두 남자가 누워 있는 것이 보인다. 이 벤치는 오두막의 벽 가까이에 있고, 남자들 곁에 두 아이가 잠들어 있다. 나무 판자가 아니라 이 아이들이 골짜기를 건너게 해 주는 것 같았다. 그때 퍼뜩 어떤 생각이 스치자, 깜짝 놀라서 잠이 깨었다.)

꿈의 압축 작용의 변화 무쌍함을 잘 아는 사람이라면 이 꿈을 자세히 분석하기 위해서 얼마나 많은 해명이 필요한가를 충분히 짐작할 수 있을 것이다. 그런데 다행히도 지금 이 관련에 대해서는 이 꿈을 통해서 '매우 기묘한 일이지만'이라는 삽입구 속에 반영된 꿈 속의 의구심을 설명할 수 있기에 다행스럽다. 이 꿈의 계기는 무엇일까? 그것은 꿈 속에서도 나의 일을 도와

---

81) 내 아파트의 현관 근처의 상황과 일치한다. 그 곳에는 같은 아파트 주민의 유모차가 놓여 있다. 그리고 여기에는 이 밖에도 여러 관계가 혼합되어 있다.

주는 루이제 N의 방문이다. 그녀가 "읽을 만한 책 좀 빌려 주시겠어요?"라고 하기에 나는《그 여인》이라는 소설책을 주면서, "난해한 책이지만 여러 가지 의미를 시사하고 있지요. 영원한 여성상과 우리의 정열의 불멸성……" 하고 설명하기 시작하자, 그녀는 나의 말을 가로막았다. "이 책은 벌써 읽었는걸요. 선생님이 쓰신, 뭐 다른 책은 없을까요?" 하고 묻는 바람에 얼떨결에 나는, "아니, 나 자신의 불멸의 저서는 아직 쓰지 않았는데요"라고 얼버무렸다. 그녀는, "그럼 선생님이 우리들도 읽을 수 있다고 하신 최후의 해설서는 언제쯤 나오는 거죠?"라고 빈정거렸다.

그때 나는 그녀가 아닌 다른 사람이 그녀의 입을 빌려 나를 재촉하는 것으로 생각하고 대꾸를 중지했다. 그러면서 나는 나의 개인적인 프라이버시를 침해당할지도 모르는 꿈 연구를 발표하는 일이 매우 난감하다는 생각을 했다. "네가 아는 최선의 것은 여자에게 말하지 말라." 그러므로 이 꿈에서 나의 몸을 인체 해부 표본으로 만드는 것은 꿈의 보고에 있어서는 불가피한 자기 분석이다. 또 브뤼케 교수가 나오는 데에는 그럴 듯한 이유가 있다. 내가 학문 연구를 시작하던 무렵, 어떤 발견을 방지해 두었다가 교수에게 호되게 야단맞은 후에 겨우 발표를 했던 적이 있었다.

그러나 루이제 N과 관련된 여러 가지 관념은 너무도 심층에 있으므로 이 것들을 모두 의식에 끌어올린다는 것은 불가능하다. 내가 라이더 하갈드의 소설《그 여인》을 언급함으로 인해서 나의 마음 속에 불러일으켜진 재료 때문에 이 관념들이 제외된 것이다. '매우 기묘하다'는 판단은 이 책과 그리고 동일한 저자의《세계의 심장》이라는 책과 관계된 점으로 미루어 볼 때, 이 꿈의 많은 요소는 공상적인 이 두 소설에서 파생된 것이다. 내가 업혀서 건너간 늪지대, 그리고 널빤지로 건너려던 깊은 골짜기는 소설《그 여인》에서 왔으며, 인디언·여자·오두막은 《세계의 심장》에서 왔다. 두 소설 다 여자 주인공이 위험한 도보 여행 중에 겪는 이야기를 다루고 있다.

《그 여인》은 미개척지에서 벌어지는 모험 이야기를 다루고, 지친 다리는, 이 꿈을 꾸고 나서의 메모에 따르면 그 당시의 실제적인 느낌이었다. 그것은 아마도 피로감과 내가 얼마나 걸을 수 있을까 하는 걱정이 반영된 것이리라. 소설 《그 여인》에서는 여주인공이 불로불사不老不死를 가져오는 대신에, 신비적인 땅 속의 불꽃에 타서 죽는 것으로 끝난다. 그래서 이와 같은 불안이 꿈 사고 속에 작용하고 있었던 것이다. 오두막은 틀림없이 관, 즉 무덤을 의미한다. 그러나 꿈 작업은 모든 사고 중에서 가장 바람직하지 못한 이 죽음의 관념이 어떤 소망 충족에 의해 표현되는 식의 기교를 부렸던 것이다. 나는 언젠가 무덤 속에 들어가 본 적이 있었다.

그것은 오리베토 근방에서 발굴된 에트루리아인의 무덤이었는데, 벽가에 벤치가 두 개 놓여 있는 좁은 방이었다. 그 벤치에는 어른의 해골 두 개가 얹혀 있었다. 꿈 속에 나온 오두막의 내부는 이 무덤의 내부와 같았다. "네가 무덤 속에 있어야 한다면, 그것은 에트루리아인의 무덤일 것이다." 그리하여 이 치환으로 인해서 꿈은 가장 비극적인 예견을 아주 바람직한 예견으로 변경시키고 있다. 아깝게도 꿈은 감정에 의해 일어나는 표상으로서, 그 반대의 것으로 변경시키는 것은 가능해도 감정 그 자체를 변경시킬 수는 없다. 그리하여 나는 아버지가 하시지 못한 것을 어쩌면 자식들이 이룰지도 모른다는 생각이 꿈에 표현되자, 이 생각에 놀라 잠이 깨었던 것이다. 그런데 이 생각이라는 것은, 한 인물의 동일성이 2천 년에 걸친 수세대를 통해 확보된다는 테마를 담고 있는 그 소설에 대한 암시인 것이다.

(8) 꿈 속에서의 체험을 이상하게 생각하는 감정의 표현을 볼 수 있는 다른 꿈이 있는데, 거기에서는 매우 두드러지고 기발한 표현이 시도되고 있다. 그러므로 그 이유만으로도 이 꿈을 세부적으로 분석해 볼 필요가 있다. 그리고 이 꿈에는 우리의 흥미를 끄는 두 가지 면이 더 포함되어 있다.

〈7월 18, 19일 양일간 밤에 나는 남부선 열차 안에서 자던 중, "호로튜리엔자연 박물관의 이름까지 10분!" 하고 외치는 소리를 들었다. 나는 즉시 호로튜리엔해삼을 생각했다. 또 호로튜리엔은 용감 무쌍한 남자들이 영주의 우세한 군대와 맞서 대패한 곳이라는 것도 생각해 냈다. 그렇다. 오스트리아의 종교 개혁 반대 운동! 마치 슈타엘마르크나치롤의 어느 지점인 것처럼. 그러자 작은 박물관이 천천히 희미한 모습을 나타내고, 그 안에 그 용사들의 해골과 전리품이 진열되어 있는 것이 보인다. 열차에서 내리고 싶지만 망설인다. 플랫폼에는 과일을 든 여자들이 서 있다. 여자들은 땅바닥에 쪼그리고 앉아 "과일 사세요" 하며 바구니를 내민다. 시간 여유가 있는지 몰라서 안절부절못한다. 자리가 너무 좁아서 등받이에 등이 밀착된다. 좀 이상하다고 생각하지만,[82] 아무래도 잠이 든 채 차를 바꿔 탄 것 같다. 많은 사람들 속에 영국인 남매도 있다. 벽 선반에 책이 꽂혀 있는 것이 선명하게 보인다. 《국부론》·《물체와 운동》막스웰 저이 있다. 책은 두껍게 갈색의 장정으로 꾸며져 있다. 남자가 누이동생인 듯한 여자에게 실러의 책에 대해 이야기하다가, "너 그거 잃어버리지 않았어?"라고 묻는다. 내 책 같기도 하고, 그들의 책인 것 같기도 하다. 나는 그들의 대화에 끼어 그것을 확인했으면 좋겠다고 생각한다.〉

---

82) 이 표현은 내가 난해하게 생각하는 것을 쓰고자 할 때 떠오르는 말로서 꿈을 재현한다는 원칙을 지키기로 한다. 어투 자체가 꿈 표현의 일부이다.

잠을 깨니 온몸이 땀에 푹 젖어 있었다. 창문이 모두 닫혀 있기도 했지만, 기차는 말부르크에 정차해 있었다. 이 꿈을 메모하고 있는 동안에, 앞서의 기억에서 잊어버렸던 꿈의 한 부분이 생각났다. 〈나는 그들 남매에게 어떤 책에 대해 영어로 "그것은 ~에서"라고 하려다가 "그것은 ~에 의해"라고 고쳐 말했다. 오빠는 누이동생에게 "저 사람이 말한 대로야"라고 주의를 주었다.〉이 꿈은 역시 이름으로 시작되고, 그 이름 때문에 내가 불완전하게 잠에서 깨었을 것이다. 말부르크라는 역의 이름은 호로튜리엔으로 대치되고 있다. 말부르크라고 하는 소리를 들었다는 것은 꿈 속에 실러가 나온다는 얘기이다. 실러는 슈타이엘마르크의 말부르크는 아니지만, 분명 말부르크에서 태어났기 때문이다.[83]

그런데 이번에는 1등 칸에 탔는데도 매우 불쾌하게 여겨진다. 사람들로 붐비는 기차 안에서 점잖은 남녀를 만났다. 그들은 고관처럼 보였으며, 나라는 불청객을 달갑지 않게 생각하는 것 같았다. 그들은 굳이 그럴 필요를 느끼지 않았는지, 아니면 교양이 없어서인지, 내가 예의바르게 눈인사를 했는 데도 아랑곳하지 않았다. 그들 남녀는 나란히 앉아 있었는데, 내가 들어서는 것을 보자 얼른 양산을 펴더니 앞을 막았다. 문은 곧 닫혔다. 그들은 서로 창문을 열면 큰일이라고 속삭였다. 내가 얼마나 답답했는지 모른다. 찌는 듯한 더위에도 문이라곤 열린 데가 없어서, 금방 숨이 막혀 버릴 것만 같았다. 나의 경험으로 비추어 볼 때, 이런 예의 없는 사람들은 대개가 무료 승차권자 아니면 반액표 소지자가 틀림없다.

---

83) 실러가 말부르크가 아닌 말바에서 태어났다는 사실은 누구나 다 아는 사실이고, 나도 이미 알고 있었다. 그러므로 이것도 고의적 변조의 대리로서, 다른 부위에 끼어드는 오류 중의 하나이다. 이와 관련한 설명은 나의 저서《생활 심리의 착오》속에서 기술한 바 있다.

차장이 와서 나는 비싸게 주고 산 승차권을 보이고 있는데, 예의 그 숙녀는, "남편은 무료 승차권을 갖고 있는데요" 하고 말했다. 그녀는 곱게 가꾸었으나 어딘가 이상한 생김새였고, 여자의 아름다움이 사그러지기 시작한 듯한 나이로 보여졌다. 남편은 거의 한 마디도 하지 않고 미동도 하지 않았다. 나는 수면을 취하려고 했다. 그리고 꿈 속에서 이들 메스꺼운 사람들에게 보복했다는 말이 된다. 꿈의 전반부에서 잘려나간 부분의 배후에는 많은 조소와 비난이 숨겨져 있다. 이 조소와 비난이 충족되자, 다음에 찻간을 변경하는 제2의 욕구가 나타났다. 꿈이 너무도 자주 장면을 변경시키는 바람에, 설사 내가 동승객을 나의 기억상의 인물로 대치했더라도 아무런 어색함이 없었을 정도이다.

그런데 여기에 장면이 변경되는 것을 반대하고, 그 변경 사유를 설명할 필요가 있는 듯한 한 가지 상황이 벌어지고 있다. 내가 어떻게 해서 다른 찻간으로 갔는지, 그것을 기억할 수가 없었다. 거기에 대해서는 유일한 설명을 할 수 있는데, 즉 나는 수면 중에 그 기차를 바꿔 탔다는 얘기가 된다. 매우 드문 일이긴 하지만, 신경병리학자들은 그런 예를 여러 개 제시할 수 있다. 비몽사몽간에 기차 여행을 하다가 도중에 어떤 역에서 제정신으로 돌아와 자신의 기억에 구멍이 뚫렸다는 것을 깨닫고 소스라치게 놀란다. 즉, 아직도 꿈을 꾸고 있는 상태에서 자기가 '몽유병'이라고 설명하는 것이다.

그런데 분석은 다른 해석을 제시한다. 앞의 설명을 단순히 꿈 작업과 관련한 시도로 돌린다면 나로서는 의외일 수밖에 없지만, 이 설명은 내가 일방적으로 내린 해석이 아니라 나의 환자 중의 한 사람의 신경증세에서 따온 것이다. 나는 앞에서 매우 지적이며 다정다감한 어떤 남자에 대한 예를 들었었다. 그는 부모가 돌아가신 지 얼마 안 되어, 자기는 살해의 의도가 있다고 착각하고 스스로를 처벌하려 하였다. 이것은 분별력이 있는 상태에서의 중증 강박 관념의 한 예였다.

처음에 환자는 그 강박 증세 때문에 지나는 모든 사람들이 어디로 가는지 뒤따라가 보지 않고는 배기질 못했다. 어떤 사람의 모습이 갑자기 그의 눈 앞에서 사라지면 혹시 자기가 그를 살해한 것이 아닐까 하고 걱정했다. 이 강박 관념의 이면에는 카인Cain적 공상도 포함되어 있었다. ─ 모든 인간은 동료라는 인식 때문에, 자기 자신도 이 증상을 고심하여 하루 종일 방에서 꼼짝도 하지 않게 되었다. 그러나 아무리 외출을 하지 않는다 해도 끊임없이 신문에 게재된 살인 사건을 접하게 된다. 그리고 혹시 자기가 그 살인범일지도 모른다는 의혹이 그의 양심을 혹독하게 괴롭힌다. 물론 자기는 분명 수 주일을 꼼짝도 않고 방 안에만 있었다는 사실이 얼마간 그의 마음을 위로해 주긴 했지만, 어느 날 문득 또 다른 가능성을 생각해 낸다. 즉, 자기도 모르는 사이에 무의식 상태에서 살인을 저질렀는지도 모른다고.

그때부터 그는 방문을 걸어 잠그고 그 열쇠를 가정부에게 맡기고서는, 만약 자기가 열쇠를 달라고 호령해도 절대로 열쇠를 내놓으면 안 된다고 거듭 당부하였다. 앞에서 내가 무의식 상태에서 기차를 바꿔 탔다고 한 설명은 여기에서 따온 것이었다. 이 설명은 꿈 사고의 재료 속에서 만들어져 꿈 속에 그대로 옮겨진 것으로서, 꿈 속에서 그 환자와 나를 동일화시키려는 데 기여할 것이 틀림없다. 이 환자에 대한 기억은 뚜렷한 연상으로 나의 마음속에 떠올랐다. 나는 얼마 전에 그 환자와 밤 여행을 마지막으로 같이 떠난 적이 있었다. 그는 병이 치유된 것으로 판단되어, 나의 진찰을 기다리는 그의 시골 친척에게 나를 안내하기 위해서였다.

우리는 둘이서 한 찻간을 독차지하고 밤새껏 창문을 활짝 열어 놓고, 내가 깨어 있는 동안은 서로 재미있게 대화를 나누었다. 나는 그가 발병한 것은 그의 부친에 대한 유년기로부터의 적대감, 게다가 성적 적대감에 그 원인이 있었다는 것을 알고 있었다. 그래서 나는 그 남자와 나를 동일화함으로써 그와 비슷한 상황을 스스로에게 고백하고 싶었던 것이다. 그리고 그 꿈의 두 번째 장면은 엉뚱한 공상, 즉 '우연히 함께 타게 된 그 중년 부부는 밤이 되면 성교를 하려 했던 것인데, 나의 훼방이 미워서 그렇게 거부감을 가졌던 것이다'라는 공상으로 풀이된다. 그런데 이 공상은 유년기에서 일어날 수 있는 한 상황, 즉 어린아이가 성적 호기심으로 부모의 방에 몰래 들어갔다가 아버지에게 야단을 맞고 쫓겨난 상황과 연결된다.

여기서 우리는 꼭 꿈 해석에 관여한다고 볼 수는 없지만, 그것이 관여할 때에는 서로 다른 차원의 꿈의 여러 요소를 무난하게 조화시키려는 심적 활동으로 관심을 돌릴 수 있다. 그러나 그보다는 꿈 속에서 표현되는 감정을 분석하여 꿈 사고 속의 감정과 비교해 보는 일이 선행되어야 할 것으로 생각된다.

[8. 꿈 속에서의 감정]

스트리커는, 꿈 속에 감정이 나타나는 것은 우리가 꿈 내용을 가볍게 잊어버리는 듯한 처리를 용납하지 않는 것이라고 지적했다. 스트리커는, "만일 꿈 속에서 도적을 무서워했다면, 그 도적은 공상의 존재임이 분명하지만, 그 두려움은 실제의 것이다"라고 말하고 있는데, 대체로 꿈 속에서 기쁨을 느낄 경우도 이와 마찬가지라고 할 수 있다. 꿈 속에서 느끼는 감정은 각성시의 것과 비교해 볼 때 결코 뒤떨어지는 정도의 것이 아니며, 꿈에 나타나는 표상보다는 그 느껴지는 감정에 의해 더욱 강렬하게 우리의 심적 체험이 되길 바란다.

그런데 우리가 이 같은 이치대로 각성시에 적용하지 못하는 이유는, 어떤 감정은 반드시 그에 적합한 표상과 결합시켜 평가해야 하기 때문이다. 그래서 간혹 감정과 표상이 서로 많은 상이점을 나타낼 때는 우리의 각성시의 판단이 혼란을 일으키게 된다. 대개 꿈의 표상은 각성시의 사고로 보면 반드시 뒤따라야 할 감정을 수반하지 않는 경우가 많아서 꿈은 언제나 불가사의한 것으로 인정되어 온 것이다. 스트림펠은 그 이유를 '꿈에 나타나는 표상은 그 심적 가치를 빼앗기기 때문'이라고 말하고 있다. 반면에 또 꿈에서는 어떤 표상에 걸맞지 않는 강한 감정이 나타나기도 한다. 예컨대 어떤 급박하고 끔찍한 상황에서도 아무런 공포나 혐오감도 느끼지 않는 경우라든가, 반대로 별일도 아닌 일에 놀라거나 작은 일에 뛸 듯이 기뻐한다.

꿈의 이런 수수께끼는 우리가 꿈의 현재 내용에서 잠재 내용을 파악하다 보면 일순간에 돌연 사라지기도 할 것이다. 이 수수께끼는 이미 사라져 버렸기 때문에 우리는 이 수수께끼를 해명할 필요가 없다. 왜냐 하면 분석은 우리에게 '감정은 언제나 변함이 없지만, 표상은 이동과 대치를 거친다'는 것을 보여주기 때문이다. 꿈의 왜곡 때문에 변화된 표상은 이미 그 이전에 결합했던 감정과 어긋난다는 것은 조금도 이상한 일이 아니다. 그리고 분석을 통해 그것을 올바른 위치에 놓은 것은 지극히 당연한 일이다.[84]

저항 검열의 영향을 받는 심적 콤플렉스에 있어서, 감정은 그에 항거하는 성분이며, 이로써만이 우리에게 합리적인 보충을 하게 해 준다. 이런 관계는 꿈에서 보다 신경증에서 더욱 분명하게 드러난다. 신경증의 경우에는 감정은 적어도 그 질적인 면에서는 언제나 합당한데, 그 이유는 신경증이란 주의력이 이동함으로써 그 강도를 높이기 때문이다. 신경증 환자는 아주 하찮은 것을 두려워하고, 강박 관념 때문에 사소한 일에 과도한 비난을 하는 사람은 대개 자기의 그와 같은 점을 기묘하게 생각하지만, 둘 다 그 표상 내용을 본질적인 것으로 인정한다는 점에서 잘못된 것이다. 그런데 굳이 그런 잘못을 피하려 해도 무리가 된다.

그들은 이러한 표상 내용을 그들의 사고 작업의 시작으로 삼기 때문이다. 이런 경우에 그들을 올바른 길로 인도하는 것은 정신 분석이다. 왜냐 하면 정신 분석은 감정을 정당한 것으로 인정하고, 이 감정에 속하면서도 대치물에 의해 억압된 표상을 발견해 내기 때문이다. 그때 감정의 환기와 표상이 반드시 유기적인 조화를 이루는 것은 아니라는 사실이 전제가 된다. 우리는 대개 감정 환기와 표상 내용이 유기적 조화를 이룬다고 보고 있지만, 그둘 사이의 관계는 서로 결합되기도 하고 분석에 의해 떨어지기도 하는 것이다. 나는 여기서 꿈의 실례를 분석하면서, 감정을 불러일으킬 만한 표상 내용이 있음에도 불구하고 감정이 외관상 드러나지 않는 이유를 해명하고자 한다.

1

〈그녀는 사막에 있고, 거기서 세 마리의 사자를 본다. 그 중 한 마리는 미

---

84) 내가 생후 20개월 된 손자와 관련해 꾼 최초의 꿈은 수면 중에서의 감정이 실제와 일치하고 있음을 보여주는데, 꿈 작업은 그것의 소재를 어떤 소망 충족으로 변경시키는 데 성공했다는 것을 나타내고 있다. 나의 손자는 부친이 출정하기로 예정된 전날 밤에 마구 떼를 쓰며, "파파, 파파 ― 베이비"라고 하면서 울었다. 이것은, 즉 "파파와 베이비는 함께 있어요"라는 뜻이리라. 그러면서 울므로서 다가올 이별에 대한 슬픔을 표현하는 것이다. 다시 말해서 그 아이는 이별의 개념을 충분히 나타낼 수 있던 것이다.

소짓고 있다. 그녀는 사자가 조금도 무섭게 느껴지지 않는다. 그런데 그녀는 곁에 있는 나무 위로 올라가려 했다. — 무서워서 도망치려 한 것인지도 모른다. 나무 위에는 프랑스어 교사인 그녀의 사촌동생이 먼저 올라가 있었다.)

분석을 통해 다음과 같은 이 꿈의 재료를 알 수 있었다. 이 꿈의 작은 계기는 '갈기는 사자의 장식이다'라는 영어 문자이었다. 그녀의 아버지는 수염이 갈기처럼 얼굴을 감싸고 있었다. 그녀의 영어 교사의 이름은 라이온스 Lyons였다. 어떤 남자가 그녀에게 뢰베Loewe와 같은 발음의 Löwe는 사자라는 뜻의 시를 써 보냈다. 즉, 이것이 세 마리의 사자였던 것이다.

그런데 그녀는 이 사자들이 무서워서 도망친 것인가? 그녀는 어떤 책에서 한 흑인이 군중을 선동해서 폭동을 일으켰는데, 사냥개에 쫓기다가 나무에 올라가서 살아났다는 이야기를 읽었다.

그리고 기분이 좋은 상태에서 다음과 같은 기억의 단편을 차례로 기억해 냈다. 그 첫째는《플리겐더 블레터린》지誌에 게재된 〈사자 생포법〉이라는 이야기였는데, 그 내용은 사막을 손에 들고 체에 거르면 그 안에 사자들만 남는다는 것이었다. 또 하나는 한 관리에 대한 저급하고 아이러니컬한 이야기로, 그 관리가 어떤 사람에게 "자네는 왜 상사에게 잘 보여 좀 올라가지 못하느냐?"고 묻자, 그는 "나도 어떻게든 기어오르려 했지만 나보다 높은 동료가 벌써 위에 올라앉아 있다"라고 대답했다는 내용이다. 이런 재료의 의미는 앞의 꿈을 꾼 부인의 집에 그 날 남편 직장의 상사가 방문했다는 사실을 앎으로써 이해하게 된다.

그 상사는 그녀에게 매우 정중하게도 손등에 키스를 했다. 그는 대단한 거구큰 짐승로서, 그 도시에서 '사교계의 사자'로 일컬어지고 있었다. 그런데도 그녀는 그가 조금도 무섭지 않았던 것이다. 그러므로 이 사자는《한여름 밤의 꿈》에 나오는, 슈노크 목수로 정체를 드러내는 사자와 비교할 수 있다. 그래서 이 꿈의 사자들이 모두 두렵지 않았던 것이다.

2

〈언니의 어린 아들이 시체가 되어 관 속에 누워 있다. 그것을 보면서도 그녀는 아무런 슬픔도 고통도 느끼지 않는다.〉

이 꿈은 앞서 소개한 바 있는 것으로서, 이 꿈을 꾼 처녀는 자기가 좋아하는 남자를 다시 만나고 싶다는 소망을 꿈 속에서 은폐하고 있다. 감정은 그 소망과 조화되고 있으나, 은폐 재료에 소망을 은폐시키지는 않았다. 그래서 슬픔을 느끼지 않았던 것이다. 간혹 어떤 꿈에서는 감정은 그 감정과 별 관계 없는 표상과 결합되어 있다. 또 어떤 꿈에서는 콤플렉스의 이완이 나타나, 감정은 그에 적합한 표상과 동떨어져 꿈 속의 다른 장면으로 옮아가고, 또 그 다른 장면에서 여러 꿈 요소의 새로운 구성 속에 끼는 경우도 있다. 그때는 꿈이 판단 행위를 할 때와 비슷한 상황이 된다.

꿈 사고 속에서 중요한 추론이 발견되면, 꿈 자체도 그와 똑같은 추론을 하게 된다. 그러나 꿈 속의 추론은 전혀 다른 재료로 이용되는 경우가 많고, 게다가 이 대립적 이동 원리에 따라 이루어지는 경우가 적지 않다는 것이다. 이 대립성의 원리에 의거해서 이루어지는 이동의 예를 다음 꿈의 분석을 통해 설명해 보겠다. 이 꿈은 내가 가장 면밀하게 행한 분석의 한 예이다.

3

〈바닷가에 한 성곽이 있다. 이 성곽은 바다에 인접해 있지 않고, 바다로 흘러들어가는 좁은 운하에 인접해 있다. P씨는 사령관이다. 나는 이 사람과 함께 세 개의 창문이 있는 넓은 객실 안에 서 있다. 이 객실 앞에는 벽의 돌출부가 성의 첨탑처럼 튀어나와 있다. 나는 해군 사관처럼 이 수비대에 배속되었다. 우리는 전쟁 중이며, 적함의 습격을 두려워하고 있다. P씨는 이 성을 떠나려 한다. 그는 내게 적함 습격시의 조치를 명령한다. 그의 병든 아내도 아이들과 함께 위기에 처한 성 안에 있다. 포격이 시작되면 이 넓은 객실에서 도망쳐야 한다는 것이다. P씨는 가만가만 객실에서 빠져나가려 한다. 나는 그를 불러세워 유사시에는 어떤 방법으로 교신해야 될지 묻는다. 그가 내게 대답을 하고 있는데, 갑자기 쓰러져 죽어 버린다. 나의 그런 질문이 그에게 충격을 준 것인지도 모른다.

그의 죽음으로 크게 당황하지는 않았으나 앞으로 계속 성에 남아 있을 것인지, 또 P씨의 죽음을 총사령관에게 보고하고 내가 P씨 대신 성을 통솔할 것인지 등을 생각한다. 지금 나는 창가에 서서 지나가는 선박을 감시한다. 어두운 수면 위를 쾌속으로 달리는 것은 상선뿐이다. 연통이 여러 개 달린 배도 있고, 갑판이 둥그렇게 솟아오른 배도 있다. 형이 내 곁에서 함께 운하를 내다본다. 나는 어떤 배를 보고 갑자기 소리친다. "저기 군함이 온다!" 그러나 그것은 내가 이미 알고 있는 배가 돌아온 것뿐이라고 한다. 거기에 작은 배 한 척이 딸려 온다. 기이하게 잘려져 선체가 두 동강이 났다. 갑판 위에는 술잔인 듯한 작은 상자 비슷한 물건이 보인다. 우리는 모두, "저것은 아침 식사 배다!"라고 소리친다.)

배의 쾌속, 수면의 어두침침한 푸르름, 갈색의 굴뚝 연기 등이 한데 어울려 웬지 매우 암울한 인상을 준다. 이 꿈 속의 장소는 여러 차례 여행한 적이 있는 아드리아에 인접한 도시 모라체·두이노·베네치아·아킬레아 등의 인상으로 엮어져 있다. 형과 함께 한 아킬레아 부활제 여행은 짧았지만 매우 즐거워서 아직도 생생하게 기억된다. 미국과 스페인의 해전 및 미국에 머물고 있는 친척의 신상에 대한 걱정 등도 꿈 속에 섞여 있다. 감정은 이 꿈의 두 군데에서 나타나고 있다. 그 첫째로 사령관의 죽음에서 일어나야 할 감정이 아무런 느낌도 없었다고 나타난다. 두 번째는 내가 군함을 보았다는 대목에서, 나는 깜짝 놀라는 경이감을 느끼고 있다.

이 완벽한 구성의 꿈에서 감정은 거의 모순 없이 배치되고 있다. 내가 P씨의 죽음으로 크게 경악해야 할 이유는 없는 것이다. 그리고 내가 성의 총사령관으로서 이상한 군함을 발견하고 놀라는 것도 타당한 이야기이다. 그런데 분석 결과, P씨는 바로 나의 대리 인물임이 드러난다. 즉, 내가 급서急逝하는 총사령관인 것이다. 꿈 사고는 갑작스런 나의 죽음 뒤에 남는 가족들의 장래 문제를 담고 있다. 이 밖에 또 다른 고통스런 관념은 나타나지 않는다. 내가 군함을 보고 놀라는 것은 이 군함을 보고 놀라는 것이 아니라, 나의 가족들의 장래에 대한 걱정으로 풀이해야 한다.

분석은 군함이 나온 꿈의 사고 영역이 의외로 유쾌한 잔존 기억에서 유래한다는 것을 보여준다. 1년 전에 우리 부부는 베네치아에 있었다. 화창한 어느 날, 리바스키아보니에 있는 호텔의 방 창가에서 우리도 유난히 많은 사람들이 운집해 있는 짙푸른 항구를 바라보고 있었다. 영국 군함이 온다고 아우성이었다. 그때 아내가 갑자기 어린아이처럼 "저기 영국 군함이 와요!" 하고 소리쳤다. 꿈 속에서는 이런 말을 듣고 놀란다. 이로써 우리는 꿈 속의 회화는 각성시의 생활에서 유래한다는 것을 알 수 있다. 굳이 '영국의'라는 언어적 요소가 있는 것도 꿈 작업에서는 결코 무의미하지 않음을 밝히겠다. 즉, 나는 여기서 꿈 사고와 꿈 내용 사이에서 기쁨을 경악으로 뒤바꾸고 있다. 그리고 이 뒤바꿈에 의해서 꿈의 잠재 내용의 일부를 묘사하고 있다.

나는 다만 이것을 암시하는 것으로 그치겠다. 그러나 이와 같은 실례로써 꿈 사고 속에서 어떤 표상 내용과 결합되어 있는 감정의 계기를 꿈 내용의 다른 부분에 끼워 넣는 일을 꿈 작업 마음대로 할 수 있다는 사실이 입증된다. '아침 식사 배'라는 말이 나왔던, 그래서 그때까지의 바람직한 진행 상황이 무의미하게 일그러졌던 이 배의 의미를 분석해 보자. 이 배와 관련하여 좀더 잘 생각해 보니 뒤늦게 이런 사실이 생각났다. 그 배는 검은색이었고, 가장 폭이 넓은 배 허리 부분이 잘려졌는데, 그 잘린 부분이 에트루리아의 박물관에서 보았던 물건과 흡사했다. 그것은 손잡이가 두 개 달린 검은 흙으로 빚어진 네모난 접시로서 그 위에 찻잔 같은 것이 올려져 있었는데, 그것은 오늘날 우리가 사용하는 식사용 식기처럼 생겼다.

안내인에게 물어 보니, 그것은 에트루리아 부인들의 화장 도구로서, 위에 올려놓은 것은 백분白粉과 머릿가루를 담아놓던 것이었다. 거기서 우리들은 이런 물건을 아내에게 선물해도 좋겠다고 농담을 주고받았다. 그러므로 꿈 속에 나온 배는 검게 한 화장즉, 상복을 의미을 뜻하는 것으로서, 사람의 죽음을 직접적으로 암시하고 있는 것이다. 또 이 꿈의 작은 배는 언어학자인 나의 친구가 가르쳐 준 그리스어의 작은 배Nachen를 연상시킨다. 아주 옛날에는 그런 작은 배에 시체를 싣고 바다에 수장했다. 꿈 속에서 왜 배가 돌아오는가는 다음 문장과 연결시켜 볼 수 있다

말 없이, 구원받은 작은 배에 실려
노인은 항구로 돌아오네.

그것은 난파 뒤에 귀항하는 장면이다. 그 배는 가운데서 잘려 나간 것처

럼 되었기 때문이다. 그런데 '아침 식사 배'라는 말은 어디서 유래하는 것일까. 여기에는 내가 앞에서 베네치아에서 본 군함을 말할 때 남긴 '영국의 '라는 요소가 관련돼 있다. 아침 식사는 영어로 breakfast, 즉 단식을 깨뜨리는 사람Fastenbrecher이고, 이 말 속에 포함된 '깨뜨린다brechen'는 난파 〔Schiffbruch는 Schiff배+brech깨뜨린다, 찢어진다의 합성어〕에서 나온 말이며, 단식Fasten은 검게 한 화장과 결부된다.

이 아침 식사 배란 호칭은 꿈에 의해 만들어진 것이다. 배 자체는 실재하는 것이며, 최근의 가장 즐거웠던 여행을 연상시킨다. 아킬레아에서는 우리 입맛에 맞는 음식이 없는 줄로 생각한 우리는 식료품을 싸가지고 가서, 거기에서는 상등품인 에스트리아 포도주를 한 병 샀다. 그리하여 소형 정기 증기선을 타고 텔류메 운하를 따라 천천히 그라드를 향해 지나가는 동안, 유일한 승객이었던 우리는 갑판 위에서 즐겁게 아침 식사를 하였다. 그렇게 맛있는 식사는 없었다. 이 경험이 아침 식사 배를 연출하였고, 그 즐겁던 기억에 대한 향수가 꿈 속에서 불확실한 미래에 대한 어두운 상념을 감추고 있는 것이다.

어떤 감정이 그 감정을 불러일으킨 표상으로부터 빠져나오는 것은 꿈 형성에 있어서 가장 두드러진 현상으로서, 그와 같은 감정의 이탈은 꿈 사고에서 현재몽의 형성 과정에서 받은 유일한 변화도 아니고, 가장 본질적인 것이라고 볼 수도 없다. 꿈 사고 속에 있는 감정을 현재몽 속의 감정과 비교해 보면 다음과 같은 일이 명백하게 드러난다. 즉, 현재몽 중의 감정은 반드시 꿈 사고 속에서도 나타나지만, 그 반대의 경우는 일어나지 않는다.

그런데 대개 꿈은 그것을 가공하여 꿈을 만들어 내는 심적 재료에 비해 감정이 미흡해진다. 나의 꿈 사고를 재구성해 보면, 꿈 사고 중에서도 가장 강력한 심적 움직임이 다른 대립적인 심적 움직임과 싸우면서 꿈 속에 나타나려 한다는 것을 알 수 있다. 이 사실을 안 연후에 꿈을 살펴보면 그 꿈이 별로 신빙성이 없는, 감정의 우유 부단함을 나타낸다는 사실을 흔히 접하게 된다. 꿈 작업은 자주 나의 사고 내용뿐 아니라, 감정의 노출까지 애매하게 한다. 그리하여 꿈 작업에 의해 감정이 억제된다고 해도 과언이 아니다. 가령 앞서 예를 든 '식물학 연구 논문'의 꿈을 다시 보자.

이 꿈의 사고 속에는 내멋대로 행동하면서 내가 옳다고 생각하는 쪽으로 생활을 밀고 나가는 나의 자유에 대한 열렬한 변호가 나타나 있다. 그러나 이런 사고에서 파생된 꿈은 어떻게 되든 상관없다는 식의 태도를 보인다. 즉, 나는 한 편의 연구 논문을 썼다. 눈앞에 있는 그 논문에는 원색 화보가 들어 있고, 건조된 식물 표본이 붙어 있다. 마치 시체가 널려 있는 전장의 정적같이 이미 격전의 기미는 느껴지지 않는다.

그리고 또 다른 결과로 끝나는 경우도 있는데, 꿈 그 자체 속에 적극적인 감정이 개입되는 것이다. 우리가 그런 꿈 사고를 이해하면 대개 깊은 감동을 느끼게 되는 데도 대부분의 꿈이 사소하게 보인다는, 부정하지 못할 사실을 강조하려 한다.

그러나 여기서는 이와 같은 꿈 작업 사이의 감정 억제를 이론적으로 완전히 해명하기는 불가능하다. 그래서 그것을 해명하려면 우선 감정 이론과 억압 기제를 신중하게 연관시켜야 한다. 이와 관련하여 나는 두 가지 관점에서 언급해 보겠다.

그 하나는 감정의 개입에 대한 운동 및 분비의 신경 지배 과정과 유사한 과정, 즉 신체 내부로 돌려진 원심적 과정이라는 상상을 해 볼 수 있다. 그런데 수면 상태에서는 외부 세계로 방출되는 운동 자극이 중지된 것처럼 보이는 것과 마찬가지로 감정의 원심적 강도 역시 수면 중의 무의식적 사고에 의해 방해받는다. 그러므로 꿈 사고의 흐름 속에서 발생하는 감정의 움직임은 그 자체만으로도 극히 미미한 것이다. 따라서 꿈 속에 들어오는 감정의 움직임 또한 그보다 강할 리가 없다. 이렇게 유추해 보면 '감정의 억제'는 결코 꿈 작업의 소행이 아니다. 그것은 아마도 수면 상태가 야기시키는 결과인 것 같다.

둘째로, 좀더 복합적으로 구성되어 있는 꿈들은 심적 능력으로 맞서 싸운 결과 얻은 타협적 소산이기도 하다는 점이다. 한쪽에서 소망을 형성하는 사고는 그것을 검열하는 검문소의 이의에 맞서 싸우고, 다른 한쪽에서는 무의식적 사고 속에 있는 사고의 움직임은 그와 반대되는 것들과 쉽게 융합한다는 것을 우리는 자주 보아 왔다. 이 모든 사고 경향은 감정을 나타낼 수 있는 능력을 갖고 있어서, 우리가 감정 억제에 어긋나는 사고의 움직임은 그 감정 상호간에 영향을 미치고, 또 검열은 그 검열 때문에 억제된 의지에 가해지는 억제 작용의 결과라고 해석해도 무리가 없을 것이다.

그래서 꿈 왜곡이 검열의 첫째 성과였던 것과 같이, 감정의 억제는 꿈 검열의 두 번째 성과라는 말이 된다. 다음에 드는 짧은 일례에서는 꿈 내용 속의 미미한 감정이 꿈 사고 속의 대립성에 의해 규명됨을 볼 수 있을 것이다.

4

〈한 언덕이 보인다. 그 위에 옥외 변소처럼 생긴 것이 있다. 길쭉한 벤치 끝에 커다란 배변구가 받쳐 있다. 그보다 더 뒤의 끝에는 대변이 널브러져 있다. 큰 것, 작은 것, 오래 된 것, 금방 눈 것 등. 벤치 뒤쪽에는 풀밭이 있다. 나는 벤치 쪽을 보며 소변을 본다. 소변의 긴 줄기가 모든 것을 말끔하게 씻어내린다. 굳어 붙어 있던 대변도 쉽게 밀려서 밑으로 떨어진다. 그래도 결국은 나중에까지 뭔가 남는 것이 있다.)

이와 같은 꿈을 꾸었음에도 불구하고 나는 혐오감을 느끼지 않았다. 왜 그럴까? 분석이 그 이유를 밝혀 주고 있는데, 그것은 바로 이 꿈의 형성 계기에 가장 만족스럽고 즐거운 사고가 관여하고 있기 때문이다. 분석 중에 연상되는 것은 헤라클레스가 아우게이아스의 마구간을 청소한 일이었다. 나는 그 헤라클레스이다. 언덕과 풀밭은 나의 아이들이 머무르고 있는 아우스제에서 잘 볼 수 있다. 나는 신경증 환자의 소아기 병인病因을 발견하여, 그 덕분으로 내 아이들은 이 병에서 모면시킬 수가 있었다. 벤치는배변구는 빼고 나의 환자 중에 착실한 어느 부인 환자가 보내 준 가구의 모방을 나타내 보인다. 그리하여 이 벤치는 나에 대한 나의 환자들의 존경심을 생각나게 한다.

게다가 그 오물이 나를 기쁘게 한다는 해석이 나오는 것이다. 실제로 보았더라면 매우 구역질나는 것이었겠지만, 꿈 속에서는 아름다운 추억으로 등장되었고, 실제로 이탈리아의 작은 거리에 있는 변소는 이 꿈에 나오는 것과 똑같은 모양을 하고 있다. 모든 것을 말끔하게 씻어내리는 소변 줄기는 위대성의 암시임이 틀림없다. 걸리버는 이런 식으로 소인국의 대대적인 화재를 껐다물론 걸리버는 그 때문에 소인국 여왕의 미움을 샀지만.

그러나 화가 라블레가 그린 '거인 가르강튀아'도 노틀담 사원 위에 앉아 파리 거리에 오줌을 눔으로써 파리인들에게 복수한다. 나는 그 꿈을 꾸기 전날 밤, 잠자리에 들기 전에 라블레의 작품 속에 그려진 가루니에의 삽화를 보았다. 그러므로 이 또한 나 스스로를 거인으로 만들었음을 뒷받침해 준다. 노틀담 사원의 꼭대기는 파리에 있을 무렵 내가 자주 가던 곳이다. 오후쯤 시간 여유가 있을 때에는 항상 이 사원의 탑에 올라가 거기서 꼽추와 흉칙한 악마 형상 사이를 돌아다녔던 것이다. 오물이 소변으로 인해 깨끗이 씻겨내리는 것은 내가 언젠가 《신경증의 치료》라는 저술의 첫장에서 맨 먼저 언급하려 했던 '그들은 불어서soak 흩어졌다'는 구절과 상통한다.

나는 이 꿈의 유인은 다음과 같음을 알았다. 어느 더운 여름날 오후의 강의에서 나는 신경증과 성도착증과의 관련에 대해 설명하는 도중 자꾸 혼란스러워져 불만스러웠다. 그래서 인간의 마음 속을 이런 식으로 파헤치는 일을 그만두고, 아이들이 있는 아름다운 이탈리아에로 가보고 싶은 마음이 간절해졌다. 이런 기분으로 강의실을 나와 어느 식당이든 가서 가벼운 요기를 할까 생각했다. 이 무렵 나는 거의 식욕을 느끼지 못했기 때문이다.

그런데 수강생 한 명이 쫓아와서는 내가 커피를 마시고 빵을 먹을 동안 계속 아부의 말을 늘어놓는 것이었다. "교수님께서 참으로 많은 것을 가르쳐 주신 덕분에 지금은 세상 보는 눈이 많이 달라졌으며, 교수님은 신경병리학의 오류와 편견인 아우게이아스의 마구간을 청소하셨다"는 등, 요컨대 내가 위인이라는 식의 아부였다. 그러나 나의 기분은 그런 아부에 익숙하지 못하여 일어나는 혐오감을 꾹 참고 귀가했다. 그래도 잠자리에 들기 전에 라블레의 책을 뒤적이고, 또 C. F. 마이어의 《소년의 고민》이란 소설을 읽었다.

이런 재료가 작용해서 그 꿈이 생겨난 것이다. 혐오감과 권태라는 각성시의 기분은 꿈 내용에 대한 대부분의 재료를 갖춘 상태에서 그대로 꿈 속으로 들어와 있다. 그런데 밤이 되자, 그와는 반대로 지나친 자기 과시의 기분에 들떠 낮의 기분을 물리쳤다. 그 결과, 꿈 내용은 동일한 재료를 가지고 열등감과 과대 평가라는 상반된 두 관념을 표현하도록 구성된 것이다. 그리하여 꿈 내용이 호지부지하게 되어 버렸고, 게다가 그 상반되는 것이 서로 저지함에 따라 담담하고 무감동한 기조를 형성하기도 했다.

한편으론 억제되면서도, 한편으론 쾌감을 가지고 강조된 반대 사고의 특질이 혐오감이라는 사고 특질에 덧붙여지지 않았더라면, 소망 충족의 이론에 입각하여 이 꿈은 형성되지 않았을 것이다. 왜냐 하면 고통은 그 자체로써는 꿈 속에서 표현되지 않기 때문이다. 각성시에 느꼈던 고통은, 그것이 동시에 어떤 위장된 소망을 충족시키려는 의도가 아니고는 그대로 꿈 속에 들어오지 못한다. 꿈은 꿈 사고의 감정을 그대로 받아들이든가, 아니면 완전히 변경시키는 작업 외에도 다른 수단, 즉 그 감정에 역행되는 대상으로 뒤바꾸는 작업도 한다. 우리는 분석시에 꿈의 어떤 요소는 어떤 경우엔 변경을 가하지 않고 받아들여도 좋고, 또 어떤 경우에는 정반대로 받아들여야 할 경우가 있다는 분석의 법칙을 알고 있다.

그러나 그 어느 쪽 경우를 미리 정할 수는 없으며, 앞뒤 연결 관계에 따라 결정되는 것이다. 사람들이 흔히 보는 해몽 점占은 대조의 원리에 따라 꿈을 점치는 것이다. 이와 같이 꿈에서는 우리들의 사고 중에서 어떤 사물의 표상을 그 반대물의 표상에 접합시킨다. 이런 전화轉化는 긴밀한 연상 교류에 의해 가능하게 되는데, 그 이외의 모든 이동과 마찬가지로 검열의 목적에 쓰이는 것이지만, 또 자주 소망 충족의 목적에도 쓰인다. 왜냐 하면 소망 충족의 본질적 특성은 어떤 바람직하지 않은 것을 정확히 그 반대물로 대치한다는 점에 있기 때문이다.

그러므로 꿈 속에서는 사물의 표상이 바뀌는 것과 마찬가지로, 꿈 사고의 감정도 그 반대물로 바뀌어 나타나는 일이 일어나며, 이러한 감정 전화는 대개의 경우 검열에 의해 성취되는 것 같다. 감정의 억제 및 전화는 보통 꿈의 검열과 비슷한 사회 생활에서 위장의 수단으로 쓰인다. 예컨대 내가 어떤 사람과 대화하면서 그를 공박하고 싶지만, 그에게 양보하는 마음에서 감정 표현을 우회하기보다는 아예 억제해 버리는 편이 나은 것과 같다. 그 사람에 대한 나의 어투는 결코 무례하지 않다 해도 증오감이나 경멸의 눈초리라든가 태도를 나타낸다면, 그에게 가하려 했던 결과는 정면으로 경멸의 말을 퍼부은 경우와 별로 다르지 않을 것이다.

그리하여 검열은 나에게 감정을 억제하라고 명령한다. 그래서 내가 위선적인 인간이라면, 내 진실을 위장하고 정반대의 감정을 나타낼 수 있을 것이다. 화가 나면 웃고, 증오감이 일 때 오히려 다정하게 대하는 식으로. 꿈 검열로 인해서 이와 같은 감정 전화를 수행한 예를 우리는 앞에서 이미 보았다. '큰아버지의 수염의 꿈'을 기억할 것이다. 그 꿈의 사고는 친구 R에 대해 조소를 보내고 있는데, 조소를 보내기 때문에 현재 내용 속에서는 오히려 그에게 깊은 우의를 느끼고 있는 것이다. 감정이 전화된 이 꿈의 실례에 의해 우리는 비로소 꿈의 검열 작업이란 것을 알게 되었었다. 그런데 이런 종류의 반대 감정은 꿈 작업에 의해 완전히 재편성되는 것은 아니다. 꿈 작업은 일반적으로 꿈의 사고 재료 속에 이미 형성되어 있는 반대 감정을 발견하게 되며, 다만 방위의 목적으로 일어나는 심적 힘으로 이것을 높임으로써 꿈 형성에 대해 유력한 것으로 한다.

앞서 말한 '큰아버지의 꿈'에서의 반대 감정인 우의는 유아적 원천에서 유래한다. 큰아버지와 조카의 관계는 나의 가장 이른 유아적 체험의 특성 때문에 내 마음 속에서 모든 우정과 증오의 원천이 되고 있는 것이다. 페렌치가 보고한 꿈의 이와 같은 감정 전화의 훌륭한 예를 제시하고 있다.[85]

---

85) 《국제 정신 분석학 잡지》제4권, 1916년.

"어떤 중년 남자가 갑자기 큰 소리로 웃어대므로 아내가 잠을 깬다. 그는 이런 꿈을 꾸었다고 말한다. 〈내가 침대에 누워 있을 때 내가 아는 어떤 신사가 들어와서 불을 켜려 하는데, 도무지 켜지지 않는다. 몇 번이나 반복해도 마찬가지이다. 그러자 아내도 침대에서 일어나 나를 도왔으나 역시 안 된다. 그런데 사실은, 그녀는 자기의 잠옷 입은 모습이 부끄러워 다시 침대에 누워 버렸기 때문이다. 이런 일은 모두 너무 우스워서 배꼽을 잡고 웃지 않을 수가 없었다. 아내는 뭐가 우습냐고 자꾸 캐물었지만, 나는 계속 웃음이 터져 마침내 잠에서 깨었다." 다음날 그는 기분이 울적하여 머리가 깨지는 것 같다고 투덜댔다. 그러곤 "너무 웃어서 어떻게 된 것 같아요"라고 말하는 것이었다.〉

정신 분석학적으로 보면 이 꿈은 그다지 유쾌한 꿈은 아니다. 침실에 들어온 '아는 신사'는 잠재적 꿈 사고로 보며, '장엄한 미지의 것'으로서의 '죽음의 신'의 형상이다. 이 죽음의 신의 형상은 그 꿈을 꾸기 전날 불러일으켜진 것이다. 동맥경화증에 걸려 있던 그 남자는 전날 문득 죽음에 대해 생각했다. 그리고 자꾸만 웃어댄 웃음은 그가 죽었을 때의 통곡을 대리하는 것이다. 따라서 그가 아무리 켜려 해도 켜지지 않던 불은 생명의 등불이다. 이런 서글픈 생각은 얼마 전에 성교가 뜻대로 되지 않은 일과 결부되어 있는 것 같다. 아내는 잠옷만 입은 채 그를 도우려 했지만, 역시 성교는 실패했다. 이미 자기는 성적으로 쓸모없이 되었다는 점을 인정하지 않을 수 없었다. 그래서 꿈 작업은 성적 불능과 죽음을 생각한 슬픔을 역전시켜 우스꽝스런 상황과 폭소로 대치한 것이다. 그런데 간혹 '위선적'이라고 할 만한, 소망 충족론을 뿌리째 뒤흔드는 종류의 꿈도 있다. M. 힐페루딩 부인은 빈 정신분석학협회에서 다음과 같은 로제거의 꿈 보고문을 토론용으로 제출

했는데, 나는 그것을 보고 이런 종류의 꿈을 주시하게 되었다. 로제거는 '인연을 끊는다'《숲의 고향》제2권라는 이야기를 통해 이런 예를 들고 있다.

i) 〈나는 대개 잠을 깊게 자는데, 가끔 잠을 이루지 못하는 밤이 있다. 왜냐 하면 나는 검소한 학창 생활과 문인 생활 외에 수년간 재단사를 했던 그림자를 떨쳐 버리지 못하고 있기 때문이다.〉

ii) 〈내가 온종일 내 과거만을 생각하며 지냈다면 물론 거짓말이다. 속세를 떠난 우주의 개혁자에게는 다른 할 일이 있을 것이다. 젊은 시절에는 밤마다 꾸는 꿈 같은 것은 도통 생각지도 않았다. 후년에 이르러서야 비로소 지난 일을 돌아보는 버릇이 생기고, 혹은 내 속에 있는 속인이 다시 꿈틀거려 으레 꿈을 꾸기만 하면 언제나 양복점의 견습생으로 되돌아가 있는 것은 무슨 까닭일까. 나는 사실 오랫동안 주인 밑에서 공짜로 일해 왔다는 것을 깨달았다. 주인 곁에 앉아서 옷을 꿰매고 다리미질을 하면서도 나는 본래 이런 인간이 아니다, 도시인으로서 어떤 다른 일을 하지 않으면 안 된다라는 것을 느끼고 있었다. 휴가도 자주 있었고, 또 곧잘 피서도 다녔는데, 꿈에서는 언제나 주인의 일을 돕고 있는 모습밖에 나타나지 않는다. 나는 좀더 보람있는 일을 하고 싶은데, 시간을 허비하고 있다고 생각하면 안타까워 견딜 수 없었다. 물론 때로는 원본의 치수대로 맞추지 못하여 주인에게 혹독한 꾸중을 듣기도 했다. 그런데 봉급에 대해서는 일언 반구도 없는 것이다. 나는 어두침침한 작업장에서 등을 구부리고 일을 하면서도 곧잘 이런 일을 집어치우고 나가 버릴까 하는 생각을 했다. 한번은 실제로 주인에게 그런 내 의사를 비추었지만, 주인은 아무런 반응이 없었고, 나는 다시 주인 곁에 앉아 바느질을 했다.〉

iii) 〈이렇게 고역스런 시간이 지나가고 꿈에서 깨면 얼마나 개운한지! 나는 그때 결심한다. 만약 앞으로 다시 이런 지겨운 꿈을 꾸면 마음을 다져 먹고서 이렇게 외쳐야지. "이런 속임수가 어디 있어. 나는 침대에 누워 잠이나 자겠다!" 그러나 다음날 어김없이 다시 내가 양복점의 작업장에 앉아 있는 꿈을 꾸는 것이었다.〉

iv) 〈어떤 때는 이런 꿈도 꾸었다. 주인과 나는, 내가 전에 하인으로 일했던 적이 있는 알펠호퍼의 집에서 일하고 있다. 주인은 내가 일하는 것이 마음에 차지 않는 모양이었다. "넌 도대체 뭘 하는 거냐!" 하며 무서운 눈초리로 나를 흘겨보았다. 나는 벌떡 일어나서 "나는 단지 정 때문에 당신 곁에 있을 뿐이에요"라고 소리치고 뛰쳐나가고 싶다고 생각한다. 그러나 실제로는 그렇게 하지 못했다. 그때 주인이 새 견습생에게 자리를 좀 비켜 주라고 하여 나는 그 말에 따랐다. 그리고 한쪽 구석에 쭈그리고 앉아 바느질을 계속했다. 같은 날 또 한 명의 직공이 들어왔는데, 그는 19년 전에 여기서 일하다가 술집에서 돌아오는 길에 개울에 떨어진 적이 있는 그 녀석이 아닌가. 그가 앉을 자리가 없기에 나는 주인에게 묻는 듯한 눈길을 주었는데, 주인은 이렇게 소리쳤다. "너 같은 녀석은 재단사가 될 수 없어. 당장 나가, 그만 인연을 끊어 버리자." 나는 그 말에 너무 놀라 잠에서 깼다.〉

v) 〈여명의 엷은 햇빛이 창문을 통해 들어와 내 방을 비추고 있다. 수많은 슬픔이 나를 에워싸고 있다. 화려한 서가에서는 영원한 호메로스, 위대한 단테, 비길 데 없는 셰익스피어, 영광의 괴테 등 불후의 위인들이 나를 기다린다. 옆방에서는 잠이 깨어 어머니와 함께 떠들고 있는 아이들의 명랑한 목소리가 들려온다. 나는 이 서정적인 생활, 평화롭고 시적이며 밝은 생활, 잔잔한 인간적인 행복을 안겨 준 생활을 지금에 와서 새삼스럽게 발견한 듯

한 기분이다. 그런데도 공연히 분노가 치밀었다. 내 쪽에서 먼저 나가겠다고 선수를 치지 못하고 주인에게 해고나 당했으니…….〉

vi) 〈그런데 이상한 것은 주인이 '인연을 끊자'고 선언한 그날 밤 이후로 나는 계속 숙면을 취하게 되었고, 오래 전의 그 재단사 시절의 꿈을 꾸는 일도 없어졌던 것이다. 그런데 사실 그 재단사 시절은 실로 재미있었는데, 어째서 나의 후년의 생애에 그토록 오랫동안 그림자를 던지고 있었던 것일까?〉

젊은 시절, 재단사를 했던 시인 로제거의 이 일련의 꿈에서는 소망 충족의 흔적이 보이지 않는다. 좋은 것은 모두 각성시의 생활에 속해 있고, 반면에 꿈은 겨우 극복해 낸 불쾌한 생활의 망령 같은 그림자를 끼고 있는 것 같다. 나는 이와 비슷한 나의 몇몇 꿈을 통해 이런 종류의 꿈을 어느 정도 설명할 수 있게 되었다. 젊은 시절 박사가 된 지 얼마 안 되었을 무렵에, 나는 오랫동안 화학 연구소에서 일했었는데, 거기서 요구되는 기능이 쉽게 달성되지 않았다. 그래서 각성시에는 언제나 이 부끄러운 연구 생활을 즐거이 회상한 적이 없다.

그런데 꿈 속에서는 그 연구소에서 여러 가지 분석도 하고 갖가지 체험을 쌓는 일이 나타나는 것이다. 이 꿈은 시험을 보는 꿈과 마찬가지로 결코 유쾌하지도 분명하지도 않은 것이었다. 이 꿈은 해석하던 중에 나는 '분석'이라는 말을 생각해 냈는데, 그 말이 내게 결정적인 이해의 열쇠를 주었다. 그리하여 이후 나는 '분석가'가 되었다. 그리고 나는 다음과 같은 사실을 깨달았다. 즉, 나는 각성시의 생활에서 내가 이런 종류의 분석을 할 수 있다는 것을 자랑스러워하고 '드디어 나도 뭔가 이루었다'는 자만심을 가졌는데, 밤이 되면 꿈은 도저히 자랑할 수 없는 실패한 분석 예를 보여주었다. 과거에 재단사였던 저 유명한 시인의 꿈과 마찬가지로, 나의 꿈 역시 명성에 대한 자만심을 벌하는 것이었다.

그러나 꿈 작업은 어떻게 해서 벼락부자의 자만과 자기 비판 사이의 갈등에서 허용되지 않는 소망 충족 대신에 은근한 경고를 채택할 수 있을까? 이 물음에 대한 답은 불가능하다. 그러나 대략 이렇게 추론해 볼 수 있다. 처음에는 오만한 명성의 공상이 꿈의 기조를 만들지만, 그것이 꿈 내용에 끼어들지 않고 오히려 그 공상을 지워 버리며, 그런 공상을 부끄러워하는 생각이 꿈 내용의 주를 형성하는 것이다. 인간의 심적 생활 속에는 이와 같은 감정의 전화를 충분히 불러일으킬 수 있는 매저키스틱한 경향이 있기 때문이다.

이런 종류의 꿈을 '형벌 꿈'이라 하여 '소망 충족 꿈'과 구별해도 좋을 듯하다. 이로써 나의 꿈 이론의 타당성이 의심받는다고는 생각지 않는다. 그리고 형벌 꿈은 사실 반대물이 합치하는 현상을 언어적으로 표현한 데 지나지 않는 것이다. 그러나 이런 꿈들의 약간을 좀더 깊이 관찰해 보면 또 다른 요인이 나타나는 것을 알 수 있다. 나 자신의 '화학 연구소의 꿈'에는, 의사로서의 재직 기간 중 가장 어둡고 불행했던 나이로 되돌아간 내가 나온다. 거기에는 아직 마땅한 직책도 없고 생활에 대한 보장도 없는 상태에서 갑자기 몇 명의 부인 가운데서 결혼 상대자를 고르는 꿈이다.

여기에서 나는 다시 젊은 시절로 되돌아가 있다. 그리고 어려웠던 시절을 함께 보낸 나의 아내도 아직 젊다. 그러므로 이 꿈은 나의 노쇠해 감을 탄식하는 남자의 마음을 자꾸만 괴롭히는 소망의 하나가 무의식적인 꿈을 불러일으켰음을 알 수 있었다. 꿈 내용을 규정짓는 것은 분명 자만심과 자기 비판 사이의 투쟁으로써, 이것은 다른 심층 속에서 방황하는 것이지만 좀더 뿌리깊은 청년 시대의 소망이 이 내용만으로 꿈을 만들어 냈던 것이다.

사람들은 각성시에도 자주 이렇게 말한다. "지금이야 좀 나아졌지만 옛날에는 꽤나 고생했지. 하지만 그때는 보람은 있었어, 아직 젊었으니까."[86] 내가 자주 꾸는 '위선적인 유형의 꿈'은 교류 관계가 이미 끊겨 버린 사람들과의 화해를 보여준다.

그런 꿈을 분석해 보면, 이전의 친구들에 대한 생각을 말끔히 버리고, 그들을 전혀 모르는 남이나 적으로 간주하라고 요구하는 것 같은 계기가 있다. 그런데 그 꿈은 그와는 반대의 관계를 그려냄으로써 만족하고 있다. 시인의 꿈을 판단할 때, 그가 방해된다고 느끼고, 비본질적이라고 여기는 꿈 내용은 묘사하지 않는다고 보아야 할 경우가 많다. 그래서 시인이 그리는 꿈은 만약 꿈 내용이 정확하게 묘사되었다면 쉽게 풀렸을 수수께끼를 많이 안고 있다. O. 랑크는 《용감한 작은 재단사》나 《단번에 일곱》이라는 그림 동화에서 그와 같은 비천한 생활에서 입신한 사람의 꿈에 그와 비슷한 꿈이 있다고 나에게 말해 주었다.

영웅이 되고 왕의 양자가 된 그 재단사는, 어느 날 밤 왕녀인 그의 아내와 함께 누워 자면서 재단사 시절의 꿈을 꾸며 잠꼬대를 한다. 의심을 품은 왕녀는 남편의 과거를 알아내기 위해 무장한 부하에게 명령하여 남편이 잠꼬대한 말을 확인시킨다. 그러나 그것을 눈치 챈 재단사는 교묘하게 꿈을 바꾼다. 꿈 감정은 꿈 사고의 감정에서 전화·폐기·감소 등의 여러 과정이 얽혀서 생기는 것이지만, 이 복잡한 과정들은 완전히 분석된 꿈을 잘 종합해 보면 확실하게 알 수 있다. 나는 여기서 꿈에서의 감정의 변화를 나타내주는 몇 개의 예를 더 들고자 한다. 이 꿈들은 앞서 말한 예 중의 몇 가지

---

[86] 정신 분석학이 퍼스낼리티를 자아와 초자아로 분리한 후에 이와 같은 형벌 꿈을 초자아의 소망 충족으로 보는 것은 당연한 일이다. 《집단 심리와 자아의 분석》1921년을 참조하라.

경우를 구체적으로 실현하고 있다.

5

나 자신의 체골體骨을 표본으로 만든다고 한 브뤼케 교수의 말에 대해서 꿈에서는 '전혀 공포감을 느끼지 않는다.' 그런데 이것 역시 여러 가지 의미에서 소망 충족이다. 표본 제작은 자기 분석을 의미한다. 나는 꿈 연구서를 출간하는 일에 의해 이 자기 분석을 한다는 것인데, 그 일이 나에게는 너무도 벅찬 일이어서 탈고된 뒤에도 인쇄까지 1년 이상의 시간을 끌었을 정도이다.

그런데 내 마음 속에서는 이와 같은 억제적 기분을 극복하려는 소망이 움텄다. 그래서 이 꿈 속에서 전혀 '공포감Grauen'을 느끼지 않았던 것이다. 다른 의미에서의 Grauen공포감 외에 '머리가 세다'는 뜻도 있다도 일어나지 말았으면 좋겠지만, 실제로는 벌써 흰 머리카락이 듬성듬성 보이기 시작한다. 그래서 이 꿈의 끝부분에서 번거로운 여행을 하여 목적지에 도달하는 일은 아이들에게나 맡겨야겠다는 생각이 표현되었던 것이다. 잠 깬 직후에 소망 충족을 시킨 두 꿈은 두 가지 방식의 동기를 보여준다. 즉, 한쪽 꿈의 '벌써 꿈꾸어 버렸다'는, 지금이야말로 자기는 그 이유를 알게 되리라는 기대가 동기로 되어 있다. 즉, 이 충족은 최초의 아이들의 출생과 관계되어 있다.

또 하나의 꿈은, '전조에 의해 알려진 것'이 이제야말로 현실화될 것이라는 확신이 동기로 되어 있다. 그리고 이 충족은 옛날에 둘째아이가 태어났을 때에 충족된 것과 동일한 것이다. 이 꿈들에서는 꿈 사고 중에서 가장 유력했던 여러 감정이 꿈 내용에 그대로 반영되고 있지만, 그러나 어떤 꿈에서든지 모두 쉽게 이루어지지는 않는다. 이 두 꿈의 분석을 좀더 깊이 살펴보면, 검열의 명령에 따르지 않는 이 충족은 검열을 두려워하지 않으면 안 될 어떤 원천의 도움을 받고 있으며, 또 이 원천의 감정은 그것이 검열의 통과를 받은 것이 아닌 한 자연히 검열에서 충돌될 것이 분명하다. 이것을 꿈의 실례로써 입증하지 못하는 것이 안타깝긴 하지만, 꿈이 아닌 다른 예가 나의 견해의 정당성을 보여줄 것이다.

한번 다음과 같은 경우를 상상해 보자. 내가 미워하는 나의 주변 인물에게 어떤 불행한 일이 일어났으면 좋겠다는 마음이 자꾸 일어난다. 그러나 나의 윤리 의식이 그런 저의를 용납하지 않는다. 그래서 나는 그 불행을 비는 마음을 표현하지 못하고 있다가, 그의 신상에 실제로 어떤 나쁜 일이 일어나면 그 충족감을 감추고 겉으로만 위로의 말을 한다. 그러나 물론 나 스스로도 그렇게 생각하려고 노력은 한다. 아마 대부분의 사람들이 이와 같은 경험을 갖고 있을 것이다. 그런데 이 못마땅한 사람이 어떤 부정한 일로 처벌을 받게 되면, 그때는 서슴없이 그가 처벌받는 것이 정당하다는 충족감을 표시하고, 그 점에서 그에게 객관적으로 공정한 판단을 내리는 많은 다른 사람들의 의견과 일치한다. 그러나 이런 나의 충족감은 다른 어떤 사람보다 훨씬 더 강하다는 것을 스스로도 잘 안다. 나의 충족감은 증오의 원천에서 나온 것이기 때문이다. 이 증오감은 심적 검열에 의해 그때까지 감정 표현에 제지를 당하고 있었지만, 이제는 상황이 바뀌어 이미 그러한 장애물이 사라져 버린 것이다.

신경증적 성격의 두드러진 특징으로서 감정 환기의 계기가 양적으로 지나치기가 쉬운 현상은 질적으로는 적당하지만 이제까지는 무의식 속에 묻혀 있던 감정에서 유래한다. 이들 감정 원천은 현실적 동인과 연상적 결합 관계를 만들어 낼 수가 있으며, 또 그 감정들의 방출에 있어서는 검열에서 통과

된 매우 지당한 감정 원천의 길을 비켜 주는 것이다. 그리하여 우리는 억제를 받은 심적 검문소와 억제를 가하는 심적 검문소와의 관계에서 상호 배척의 면만을 보아선 안 된다. 이 두 검문소가 합심하여 어떤 병적 결과를 야기시키는 경우도 주목할 만하다. 꿈 속에 나타나고, 꿈 사고의 적당한 장소에서 발견할 수 있는 충족감은 물론 이 논증만으로 해명되지는 않는다.

일반적으로 이 충족감에 대해서는 꿈 사고 속에 있는 제2의 원천을 찾아내야 한다. 여기에서는 검열의 압박이 있어서 충족감이 아닌, 그 반대 감정이 생긴다. 그러나 버젓이 존재하고 있는 제2의 원천이 그 충족감을 억압으로부터 구해 주며, 그로써 또 다른 원천에서 나오는 충족을 지원하게 되는 것이다. 꿈 속의 여러 감정은 이렇게 다수의 감정 원천이 합성된 것이며, 또 다면적으로 규제된 것이 꿈 사고의 재료로 생각된다. '동일한 감정을 공급할 수 있는 여러 개의 감정 원천은 꿈 작업에 있어서 그와 똑같은 감정을 만드는 것을 돕는다.'[87] 앞서 예를 든 '살아 있지 않았다non vixit'가 요점이 되고 있는 꿈의 분석으로 이 복잡한 관계를 다소간 해명할 수 있다.

그 꿈에서는 여러 원천에서 나오는 감정이 두 군데의 현재 내용에 집중적으로 표출되고 있다. 적대감과 고통의 움직임그 꿈에서는 '이상한 감정에 사로잡혀서'라고 되어 있다은 내가 미워하는 친구를 두 마디로 조소하는 대목에 집중되었다. 꿈의 끝부분에서 나는 크게 만족하여, 각성시라면 이치에 어긋나는 하나의 가능성, 즉 망령이 존재한다는 가능성에 의해 그것을 인정하는 판단을 내리고 있다. 그런데 앞에서는 그 꿈의 유인에 대해 언급하지 않았었다. 사실 그 꿈의 유인은 본질적이며, 꿈을 이해하게 해 주는 열쇠가 되고 있다.

---

87) 나는 이와 비슷한 방법으로 경향적 기지에 있어서 매우 강하게 나타나는 쾌감의 효과를 설명한 적이 있다.

나는 베를린에 사는 친구로부터꿈 속에서는 FI라고 가정했었다 수술을 받게 될 것 같은데, 수술 뒤의 경과에 대해서는 빈에 있는 자기의 친척이 알릴 것이라는 내용의 편지를 받았다.

그런데 수술 뒤의 경과 보고가 그다지 좋지 않아 나도 적지않이 걱정하였다. 그 친구를 직접 병문안하고 싶었지만, 공교롭게도 마침 그때 나도 어떤 병으로 조금만 몸을 움직여도 통증을 느끼고 있었다. 그래서 나는 꿈 사고에서 내가 친구의 생명을 걱정하고 있는 것이다. 나는 그 친구의 하나밖에 없는 누이동생이 아주 젊어서 잠깐 앓다가 곧 죽었다는 사실을 알고 있었다꿈 속에서는 FI가 누이동생이 15분 만에 죽었다고 말했다고 되어 있다. 나는 아마도 '그 녀석은 누이동생보다 건강하다'고 생각했던 것 같다. 그리고 더 이상 가망이 없다는 소식을 듣고 베를린으로 갔는데, 그러나 이미 너무 늦었다고 한다면 나는 아마 평생 양심의 가책을 느낄 것이다라는 식으로 상상했을 것이다.[88]

이 꿈에서는 이런 양심의 가책이 요점이 되고 있는데, 이 비난은 어떤 장면 속에 묘사되고 있었다. 그것은 즉 내가 연구생 시절이던 때, 존경하던 브뤼케 교수가 그 푸른 눈을 흘겨보며 야단치는 장면이다. 이런 식으로 한 장면을 다른 방향으로 돌리는 원인이 무엇인가는 곧 판명된다. 어쨌든 꿈이 실제 상황을 정확히 재현한다는 일은 있을 수 없다. 꿈은 브뤼케 교수의 푸른 눈을 그대로 재현한다. 그러나 또한 꿈은 소망 충족을 실현시키기 위해 하나의 역전을 시도한다. 친구의 생명에 대한 걱정, 문병을 가지 않는 일의

---

88) 엉뚱하게도 '살아 있지 않았다non vixit' 대신에 '살아 있지 않다non vivit'를 요구하는 것은 무의식적 꿈 사고에서 유래하는 이 공상이다. "너무 늦었다. 그는 이미 살아 있지 않다." 꿈의 현재적 상황도 이 '살아 있지 않다'를 지지한다는 것은 앞에서 지적한 바와 같다.

비난, 나의 수치심, 나의 병을 구실로 삼는 속셈 등이 한데 어울려 감정의 파문을, 그리고 그것이 꿈 사고 속에서 파동침으로써 수면 중에도 분명한 느낌으로 전해진 것이다.

그런데 이 꿈의 유인으로 내게 정반대의 영향을 끼친 또 다른 것이 있다. 친구가 수술한 뒤 처음 얼마 동안의 좋지 못한 보고에는 이 사실을 아무에게도 말하지 말아 달라는 추신이 있었다. 그것은 마치 나를 경솔한 사람으로 취급하는 것 같아 몹시 기분이 나빴다. 물론 이 말이 친구의 말이 아니라, 용태를 보고해 준 사람의 기우에서 나온 것임을 알 수는 있었지만, 그래도 여전히 이 추신은 상당한 불쾌감을 주었다. 이렇게 불쾌감이 느껴진다는 것은 이 비난이 전혀 터무니없는 것이 아님을 입증해 준다. 왜냐 하면 어느 정도 해당되는 비난이 아니라면 결코 마음에 두지도 않고, 자극적인 힘도 갖지 않을 것이기 때문이다.

이 친구와 관련된 것은 아니지만, 내가 훨씬 젊었을 때 두 사람의 친구 사이에서 그런 비난받을 짓을 한 적이 있다. 평소 그 두 사람이 다 나를 친구로 생각해 주는 눈치라 나로서는 매우 흡족히 여겼는데, 우연찮게 한 친구가 다른 친구를 비평한 것을 당사자에게 고자질한 적이 있었다. 그때 당한 비난은 지금도 잊혀지지 않는다. 그 당시 나의 두 친구 중의 한 사람은 프라이셀 교수이고, 다른 한 사람은 요셉이라는 이름으로 대리할 수 있는 사람이다. 꿈 속에 나오는 친구이자, 적대감을 갖고 있던 P도 요셉이라는 이름이었다. 내가 입이 가볍다는 비난을 꿈 속에서는 '살그머니'와 '자네는 대체 P에게 나에 관해서 얼마나 얘기했나?'라는 FI의 질문으로 입증된다.

그러나 이 기억이 사이에 끼어듦으로써 이미 늦었다는 비난이 현재로 옮겨져 내가 브뤼케 교수의 연구실에 있었던 시간으로 전환된 것이다. 그리고 제2의 인물을 요셉이라는 사람에 의해 대치함으로써 그 장면을 통해 내가 이미 늦었다는 비난이 표현되고 있으며, 게다가 나는 입이 가볍다는, 가장 강하게 억압받고 있는 비난까지 표현된 것이다. 꿈의 압축 작업과 이동 작업 및 그 작업의 동기는 이 경우 명약관화한 것이다. 아무에게도 말하지 말아달라는 주문에 몹시 기분이 상했던 감정은 심층의 원천에서 원조를 받아 현실의 사랑하는 사람에게 돌려진 적대감으로까지 거슬러 올라간다.

심층에서 원조해 주는 에너지는 유아적인 근원에서 나온다. 앞서 말한 바와 같이 동년배에 대한 우정이나 적대감은 어린 시절 거의 같이 지낸 나보다 한 살 위인 조카와의 교제에서 온 것이며, 그 교제에서 나는 언제나 지는 쪽이었으므로 일찍부터 방어하는 기술을 터득해 왔던 것이다. 우리는 언제나 함께 있으면서 서로 잘 놀다가도 잘 싸우고 서로 상대를 곧잘 '비방했다'고 한다. 나의 친구는 모두 이 최초의 인물인 조카의 화신 내지 망령이 틀림없다. 조카는 '그 옛날 나의 흐린 시야에 일찍 떠오른 적이 있는'《파우스트》에 나오는 말 인물이다. 청년 시절에 나는 다시 조카를 만났는데, 그때 우리는 각기 시저와 브루투스의 역할을 하였다.

가장 친한 친구와 미운 적을 갖는 것은 나의 감정 생활에 항상 필요한 것이었다. 나는 이 두 유형의 친구를 번번이 새로 만들지 않고는 못 배겼다. 그러다 보니 한 인물이 친구이기도 하고 동시에 적이 되기도 한 예도 적지 않았다. 여기서 우리는 다음과 같은 유년기 상황을 가정해 보자. 두 아이가 어떤 물건을 서로 가지려고 싸운다. 그리고 '내가 먼저 왔으니까 그건 내 것이다'라고 서로 주장한다. 그리하여 마침내 주먹질을 하게 되어 결국 권리는 힘에 패한다. 꿈의 암시로 미루어 볼 때, 나는 내가 정당치 못하다는 것을 알고 있었던 것 같다꿈에서는 '스스로 잘못을 인정하면서'라고 되어 있다. 그러나 이번에는 내가 강자이고 승리를 한다. 진 쪽은 아버지나 할아버지에게 달려가 고하지만, 나는 "얘가 나를 먼저 때려서 나도 때린 거예요"라고 나 자신을 변호한다.

그리하여 꿈 분석 중에 떠오르는 이 기억또는 공상이 꿈 사고의 핵심을 이루고, 이것이 꿈 사고 속에서 지배되고 있는 여러 감정들을 한곳으로 집중시키는 것이다. 꿈 사고는 이 핵심으로부터 다음과 같은 진로를 택한다. "네가 내게 자리를 내주어야지, 왜 자꾸 나를 밀어내려 하느냐? 너 따윈 필요 없어. 나는 딴 친구를 사귀면 돼." 그리고 이런 꿈 사고가 다시 꿈 표현에 끼어들 길이 열린다. 나는 죽은 친구 요셉에게, "내가 앉을 거니까 너는 비켜라" 하고 비난하였다. 그는 브뤼케 연구실의 부조수로 나보다 늦게 들어왔다. 그런데 거기서는 승진이 매우 더디었다. 두 사람의 조수가 매양 그 위치에 머물러 있자, 다른 청년들은 모두 초조해 있다.

친구 요셉은 자기의 생명이 한정되어 있다는 것을 알고 있었고, 또 윗자리에 있는 남자와 가까운 사이도 아니어서 가끔 그와 같은 초조감을 노골적으로 드러냈다. 그 상사는 중병에 걸려 있었는데, 그가 나갔으면 좋겠다는 소망은, 단순히 그로 인해서 자기가 그 자리를 승계하게 되리라는 기대 외에 다른 어떤 은밀한 부차적 의미가 있었던 것 같다. 물론 나 역시 2, 3년 안에 공석을 메웠으면 좋겠다는 소망을 요셉보다 더 간절히 품고 있었음을 부인할 수 없다. 이 세상에 승진이나 위계라는 것이 존재하는 이상, 억제를 해야 하는 소망에의 길은 개방되어 있는 것이다. 셰익스피어의 작품 속에 나오는 왕자 헬은 병든 부왕의 침대 곁에서조차 자기에게 왕관이 어울리는지 보고 싶은 충동에 사로잡힌다.

그러나 꿈은 아무런 거리낌도 없이 그런 반윤리적인 소망을 나에게가 아닌 그에게 향하도록 하고 있다.[89] '녀석이 너무 건방져서 나는 녀석을 때려 주었다.' 다른 사람이 자리를 양보할 것 같지 않아서 그 자신이 물러났다. 나도 대학에서 어떤 사람의 동상 제막식에서 그런 생각을 품은 적이 있었다. 내가 꿈 속에서 느낀 충족감의 일부는 '이건 정당한 처벌이다, 너는 그렇게 되어 마땅하다'는 뜻으로 해석할 수 있다. 이 친구의 장례식에서 어떤 남자가 엉뚱하게도 이런 말을 했다. "저 조사를 읽는 사람은, 마치 고인이 없으면 이 세상이 없어질 듯이 말하는군요"라고. 이 사람의 마음 속에는 고인에 대한 애석감을 지나치게 과장한 말에 비위가 상한 인간의 반항이 싹튼 것이다.

그런데 꿈 사고는 이 조사와 연관되었다. "실제로 인간에게 있어서 대치란 있을 수 없다. 나는 지금까지 얼마나 많은 사람이 무덤으로 가는 것을 배웅해 왔는가. 그런데 나는 아직 살아 있다. 그들 모두가 죽었지만, 나는 살아 남았다. 나는 내 자리를 지키고야 말 것이다"라는 뜻이다. 내가 설사 아픈 친구에게 급히 달려간다 해도 이미 그는 운명해 있을 것이다라는 생각이 순간적으로 확대되어, 다음과 같은 의미로까지 발전되고 있음이 틀림없다. "나는 이번에도 다른 사람보다 오래 살게 되었으니 다행이다. 난 죽지 않고 그는 죽었다. 나는 꼭 이 자리를 지키고야 말 것이다_{저 먼 옛날의 공상적인 유년기 장면처럼}."

나의 자리를 꼭 지키겠다는, 이 유아적인 데서 기인한 충족감은 꿈 속에 채택된 감정의 대부분을 차지한다. 나는 내가 살아 남은 것이 기쁜 나머지, "우리 둘 중의 어느 하나가 죽으면 나는 파리로 이사갈 것이다"라고, 남편

---

89) 독자들은 요셉이라는 이름이 나의 몇몇 꿈 속에서 비중 있는 역할을 하고 있다는 것을 눈치 챘을 것이다. 요셉으로 불리는 인물들의 배후에는 나의 자아가 숨겨져 있다. 요셉은 성서에도 나와 있듯, 잘 알려진 해몽가이기 때문이다.

의 소박한 이기주의로써 농담 반 진담 반으로 아내에게 말한다. 여기에서 나는 '우리 둘 중의 어느 하나'는 물론 내가 아니라고 자신하는 것이다. 솔직히 말해서 자기 자신의 꿈 분석을 남에게 이야기한다는 것은 자기 극복이 없이는 불가능한 것이다. 왜냐 하면 내 주변의 인물들은 모두 고상한데, 나만이 악의를 가졌다는 것을 여실히 드러내는 일이기 때문이다. 그래서 망령적 인물들이 있으면 좋겠다고 생각하는 동안에는 그들이 존재하고, 없었으면 좋겠다고 생각하면 당연히 이 세상에서 지워 버리는 것이다. 나의 친구 요셉이 벌을 받은 것이 아마도 이와 같은 이치 때문이었으리라.

그러나 망령들은 나의 유년기의 친구조카가 차례로 나타난 것이다. 그래서 나는 이 조카의 대리적 인물들을 자주 꿈에 등장시킨 일에 만족하고 있으며, 앞으로 잃게 될 인물의 대리자도 분명 발견될 것이다. 꿈에 있어서 인간은 반드시 대리물이 있다. 그러면 이때 꿈 검열은 무엇을 하는가? 꿈 검열은 무엇 때문에 이기주의의 이 같은 유치한 사고 방식을 완강히 거부하고, 이 생각 속에 숨어 있는 충족감을 극도의 불쾌감으로 바꾸지 않는가? 그 이유는 동일인에 대한 다른 사고 방식도 충족되고, 그 충족감에서 생겨나는 감정이 금지된 유아적 원천에서 생기는 감정과 합치되기 때문이다. 친구의 엄숙한 기념비 제막식 때 내 사고의 다른 층에서는 이렇게 말하고 있다.

"나는 참으로 많은 친구를 잃었다, 죽음이나 우정의 파기로 인해서. 하지만 물론 그들을 대신할 다른 친구가 생겼다. 다른 친구를 전부 합친 것보다 더 훌륭한 친구를 얻은 것에 감사한다. 나는 이제 새로운 우정 관계를 맺기에는 불가능한 나이가 되었으므로, 이 한 친구를 꼭 잡아야 한다."

앞서 죽거나 헤어진 많은 친구들 대신에 이 한 친구로도 충분하다는 만족감은 그대로 꿈 속에 재현되어도 좋을 것이다. 그런데 이 충족감 속에 유아적 원천에서 온 적대감의 충족도 섞여 있다. 유아적인 친밀감은 현재의 바람직한 친밀감을 강화시켜 준다. 그러나 유아적인 적대감도 자기 표현의 길을 개척했던 것이다. 이 밖에 꿈 속에서는 충족감만으로 일관되는 다른 사고 방식에 대한 뚜렷한 암시가 있다. 나의 친구는 얼마 전에 기다리던 딸을 보았다. 그가 오래 전에 죽은 누이동생을 얼마나 귀여워했는지 잘 알고 있는 터라 즉각 다음과 같은 편지를 써보냈다. "자네는 누이동생에게 쏟던 정을 이번에 태어난 아이에게 흠뻑 쏟아붓겠군. 그 아이는 틀림없이 자네의 손실을 메워 줄 것으로 믿네."

그런데 꿈 사고의 상호 모순적인 성분을 연결짓는 연상의 유대는 친구의 어린 딸의 이름이, 나의 친구 중에서 가장 연상이고 적인 사람의 누이동생과 같다는 우연한 상황으로 더욱 밀착된다. 나는 '바울리네'라는 이름을 듣는 순간 매우 흡족했다. 그리고 이 일치를 암시하기 위해 나는 꿈 속에서 한 요셉을 다른 요셉으로 대치하고, 프라이셀과 FI라는 두 이름이 같은 첫 글자인 F를 억제할 수 없다고 생각했다. 그리고 여기서 한 가닥 상상의 실오라기가 나의 아이들의 이름을 짓는 방식처럼 이어져, 아이들의 이름은 유행을 따르지 말고 훌륭한 사람들을 기념하는 의미에서 선택되어져야 하겠다고 생각했다. 아이들의 이름은 아이들을 '망령'으로 만든다. 그리고 결국 자식을 가진다는 일은 우리를 '영원하게' 해 주는 유일한 길인 것이다.

끝으로 꿈 감정에 관해서는 다른 관점에서 조금 부언하는 정도로 그치고자 한다. 수면 중인 사람의 마음 속에는 어떤 감정의 경향즉, 기분이 주된 요소로 되어 있는데, 간혹 그것이 꿈의 특성을 규정짓는 데 관여하는 경우가 있다. 기분은 각성시의 갖가지 체험이나 생각에서 생기기도 하며, 또 신체적 원천을 갖기도 한다. 그런데 그 어느 경우에라도 기분은 그 기분에 적합한 생각이 따른다. 꿈 사고의 이 표상 내용이 어떤 때는 제1차적 감정 경향을 제어하거나, 또 어떤 때는 제2차적으로 신체적 원천을 갖는 감정 소질에 의해 일깨워지거나 간에 꿈을 형성하는 데는 아무런 상관이 없다.

꿈은 필경 소망 충족의 목적에 합당한 것만 표현하고, 또 그 심적 원동력은 소망에서만 취할 수 있다는 제약을 받고 있다. 각성시의 기분은 수면 중에 현실적 감각으로 떠오르는 것과 똑같이 취급해도 좋을 것이다. 수면 중의 고통감은 꿈이 충족시켜야 할 강렬한 소망을 환기함으로써 꿈의 원동력이 된다. 고통감이 취하는 재료는 그것이 소망 충족의 표현에 이용될 수 있을 때까지 다듬어진다. 꿈 사고 속에 있는 고통감의 요소가 강하고 지배적일수록 가장 강하게 억제된 소망의 움직임은 밖으로 표현될 기회를 찾을 것은 너무나 당연한 일이다. 이와 같은 논의에 따라, 우리는 꿈 능력의 한계를 보여줄 불안몽의 문제를 언급하게 될 것이다.

[9. 제2차 가공]

이제 마지막으로 꿈 형성에 관여하는 네 번째 계기에 대해 살펴보자. 꿈 내용의 연구를 앞에서 시작한 방법으로 계속하고, 두드러진 꿈 내용이 꿈 사고에서 어떻게 생기는가 하는 점을 검토하다 보면 그 해명 때문에 완전히 새로운 가설을 필요로 하는 여러 요소와 만나게 된다. 다시 말해서 꿈 내용에 대해 이상하게 여기고, 화를 내고 반항하는 경우를 말한다. 그런데 꿈 속에서의 이와 같은 비평은 대부분 꿈 내용 속에 돌려지는 것이 아니라, 내가 몇몇 실례에서 설명했듯이 꿈 재료 속에 계승되어 유효 적절하게 쓰여진 여러 부분임이 입증된다.

그러나 이런 비평 행위는 이러한 유래에 맞지 않는다. 즉, 그의 대응물이 꿈 재료 속에서 발견되지 않는다. 그런데 꿈에서 흔히 하는 비평, 즉 '그야 꿈에 지나지 않으니까'란 과연 어떤 의미일까? 이 말은 나도 각성시에는 할 수 있을 만한 꿈의 비평이다. 이 비평이 잠을 깨우는 유인이 되는 경우도 적지 않다. 하지만 그보다 더 자주 볼 수 있는 것은, 이 비평 자체에 있는 고통감은 꿈의 상태가 확인되면 누그러진다는 것이다. 한참 꿈을 꾸는 중에 '그야 꿈에 지나지 않는데'라는 생각이 드는 것은 앞에서 체험한 사건의 의의를 격하시킴으로써 꿈이 계속되는 일을 지탱할 수 있게 하려는 것이다.

이런 의도는 그 순간 즉각적으로 발동되어 꿈을 막을 소지가 있는 어떤 검열을 억제시키는 것을 돕는다. 그러나 어찌 됐든 '꿈에 불과하므로' 수면을 계속 취하여 꿈을 꾸는 것이 수면을 깨는 것보다 좋다는 말이 된다. 아무래도 수그러들지 않는 검열이 이미 수락해 버린 꿈으로 인해서 뜻하지 않은 피해를 보았다고 느끼는 때, '그야 꿈에 지나지 않는데' 라는 자조自嘲가 나타나는 것이다. 꿈 자체를 억제하기는 이미 틀렸으므로, 검열은 꿈에 돌려진 불안이나 고통감을 사용해서 그에 대응한다. 이러한 실례는 다음과 같은 사실을 입증해 준다. 즉, 꿈 속에 내포되어 있는 것이라고 해서 반드시 꿈 사고에서 나오는 것이 아니라는 사실과, 각성시의 사고에서 구별하기 어려운 심적 기능도 꿈 내용에 재료를 공급할 수 있다는 사실이다.

이때 문제가 되는 것은 이 같은 현상은 매우 예외적인 것인가, 그렇지 않으면 대개 검열 활동에 머물러 있는 심적 검문소는 이렇듯 항상 꿈의 형성에 관여하고 있는가 하는 점이다. 이에 대해서는 후자가 타당하다. 그런데 우리가 지금까지 꿈 내용을 제한하고 억제한다고만 생각했던 검열을 행하는 검문소가 그 외에도 꿈 내용을 첨가하여 더욱 다채롭게 한다는 데는 이의가 없다. 이 경우 첨가된 부분은 대개 쉽게 알 수 있는데, 그 자체로는 활발하게 움직이지 못하고 '마치 ~처럼'이라고 보고되거나, 또는 두 부분으로 나뉜 꿈 내용의 연결 및 관계 개선에 기여할 수 있는 장소에 끼게 된다.

그러나 다른 꿈 재료에 비해 약한 힘을 가졌으므로, 가장 먼저 기억에서 사라진다. 갖가지로 꾼 꿈 중에서 거의 다 잊고 몇몇 단편만을 기억하고 있다는 경우는 바로 삽입된 부분이 쉽사리 떨어져 나갔기 때문이라고 보아진다. 분석을 끝내 놓고 보면, 이와 같은 삽입된 부분들은 종종 꿈 사고에서의 파생물들과 전혀 관련이 없다는 사실로써 입증되고 있다. 그런데 이런 예는 극히 드물다. 삽입된 사고는 대부분 꿈 사고 속의 재료에 포함되지만, 그 재료는 그 자체의 가치에 의해서, 또는 창조적 가치에 의해서 거의 꿈 속에 삽입되지 못한다.

여기서 우리가 고찰하고 있는 꿈 형성에 있어서 심적 기능은 아마도 극단적인 경우 외에는 새로운 창조를 하기가 어려운 것 같다. 심적 메커니즘은 가능한 한 꿈 재료 중에서 가장 가치 있는 것을 골라내어서 이용한다. 꿈 작업의 이러한 면을 부각시켜 우리로 하여금 그것을 깨닫도록 하는 것은 그 경향성으로서, 이 기능은 시인이 철학자에게 짓궂은 견해를 피력하는 것과 흡사하다. 다시 말해서 이 기능은 꿈의 구조 가운데 허술한 틈을 메우는 작업으로서, 그것 때문에 꿈은 겉으로 보기에는 지나치게 엉뚱하다거나 연결이 끊기지 않게 된다. 하지만 이런 기능이 항상 성공적으로 수행되지는 못한다. 그럼에도 일단 외면적으로는 논리 정연하게 보이는 꿈이 형성되며, 무리가 되지 않는 범위 내에서 조금씩 변경을 가하여 결국 타당하게 수긍되는 결말을 만들어 낸다물론 매우 드문 경우이지만. 즉, 각성시의 사고와 가장 유사한 심적 기능이 이런 꿈들을 가공하기 때문에 언뜻 그 꿈에 대단한 의미가 있는 듯이 보이지만, 실제로는 꿈이 의도하는 바에서 동떨어져 있기 마련이다.

이런 꿈들의 분석을 통해서 우리는 꿈의 제2차적 가공이 가장 자유 자재로 꿈 재료를 매만지고, 그에 따라 그 재료의 관련성이 흐지부지된다는 것을 알게 된다. 이런 가공이 극히 일부분에만 한정되는 꿈도 있는데, 그 부분에서는 분명한 연결성이 보이는 꿈은 대개 무의미하든가, 아니면 혼란스럽다. 그런데 또 한편 가공이 완전히 배제된 꿈도 있다. 꿈을 구성하는 네 번째의 힘은, 이미 우리가 알고 있는 바와 같이 꿈 형성에 새로운 영향력을 미칠 수 있다사실 이것이야말로 꿈을 형성하는 네 개의 힘 중에서 우리가 아는 유일한 것이지만.

분명한 것은 이 힘의 영향도 다른 힘의 영향과 마찬가지로 이미 확보된 꿈의 사고 재료 중에서 어떤 하나를 특별히 선택한다는 점이다. 그런데 이 힘이 꿈 속에 소위 건축물을 쌓아올리지 않는 경우가 있다. 그 이유는, 그런 건축이 꿈 사고의 재료 속에 이미 이용되어졌거나 완성되어 있기 때문이다.

이 요소를 나는 '공상'이라고 불러왔다. 만약 내가 백일몽[90]을 각성시의 유사물이라고 단정 내린다면 아마도 부당한 오해는 듣지 않을 것이다. 그러나 이 요소의 역할은 아직 정신과 의사들에 의해 충분하게 인식되지도 규명되지도 않았다. 이것에 대한 연구로 최초의 고무적인 자극을 준 사람은 M. 베네딕트라고 생각된다. 시인들의 예리한 눈은 백일몽의 가치를 간파해 냈다.

알퐁스 도데는 그의 소설《르 나바브》에서 등장 인물 중 조연격 사람의 백일몽을 그리고 있다. 정신신경증의 연구는 이들 공상 또는 백일몽이야말로 히스테리증으로 가는 단계라는 인식을 발견하기에 이르렀다. 히스테리는

----

90) rêve꿈·공상, petit roman이야기 — day dream백일몽, story이야기.

기억의 바탕 위에 공상이라는 것이 있음으로써 비로소 증세가 나타난다. 각성시에 의식한 공상이 자주 꿈에 나타나는 것으로 우리는 이 형성물을 더 깊이 알 수 있다. 한편, 이런 의식적인 공상이 있듯, 무의식적 공상도 존재한다. 이것은 그 내용면에서, 그리고 억압된 재료에서 파생되었다는 점에서 무의식에 머무르는 것이다. 이 각성시의 공상을 세밀히 고찰해 보면, 그 형성물에 왜 꿈이라는 명칭을 부가해 백일몽이라고 부르는가 하는 것을 이해하게 된다. 백일몽의 특성은 밤의 꿈과 거의 일치한다. 그러므로 백일몽의 연구가 꿈을 이해하는 첩경이 될 수 있다.

백일몽 역시 꿈과 마찬가지로 소망 충족이 목적이며, 거의가 유아기 체험의 인상들에 근원을 두고 있다. 또 백일몽은 꿈과 마찬가지로 스스로의 형성물에 대해서 검열의 간섭을 피할 수 있다. 백일몽과 그 근원이 되고 있는 유년기 기억의 관계는 고대 로마의 바로크 궁전의 유적에 대한 관계와 같다. 고대 유적의 석재나 원주는 근대 건축 양식의 밑거름이 되어 왔던 것이다. 우리들이 꿈을 형성하는 네 번째 요소로 간주해 온 제2차 가공 속에서, 우리는 백일몽을 만들 때 다른 영향의 방해를 받지 않고 나타나는 동일한 활동을 발견할 수 있다.

이 제4의 계기는 자기에게 제공된 재료로써 백일몽과 유사한 어떤 것을 구성하려 한다고 볼 수 있다. 그러나 그와 같은 백일몽이 이미 꿈 사고의 관련 속에 형성되고 있을 경우에, 그 꿈 작업의 요인은 기꺼이 백일몽을 꿈 내용 속으로 끌어들인다. 각성시의 어떤 공상, 다시 말해서 무의식 상태에 있던 각성시의 공상을 반복하는 듯이 보이는 꿈도 있다. 예컨대 트로이 전쟁의 영웅들과 전차를 타는 소년의 꿈이다. 나의 '아우토디다스커의 꿈'에서는 N교수와 나의 교제에 관한 후반부는 거의 아무런 의미가 없는 각성시 공상의 반복에 지나지 않는다. 비교적 자주 발견되는 공상이 다만 꿈의 일부만을 만들어 낸다거나, 혹은 공상의 일부만이 꿈 사고로부터 꿈 내용화되는 것은 꿈이 형성될 때의 불가피한 여러 조건에서 기인한다. 그러한 경우에는, 공상은 대개 잠재적 재료의 잔여분처럼 취급되기도 하지만, 간혹 꿈속에서는 여전히 전체로 인식된다.

나의 몇몇 꿈에서는 다른 대체적 인상과는 다른 두드러지는 부분이 간혹 나타나는데, 이것은 다른 부분과 관련되는 무의식적 공상이 끼어든 것인 줄 알지만, 이와 같은 공상이 꿈 내용화되는 경우는 한 번도 보지 못했다.

그런데 그런 공상들도 어쨌든 꿈 사고의 다른 요소들과 마찬가지로 서로 밀어내거나 압축되거나 겹쳐진다. 그러나 거기에도 약간의 차이가 있다. 즉, 공상이 있는 그대로 꿈 내용을 형성하는 경우가 있는가 하면, 그와 반대로 그 공상 중의 한 요소에 의해서, 또는 이 한 요소를 간접적으로 암시함으로써 꿈 내용 속에 대리되어 있는 경우도 있다. 공상이 검열·압축·강요에 대해 어떻게 반응하는가 하는 문제는, 공상이 꿈 사고 중에서 어떤 운명에 처하게 되는가를 결정짓는 문제라고 해도 과언이 아니다.

나는 꿈 해석을 위한 여러 가지 실례를 들면서 무의식적 공상이 뚜렷한 역할을 한 꿈의 예는 피해 왔다. 이런 예에 대해서는 무의식적 사고의 심리를 포괄적으로 다루어야 했기 때문이었다. 그런데 이 공상은 있는 그대로 꿈 속에 나타나기 때문에, 여기서는 불가분 회피할 수 없게 되었다. 여기서 꿈의 예를 하나만 더 들어 보기로 한다. 이 꿈은 두 가지의 상이한, 그리고 각각의 장소에서는 합치되는 증상이 혼합된 것처럼 보이지만, 그 중 한쪽의 공상은 표면적인 것이고, 다른 한쪽은 앞의 해석으로 되어 있다.[91] 이 꿈의 내용은 대략 이러하다.

〈이 꿈을 꾼 젊은 청년은 실제와 똑같은 단골 음식점에 앉아 있다. 거기에 그를 데리러 몇 사람이 들어온다. 그 중 한 사람이 그를 체포하려 한다. 그는 같은 테이블에 앉은 사람들을 보며, "계산은 나중에 하지, 또 올 거니까"라고 말한다. 그러나 그들은 "그런 계략엔 안 넘어갈걸. 누구나 다 그렇게 말하니까"라며 비웃는다. 손님 중의 어떤 사람이 그의 뒤에서, "저길 봐. 또 하나가 없어지는데!"라고 소리친다. 그리고 나서 그는 어떤 작은 술집으로 끌려갔는데, 거기에는 아이를 안고 있는 여자가 있었다. 그를 끌고 간 사람 중의 하나가, "이 사람은 밀러 씨다!" 하고 말하자, 경감인지 아니면 관리인 듯한 남자가 서류 아니면 종이 꾸러미를 헤치면서, "밀러, 밀러, 밀러" 하고 반복해서 중얼거린다. 마지막에 그 남자가 그에게 무어라고 묻자, 그는 "그렇습니다"라고 대답한다. 그리고 그가 여자 쪽을 돌아다보았는데, 그 여자는 길다랗게 수염을 기르고 있었다.〉

이 꿈은 두 부분으로 쉽게 구분된다. 표면 부분은 체포 공상으로, 아마도 꿈 작업이 새로 만들어 낸 것 같다. 그러나 그 배후에 꿈 작업이 살짝 변경한 듯한 결혼 공상이 보인다. 이 양자의 공통된 특징은 갈턴의 혼합 사진처럼 분명하게 부각된다. '단골 음식점에 들어와 있다'는 것은 지금까지 고수해 온 독신 약속이며, '저걸 봐, 또 하나 없어지는데_{결혼하는데}'라고 외치는 친구의 야유로써 쉽게 이해할 수 있는 특징들이다. 밀러, 밀러 하면서 서류 뭉치를 헤친다는 것은 결혼식에서 차례를 읽어 내려가는 축전을 말한다. 이런 전보는 수취인이 모두 똑같은 것이 당연하다. 게다가 이 꿈에는 실제로 신부가 등장하여 결혼 공상을 성공적으로 이끌고 있다. 이 신부가 마지막

91) 《히스테리 분석의 단편》1905년을 참조하라.

에 수염을 기르고 있는 것은 이 꿈을 꾼 남자의 보고로 해명된다. 즉, 그는 이 꿈을 꾸기 전날, 그와 똑같이 결혼을 기피하고 있는 친구와 함께 거리를 걷다가 맞은편에서 오는 금발의 미녀를 가리키며 뭐라고 말했더니, 그 친구가 대뜸 "그래, 그래, 저런 여자들도 나이가 들어 남자처럼 수염을 기르지만 않는다면……" 하고 대꾸했던 것이다.

물론 이 꿈 속에도 꿈 왜곡이 관여한 듯한 요소가 전혀 없지는 않다. 가령 "계산은 나중에 하지"라는 말은 신부의 아버지가 지참금 문제에 대해 취하는 태도를 나타내는 것인지도 모른다. 분명 이 남자는 여러 가지 걱정이 결혼 공상을 흐트린 것이다. 그리하여 결혼이 자기의 자유를 구속하는 것이 아닐까 하는 걱정이 체포 장면으로 나타난 것이다. 여기서 우리는 다시 꿈 작업이 꿈 사고의 재료로 새로운 공상을 이용한다는 사실로 되돌아가 보자. 이 사실을 규명함으로써 아마도 꿈의 가장 흥미 있는 수수께끼를 풀 수 있을지도 모르기 때문이다. 나는 이 책의 앞부분에서 '모리의 꿈'을 인용했었다. 모리는 조그만 널빤지로 목을 맞고 나서, 프랑스 혁명 당시의 이야기 전체에 해당하는 긴 꿈을 꾸었다.

그 꿈은 수면 중인 사람으로서는 감히 상상조차 못 할 각성 자극의 설명을 요하는 것이므로, 우리는 이렇게 가정해 볼 수 있다. 즉, 이 풍부한 내용의 꿈은 전체적으로 널빤지가 모리의 목에 떨어진 자극에 의해서 강제로 동원된 각성으로 단시간 내에 만들어졌을 것이다. 각성시의 사고 활동이 이렇게 빠르게 움직이리라고 생각하기는 힘들다. 거기서 우리는 꿈 작업의 특권이라는 신속한 경과에 주목했었다. 이런 추론은 곧 일반화되어 여러 새로운 연구가들 ― 르 롤랑·에겔 등 ― 에 의해 비평되었다. 그들은 모리가 보고한 꿈의 정확성에 의혹을 갖고, 다음에 우리들의 각성시의 재빠른 사고 활동은 무조건적으로 꿈 속에 허용되는 것보다 훨씬 재빠른 것을 입증하려 했다.

여기서 그와 같은 논의를 처리하는 것은 그다지 급하지 않다고 생각된다. 그러나 나로서는 모리의 단두대의 꿈을 상기할 때, 아무래도 납득되지 않는 점이 있음을 고백하지 않을 수 없다. 나라면 그 꿈을 다음과 같이 설명했을 것이다. 즉, 모리의 꿈은 이미 그의 기억 속에서 수년간 갇혀 있다가 그가 각성 자극을 인식한 순간에 터져나온 어떤 공상을 표현한 것이라고. 이렇게 보면 그토록 단시간 내에 갖가지 자질구레하고 긴 이야기가 만들어질 수 있는가 하는 문제가 우선 해결된다. 즉, 이 이야기는 이미 만들어져 있었던 것이다. 만약 실제로 모리의 목에 널빤지가 떨어진 것이라면, 그 상황을 단두대와 비교해 봄직한 것은 당연한 일이 아닌가. 그러나 그가 잠자고 있을 때 널빤지가 떨어졌으므로, 꿈 작업은 그 자극을 마치 '절호의 찬스'로 이용해 신속하게 소망 충족을 나타냈던 것이다.

물론 꿈 내용은 한 청년이 어떤 강렬한 자극을 받아 이어지는 이야기일 것임은 너무도 상식적인 것이다. 귀족인 남녀가 죽음에 임하여 어떻게 근엄한 자세를 잃지 않는가, 그리고 그 처참한 최후에 이르기까지 귀족적 태도와 우아한 생활 양식을 보여주었던 저 공포 시대의 묘사에서 프랑스인인 데다가 역사학자인 그가 어찌 커다란 매력을 느끼지 않을 수 있겠는가. 공상 속에서 그 시대에 속한 사람으로서 젊은 귀부인의 손에 키스를 하고 근엄하게 단두대에 오르는 공상은 얼마나 매력 있는 것인가. 아니 어쩌면 그의 야심이 그와 같은 공상의 주요 동기였는지 모른다. 온통 흥분과 격동의 도가니에 있던 당시의 파리 거리를, 오로지 지성의 힘과 신랄한 웅변의 힘으로 지배하고, 수많은 사람들을 죽임으로써 유럽 개혁의 선봉자가 되어, 게다가 자신들조차 언제 그 처참한 단두대의 이슬로 사라질지 모르는 지롱드 당원이나 당통 같은 인물이 되어 보는 공상이라면!

　모리의 공상도 이 같은 명예욕에서 나온다는 것은 기억 속에 남아 있는 '수많은 군중에 둘러싸였다'는 대목에서 추측할 수 있다. 그러나 이미 오래 전에 만들어져 있던 이 공상은 수면 중에 전부 반복될 필요없이 조금만 다루어도 충분했을 것이다. 〈돈 지오바니〉에서처럼 어떤 곡의 처음 몇 음이 나오면, "아, 모차르트의 〈피가로의 결혼〉이야"라고 할 때, 나의 마음 속에는 순간적으로 추억이 스쳐가는데, 그 추억의 세세한 것은 의식에까지 올라오지 못하는 것이다. 즉, 하나의 작은 계기가 전체를 움직이게 하는 발화점 같은 역할을 하는 것이다. 무의식적 사고의 경우도 이와 같다. 각성 자극에 의해 단두대 공상의 전체를 펼쳐 보이는 심적 장치가 작동된다.

　그러나 단두대 공상은 수면 중일 때만 전부 재개되지 않고 잠을 깬 후의 기억 속에까지 계속 전개된다. 그리고 꿈 속에서는 언뜻 스친 공상이 잠을 깬 후에는 자세하게 상기된다. 그때 상기하는 것이 꿈꾼 것을 생각해 내는 것이라는 것을 증명할 방법은 없다. 각성 자극에 의해 전체를 흥분시키는 이 미완성의 공상은, 지뢰의 폭음을 듣고 나폴레옹 전투의 꿈을 꾼 예로 설명할 수 있다. 유스틴 토보볼스키는 꿈에서 계속되는 표면적인 시간에 관한 학위 논문에서, 마카리오가 극작가 카스밀 봉주르에 대해 보고하는 꿈의 예를 들고 있는데, 다른 어떤 것보다 가장 설득력이 있는 것으로 생각된다.[92] 어느 날 밤 그는 자기가 극본을 쓴 연극을 보려 했는데, 너무 피로한 나머지 마지막 막이 오르는 순간, 무대 뒤에서 꾸벅꾸벅 졸기 시작했다. 꿈 속에

---

92) 토보볼스카, p.53

서 그는 자기 연극의 제5막까지 모두 본 후에, 각 장면에 대한 관객의 반응까지도 보았다. 그리고 공연이 끝나고, 우레와 같은 박수 속에 자기의 이름이 불리는 것을 아련히 듣다가, 갑자기 잠이 깼다.

그런데 실제의 연극은 제1막의 첫 장면 대사가 진행되는 꿈이었으므로, 그는 의아하게 생각했다. 그가 꿈꾼 것은 겨우 2분밖에 안 되었다. 이 꿈은 다음과 같은 것으로 볼 수 있다. 연극의 전5막을 다 보고 각 장면에서의 관객의 반응까지 살펴보는 것은 꿈 속에서 새로 만들어진 것이 아니라, 앞서 말한 바와 같이 이미 가졌던 공상의 반복에 불과한 것이다. 토보볼스카 여사는 다른 연구가들과 함께 재빠른 표상의 흐름을 갖는 꿈의 공통적 성격으로서, 그 꿈이 다른 꿈과는 달리 시종일관 기억이라고 주장하고 있다. 그런데 실상은 이것 역시 이미 완료된 공상의 특징으로서 꿈 작업에 의해 부분적으로 일깨워진 것에 불과한데, 연구가들은 거기까지는 생각하지 못했다.

여기서 꿈 작업의 여러 요인에 대한 꿈 내용의 2차 가공 문제를 그냥 넘어 갈 수 없다. 꿈 형성의 요인들, 압축의 시도, 불가피한 검열의 강제력, 꿈 작업에 대한 표현 가능성의 고려 등이 가장 먼저 잠정적 꿈 내용을 형성하고, 이것이 형태를 바꾸어 결국 제2의 검문소의 요청을 최대 한도로 만족시켜 주는 형태로 이루어지는 것일까? 나는 그보다는 차라리 이런 생각이 든다. 검문소의 요구는 애당초 꿈이 충족시킬 조건의 하나가 되며, 이 조건은 압축·저항·표현 가능성의 조건 등과 마찬가지로 꿈 사고의 재료에 대해 선택적으로 유발시키는 것이다. 그러나 꿈을 형성하는 네 가지 조건 중에서 가장 나중에 알게 된 제2차 가공의 작업은 꿈으로서는 가장 강제력이 약한 듯한 요구를 갖고 있다.

이 2차 가공을 가하는 심적 기능과 우리의 각성시의 사고 작업을 우리가 동일하게 생각하는 것은 매우 당연하다. 왜냐 하면 우리의 각성 사고^{전의식}적는 임의의 지각 재료에 대해 지금 문제가 되는 기능이 꿈 내용에 대해서와 마찬가지로 행동하기 때문이다.

각성 사고가 이와 같은 재료를 정리하면서 갖가지 관계를 형성하며, 그 재료가 체계적인 관련하에 놓이도록 하는 것은 당연한 것이다. 그 점에 있어서는 오히려 과분하다 하겠다. 우리는 흔히 주어진 여러 감정적 인상을 합리적으로 꿰맞추려 하기 때문에 오히려 엉뚱한 잘못을 범하는가 하면, 재료의 진실성을 왜곡하기도 한다. 이를 입증할 만한 예는 아주 흔한 것이어서 따로이 실례를 찾을 필요도 없다.

우리는 올바른 언어를 머릿속에 넣고 있으므로, 불분명한 뜻의 단어들은 지나쳐 버릴 수 있다. 프랑스의 어떤 일간지 편집자가 긴 논문의 사이 사이에 '앞으로'라든가, '뒤로'라는 말을 넣어 독자들이 그 전체 내용을 간파하는가, 또는 그 말을 집어내는가 하는 내기를 걸었다고 한다. 그런데 결과는 그의 말대로 독자들이 그 말을 집어내지 못했다고 한다.

나는 언젠가 신문을 읽다가 잘못된 말을 발견한 적이 있다. 프랑스 국회 개회식장에 어느 무정부주의자가 폭탄을 던졌는데, 두푸이는 의연하게, "회의 계속!"이라고 외쳤다. 회의가 끝난 뒤에 방청인들을 증인으로 이 돌발 사건에 대한 인상을 취재하게 되었다. 방청인 가운데 어떤 사람은 국회에서는 으레 한 사람의 연설이 끝날 때마다 '쾅' 하는 소리를 내는가 보다 생각했다고 말했으며, 또 다른 사람은 연설이 특히 성공적이었을 때에만 그런 발포를 하는 것으로 생각했다고 말했다. 그러므로 꿈 내용은 이론 정연해야 한다는 전제하에 꿈을 해석함으로써, 오해를 일으키는 심적 검문소는 다름 아닌 우리의 정상적 사고임을 알 수 있다.

보편적인 꿈 해석 방법은 꿈 속의 의미를 외관상 그 근원을 따져 의심하거나 무시해 버리고, 어떤 것이든 일체 상관하지 않고 똑같은 꿈 재료를 더듬는 것이다. 그러나 우리는 앞서 언급한 바와 같이 꿈의 질적 가치로 보면 분명한 것에서부터 혼란한 것에 이르기까지, 여러 가지가 있는 것이 어디에서 근거하고 있는가를 알았다. 제2차 가공에 의해서 정리된 꿈의 부분은 분명하게 나타나고, 그렇지 않은 부분은 혼란하게 생각된다. 이 혼란한 부분은 대개 생생한 인상이 없는 부분이므로, 꿈의 제2차 가공 작업은 꿈의 각 부분의 명료성을 나타내는 역할을 한다. 정상적인 사고 작업시에 파생되는 꿈의 최종적 구성에 대비시킬 수 있을 만한 예로는《플리겐더 블레터린》지의 인기 있는 수수께끼에서 볼 수 있다.

그 수수께끼는 대비성을 부각시키기 위해 방언이 섞인 기묘한 문장을 제시하고, 거기에서 라틴어의 문장이 포함되어 있는 듯이 꾸민다. 그래서 구절의 철자가 떼내어져 새로운 단어로 배열된다. 그러면 거기에는 분명한 라틴어가 생겨나고, 또 다른 곳에서는 라틴어가 생략된 듯 보인다. 다시 다른 문장에는 비바람 때문에 지워졌거나 빠진 듯한 부분을 넣어, 무의미한 글자에 의미가 있는 듯이 보이게 한다. 만약 우리가 이 함정에 빠지지 않으려면 문장의 구조는 아예 무시한 채 문자만 주의해서 보고 그것을 독일어로 구성해 내는 것이다. 제2차 가공은 많은 연구가들이 주목하여 그 의의를 평가해 온 꿈 작업의 한 계기이다. H. 엘리스는 이 계기가 하는 일을 재미있게 설명하고 있다. "수면시의 의식은 자신을 향해 '저기 우리 주인이 온다. 이성이나 논리 같은 것을 섬기는 각성시의 의식이 온다. 어서 빨리 해, 어떻게 배열해도 상관없으니까. 주인이 오기 전에 물건을 빨리 정리해 놓으라고. 주인이 와서 무대를 독점하기 전에'라고 외치는 것이다."

드라크로아는 이 작업의 방식과 각성시의 사고 방식이 동일함을 분명하게 주장하고 있다. "이와 같은 해석의 기능은 꿈만 가질 수 있는 것이 아니라, 우리의 각성시의 자극에 대해서도 그와 같은 논리적 정리를 하고 있다." 또 제임스 셀리도 이와 비슷한 견해를 보이고 있으며, 토보볼스카 역시 마찬가지이다. "이 무의미한 환각이 계속되는 것에 대해 정신은 각성시 자극에 대한 것과 같이 논리적인 정리 작업을 하려 한다." 그런데 이와 같이 정리·해석하는 활동이 꿈꾸고 있는 사이에 시작하여 각성시에도 계속된다고 보는 연구가들도 있다. 폴랑은 이렇게 쓰고 있다. "그러나 나는 일종의 꿈의 변형, 아니 오히려 꿈의 개조가 기억 속에 있다고 생각한다…… 체계를 잡으려는 상상력이 수면 중에 대충 그려낸 것을 각성시에 완성한다고도 볼 수 있다. 그러므로 사고의 실제 속도는 상상에 의해 각성시에 완성되는 것을 합쳐 외관상 증가한다." 르로아와 토보볼스카는, "꿈 속에서의 해석이나 정리는 단지 꿈이 주는 도움을 받아 행해지고, 각성시에 주는 도움에도 의지한다"라고 말했다.

그런데 꿈 형성 중에서 유일하게 인정된 제2차 가공의 의의가 과대 평가되어, 꿈은 이 하나의 계기에 의해서만 만들어진다고 하는 주장도 등장하게 되었다. 고브로나 푸코에 의하면, 꿈의 형성은 잠이 깨는 순간에 이루어진다고 하였다. 이 두 사람은 각성시의 사고가 수면 중에 나타나는 사고에서 꿈을 만들어 내는 것으로 보았다. 토보볼스카는 이러한 견해를 반박한다. "그들은 꿈이란 잠이 깨는 순간에 이루어진다고 보고, 수면시 사고 속의 재료만으로써 꿈을 형성하는 기능을 각성시 사고에 속하는 것으로 단정지었다."

제2차 가공에 대한 질베러의 평가는 치밀하다. 앞서 말한 바와 같이, 질베러는 사고가 형상으로 뒤바뀌는 현장을 포착하여, 피로하고 잠잘 때나 술 취한 상태에서 스스로에게 정신적 활동을 강요해 보았다. 그러자 가공된 사고가 머리에서 사라지면서 그 대신 어떤 환상이 나타났는데, 이 환상은 대개 추상적 사고의 대용물인 것임이 판명되었다. 그런데 이러한 실험 중에 꿈 요소와 동등시되는 것으로, 피로 그 자체의 실험 작업에 대한 불쾌감이나 번거로움보다는 피실험자의 주관적 상태가 표현되는 일이 일어났다. 질베러는 자기가 직접 경험한 이 같은 경우를 '기능적 현상'이라고 명명하여, '재료적 현상'과 구별하였다. 예를 들어 보자.

〈어느 날 오후, 졸음이 쏟아져 견디다 못 해 소파에 누웠다. 억지로 어떤 철학 문제, 즉 칸트와 쇼펜하우어의 시간에 관한 고찰을 생각해 보려 노력했다. 그러나 너무나 졸린 나머지 그 둘 사이의 사고 방식을 분명히 대조할 수가 없었다. 몇 번이나 시도한 끝에 마지막으로 칸트의 추론을 의지의 힘으로 머리에 주입시킨 다음, 그것을 쇼펜하우어의 문제 설정에 대입시켜 보려 했다.

그 다음에는 쇼펜하우어에 주의를 돌렸다. 그런 뒤 다시 칸트로 돌아가려 했는데, 칸트는 이미 내 머릿속에서 떠나 버렸다. 나는 칸트를 끄집어 내려고 노력했으나 헛수고였다. 나의 머릿속 어딘가에 틀어박혀 있을 칸트의 문헌을 금방 찾아내려는 이 무익한 수고는, 어쩌다 눈을 감자 마치 꿈 속에서처럼 분명한 어떤 상징으로 나타났다. 즉, 나는 무뚝뚝한 사무원에게 무슨 말인가 물어 본다. 그 사무원은 책상에 엎드려 나의 질문에 대꾸도 하지 않는다. 그리고 윗몸을 일으켜 세우더니 불쾌한 얼굴로 비키라는 듯이 나를 흘겨본다.〉《연감》 제1권

수면과 각성시 사이에서 동요하는 다른 실례를 보자.

〈아침에 잠에서 깨어났을 때의 몽롱한 반수면 상태에서는, 방금 꾼 꿈에 대해 생각하고 미진한 그 꿈을 다시 꾸려고 하면서 각성 상태로 오는 것을 느끼지만, 한편으론 더욱 반수면 상태에 머물려 한다. 그러다가 한쪽 다리로 개울을 건너려다가 곧 다리를 끌어들이고 이쪽에 머물려 하는 영상을 본다.〉《연감》제3권

기능적 현상, 즉 대상적인 것을 대신하여 상태적인 것을 표현하는 것을 질베러는 잠이 드는 경우와 잠이 깨는 두 가지 경우로 나누어 관찰하였다. 꿈해석에 있어서는 후자의 경우만이 문제시된다는 것은 두말할 나위 없다. 질베러는 적절한 실례를 사용하여, 각성이 직접 연결되고 있는 많은 꿈의 현재 내용의 끝부분은 각성의 의도나 각성 자체를 표현한다는 것을 시사하였다. '문지방을 넘는다'문지방 상징 '다른 방으로 가려고 어떤 방을 나온다' '여행을 떠난다' '귀가' '동행자와 헤어진다' '물 속으로 들어간다' 등은 이 의도를 나타내는 것이다.

그러나 나는 나 자신의 꿈 속에서나, 내가 분석한 사람들의 꿈에서 문지방 상징과 관련시킬 수 있는 꿈 요소를 질베러의 보고로 기대되는 것에 비해 아주 미미한 정도로밖에 발견하지 못했다.

이 '문지방 상징'이 어떤 꿈과의 관련에서, 예컨대 수면의 깊이와 수면을 방해하려는 경향 사이의 동요가 문제되는 곳에서는 꿈과 관련된 다른 여러 요소도 아울러 해명될 수 있을 것이다. 하지만 이에 대한 확실한 예는 아직 없다. 그보다는 그 재료적 내용을 꿈 사고의 구조에서 취한 꿈의 어떤 부분이 심적 상태를 표현하는 데 보다 더 자주 이용된다는 복잡한 피규정성이 나타난다.

질베러가 말하는 기능적 현상은 매우 흥미로운 것이다. 그것은 지나치게

남용된 나머지 추상적·상상적 꿈 해석을 탄생시키는 고루한 경향의 시발점이 되기에 이르렀다. 그런데 사실은, 이 재료는 다른 모든 재료와 마찬가지로 각성시의 잔존물로서, 의당 꿈 속에 들어갈 자격이 있는 것이다.

우리들은 이 기능적 현상이 각성시의 사고 쪽에서 꿈 형성에 기여하는 제2의 계기를 나타내는 것이며, 제2차 가공이라는 제1의 기여보다 앞에서 각성시에 활동하고 있는 어떤 주의력의 일부가 수면 중에도 계속 작용하여 꿈에 대한 규제·비판·단절까지 시키는 힘을 억제하고 있다고 말했었다.

우리로서는 각성시의 이 자기 감시적 검문소가 꿈의 구성에 강력한 영향력을 행사하는 검열관이라고 인정하는 것은 필연적이었다. 질베러는 그러한 일종의 자기 관찰을 대부분 동시에 활동하고 있기 때문에 꿈 내용에 나름대로의 기여를 한다고 했다. 특히 철학자들에게서 뚜렷이 볼 수 있는 이 자기 감시적 검문소의 심적 인지·감시 망상·양심 및 꿈의 검열관에 대한 유동적 관계에 대해서는 추후 다른 곳에서 취급하는 것이 좋을 듯하다.[93]

이제 이쯤해서 꿈 작업에 관한 논증을 종합해 보자. 꿈 형성에 있어서 심적 작업은 두 가지 분야로 나뉜다. 즉, 꿈 사고를 만들어 내는 일과, 그 꿈 사고를 꿈 내용으로 변경하는 일이다. 꿈 사고는 정확하게 우리가 사용 가능한 한도 내에서의 심적 능력으로 형성되고 있다. 그것은 의식화되지 않은 우리의 사고에 속해서, 이 사고에서는 어떤 변경 작업이 행해져 의식적 사고도 나오는 것이다. 이와 같은 사고의 대부분이 알아둘 가치가 있거나, 또는 수수께끼 속에 파묻혀 있더라도, 이런 수수께끼는 꿈과 아무런 특별한 관계에 있지 않고 꿈 문제로 다룰 필요조차 없는 것이다. 반면에 무의식적 사고

---

93) 《나르시시즘 입문》과 《정신 분석학 연감》제6권1914년을 참조하라.

를 꿈 내용으로 변경시키는 꿈 작업 부분은 꿈의 특색을 여실히 보여준다.

그런데 이 본래의 꿈 작업은 꿈의 형성에 있어서 심적 활동을 저하시킨다고 주장하는 강경론자들의 견해에 비해, 각성시 사고의 표준과는 동떨어져 있다. 그렇다고 그것이 각성시 사고에 비해 부정확하고 불완전하다는 말이 아니다. 꿈 작업은 각성시 사고와는 질적으로 전혀 다른 것이므로, 그 두 양자를 비교 평가할 수는 없는 것이다. 꿈 작업은 사고력·계산력·판단력은 갖고 있지 않고, 다만 변조력만 있다.

이에 대해서는 꿈 작업이 만들어 낸, 꿈이 채워야만 될 여러 조건을 깊이 고찰해 보면 즉각 파악되는 것이다. 꿈은 무엇보다 우선 검열에 걸리면 안 된다. 꿈 작업은 소기의 목적을 달성하기 위해 심적 강도의 이동이라는 방법으로 모든 심적 가치를 전환시킨다. 모든 사고는 오직 시각 및 청각 기억의 재료로 재현되지 않으면 안 되고, 이런 요구 때문에 꿈 작업은 표현의 가능성을 염두에 두어 거기서 새로운 이동으로써 그에 대응한다.

아마도 꿈 사고는 밤의 자유보다 더 큰 강도로 되어야 하기 때문에, 이 목적에 기여하는 것이 꿈 사고의 여러 성분에 가해지는 압축이 된다. 사고 재료의 논리적 관계 따위 별로 고려되지 않는다. 그와 같은 관계는 꿈의 형식적인 특성 속에 숨어 있는 표현을 찾아내는 것을 돕는다.

꿈 사고의 감정들은 꿈 사고의 표상에 비해 변경되는 경우가 드물다. 그것은 대개 억제되거나, 그렇지 않으면 표상에서 풀려나 그 동질성에 따라 다른 감정과 결합한다. 연구가들이 꿈이 형성되기까지 이루어지는 활동에 대해 주장하는 바는, 꿈 작업에서 부분적으로 불러일으켜진 각성 사고에 의해 행해지는 불안정한 꿈 단계의 가공뿐인 것이다.

제 7 장
꿈 과정의 심리학

나의 여환자로부터 들은 꿈 하나를 여기서 소개하겠다. 그녀는 어느 강연회에서 이 꿈을 듣고 왔으므로, 이 꿈의 정확한 출처에 대해선 알 길이 없다. 그러나 이 꿈의 내용이 그녀에게 깊은 인상을 주었던지, 후에 그녀는 이 꿈을 그대로 되풀이해 주었던 것이다. 다시 말해서 그 꿈의 여러 요소를 자기 꿈 속에서 되풀이하고, 그러한 전이로 어느 특정한 면에서 일치를 꾀하려 했다. 이 꿈의 전제적 상황은 이러하다.

어떤 아버지가 병든 아들의 간호에 매달려 있었다. 그런데 아들이 죽자, 옆방에 가서 쉬면서도 커다란 촛불에 둘러싸인 아이의 유해가 안치된 방이 보이도록 그 방문을 열어 놓았다. 유해는 어떤 노인이 지키고 앉아 기도를 하고 있다. 그 아버지가 두세 시간 잠든 중에 이런 꿈을 꾼다.

〈아들이 자기 침대 곁에서 팔을 잡고 원망하듯 속삭인다. "아버지, 제가 불에 타고 있는 걸 모르세요?"〉

눈을 뜬 아버지는 유해가 있는 방에서 밝은 빛이 비쳐 나오는 것을 보고 급히 그 방으로 달려가 보니, 유해를 지키던 노인은 졸고 있고, 불 붙은 초가 유해로 쓰러져서 수의와 한쪽 팔이 타들어 가고 있었다.

이 인상 깊은 꿈은 쉽게 이해되며, 여환자의 얘기로 미루어 보면 그때의 연사도 올바르게 해석하고 있었다. 방에서 새어나오는 밝은 빛이 아버지의 눈에 비쳐서, 그가 깨어 있어도 마찬가지였을 추론을 내리게 했다. 아마도 그 아버지는 잠들기 전부터 유해를 지키는 노인을 꼭 믿을 수 없다는 불안감을 갖고 있었을 것이다. 우리 견해로도 이 해석이 옳은 것으로 해석되지만, 다음과 같은 한 가지 요구를 덧붙이고 싶다. 즉, 이 꿈의 내용은 복잡한 규제를 받고 있는데, 아들이 아버지에게 한 말은 실재상의 어떤 사건과 결부되어 있는 것이 틀림없다는 점이다. 말하자면 불에 탄다는 호소는 그 아이를 죽게 한 열병과 관계되어, "아버지, 모르세요?"라는 말은 어떤 다른 사건의 감정과 깊게 결부되어 있는 것 같다.

우리는 이 꿈도 역시 소망 충족을 나타내고 있음을 깨닫게 된다. 죽은 그 아이는 꿈 속에서 마치 살아 있는 듯이 아버지에게 말을 하며 아버지 침대 곁에 와서 팔을 잡아당기는데, 이 장면은 아마도 그 아이의 말을 가져온 기억에 남는 어떤 사건에서 실제로 그렇게 했을 것이다. 이 소망 충족을 위해서 아버지는 잠을 좀더 연장하려 한 것이다. 꿈은 죽은 아들을 다시 한 번 살아 있는 것으로 보여주므로, 잠을 깨기보다는 조금이라도 더 꿈을 계속하기를 바랐던 것이다. 이 짧은 꿈의 어떤 특징에 우리의 관심이 끌리는가는 쉽게 알 수 있을 것이다. 우리는 이제까지 주로 꿈의 숨겨진 의미가 어디에 있는가, 꿈의 진의는 어떤 방법으로 알아낼 수 있는가, 꿈 작업은 어떤 수단으로 그 본의를 감추는가 하는 것을 파악하는 데 주력해 왔다.

그런데 지금 우리는 이와 같이 그 뜻이 매우 분명하게 드러난 꿈과 만난 것이다. 우리는 이 꿈을 각성시 사고와 뚜렷하게 구별해서 어엿한 하나의 꿈으로서, 우리가 설명할 필요가 있는 본질적 특성을 갖고 있음을 깨닫게 된다. 분석 작업과 관계된 모든 것을 제외시키고 나면, 비로소 우리의 꿈 심리학이 얼마나 불완전한 것이었는지를 인정하게 된다. 그러나 그 전에 우리는 과연 이제까지의 연구 과정에서 무언가 빠뜨린 것은 없는지 거슬러 올라가 보기로 하자. 우리가 지금까지 걸어온 길이 탄탄대로였다는 것을 기억해 둘 필요가 있기 때문이다. 지금까지 우리의 길은 모두 해명되고 완전히 이해된, 빛으로 통하는 길이었다. 그러나 우리가 꿈꿀 때의 여러 심적 과정을 좀더 깊이 파헤치려고 하는 순간, 모든 과정은 암흑으로 들어간다.

우리는 꿈을 심적 과정으로 해명할 수가 없다. 꿈의 심리학적 의미를 정립시킬 만한 심리학적 지식이 아직 없기 때문이다. 오히려 우리는 몇 가지 새로운 가설을 세우지 않으면 안 될 것이다. 즉, 심적 장치의 구조와, 그 속에서 활동하고 있는 여러 힘의 작용에 대한 정체와, 또 그 가치의 규정을 용이하게 하기 위해서는 첫 논리적 부가물에서 너무 우회되지 않는 가설을 필요로 한다. 마음이라는 기제의 구조와 작용에 관해서는 꿈 및 그 밖의 개별적 행위를 아무리 깊이 고찰한다 해도, 그것으로 적절한 해명을 얻기는 불가능하다. 그보다는 오히려 심적 행위를 비교 연구할 때 언제나 필요시되는 것들을 한데 모으는 작업이 필요하다. 이렇게 해서 우리가 꿈의 여러 과정의 분석으로 만드는 꿈의 심리학적 가정들이, 다른 문제에서 같은 성질의 핵심으로 들어가려 하는 다른 연구 성과와 결합될 수 있을 때까지 잠시 기다려야 할 것이다.

[1. 꿈의 망각]

그리하여 나의 견해로는 우리가 미리 다루어야 할 테마가 있다고 생각된다. 이 테마에서는 꿈의 해석에 관해 이제까지 우리가 기울여 온 노력을 뿌리째 뒤흔들 만한 반론이 나오는데, 이제까지 우리는 이 반론을 피해 왔다. 그 반론이란 우리가 해석하려는 꿈이 실재와 똑같다는 보장도 없지 않느냐는 것이다. 우리가 꿈에 대해 기억하고 있는 것은 우리 기억력의 불완전함으로 인해 가장 중요한 부분은 오히려 빠져 버리는 것이 아닐까. 우리가 꿈에 주의를 돌려 보면, 실제로는 틀림없이 더 많은 것을 꿈 속에서 보았을 것임에도 불구하고 그 한 조각밖에 기억하지 못하며, 게다가 그 기억이란 것도 기묘하고 불확실하다는 인상을 지울 수가 없기 때문이다.

그리고 우리의 기억이 꿈을 허술하게, 또는 엉뚱하게 변조하여 재현하는 것 같다. 그래서 꿈꾼 일도 우리가 기억하고 있는 것처럼 그렇게 연관성이 없는 애매 모호한 것인지는 매우 의심스러우며, 아니면 우리가 나중에 밝히는 것처럼 꿈이 서로 연관성이 있는 것인지는 그 어느 쪽도 확신할 수 없는 것이다. 다시 말해서 우리가 꿈을 재현하려고 시도하면서 본래 거기에 있었거나, 망각 때문에 생긴 틈을 우리 마음대로 선택한 재료로 떼우고 손질함으로써 우리가 꾼 본래의 내용을 정확히 규명하지 못하게 되는 것은 아닐까 하는 의심이 드는 것이다. 어떤 학자는^{슈피타1)} 꿈의 체계나 지속성은, 우리가 그 꿈을 재현시키려 할 때 비로소 다시 꿈 속에 들어가는 것이라고까지 추정하기도 했다.

----

1) 푸코와 탄네리도 같은 의견을 보이고 있다.

그래서 우리는 우리가 그 가치를 규명하려는 대상 자체에 대한 회의에 빠지게 되는 위험에 직면하고 있다. 지금까지 해석을 해오면서도 우리는 한 번도 이런 위험을 고려하지 않았다. 아니, 오히려 꿈의 아주 소소하고 불확실한 내용을 뚜렷한 내용과 마찬가지로 유심히 살펴야 한다고 생각해 온 것이다. 앞서 예를 든 '일머의 주사에 관한 꿈' 속에 즉각 의사 M을 불러오는 대목이 있었다. 우리는 거기서 이 부가물이 어떤 특별한 이유가 있어서 꿈속에 끼어든 것으로 보았다. 그렇게 해서 우리는, 내가 즉각 나이 든 동료를 불러온 그 불행한 여환자의 이야기에 다다른 것이다. 그리고 51과 56이라는 숫자의 차이를 거의 무시한, 얼른 보기에 부조리한 꿈에서는 51이라는 숫자가 여러 번 삽입되었다. 우리는 이것을 대수롭게 여기지 않고, 51이라는 숫자로써 잠재 내용 속의 제2의 사고 과정을 추정해 갔다. 그리하여 마침내 51세라는 수명의 한도를 생각한 공포감을 발견했던 것이다. 이것은 생명의 무한성을 기대하는 중심적 사고 특징과 가장 첨예하게 대립했다.

　　'살아 있지 않았다non vixit'의 꿈에서는, 내가 처음엔 발견하지 못한 삽입 부분으로서 'P가 나를 이해하지 못해서 내게 묻는다'는 구절이 있었다. 그리고 분석이 신통치 않자, 나는 이 말에서 시작하여 꿈 사고 속에서 중개적 역할을 하는 유년기 공상을 더듬어 갔다. 이것은 어느 시인의 시구가 도움이 되었다.

> 그대가 '나를 이해한' 경우는 드물다
> 나도 그대를 이해한 경우가 드물었다
> 다만 우리가 위험에 처했을 때만은
> 서로 즉각 이해할 수 있었다

우리는 이렇게 꿈 분석의 실례로써 꿈의 아주 사소한 특징이야말로 얼마나 해석에 필요한 것이며, 그리고 그와 같은 것을 늦게야 발견함으로써 얼마나 분석 작업이 더뎌지는가를 알 수 있다. 우리는 꿈 해석을 하면서 모든 언어 표현에 똑같은 비중을 두어 왔다. 아니, 오히려 무의미하거나 불충분한 문구, 심지어 아무리 해도 그 뜻을 알 길이 없는 언어 표현이더라도 우리는 그런 결정에 더 큰 의미를 두었다. 예컨대 학자들이 급해서 아무렇게나 끄적거린 문구를, 우린 마치 성서의 문구처럼 떠받들어 온 것이다. 이런 모순을 풀어야 할 필요가 있다.

이런 모순의 해명은 바람직한 것이지만, 그렇다고 다른 연구가들을 비난하려는 것은 아니다. 꿈 발생에 관한 우리의 새로운 견해에 따르면 모든 모순은 모두 하나로 통합된다. 우리가 꿈을 재현하려 하면서 꿈을 자주 왜곡하게 되는 것은 사실이다. 이 시점에서 우리는 다시 정상적인 사고의 검문소에 의한 제2차 가동 작업을 발견하게 된다.

그러나 이 왜곡 자체는 꿈 사고가 꿈 검열의 법칙대로 따르는 가공의 일부분에 불과하다. 여기에서 꿈 왜곡이 현재적으로 작용하는 부분을 인정하게 되었다. 그러나 우리는 더욱 불가해한 왜곡이 꿈의 사고 속에 숨어서 이미 그 꿈을 대상으로 골랐다는 것을 알고 있으므로, 연구가들의 그런 식의 견해를 들어도 전혀 놀랍지 않다.

다만 연구가들의 오류는 나중에 생각해 내는 꿈 부분의 변경을 한정적으로 판단하여, 우리로 하여금 그것이 꿈의 잘못된 인식의 원인이 된다고 생각하게 하는 점에 있다. 그들은 심적 규제를 과소 평가하고 있다. 우리의 심적 영역 속에는 하찮은 것은 아무것도 없다. 제2의 사고가 제1의 사고에 의해 규제되지 않은 채 방치되는 요소들을 규정한다는 것은 일반적 특징으로 본다. 예를 들어 내가 내멋대로 어떤 숫자를 생각하려 해도, 그것은 불가능하다. 왜냐 하면 내가 생각하는 숫자는 나의 순간적인 의도와는 상관없이 내 심적 사고에 의해 분명하게 규제되고 있기 때문이다.[2] 그러므로 꿈을 깨고나서 기억하는 꿈 내용의 변화도 역시 자기 의지와는 상관없는 것이다.

그런 변화는 반드시 내용상 연상 결합에서 비롯되어 그 내용을 대신하여 나타난 것이며, 이 내용에 이르는 과정을 우리에게 보여주기 위한 일부이다. 어쩌면 그 내용 자체 역시 다른 내용이 대치된 것인지도 모르지만, 환자의 꿈을 분석할 경우, 나는 이 견해를 적용해 보는 데 거의 언제나 성공하고 있다. 환자가 보고하는 꿈이 처음에 매우 난해하게 들리면, 나는 환자에게 다시 한 번 내용을 반복해서 들려 달라고 부탁한다. 그러면 거의가 두 번째 보고가 첫번째 것과는 다른 표현이 된다. 그리고 나중에 표현이 바뀌어진 부분이야말로 꿈 위장에 실패한 대목임을 알 수 있었다. 말하자면 그런 부분은 니벨룽겐의 전설에 나오는 하겐에게 있어서 지그프리트의 옷에 꿰매 놓은 표시와 같은 것이다.

그런 대목에서 해석을 시작하면 틀림없다. 꿈 보고자는 대개 다시 한 번 말해 달라는 요구를 듣고, 내가 그 꿈을 분석하려고 애쓴다는 것을 눈치 채게 되어 경계심을 갖는 나머지, 강한 저항 욕구에 사로잡혀, 꿈의 위장이 약한 부분을 급히 방어하는데, 즉 금방 드러날 표현을 보완하여 더 기묘한 표현으로 바꾸는 것이다. 그 때문에 나는 오히려 보고자가 빼고 싶어하는 부분에 더 주의를 기울이게 된다. 다시 말해서 해석되는 것을 꺼리는 정도로 보아 그 보고자가 얼마나 그 꿈을 감추려 하는지를 파악하게 되는 것이다.

---

2) 《일상 생활의 정신병리》 제1판(1901년)과 제11판(1904년) 《전집》 제4권을 참조하라.

우리의 꿈 해석에 대해 다른 꿈 연구가들은 커다란 의심을 갖고 있는 것 같지만, 이 점에 대해선 아무래도 우리가 유리한 고지를 차지하고 있는 것 같다. 왜냐 하면 그런 의혹에는 충분한 지적 견해가 뒤따르지 못하기 때문이다. 우리의 기억이라는 것은 그 누구도 그 정확도를 알 수 없다. 그럼에도 불구하고 우리는 객관적으로 정당하다고 인정되는 것보다 훨씬 더 자주 기억을 곧이곧대로 믿지 않을 수 없다. 그러나 또 한편으로 기억이 꿈의 재현을 정확히 하는가 하는 의혹은 그 또한 꿈 사고가 의식 속으로 들어오는 것을 막으려는 꿈 검열의 파생물에 지나지 않은 것이다. 이런 저항 작업은 이동이나 대치에 그치지 않고, 나중에까지 계속 검열을 통과해 나간 것에 의혹을 갖는다. 이 의혹은 꿈의 강한 요소에는 결코 달라붙지 않고, 오직 미약하고 불충분한 요소에만 매달려 우리로 하여금 자주 오류를 범하게 한다.

그리고 우리는 이미 꿈의 사고와 꿈 사이에 심적 전도가 일어나고 있다는 것을 알고 있다. 왜곡은 다만 가치를 박탈할 때 일어나는 것이다. 꿈 내용의 애매한 요소에 다시 의혹을 갖게 되면 그에 따라 일찍이 의혹의 대상에서 제외된 꿈 사고 속의 보다 직접적인 파생물을 찾아내게 된다. 그것은 마치 고대 사회나 르네상스 시대에 일어난 대변혁 후의 상황과 같다. 이제까지 지배적 위치에 있던 귀족과 권력자들은 모두 추방되고, 그 자리에 변혁의 주동자들이 들어앉는다. 간신히 추방을 모면한 축들은 실각한 잔당들뿐이다. 그들에겐 완전한 공민권이 주어지지 않으며, 언제나 불신의 대상으로서 감시를 받는다.

우리의 경우에는 이 불신 대신 의혹이 있다. 따라서 꿈 분석시에는 확실하게 말하는 것보다는 이런 것인가, 아니면 저런 것이 나타났다는 식의 아주 희미한 가능성까지도 분명하게 취급할 필요가 있음을 밝혀 둔다. 어떤 꿈 요소를 분석할 때도 이 점을 무시하면 분석은 거기서 더 나아갈 수가 없다. 그러므로 그런 중대 요소를 간과해 버리면, 피분석자는 심적 영향을 받아 그 요소의 배후에 있는 원치 않는 표상을 아예 잊어버리게 된다. 그리고 의혹을 풀려는 작업을 방해하는 작용이야말로 심적 저항의 선두적 파생물이다. 정신 분석이 좋지 않은 면까지 해석하기 쉬운 것은 당연한 일이다. 정신 분석의 법칙의 하나는 이러한 저항을 막는 작업이라고 볼 수 있다.[3]

꿈을 잊어버리는 현상을 설명하기 위해서도 심적 검열의 힘을 고려하지 않으면 그 정체의 규명이 불가능하다. 하룻밤 사이에 여러 가지 많은 꿈을 꾸었지만, 그 가운데 몇 토막밖에 기억나지 않는다는 느낌도 사실은 어떤 다른 의미가 있는 것인지도 모른다. 그것은 곧 꿈 작업이 밤새도록 맹활약을 하고도 나중에는 짧은 한 토막의 꿈밖에 남기지 않았다는 뜻이며, 그렇지 않은 경우에는 잠에서 깨어난 뒤 차츰 그 꿈을 잊어 간다는 의미가 된다. 대개 우리는 꿈을 기억하려 함에도 곧잘 잊어버린다. 그러나 보편적으로 꿈을 잊는다는 일을 너무 광범하게 예상하는 것과 대응하여, 꿈의 탈락된 부분에 대한 평가도 지나치기가 일쑤이다.

망각으로 인해서 잊어버린 꿈 내용을 분석으로 되찾는 경우가 많다. 대다수의 경우는 적어도 부분적으로 잊어버린 단편들을 토대로 하여 꿈 사고

---

3) 여기에서 '작업의 지속에 대한 방해는 언제나 저항으로 보아야 한다'는 최종의 결정적 명제는 오해의 소지가 많다. 이 명제는 물론 분석가의 입장에서는 기술적 법칙으로서 경고의 의미밖에 없을 것이다. 분석 중에 피분석자의 의도와는 달리 갖가지 돌발 사고가 생길 수도 있다는 사실을 부정해선 안 된다. 우연히 환자의 아버지가 죽거나, 또는 전쟁이 일어나 분석을 중단해야 할 경우도 있을 수 있다. 그러나 위의 명제가 과장되어 있는 것이 분명한 것은 그 배후에 새롭고 놀라운 뜻이 숨어 있는 것으로 알 수 있다. 분석을 방해하는 사건이 환자 탓이 아닌 현실의 것이라 해도, 그 사건이 분석에 얼마나 방해가 될 것인지는 오로지 환자 자신에게 달려 있는 경우가 허다하다. 그리고 저항은 이와 같은 기회를 포착하여 크게 확대시킨다는 점에 어김없는 것이다.

의 대부분을 발견할 수 있다. 분석을 할 때는 상당한 주의력과 자기 극복이 요구된다. 그것만 갖춘다면 꿈을 잊는다는 것에 어떤 특별한 의도가 작용하고 있다는 것을 입증할 수 있을 것이다.[4] 꿈을 잊는다는 것과 관련한 저항에 봉사하는 의도적 성질을 나타내는 분명한 증거[5]는 잊어버리기 전의 단계를 평가하면 포착할 수 있다. 한창 분석이 진행되고 있을 즈음에, 그때까지 잊어버린 걸로 생각했던 꿈의 빠진 부분을 생각해 내는 일은 아주 흔하다.

그런데 망각으로부터 되찾은 꿈의 이 부분은 흔히 가장 중요한 부분이다. 그것은 꿈을 푸는 열쇠가 되고, 당연히 가장 강한 저항을 받고 있는 부분이다. 내가 이 책 속에서 군데군데 삽입한 꿈의 실례 중의 하나에 꿈 내용의 일부를 나중에 추가하지 않을 수 없었던 것이 있다. 두 사람의 무뚝뚝한 동승객에게 복수하는 여행의 꿈으로서, 그 내용의 일부는 외설스러운 것이라 분석에서 제외시켜 두었다. 그 탈락 부분은 이러하다.

〈나는 실러의 어느 책에 대해서 말하기를 "이것은 ~으로부터It is from입니다" 했다. 그러나 스스로 잘못을 깨닫고 "이것은 그에 의한It is by" 이라고 고쳐 말했다. 그러자 남자는 그의 누이동생에게 "저 사람이 말한 대로야" 하고 가르쳐 주었다.[6]〉

연구가 중에는 그것을 의아하게 생각한 사람이 많다. 꿈 속에서의 자기 정정은 군이 논할 가치도 없을 것이다. 그보다는 나의 기억 중의 꿈 속에 나

---

4) 꿈 내용이 하나의 단독적 요소로 위축될 때 동시에 일어나는 꿈 속의 의혹과 불확실성을 보여주는 실례를 나의 책《정신 분석 입문》1916년에 들어 놓았다.
5) 논문 〈잊기 쉬운 심적 메커니즘〉1898년을 참조하라.
6) 꿈 속에서 이와 같이 외국어의 사용법을 정정하는 일은 종종 있지만, 그 정정은 대부분 다른 사람이 한다. 모리는 언젠가 영어를 배우던 무렵에 꿈을 꾸었는데, 어떤 사람에게, "나는 어제 당신을 찾아갔었다"라고 말한다는 것을, "I called for you yesterday"라고 했더니, 상대방은 "I called on you yesterday"라고 옳게 대답해 주었다.

타난 언어적 오류의 훌륭한 예를 하나 들기로 한다. 나는 열아홉 살에 처음 영국으로 가서 아일랜드의 바닷가에서 하루를 지낸 적이 있다.

한번은 썰물 후에 남은 해물들을 잡는 데 정신이 팔려 신이 나서 불가사리를 만지고 있는 참에〔꿈은 해삼Hollthum-Holothurian으로 시작된다〕, 한 예쁜 소녀가 다가오더니 "그게 불가사리예요? 살아 있나요? Is it starfish? Is it alive?" 하고 물었다. 나는 "그래, 살아 있어Yes, he is alive" 하고 대답했는데, 말이 잘못됐음을 깨닫고 다시 고쳐 말했다.

그때의 잘못은 지금 독일인들이 저지르기 쉬운 말의 잘못과 같은 것이다. 예컨대, "이 책은 실러의 저서이다Das Buch ist von Sch-iller"라는 글 속의 von 은 영어에서는 from이 아닌 by를 쓴다. 그런데 from은 독일어의 형용사 fromm경건한, 독실한과 동일어이므로, 대폭 축소가 가능한 꿈 작업이 이것을 대용한 것이다. 우리는 이미 꿈 작업의 의도나 수단과 방법을 가리지 않는 선택의 태도를 알고 있으므로, 이런 일은 새삼 놀랍지 않다. 그러나 바닷가에서의 작은 추억이 이 꿈과 어떤 관련이 있는 것일까? 그때의 일은 매우 순진했던 내가 성적 구별을 나타내는 말을 잘못 사용하고 있는 것, 바꿔 말해서 he라는 남성 인칭대명사를 엉뚱하게 사용했다는 것을 설명하고 있다.

이것이 분명 이 꿈을 푸는 열쇠가 된다.《물질과 운동 : Matter & Motion》이라는 책명에 대해서 그 유래를 아는 사람이라면 몰리에르Moliére의《공상적 환자 : Leade Imaginaire》속에 나오는, "물질은 찬양할 만한 것인가?La Matiére estelle Iaandable?"란 말과 '내장內臟의 움직임a mötion of the bowels'에서 빠진 부분을 쉽게 찾아낼 수 있을 것이다. 아무튼 나는 꿈을 잊어버리는 것은 대부분 저항의 소행이라는 것을 분명하게 입증할 수 있다. 어느 환자는 꿈을 꾼 후에 그것을 깨끗이 잊어버렸다. 그렇다면 꿈을 꾸지 않은 것과 마찬가지이다. 나와 이 환자는 분석을 계속하다가 어떤 저항에 부딪힌다. 그래서 나는 환자를 잘 설득하고 타일러 저항을 완화시키도록 도왔다. 잘 되어 나가는가 싶은 순간에, 환자가 소리쳤다. "아, 이제 막 또 생각났습니다. 제 꿈이오." 이 날 분석 중에 그를 방해한 것과 같은 저항이 꿈까지 잊어버리게 했던 것이다.

이와 마찬가지로, 분석 치료가 어느 정도 진행되어 가는 중에 환자가 불현듯, 3, 4일 전에 꾼 꿈을 다시 기억해 내는 경우가 많이 있다. 정신 분석적 입장은 꿈을 잊는 것에 대해 다른 연구가들의 견해처럼 각성 상태와 수면 상태의 차이에 두기보다는 오히려 저항을 가장 유력한 것으로 본다. 우리가 흔히 꿈 때문에 잠이 깨서는, 곧바로 우리의 사고 활동을 재개하여 그 꿈을 해석하려 한다는 것은 나와 다른 정신 분석가 및 분석 치료 중인 환자들에게도 자주 일어나는 일이다. 그런 경우에 나는 그 꿈을 완전히 해석할 때까지 계속했다.

그런데 이상한 일은, 난 분명히 꿈을 꾸고 그 꿈을 해석했는데, 조금 지나면 그 모두를 다 잊어버리는 것이었다. 정신 활동이 꿈을 기억하는 것보다 더 자주 꿈은 해석 결과까지 망각하게 만들었다. 그러나 이 해석 작업과 각성시의 사고에는 꿈 연구가들이 주장하는 심적 간극 같은 것은 없다. 모턴 프린스는 꿈 망각에 대한 나의 견해에 반대하여 이렇게 말하고 있다. "그것은 다만 분열된 심적 상태를 잊어버리는 건망증의 한 특수한 형태에 불과하다. 이것을 다른 유형의 건망증과 비교한다는 것은 무리가 있으므로, 프로이트의 견해는 그와 같은 분열 상태에 대한 설명을 시도했다는 자체만으로도 이미 무가치한 것이다." 그런데 그런 그가 그와 같은 분열 상태에 대한 역동적인 기술을 단 한 번도 시도하지 않았다는 것은 의아스런 일이 아닐 수 없다.

만일 그가 그런 시도를 했다면, 억압_{또는 그로 인한 저항}이야말로 심적 분열의 원인이 되는 동시에, 그 심적 내용을 잊어버리는 건망증의 원인도 된다는 사실을 발견하게 되었을 것이다. 꿈은 다른 심적 행위와 마찬가지로 결코 잊어버릴 수 없는 것이라는 점으로 보아도 꿈과 다른 심적 작업은 완전히 동등하게 다루어져야 한다는 것은, 내가 이 글을 쓸 무렵에 얻은 어떤 경험이 입증해 주고 있다. 나는 그동안 당시 어떤 이유에서건 불완전한 채 분석을 끝냈거나, 아니면 전혀 분석을 하지 못한 많은 꿈들을 메모해 두었다.

그런데 1, 2년이 지난 후 그 꿈들 중의 몇몇 예를 나의 주장을 입증하기 위한 자료로 삼고 다시 해석을 해 보았다. 그런데 놀랍게도 해석이 적중했다. 아니, 오히려 '그러한 꿈들은 훨씬 나중에 해석을 더 쉽게 할 수 있었다'고 말하고 싶다. 이에 대한 설명은, 내가 그 이후에 많은 심적 저항을 극복했기 때문이라고 볼 수 있다. 나중에 해석하면서 나는 처음에 꿈 사고를 통해 나온 여러 귀결을 현재의 여러 귀결과 대비해 본 결과, 그때와 같은 형태로의 귀결이 훨씬 나중에도 똑같이 나온 데 대해 적이 놀랐다. 그런 후에 나는 또 내 환자들이 가끔씩 몇 해 전에 꾼 꿈을 들려줄 때 마치 간밤에 꾼 꿈인 것처럼 해석해 보라고 해왔는데, 그때마다 해석이 성공한 것을 상기하고는 이제 이런 일도 놀랄 것이 없겠다고 바꿔 생각하게 되었다.

내가 처음으로 이런 시도를 하고자 했을 때는, 꿈이 이 점에서도 노이로제 증세와 일치할 것이라는 기대에서였다. 예를 들면 히스테리 같은 신경증 환자를 정신 분석으로 치료할 경우에는, 이미 오래 전에 극복된 최초의 증세에 대해서도 현재까지 남아 있는 증세와 마찬가지로 해명해야만 하기 때문이다. 그리고 시급한 현재의 증세보다는 첫 증세에 대한 해명이 더 용이

하다는 것을 알게 된다. 1895년에 간행된《히스테리 연구》에서, 나는 현재 마흔 살이 넘은 한 부인이 15세 때 경험한 첫 히스테리 발작을 해명한 예를 보고한 바 있다. 나는 여기서 꿈 해석에 관해 말해 두어야 할 몇 가지를 생각나는 대로 적어 두겠다. 그런 일들은 아마도 나중에 독자가 스스로 자기 꿈을 해석할 때 가이드 역할을 해 줄 것이다.

자기의 꿈을 쉽게 해석할 수 있다고 기대해서는 안 된다. 내적인 여러 현상이라든가, 아무런 심적 동기의 저항이 없더라도 역시 연습이 필요하다. 소위 '바람직스럽지 않은 표상'을 찾아내는 것은 매우 어려운 작업이다. 이것을 시도하는 사람은 이 책을 잘 숙독한 다음 행하면 좋을 것이다. 여기서 말하는 법칙을 준수하여 비판이나 선입관 또는 지적·감정적 편견을 갖지 않고 분석에 임하도록 명심해야 한다. 그리고 클로드 베르나르가 생리학 연구실의 실험자들에게 주의를 준 '짐승처럼 일하라'는 법도를 잊어선 안 된다.

이러한 충고를 지키는 사람은 이제 해석 작업을 불가능하다고 생각하지는 않을 것이다. 해석은 또 재빨리 끝낼 수 있는 것이 아니다. 연상의 연쇄를 더듬어 가다 보면, 이제 더 이상은 한 발자국도 나아갈 수 없다고 느끼는 순간이 적지 않다. 그런 때에는 일단 작업을 중단하고, 다음날에 다시 시도해 보는 것이 훨씬 낫다. 그러면 꿈 내용의 다른 부분으로 주의를 향하게 되고, 꿈 사고의 새로운 길로 통하는 길이 발견된다. 이런 것을 '분할적' 꿈 해석 방법이라고 명명할 수 있다. 해석의 초보자에게 가장 납득시키기 어려운 것은, 그가 자기는 꿈 내용의 모든 요소를 설명해 줄 완전한 꿈 해석을 했다고 믿는 것이, 실은 결코 모든 문제가 처리된 것은 아니라는 점을 일깨우는 일이다. 그가 한 해석 외에도 다른 측면에서의 꿈 해석이나 더 깊은 해석을 할 수 있을지도 모른다. 우리의 사고 속에는 서로 표현되기를 다투는 무의식적 사고 과정이 실로 많이 있다는 것을 염두에 두고, 다의적 표현을 서슴지 않는 꿈 작업의 교묘함을 믿는다는 것은 결코 쉬운 일이 아니다.

그렇다고 해서 나는 질베러의 주장, 즉 어떤 꿈이 두 가지의 서로 다른, 그러나 서로 긴밀한 연관이 있는 해석을 요구한다는 주장에는 찬성할 수 없다. 그 두 가지 가운데 하나는 질베러가 '정신 분석적'이라고 부르는 것으로서, 이것은 유아적·성적 의미의 꿈 사고를 보여준다. 그리고 다른 하나는 질베러가 '신비적'이라고 부르는 것으로서, 이것은 꿈 작업의 소개로 쓰이는 보다 의미 심장한 사고를 보여준다. 그러나 질베러는 몇몇 꿈에 대해 위에 말한 두 측면에서 분석한 결과를 보고하지 않음으로써, 이런 주장의 입증을 제공하고 있지 않다. 그러므로 나는 그의 주장은 타당성이 없다고 반박하고 싶다. 그것은 대다수의 꿈들은 더 깊은 해석을 하지 않고는 그 '신비적인' 해석 같은 것은 도저히 불가능한 것이기 때문이다.

꿈 이론의 방향에서와 마찬가지로 질베러의 이론에서도, 꿈 형성의 기본적 관계들을 숨기고 사람의 주의를 꿈 형성의 충동 근원에서부터 다른 곳으로 돌리려는 어떤 경향이 있다는 사실이 분명히 발견된다. 몇 가지 경우에는 질베러의 주장을 실증할 수는 있었지만, 그런 경우에도 분석은 꿈 작업이라는 것은 각성시의 생활 속에서 매우 추상적이고, 감추고 싶은 관념들을 꿈으로 바꾸는 과제를 맡고 있다는 것을 보여주었다. 꿈 작업은 이 과제를 풀기 위해 추상적 관념과는 '비유적' 관계에 놓여 있으며, 게다가 비유적 표현이 가능한 다른 관념 재료를 끌어들였다. 이렇게 해서 꿈의 추상적 해석은 꿈꾼 당사자가 직접 내릴 수 있다. 또 뒤바뀐 재료의 올바른 해석은 이미 다 아는 기술적 수단으로 탐구하면 된다.

어떤 꿈이든지 무조건 해석이 되느냐는 물음에는 그렇지 않다고 대답해야 할 것이다. 해석 작업시에 꿈을 왜곡하는 심적 저항이 있다는 것을 잊지 말아야 한다. 그러므로 자기의 지적 관심, 극기의 능력, 심리학적 지식, 해석 연습 등만으로 내적 저항을 극복할 수 있느냐 하는 것은 어디까지나 정도의 문제이다. 어느 정도까지는 거의 가능하다고 보아진다. 즉, 적어도 꿈이 의미 깊은 형성물이라는 확신을 갖는 정도까지, 그리고 희미하게나마 그것을 믿는 정도까지는 가능하다. 한편, 어떤 의미로 확인된 꿈이 이어져, 그 해석이 계속되는 일도 자주 있다. 몇 주일 또는 몇 달에 걸쳐 꾼 많은 꿈이 공통적 기반을 갖고 있을 때는 그 꿈들을 서로 연관시켜 해석할 수가 있는 것이다. 나는 이와 같이 계속 꾸는 꿈에 대해서 깨달은 바가 있다. 그것은 어떤 꿈에서 중심이 되어 있는 것이 그 다음 꿈에서는 단지 표면적으로 암시되는 데 그치고, 아니면 그 반대의 경우도 있기 때문에 이 양쪽의 꿈은 서로 보충적으로 해석될 수 있다는 점이다.

하룻밤 동안에 꾼 여러 꿈은 해석에 의해 대체로 하나로 취급해야 한다는 것은 이미 앞에서 실례를 들어 설명한 바 있었다. 아무리 완벽하게 해석된 꿈에서도 흔히 어떤 부분은 미해결인 채로 남겨 두어야 할 경우도 있다. 그런 경우에는 그 부분이 말하자면 꿈의 배꼽이 되는 것이다. 즉, 거기서부터 미지의 것에 달라붙어 있는 곳이다. 꿈 해석시에 우리가 부딪치는 꿈 사고는 대개 끝까지 완결되는 것은 아니며, 사방으로 뻗어 있는 우리의 관념 세계의 거미줄 같은 미궁으로 빠지지 않을 수 없는 것이다. 이 촘촘한 그물망에서 꿈의 소망이 마치 버섯처럼 머리를 쳐드는 것이다.

그러면 이제 꿈 망각의 테마로 다시 돌아가 보자. 각성 생활은 밤에 형성된 꿈을 잠이 깨는 순간에 깨끗이 잊어버리거나, 아니면 낮에 서서히 잊어버린다는 분명한 의도를 보여주고 있으며, 또 꿈을 잊게 하는 꿈에 대한 심적 저항이 이미 밤 동안에 행했던 것과 같은 의무를 완수했다는 것을 인정하고 보면, 도대체 이와 같은 저항을 누르고 꿈 형성을 가능하게 하는 것은 무엇인가 하는 의혹이 생길 것이다. 각성 생활이 꿈을 다시 잊게 하여 마치 처음부터 꿈을 꾸지 않은 것처럼 만드는 가장 극단적인 경우를 생각해 보자. 그 경우에, 여러 심적 힘의 작용을 고려하면 이렇게 말할 수 있다. 즉, 만일 저항이 밤에도 낮과 같은 정도로 지배하고 있었다면, 꿈은 아예 성립되지 못했을 것이라고. 그러므로 꿈이 있었다는 얘기는 마땅히 저항이 밤에는 그 힘의 일부를 상실한 것이라고 추정할 수 있는 것이다.

저항이 밤 동안에 조용히 있지 않는다는 것은 이미 다 아는 사실이다. 왜냐 하면 우리는 꿈이 왜곡되어 나타난다는 사실로써 저항이 꿈 형성에 참여하고 있다는 것을 입증한 바 있기 때문이다. 그러나 일단 밤이 되면 저항이 약해져서 비로소 꿈 형성이 가능해진 것 같다는 사실은 아무래도 좀 설득력이 없다. 게다가 눈을 뜨는 동시에 다시 활발해진 저항이, 자기 힘이 약했던 동안에는 허용할 수밖에 없었던 것을 즉각 다시 쫓아 버린다는 것은 당연한 일이 될 것이다. 심리학적 이론은 우리에게 꿈 형성의 주요 조건은 수면 상태라는 것을 가르쳐 주고 있지 않은가. 거기에 우리는 지금 다음의 설명을 덧붙일 수 있을 것이다. '수면 상태는 내부의 심적 힘을 저하시킴으로써 꿈 형성을 가능하게 한다'고. 이 결론은 확실히 꿈 망각의 사실에서 우리가 끌어낼 수 있는 유일한 것으로 보고, 거기서 다시 수면 상태와 각성 상태와의 역동적 관계에 대한 추론을 전개하고 싶지만, 그러나 우선은 여기서 일단락하기로 한다.

꿈의 심리학 속으로 깊게 들어가 보면 꿈 형성 요인을 다른 식으로 생각해 볼 수도 있다는 것을 알게 된다. 꿈 사고의 의식화에 대한 저항은 그 자체의 힘을 저하시키는 방법이 아니더라도 피할 수 있는 것이다. 저항력이 약해지는 것을 막아 주는 꿈 형성의 유리한 두 계기가 수면 상태에 의해 동시에 가능해진다는 것도 인정할 수 있지만, 여기서 잠시 이 논의를 중단하고 조금 뒤에 다시 계속하기로 한다.

우리의 꿈 해석 방법에 대해서 또 다른 몇 가지 이론異論이 있다. 우리가 꿈 해석시에 쓰는 방법은 대개 우리의 사고를 지배하고 있는 목표 관념을 모두 버리고 한 개의 꿈 요소에 집중한 다음, 그 꿈 요소에 대해 떠오르는 바라지 않는 관념을 기록해 나가는 방식을 쓴다. 그런 다음에 거기에 따르는 꿈 내용의 성분에 대해서도 같은 작업을 되풀이하여, 사고가 움직여 가는 방향은 무시하고, 그런 사고를 계속 거의 끝까지 추구해 간다. 이렇게 하면서 우리는 결국 언젠가는 꿈을 일으키는 꿈 사고와 만나게 될 것이라는 막연한 기대를 갖고 있다. 이에 대해 비판한다면 다음과 같은 반론을 가할 수 있을 것이다. 즉, 어떤 하나의 요소에서 출발하여 결국 어딘가에 도착한다는 것은 당연한 일이 아닌가라고.

어떤 표상에나 반드시 연상이 뒤따른다. 그런데 우스운 것은 그런 목표도 없이 되는 대로 관념의 흐름을 더듬어가다가 용케 꿈 사고와 만난다는 것이다. 그런데 아마도 그것은 자기 기만에 불과할 것 같다. 어떤 하나의 요소에서 연상의 사슬을 더듬어가다가, 문득 그 연상의 사슬이 끊어져 있는 것을 깨닫는 수가 있다. 그래서 제2의 요소를 다루면, 연상의 무제한성은 당연히 어떤 제한을 받을 것이 아닌가. 그전의 관념 연쇄가 아직도 기억 속에 남아 있기 때문에 두 번째 꿈 표상을 분석할 때에는 앞의 경우보다 더 쉽게 개별적 착상에 부딪치겠지만, 이러한 착상은 제1의 관념 연쇄의 착상과도 어떤 공통성을 갖고 있는 것이다.

그러면 정신 분석가들은 두 꿈 요소 사이의 접합점으로서의 한 관념을 발견한 것으로 간주해 버린다. 그들은 대개 관념 결합을 자유롭게 하고 있지만, 그것은 다만 정상적인 사고시에 작용하는 하나의 표상에서 다른 표상으로의 이행만을 제외시키는 것이므로, 결국 일련의 중간 사고에서 그들이 꿈 사고라든가 어떤 미지의 것을 꿈의 심적 애용물이라고 조작해서 떠벌리기란 그리 어려운 일이 아닐 것이다. 그러나 이 모든 것이 지나친 독선이며, 단지 우연을 이용하여 재치 있게 꾸민 것에 불과하다. 이런 항의에 당면할 경우를 막기 위해 우리는 우리가 각각의 표상을 추구하는 동안에 생기는 다른 꿈 요소의 돌연한 결합이나, 이미 형성된 심적 결합의 자취를 더듬는 것과 전혀 다른 방법으로는 꿈을 완벽하게 해명하는 것이 불가능하다는 사실 등을 들 수 있다.

그리고 해석의 방법이 히스테리 증상을 해소시킬 때와 똑같은 방법을 쓴다는 것을 지적함으로써 우리 주장을 변호할 수도 있다. 히스테리 증상을 해소시킬 때에 이런 조치가 합당하다는 것은 증상이 소멸되어 가는 것으로 금방 입증된다. 그러나 어떻게 해서 목표도 없이 이어져 가는 관념 연쇄를 추구하는 것으로 미리 존재해 있는 어떤 목표에 도달되는가 하는 문제를 우리가 굳이 피해야 할 이유는 없으리라. 우리는 이 문제를 분명하게 규명할 수는 없지만 완전히 제거할 수는 있다. 왜냐 하면 우리가 해석 작업을 할 때처럼 우리의 사고를 버리고 원치 않는 표상을 떠오르게 한다는 것은, 목표 없는 표상의 흐름에 몸을 맡기는 것이 아닌가 하는 비난은 분명 부당한 것이기 때문이다.

우리는 항상 우리가 아는 목표 상징의 한도 내에서만 단념할 수 있고, 이러한 목표 상징의 단념과 함께 즉각 미지의혹은 무의식의 목표 표상의 흐름을 결정한다는 것을 보여줄 수 있기 때문이다. 목표 표상이 없는 사고는 우리의 심적 생활을 우리 스스로가 움직여 감으로써 만들 수 있는 것은 아닌 것이다. 그러나 그것이 과연 심적으로 어떤 착란 상태에서 만들어지느냐 하는 것은 나도 정확히 알 수 없다.[7] 이 점에 있어서 정신병 환자는 심적 구조의 견고성을 너무 빨리 포기하고 있다. 목표 표상이 없는 무절제한 관념의 흐름은 꿈의 형성이나 소멸시에 나타나지 않는 것처럼, 히스테리나 망상증의 범주 안에서도 나타나지 않는다는 것을 나도 알고 있다. 그런 관념의 흐름은 내인성(內因性) 정신 질환의 경우에는 아마 전혀 나타나지 않을 것이다.

뤼레의 추측에 따르면, 정신 착란자의 섬망조차도 의미를 갖고 있는 것이며, 다만 거기서 탈락된 부분이 있어서 우리가 이해하지 못할 뿐이다. 그것을 관찰할 수 있던 기회에 나는 역시 같은 확신을 얻었다. 섬망이 만들어진 것은, 이제 자기의 간섭을 감추지 않고서 자기에게 못마땅한 것을 사정없이 삭제해 버림으로써 나중에 남는 것들이 서로 아무 연관성이 없어져 버리게 하는 검열의 소행이다. 예를 들면 소련의 국경 검문소에서 신문 검열시에, 외국 사정을 알리고 싶지 않은 부분은 새까맣게 칠해 독자들의 손에 넘기는 것과 마찬가지로, 검열도 바로 그러한 방법을 쓰는 것이다.

연상 연쇄에 따르는 표상이 자유 자재로 작용하는 것은 아마도 뇌의 파괴적·기질적 과정에서 나타나는 것 같다. 정신병 환자에게 이런 현상이 일어

---

7) 에크하르트 폰 하르트만이 이 점에서 나와 동일한 견해를 갖고 있음을 안 것은 훨씬 후의 일이다. 하르트만은 예술 창조에 있어서의 무의식의 역할을 논하면서《무의식의 철학》제1권, 무의식적인 목표 표상에 이끌린 관념 연쇄의 법칙을 분명하게 제시하고 있으나, 그는 이 법칙의 적용 범위는 빠뜨리고 있다. 이와 관련된 내용은 N. E. 포리레스의《의학적 정신 분석학 국제 잡지》제1권, 1913년와 뒤 프렐의 〈신비주의 철학〉을 참조하라.
8) 이에 대해서는 C. G. 융이 조발성 치매에서 보여준 훌륭한 실증을 참조하기 바란다 — 〈조발성 치매의 심리학에의 기여〉1907년

난다고 생각되는 것은 언제나 숨겨져 있는 목표 표상에 의해 앞으로 밀려나는 관념 계열에 영향을 가하는 검열에 의해 해명할 수 있다.[8] 목표 표상의 제약을 받지 않는 자유로운 연상에 대한 입증은 다음과 같이 할 수 있다. 즉, 떠오르는 표상이 표면적 연상 유대에 의해 결합되어 있는 것처럼 보일 때에는 유사음·유사어의 이의성二義性이나, 무의미한 시간적 일치 등에 의해서 결합되어 있는 경우이다. 이런 특징은 우리를 꿈 내용의 여러 요소에서 중간 사고로, 그리고 이 중간 사고에서 본래의 꿈 사고로 옮겨가는 관념 결합에서도 볼 수 있다.

'하나의 심적 요소가 다른 심적 요소와 결합될 때, 부당한 표면적인 연상에 의한 것일 경우는 언제나 검열의 저항에 복종하는 이들 두 요소 사이에 정확하고 치밀한 결합이 또한 존재하는 것이다.' 표면적 연상의 우위의 이유는 검열의 압력이지, 목표 표상의 폐기에 의한 것은 아니다. 표면적 연상은 그 표현에 있어서 검열이 정상적인 결합에로의 길을 막는 경우에, 그것은 심층의 연상을 대리하는 것이다. 예컨대 산사태가 나면 산중의 일반 도로가 막히게 되어, 사냥꾼이나 다닐 법한 좁은 길로 간신히 교통이 유지되고 있는 것과 같다. 이런 경우에는 두 가지로 구별해 볼 수 있지만, 근본적으로는 동일한 것이다. 검열은 다만 두 관념의 관련에만 관여하기 때문에, 그 두 관념은 각기 갈라짐으로써 검열의 항의를 모면한다. 그때 이 두 관념은 시간차를 보이며 의식 속으로 들어온다.

그리고 이 두 관념의 관련은 은폐된 채 있지만, 우리는 다음과 같은 사실을 깨달을 수 있다. 즉, 우리가 미처 생각하지 못했거나 보통 억제되어 있는, 본질적인 결합의 출발점이 되는 한쪽과 다른 표상군의 한쪽에서 성립되는 두 관념 사이의 표면적 결합을 볼 수 있다. 그리고 다른 하나의 경우는, 두 관념이 각기 그 자신의 내용으로 인해서 검열에 걸리는 경우이다. 그때 두 관념은 형태를 바꾼 대용적 형태로 나타난다. 그리고 이 두 대용 관념은 자기들이 애용하고 있는 원관념의 본질적 결합을 하나의 표면적 연상에 의해 재현되도록 선택된다. 이 경우, 두 경우 모두 검열의 압력 때문에 정상적이고 바람직한 연상으로부터 표면적이고 부당한 연상으로 이동해 가는 것이다. 우리는 이 이동을 깨닫고 있기 때문에 꿈 해석시에 표면적인 연상까지도 선뜻 받아들이는 것이다.[9]

목표 표상을 의식적으로 포기함으로써 표상의 흐름을 지배하는 힘이 은폐된 목표 표상으로 옮아간다는 명제 및 표면적 인상은 억제된 더 깊은 연상의 대용물에 지나지 않는다는 명제는 정신 분석상 노이로제를 다룰 때 충분히 이용된다. 게다가 정신 분석은 이 두 명제를 분석 기법의 기초로까지 보고 있다. 내가 환자에게 모든 사념을 버리고 머릿속에 떠오르는 것을 마음 놓고 얘기하라고 권고할 때, 그래도 환자는 치료라는 목표 표상을 버리지 못한 채 얼른 듣기에 유치하고 허황된 일들을 보고한다 해도 그 자체가 실은 그 환자의 병과 연관되는 것이라고 보는 것이 타당하다. 그리고 환자가 미처 생각하지 못하는 또 다른 목표 표상은 의사인 나이다. 따라서 이 두 가지 해명을 철저하게 실증하는 일이야말로 정신 분석적 기법을 필요 방법으로서 표명하는 것이 된다. 우리는 여기서 해석이라는 테마에서 떼내도

---

9) 이와 같은 생각은 다음과 같은 경우에도 해당된다. 예컨대 모리가 보고하고 있는 두 가지 꿈(본서 제1장 2. 꿈의 재료에 있어서와 같이, 표현적 연상이 꿈 내용 속에 노골적으로 드러난 경우이다. 나는 노이로제 환자를 다룬 경험으로부터, 어떤 잔존 기억이 자주 그렇게 표현되는가를 알고 있다. 그것은 대부분의 사람들이 호기심에 불타는 사춘기에 흔히 성적 수수께끼를 풀고 싶어서 백과사전을 들추어 보는 일이다.

10) 여기서 말하는 명제는 그 당시에는 매우 의심스럽게 받아들여졌지만, 나중에 융과 그의 제자들이 《진단학적 연상 연구》에서 밝힌 이론에 의해 인정되기에 이르렀다.

좋은 접촉점에 이른 셈이다.[10]

　우리에게 가해진 반론 중에서 유일하게 타당한 것이 있는데, 그것은 우리가 분석 작업시의 모든 착상을 반드시 꿈 작업과 관련하여 유추할 필요가 없다는 비난이다. 우리는 해석시에 꿈 요소에서 꿈 사고로 거슬러 올라가는 과정을 밟지만, 꿈 작업은 오히려 그 반대이다. 그런데 길이 역방향으로 나간다는 것은 아무래도 좀 이상하다. 그보다는 오히려 이렇게 말하는 것이 나을 것 같다.

　우리는 낮에 새로운 관념 결합을 지나고, 이어 이곳 저곳에서 중간 사고나 꿈 사고에 부딪치는 수직의 구덩이를 파내려가는 것이라고. 그렇게 해서 우리는 낮 동안의 생생한 관념 재료가 어떻게 해석 작업에 한몫 끼느냐 하는 것을 알 수 있다. 그리고 아마도 밤부터 다시 생기는 저항이 증대됨에 따라 새로운 길을 찾도록 강요받게 될 것이다. 그러나 그처럼 낮 동안에 얻는 부차적인 관념 재료는 오로지 실제 목표인 꿈 요소에로의 길을 안내하는 데 불과하므로 아무런 심리학적 의의가 없는 것이다.

[2. 퇴행]

　여기서 우리는 지금까지의 연구 성과를 요약해 두기로 하자. 꿈은 매우 중대한 심적 행위이다. 꿈의 원동력은 언제나 소망 충족의 욕구이다. 소망이 불분명하거나 황당 무계한 것이 꿈에 자주 등장하는 것은 꿈 형성시의 심적 검열의 결과로 본다. 그리고 꿈에서는 이 검열을 피하려는 강한 요구 외에도 심적 재료를 압축하고자 하는 요구, 감각적 형상에 의한 표현 가능성 및 꿈 형성물의 합당한 외형에 대한 고려 등이 동시에 작용하고 있다. 이러한 명제는 모두가 심리학적 추론으로 풀이되고 있다. 소망의 동기와 위의 네 조건과의 상호 관계, 그리고 이들 네 조건 상호간의 관계가 우리의 연구 과제가 되는 것이다.

꿈은 심적 생활의 관련 속에서 유추해야 한다. 나는 이 장의 서두에서 아직 미해결인 채 남아 있는 수수께끼를 풀기 위해 하나의 꿈 실례를 들어 놓았었다. 불에 타는 어린아이에 관한 그 꿈은 그리 어렵지 않게 해석되었다. 그러면서 우리는 왜 잠에서 깨지 않고 계속 꿈을 꾸었는가 하는 문제를 제기하면서, 그 꿈을 꾼 동기 중의 하나는 내 아들이 살아 있었으면 하는 소망이었음을 인정했다. 그리고 다른 하나의 소망도 크게 작용하고 있음이 나중의 논의에서 밝혀진 것이다. 그래서 우리는 수면시의 사고 과정을 꿈으로 변화시킨 요인은 자기 자식의 생존시 모습을 보고 싶다는 소망 충족이었다고 결론 내리기로 한다.

이 소망 충족을 제거해 버리면, 나중에는 두 종류의 심적 사상을 갈래 지우는 하나의 성격만 남는다. 그때의 꿈 사고는 이랬을 것이다. "유해가 있는 방에서 한 줄기의 빛이 새어나온다. 초가 넘어져 아이가 타고 있는 것은 아닌지……." 꿈은 이런 사고의 결과를 조금도 변경하지 않고 재현하고 있는데, 그러나 그것이 표현된 상황은 각성시의 체험처럼 리얼한 감각으로 와닿지 않는다. 그런데 이것이야말로 꿈을 꾸는 가장 보편적이고 뚜렷한 심리학적 특성이다. 그러면 이런 속성을 가진 꿈 작업을 어떻게 설명하면 좋을까?

그것은 자세히 관찰함으로써 알 수 있는데, 이 꿈의 현상 형식 속에는 서로 거의 무관한 두 가지의 성격이 표출되어 있다. 그 하나는 어떤 일에 대한 추측이 아닌 현재의 상황으로서 표현하고 있는 것이며, 또 하나는 관념을 시각적 현상과 대화로 대치하고 있는 것이다. 꿈 사고가 자체적으로 갖고 있는 기대를 현실화시킴으로써 받게 되는 변화는, 이 꿈 속에서는 그리 뚜렷하게 나타나 있지 않다. 이것은 이 꿈에 있어서의 소망 충족이 특수한 어떤 부수적인 역할과 관련되어 있음을 보여주는 것이다. 예컨대 일머의 주사위 꿈을 보자. 이 꿈에 표현된 꿈 사고는 일머의 병이 오토 때문이었으면 좋겠다는 것이다. 꿈은 이 소망을 '일머의 병은 오토 때문이다'라는 단순 현재형으로 표현한다. 즉, 이것이 아무리 왜곡이 적은 꿈에서라도 꿈 사고에 가하는 첫번째 변경 작업이다.

우리는 꿈의 이 제1의 특성에 관하여, 의식적인 공상 및 공상과 똑같이 자기의 표상 내용을 처리하는 백일몽을 지적하는 것으로써 마무리짓기로 한다. 한 예를 들면, A. 도데의 작품 속에 나오는 조유주는, 그의 딸들은 아버지가 번듯한 직업을 가지고 있는 줄 알고 있음에도 사실은 파리 거리를 헤매는 실업자로서, 언젠가 그의 앞길을 열어 줄 만한 사건을 현재형으로 꿈꾼다. 이와 같이 꿈은 백일몽과 같은 방법으로 현재형을 사용한다. 현재형의 표현이야말로 소망을 충족시키는 시제時制인 것이다. 그러나 제2의 특성은 백일몽과 구별되는 꿈만의 독특한 것으로서, 관념 내용이 배제된 채 감성적 형상으로 바뀌면 꿈꾸는 사람은 대개 그것을 체험하고 있는 듯이 생각한다는 것이다.

그러나 여기서 나는, 모든 꿈이 전부 관념을 감각 현상으로 변화시키는 것이라고는 할 수 없다는 것을 부언해 둔다. 오로지 관념으로만 성립되어 있으며, 그렇다고 해서 그러한 꿈의 본질을 부정할 수만은 없는 꿈도 있다. 내가 꾼 '아우토디다스커N교수와의 낮의 공상의 꿈'은 내가 낮에 생각했다고 가정한 경우에 비해 감성적 요소가 적게 혼입되어 있다고 해도 좋은 꿈이다. 또 비교적 긴 꿈에서도 각성시부터 우리의 습관처럼 되어 있는 것처럼, 다만 생각되거나 알려지는 요소로만 되어 있는 경우도 있다. 여기서 또 우리가 생각해 두어야 할 것은 이와 같은 관념의 감성상感性像에로의 변화는 꿈에서만 일어나는 것이 아니라는 것이다.

가령 그것은 독립적으로 건강할 때 나타나거나, 아니면 정신병의 증세로서 나타나는 환각이나 환상에서도 볼 수 있는 증세라는 것이다. 말하자면 이러한 관계성은 어떤 방향으로든지 한쪽으로만 치우치지는 않는다는 것이다. 그러나 꿈에 나타나는 특성들은 우리 입장에서는 가장 주목되는 것이므로, 이 특성을 꿈 생활에서 제거해 버릴 수는 없다. 그러므로 이 특성을 이해하려면 더욱 폭넓은 논의를 전개시킬 필요가 있다. 그래서 여러 연구가들의 꿈 이론 중의 하나의 견해를 들어보기로 한다.

훌륭한 학자인 G. T. 페히너는 그의 저서 《정신물리학》에서 꿈과 관련하여, "꿈의 무대는 각성시의 표상 생활의 무대와는 완전히 다른 것이다"라는 추정을 설명했다. 이보다 더 꿈 생활의 특성을 이해하기 쉽게 표현한 가설은 없다. 이렇게 해서 우리가 자유 자재로 쓸 수 있는 관념은 '심적 국소성局所性'이라는 관념이다. 이와 같은 심적 장치는 해부학적 견지에서도 널리 풀이되고 있는데, 여기서는 그런 면을 조심스럽게 도외시하려 한다. 여기서는 어디까지나 심리학적 기반에서만, 다시 말해서 심적 작업에 봉사하는 도구들을 조립하여 그것을 마치 현미경이나 카메라 같은 것으로 간주할 뿐이다. 그렇게 되면 심적 국소성은 그런 기계 내부에서 영상을 만드는 장소 같은 것으로 볼 수 있다.

물론 이런 식의 비유는 모두 불완전한 것이다. 심적 도구를 이런 조립·분해로 추찰하려 했던 시도는, 내가 아는 한 이제까지 행해진 적이 없었다. 그런데 나의 견해로는 그 시도에 있어서 냉정한 판단력으로 전체 구조와 부분을 혼동하지만 않는다면 자유로운 추정도 가능하리라 생각된다. 어떤 미지의 것을 탐구하기 위해서는 당연히 보조 관념이 필요하므로, 가장 널리 알려져 있는 가설이 장황한 다른 가설들보다 훨씬 편리할 것이다. 이런 견해에 입각해서 우리는 심적 장치를 하나의 조립 도구로 간주해 본다. 그들 도구의 여러 부분은 검문소나, 또는 좀더 쉽게 조직이라고 부르기로 하자.

우리는 하나의 가정으로서, 이런 조직들은 예컨대 망원경의 렌즈가 나란히 놓여져 있는 것처럼 서로서로 고정적인 공간적 방향을 갖추고 있다고 본다. 물론 엄밀히 말해서는 이런 여러 심적 조직의 공간적 배열이라는 가설 같은 것은 필요 없을지도 모른다. 여러 조직이 어떤 종류의 심적 과정에서 일정한 시간 동안 계속 흥분 상태가 고조되어 어떤 뚜렷한 순서가 형성되는 것으로 우리에겐 충분하다. 이 순서는 심적이 아닌 다른 과정에서 얼마간 변경될지도 모른다. 그러나 이 문제는 미해결인 채로 남겨 두자. 심적 장치의 여러 구성 부분을 앞으로는 '심적 조직'이란 명칭으로 일괄해 부르기로 한다. 그런데 먼저 우리의 주의를 끄는 것은 몇 개의 심적 조직으로 구성된 마음이라는 장치가 어떤 일정한 방향을 갖고 있다는 점이다.

우리의 심적 활동은 모두 내적 또는 외적인 자극에서 시작되어 신경 지배로 그친다. 그래서 우리는 심적 장치에는 지각 말단知覺末端과 운동 말단運動末端의 두 갈래가 있다고 본다. 심적 과정은 일반적으로 지각 말단에서 운동 말단으로 경과한다. 그래서 심적 장치의 가장 일반적인 도식으로는 〈그림 1〉과 같은 외관을 띠는 것으로 추정된다. 그러나 이것은 우리가 이미 알고 있는 바와 같이, 심적 장치는 반사 장치와 같은 구조를 갖고 있다는 가설을 만족시킨 데 불과하다. 한편, 반사 과정은 모든 심적 작업의 전형적 과정이다. 그런데 우리는 지각 말단에서 제1차 분화가 발생하는 것으로 볼 만한 이유가 있다.

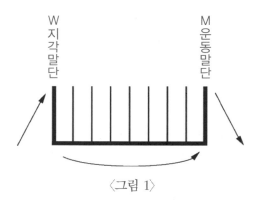

〈그림 1〉

　우리가 느끼는 여러 지각은 우리의 심적 장치 속에 어떤 지위를 남기는데, 우리는 이것을 '기억 흔적'이라고 부른다. 그리고 이 기억 흔적에 관계되는 기능을 '기억력'이라고 부른다. 우리가 여러 심적 과정을 다른 여러 조직과 결부시키려 하면 기억 흔적에는 단지 그런 조직 속에 있는 여러 요소의 변화성 외에는 아무것도 남지 않는다. 반면에, 같은 조직 내의 여러 요소의 변화를 한편으로는 견지적 입장을 취하면서도, 또 한편으로는 항상 변화를 일으키는 새로운 계기에 수용적인 자세로 대응해 나가고자 하면 거기엔 여러 어려움이 뒤따른다. 그래서 우리는 이 두 작업을 별개의 조직으로 나눌 것이다. 우리의 가정은 이러하다. 심적 장치의 선두에 있는 조직은 지각 자극을 받아들이지만, 기억력은 갖지 않는다. 그리고 이 조직의 이면에 제2의 조직이 있으며, 이 제2의 조직은 제1의 조직의 순간적 흥분을 지속적 흥분으로 대치하는 것이다. 그러면 이 심적 장치의 도식은 〈그림 2〉와 같이 될 것이다.

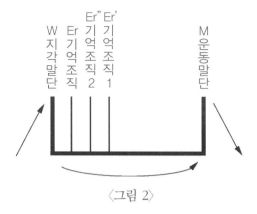

〈그림 2〉

조직 W^{지각 조직}에 작용을 가하는 여러 지각에서, 우리가 그 지각의 내용 외에 다른 것까지도 지속적으로 보존한다는 것은 이미 다 아는 바와 같다. 우리의 여러 지각은 기억 속에서 서로 결합되어 있다. 게다가 그것들은 전에 비슷한 시기에 서로 만난 후에 결합되어 있다는 것도 알 수 있다. 우리는 이것으로 미루어 연상을 말한다. 그런데 W조직이 애당초 기억력을 갖고 있지 않다면, 그것은 연상을 위한 흔적도 보존하지 못할 것이 당연하다. 만일 어떤 새로운 지각에 대해서 그전의 결합의 잔재가 힘을 발휘하게 되면, W조직의 각 요소들의 기능은 크게 방해받을 것이다. 그러므로 우리는, 연상의 기반은 기억 조직이라고 추정하지 않을 수 없다.

연상은 그때 Er 속의 저항의 감퇴와 진로 개척의 결과, 제3의 Er보다는 제2의 Er 쪽으로 옮겨진다는 사실로써 증명되는 것이다. 자세히 관찰해 보면 이런 Er요소는 하나가 아닌 여러 개를 상정할 필요가 생긴다. 이러한 Er요소 속에서는 W요소에 의해서 옮겨진 똑같은 흥분이 다른 종류의 고착을 받는다. 이러한 Er요소 가운데 첫번째 요소는 동시성에 의해 연상을 포착하고 있을 것이다. 그러나 멀리 떨어져 있는 조직 속에서는 동일한 흥분 재료가 각기 다르게 배열되어 있어서, 결과적으로 유사성 및 다른 관계들은 이들 나중의 조직에 의해서 표현되는 것 같다. 그런데 말로써 이와 같은 조직의 심적 의의를 거론한다는 것은 부질없는 짓이다.

이 조직의 특성은 기억 재료의 여러 요소에 대한 관계의 긴밀성에 있는 것 같다. 다시 말해서 우리들이 더 깊이 고찰해 들어가면, 이 조직의 특성은 이러한 요소들을 향한 유도 저항이 많은 조직군에 새겨져 있다는 점에 있음을 알 수 있다. 여기서 중요한 시사점을 제공해 주는 일반적 견해를 삽입해 두는 것이 좋겠다. 기억력이 없는 W조직은 우리의 의식상 감성적인 다종 다양한 질質을 보인다. 반면에 우리의 기억 자체로는 가장 심층에 있는 것까지도 무의식적이다. 물론 그것은 의식화될 수 있다.

그러나 우리의 기억은 무의식 상태에 있어서도 여러 가지 활동을 한다는 것은 두말할 나위 없다. 우리가 퍼스낼리티라고 부르는 것은 인상의 기억 흔적에 입각한 것이며, 게다가 가장 강력하게 작용하는 것은 거의 의식화되지 않는 유년기의 인상이다. 하지만 기억이 다시 의식화될 경우에 그것들은 감성적 질을 표명하지 않거나, 아니면 지각에 비해 매우 약한 질을 나타낸다.

그리하여 기억력과 질은 의식의 심적 조직에 있어서 상호 배타적임이 판명되면, 신경 흥분의 조건을 규명하는 길이 트이는 것이다.[11] 지각 말단에서의 심적 장치의 구조에 대해 지금까지 우리가 살펴본 것은 꿈에서 유추해 낼 수 있는 심리학적 해명을 배제한 상태에서 한 것이다. 그러나 심적 장치의 다른 한 부분을 이해하기 위한 필수 조건은 바로 꿈이 된다. 만일 우리가 두 개의 심적 검문소를 가정하고, 그 중의 하나가 다른 하나의 활동을

---

11) 나는 나중에, 의식은 잔존 기억의 내부에 발생하는 거라고 생각하게 되었다. 《전집》제14권 중 〈분더블록에 관한 각서〉1925년를 참조하라.

비판한 결과로써 의식화되지 않는다고 추정하지 않았다면 꿈 설명이 어려웠을 것이다. 비판하는 쪽의 검문소는 비판받는 쪽의 검문소보다 의식과 더 가까운 관계에 있다. 전자는 후자의 의식 사이에서 가로막고 있다.

여기서 우리는 우리의 각성시 생활에 깊이 관여하고, 우리의 의식적 행동을 움직이는 것과 이 비판하는 쪽의 검문소를 동일화시킬 수 있는 단서를 발견하게 된다. 그래서 이 두 검문소를 조직에 의해 대치해 보면, 비판하는 쪽의 조직은 그 다음 운동 말단으로 옮아간다.

그리하여 그 두 조직과 의식과의 관계를 도식화해 보면 〈그림 3〉과 같다. 운동 말단에 위치한 여러 조직 중의 마지막 것을 '전의식Ubw'이라고 부른다. 그것은 만일 어느 정도의 조건이 충족되면, 마지막 조건 속에 있는 흥분 과정이 재빨리 의식 위로 올라올 수 있다는 것을 시사하기 위해 붙인 명칭이다. 동시에 그것은 자기 마음대로 운동할 수 있는 성질을 가진 것이다. 이보다 더 깊이 있는 조직을 우리는 '무의식'이라고 부르는데, 이 조직은 의식에로 오르는 길을 모르고 단지 전의식을 지날 뿐이다. 그리고 전의식을 통과할 때의 흥분 과정은 반드시 여러 변화를 거치게 된다.[12]

---

12) 위에서 선으로 나타낸 도식을 좀더 상세하게 만들기 위해서는 전의식에 계속되는 조직에는 의식이 있다고 생각하지 않을 수 없다. 즉, W지각 말단=BW의식이라는 과정을 고려해 넣어야 한다.

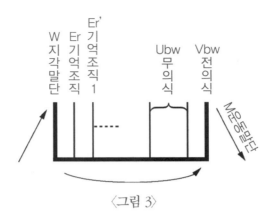

〈그림 3〉

　　그렇다면 이런 조직 중의 어느 것이 꿈 형성의 동인動因이 될까? 그것은 바로 Ubw조직무의식이다. 그러나 정확히 말해서 꿈 형성은 Vbw조직전의식에 속하는 꿈 사고와 결합되어야만 한다. 이에 대해서는 나중에 보충 설명하겠다. 그러나 또 우리는 꿈의 원동력은 무의식의 원조 없이는 불완전함을 알게 될 것이다. 그리고 이 나중의 계기가 있기 때문에 우리는 무의식의 조직을 꿈 형성의 시발점으로 잡을 수 있는 것이다. 그런데 꿈이 흥분되면 다른 여러 관념이 형성될 때와 마찬가지로 전의식에서 의식으로 나가기 위한 노력을 계속하게 된다. 나의 경험으로 볼 때 전의식을 지나 의식에 이르는 이 길은 각성시의 꿈 사고에 대해서는 저항 검열이 막고 있다. 밤이 되어야 비로소 꿈 사고는 의식으로 나갈 수 있는 길을 트지만, 어떻게 해서 이 길을 통과해 갈 수 있느냐 하는 문제가 생긴다.

　　이 문제가 쉽게 풀어지는 것은 무의식과 전의식 사이에서 감시하고 있던 저항의 힘이 밤이 되면 저하되기 때문이라고 볼 때, 꿈은 현재 우리의 관심사인 환각적 성격이 배제된 여러 표상을 위주로 꾸어져야 한다는 결론이 나온다. 그래서 무의식과 전의식 사이에 있는 검열력의 저하는 단지 '아우토디다스커'와 같은 꿈에 한한 이유가 될 뿐, 이 장의 서두에 예를 든 '불에 타는 아이의 꿈'에는 적합하지 못하다. 결과적으로 환각적인 꿈 속에서 일어나는 일은 꿈의 흥분이 역행적인 방향으로 향한다고 설명함으로써만 해명될 수 있다. 흥분은 심적 장치의 운동 말단 쪽이 아닌 지각 말단 쪽으로 옮아가서 최후에는 지각 조직에 이른다.

심적 과정이 무의식 속에서 각성시에 계속해 나가는 방향을 '전진적'이라고 한다면, 꿈에 대해서는 '퇴행적' 성격을 갖는 게 된다.[13] 그리고 이 퇴행 성격은 분명 꿈 과정의 심리학적 특성의 하나이다. 퇴행 작업은 꿈에 있어서만 한정된 것이 아니다. 우리의 정상적인 사고의 다른 여러 부분적 과정도 심적 장치 속에서 어떤 복잡한 표상 행위에서 이 행위의 심층에 있는 어떤 기억 흔적을 찾아 퇴행하는 과정이 있다. 그러나 각성시에는 이 역행 과정은 결코 기억 형상을 넘어가지 못하고, 또 환각에 의해 지각 형상을 재생시키지도 못한다. 그런데 꿈에서는 어떻게 이 사정이 달라지는가? 앞에서 꿈의 압축 작업에 대해 설명하면서, 우리는 꿈 작업에 의해 표상에 부착된 강도는 한 표상에서 다른 표상으로 옮겨진다는 가설을 피할 수 없었다.

W조직^{지각} 말단을 관념 쪽에서 출발하여 완전한 감성적 운동성을 갖게 될 때까지 충당토록 하는 것은 아마도 심적 과정의 변화로써 당연한 것이리라. 우리가 이러한 논리의 범주에 대해 착각하고 있지는 않으리라 생각된다. 우

---

13) 퇴행이라는 계기의 첫 암시는 이미 알베르투스 마그누스가 하고 있다. 그에 의하면 상상력은 눈에 띄는 대상의 보존된 형상에서 꿈을 구성한다. 이 과정은 각성시와는 반대적으로 수행된다. 홉스는 《리바이아단》1651에서, "요컨대 우리의 꿈은 각성시 공상의 반대이다. 말하자면 눈을 뜨고 있을 때는 이쪽 끝에서 시작하는 운동이, 꿈을 꾸고 있을 때에는 저쪽 끝에서 시작된다." H. 엘리스에 의함

리가 이제까지 해온 작업은 바로 설명이 난해한 현상에 명칭을 붙여 규명하는 일이었다. 꿈 속에서 한 표상이 그 표상을 야기시킨 감성적 형상으로 되돌아가려고 하는 현상을 퇴행이라고 부르지만, 이렇게 부르는 데에는 그에 합당한 이유가 있어야 한다. 이 명칭이 우리에게 뚜렷한 무엇을 암시해 주지 않는다면 굳이 명칭을 붙일 필요가 있겠는가.

퇴행이라는 명칭은 우리가 이미 알고 있는 사실을 어떤 방향으로 결정된 심적 장치와 결부됨으로써만이 우리에게 도움을 줄 수 있다. 그리하여 여기서 비로소 이 같은 도식의 의의가 부각된다. 왜냐 하면 꿈 형성에 있어서의 또 다른 특성은 바로 이 도식에 의해 뚜렷해지기 때문이다. 우리가 꿈 과정은 심적 장치 안에서 행해지는 퇴행이라고 본다면, 꿈 사고의 모든 논리적 관계는 꿈 작업시에 소멸되거나, 또는 어렵게 겨우 표현될 뿐이라는 사실이 명백해진다.

이와 같은 논리적 관계는 우리의 도식상 첫 Er조직기억 조직 속이 아닌, 훨씬 앞의 조직들 속에 포함되어 있기 때문에 지각 형상만 남긴 채 그 표현을 잃게 된다. 즉, 꿈 사고의 구조는 퇴행시 그 본래의 소재로 흩어진다. 한편, 그렇다면 낮에는 불가능한 퇴행이 어떤 변화에 힘입어 가능해지는 것인가? 이에 대해서도 한번 추측으로 해명해 보자. 아마도 문제는 흥분의 흐름이 지나갈 수 있게 하거나, 또는 통과하지 못하게 하는 각 조직이 자체적인 에너지를 충당하는 과정에서 겪는 변화에 있을 것이다. 그러나 심적 기구에 있어서 흥분이 통하는 길에 대한 효과가 어떤 것에서나 똑같이 나타나는 것은 이와 같은 변화가 한 종류 이상일 때 가능하다.

이로써 우리는 수면 상태와, 수면 상태가 심적 장치의 감각 말단에서 불러일으키는 에너지 충당의 변화를 생각해 낼 수 있다. 낮에는 W지각 말단의 P

조직심적 조직에서 운동 방향을 향해 지속적으로 흐르는 조류가 형성되었다가, 밤이 되면 정지해 버림으로써 흥분의 역행에 아무런 방해를 가할 수 없게 된다. 이것이 몇몇 연구가들의 이론 중에서 '외계로부터의 격리'라고 불리는 현상인 것 같다. 그러나 꿈의 퇴행 현상을 설명하기 위해서는 병적인 각성 상태에서 일어나는 다른 퇴행을 빼놓을 수 없다. 전진적인 감각적 흐름이 끊임없이 작용하는 데도 불구하고, 거기에 퇴행이 일어나는 것 같은 현상은 지금 우리가 행한 설명 방식으로는 해명할 수가 없다. 히스테리나 망상증의 환각, 정상적인 사람의 환영 같은 것은 사실상 퇴행에 대응할 만한 것으로서, 형상화된 관념을 말한다. 그리고 억압되었거나, 혹은 무의식인 채로 머물러 있는 기억과 밀접하게 관련된 이와 같은 관념만이 변화를 겪는 것이라고 할 수 있다. 예를 들어 나의 히스테리 환자 중의 최연소자인 열두 살의 남자 아이는 잠자려고 하면 '빨간 눈을 한 초록빛 얼굴의 귀신'이 환각으로 보여 무서움 때문에 잠을 자지 못했다. 이런 현상의 원천은 이 소년이 4년 전에 자주 만났던 다른 남자 아이에 대한 기억지금은 억제되고 있지만 전에는 의식되었던으로 밝혀졌다. 그 아이는 온갖 불순한 행동을 했는데, 그 중에 수음도 포함되어 있었으므로, 이 소년은 자기도 늦게나마 수음한 데 대해 자책하고 있는 것이다.

당시 이 소년의 어머니에게서 들은 바로는 그 개구쟁이 남자 아이는 진짜로 초록빛의 얼굴을 하고 눈 가장자리가 붉었다고 한다. 거기서 앞의 귀신 환각이 나온 것이며, 이 귀신은 어머니의 예언, 즉 나쁜 짓을 하는 아이는 바보가 되고 공부도 못 하며 일찍 죽게 된다는 예언을 상기시켜 주었던 것이다.

이 소년 환자는 어머니의 예언의 일부를 적중시켰다. 그는 중학교 성적이

뚝 떨어진데다, 그의 원치 않는 착상을 검토해 본 결과, 예언의 나머지 부분이 실현될까 봐 몹시 두려워하고 있었음이 밝혀졌다. 그러나 치료는 의외로 쉽게 이루어져, 그 소년은 우수한 성적으로 중학교를 졸업하고 불안도 말끔히 가시게 되었다.

또 다른 40세 히스테리 여환자의 예를 들어보자. 그녀는 어느 날 아침, 눈을 떠보니 정신 병원에 있을 오빠가 방 안에 있었다. 그리고 그녀의 아들이 옆에서 자고 있었다. 이 아이가 잠에서 깨어나 외삼촌을 보고 '깜짝 놀라 경기를 일으키지 않도록', 그녀는 아이에게 이불을 푹 덮어준다. 그러나 오빠의 환영이 사라졌다. 이 환각은 그녀의 유년기 기억의 변형이다. 이 기억은 확실히 의식되어 있었으나, 그녀의 마음 속에 있는 모든 무의식적 재료와 깊이 밀착되어 있었다. 전에 그녀의 유모에게서 들은 바로는, 그녀가 겨우 한 살 반이었을 때 잃은 어머니는 생전에 간질인지 히스테리성 발작을 일으키곤 했는데, 그것은 어머니의 오빠즉, 환자의 삼촌가 머리에 이불을 덮어쓰고 귀신 흉내를 내어 놀라게 한 데 원인이 있었다고 한다. 오빠의 환영·이불·충격과, 그로 인한 영향 등으로 빚어진 이 환각은 그녀의 기억과 동일한 요소를 포함하고 있다. 그러나 이미 요소들은 다시 새로운 관련으로 배열되고 다른 인물들로 옮겨져 있다. 이 환각은 분명한 동기, 즉 그 환각으로 대치되고 있는 이 관념은 그녀의 오빠와 많이 닮은 아들이 오빠처럼 정신 이상이 되지나 않을까 하는 걱정에서 비롯된 것이었다.

이상과 같은 두 실례는 수면 상태와는 완전 별개로써, 이 실례를 든 의도에서 빗나가는 것인지도 모르겠다. 그러므로 환각이 수반된 망상증 환자의

---

14) 〈방위 노이로제에 관한 이후의 견해〉《신경학 중앙 잡지》제10호, 1898년를 참조하라.

분석[14]과, 나의 미발표된 정신병의 심리학에 관한 연구를 참조하면, 퇴행적인 관념 변화에 있어서 억제되어 있거나, 무의식인 채로 있는 기억은 대부분 유아적 기억의 영향을 받고 있음을 알게 될 것이다. 그런데 유아적인 체험들이나, 혹은 그 체험에 근거한 공상이 꿈 사고 속에서 어떠한 역할을 하고 있으며, 그러한 체험 또는 공상의 일부가 꿈 내용 속에 얼마나 자주 등장하는가, 또 꿈 소망이 그러한 체험이나 공상에서 얼마나 자주 나오는가를 상기해 보면, 관념은 시각적 형상으로 되살아나길 바라고, 시각화된 기억도 의식에 의해 단절된 관념에 견인적 역할을 한다는 사실을 꿈에 대해서도 적용할 수 있다.

이렇게 볼 때 꿈은 '근래의 것으로의 변이를 겪은 유아기 체험의 대용물'이라고 규정지어 볼 수도 있다. 그것은 꿈으로서 재현되는 것에 만족하지 않으면 안 된다. 유아기 체험이 꿈 내용에 대해 유력한 의의를 가졌다는 것을 지적한다면, 세르너파派의 내부 자극원에 관한 가설은 깨지게 된다. 꿈이 그 시각적인 요소들을 특별히 선명하게 부각시키는 경우에는 시각 기관에 있어서의 내적 흥분인 '시각 자극' 상태가 있다고 세르너는 가정한다. 우리는 그 가정에 굳이 반대할 필요는 없지만, 그러나 이 흥분 상태는 당시는 현실의 것이었던 기억으로 만들어진 시각 흥분의 재생으로 보고 싶다.

그런데 이와 같은 관련을 잘 나타내 주는 것은 내 경험상으로는 하나도 없다. 내가 꾼 꿈은 다른 사람의 꿈에 비해 감성적 요소가 부족한데, 최근 몇 년 동안 꾼 꿈 중에는 그런대로 꿈 내용의 환각적인 명료함이 얼마 전에 받은 인상과 쉽게 귀착되었다. 그러면 여기서 꿈의 표상 내용을 감성적 형상으로 재생해 내는 꿈의 특이성을 한번 전체적으로 요약해 보자.

꿈 작업의 이런 성격을 설명함으로써 이미 아는 심리학적 법칙에 귀착시키는 것이 아니라, 오히려 이 성격이 미지의 여러 성격을 암시해 주는 것으로 보아 '퇴행적' 성격이라고 명명한 데 지나지 않는다. 아마도 퇴행이 일어날 때에는 언제나 관념이 정상적인 과정에서 의식으로 들어오는 데 반항하는 저항의 결과이며, 동시에 강한 감각성의 기억으로서 관념에 미치는 견인적 작용의 결과이기도 하다고 보는 것이 우리의 견해였다.[15] 꿈에서는 여기에다 퇴행을 돕기 위해 여러 감각 기관에서 나오는 낮의 전진적 흐름이 정지되는 것이 보충되어 나타난다. 정지된다는 이 보조 계기는 다른 형식의 퇴행에 있어서는 그에 따른 퇴행 동기가 강화됨으로써 상쇄되고 만다.

또 우리는, 병적인 퇴행은 꿈에서와 마찬가지로, 에너지 전이의 과정이 정상적인 심적 생활의 퇴행과 다르다는 것을 기억해야 한다. 왜냐 하면 이 에너지 전이의 과정으로써 여러 지각 조직들을 완전히 환각적으로 충당하는 것이 가능해지기 때문이다.

퇴행은 다음과 같은 세 가지 유형으로 나눌 수 있다.

(1) 국소적 퇴행 : 여기서 전개시킨 심적 조직의 도식이 갖는 의미에서의 퇴행.

(2) 시간적 퇴행 : 오래 된 심적 형성물로 소급해 가는 것이 문제인 한에 있어서의 퇴행.

(3) 형식적 퇴행 : 원시적인 표현 방법 및 묘사 방법이 보통의 표현 및 묘사와 대치되는 경우의 퇴행.

그러나 이 세 종류의 퇴행은 궁극적으로는 한 가지로 일어나며, 대개 동시적으로 일어난다. 왜냐 하면 시간적으로 오래 된 것은 형식적으로 원시적

---

15) 억압을 논할 때 빠뜨리지 말아야 할 것은, 한 개의 관념이 그에 영향을 미치는 두 개의 계기의 협동 작업에 의해 억압된다는 것이다. 이 관념은 한쪽의식의 검열에서는 밀려나고, 다른 쪽무의식에서는 이끌려간다. 이를테면 피라미드의 꼭대기에 올라갈 때와 같은 이치이다. 나의 논문 〈억압〉《전집》제10권을 참조하라.

인 동시에, 심적 국소성에 있어서는 지각 말단에 보다 인접해 있기 때문이다.

퇴행과 관련하여 마지막으로 언급해 두어야 할 것이 있다. 꿈을 꾼다는 것은 대개 그 꿈을 꾸는 사람의 가장 초기의 사정으로의 부분적 퇴행이며, 유년기에 그를 지배하던 충동의 움직임이나 자기 마음대로의 시기를 택해 나타냈던 표현 방법의 재생이 아닐까 하는 의혹이다.

개인적 유년기의 배후에는 계통 발생적인 유년기, 즉 인류의 발전이 개입되어 있다. 개인의 발전은 사실상 이 인류의 발전의 축도에 지나지 않는다. 니체가 꿈 속에는 "단편적인 원시적 인간성이 지속적으로 작용하고 있으며, 사람은 직접적으로는 그 곳에 도달할 수 없다"라고 한 말이 그것을 여실히 말해 주고 있다. 그리고 우리는 꿈을 분석함으로써 인간의 태고적 유산과, 인간 속에 내재한 선천적인 심적 요소들을 인식할 수 있지 않을까 하는 기대를 품게 되는 것이다. 꿈과 노이로제는 우리가 추측하는 것보다 심적으로 더 고대적인 요소를 품고 있는 것 같고, 그로 인해 정신 분석학은 태초의 인류의 아득한 단계를 재구성하기 위해 노력하는 여러 과학 중에서도 상위에 두어도 좋을 듯싶다.

[3. 소망 충족에 관해]

앞서 예를 든, 불에 타는 아이의 꿈은 소망 충족설이 부딪치는 난점을 규명하는 데 유리한 단서를 준다. 꿈이 소망 충족이라는 의견에 의혹을 가지기도 했지만, 그것이 불안 꿈에서의 모순 때문만은 아니다. 분석에 의한 첫 번째 해명이 꿈의 심적 가치와 의미를 밝혀 주었다고 해서, 그 명백성에 지나치게 기대해서는 안 된다. 아리스토텔레스의 정의에 따르면, 꿈이란 수면 상태 속에서 계속되는 사고이다. 그런데 우리의 사고는 낮에는 판단·추측·반론·기대·계획 같은 심적 행위들을 만들어 내는데, 그것이 어째서 밤에는 소망을 만드는 데만 한정된다는 것인가?

그보다는 오히려 다른 종류의 심적 행위, 예컨대 불안·걱정 같은 것을 보여주는 꿈도 많이 있지 않을까? 앞에서 인용한 '불에 타는 아이의 꿈'이 바로 그런 꿈이 아닐까? 수면 중에 눈을 자극하는 한 줄기 빛으로 아버지는 촛대가 넘어져 아들의 유해를 태우고 있는 것은 아닐까 하는 걱정을 추론하고 있다. 그는 이 추론을 분명한 상황 설정과 현재형으로 무장하여 꿈으로 바꾸고 있다. 그때 소망 충족은 어떤 역할을 하고 있을까? 그리고 각성시부터 이어지는 사고, 또는 새로운 감각 인상으로 생긴 사고가 우위에 서는 것은 대체 어떤 점에서 오해의 소지가 남는 것일까? 이런 의혹은 모두 당연한 것이며, 우리로 하여금 꿈에서의 소망 충족의 역할 및 수면 속으로 이어지는 각성시 사고의 의의를 더 깊이 고찰하게 만드는 것이다.

소망 충족을 빌미로 우리는 이미 꿈을 두 가지 유형으로 나누고 있다. 확실하게 소망 충족이라고 할 수 있는 꿈과, 소망 충족의 흔적을 발견하기 어렵게 그것을 은폐하고 있는 것이다. 후자의 꿈에는 꿈의 검열이 작용하고 있음을 알 수 있다. 왜곡되지 않은 소망의 꿈은 거의 어린아이의 꿈이다. '짧고' 솔직한 꿈은 어른들 가운데에서도 종종 나타나는 것 같다. 이제 우리는 꿈에서 충족되는 소망은 언제 어디로부터 오는가 하는 문제를 제기할 수 있다. 그러나 우리는 '어디로부터'라는 이 문제를 어떤 대립 관계, 또는 어떤 다양성과 연관지어 추론해야 할까? 여기서 대립이라고 말한 것은 의식화된 낮 생활과, 계속 무의식이었다가 밤이 되어 비로소 활동하는 심적 생활과의 대립을 뜻한다. 나는 소망의 근원을 다음과 같은 세 가지로 유추해 볼 수가 있다.

① 낮에 생긴 소망이 외적인 사정 때문에 충족되지 못하는 경우 : 이런 경우엔 밤이 소망이 있다는 것을 알게 해 주지만, 대개 처리되지 않고 남는다.

② 낮에 이미 의식으로 올라와 있었지만, 의식에 의해 비난받는 경우 : 이런 때는 처리되지 않고 억제된 소망 뒤에 남는다.

③ 낮의 생활과는 무관하고, 밤이 되어 비로소 억제된 것 중에서 우리의 마음 속에서 움직이기 시작한 소망일 경우 : 그런데 여기서 심적 장치의 소망은 전의식 조직Vbw 속에 한정되어 있다. 두 번째 유형의 소망은 전의식 조직에서 무의식 조직Ubw으로 밀려가서, 그나마 존재해 있다면 이 무의식 조직 안에서만 있게 된다. 세 번째 유형의 소망은 무의식 조직 밖에는 절대로 나갈 수 없다. 그런데 이들 각기 다른 원천을 가진 세 가지 소망은 꿈에 대해서 똑같은 가치를 갖고 있는 것일까? 이 문제에 대한 답을 위해 우리가 이용할 수 있는 꿈의 실례를 통해 본 결과, 밤에만 나타나는 현실적인 소망욕구에를 들면 갈증이나 성적 욕망 등로서 꿈 소망의 네 번째 유형을 들지 않을 수 없다는 것이다.

우리가 꿈 소망의 유래를 따져본다 해서 꿈을 일으키는 능력을 바꾸는 것은 아니다. 나는 나의 어린 딸이 낮에 호수를 건너려다 못 건넌 것을 꿈에서 계속한 것이나, 그와 유사한 갖가지 어린아이의 꿈을 상기한다. 이 꿈들은 충족되지도 억제되지도 않은 낮의 소망을 보여주는 것이다. 낮에 억제된 소망이 꿈 속에서 활개치는 것을 보여주는 예는 얼마든지 있다. 그 중 한 예를 들어 보자. 활달한 어떤 여자는 자기 친구그녀보다 연하의가 약혼한 날, 하루 종일 주변 사람들로부터 그녀의 약혼자는 어떤 사람이냐는 질문을 받았다. 그녀는 겉으로는 열심히 칭찬을 하면서도 본심은 그렇지가 않았다. 사실 그녀는, "그는 그저 평범한 사람이에요"라고 말하고 싶었던 것이다. 그러자 꿈 속에서 그와 똑같은 질문을 받고, "추가로 주문하실 것이 있으면 번호를 말씀해 주세요"라고 대답한다. 결국 우리는 왜곡당하고 있는 꿈을 통해 소망은 무의식에 있으며, 낮에는 알 수 없다는 것을 알게 되는 것이다. 그래서 모든 소망은 꿈 형성에 있어서 똑같은 가치와 능력을 갖고 있는 것처럼 보인다.

그런데 실제로는 이와 약간 다르다. 그럼에도 내가 여기서 그것을 입증해 보일 수 없는 것이 유감이다. 그러나 나는 꿈 소망이 더 엄격한 제약하에 있다고 상정한다. 어린아이의 꿈은 분명 낮에 처리되지 않았던 소망에 의해 생긴다는 것에는 추호의 의심도 없다. 그러나 그것 역시 어린아이의 소망, 즉 유아적인 것이 강조된 소망 충족임을 명심해야 한다. 성인에게 있어서 낮에 충족되지 않은 소망만으로 충분히 밤의 꿈이 만들어질 수 있는가 하는 것은 단언할 수 없을 것 같다. 오히려 나는, 우리의 사고가 충동적 생활을 컨트롤함으로써 어린아이에게서 볼 수 있는 강렬한 소망의 형성이나 유지를 무익한 것으로 차츰 단념하게 된 것 같다.

물론 개인차가 있기 때문에 어떤 사람은 다른 사람에 비해 심적으로 유아적 특성을 더 오랫동안 보유하고 있을 것이다. 그러나 대개 성인에게 있어서는, 충족되지 않고 낮부터 계속 이어져 온 소망은 꿈 형성의 주축이 되지 못한다. 의식에서 나온 소망 충동이 꿈 형성의 밑거름이 된다는 것은 인정해야 한다. 만일 전의식적 소망이 다른 어느 조직의 영향으로 강화되지 않는다면, 꿈은 형성되지 않을 것이 분명하다. 의식적인 소망은 자기 스스로를 무의식적 소망으로 강화시키는 데 성공할 때에만 꿈을 일으킬 수 있다. 나는 노이로제의 정신 분석에서 얻은 암시에 따라 이 무의식적인 소망을 다음과 같이 간주한다. 즉, 무의식적 소망은 언제나 활동하고 의식의 어떤 움직

임과 합세하여, 자기보다 강도가 약한 것을 덮쳐서 자기를 표현하려고 벼르고 있는 것이라고.[16]

　그렇다면 꿈 속에서는 다만 의식적인 소망만이 실현된 것처럼 보일 것이다. 그러나 이 꿈의 구성 속에 있는 약간의 두드러진 특색이 무의식으로부터 나오는 강력한 힘의 정체를 밝히는 데 하나의 단서를 제공해 줄 것이다. 이들 억압 속에 있는 소망은 유아적으로 유래된 것이라고 결론지을 수 있다. 따라서 나는 꿈 소망의 유래는 아무것이나 좋다는 말을 철회하고, 대신 '꿈 속의 소망은 반드시 유아적인 소망이어야 한다'는 명제를 다시 세워야겠다. 그러면 꿈 소망은 성인의 경우는 무의식에서 오고, 어린아이는 각성시의 충족 및 억압되지 않은 소망에서 오는 것이다. 왜냐 하면 어린아이에게는 전의식과 무의식 사이의 분리나 검열이 아직 형성되어 있지 않고 서서히 만들어지기 때문이다. 물론 이 견해는 다소 변수가 작용하는 것이긴 하지만, 대체로 자주 입증되는 것을 보아 왔다.

　그래서 나는 의식적인 각성 생활에서 나중에 남은 소망 충동을 꿈 형성의 뒷전으로 돌려 놓겠다. 그 소망들이 갖는 역할은 꿈 내용에 대한 수면 중의 감각 자극의 역할과 동일한 것으로 여겨진다. 수면을 취하려고 결심하고서 언제나 활동할 사고에의 에너지를 일시적으로 끊어 버리는 데 성공할 수도 있다. 이것에 능한 사람은 자고 싶을 때는 언제든지 잘 수 있게 된다. 나폴레옹 1세가 그 대표적인 인물이다. 그러나 이 일은 언제나 성공한다고

------

16) 무의식적 소망의 파기하기 힘든 이러한 특성은 다른 모든 무의식 조직에만 속하는 심적 행위와 공통된 것이다. 이러한 심적 행위는 항상 막힘없이 나아갈 수 있고, 결코 메마르는 일이 없으며, 무의식적 흥분이 그 길을 계속 충당시킬 때마다 흥분 과정을 통과시키는 것이다. 비유로써 말하면, 무의식적 소망으로 볼 때 피를 마시기만 하면 되살아나는 《오디세이》 속의 망령들이 당하는 그런 파멸밖에 없는 것이다. 전의식적 조직에 의존하는 여러 과정은 이와는 전혀 다른 뜻에서 파괴될 수 있다. 이 차이점이 바로 노이로제 정신 요법의 기초이다.

도, 또 그렇지 않다고도 단언할 수 없다. 해결되지 않는 문제들이나 걱정거리 및 뚜렷한 인상들은 수면 중에도 사고 활동을 계속하여, 앞서 우리가 전의식이라고 부른 조직의 심적 과정을 끌어들인다.

수면 중에 계속 작용하는 사고의 움직임을 분류해 보면, 첫째 우연하게 방해받아 도중에서 중단된 것, 둘째 사고력의 저하로 미해결인 채 남은 것, 셋째 낮에 거부·억제된 것, 그리고 강력한 넷째 그룹으로서 전의식의 자극으로 낮 동안에 무의식 속에서 활동하고 있는 것, 그리고 다섯째로 소소하여 처리도 되지 않고 남아 있는 낮의 인상으로 볼 수 있다. 낮 생활의 잔존물에 의해서 둘째 그룹의 미해결인 채로 수면 상태로 들어오는 심적 강도의 의의가 낮아지는 것은 아니다. 이 흥분들은 분명 밤에도 자기의 표현을 하려고 노력하는데, 수면 상태는 전의식에 있어서의 흥분 과정을 계속시키는 것이나, 혹은 의식화에 의해 이 과정을 결정짓는 것을 불가능하게 한다. 우리의 사고 과정을 의식화할 수 있는 한, 설령 수면 중에라도 결코 잠자고 있다고 할 수는 없다.

수면 상태가 전의식 조직 안에서 일으키는 변화가 어떤 것인지는 확언할 수 없다.[17] 그러나 수면의 심리학적 특성은 이 전의식 조직의 에너지 충당의 변동 속에서 찾아야 하고, 게다가 이 전의식 조직은 수면 중에는 마비되어 있는 운동성에 이르는 길까지 지배하고 있는 것이다. 반면에 수면은 무의식 조직하에서 어떤 변화를 조장할 수 있다고 할 만한 계기가 없다. 그러므로 전의식에 있어서 밤중의 흥분으로 남아 있는 방법은 소망 충동이 무의식에서 취한 방법과 동일한 것이다. 밤중의 흥분은 무의식에서 강화되고, 의식

---

17) 수면 상태의 여러 상황이 환각 성립의 여러 조건을 깊이 규명하기 위해 나는 〈꿈 이론에의 초심리학적 보유補遺《국제 정신 분석학 잡지》제4권, 1916~1918년에서 시도하고 있다.

적 흥분이 가는 우회로를 통해 가지 않을 수 없다. 그러나 전의식인 낮의 잔존물은 꿈과는 어떤 관계에 놓여 있을까? 전의식적인 낮의 잔존물이 물밀 듯이 꿈 속으로 밀려들어온다는 것은 꿈 내용을 이용하여 밤에라도 의식 속으로 끼어들려 한다는 것은 자명한 일이다. 게다가 어느 때는 꿈 내용의 주류를 이루고, 낮의 일을 계속하도록 강요하기까지 한다.

낮의 잔존물은 소망의 성격을 가지기도 하지만, 그 외에도 어떤 성격이든 취할 수 있다. 그러나 그 경우 낮의 잔존물이 꿈 속에 끼어들려면 어떤 조건을 갖추어야 하는가를 살펴보는 것은 매우 중대한 의의를 갖는다. 이미 앞에서 소개한 실례 중에서 친구 오토가 바세도씨 병증을 보이는 꿈을 예로 들어 보자. 그 날 나는 오토의 병증을 매우 걱정하였었다. 바로 이 걱정이 수면 속에까지 따라왔다고 보아도 좋을 것이다. 아마도 나는 그의 병증을 알아내려 했던 것 같다. 그러나 막상 밤이 되어 꿈에 나타난 이 걱정은 무의미한 데다 어떤 소망을 충족시키는 것도 아니었다. 그러나 나는 낮에 내가 느낀 걱정의 부적합한 표현이 어느 부분인가를 분석에 의해 살피면서 오토를 L남작으로, 나를 R교수와 동일화시켜보니 어떤 연관성이 나타난 것이다.

나는 어째서 낮의 관념의 대용물을 선택해 써야 했을까? 이에 대한 답은 하나밖에 없다. 즉, 나는 무의식 속에서 언제나 R교수와의 동일화를 꾀하고 있었다. 왜냐 하면 이 동일화는 훌륭하게 되고 싶다는 영원한 소망의 하나를 충족하고 있었기 때문이다. 만약 낮이라면 분명코 거부되었을 오토에 대한 이 불쾌한 관념은 적절한 기회를 이용하여 슬그머니 꿈 속으로 들어왔는데, 그러나 낮에 품었던 걱정까지 물고 들어왔던 것이다. 그리하여 원래 소망이라기보다는 걱정에 가까웠던 사고가 어떤 통로를 지나 현재에는 무의식으로 억제되어 있던 유아적 소망과 필사적으로 결합하지 않을 수 없었다. 그리고 이 소망은 적당한 형태로 의식에게 꿈 사고를 납득시킨 것이다.

걱정이 크면 클수록 결합은 무리하게 되며, 소망의 내용과 걱정의 내용이 반드시 관련되어 있어야 하는 것은 아니다. 소망 충족과 모순되는 재료, 예컨대 타당한 걱정이나 슬픈 생각 또는 가슴 아픈 상념 등이 사고 속에 있을 때는 꿈이 어떻게 움직이는가를 다시 앞의 문제와 관련시켜 살펴보는 것도 좋으리라. 그에 관련한 논의를 대략 다음과 같이 정리해 볼 수 있다.

(1) 고통스러운 관념은 모두 정반대의 관념으로 대치시키고, 그에 수반되는 불쾌감을 억누르는 경우 — 이때는 순수한 소망 충족 외의 어떤 것도 발견되지 않는다.

(2) 고통스러운 관념은 많거나 적거나 간에 어떤 변경이 가해져, 그것과 잘 구별되는 형태로 꿈의 현재 내용 속에 들어오는 경우 — 이 경우에는 꿈의 소망 충족론에 대한 의혹이 제기되어, 더 심오한 연구가 필요하다. 이런 종류의 고통스런 꿈은 아무렇지도 않게 느껴지거나, 아니면 그 표상 내용에 의해 정당하게 여겨지는 불쾌감을 고스란히 나타내 보이고, 또 그렇지 않으면 불쾌감을 조성하면서 꿈을 깨게 만든다. 이런 때 분석은 이 불쾌한 꿈도 역시 소망 충족이라는 것을 증명해 준다.

무의식적으로 억압된 소망 충족은 꿈을 꾼 당사자의 자아에 의해서 고통으로 느껴질 수밖에 없지만, 그런 소망은 고통스러운 낮의 잔존물이 남아 있음으로써 이용할 수 있는 기회로, 그들 낮의 잔존물이 꿈 속에 들어갈 수 있게끔 지원한다. 그러나 앞의 (1)의 경우에는 무의식적 소망이 의식적 소망과 일치하는 데 반해, (2)의 경우에는 그 두 양자 사이의 분열 — 억압된 것과 자아의 괴리 — 이 나타난다. 억압된 소망이 실현된 데 대한 충족감은 매우 크기 때문에, 그것은 당연히 낮의 잔존물에 부착되어 있는 고통감과 조화를 이루기에 무리가 없는 것이다. 그런 경우 꿈은 한편으로는 소망 충족이고, 다른 한편으로는 두려움의 충족이 되는데, 감정상에 있어서는 무관한 것이다.

그렇지 않으면 수면 중인 자아가 계속 꿈 형성에 관여하여 억압된 소망을 충족시키려는 것을 방해하려는 목적으로 불안감을 조성함으로써 꿈을 종결지어 버리는 경우도 있다. 그러므로 불쾌하고 불안한 꿈이 이론적으로는 일반적인 소망 충족의 꿈과 하등 다를 게 없다는 것을 인정하기 어렵지 않다. '형벌의 꿈'도 불쾌한 꿈에 속할 것이다. 우리가 형벌의 꿈을 인정하는 것은 어떤 의미에서 꿈에 새로운 것을 부가하는 셈이 된다. 형벌의 꿈으로 충족되는 것은 무의식적인 소망을 품어서 허용되지 않는 데 대해 꿈꾸는 당사자를 처벌하고자 하려는 소망이다. 이런 종류의 형벌의 꿈과 다른 소망의 꿈과의 차이는 심리학적인 통찰로 알 수 있다.

앞의 (2)의 그룹의 경우에 꿈을 형성하는 무의식적 소망은 억압된 것에 속하고, 형벌의 꿈에서는 비록 그것 역시 무의식적 소망이긴 하지만, 우리는 그것을 억압된 것에 속하는 것이 아니라 자아에 속하는 것이라고 보아야 한다. 그래서 형벌의 꿈은 자아가 매우 광범위하게 꿈 형성에 참여하고 있다는 것을 시사해 주는 것이다. 만일 의식 對 무의식이라는 대립 대신에, 자아 대 피억압물이라는 대립을 세운다면, 꿈 형성의 메커니즘은 훨씬 파악하기 쉬울 것이다. 이것은 노이로제와의 관련을 통하지 않고는 일어날 수 없고, 따라서 지금 여기에서 상세히 논할 수가 없다. 다만 내가 말해 두고 싶은 것은, 형벌의 꿈이 꼭 고통스러운 낮의 잔존물이라는 조건과 결부되어 있는 것은 아니라는 점이다.

그것은 오히려 꿈의 잔존물이 만족을 주는 성질의 관념이긴 하지만, 허용되지 않는 만족감의 표현이라는 정반대의 조건 아래서 가장 쉽게 생긴다. 그때 이 관념들 중에서 현재몽에 도달하는 것은 그 관념들과 정반대되는 것뿐이다. 이것은 앞서 말한 (1)의 그룹의 경우와 아주 유사하다. 그러므로 형벌 꿈의 근본적 성격은 억압된 것에서 나오는 의식적 소망이 아닌, 자아에 속하는 형벌 소망이 꿈을 형성한다는 점에 있다. 이상과 같은 설명[18]을 내가 꾼 어떤 꿈에 적용해 보자. 설명의 초점을, 꿈 작업이 고통스러운 낮의 잔존물을 어떻게 처리하는가에 두기로 한다.

〈처음 부분은 분명치 않다. 아내에게, "당신에게 알릴 특별한 일이 있소" 하고 말하자, 아내는 깜짝 놀라며 듣지 않으려 한다. 그래서 나는 "아니, 오히려 당신이 더 기뻐할 일인데" 하고는 아들의 부대部隊로부터 많은 돈5천 클로닌이 우송돼 왔다는 이야기를 한다. 무슨 일로 표창받아서……분배를…… 그러다가 나는 아내와 함께 무언가를 찾기 위해 창고 같은 조그만 방으로 들어간다. 거기서 별안간 아들이 나타난다. 군복을 입지 않고 몸에 착 달라붙는 스포츠 웨어를 입었으며마치 바다표범같이 보였다, 조그만 모자를 쓰고 있었다. 아들이 바구니 위로 올라간다. 바구니는 상자 옆에 있으므로 뭔가를 상자 위에 올려놓으려는 것같이 느껴진다. 입 안에서 뭔가 우물거리다가 꿀꺽 삼킨다. 머리카락이 희끗희끗하다. 너무 지친 탓일까, 의치를 했나 하고 생각한다. 다시 한 번 불러 보려 했지만, 그러다가 잠이 깼다. 큰 불안감은 없었으나 가슴이 쿵쿵 뛰고 있었다. 시계는 새벽 2시 반을 가리키고 있었다.〉

이 꿈의 완전한 분석은 이번에도 할 수 없다. 그래서 약간의 중요한 점을

---

18) 여기에다 나중에 정신 분석학에 의해서 인식된 초자아의 개념을 삽입시켜야 할 것이다.

지적하는 것으로 그치겠다. 꿈의 계기는 그 날 느낀 비통한 예감이었다. 전쟁터에서 싸우고 있는 아들로부터 벌써 1주일 이상이나 소식이 끊겼다. 아들이 부상하거나 전사한 것은 아닐까 하는 불길한 예감이 꿈 내용 속에 표현되어 있다는 것을 판단하기는 어렵지 않다. 꿈의 처음 부분에서 고통스러운 관념은 애써 그 반대물로 대치하려고 노력하고 있음을 알 수 있다. 이를테면 매우 기쁜 일로서 돈이 오고 또 표창을 받은 일을 말하고 있다돈의 액수는 의료 문제의 어떤 기뻐할 만한 사건에서 오고 있으므로, 이 테마에서 제외될 우려가 있다. 그러나 아무리 고통스러운 관념을 반대물로 대치하려고 해도 성공하지 못한다.

아내는 불길한 예감 때문에 내 말을 회피하려 한다. 그런데 위장이 너무 약해서 군데군데 억제하려는 것이 새어나오고 있다. 아들이 전사했다면 전우들이 유품을 보내올 것이다. 나는 그것을 일가 친척들에게 기념으로 조금씩 나누어 줄 것이다. 표창은 대개 용감 무쌍한 전사 한 명에게 주어진다. 그러므로 이 꿈은 어쩔 수 없이 처음에 부정하려던 것을 직접적으로 표현하게 된다. 그때의 소망 충족적인 경향은 여전히 왜곡을 통해서 알 수 있다. 꿈에 필요한 원동력을 제공하는 것이 무엇인지 우리는 물론 알 도리가 없다. 그러나 아들은 '쓰러지는 사람전사자'이 아니라, '올라가는 사람'으로 나타나고 있다. 실제로 그는 등산을 즐겼었다.

그리하여 이 꿈에서는 군복이 아닌 스포츠 웨어를 입은 것으로 나타냄으로써 현재 두려워하고 있는 재난을 대신하여 지난날 스키를 타다 대퇴골이 부러졌던 모습을 재현했던 것이다. 그러나 스포츠 웨어를 입은 그의 모습이 흡사 바다표범 같다는 것은 재롱 떠는 어린 손자를 연상시킨다. 희끗희끗한 머리카락은 이 손자의 아버지, 즉 나의 사위가 전쟁터에서 시달렸다는 뜻이리라. 이 꿈의 내용은 나의 유년 시절의 한 장면을 연상시킨다. 즉, 내가 세 살이 채 되지 않았을 때 자초한 재난을 암시하고 있다. 그때 나는 식료품 저장실에 들어가 상자인 듯한, 테이블 위에 놓여 있는 것을 집으려고 발판 위에 올라갔는데, 갑자기 발판이 무너지는 바람에 그 모서리에 아래턱을 강타당했다. 자칫하면 이가 전부 빠질 뻔했었다. 그때 "그것은 네 행동의 정당한 보답이다"라는 경고의 목소리가 울려나온다. 마치 용감한 군인 아들에 대한 적개심의 충동과 같이.

그리고 계속 분석해 나가면, 두려워하던 아들의 재난에 의해 충족시킬 수 있는 어떤 감춰진 마음의 움직임이 발견된다. 그것은 인생에서 짓눌려 버렸다고 생각하는 청춘에 대해 늙은이가 갖는 질투심이다. 만일 이것이 사실이라면 강한 고통감은 그 질투심을 완화시키기 위한 것이라는, 억압된 소망 충족의 발견은 매우 용이한 것이다. 그런데 나는 꿈에 있어서 이 무의식적 소망이 무엇을 의미하는가 하는 것을 간단 명료하게 표현할 수 있다. 즉, 꿈의 자극은 거의 낮 생활의 잔재에서 나온다는 것이다. 그리고 나의 꿈에서 나도 언젠가는 조교수가 되고 싶다는 소망이 있었을망정, 만일 친구의 건강에 대한 걱정이 낮부터 계속 내 마음 속에서 작용하고 있지 않았다면, 그날 밤 나로 하여금 꿈을 꾸게 하지는 않았을 것이다.

그러나 그 같은 걱정만이 꿈 형성 요인의 전부는 아니다. 그 꿈이 요구했던 원동력은 어떤 소망이 아니면 안 된다.

어떤 낮의 관념이 꿈에 대해서 하는 역할은 기업가와 같다고 비유할 수 있다. 그러나 기업가는 어떤 계획을 실현시키려 해도 자금이 없으면 아무것도 행하지 못한다. 기업가는 그에게 자금을 대주는 자본가를 필요로 한다.

이와 마찬가지로 꿈을 위해 심적 자본을 대주는 자본가는 바로 낮의 관념이 어떤 것이건 간에 무의식으로부터 오는 소망이다. 또 간혹 자본가 자신이 기업가가 되는 수도 있다. 꿈에 있어서는 이것이 가장 흔한 형태일 것이다. 의식으로부터의 어떤 소망이 낮의 작업으로 자극을 받아 꿈을 만들어 낸다. 여기서 비유로 된 경제적인 관계는 그 밖에도 여러 가지로 꿈 과정과 대비해 볼 수 있다.

한 기업을 만들기 위해서는 기업가 자신이 약간의 자금을 내는 경우도 있고, 여러 명의 기업가가 한 사람의 자본가에 의지하는 경우도 있으며, 여러 사람의 자본가가 공동으로 기업가들이 필요한 돈을 대는 경우도 있을 것이다. 마찬가지로 꿈도 하나 이상의 꿈 소망에 의해서 지탱되는 것이 있는가 하면, 그 밖에도 다른 여러 가지 변형이 있는데, 이들 변형된 꿈은 그리 중요하지 않다. 앞서 말한 경제적 비유의 핵심, 다시 말해서 정당한 배분량에서 자유로이 사용할 수 있는 양은 꿈 구조의 해명을 위해서 더 유용하게 쓸 수 있을 것이다. 많은 꿈에서 특별한 감성적 강도를 갖는 핵심을 발견할 수 있다는 것은 앞에서 설명한 바와 같다.

이것은 대개 소망 충족의 직접적인 표현이 된다. 왜냐 하면 꿈 작업의 이동 작용을 제외시키면 꿈 사고 속의 강도가 꿈 내용 속의 감성적 강도로 대체되어 있는 것을 발견할 수 있기 때문이다. 소망 충족에 인접해 있는 요소들은 흔히 소망 충족의 의지와는 무관하고, 오히려 소망에 저항하는 고통스러운 관념에서 비롯된다. 그러나 그러한 요소들은 중심적 요소와, 인공적으로 만들어지기 쉬운 관련에 의해 그것들이 표현에 도달할 수 있었던 것만큼의 강도를 분배해 가진 것이다. 그와 같이 소망 충족의 표현력은 관련된 범주 안에 영향을 미쳐서, 그 속에서는 본래 전혀 힘이 없는 요소를 포함한 요소가 모두 표현으로 승화된다. 몇 가지 원천적인 소망을 가진 꿈에서는 각각의 소망 충족의 영역을 따로따로 구분하여, 흔히 우리가 꿈 속에서 보이는 틈을 경계 지대로써 이해하게 되는 것이다.

낮의 잔존물의 꿈에 대한 의의를 우리는 위와 같이 한정했지만, 이 잔존물들을 좀더 자세히 살펴본다는 것은 그만한 의의가 있으리라. 어떤 꿈이든 최근의 낮에 받은 인상, 그 중에서도 가장 사소한 것과의 결합을 보여준다는 경험적 사실에도 별로 놀라지 않는 것은, 그러한 낮의 잔존물이 틀림없는 꿈 형성의 필수적인 성분이기 때문이다. 우리는 아직 이와 같은 부가물이 꿈 혼합에 반드시 첨가되어야 한다는 사실에 대해서는 통찰하지 못했다. 이러한 필연성이 뚜렷해지는 것은 우리가 무의식적 소망의 역할을 의심치 않고, 그 바탕에서 노이로제 심리학에 설명을 구할 때뿐이다. 노이로제 심리학으로 볼 때 무의식적 표상은 그 자체로는 전의식 속으로 들어갈 수 없기 때문에, 이미 전의식에 속해 있는 무해 무득한 표상과 결합하여 그 표상에 자기의 심적 강도를 옮기고, 자기를 숨기는 경우에 한해서만 어떤 작용을 나타낼 수 있다.

이것이 바로 노이로제 환자에게 나타나는 매우 많은 사상事像을 해명해 주는 전이인 것이다. 따라서 전이는 지나친 심적 강도를 갖게 된 전의식 표상을 건드리지 못하거나, 아니면 그 전의식 표상 자체로 전이되는 표상 내용에 의해 변경을 강요당하는 경우도 있다. 나는 자주 쉬운 비유를 들고 있는데, 억압된 표상은 오스트리아에 있는 미국인 치과 의사와 비슷한 데가 있다. 미국인 치과 의사는 정규 면허를 가진 오스트리아인ᄉ 의사의 이름을 빌려, 법망을 피하지 않으면 개업이 허가되지 않는다. 물론 미국인 치과 기술자들과 이런 거래를 주고받는 의사들은 별로 이름 없는 의사들이다. 이와 마찬가지로 인간의 심적인 것에 있어서도 그 어떤 억압된 표상을 은폐하기 위해서는 그 자신이 전의식 속에서 작용하고 있는 주의를 충분히 자기에게 끌어당긴 전의식적 내지 의식적 표상이 아닌 것이 선택된다.

억압된 표상에서 전이에의 욕구가 생긴다는 것은 노이로제의 분석을 통해 안 일이지만, 그와 똑같은 욕구가 꿈 속에서도 작용한다고 상정하면 두 가지의 꿈 수수께끼가 풀린다. 그 하나는 모든 꿈 분석이 각성시의 최근의 인상이 엮어진 것임을 입증하고 있다는 수수께끼이며, 다른 하나는 이 최근의 요소가 흔히 가장 아무래도 좋은 사소한 종류의 것이라는 수수께끼이다. 여기서 우리는 이미 다른 부분에서 알게 된 사실, 즉 최근의 사소한 요소가 꿈 사고 속의 가장 오래 된 요소들의 대용물로 쓰이는 것은, 그것이 사소한 것이기 때문이라는 점 외에도 저항 검열의 감시를 꺼려 할 필요가 없기 때문이라는 사실을 상기해 두자. 그러나 검열을 모면한다는 것은 사소한 요소가 꿈에 잘 끼어든다는 것을 보여주는 것이며, 그에 반해서 최근의 요소가 꿈에 들어간다는 것은 전이 현상을 말해 주는 것이다.

억압된 것은 아직 연상 관계가 형성되지 않은 재료를 필요로 하는데, 각성시의 사소한 인상과 최근의 인상이 그에 응한다. 전자는 다방면의 결합 관계를 맺는 계기를 주지 않아서이며, 후자는 그런 결합 관계를 맺을 만한 시간이 없었기 때문이다. 이리하여 우리는 이제 사소한 요소를 낮의 잔존물에 넣어 생각해도 무방하다. 하지만 그 낮의 잔존물이 꿈 형성에 참여할 경우에는 단지 무의식에서 어떤 것을, 다시 말해서 억압된 소망이 자유 자재로 쓸 수 있는 원동력을 끌어오며, 게다가 무의식에 대해 전이에 필요한 부착물을 제공해 주는 것으로 여겨진다. 이에 관한 여러 심적 과정에 대해 상세히 알고자 하면, 전의식과 무의식 사이의 흥분의 움직임을 좀더 분명히 규명해야 할 것이다.

정신 노이로제의 연구를 위해서는 거기까지 나아가야 하는데, 꿈은 그 단서까지 주지는 않는다. 낮의 잔존물에 대해 한 마디만 더 한다면, 수면을 방해하는 것은 꿈이 아니라, 이 낮의 잔존물이라는 점이다. 오히려 꿈은 수면을 지속시키려 한다는 점에는 의심할 여지가 없다. 이에 대해서는 추후 다시 상세히 논의하게 될 것이다.

우리는 이제까지 꿈의 소망을 추구하는 가운데 그것의 근원을 무의식이라 보고 낮의 잔존물에 대한 관계를 분석해 왔는데, 그 자체는 소망일 수도 있고 어떤 특이한 심적 충동일 수도 있으며, 아니면 단지 최근의 인상일 수도 있다. 이렇게 해서 우리는 각성시의 사고 작업이 갖는 꿈의 형성적 의의를 위해 제기할 수 있는 다양한 형태의 요구를 수용한 것이다. 우리는 이제까지 펼쳐 온 일련의 사고에 입각해서, 꿈이 낮의 작업을 계속하여 각성시의 풀지 못했던 문제를 쉽게 풀 수 있는 극단적인 경우도 결코 해명하지 못할 것이다. 우리는 이제까지 펼쳐 온 일련의 사고에 입각해서, 꿈이 낮의 작업을 계속하여 각성시에 풀지 못했기 때문에, 그것을 분석하여 유아적 또는 억압된 소망 원천을 발견할 수 없을 뿐이다.

이와 같은 소망 원천을 끌어당겼기 때문에 전의식 활동이 그만큼 강화되었을 것이다. 그렇지만 한편으로 우리는 왜 무의식이 수면 속에 있는 소망 충족을 밀어주는 원동력 외에는 아무것도 제공해 줄 수 없는가 하는 수수께끼에는 한 발자국도 접근하지 못하고 있다. 이에 대한 답은, 소망을 갖는다는 것 자체가 바로 심적 성질이 어떠한 것인가를 분명히 해 주는 것이라는 점으로 내릴 수 있다. 우리는 그 심적 장치의 도식을 이용하여 이 문제를 설명해 나가고자 한다. 이 심적 장치 역시 오랫동안의 진화를 거쳐 오늘날의 완전함에 이르렀음이 틀림없다. 그러므로 심적 장치가 아직도 초기의 작업 능력밖에 갖고 있지 않던 시기로 소급하여 생각해 보자.

논거를 다른 곳에 두고 생각해 보면, 심적 장치는 가장 먼저 자기를 가능한 한 무자극 상태에 놓으려는 노력을 한다고 볼 수 있다. 그래서 심적 장치에 도달하는 감각적 흥분은 운동 과정에서 방출되는 반사 장치의 도식을 가정한 것이다. 그러나 이 단순한 기능은 삶의 필요성 때문에 심적 장치는 그 후 점점 더 복잡화된다.

처음에 삶의 필요는 심적 장치에 있어서 무거운 육체적 욕구의 형태로 다가온다. 내적 욕구에 의해 일어난 흥분은 운동성 속에서 배출구를 찾을 것이므로, 우리는 이 운동성을 '내적 변화' 내지는 '정서 운동의 표출'이라고 부를 수 있다. 배고픈 어린아이는 울기도 하고 발버둥을 치기도 한다. 그럼에도 상황은 변하는 게 없다. 왜냐 하면 내적 욕구로부터 나오는 흥분은 찰나적인 폭발력에 대응하는 것이기 때문이다.

어린아이의 경우는 제삼자가 도와서 내적 자극을 상쇄시켜 주는 충족의 체험이 실현될 때 비로소 어떤 전환을 맞을 수 있다. 그런데 이 충족 체험의 본질적 구성 요소는 어떤 지각의 출현에컨대 젖을 먹는 행위이며, 이 기억상이 나중에까지 욕구 흥분의 기억 흔적과 연상적 결합을 이룬다. 그리고 다음에 이 욕구가 나타나면 앞서 형성된 연상적 결합의 힘으로 즉각 어떤 심적 흥분이 생긴다. 그러면 여기서 생긴 에너지가 그 지각의 기억상을 재충전시켜, 결국 최초의 충족된 상황을 재현시키는 것이다. 이때의 마음의 움직임을 우리가 소망이라고 부르는 것이다. 그리고 지각의 재출현이 소망 충족으로 가는 첩경이다. 따라서 소망이 일종의 환각 작용으로 끝난다 해도 억지는 아닌 셈이다. 다시 말해서 이 최초의 심적 활동이 지각 동일성을 지향하고 있는 것이다.

틀림없이 어떤 아픈 추억이 이 원시적인 사고 활동을 보다 적절한 제2차적 사고 활동으로 변형시켰을 것이다. 그러나 이 지각의 동일성을 심적 장치 내부의 역행적 첨경을 통해 만들어 낸다 해도, 꿈이 아닌 다른 곳에서는 외부로부터 오는 같은 지각을 에너지로 충당하는 일은 없다. 만족은 없고, 욕구는 그대로 남는다. 내적인 지각 충당을 외적인 자극 충동과 동등한 가치로 끌어올리기 위해서는, 환각성 정신병이나 기아飢餓 공상에서 일어나는 것과 마찬가지로, 내적 지각 충동이 지속적으로 보유되어야만 한다. 이들 증상에서는 소망의 대상을 한 가지로 고집하는 데 그 심적 에너지를 다 소모해 버린다. 심적 에너지를 보다 합당하게 쓰기 위해서는 퇴행이 완전히 기억상을 통과하지 못하도록 해야 한다.

그리하여 결국은 외계로부터의 소망된 지각 동일성을 만들어 내는 기억상에서 출발한 다른 길을 찾을 필요가 생긴다.[19] 이와 같이 흥분을 저지하여 그것을 다른 방향으로 이끄는 이유는, 미리 기억된 목적을 위해 제멋대로의 운동성을 바로잡아 이용하려는 것이다. 그러나 복잡한 사고 활동은 모두 기억상에서 출발하여 외계에 의한 지각 동일성을 만들어 낼 때까지 쉬지 않고 작용하는 것이므로, 그것은 결국 단지 경험에 의해서 필요해진 '소망 충족으로의 우회로'를 표현하는 데 불과하다. 사고란 결국 환각적 소망의 대용물이다.[20] 그리고 꿈이 하나의 소망 충족이라면 소망 이외의 그 어떤 것도 우리의 심적 장치를 작업으로 몰아붙일 수는 없기 때문에, 그것은 매우 지당한 일이라고 할 수 있다.

---

19) 다시 말하면 '현실 음미'가 필연적으로 인정된다는 것이다.
20) 르 롤랑은 꿈의 소망 충족에 대해서 "별로 피로하지도 않고, 응축된 쾌락을 깎고 부패시키는 저 끈질긴 오랫동안의 싸움에 꼭 호소하지 않아도 된다"라고 옹호하고 있다.

소망을 역행적인 첩경으로 충족시키는 꿈은 심적 장치의 제1차적 목적에 부당한 것으로 파기된 활동 방식의 견본처럼 남겨 둔 것이다. 다시 말해서 오랜 옛날 인간의 심적 생활이 아직 낮고 무능했던 시기에, 우리의 각성 생활을 지배하던 것이 오늘날에 와서는 밤의 생활 속으로 퇴화되어 모습을 나타내는 것이다. 예를 들면 지금은 이미 없어진 오래 전의 인류의 원시 무기인 활을 현대의 어린아이의 방에서 발견하는 것과 같다. 꿈을 꾼다는 것은 어린아이의 극복된 심적 생활의 일부이다. 정신병자들은 평소에는 억압되어 있던 심적 장치의 활동력이 자꾸 그 힘을 드러내려 하고, 외계로 향한 우리의 소망 충족에의 무능력을 보이는 것 같다.

무의식적 소망 충동은 낮에도 활동한다.[21] 그리고 정신병과 전이의 사실로써 우리가 알 수 있는 바로는, 무의식적 소망 충동은 전의식 조직을 지나가는 과정에서 의식과 운동성을 지배하려고 나오려 한다. 꿈에 의해서 우리는 무의식과 전의식 사이에 검열이 있다는 것을 알 수 있었는데, 그 검열 속에는 우리의 정신적 건강의 감시자가 있음을 인정하고 그를 경외해야 한다. 그런데 밤이 되면, 이 감시자가 그 활동 폭을 줄임으로써 무의식의 억제된 충동들이 표현되고 환각적 퇴행을 재현시키는 것은 아닌가 하고 의심할지도 모른다. 그러나 나의 견해는 그렇지 않다. 이 비판적인 감시자는 자기가 쉴 때는 운동성의 문까지 폐쇄시켜 버리기 때문에 ─ 게다가 감시자는 결코 깊이 잠드는 법이 없다는 증거가 있다 ─ 그런 일은 일어날 리가 없다.

무의식 속에서 보통 때는 억제되어 있던 충동들이 무대 위로 뛰어오른다 해도, 그것은 아무런 해도 끼치지 않는다. 그런 충동은 운동 장치를 활동시

---

21) 나는 이 견해를 〈심적 과정의 두 원칙에 관한 정식〉《전집》 제8권에서 다시 더욱 상세히 전개하여, 쾌락 원리와 현실 원리라는 두 원리로서 정립했다.

킬 수 없는데, 외계에 힘을 미칠 수 있는 것은 이 운동 장치뿐이기 때문이다. 수면은 감시되어야 하는 요새의 안전을 지켜 준다. 비판적 검열 때문에 쓰여지는 힘을 약화시킴으로써 모든 힘의 이동이 형성되는 것이 아니라, 검열의 병적인 약화나 무의식적 흥분의 병적 강화에 의해서 가능할 때, 만약 전의식에 에너지가 충만해 있고 운동성에로의 문이 열려 있다면 상황은 달라진다. 그때 감시자는 힘을 잃고, 무의식적 흥분은 전의식을 굴복시킨다. 그리하여 이 전의식으로 하여금 우리의 언행을 지배하고, 또 환각적 퇴행을 강행토록 하여, 지각이 우리의 심적 에너지의 할당에 미치는 견인 작용으로써 타의에 의한 장치를 작용시키는 것이다. 이런 상태가 바로 정신 착란이라고 한다.

우리는 앞에서 무의식과 전의식이라는 두 조직에 대해 불충분하게 지나왔는데, 이제야 그 구조를 깊이 고찰할 지점에 온 것 같다. 그러나 꿈을 일으키는 유일한 원동력인 소망에 대해 문제를 좀더 깊이 고찰해야 하는 시점이기도 하다.

꿈이 형성되는 것은, 소망을 충족시키려는 작업 외에는 아무 일도 할 수 없고, 소망 충동 외의 어떤 다른 힘도 쓸 수 없는 무의식 조직이 만들어 내는 것이므로, 우리는 언제나 의심 없이 꿈은 소망 충족이라는 단안을 내렸다. 그런데 지금 심리학적 입장에서 좀더 포괄적으로 고찰해 본다면, 우리의 심적 형성까지도 관련되는 다른 성질 속에 꿈을 적용시킬 수 있을는지도 모른다.

무의식이라는 하나의 조직이 분명 존재한다면, 반드시 꿈만이 그 유일무이한 표출이라고 할 수는 없다. 어떤 꿈이든 하나의 소망 충족임에는 분명할는지 모르지만, 꿈과는 구별되는 비정상적인 소망 충족의 형식이 있을 게 아닌가. 그리고 사실 모든 정신병적 증세의 이론은 그러한 모든 증세 역시 무의식의 소망 충족으로 보아야 한다는 데 합일점을 보이고 있다.[22] 정신과 의사에게 있어서 꿈은 매우 중요한 소망 충족의 한 계열의 첫째 항목으로 간주된다. 이 계열의 이해야말로 정신병학적 과제에 있어서의 순수 심리학적 부분에 대한 해명을 뜻하는 것이다. 이 계열의 소망 충족의 다른 항목, 예를 들면[23] 히스테리증에 있어서는 꿈으로서도 아직 발견해 내지 못하는 것이 있음을 나는 알고 있다. 나는 앞에서 진행해 온 논술을 통해 몇 번이나 연구의 예를 보여 왔는데, 그 어떤 히스테리증의 형성을 위해서는 우리의 심적 생활 안에 있는 두 방향의 흐름이 상호 접합되어야 한다는 것을 알고 있다.

증상은 단지 무의식적 소망이 실현된 표현일 뿐 아니라, 그 증세로 충족되는 전의식에서 오는 소망이 부가되어야만 일어나는 것이다. 그래서 결과적으로 증세는 적어도 이중적으로, 다시 말해서 갈등을 겪고 있는 조직의 재생이라는 측면에서 규정된다. 그 이상의 다면적인 규제도 별로 제한이 없다. 무의식에서 나오는 것이 아닌 규제는, 나의 생각으로는 언제나 자기 처벌 같은 무의식적 소망에 대한 반동 형성이다. 그래서 나는 매우 일반론적인 명제로써 이렇게 말할 수 있다. "히스테리증은 두 개의 대립적인 소망 충동이 저마다 독립된 원천에서 나와 하나의 표현 속에서 융합된 경우에만 성립된다." 〈히스테리성 공상과 그 양성 성욕과의 관계〉, 1908년

이와 관련한 복잡성을 완전히 규정하지 않는 이상 그 어떤 확신을 하기는

---

22) 정확히 말해서 증상의 한 부분은 무의식적 소망 충족에 대응하고, 다른 한 부분은 소망 충족과 반대된 반동 형성물에 대응하고 있다.

23) 휴링즈 잭슨은 이렇게 말하고 있다. "꿈의 본질을 발견하라. 그러면 광기에 대해서 알 수 있는 모든 것을 발견하게 될 것이다."

불가능하므로, 나는 이것으로 내 주장을 그치겠다. 그리고 다음의 예를 드는 것은 굳이 그것을 입증하기 위해서가 아니라, 다만 내 주장을 분명히 해주기 때문이다. 어떤 여자 환자의 히스테리성 구토는, 한편으로는 여자가 처음 겪는 월경기에 시작되는 어떤 무의식적 공상의 충족이며, 또 다른 한편으로는 계속 임신 상태로 있고 싶다, 아이를 많이 낳고 싶다는 것으로, 즉 많은 남자를 소유하고 싶다는 소망 충족임이 판명되었다.

이 엉뚱한 소망에 대해서 극심한 방위 충동이 대응하고 있었던 것이다. 그러나 이 환자는 심한 구토로 인해 얼굴이 야위고 밉상이 되어 어떤 남자도 거들떠보지 않게 되었으므로, 이 증세는 또한 징벌적인 관념 작용에도 대응하는 것이며, 이 양면에서 인정되었기 때문에 현실화되었던 것이다. 꿈에 대해서 우리가 지금까지 알고 있던 바는, 그것이 무의식의 소망 충족을 나타낸다는 것뿐이었다. 지배적인 전의식 조직이 소망 충족에 어떤 종류의 왜곡을 강요한 후에 그것을 인정하는 것 같다. 꿈 소망에 반대하는 관념의 작용을 입증한다는 것은 불가능하다. 단지 가끔씩 우리는 꿈 속에서 반동형성물과 유사한 것을 볼 수 있을 뿐이다. 이를테면 앞서 예를 든 나의 '큰아버지의 꿈'에서 친구 R에 대한 친애감 같은 것이다.

그러나 여기서 발견되지 않는 전의식으로부터의 부가물은 다른 부분에서 발견된다. 전의식은 '수면을 유지하려는 소망'으로 물러나고 그 소망에 맞는 에너지를 심적 장치 안에서 변경시킴으로써 그 소망을 실현하며, 결국 수면이 계속되는 한 이것을 지속시키는 데 비해서, 꿈은 무의식으로부터의 소망을 모든 왜곡 후에 표현시킨다. 그런데 전의식의 이러한 소망은[24] 일반적으

---

24) 이 생각은 현대에서의 최면술 연구의 시조라고 할 수 있는 리에보의 최면 이론에서 따온 것이다. 《최면술 기타》1889년를 참조하라.

로 꿈의 형성을 돕는 작용을 한다. 예컨대 유해가 있는 방으로부터 새어나오는 한 가닥의 빛이 시체가 타고 있는 게 아닐까라는 추측을 일으키게 했던 아버지의 꿈을 생각해 보자. 그 아버지는 눈을 뜨는 대신에 꿈 속에서 이런 추론을 내리도록 결정한 심적 힘의 하나로서, 꿈 속에서나마 아들의 모습을 더 보고 싶다는 소망임을 알았다. 억압된 것에서 나오는 다른 소망들이 쉽게 발견되지 않는 이유는, 아마도 우리가 꿈 분석을 제대로 할 수 없기 때문일 것이다.

그러나 이 꿈의 제2의 원동력은 아버지의 수면 욕구라 해도 좋을 것 같다. 꿈에 의해서 아이가 살아 있는 것이 연장되는 것과 마찬가지로, 아버지의 수면도 연장되는 셈이다. 이런 동기의 형성은 이러하다 ― 이 상태로 있자, 그렇지 않으면 눈을 떠야 한다. 마찬가지로 다른 모든 꿈에서도 수면의 소망은 무의식적 소망을 지지한다. 우리는 이미 앞에서 분명 편의의 꿈으로 볼 수 있는 몇몇 꿈의 예를 들어 두었다.

본래 꿈이라는 것은 모두 편의의 꿈이라 해도 무방하다. 외적 감각 자극이 꿈을 계속하도록 그것을 가공하여 꿈 속에 짜넣어, 외계의 일을 상기시키려고 경고하는 요구를 외적 자극에서 빼앗아 버리는 각성몽에서는, 더 자고 싶다는 소망이 작용하는 것을 쉽게 알 수가 있다.

꿈이 너무 황당할 경우에도 전의식은 의식에게, "괜찮다, 그냥 잠자도록 해. 겨우 꿈에 불과한데"라고 말하는데, 설령 그것이 말이 되어 겉으로 나타나진 않는다 해도, 그것은 꿈을 꾸는 데 대한 우리의 지배적인 심적 활동의 태도를 단적으로 보여주는 것이다. 그러므로 나는 다음과 같은 추론을 내릴 수 있다. '우리는 수면 상태를 통해서 우리가 잠자고 있음을 아는 것과 같이, 꿈을 꾸고 있다는 것도 의식하게 되는 것이다.' 그런데 이와 관련하여 꿈을 꾸고 있다는 지각을 뚜렷이 갖고 있어서, 꿈 생활까지 좌우하는 의식적 능력을 갖고 있는 사람도 있다. 이를테면 꿈 내용이 불만스러우면, 계속 잠을 자는 상태에서 그 꿈을 중단하고 꿈을 다시 새롭게 꾸기 시작한다. 마치 통속 작가가 독자들의 구미에 맞추어 자꾸 내용을 바꾸는 것과 같다. 혹은 또 다른 경우에, 그런 사람이 꿈에 의해서 성적 흥분을 느끼게 되면 잠자면서도 '이런 꿈은 그만 꾸도록 하자. 몽정 같은 것은 몸만 소모될 뿐이야. 오히려 현실을 위해서 아껴야지'라고 생각한다.

델배 후작은 자신에게 꿈의 진행을 자유자재로 바꾸는 힘이 있다고 주장했다. 나의 짐작으로, 이것은 델배 후작에게는 수면 상태를 지키려는 소망이 다른 전의식적 소망, 즉 자기의 꿈을 진행시키는 소망에 뒤진 데서 연유하는 것 같다. 꿈을 좌우하는 것과 관련한 다른 관찰로서, 페렌치는 이렇게 말하고 있다. "꿈은 그때 심적 생활을 지배하던 모든 관념에 대해 손질을 가하고, 소망 충족이 실패할 것 같으면 그 중 하나의 꿈 형상을 포기하고 새로운 해결책으로써 심적 생활의 두 검문소를 달래는 어떤 소망 충족을 만들어 낸다. 그리하여 결국 성공하는 것이다.

[4. 꿈에 의한 가정 및 꿈의 기능]

수면을 계속하려는 소망을 전의식이 돕는다는 것을 알았으므로, 우리는 꿈 과정을 추구해 나가기가 훨씬 용이해진다. 여기서 우리는 우선 이제까지 추구해 온 꿈 과정에 대해 총괄적으로 짚고 넘어가보도록 하자.

우리는 이제까지 에너지를 완전히 빼앗기지 않은 낮의 잔존물이 각성시의 작업에서 남아 있었던 경우, 각성시의 작업을 통해 무의식적 소망 중의 하나가 계속으로 작용하고 있었던 경우, 또 이들 두 경우가 합쳐진 경우 등 우리가 상정할 수 있는 갖가지 경우에 대해 논해 왔다. 무의식적 소망은 이미 각성시에, 아니면 수면 상태가 조성된 후에 낮의 잔존물로 옮겨 붙는다. 그때 가장 최근의 재료와 관련한 어떤 소망이 생기거나, 혹은 억제된 소망이 무의식에서 에너지를 충당받아 다시금 운동성을 띠게 된다. 그런데 이 소망의 일부는 전의식을 통하는 사고 과정의 정상적인 길을 통해 의식 속으로 들어가려 한다.

그러나 이 소망은 아직도 거기서 작용하고 있는 검열과 맞부딪쳐, 그 기세에 굴복해 버린다. 이때 소망은 전이에 의해서 최근의 것을 향해 일어난 왜곡을 받아들인다. 그런데 지금까지 소망은 강박 관념이라든가, 망상 즉 전이에 의해 강화되고 검열에 의해 왜곡된 관념의 도상에 있다. 그렇지만 이제 전의식의 수면 상태는 그 이상의 전진을 저지하는 것 같다. 그래서 꿈 과정은 바로 수면 상태의 특이성에 의해 열려 있는 퇴행의 도상을 걷고, 기억군이 꿈에 미치는 영향에 따라 진행된다. 그리고 이 기억군의 일부는 다만 시각적 에너지의 충당물로 존재할 뿐이며, 나중에 나타날 조직들의 기호에 대한 반대물로 존재하는 것은 아니다.

꿈 과정은 퇴행의 길목에서 표현의 기회를 갖게 된다압축에 대해서는 나중에 논하겠다. 이제 꿈 과정은 이미 여러 번 굴절한 길의 제2부를 지나는 것이다. 이 길은 무의식의 장면이나 공상으로부터 전의식을 향해 나아간다. 제2부는 검열의 관문을 나서 다시 지각으로 가려 한다. 그러나 꿈의 과정이 지각 내용으로 되었다면, 검열이나 수면 상태가 전의식 속에 꿈 과정에 장치해 놓은 장애를 용케 피해 간 셈이 된다. 그리하여 꿈 과정은 자기를 주목시켜서 의식에게 인정받기에 이른다. 의식이란 심적 성질을 말해 주는 하나의 감각 기관으로서, 이것을 흥분시키는 것은, 첫째 심적 장치의 위성부라고 할 수 있는 지각 조직으로부터이며, 둘째는 심적 장치 내부에서 에너지를 전환시켰을 때 나타나는 쾌·불쾌의 흥분으로부터이다.

그래서 대개는 심적 조직 안에 있는 모든 과정 ─ 전의식 속의 과정도 ─ 은 심적 성질이 결여되어 있고, 따라서 지각되어야 할 쾌·불쾌를 제공하지 않는 한 의식의 대상이 될 수 없다. 이로써 우리는 '이들 쾌·불쾌의 방출은 에너지를 충당시키는 경과를 자동적으로 잘 운용한다'고 가정할 수 있다. 그러나 나중에 더 복잡한 작업이 이루어지기 위해서는 표상 형성의 경과를 불쾌에서 좀더 독립적이어야 할 필요가 있음이 판명되었다. 이 목적을 위해서 전의식 조직은 의식을 이끌 수 있는 독자적인 성질을 필요로 한 것이며, 이 독자적인 성질이란 전의식 과정을 언어 기호의 기억 장치와 연관시킴으로써 획득되는 것 같다. 그래서 의식은 전에는 단지 지각 기관에 지나지 않았던 것이, 이 기억 조직들에 의해 우리의 일부 사고 과정을 지배하는 감각 기관도 된다.

이렇게 해서 두 개의 감각 표상이 형성되는데, 그 하나는 지각 작용을 향하고, 다른 하나는 전의식적 사고 과정을 향한다. 전의식을 향한 의식의 감각 표상은 수면 상태에 의해서 여러 지각 조직을 향한 감각 표상보다 훨씬 흥분되기가 어려운 것 같다. 밤의 사고 과정에 대한 무관심은 이 목적에 부합된다. 전의식은 수면 상태를 원하기 때문에 사고 속에서 그 어떤 일도 일어나서는 안 되는 것이다. 그러나 꿈이 지각되어 버리면, 그때 얻은 여러 성질에 의해 의식을 자극한다. 이 감각 흥분은 전의식 속에 있는 에너지의 일부를 사용하여 흥분을 일으키는 데 대한 힘으로 돌려놓는다. 이리하여 꿈은 언제나 잠자고 있는 사람을 깨우는 것이다. 다시 말해서 쉬고 있는 전의식의 일부는 힘을 활동시킨다는 것이 인정된다.

꿈은 이 힘으로부터 제2차 가공이라는 간섭을 받게 된다. 즉, 꿈은 제2차 가공으로써 다른 모든 지각 내용과 똑같은 취급을 받는다. 꿈은 그 재료가 허용하는 한도 내에서 동일한 기대 표상期待表象의 지배 아래 놓여지는 것이다. 꿈 과정의 제3부라면 다시 전진적 방향으로 나아간다고 볼 수 있다. 여기서 이해의 편의를 위해, 이들 꿈 과정의 시간적 특성에 대해 언급하고 넘어가는 것이 좋겠다. 고블로는 꿈이 수면과 각성을 오가는 시간 이외의 다른 어떤 시간도 요하지 않는다는 것을 증명하려 했지만, 그런 재미있는 생각은 분명 몰리의 '단두대에 관한 꿈'의 수수께끼에 자극받은 듯하다.

눈을 뜨는 데는 시간이 필요하며, 이 시간 이전에 꿈을 꾸는 것이다. 그런데 고블로의 견해는 이러하다. 꿈의 마지막 부분이 매우 강렬하기 때문에 어쩔 수 없이 눈이 뜨여지는 것이라고 보고 있는데, 실제로는 우리가 꿈의 마지막 영상을 보고 있을 때는 이미 눈을 뜨기 바로 직전이기 때문에, 그 장면이 그토록 강렬하게 느껴지는 것이라고. 즉, 꿈은 각성의 개시이다. 그에 대해 뒤가는, 고블로가 그의 주장을 일반화시키려면 많은 사실에 눈을 감아야 할 것이라고 지적했다. 그런데 눈을 뜨지 않게 하는 꿈도 있다. 예컨대 자기가 꿈을 꾸고 있다는 것이 꿈 내용화되는 꿈이 그것이다. 그런데 우리가 아는 바에 따르면, 꿈 작업이 눈을 뜬 데 필요한 시간의 한도 안에서만 이루어진다는 것은 아무래도 선뜻 인정할 수가 없다.

그렇다면 반대로 꿈 작업의 처음 부분은 낮에 아직 전의식이 지배하고 있을 때부터 이미 시작된다고 보아야 할 것이다. 꿈 작업의 처음 부분으로서 검열에 의한 변경, 무의식적 장면에 의한 견인, 지각으로의 침입 등은 아마도 밤중 동안에 계속 일어나고 있을 것이며, 그로 미루어 우리는 밤새도록 꿈을 꾼 듯한 느낌을 갖는다는 것은 잘못이라 하지 않을 수 없다. 그러나 나는, 꿈 과정이 의식화에까지 이르는 동안 앞서 설명한 시간적 순서를 꼭 지킨다고 생각할 필요는 없다고 믿는다. 다시 말해서 꿈 소망이 먼저 생긴 다음 검열에 의한 왜곡이 일어나고, 다음에 퇴행이라는 방향 전환이 일어난다는 시간적 순서가 반드시 정확히 이루어지는 것은 아니다. 우리는 설명의 필요에 의해 그런 순서를 세워 보았을 뿐, 실제로는 이 길 저 길의 동시적인 관심과, 흥분의 파도가 엇갈린 끝에 가장 흥분의 목적에 맞는 흐름이 형성되어 지속적인 구성체로 되는 것 같다.

나의 개인적 경험으로 볼 때, 꿈 작업은 그 결과적 소산을 낳기 위해서는 흔히 하룻밤 이상의 시간을 필요로 한다고 믿어진다. 만일 그렇다면, 꿈 구조의 놀라운 기술도 별로 놀랄 바가 못 된다. 지각되는 사건으로서 이해하기 쉬운 생각마저도 꿈이 의식을 자기 쪽으로 끌어당기기 전에 이미 작용하는 경우가 많은 것이기 때문이다. 의식을 자기 쪽으로 끌어당기면 물론 꿈 과정은 진행된다. 왜냐 하면 꿈은 두말할 나위 없이 이제 다른 지각된 것들과 똑같은 취급을 받기 때문이다. 그것은 몇 시간 동안의 준비를 한 다음에, 마치 점화되어 한 순간 밤하늘에 발사되어 수놓아지는 불꽃 같은 것이 된다.

그런데 꿈 과정은 꿈 작업에 의해서 수면의 깊이와는 별개로 의식을 자기에게 끌어들여 전의식을 일깨우기 위한 강도를 확보하든가, 아니면 그러기에는 꿈 과정의 강도가 불충분할 때는 눈을 뜨기 전에 보다 증강된 주의력이 꿈 과정으로 돌려지게 될 때까지 기다린다. 일반적인 꿈은 비교적 미미한 심적 강도로써 작업하는 것 같은데, 그 이유는 그러한 꿈은 눈이 뜨여지길 기다리고 있기 때문이다. 이것으로써 반면에 우리가 또 깊은 잠에서 갑자기 깨게 되는 경우에도 어떤 꿈을 꾸고 있었다고 지각하는 것까지 설명되는 것이다.

그런데 이론적으로는 한창 숙면을 취하고 있는 사람을 깨우는 꿈에 더 큰 관심이 쏠린다. 우리의 경험상 꿈을 꾼다는 것은, 비록 그로 인해 하룻밤 동안 몇 번씩 잠에서 깨더라도 어디까지나 수면의 연장으로 본다. 한 순간 눈을 뜨지만 곧 다시 잠이 든다. 마치 잠을 자면서 파리를 쫓는 것과 같다. 그리고 다시 잠을 자는 것은 장애를 제거했다는 얘기이다. 수면에의 소망 충족은 특정 방향을 향해 계속적으로 약간의 주의력을 소모하는 것으로 볼 수 있다. 그러나 여기서 우리는 무의식적 과정들을 이해하고 나서 하는 항의에 주목해 보자.

우리들은 무의식적 소망을 언제나 활동하고는 있지만, 낮에는 인지되지 않을 정도의 미약한 것으로 보았다. 그러나 수면 상태에서 무의식적 소망이 꿈을 형성하여 그 꿈으로 전의식을 일깨울 정도의 힘을 갖는다면, 꿈이 지각된 후에는 어째서 그 힘이 다 사라져 버리는 것인가? 오히려 쫓아도 쫓아도 자꾸 다시 날아드는 파리처럼 꿈도 끊임없이 되풀이되지 않는다는 것이 이상하지 않은가? 꿈은 도대체 어떤 권리로 수면을 방해하지 않는다고 할 수 있는가?

이러한 의문에 대해 고찰해 보자. 무의식적 소망은 항시 활동하고 있다고 말한 것은 옳다. 그것은 어떤 흥분 에너지가 언제든지 무의식적 소망의 길을 통과할 수 있다는 것을 나타내는 것이다. 무의식적 과정은 파괴되는 일이 없다는 것은 이 과정의 놀라운 특성이다. 무의식 속에서는 어떤 것도 끝나지 않고 소멸되지 않고, 또 망각되지도 않는다. 노이로제, 특히 히스테리를 연구하다 보면 이런 점이 가장 두드러지게 나타난다. 증상을 표출하는 관념의 통로는 흥분 에너지가 충분히 축적되면 언제든지 통행이 가능해진다.

예컨대 30년 전에 받았던 모욕은 언제라도 다시 무의식적 감동 원천으로의 통로를 발견하면 마치 30년 동안 계속해서 받아 온 모욕처럼 되살아난다. 모욕의 기억이 일깨워질 때마다 어떤 발작 속에 운동적 방출이 되어 표면적 흥분 에너지로 바뀐다는 것을 알 수 있다.

바로 이 점에 정신 요법의 의무가 있다. 정신 요법의 임무는 무의식적 과정을 위해 해소와 망각을 만들어 주는 것이다. 즉, 시간이 심적 기억의 잔존물에 미치는 제1차적 영향이라고 설명하기 쉬운 경향, 다시 말해서 기억의 퇴색 및 이미 최근의 것이 아닌 인상의 감동의 약화 등은 매우 어렵게 완성되는 제2차적 변화이다. 그리고 이 일을 완성시키는 것은 전의식이며, 정신 요법은 무의식을 전의식의 지배 아래 복종시키는 것 이외의 어떤 길도 갈 수 없는 것이다. 그래서 개별적인 무의식적 흥분 과정으로 볼 때는 출구가 두 개가 되는 셈이다. 즉, 자기 스스로가 처리를 하거나, 아니면 전의식의 영향에 복종하는 것이다. 전자의 경우, 무의식적 흥분 과정은 종국에는 어딘가에 돌파구를 만들어서 이 유일한 기회에 자기의 흥분을 방출시키고, 후자의 경우에는 전의식에 의해서 방출되지 않고 '구속'된다.

그런데 꿈 과정은 후자의 경우에 해당한다. 에너지의 충당은 의식 흥분에 의해 주어지기 때문에, 전의식 쪽에서 주어지는 에너지 충당은 꿈의 무의식적 흥분을 구속하고 방해하여 그것을 무해한 것으로 만든다. 꿈을 꾸는 사람이 순간적으로 눈을 뜰 때, 그는 수면을 방해하는 파리를 쫓아 버린 것이다. 이제 우리는 무의식을 수면 시간 전체에 묶어 두기보다는 무의식적 소망을 풀어 주어 자유로이 퇴행의 길을 걷게 하고, 그리하여 이 소망으로 하여금 일종의 울타리를 만들게 하여, 꿈을 아주 작은 전의식의 노력으로 구속하여 처리하는 것이 훨씬 합목적성을 띤다. 본래 꿈이 합목적적인 과정은 아니라 할지라도, 그것은 심적 생활 속에 있는 여러 힘의 작용으로 어떤 기능을 획득하게 될 것이기 때문이다. 이 기능이 어떤 것인지 우리는 이미 알고 있다.

꿈은 무의식에서 자유롭게 풀어 준 흥분을 다시금 전의식의 지배 아래로 가져다 주는 임무를 맡은 것이다. 그때 꿈은 무의식의 흥분을 방출시킴으로써 무의식에 대한 보호벽 역할을 함과 동시에, 각성시 활동력을 활용하여 전의식의 영역을 확보한다. 이렇게 해서 꿈은 그 계열의 다른 심적 형성물과 같이 두 조직이 상부 상조할 수 있는 범위 내에서 양자의 소망을 충족함으로써 타협을 이루어, 두 조직 모두에 동시적으로 봉사한다. 우리는 이미 앞에서 보고한 바 있는 로베르트의 '배설론'과는 꿈 과정의 전제 및 평가에 있어서는 의견을 달리하지만, 꿈 기능[25]의 규정이라는 점에서는 그의 견해를 인정하지 않을 수 없다.

'두 소망이 상부 상조할 수 있는 범위 내에서'라는 제한은 동시에 꿈 기능이 파기되어 버리는 경우도 있을 수 있음을 시사하는 것이다. 꿈 과정은

---

25) 이것이 우리가 꿈에서 인정할 수 있는 유일한 기능일까? 나는 그 외의 기능은 없다고 생각한다. A. 매더는 꿈에 대해서 부차적인 것이긴 하지만 그 외의 다른 여러 기능을 인정하려고 시도했다. 그는 나중에 현실에서 수행되는 갈등의 해결, 즉 각성시 활동의 준비 연습 같은 방법이 행해지는 갈등 해결의 시도가 많은 꿈에 포함되어 있다고 했는데, 그것은 올바른 관찰이었다. 거기서 그는 꿈을 꾼다는 것은 타고난 여러 본능의 준비 운동, 또는 나중의 진지한 행위의 준비 활동으로서, 동물 및 어린이의 유희와 비슷한 것으로 간주했다. 그래서 그런 꿈을 꾸는 '유희 기능'이라는 것을 가정했다. 매더 이전에 꿈의 '미리 생각하는 기능'에 대해 연구한 사람은 알프레트 아들러이다. 그런데 한편 꿈의 이 2차적 기능은 해석의 범주 안에서는 도저히 인정될 수 없는 것임을 금방 알게 된다. 미리 생각한다든가, 여러 가지 계획을 한다든가, 해결의 방법을 연구한다든가 하는 것은 간혹 각성 생활 속에서 현실화될 수 있는 것이지만, 낮 동안의 잔존물로서 수면 상태로 들어올 수 있고, 그 후 무의식적 소망과 함께 꿈 형성을 위해 정신의 무의식 및 전의식의 활동과 협력할 수 있다. 그러므로 꿈의 미리 생각하는 기능은 오히려 전의식적인 각성 사고의 한 기능이며, 이런 기능의 활동은 꿈이라든가, 그 밖의 여러 현상을 분석함으로써 잘 알 수 있다. 지금까지는 꿈과 꿈의 현재 내용이 오랫동안 동일시되어 왔는데, 이제는 꿈과 꿈의 잠재 사고를 혼동하지 말아야 할 것이다.

우선적으로 무의식의 소망 충족으로서 허용된다. 만일 이 소망 충족의 시도가 전의식을 너무 강하게 뒤흔들어서 전의식이 더 이상 쉴 수 없게 되면, 꿈은 협정을 파기한 것이 되어 자기 임무의 나머지 부분을 이행하지 않게 된다. 그런 경우에 꿈은 즉각적으로 중단되어 버리고, 어느 때는 잠의 수호자였던 꿈이 이제는 잠의 방해자가 되는 경우에도 엄밀히 말해서 그것은 꿈의 책임이 아니다. 그리고 그렇다고 해서 우리도 꿈의 합목적성을 의심할 필요는 없으며, 게다가 이것이 유기체의 유일한 경우도 아니다.

대개는 합목적성을 띤 장치가 그 성립 조건에 어떤 변화가 오면 즉각적으로 방해물이 되어 버리는 경우는 그 밖에도 많이 있다. 그런 경우에 방해물은 거기서 일어난 변화를 알려 주고, 이 변화에 대항하여 유기체의 규정規整 수단을 일깨워 준다. 물론 지금 내가 여기서 문제삼고 있는 꿈은 불안몽의 경우에 한하여, 소망 충족설에 반박하는 불안몽을 기피한다는 오해를 받지 않기 위해서라도 이 불안몽에 대해 언급하도록 하자.

불안감을 강화시키는 심적 과정 역시 하나의 소망 충족일 수 있다는 전제는 우리에게는 이미 모순이 아니다. 전의식 조직은 소망을 억눌렀다 해도, 소망 그 자체는 본래 다른 무의식 조직 속에 있다. 어떤 건전한 심적 상태에서도 무의식은 전의식에서 결코 철저히 굴복하지는 않는다. 우리의 심적 정상도는 이 억제의 정도로 알 수 있다. 신경증은 여러 조직이 서로 갈등 상태에 있는 것이며, 그 증세는 이 갈등의 일시적인 타협적 결과의 소산이다. 증세는 한편으로는 무의식으로 하여금 흥분 에너지를 방출토록 허용하고 배출구의 역할을 해 주지만, 또 다른 한편으로는 전의식으로 하여금 무의식을 어느 정도 지배할 수 있도록 한다. 예컨대 히스테리성 공포증이나 광장 공포증 등을 생각해 보면 잘 알 수 있다.

예를 들면 혼자서는 길을 가지 못하는 어떤 신경증 환자에게 이 증세의 해소를 위해 그 행동을 강제해 보라. 그러면 반드시 불안 발작을 일으킨다. 이렇게 해서 우리는 증세의 형성은 곧 불안의 폭발을 대신한 것임을 간파하게 된다. 이러한 여러 가지 과정을 미루어 감정의 역할에 대해 더 깊이 언급하지 않는 이상 우리의 논의를 진전시킬 수가 없다. 그렇지만 여기서는 이렇게 불완전한 것으로 그칠 수밖에 없다. 그래서 우리는 다음과 같은 명제를 세워 본다. 무의식의 억제는 우선적으로 그것을 억누르지 않으면 본래 쾌락적 성질을 띤 감정을 발전시키지만, 반면에 그 감정은 억압의 과정 아래 불쾌의 성질을 띠기 때문에 필요한 것이다. 억제는 바로 이 불쾌감의 강화를 저지하며, 그 방지도 할 수 있다.

억제의 영향이 무의식적 표상 내용에까지 미치는 것은 표상 내용에서 불쾌감을 방출시킬 우려가 있기 때문이다. 이런 경우는 심층의 감정이 강화되는 성질과 관련된 특이한 가정이다. 그래서 감정의 강화는 무의식의 표상들 속에 신경 지배의 단서가 되는 운동성이나 분비적인 성과로 간주된다. 이들 표상은 전의식으로부터의 지배로 인해 좌절당하고, 감정을 강화시키는 충동의 방사도 저지된다. 그러므로 전의식의 에너지 충당이 끝날 경우에는, 무의식적 흥분에 불쾌감과 불안감으로 감정을 방출시키게 될 위험이 있다.

앞서 이미 반복해서 말해 온 바와 같이, 불안몽에 대한 논의는 노이로제 심리학의 영역에 속한다. 그러므로 우리가 일단 그것과 꿈 과정의 테마와의 관련성을 보인 것으로, 더 이상 불안몽과의 관련은 없는 셈이 된다. 굳이 얘기한다면 한 가지 측면이 더 있긴 하다. 나는 신경증적 불안은 성적 금원을 갖는다고 주장했으므로, 불안몽의 꿈 사고 속에 성적 재료가 있다는 것을 입증해 보이기 위해 몇 가지 꿈의 예를 분석하기로 하겠다. 나 자신은 이미 오래 전부터 불안몽의 경험이 없다. 그러나 17세 때 그런 꿈을 꾼 기억이 있으므로, 그것을 분석해 보았다. 그 꿈은 매우 선명한 것으로서 바로 이런 내용이었다.

〈어머니가 아주 편안히 잠든 모습으로, 새의 부리를 한 사람들에게 들려와 침대에 눕혀졌다.〉

내가 마구 울면서 눈을 뜨는 바람에 부모님을 깨우고 말았다. 새의 부리를 한 우람한 사람들은 성서 속에 나오는 삽화에서 따온 것 같다. 그것은 이집트의 묘비에 새겨져 있는 매의 머리를 한 신이었다. 그러나 그 밖에도 우리 집 앞 풀밭에서 어린이들과 곧잘 놀아 주던, 관리인의 아들 개구쟁이 소년이 생각났다. 공교롭게도 그의 이름이 필립이었다. 그리고 나는 이 소년의 입을 통해 처음으로 성교를 의미하는 음탕한 말을 듣게 되었던 것 같다. 상식적인 사람들은 이 말을 쓰지 않고 라틴어에서 따온 'coitieren'라는 말밖에 쓰지 않는다.

그러나 매의 머리가 그 말을 암시해 주고 있다<small>매라는 뜻의 Sperber에는 '대포'</small> <small>라는 속어의 뜻도 있다</small>. 나는 이 말의 성적인 의미를 학교 선생의 표정에서 짐작했던 것 같다. 꿈 속의 어머니의 얼굴에는 할아버지의 얼굴이 묘사되어 있었다. 할아버지가 돌아가시기 전에, 나는 잠에 빠져 코를 골고 있는 모습을 보았다. 그러므로 이 꿈에서의 제2차적 가공을 해석해 보면, 어머니가 죽는 다는 것이다. 묘비의 부각도 이와 합치된다. 나는 이런 불안 속에서 눈을 떴고, 부모가 나를 깨어 줄 때까지 불안감은 계속되었다. 어머니의 얼굴을 보고 어머니는 죽지 않았다는 안도감을 느낀 연후에야 비로소 불안감이 없어진 것을 기억하고 있다.

그러나 이 꿈의 이와 같은 제2차적 해석은 이미 발전한 공포감의 영향하에 행해진 것이다. 즉, 어머니가 죽는 것을 보고 불안감을 느낀 것이 아니다. 나는 이미 공포의 지배하에서, 전의식의 가공으로 이 꿈을 그와 같이 해석한 데 불과하다. 그러나 이 불안감은 꿈의 시각적 내용 속에 표현된, 불분명하지만 훌륭한 성적 욕망에 귀착되는 것이다. 1년 여를 중병으로 앓아온 27세의 한 남자는 11세부터 13세까지 심한 불안감으로 이런 꿈을 꾸었다.

〈한 남자가 도끼를 들고 쫓아온다. 도망가고 싶지만 몸이 굳어 그 자리에서 옴짝달싹할 수가 없다.〉

이것은 아주 흔한 전형적인 성적 불안몽의 예이다. 분석 중에 이 꿈을 꾼 당사자는 가장 먼저 시간적으로는 그 후의 일로서 백부에게서 들은 이야기를 생각해 냈다. 즉, 백부가 밤중에 거리에서 괴한에게 습격당했다는 이야기이다. 그리고 그는 자기 스스로 이 추억에서, 자기는 이 꿈을 꿀 당시에 이와 아주 유사한 체험을 들은 것 같다고 말했다. 도끼에 대해서는 그 나이 무렵에, 장작을 패다가 손을 다친 일을 생각해 냈다. 그러다가 갑자기 동생과의 관계가 떠올랐다. 그는 자주 동생을 못살게 굴었는데, 언젠가 한번은 동생의 머리를 장화로 때려서 피를 냈다. 그것을 본 어머니가, "이런 세상에, 너는 언젠가 동생을 죽여 버리겠구나"라고 소리 치던 것이 생각났다.

이와 같이 그가 난폭함이나 폭행이라는 테마에 집중하고 있는 듯하던 차에, 돌연 아홉 살 때의 어떤 기억이 떠올랐다. 어느 날 밤늦게 귀가한 부모가, 그가 잠든 줄 알고 함께 침대에 들어갔는데, 얼마 후에 신음과 기묘한 소리가 들려서 무서운 기분에 사로잡혔다. 그때 그는 침대 속의 부모의 모습을 상상했다. 그 후 그의 관념은 부모의 그런 관계 및 동생과 자기와의 관계 사이에 어떤 유사성을 만들어 냈다는 것을 나타내고 있다. 그는 그 날 부모와의 사이에서 '난폭한 격투'가 벌어졌다는 관념으로 총괄했다. 그가 어머니의 침대에서 자주 핏자국을 본 것도 이와 같은 관념을 뒷받침해 주었다. 어른의 성행위가 그것을 목격하는 어린아이에게 공포감을 주고, 그들의 마음에 불안감을 형성한다는 것은 일반적인 사실이다.

나는 이 불안감은 어린아이의 이해를 넘은 성적 흥분과 연관되는 문제이며, 부모가 흥분과 관계되므로, 어린아이에게는 그것이 거부되어 불안으로 변하는 것으로 본다. 아주 어린 시절에는 부모 중에서 자기와 성이 다른 쪽에 대한 성적 충동이 억압에 부딪치지 않은 채 자유로이 표출되는 데 대해서는 이미 앞에서 설명한 바 있다제5장 꿈 재료와 원천 중 〈4. 유형적인 꿈〉에서. 밤에 어린아이들이 환각을 수반한 불안 발작을 일으키는 것에 대해서도 같은 설명을 적용할 수 있다. 그런 경우에도 문제는 이해되지 않은 채 거부되는 성적 흥분이다. 그런 성적 흥분을 기록해 보면, 아마도 어떤 시간적 주기성이 있음이 판명될 것이다. 말하자면 성 리비도의 증대는 우연한 흥분적 인상에 의해서도, 또 차츰 발달하는 자발적 과정에 의해서도 생길 수 있기 때문이다.

나는 이것을 완벽하게 설명할 만한 재료를 갖고 있지 않다.[26] 그런데 소아과 의사에게는 여러 현상의 심적·신체적 면에서의 이해가 결여되어 있는 것 같다. 그런데 아주 쉬운 예로서, 데버커의 '밤의 발작'에 관한 명제 속에 나오는 한 예를 인용하겠다.

〈13세 된 허약한 어느 소년이 어떤 일로 겁을 집어먹고 바보가 되어, 쉽게 잠을 이루지 못하고 거의 1주일에 한 번은 환각을 수반하는 불안 발작을 일으켰다. 그러한 꿈의 기억은 언제나 매우 분명했다. 소년은 이런 꿈을

---

26) 이 재료는 그 이후로 정신 분석학의 문헌에 의해 풍부히 제공되고 있다.

꾸었다고 한다. 악마가 그에게 "자, 이제 붙잡았으니, 놓치지 않겠다"라고 소리 친다. 그러자 유황과 화학물의 냄새가 나고, 불이 그의 피부를 태운다. 이런 꿈을 꾸다가 놀라 잠에서 깼다. 처음엔 소리조차 지르지 못했으나, 간신히 소리가 나오자 이렇게 잠꼬대를 했다. "아냐, 아냐. 내가 아니야. 나는 아무 짓도 안 했어요." 그리고 어떤 때는 "놔요, 싫어요. 절대로 다신 하지 않을게요." 또는 "알베르는 그런 짓을 하지 않았어요"라고도 말했다. 나중에는 옷 벗기를 싫어했는데, "옷을 벗으면 금방 불에 탈 거야"라고 했다. 이런 악마의 꿈에 시달려 완전히 폐인이 되어 버릴 것 같아서, 그는 1년 반 동안 시골 요양소에서 치료하고 거기서 건강을 회복했다. 그가 15세가 되었을 때 이런 말을 고백했다. "사실은 그때는 차마 말하지 못했지만, '그 곳'에 자꾸 어떤 느낌과 흥분이 일어났어요. 그래서 몹시 신경질이 나고 침실 창문에서 뛰어내릴까도 생각했었어요."〉

이 예에서 다음의 사실들은 추측하기가 그리 어렵지 않다. 첫째, 이 소년은 아주 어릴 때 자위 행위를 했는데, 자기는 결코 그런 짓을 하지 않았다고 우겼다. 그러나 그런 나쁜 행위를 하면 무서운 벌을 받을 거라는 위협을 받았다. 둘째, 그 소년은 사춘기의 충동에 이끌려 자위 행위를 하겠다는 유혹으로 성기를 만지작거리고 있다가 잠이 깼던 적이 있다. 셋째, 그러나 지금은 그의 마음 속에 생긴 억압의 투쟁이 리비도를 억제하여 그것을 불안으로 바꾸고, 그 불안이 다시금 그 당시에 위협했던 벌을 나중에야 취급한 것이다.

이에 대해서 저자인 데버커의 결론을 들어 보자. 이 관찰에서 명백한 것은 다음과 같은 사실이다.

① 허약한 남자 아이는 사춘기의 영향으로 신경쇠약을 일으킬 수 있고,

심한 뇌빈혈까지 일으킬 수 있다.

② 이 뇌빈혈은 성격의 변화를 낳아, 악마가 달려드는 환각이라든가, 밤낮으로 불안감에 시달린다.

③ 이 소년의 악마의 환각과 자기 비난은 어릴 때 그에게 영향을 끼친 종교 교육의 감화에 귀착시킬 수 있다.

④ 매우 오랫동안 시골에서 요양함으로써, 모든 증세는 육체의 단련과 체력의 회복으로 사춘기가 지나면서 깔끔히 사라졌다.

⑤ 이 소년의 뇌의 병적 상태에 대한 질병소질적 영향은 유전과 아버지의 오래된 매독에 의한 것으로 보아도 좋다.

⑥ 결론으로서, 우리는 이 관찰을 신경쇠약에 의한 정신 착란으로 본다. 왜냐 하면 우리는 이 특수한 상태를 대뇌의 국소 빈혈과 관계가 있다고 보기 때문이다.

[5. 제1차 및 제2차 과정 — 억압]

나는 꿈 과정의 심리학을 깊이 헤치려다가 나의 서술법으로는 도저히 감당하기 힘든 어려운 문제에 부딪쳤다. 꿈 심리의 서술을 하는 데 있어서, 나의 여러 견해의 역사적 발전에 따르지 못한 데 대한 대가가 내 발에 떨어진 셈이다. 꿈을 파악하기 위한 관점들은 신경증의 심리학에 관한 여러 선행 연구로서 나에게 주어진 것이며, 여기서 그런 연구를 인용해서도 안 되지만 그렇다고 인용하지 않을 수도 없는 입장에 처해 있다. 사실 나는 반대 방향으로 나아가, 꿈에서 출발하여 신경증의 심리학과 결부시켜 가고 싶다. 이와 같은 사정이 불만스러워서 나는 다른 관점을 택하려 한다.

이 관점은 나의 노력의 가치를 높여 줄 것으로 여겨진다. 제1장에서 말한 바와 같이 꿈 연구가들 사이에 매우 첨예한 대립이 있었다. 우리가 꿈의 여러 문제를 거의 다 논하고 난 지금에 와서 보면 그런 대립의 대부분이 별로 큰 문제가 아니었음을 알게 된다. 그런데 다만 두 가지 견해에 대해서만은 단호하게 반대하지 않을 수 없었다. 즉, '꿈은 무의미한 현상이다'라는 것과 '꿈은 신체적 과정이다'라는 견해이다. 그러나 그 밖의 것에 있어서는 상호 모순적인 의견이라도 모두 복잡한 관련 속의 어딘가에 올바른 위치를 잡아 주고, 그 속에도 무언가 정당한 것이 포함되어 있었다는 것을 증명할 수 있었다.

꿈이 각성시의 자극과 관심을 연장시키는 것이라는 사실은, 감춰져 있던 꿈 사고를 발견함으로써 널리 입증되었다. 꿈 사고는 우리가 중요시하고 강렬하게 관심을 보이는 것만 취급한다. 꿈은 결코 소소한 일 따위와는 상대하지 않는 것이다. 그런데 우리는 그와 상반되는 사실도 주장했었다. 즉, 꿈은 낮의 사소한 잔존물까지도 취급하여, 어떤 중대한 낮의 관심사가 웬만큼 해결될 때까지는 거기서 손을 떼지 못한다고. 그리고 꿈 사고의 왜곡을 받는 꿈 내용도 그와 똑같은 원리를 적용할 수 있음을 알았다. 또 꿈 과정은 연상의 메커니즘에 따라서, 각성시 사고 활동에 의해 아직도 취급되지 않은 신선한, 혹은 별로 중요치 않은 표상 재료를 더 쉽게 다루며, 또 검열로 인해 심적 강도를 중대시하기는 하지만, 검열에 걸릴 만한 불쾌한 것을 하찮은 것으로 전이시킨다고도 말했다.

꿈의 초기억력과 유년기 재료의 활용은 우리의 꿈 학설의 초석이다. 우리의 꿈 이론에서는 유아적인 것에 뿌리를 두고 있는 소망의 역할이 꿈 형성에 필수 불가결한 요인이라고 보았다. 수면 중의 외적 감각 자극이 갖는 의의를 의심한다는 것은 생각하지도 못할 일이었지만, 우리는 이 재료와 꿈 소망을 낮의 잔존물이 남긴 관념과 꿈 소망과의 관계와 동일한 관계로 생각했다. 꿈이 객관적인 감각 자극을 일종의 착각과 같은 것으로 해석하는 데 대해서는 별 다른 이론을 제기할 필요가 없었지만, 그러나 한편으로 우리는 많은 연구가들이 미처 해결하지 못하고 넘어간 꿈의 계기를 해석에 덧붙였다. 지각된 객체가, 수면은 이해하지 않으면서 소망 충족에 이용될 수 있다고 해석을 내린다.

랏드에 의해 수면 중에 일어나는 여러 감각 기관의 주관적 흥분 상태가 설명되기도 했지만, 우리는 이것을 특별한 꿈 원천으로 간주하진 못하나마, 그것은 꿈의 배후에서 작용하는 기억의 퇴행적 재생이라는 것으로 설명했다. 꿈 해석의 중요 쟁점으로 간주되는 내적인 기질 자극도 우리의 연구 결과에 의하면 비록 소극적이긴 하나 분명 어떤 역할을 하고 있다. 이 기질적 자극 ― 추락 및 공중에 뜨거나, 저지되어 있는 감각 ― 은, 꿈 사고가 필요해질 때마다 꿈 작업이 가져다 쓰는 재료를 나타내는 것이다. 꿈이 순간적인 급속도의 과정으로 이루어지는 것은 미리 형성된 꿈 내용을 의식으로 지각하기 위해서는 바람직한 것으로 생각된다. 찰나적인 순간에 매우 풍부한 꿈 내용이 응집되어 있는 경우에는 미리 형성된 심적 생활의 형성물을 꿈 작업이 한꺼번에 집어올리기 때문이라고 풀이함으로써 다소 이 수수께끼를 해명할 수 있었다.

꿈이 기억에 의해서 일그러지고 변형되는 것은 그 나름의 이유가 있고, 해석에도 별로 방해되지 않는 것으로 간주했다. 왜냐 하면 이것은 꿈 형성의 초기부터 작용하는 왜곡 작업의 마지막 현재적 부분에 불과한 것이기 때문이다. 밤이 되면 심적 생활도 잠드느냐, 아니면 낮과 마찬가지로 작업을 계속하느냐 하는 논의는 얼른 보기에 분명히 규명할 수 없을 것 같았지만, 우리는 이 양자의 입장이 각기 일리는 있지만 완전히 어느 한쪽이 옳다고 할 수 없다는 태도를 취해 왔다. 꿈 사고는 우리의 심적 장치의 거의 모든 수단을 총동원하여 가장 복잡하고 지적인 작업을 한다는 것을 발견했다. 그러나 이 꿈 사고가 낮에서부터 발생된다는 것은 부정할 수 없으며, 심적 생활의 수면 상태가 존재한다는 가정도 인정해야 할 것 같다.

이렇게 해서 우리는 부분적인 수면설까지 주장할 수 있게 된다. 그러나 우리는 수면 상태의 특성이 결코 심적 관련의 붕괴에 있다고 생각하기보다는, 오히려 낮 생활을 지배하는 심적 조직이 계속 수면을 취하려는 소망에 부응하려는 점에 있다고 생각했다. 외계와 동떨어지는 것은 우리의 견해로 보아서도 그 나름의 의의를 갖고 있는 것이다. 그것은 유일한 계기는 아닐지라도 꿈 표현을 도와 퇴행을 가능하게 하는 역할을 한다. 꿈 작업이 표상의 진행 방향을 제멋대로 인도하는 것은 분명 바로 잡혀야 한다. 그렇다고 해서 심적 생활이 목표를 상실한 것이 되지는 않는다. 왜냐 하면 원하는 목표 표상이 폐기된 뒤에는 바람직하지 못한 목표 표상이 지배하게 되기 때문이다.

우리는 꿈에서의 느슨한 연상 결합을 인정하고, 게다가 우리가 예상했던 것 이상으로 광범위한 영역에 그와 같은 연상 결합이 영향을 미치고 있다는 것도 인정했다. 그러나 우리는 그 느슨한 연상 결합이 다른 또 하나의 정확하고 의미 심장한 연상 결합의 대용물에 불과하다는 것을 발견하게 되었다. 물론 우리는 꿈의 황당 무계성을 인정했다. 그러나 꿈의 실례를 분석해 본 결과, 사실 그러한 황당 무계성은 꿈의 깊은 지혜에서 비롯된 것임을 알았다. 꿈에서 볼 수 있는 여러 기능에 대해서는 우리도 별 이의 없이 인정한다. 꿈이 마치 환기 장치처럼 우리의 마음을 환기시켜 주고, 또 온갖 유해한 것들이 꿈 속에서의 표상 작용에 의해 무해하게 된다는 로베르트의 입장은 우리가 내세운 꿈의 소망 충족설과도 부합되는 것이다.

마음이 제멋대로 자기의 능력을 발휘하는 것을 우리의 표현으로 말한다면, 전의식의 활동에 의한 꿈의 자유 방임이다. 한편, 심적 생활이 꿈 속에서 태내 생활로 복귀하는 것이나, 엘리스가 주장한 '막연한 감정과 불완전한 상념의 태고적 상태'라는 견해는, 낮에는 억눌려 있던 원시적 작업이 꿈 형성에 참여한다고 보는 우리 견해의 훌륭한 선배격이다. 또 꿈은 순차적으로 발달해 온 우리의 퍼스낼리티와 객관적 시각, 그리고 태고에 우리를 지배하던 충동이나 반응 방식을 현재화시킨다는 셸리의 주장은 우리의 견해와 완전 합치하는 것이었다. 또 '억제된 것'이 꿈의 원동력이라고 한 점에서는 드라주와의 공통적 입장을 취하고 있다. 세르너가 주장한 꿈의 공상에의 역할과 해석 자체는 고스란히 인정했지만, 그러나 그것들은 꿈 문제 중에서 다른 장소에서 취급되어야 함을 새롭게 규정하지 않으면 안 되었다.

꿈이 공상을 만들어 내는 것이 아니라, 무의식적인 공상 활동이 꿈의 형성에 깊이 관여하고 있는 것이다. 꿈 사고의 원천을 파악하는 문제에서는 세르너에게로부터 얻은 바가 있다. 그러나 그가 꿈 작업에서 기인한 것으로 본 것은 거의 모두가 낮에 활동하고 있는 무의식의 활동 결과로 보아야 하며, 이 활동이야말로 꿈에 자극을 주는 것만큼 노이로제의 징후에도 자극을 주는 것이다. 그러나 꿈 작업은 전혀 색다른 어떤 것이며, 훨씬 더 구속된 것으로서, 이 활동과 구별해야 한다. 끝으로 우리는 여러 심적 흐름과 꿈과의 관계를 부정하지 않고 그것을 새로운 기반 위에 확고히 구축해 놓았다. 말하자면 우리는 우리의 꿈 학설의 참신함과 보다 고도의 통일성을 하나로 만들어, 꿈 연구가들의 상호 모순적인 잡다한 결론들에 조심스레 끼워넣고 는, 그 가운데서 극소수만을 제외한 많은 부분을 별도로 이용했다.

그러나 우리의 이론의 구성도 아직 불완전하다. 너무 심오한 심리학의 영역까지 파고들어서 불분명한 점들이 나왔지만, 그런 점을 차치하고라도 역시 분명한 하나의 모순이 있어서 우리를 우울하게 한다. 우리는 한편으로 꿈 사고를 완전히 정상적인 정신 작업으로 파생된 산물로 간주했지만, 또 다른 한편으로는 꿈 사고는 완전히 비정상적인 일련의 사고 과정이며, 게다가 그것이 꿈 사고에서 꿈 내용에 이르고 있다는 것을 발견했다. 그리고 이러한 미묘한 사고 과정을 우리는 꿈 해석을 통해 되풀이했다.

우리가 '꿈 작업'이라고 불렀던 모든 과정은 우리에게 정확한 것으로 알려져 있는 과정과 많은 차이가 있는 것처럼 보였으므로, 일부 연구가들이 꿈을 꾼다는 것은 가장 보잘것없는 심적 작업이라고 한 날카로운 판단도 일견 그럴 듯하다고 받아들이지 않을 수 없었다. 여기서 그러한 상황을 해명하려면 아마도 연구를 좀더 깊이 추구해 갈 수밖에 없을 것이다. 그러므로 우리는 꿈 형성에 이르는 상황을 다루어 보자.

꿈은 낮 생활에서 유래하며, 완전한 논리적 스토리를 가진 관념들을 대리하고 있음을 알았다. 따라서 우리는 그러한 관념이 우리의 정상적인 정신 생활에서 나오는 것임을 의심할 나위 없다. 우리가 우리 사고의 모든 속성을 높이 평가하는 것은, 그것이 그만큼 복잡하면서도 고도의 특성을 갖고 있음을 말해 주는 것인데, 이러한 특성들을 꿈 사고에서도 발견할 수 있다. 그러나 이러한 사고 작업이 반드시 수면 중에 이루어진다고 가정해야 할 필요는 전혀 없다. 만일 그렇게 가정한다면 마음의 수면 상태에 대해 이제껏 우리가 고수해 온 견해가 무너져 버릴 것이다. 물론 이런 관념은 낮 생활에서 유래하고, 부지불식 중에 잔존해 있다가 우리가 잠이 듦과 동시에 완성된 것으로서 나타나는 것이다.

이러한 사실에서 무언가를 끄집어낸다면, 그것은 기껏 '가장 복잡한 사고 작업도 의식의 도움 없이 가능하다' 는 증명일 것이다. 그렇지 않아도 우리는 그것을 히스테리나 강박 관념 환자의 정신 분석을 통해서 경험했다. 이러한 꿈 사고는 그 자체로서는 분명 의식 안에 들어갈 능력이 없다. 그것이 낮 동안에는 의식으로 떠오르지 않고 있었다면, 거기에는 어떤 그럴 만한 이유가 있을 것이다. 의식화는 어떤 특정한 심적 기능, 즉 주의력의 도움과 관련된다. 그런데 이 주의력은 한계적으로만 소비되는 것 같고, 이 한계적인 주의량은 어떤 사고 과정에서 다른 목표를 지향하여 다른 곳으로 빠져나가게 하는 경우도 있는 것 같았다.

반면에, 이와 같은 사고 과정이 의식에 다다르지 못하는 경우는 바로 다음과 같은 때이다. 우리의 의식적 반영에 의해서 주의력을 소모할 때는 어떤 특정한 길을 간다. 그런데 도상에서 적대적 표상을 만나면 그 길을 가지 않는다. 말하자면 주의력에 필요한 에너지 충당을 중단하는 것이다.

그런데 일단 출발하여 중도에서 그친 사고의 흐름은 주의력이 다시 자기에게 돌려지지 않아도 그것을 무시하고 계속될 수 있는 것 같다. 이 사고의 진행이 어떤 장소에서 특히 고조되어 주의력을 강제적으로 자기에게 향하게 하지 않는 이상 대개는 주의력이 사고 쪽으로 돌려지는 일은 없다. 그렇지만 사고 행위의 실제 목적에 비추어 합당하지 못하다든가, 소용 없다는 판단에 의해, 처음에 의식에 의해 행해지는 거부야말로 어떤 사고 과정이 의식에 들키지 않는 채 잠들 때까지 이어지는 원인이 될 수도 있는 것이다.

이런 사고의 진행을 우리는 '전의식적'이라 부르고, 그것을 거의 완벽한 것으로 간주한다. 그리고 이와 같은 사고의 단계는 무시된 것일 수도 있는 것과 같이, 중단되어 억제된 것일 수도 있다. 그리고 다음에 우리가 또 어떤 방법으로 표상의 진행 경과를 구체적으로 상징하고 있는가에 대해서도 종합해서 설명해 보겠다.

이 목표 표상에 의해서 선택된 연상의 길을 따라서, 우리가 어떤 목표 표상에서 '충당 에너지'라고 부르는 어떤 종류의 흥분이 이동된다. '무시된' 사고의 단계는 이런 에너지의 지원을 받지 못하고 있다. '억제된' 사고에는 이런 에너지가 충당되지 않는다. 양쪽의 흐름이 다 그 자신의 흥분에 맡겨져 있는 것이다. 목표를 향한 에너지를 충당받은 사고의 단계는 어떤 조건하에서 의식의 주의를 끌 수 있고, 그런 다음 그 의식을 역이용하여 에너지의 과잉 충당을 받게 된다. 그리하여 이제 우리는 의식의 성질과 작업에 관한 가설을 분명히 밝히지 않으면 안 될 시점에 와 있다.

이와 같이 전의식 안에서 자극을 받는 사고의 흐름은 스스로 사라지는 경우도 있고, 계속 보존되는 수도 있다. 전자의 경우는 이렇게 생각해 볼 수 있다. 충당받은 에너지는 그 사고의 단계에서 나오는 모든 연상 방향으로 갈려 나가 사고 연쇄 전체를 흥분시키며, 이 흥분 상태는 얼마간 머물러 있다가 마침내 방출을 요하는 흥분이 점차 에너지의 충당 목적으로 변해감으로써 없어지는 것이다. 이와 같이 사고의 흐름이 스스로 사라져 갈 때, 이 사고 과정은 꿈 형성상 그 이상의 아무런 의의가 없다. 그런데 전의식 속에는 우리의 무의식적이고 항시 활동성을 띤 소망의 원천에서 유래하는 다른 목표 표상이 있다.

이 목표 표상은 자기의 권한이 미치는 사고 범주 안에 있는 흥분을 유린하여 이 사고 범주와 무의식적 소망 사이에 결합 관계를 형성시킨다. 이 사고 범주에 무의식적 소망의 고유한 에너지를 전이시킨다. 그리고 그때부터 하찮게 여기거나 전이된 사고의 흐름은 아무리 강화되어도 역시 의식 속에 흘러가지만, 그래도 스스로를 보존할 수는 있다. 그때까지는 전의식적이었던 사고의 흐름이 이제는 무의식 속으로 들어갔다고 볼 수 있는 것이다. 꿈 형성을 위한 또 다른 상황은 아마 다음과 같을 것이다. 전의식적인 사고의 흐름은 처음부터 무의식적 소망과 결합되어 있으며, 그래서 지배적인 목표 에너지로부터 거절당하거나, 그렇지 않으면 어떤 무의식적 소망이 다른 이유로 ― 이를테면 신체적인 ― 움직이기 시작하여 수용할 태세도 갖추지 않고 있는데, 전의식으로부터 에너지를 충당받고 있지 않은 심적 잔존물로 전이될 것을 모색한다.

이들 세 경우는, 결국 모든 사고의 흐름은 전의식 속에서 성립된다는 사실로 귀결된다. 그리고 이 사고의 흐름은 전의식적 에너지는 충당받지 못하고, 무의식적 소망에서 에너지를 충당받게 되는 길을 발견하게 된다. 여기서부터 사고의 진행이 일련의 변화 과정을 겪게 된다. 하지만 이제 우리는 이 변화를 정상적 과정으로 인정하지 않고, 또한 그러한 변화는 매우 미심쩍게 생각되는 어떤 결과, 즉 정신병리학적인 결과가 생긴다. 그 변화들을 나열해 보자.

(1) 모두 방출이 가능해진 각 표상의 강도는 한 표상에서 다른 표상으로 이행하며, 결과적으로 막강한 강도를 지닌 개개의 표상이 형성된다. 이 과정이 몇 번씩이나 반복됨으로써 어떤 사고의 진행 전체의 강도가 단 하나의 표상 요소 속에 집결되는 경우가 있다. 이것이 우리가 꿈 작업을 해오면서 알게 된 압축이다. 꿈이 미묘한 인상을 주는 것은 주로 이 압축의 영향인데, 이 압축은 의식에 떠오를 수 있는 심적 생활이나 정상적인 심적 생활 속에

서 전혀 익숙해 있지 않기 때문이다.

우리는 여기서 역시 관념 연쇄 전체의 교착점 내지는 최종 산물로서 어떤 중대한 심적 의의를 갖는 표상들을 만난 셈인데, 이런 가치 있는 특성은 내적 지각으로는 알 수 없다. 그래서 내적 지각 속에 표상되어 있는 것은 결코 더 이상 강화되지 않는다. 압축 과정에서 모든 심적 관련은 표상 내용의 강도強度로 대치된다. 그것은 마치 어떤 책에서 특별히 중요한 부분에 방점을 찍거나 고딕체로 인쇄하는 것과 같다. 그것이 강연이라면, 그 부분을 나는 한층 더 소리 높여 외치고 강세 발음을 할 것이다.

전자의 비유는 꿈 작업에서 가져온 한 실례'일머의 주사의 꿈'에서의 트리메틸아민와 상통되는 것이다. 마치 미술사가들은 최고의 역사적 조각물에 묘사되는 인물의 지위의 고저를 상像의 크기로 표현한다는 원리와 같다고나 할까. 왕이 그 신하나 정복된 적보다 두 배, 세 배나 크게 새겨진 로마 시대의 조각은 더 정교한 방법으로 그와 같은 원리를 표현하고 있다. 즉, 제왕은 중앙에 크게 서 있고 적을 제왕의 발치 아래 세우지만, 그렇다고 소인들 속에 있는 거인으로 표현하지는 않는다. 아무튼 오늘날에도 아랫사람이 윗사람 앞에서 절을 하는 것은 바로 그 고대의 표현 원리인 것이다. 꿈의 압축 작업이 진행해 나가는 방향은 한편으로는 꿈 사고의 정확한 전의식적 관계에 의해서, 다른 한편으로는 무의식 속에 있는 시각적 기억이 유도하는 데 따른다. 압축 작업이 목표하는 것은 지각 조직을 향한 발현을 위해 필요한 강도를 확보하는 것이다.

(2) 이러한 심적 강도의 자유로운 전이의 가능성과 압축의 목적을 위해서 일종의 타협적 산물로서 '중간 표상'이 형성된다. 그리고 정상적인 표상을 형성하는 과정에서 전혀 새로운 어떤 것이 만들어지며, 이때 특히 문제시되

는 것은 '합당한' 표상 요소의 선택과 확보이다. 반면에 우리가 전의식적 관념을 언어로 표현할 경우에는 곧잘 혼합 형성물이나 타협 형성물이 만들어진다. 그런데 이들은 완전히 '언어의 잘못 사용'이 원인으로 볼 수 있다.

(3) 강도를 서로 전이하는 표상들은 '가장 해이해진' 상태에 놓여져 있으며, 우리의 사고에 의해서 무시되고 기발한 효과를 낼 때만 이용되는 연상으로 결합되어 있다. 특히 동음同音 연상과 동의어同意語 연상이 그 밖의 연상과 똑같은 가치로 인정된다.

(4) 상호 모순적인 여러 관념은 서로 적대적이기보다 오히려 병존하며, 마치 그 어떤 모순도 없는 듯이 함께 압축의 산물을 만들어 내거나, 우리가 사고에 대해서는 결코 허용하지 않으나 행위에 대해서는 종종 인정하는 타협을 만들어 낸다.

이상과 같은 네 가지 유형이 꿈 작업이 진행되는 동안에 이미 합리적으로 형성되어 있던 꿈 사고가 굴복하게 되는 대표적인 이상 과정(異常過程)이다. 이와 같은 현상의 특성은 충당된 에너지에 운동성을 주고 방출을 허용하는 것을 중지한다는 점이다. 이들 에너지의 충당이 고착하는 여러 요소의 내용과 독자적인 의의는 부차적인 것이 된다. 압축과 타협의 형성에 있어서 관념을 형상으로 바꾸는 것이 문제일 경우에는 오로지 퇴행의 목적을 위해서만 일어난다. 그러나 '아우토디다스커와 N교수와의 대화의 꿈'에서처럼, 형상으로의 퇴행이 결여된 꿈을 분석해 보면 다른 꿈에서와 똑같은 이동과 압축의 과정으로 볼 수 있다.

그러므로 우리는 다음과 같은 견해를 받아들일 수 있다. 꿈 형성에는 본질이 다른 두 종류의 심적 과정이 참가하고 있는데, 그 중 하나는 정상적인 관념과 동일한 정확한 꿈 사고를 만들어 내고, 다른 하나는 꿈 사고를 기묘하고 부정확한 방법으로 처리한다는 것이다. 그런데 이 후자의 심적 과정의 유래를 어떻게 설명해야 할까? 지금 우리는 신경증의 심리학, 특히 히스테리의 심리학에 좀더 근접해 들어왔으므로, 여기서 그에 대해 대답할 수는 있다. 그러나 우리가 노이로제 심리학에서 알고 있듯이, 히스테리 증세를 만들어내는 것은 이와 동일한 부정확한 심적 과정이다.

히스테리에 있어서도 우리는 일련의 의식적 관념과 비등한 가치를 가진, 완전하고 정확한 사고를 발견할 수 있지만, 그 존재에 대해서는 다만 나중에 재구성해 볼 뿐 다른 아무것도 알지 못한다. 만약 그런 관념이 어느 지점으로부터 지각에까지 다다르게 되면, 우리는 완전한 하나의 증상을 분석함으로써 이러한 정상적인 관념이 비정상적인 취급을 받는다는 것을 알게 된다. 게다가 모순을 감추고, 압축이나 타협 형성물에 의해 표면적인 연상을 지나며, 경우에 따라서는 퇴행의 길로 들어서 증상으로 변화되는 것을 알게 된다. 꿈 작업의 특이성 및 신경증 증세로 귀결되는 심적 활동이 완전히 일치되는 것을 통해, 우리는 히스테리로부터 끌어내게 되는 추론을 꿈에 적용시키더라도 무리가 아니리라.

히스테리 학설에서 따오는 명제는 다음과 같다. 즉, 어떤 정상적인 관념 계열에 이와 같은 비정상적 심적 가공을 부가하는 것은 거기에 무의식적 소망의 전이가 되어 있는 데다가, 이 소망이 유아적인 것에 뿌리를 두고 있어 억압 아래에 있을 경우에만 한하여 발생하는 것이라고. 이 명제를 위해 우리는 꿈의 이상理想을 다음과 같은 상징을 전제로 하고 있다. 꿈의 원동력이 되는 꿈 소망은 예외없이 무의식에서 나온다. 이것은 확실히 입증되는 것은 아니지만, 그렇다고 부정되어 버릴 정도는 아니다. 그러나 우리가 이미 여러 번 용어를 사용해 온 억압으로 무언가를 풀기 위해서는 우리의 심리학적 기반을 좀더 다져야 할 것이다.

우리는 앞에서 원시적인 심적 장치의 작용을 깊이 추찰하여 보았었다. 그러한 원시적인 심적 장치의 작업은 가능하면 흥분의 축적을 피하려는 노력에 따라 움직인다. 따라서 그 장치는 반사 장치의 방식에 준해서 구성되어 있다. 신체의 내적 변화를 가져오는 길은 이 장치가 자유롭게 움직일 수 있는 방출로였다. 여기서 우리는 어떤 만족감의 심적 결과에 대한 논의로 옮겨서, 흥분의 축적은 불쾌감으로 심적 장치를 활동시켜 흥분이 감소됨으로써 쾌감화되는 만족감의 재생산이라는 제2의 가설을 곧 세울 수 있었다. 불쾌감으로부터 나와 쾌감을 지향한다는 이런 흐름을 우리는 소망이라고 부르는 것이다. 인간의 최초의 소망은 만족감의 기억에 대한 환각적인 에너지를 충당하는 것이었으리라.

그러나 이 환각이라는 것은 없어질 때까지는 간직될 수 없기 때문에 욕구의 정지, 다시 말해서 쾌감을 불러일으키는 데는 아무 쓸모가 없음을 알게 되었다. 그래서 제2의 활동이 필요해진 것이다. 이 활동은 기억 에너지를 충당시키는 지각에까지 돌진해서, 심적 능력을 지각에서 구속하는 것을 막고, 오히려 욕구 자극에서 오는 흥분을 다른 길로 이끌어가며, 이 우회로가 결국 어떤 운동성으로 만족 대상의 현실적 지각이 생기게끔 외계를 변화시키게 된다. 우리가 심적 장치의 도식을 그려 나간 것은 여기까지였다. 운동성에 의해서 합목적적으로 외계를 변화시키기 위해서는 기억의 여러 조직 속에 갖가지 경험을 쌓은 다음, 여러 목표 표상에 의해 기억 재료에서 생기는 관계들을 고착시킬 필요성이 있다.

우리의 가설을 좀더 진전시켜 보겠다. 제2조직의 에너지를 내보내고 끌어들이는 모색적인 작업은 모든 기억 재료를 마음대로 처리할 수 있어야 가능한 것이며, 반면에 만일 그 작업이 사고로 가는 각각의 길에 막대한 충당 에너지를 보냄으로써 그 에너지가 흘러넘치게 되어, 결국 외계를 변화시키는 데 필요한 양을 감소시킨다면 그야말로 헛된 소비가 되어 버린다.

그러므로 나는 그 목적을 위해서는 제2의 조직이 충당된 에너지를 잘 보관해 놓고 적은 불량만을 이동을 위해 사용한다고 여겨진다. 제1심적 조직은 흥분량을 자유롭게 흘려 보내는 일에 기여하며, 제2조직은 자체 내에서 나오는 충당 에너지에 의해 이런 유출을 저지하거나, 다른 에너지 충당에의 변화를 일으킨다.

그러므로 나는 이렇게 가정한다. 제2조직의 지배하에서는, 흥분의 경과가 제1조직의 지배하에 있을 때와는 전혀 다른 기계적인 사정이 있는 것이라고. 그래서 제2조직이 사고 작업을 마치면, 그것은 흥분을 막지 않고 그 흥분을 운동성으로 나아가게끔 허락한다. 그런데 제2조직이 이와 같이 유출을 저지하는 것과, 불쾌 원리에 의한 규정規整과의 관계를 조심스레 살펴보면, 거기에 어떤 흥미 있는 사고 과정이 있음을 알게 된다. 제1차 만족 체험과 대비되는 것은 '외적 놀람'이 될 것이다. 고통감의 원천이 되는 어떤 지각 자극이 원시적인 심적 장치에 작용을 가했다고 가정해 보자. 그러면 무질서한 여러 개의 운동성의 표출이 일어나고, 나중에는 그 표출 중 하나가 심적 장치를 지각과 함께 고통감으로부터도 멀어지게 한다.

그리고 이 운동성의 표출은 지각이 재등장하면, 그것이 다시 없어질 때까지 자꾸 반복될 것이다. 그러나 이 경우에는 고통 원천의 지각에 대해 환각적 또는 그 외의 방법으로 에너지를 재충당시키려는 경향이 남지는 않을 것이다. 오히려 1차적인 심적 장치 속에는 이 고통스런 기억상을 어떻게든 지워 버리려는 노력이 계속되는 것 같다. 기억으로부터 다른 곳으로 도망치는 것은 전에 기억에서 도망친 것의 반복에 불과한 것이지만, 기억은 지각과는 달리 의식을 흥분시킴으로써 새로운 에너지를 충당시킬 만한 성질을 갖지 않아서 기억으로부터의 이반이 촉진될 수밖에 없다. 말하자면 제1의 심적 조직은 불쾌 원리 때문에 그 어떤 불쾌한 것도 사고 속에 끌어들일 수가 없다.

이 조직은 소망과 관련된 것 이외는 아무것도 하지 못한다. 그런데 만일 언제까지나 그런 상황이 된다면, 경험 속에 침전해 있는 기억들을 전부 처리해 버려야 하는 제2조직의 사고 작업이 방해된다. 하지만 거기에 두 갈래의 길이 있다. 우선 제2조직의 작업이 불쾌 원리로부터 완전히 풀려나, 기억의 불쾌 따위는 무시해 버리고 독자적인 길을 가든가, 그렇지 않으면 제2조직의 작업이 불쾌감의 방출을 피하는 하나의 방법으로써 불쾌 기억에 에너지를 충당하는 것이다. 이 중에서 우리가 전자의 가능성을 배제한다면, 불쾌 원리는 제2조직의 흥분 경과로 볼 때 일종의 조정의 역할도 하게 되는 것을 인정해야 할 것이다. 그래서 우리는 후자의 길에 의존하게 될 수밖에 없게 된다. 말하자면 이 조직은 운동성의 신경 지배와 같은 불쾌감의 발전을 위한 유출이 기억에 의해 저지되도록 그 기억에 에너지를 충당시킬 수 있는 가능성을 얻게 되는 것이다.

그래서 우리는 제2조직에 의한 에너지 충당은 그와 동시에 유출에 대한 저지를 나타낸다는 가설로 인도되고, 두 개의 출발점, 즉 불쾌 원리에 대한 고려와 최소의 신경 지배의 소비 원리로부터 시작된다. 그러나 다음의 사실을 명심해야 한다. 즉, 억압 이론의 열쇠가 되는 것으로서, 제2조직이 표상에 에너지를 충당할 수 있는 것은, 그 표상에서 나오는 불쾌의 발전을 이 제2조직이 저지할 수 있는 경우밖에 없다는 것이다. 어쩌다가 이 저지를 모면하는 것은 제1조직의 입장에서도 언제까지나 접근이 어려운 것으로 굳어짐으로써 불쾌 원리에 의해 곧 버림받게 된다. 그렇다고 해서 불쾌가 완전히 저지되어야 할 필요는 없다. 불쾌가 조금 나타나는 것은 허용되어야 하는데, 왜냐 하면 제2조직에 대해서 그것은 그 기억의 성질을 나타내고, 사고가 추구하고 있는 목적상 그 기억의 능력 결여를 나타내 주기 때문이다.

나는 지금 제1조직만이 허용하는 심적 과정을 '제1차 과정'으로, 제1조직의 저지를 받아 생기는 심적 과정을 '제2차 과정'이라고 부른다. 그리고 또 다른 점에서 제2조직이 제1차 과정을 어떤 목적상 바꾸게 되는가도 보여줄 수 있다. 제1차 과정은 그렇게 축적한 흥분량으로 '지각 동일성'을 형성하기 위해 흥분의 방출을 꾀한다. 그러나 제2차 과정은 이 뜻을 외면하고 '사고 동일성'을 획득하기 위한 다른 의도를 꾀한다. 그래서 사고 전체는 단지 목표 표상이며, 취해진 만족 기억으로부터 동일한 기억의 동일한 에너지 충당에로 이르는 우회로에 지나지 않는 것이다.

그리고 이 동일적 에너지 충당을 운동성의 경험을 거치는 과정에서 다시 달성하기 위해 노력한다. 사고는 여러 표상 사이를 집합하는 데 관심을 가지지만, 이런 표상의 강도 때문에 흔들리지는 않는다. 그러나 여러 표상의 중간 형성물과 타협 형성물의 압축이 이 동일성의 목표 달성에 장애가 되며, 압축은 하나의 표상을 다른 표상에 대신함으로써 앞의 표상에서라면 이미 통과했을 길을 이탈하여 동떨어지게 되는 것이다. 이와 같은 과정은 제2차 사고에서는 회피한다. 일반적으로는 불쾌 원리가 가장 중요한 단서를 제공해 주는 사고 동일성을 파악하는 데 온갖 난점이 있음을 쉽게 알 수 있다. 그러므로 사고는 불쾌 원리에 대한 규정을 멀리하고, 사고 작업에 의한 감정 발전을 신호로써 이용할 수 있는 최소한의 것에 국한하려는 경향을 보인다.

의식이 중재적 역할을 하는 아주 최근에 충당받은 과잉 에너지에 의해서 작업의 섬세화를 이루려는 것이다. 그러나 이와 같은 작업의 섬세화란 정상적인 심적 생활에서는 완전히 성공되는 확률이 적고, 그래서 우리의 사고가 불쾌 원리로 인해 언제나 위조될 우려성이 크다. 그러나 이것을 제2차 사고 작업의 산물로서 표현하는 관념이 제1차 심적 과정 속에 들어가는 것을 가능케 하는 우리의 심적 장치의 기능력이 갖고 있는 결함으로 간주해서는 안 된다. 이상과 같은 공식으로 우리는 꿈과 히스테리 증세로 이끌어 가는 작업을 기술할 수 있었으나, 이런 불충분함은 우리 인류의 발달사에 내포된 두 가지 계기의 합치로 해명될 수 있다. 이들 두 계기 중의 하나는 완전히 심적 장치에 귀속하여 두 조직의 관계에 결정적 영향을 미친다. 그리고 나머지 하나도 그 활동력으로 — 비록 일정치는 않지만 — 기질적器質的 유래를 가진 원동력을 심적 생활로부터 도입한다.

나는 심적 장치의 한쪽 심적 과정을 '1차적' 과정이라고 명명했는데, 그것은 등급이나 능력적 차이를 표시하는 것뿐 아니라, 시간적 관계까지도 나타내고자 함이다. 단지 1차적 과정만 있는 심적 장치란 존재할 수 없으며, 그러므로 그런 이론은 모순이라고밖에 할 수 없다. 그러나 1차적 과정은 심적 장치 속에 애초부터 주어지고 있지만, 2차적 과정은 시간이 흐름에 따라 점차 형성되어 1차적 과정을 저지하고 은폐하며, 인생의 고지에 도달할 무렵에는 1차적 과정을 완전히 지배하게 될 것이다. 이처럼 2차적 과정이 늦게 나타나기 때문에 무의식적 소망 충동으로 형성되는 우리의 본질적 핵심은 전의식으로서는 파악하기가 불가능하고, 그래서 저지할 수도 없는 것이다. 왜냐 하면 전의식은 무의식에서 나오는 소망 충동의 목적에 가장 적합한 길을 안내한다는 데 그 역할이 한정되어 있기 때문이다.

이 무의식적 소망들은 하나의 강제력을 보이며, 그 후의 모든 심적 지향은 이에 순응하지 않을 수 없게 된다. 그러나 그것을 다른 방향으로 빗나가게 한다든가, 보다 고도의 목표를 지향하도록 지지하기도 한다. 기억 재료의 커다란 영역에 접근한다는 일이 어려운 것은 정신적인 에너지 충당이 이와 같이 지연되었기 때문이다. 유아적인 것에 뿌리를 두고 있는, 파괴할 수도 저지할 수도 없는 이 소망 충동들 중에는 2차적 사고의 목표 표상과 모순되는 충족을 가진 것도 있다. 이런 종류의 소망은 비록 충족이 되더라도 더 이상 좋은 감정을 유발시키지 못하고, 오히려 불쾌감을 일으키기가 쉽다. 그리고 바로 이와 같은 감정 변화야말로 우리가 억압이라고 부르는 것의 본질을 결정하는 것이다. 무의식적 소망이 감정을 방출하는 원천이 되는 기억들은 결코 전의식에는 접근하지 못한다. 따라서 그런 기억의 방출은 막을 수가 없다.

이와 같은 감정 발달 때문에 표상들은 이제 그러한 표상이 그 소망력을 전이시키고 있던 전의식적 관념으로부터 접근하지 못하는 것이다. 오히려 불쾌 원리가 작용함으로써 이 전의식이 전이 관념으로부터 멀어지게 한다. 그리하여 전이 관념은 억압된다. 이렇게 본래 전의식으로부터 멀어진 유아적 기억의 보고寶庫와 같은 존재가 억압의 전제 조건이 되는 것이다. 불쾌감의 발달이 최고조에 달하면, 전의식에서의 전이 관념으로부터 에너지의 충당이 끝나자마자 사라진다. 그리고 이 성공은 불쾌 원리의 간섭이 합목적성을 띠고 있음을 입증해 주는 것이다. 그런데 억압된 무의식적 소망이 기질적으로 강화된 것을 자기의 전이 관념에 대주어, 그것으로 인해 전이 관념이 전의식의 에너지 충당으로 버림을 받을지라도, 전이 관념이 무의식적 소망에 의해 그 흥분을 가지고 활동할 수 있는 상태에 놓이게 되면 다음과 같은 상황이 벌어진다.

즉, 그때는 전의식이 억압된 관념에 대한 대립을 강화하기 때문에 방어 투쟁이 벌어지고, 그 결과 무의식적 소망의 담당자인 전이 관념이 증세를 형성하는 타협의 형식으로 진출한다. 그러나 억압된 관념이 무의식적 소망 흥분에 의해서 에너지 충당이 강력하게 되고 있는 반면에, 전의식적 충당으로부터 버림받는 그 순간부터 억압되었던 그 관념은 1차적 과정에 굴복하여 운동성 방출만을 하든지, 아니면 소망된 지각 동일성의 환각적 활동을 지향한다. 우리가 앞에서 기술했던 부정확한 과정들은 억압 속에 있는 관념만을 상대로 진행한다는 것을 확인한 바 있다. 지금 그 관련을 좀더 정확히 규명할 필요가 있다. 이 부정확한 여러 과정들은 심적 장치 속에 1차적 과정에 속한다. 표상이 전의식적 에너지의 충당에서 버림받아 무의식에서 오는 방출을 구하는 무제한적 에너지에 의해 충당될 경우에는 언제나 그런 부정확한 과정이 나타난다.

이런 과정들은 실제로 정상적인 사고의 위장, 즉 사고 착오가 아닌 어엿한 심적 장치의 저지망을 피한 작업 방식이라는 견해는 다른 관찰에 힘입어 정당한 것으로 인정된다. 마지막으로 이들 1차적 과정의 저지시에 필요해지는 작업의 증대를 나타내는 증거로써 '우리가 사고의 이 과정을 의식에까지 밀고 나갈 때', 우리가 겨냥하는 바는 바로 '기지와 웃음'으로 방출되어야 할 과잉 에너지로 나타날 것이다. 노이로제 이론에서는 유년기의 여러 발달 단계에서 억압감정 변화을 경험하고, 그 후에는 본원적인 양성兩性 성욕으로 형성되는 성적 소질에 의해서이든, 아니면 성생활의 나쁜 영향에 의해서이든 간에 그 유년기의 발달 단계들의 특성이 부활되어 모든 노이로제적 증세 형성에 원동력을 부여한다고 주장한다.

이러한 성적 힘을 끌어들임으로써만 비로소 억압 이론 속에 남아 있는 간극이 메워질 수 있다. 성적 및 유아적인 것을 꿈 이론에 대해 도입하는 것이 좋은지 어떤지는 미해결로 남겨둘 수밖에 없다. 왜냐 하면 꿈 소망이 언제나 무의식에서 유래한다는 가설로써 나는 이미 불가능한 곳에 한 걸음을 들여놓았기 때문이다.[27) 그런데 내가 지금 여기서 논의하고 있는 심리학적 여러 관계를 어느만큼 정확하게 파악했는지의 여부는 별로 문제될 게 없다고 본다. 왜냐 하면 심적 검열, 꿈 내용의 정상적인 가공 및 비정상적인 가공 등의 해석이 어떻게 내려지든 간에 이런 과정들이 꿈의 형성에 반드시 작용을 가하고, 그러한 과정들이 근본적으로 히스테리 증상의 형성시 인정되는 일련의 과정들과 거의 일치된다는 것은 부동의 사실이기 때문이다.

꿈은 병적 현상이 아니다. 꿈은 마음의 평형이 깨어졌다는 것을 전제로 하는 것도 아니다. 꿈은 작업 능력의 약화를 남기지 않는다. 두 개의 심적 조직이 두 조직 사이의 관문적인 검열, 한쪽의 활동에 의해 다른 한쪽의 활동이 방해되고 은폐되는 현상, 두 조직의 의식에 대한 관계들, 이 모든 것은 우리의 마음이라는 기제의 정상적인 구조에 속하며, 꿈은 우리의 마음이라

---

27) 다른 곳에서와 마찬가지로 여기에서도 테마의 취급에 여러 가지 결함이 있지만, 내가 그 결함을 그대로 두는 이유는, 그것을 바꾸려면 대단한 노력이 필요하고, 또 꿈과는 별개의 재료를 끌어들여야 하기 때문이다. 나는 '억제되다unterdrückt'와 '억압되다verdrängt'가 분명 어떻게 구분되는지에 대해선 길게 설명하지 않았다. '억압되었다'는 말은 '억제되었다'는 말보다 더욱 강하게 무의식적 행위임을 나타내는 것임은 새삼 강조할 필요가 없을 줄 안다.

또 나는 꿈 사고가 의식으로 들어가는 것을 단념하고 퇴행을 하는 경우에도, 왜 그것이 검열에 의해 왜곡을 당하느냐 하는 기본적인 문제에 대해서도 깊이 논할 수가 없었다. 이 밖에도 완전하게 논하지 못한 것이 많다. 내가 중요하게 생각한 것은, 꿈 작업을 상세하게 분석하는 과정에서 제기되는 여러 논제를 암시하는 일이었다. 테마의 고찰을 어느 선에서 끝내야 하는가를 결정하기란 그리 쉽지가 않았다. 내가 성생활이 꿈에 대해 갖는 역할을 철저하게 규명하지 않고, 성적 내용을 가진 꿈 분석을 굳이 피해 간 것은 아마도 독자들의 기대에 어긋나는 동기가 있었기 때문일 것이다.

성생활에 대해 의사나 과학자와는 거리가 먼 저속한 일로 간주하는 것은, 신경병리학의 학설이나 견해로 볼 때 납득하기 힘든 일이다. 다만 나에게는 성적인 꿈을 설명할 때는 반드시 도착과 성욕이라는 미해결의 문제에 휘말려 혼란스럽게 될 것이라는 우려가 있어, 나는 이 재료를 보류해 두었던 것이다.

는 기제의 구조를 알게 해 주는 하나의 길인 셈이다. 만일 우리가 완전하고 확실한 인식의 최소한도 선에서 말한다면, 우리는 다음과 같이 말할 수 있다. 억제된 것은 정상적인 인간에게도 있으며, 심적 작업을 계속하는 능력을 보존하고 있음을 우리에게 증명해 주는 것이 바로 꿈이라고.

꿈 자체는 외면적인 억제들 중의 하나이다. 심적인 피억제물은, 각성시 생활에서는 많은 모순들의 '상쇄'에 의해 표현이 방해되어 내적 지각에서 빠진 것이지만, 밤 생활에서는 의식에 머무를 방법을 발견하는 것이다. "하늘 위의 여러 신들을 움직이지 못하면 명계冥界를 움직이지 못할 것이다"라고 한 베르길리우스의《아에네이스》에 나오는 말은 '모든 방법을 동원하여 목적을 이루라'는 뜻이다. 그러나 꿈의 해석은 마음 생활 속의 무의식적인 내용들을 알아내기 위한 대도大道이다.

우리는 꿈을 분석함으로써 이 신기하고 신비한 마음이라는 기제의 구조를 조금 들여다볼 수 있었다. 다른 병적이라고 할 만한 형성물에서 다시 이 기제의 분석으로 들어가는 계기가 생긴 셈인데, 왜냐 하면 병은 이 장치를 파괴하여 이 장치 내부에 새로운 분열을 만들어 내지는 못하기 때문이다. 병은 그와 같은 수많은 작용들이 정상적 기능을 발휘하는 동안에는 숨어서 여러 힘의 작용의 강약을 움직임으로써 '역동적'이라고 볼 수 있다. 두 검문소로 이루어진 이 장치 중의 하나의 조직만으로는 불가능한, 일종의 정밀성을 정상적인 작업에서도 볼 수 있다는 것은 다른 부분에서 입증해 보일 수 있을 것이다.[28]

---

28) 꿈이 정신병리학을 심리학에 귀속시키는 유일한 현상은 아니다. 나의 소론 〈건망증의 심적 메커니즘에 대해서〉1898년와 〈은폐 기억에 대해서〉1898년에서, 나는 일상 생활 속의 몇몇 심적 현상을 동일한 인식을 지지하는 것으로 해석하고 있다. 그 후 〈생활 심리의 착오〉1904년에서 망각, 잘못 말하기, 파악의 실패 등에 관해 좀더 자세히 다루었다.

[6. 무의식과 의식 — 현실]

앞의 각 부분에서 논의한 심리학적 이론들은 심적 장치의 운동 말단에 두 조직이 있다는 것이 아니라, '흥분의 두 가지 과정'이 존재한다는 가설하에 채용한 것이었다. 우리가 마음의 두 조직을 가장 가까우면서도 대범한 의미에서 심적 장치 내부의 두 장소로 간주하고 있을 때 오해받기 쉬웠던 약간의 견해, 즉 '억압'과 '진입'이라는 표현과 관련된 견해를 여기에서 조금 정정하기로 한다.

우리가 무의식적 관념이 전의식에 옮겨지기를 원한 후에 의식에 진입할 때에는 새로운 장소에 제1의 관념이 형성되어야 한다. 그러나 일종의 고쳐 쓰기가 행해지고, 그 고쳐 쓴 것과 함께 원문도 있어야 한다는 뜻은 아니다. 그리고 의식으로의 진입이라는 것과, 장소의 전환이라는 의미는 별개로 생각하기로 하자. 어떤 전의식적 관념이 억압된 다음 무의식에 의해 받아들여질 경우에, 어떤 자리를 확보하려는 투쟁의 표상군에서 온 이 표현은 어떤 심적 장소에서 하나의 심적 배열이 풀어짐으로써 다른 장소에서 다시 배열되고, 그럼으로써 대체된다는 식으로 잘못 상정되기가 쉽다. 그래서 이런 비유적 표현을 다시 다음과 같이 정정하겠다.

어떤 에너지의 충당이 특정 배열로 옮겨지거나 철퇴되면, 그 결과 심적 형성물이 검문소의 지배하에서 벗어날 수 있게 된다. 여기서도 또한 우리는 국소적 표상 방법을 역동적으로 바꾸어 놓는 셈이다. 우리가 가변성을 갖고 있다고 생각하는 것은 심적 형성물의 신경 지배이다.[29] 그런데 내가 두 조

---

29) 이 해석은 전의식적 표상의 본질적 특성으로서, 언어 표상의 잔존물과의 결합이 인정되고부터 변경되어 더욱 치밀한 것이 되었다〈무의식〉, 1915년.

직의 구상적具象的 표상을 계속 사용하는 것은 그럴 만한 이유가 있다. 만일 우리가 표상·관념·심적 형성물이 본래 신경 조직의 기질적器質的 요소 속에 있는 각각의 장소를 차지하고 있는 것이 아니라, 그 요소 사이사이에 존재한다는 것을 상기한다면 이런 장소적 표현 방법의 남용을 피할 수 있을 것이다.

우리의 내적 지각 대상이 될 수 있는 것은 광선을 받아 망원경 안에 만들어지는 영상과 마찬가지로 '허상'일 뿐이다. 그러나 두 조직은 그 자체로서는 결코 심적인 것이 아니며, 오히려 우리의 심적 자극이 접근하기 어려운 것이다. 그러므로 그것은 마치 망원경의 렌즈와 비유해도 틀리지 않을 것 같다. 또 두 조직 사이의 검문소는 새로운 어떤 매체로 이행할 때의 광선과 굴절에 비유할 수 있다.

이제까지 우리는 어렵게 심리학 이론을 전개해 왔는데, 여기서 심리학 이론의 지배적인 학설을 둘러보고, 그들 이론과 우리 주장과의 사이에 어떤 관계가 있는지 검토해야 할 것 같다. 심리학에 있어서의 무의식 문제에 대해서, 립스[30]는 심리학 내부의 문제라기보다 심리학 그 자체의 문제라고 보았다. 심리학이 '심적인 것'은 바로 '의식적인 것'이며, '무의식적인 심적 과정'이라는 것은 분명 모순이라고 주장하는 한, 의사가 이상한 심적 상태에 대해 관찰한 것을 심리학적으로 적용시킬 수는 없다. 무의식적인 심적 과정은 '그것이 분명히 존재한다는 사실을 나타내는 합목적성의 정당한 표현'이라는 것을, 철학자도 의사도 함께 인정할 때엔 비로소 양자는 통합될 수 있을 것이다.

의사들은 '의식이란 심적인 것의 필요 불가결한 심리이다'라는 주장을 반

---

30) 그의 저서 〈심리학에 있어서의 무의식의 개념〉1897년을 참조하라.

대하여, 철학자들이 다루는 것은 똑같은 대상이 아니며, 같은 학문도 아니라고 생각할 수밖에 없다. 왜냐 하면 의사로서 노이로제 환자의 마음 생활을 단 한 번만이라도 유심히 관찰해 본다면, 또 단 한 번이라도 꿈을 분석해 본다면, 그것들이 분명한 하나의 심적 과정이며, 복잡하고 정밀한 사고 과정이 본인의 의식을 건드리지 않고도 나타날 수 있다는 확신을 갖지 않을 수 없기 때문이다.[31] 의식의 특성을 과대 평가하지 않는 것이 심적 움직임을 올바르게 평가할 수 있는 전제 조건이 된다. 립스에 의하면, 무의식은 마음 생활의 보편적 기반이라고 가정된다. 무의식은 의식의 작은 세계를 품는 더 큰 세계이다.

　의식적인 것은 모두 어떤 무의식적인 앞단계를 갖고 있음에도 불구하고, 무의식은 이 단계에 머물러 완전한 가치를 갖는 심적 작업을 요구하는 것이다. 무의식은 그 내적 성질로 봐서는 외계의 현실적인 것과 마찬가지로 우리에게 미지의 것이며, 우리의 감각 기관의 발현으로 포착되는 외계가 불완전한 것과 마찬가지로 자료에 의해서는 불완전하게 주어지는 매우 현실적인 것이다. 의식 생활의 낡은 대립은 무의식적인 것을 설정함에 따라 자연히 그에 걸맞은 지위에 놓여졌는데, 이것으로써 그전의 꿈 연구가들이 논의하던 약간의 문제들이 상쇄된다. 꿈 속에서 과연 그런 일들이 행해지는가 하던 많은 꿈 작업은 이제 꿈 그 자체의 탓만으로 돌릴 수는 없으며, 낮부터 계속 작용하고 있는 무의식적 사고의 소행이라고 생각하게 되었다.

---

31) 꿈의 연구에서 의식적 활동과 무의식적 활동의 관계에 대해 나와 같은 결론을 내린 연구자가 있다는 것은 참으로 기쁜 일이다. 뒤 프렐은 이렇게 말하고 있다. "마음이란 무엇인가 하는 문제는, 의식과 마음이 동일체냐 하는 데 대한 전제적 연구를 요한다. 그런데 이 전제적 문제는 꿈에 의해 부정된다. 꿈은 마치 어떤 혹성의 인력이 그 광력권을 초월하는 정도의 힘인 것과 같이, 마음의 개념은 의식의 개념을 넘는 만큼 큰 힘이라는 것을 나타낸다……. 의식과 마음은 동일한 개념이 아니라는 것은 아무리 강조해도 지나치지 않은 진리이다."《신비주의 철학》중

세르너에 의하면, 꿈은 신체의 상징적 표현을 우롱하는 것 같지만, 사실은 아마도 성적 충동에 굴종하여 꿈에서뿐 아니라, 히스테리성 공포증 및 기타 다른 증세에서도 보이는 어떤 무의식적 공상의 소행임을 우리는 알고 있다. 꿈은 낮의 일을 연장하여 처리하고 중대한 기억까지 표면화시키는데, 우리는 꿈의 위장만은 여기서 제외해 생각하지 않으면 안 된다. 꿈의 위장은 꿈작업의 소행이며, 마음의 밑바닥에 있는 여러 힘의 원조를 나타내는 증표인 것이다. 지적인 작업은 낮에서와 똑같은 심적 힘에 귀속된다. 우리는 일반적으로 지적 창조나 예술 창조에 있어서도 그 의식적 특성을 높이 평가하게 된다. 괴테나 헬름홀츠 같은 창조적인 사람의 보고에 의해서, 우리는 역시 그들 창조의 본질적인 요소는 찰나적인 순간에 거의 완성물로서 그들의 지각에 도달했다는 것이다.

또 다른 경우에서의 의식적 활동의 원조는 정신력이 매우 긴장되어 있을 때에는 의심할 바도 없다. 그러나 의식적 활동이 다른 곳에서 협력하고 있거나, 또는 그것이 다른 활동들을 은폐하는 것은 의식적 활동의 특권을 남용하는 것으로 보아야 할 것이다. 꿈의 역사적 의의를 특별한 테마로 볼 필요는 없을 것 같다. 예를 들면 어떤 사람이 꿈을 미루어 무언가 큰 일을 계획하고, 그 계획이 성공하여 역사의 한 장르를 전환시켰을 때, 꿈을 마치 미지의 힘처럼 여겨 더 잘 알고 있는 다른 심적 힘과 대치시켜 놓는다면 어떤 새로운 문제가 발생하겠지만, 만일 꿈을 낮에는 저항의 중압을 받다가 밤이 되어 심층에 있는 흥분 원천의 힘을 얻어 나오는 충동의 한 표현 형식으로 볼 경우에는 별 다른 문제가 없는 것이다.[32]

----

32) 이에 대해서는 본서 〈제2장 꿈 해석의 방법〉 각주 6)에서 보고한, 뒤루스의 점령시 알렉산더 대왕이 꾼 꿈을 참조하라.

그러나 고대의 여러 민족들의 꿈에 대한 수상은 인간의 마음 속에 어떤 제어되지 않고 사라지지 않는 꿈 소망을 낳고, 우리가 우리의 무의식 속에서 재발견하는 '마력적인 것'에 대한 올바른 심리학적 예감에 기초를 둔 것이다. 내가 여기서 '우리의 무의식 속에서'라고 말한 것은 다음과 같은 연유에서이다. 즉, 우리가 '무의식'이라고 부르는 것은 철학자들이나 립스의 그 것과는 다른 것이기 때문이다. 철학자들은 단지 의식의 반대물로서 무의식을 표현한다. 그리고 립스에게 있어서는, 모든 심적인 것은 무의식으로서 존재하고, 그 중에 약간의 것만 의식으로도 존재한다는 식으로 규정된다.

그러나 우리가 꿈이나 히스테리증의 형성에 있어서의 형상들을 여기서 거론하는 것은 립스의 이 명제를 입증하기 위한 것이 아니다. 정상적인 낮 생활만 관찰해도 이 명제는 의심의 여지가 없다. 정신병리학적인 형성물과 그 첫 형성물 중의 하나인 꿈의 분석이 우리에게 새로이 가르쳐 주는 바는, 무의식이란 두 개의 각기 다른 조직의 기능으로 나타나고, 정상적 심적 생활 속에서도 그와 같이 나타난다는 사실이다. 그러므로 무의식에는 두 종류가 있는 셈이다. 심리학자들은 아직 이런 구별을 하지 않는다. 둘 다 심리학의 의미로서는 무의식이기 때문이다.

그러나 우리가 무의식이라고 부르는 것은 '의식화될 수 없는 한쪽'으로서, 나머지 한쪽은 '전의식'이라고 이름 지어, 그 흥분이 어떤 종류의 법칙을 준수하고서 어떤 새로운 검열을 통과한 후에야 무의식 조직을 무시한 채 의식 속으로 들어올 수 있는 것을 말하였다.

흥분이 의식화되기 위해서는 어떤 불변하는 순서와 검열에 의한 변화에 따라 검문소를 통과해야 한다는 사실은 공간 관계로서 쉽게 비유할 수 있다. 우리는 두 조직간의 관계와, 두 조직과 의식의 관계를 기술하면서, 전의식 조직은 무의식 조직과 의식 사이에서 병풍처럼 가로막고 있어 의식으로 가는 입구를 막고 있으며, 게다가 그것은 자의적인 운동성으로 가는 입구마저 봉쇄하고 있기 때문에 그 일부분이 가동적可動的인 — 주의력으로 우리에게 알려져 있는 — 충당 에너지의 방출을 마음대로 할 수 있다고 말한 것이다.[33] 정신 노이로제의 문헌에서 즐겨 사용하는 '상층 의식'과 '하층 의식'이라는 구분은 우리로서는 인정하기가 어렵다. 왜냐 하면 이런 구분은 심적인 것과 의식의 동일시를 강조하는 것이기 때문이다.

그러면 우리가 서술한 중에, 전지 전능하며 다른 모든 것을 덮고 있던 의식에 대해서 어떤 역할이 남아 있는가? 그것은 심적 특성을 지각하기 위한 하나의 감각 기관 이상의 것이 아니다. 우리가 도식으로 나타내려고 시도했던 근본 의도로써는 의식 지각을 약식 기호 Bw로서 나타낼 수 있는 특수한 조직의 독자적인 업적으로만 포착할 수 있었다. 이 조직은 그 기계적 특성들에 있어서 여러 지각 조직 W와 유사한 것으로 생각되며, 그런 성질에 의해 흥분되긴 해도 변화의 흔적을 보존하지는 못한다. 즉, 기억력을 갖지 않는다.

흥분의 재료는 두 방향에서 의식으로 들어온다. 지각 조직으로부터 오는 그 하나는, 지각 조직의 성질에 의해 제약된 흥분이 아마도 어떤 새로운 가공을 거침으로써 결국 의식 감각이 되는 것 같다. 또 다른 하나는 심적 장치 자체의 내부로부터 오는 것으로서, 그 과정들은 양적인 것이지만, 그것이 어떤 변화를 겪고 도달한 경우에는 쾌·불쾌의 성질로서 느껴진다.

철학자들은 의식을 완전된 심적 과정의 여분의 반영으로 생각했다. 그러

---

33) 〈정신 분석에 있어서의 무의식 개념에 관한 견해〉《심리학 연구회지》 제26권에서, 나는 무의식이라는 다의적인 말의 기술적·역동적·체계적 의의를 구별한 바 있다.

나 우리는 의식 조직과 지각 조직들의 유사점을 통해 그 난점을 피할 수 있었다. 우리는 우리의 감각 기관에 의해서, 지각은 여러 감각 흥분들이 각기, 그리고 퍼져들어가는 길에 주의력의 에너지를 충당하는 결과로 되는 것을 알 수 있다. 감각 조직의 흥분은 심적 장치 안에서 가동할 수 있는 양에 대해서 그 경과의 조정기 역할을 한다. 이와 같은 작용을 우리는 의식 조직의 감각 기관에서도 볼 수 있는데, 이 기관은 새로운 성질을 지각함으로써 가동할 수 있는 충당 에너지를 유도하고, 목적에 맞게 분배되도록 돕는다. 이 기관은 쾌·불쾌의 지각에 의해서 대개 무의식적으로 양적 이동에 의해 작용하는 심적 장치 내부에서의 에너지 충당 과정에 영향을 미친다.

아마도 불쾌 원리는 에너지 충당의 이동을 자동적으로 규정하는 것으로 여겨진다. 그러나 무엇보다 유력시되는 점은 이러한 성질의 의식이 그 다음의 좀더 미묘한 조정을 하는 일이며, 게다가 두 번째의 조정은 처음의 규정에 항거까지 하여 심적 장치의 작업 능력을 완전하게 만들고, 심적 장치 본래의 소질에도 없는 불쾌감의 방출과 결부되어 있는 것까지도 에너지 충당과 가공에 복종시키는 것이다. 노이로제 심리학에서는 여러 감각 기관의 흥분에 의한 이런 조정 작용은 심적 장치가 활동할 때 커다란 역할을 하는 것으로 간주하지 않으면 안 된다.

제1차 불쾌 원리의 자동적 지배 및 그와 결부된 업적 능력의 제한은 그 자체로써 자동적 작용인 감각적 조정에 의해 파기된다. 억압은 본래 합목적적인 데도 불구하고, 결국은 심적 지배와 저지를 단념하게 되는데, 기억에 대해서는 지각에 대해서 보다 훨씬 쉽게 그것이 이루어진다. 왜냐 하면 기억에 있어서는 여러 심적 감각 기관의 흥분에 의한 에너지 충당이 증대되지 않기 때문이다. 거부되어야 할 어떤 관념이 한쪽으로는 억압에 복종한 탓에 의식에 올라가지 못한다면, 다른 한편으로 이 관념은 다른 이유로 의식 지각에서 멀어졌기 때문에 비로소 억압될 수 있는 것이다. 이것에 바로 이미 가해지고 있는 억압을 해소시키기 위해서 치료 작업을 행하는 단서가 있다.

의식 감각 기관이 가동량에 영향을 미침으로써 만들어지는 과다 에너지의 가치는 목적론적인 관련에 있어서 어떤 새로운 양적 계열의 창조를 가져다주므로, 동물과 비교되는 인간의 특권을 형성하는 어떤 새로운 조정 작용을 함으로써 가장 뚜렷하게 입증되고 있다. 다시 말해서 사고 과정은, 그 자체로는 사고의 방해가 될지도 모르는 쾌·불쾌의 흥분 외의 다른 성질은 제외되어 있는 것이다. 인간에게는 그러한 사고 과정에 어떤 성질을 부여하기 위해서 언어 기억이 결부되어 있다. 언어 기억의 질적 잔존물에는 의식의 주의력을 끌어당기거나, 에너지 충당을 의식에서 사고로 향하게 할 만큼의 힘이 충분히 있다. 의식에 대한 다양한 여러 문제의 전모는 히스테리의 사고 과정을 분석함으로써 처음으로 고찰해 볼 수 있었다. 그때 우리는 전의식에서 의식으로 에너지 충당이 옮겨지는 것도, 무의식과 전의식 사이에 있는 검열과 비슷한 또 다른 검열과 결부되어 있는 것으로 생각했다.

이 검열도 어떤 종류의 양적 관념에서 처음으로 비롯되는 것이며, 강도가 낮은 관념 형성물은 이 검열에서 벗어날 수 있다. 의식에서의 차단 외에도 온갖 저지를 뚫고 행해지는 의식으로의 진압 과정의 거의 모두가 많은 정신 노이로제 현상 속에서 발견되는 것들이다. 그러한 경우는 검열과 의식 사이에 있는 긴밀성·양면성을 갖는 관련을 가리킨다. 이상으로서 두 가지 과정의 심리학적 논의를 일단 여기서 마치기로 한다.

언젠가 매우 순진하고 영리한 눈을 가진 소녀를 진찰한 적이 있었다. 그 소녀는 차림새가 기묘하였다. 보통의 여자들은 옷의 주름에까지 아주 세심하게 신경을 쓰기 마련인데, 그녀는 한쪽 스타킹이 흘러내린 채 블라우스의 단추는 두 개나 빠져 있었다. 한쪽 다리가 아프다면서, 보자고 하지도 않았는데 치마를 넓적다리까지 걷어올렸다. 그녀의 주요한 호소는 마치 '몸 속에 무엇이 들어와' 그것이 '이리저리 움직여서' 온몸이 '흔들리는'것 같고, 그런 때는 온몸이 경직되어 버린다는 것이다.

입회했던 의사는 이 말을 듣고 내 얼굴을 쳐다보았다. 그도 이 말의 의미를 짐작했던 것이다. 그런데 우리 두 사람이 이상하게 생각한 것은 환자의 어머니가 딸의 말을 듣고도 태연한 것이었다.

어머니는 분명 그 딸이 말한 상황을 많이 경험했을 텐 데도 말이다^{성교시의 상황}. 그 소녀 자신은 자기가 하고 있는 말의 의미를 몰랐다. 물론 알고 있었다면 입 밖에 내어서 말하지도 못했을 것이지만. 이것은 자못 순진한 척 꾸며 증세를 호소하듯, 보통 전의식 속에 머물러 있는 공상이 용케 검열의 눈을 속여 의식 속으로 들어가는 데 성공한 경우이다.

또 다른 실례로서, 내가 14세의 한 소년에게 정신 분석 치료를 행했을 때이다. 그는 안면 근육 경련, 히스테리성 구토·두통 등에 시달리고 있었다. 나는 소년에게 눈을 감으면 여러 가지 형상과 일이 떠오를 테니 그것을 말해 보라고 했다. 나를 찾아오기 전의 최근의 인상이 그의 기억 속에 시각적으로 되살아났다. 백부와 장기를 두던 장기판이 눈앞에 떠올랐다. 유리한 형세, 불리한 형세, 잘못된 장기의 움직임에 대해 백부와 토론을 한다. 그리고 장기판 위에 칼이 한 자루 놓여 있는 것을 본다. 아버지 것인데, 소년의 공상은 그것을 장기판 위에 옮겨 놓은 것이다. 다시 작은 낫 한 자루가 그 위에 놓이고, 또 거기에 큰 낫이 한 자루 첨가되며, 이번에는 늙은 농부가 고향의 집 앞에서 풀을 베고 있는 것을 본다.

그로부터 2, 3일 후에 나는 이 일련의 영상의 뜻을 알게 되었다. 이 소년은 가정사에 불화가 있었던 것이다. 어머니와 불화가 잦았던 아버지는 잔인하고 화를 잘 내는 사람이었으며, 무슨 일이든 협박하는 식으로 소년을 훈육했다. 그러고는 결국 마음이 약한 어머니와 헤어져, 어느 날 갑자기 젊은 여자와 재혼하였다. 그런 일이 있은 후 얼마 안 되어 소년이 발병했던 것이다. 앞서의 영상을 의미 있는 암시로 이어나간 것은 아버지에 대한 억제된 분노였다. 작은 낫은 제우스가 아버지를 거세하는 데 사용한 것이었으며, 큰 낫과 늙은 농부의 모습은 자기 자식들을 잡아먹고 제우스에게 복수거세되는 것를 당하는 난폭한 노인 크로노스를 나타내고 있다.

아버지의 재혼은, 소년이 자기 성기를 '주물러서' 아버지에게 들었던 꾸지람과 위협을 아버지에게로 환원시키는 기회를 주었다장기놀이, 잘못된 장기의 움직임, 칼. 그 영상들은 오랫동안 억압되어 온, 계속 무의식인 채로 머물러 있던 갖가지 기억의 파생물로서, 얼른 보기에 무의미하게 보이는 영상으로 의식 속에 들어간 것이다.

이러한 예를 통해서, 나는 심리학적 인식과 정신 노이로제의 이해를 돕는 데 꿈 연구의 이론적인 가치가 있음을 확신하게 되었다. 그러나 현재의 지식만으로도 충분히 치료할 수 있는 여러 형태의 정신 노이로제에 대해서는 달리 또 치료적인 면에 도움이 되는, 마음이라는 기제의 구조와 작용을 철저하게 규명하는 작업이 어떤 의의를 갖게 될지는 아무도 예상할 수 없으리라. 마음의 지식 및 개개인의 숨은 성격상의 특성들을 발견하는 데 있어서, 이러한 연구에 실용적인 가치가 있는가 하는 의문 외에도 몇 가지 또 다른 의문들도 생길 것이다. 꿈이 계시하는 무의식적 충동은 마음 생활 속에 있는 현실적 가치를 가진 것이 분명한가? 억제된 소망이 오늘 꿈을 만들어 내는 것과 마찬가지로 다른 날에도 어떤 것을 만들지 모르므로, 그런 것의 도 덕적인 의의 따위는 경시해도 좋지 않은가?

나는 이런 의문에 대답할 자격이 없는 것 같다. 나는 꿈 문제를 다루는 데 있어서 이런 측면을 거의 추구하지 않았다. 다만 나의 견해는 이러하다. 말하자면 어떤 신하가 황제를 죽이는 꿈을 꾸었다는 이유만으로, 그 신하 를 처형시킨 로마 황제는 잘못된 것이라고. 황제는 먼저 그 꿈의 의미를 잘 생각해 보았어야 옳다. 그 꿈의 진의는 오히려 외견과는 다른 것이었으니 말이다. 그리고 또 다른 내용을 가진 꿈이 이 꿈과 같은 반역적 뜻을 보였 다 해도, 보통의 사람들은 악인이 현실에서 행할 법한 일을 꿈꾸는 것만으 로 만족한다는 플라톤의 말을 상기해야 할 것이다. 그러므로 꿈은 마음대 로 꾸게 하는 것이 좋다. 나는 무의식적 소망의 '현실성'을 인정해야 좋을 지 어떨지 확언할 수 없다.

모든 과도적인 관념이나 중간 관념에는 물론 그런 현실성이 없다고 해야 마땅할 것이다. 그러나 우리가 궁극적이고도 가장 진실한 표현을 하는 꿈 을 대할 때, '심적 현실성과 물질적 현실성'은 혼동하지 말아야 하는 특별 한 존재 형식이라고 말하지 않을 수 없을 것이다. 그렇다면 사람들이 꿈의 비도덕성에 대해 책임을 지는 데 반대한다는 것은 아무래도 이유 없는 일 처럼 여겨진다. 우리의 꿈이나 공상 생활에서 볼 수 있는 비도덕적인 것은 심적 장치의 기능 및 의식의 관계를 잘 이해한다면 저절로 사라지는 것이 다. "꿈이 현실에 대한 관계를 우리에게 알려 주는 것은 나중에 의식 속에 서 찾아낼 수 있다. 그리고 우리가 분석이라는 확대경으로 본 어떤 괴물을 이번에는 적충류로서 재발견했다고 해도 굳이 놀랄 것은 없다."한스 작스

인간의 퍼스낼리티를 판단하기 위해서는 많은 경우에 있어서 그 사람의

행동과 의식의 지향만으로 충분하다. 그 중에서 특히 행동을 우선시해야 할 것이다. 왜냐 하면 의식에 진입한 많은 충동은 행동으로 나타나기 전에 마음 생활의 현실적인 여러 힘에 의해서 폐기되어 버리기 때문이다. 게다가 오히려 그러한 충동이 의식으로 들어오는 과정에서 어떤 심적 방해도 당하지 않는 것은, 무의식이 그것을 다른 방법으로 막을 수 있는 길이 있기 때문이다.

우리의 도덕성이 무너지는 것을 안다는 것은 분명 유익한 일이다. 인간의 퍼스낼리티라는 것은 항상 사방으로 역동적으로 작용하는 복잡한 것이며, 우리의 보수적인 도덕성대로 선이냐, 악이냐 하는 식의 양자 택일로는 해결되지 않는 것이다.

그리고 꿈에 나타나는 미래에 대한 예지는 과연 가치 있는 것일까? 물론 그런 것은 생각할 수 없다. 대신에 꿈은 과거에 대한 지식을 알려 준다고 말하고 싶다. 왜냐 하면 꿈은 어쨌든 과거로부터 유래하는 것이기 때문이다. 꿈이 우리에게 미래를 예시해 준다고 믿어 온 데도 일리가 있다. 꿈은 소망의 충족을 그림으로써, 어떤 의미에서는 우리를 미래로 인도해 준다. 그러나 꿈을 꾸는 본인이 현재라고 생각하는 이 미래는, 소멸되지 않는 소망에 의해서 사실은 그의 과거의 모습이 재현되어 있는 것이다.

부 록

꿈에 관한 문헌

D i e   T r a u m d e u t u n g

(1) 초판 발행시까지 ~1900

Achmetis F. Serim. Oneirocriticae ed. Nik. Rigaltius. Paris 1603

Alberti Michasel. Diss. de insomniorum influxi in sanitatem et morbos. Resp. Titius Halae M. 1744

Alix. Les rêves. Rev. Scientif., 3e série, t. VI (32e de la coll.), 3e annêe, 2e sem. nov. 1883, p.554~561

— Étude du rêve. Mêm. de l'acad. de sc. etc. de Toulouse, 9e série, t. I, p.283~326. Toulouse 1889

Almoli Salomo. Pithrôn Chalmôth. Solkiew 1848

Aristoteles. Über Träume und Traumdeutungen. Übersetzt von Bender

— Von der Weissagung im Traume

Artemidoros aus Daldis. Symbolik der Träume. Übersetzt von Friedr. S. Krauβ. Wien 1881

— Erotische Träume und ihre Symbolik. Aus dem Griechischen übersetzt von Dr. Hans Licht. Anthropophyteia Bd. IX, P.316~328

Artigues. Essai sur la valeur séméiologique du rêve. Thése de Paris

1884

Bacci Domenico. Sui sogni e sul sonnombulismo, pensieri fisiòlogico-metafisici. Venezia 1875.

Ball. La morphinomanie, les rêves prolongés. Paris 1885

Benezé Emil. Das Traummotiv in der mittelhochdeutschen Dichtung bis 1250 und in alten deutschen Volksliedern. Halle 1897. (Benezé, Sagengesch. und lit.-hist. Unters. l. Das Traummotiv)

Benini V. La memoria e la durata dei sogni. Rivista italiana di filosofla. März. April 1898

— Nel moneto dei sogni Il Pensiero nuovo, Apr. 1898

Binz C. Über den Traum. Bonn 1878

Birkmaier Hieron. Licht im Finsternü β der nächtlichen Gesichte und Träume. Nürnberg 1715

Bisland E. Dreams and their Mysteries. N.Ann. Rev., 1896, 152, p.716~726

Börner J. Das Alpdrücken, seine Begründung und Verhütung. Würzburg 1885

Bredley J.H. On the failure of movement in dream. Mind, July 1894

Brander R. Der Schlaf und das Traumleben. Leipzig 1884

Bouché-Leclercq. Histoire de la divination dans l'antiquité. (T.I.) Paris 1879

Bremer L. Traum und Krankheiten. New York med. Monatschr. 1893, V, 281~286

Büchsenschütz B. Traum und Traumdeutung im Altertum. Berlin 1868

Burdach. Die Physiologie als Erfahrungswissenschaft, 3. Bd. 1830

Bussola Serafino. De somniis (Diss.). Ticini Reg. 1834

Caetani-Lovatelli. I sogni e l'ipnotismo nel mondo antico. Nuova

Antol. l. Dez. 1889

Calkins Mary Whiton. Statistics of dreams. Amer. J. of Psy chology. V. 1893

Cane Francis E. The physiology of dreams. The Lancet, Dez. 1889

Cardanus Hieron. Synesiorum somniorum, omnis generis insomnit. explicantes libri IV. Basileae 1562. (2. Ausg. in Opera omniac Cardani vol. V, p.593~727. Lugduni 1603)

Cariero Alessandro. De somniis deque divinatione per somnia. Patavii 1575

Carpenter. "Dreaming" in Cyclop. of anat. and phys. IV, p.687

Chabaneiz. Le subconscient chez les artistes, les savants et les é crivains. Paris 1897

Chaslin Ph. Du rôle du rêve dans l'évolution du délire. Thése de Paris, 1887

Clavière. La rapidité de la pensée dans le rêve. Revue philosophique XLIII. 1887

Coutts G.A. Night-terrors. Americ. J. of Med. Sc. 1896

D.L. A propos de l'appréciation du tems dans le rêve. Rev. phillos. vol. 40, 1895, p.69~72

Dagonet. Du rêve et du délire alcoolique. Ann. méd-psychol. 1889, série 7, t. X, p.193

Dandolo G. La coscienza nel sonno. Padova 1889

Davidson Wolf. Versuch über den Schlaf. 2. Aufl. Berlin 1799

Debacker. Terreurs nocturnes des enfants Thèse de Paris. 1881

Dechambre. Cauchemar. Dict. encycl. de sc. méd

Delage Yves. Une théorie du rêve. Revue scientifique, 11 Juli 1891

Delboeuf J. Le sommeil et les rêves. Paris 1885

Dietrich Joh. Dav. An ea, quae hominibus in somno et somnio

accidunt, iisdem possint imputari? resp. Gava Vitembergae 1726

Dochmasa A.M. Dreams and their significance as forebodigs of disease. Kazan 1890

Dreher E. Sinneswahrnehmung und Traumbild. Reichs-med. Anzeiger, Leipzig 1890, XV

Ducosté M. Les songes d'attaques épileptiques 1889

Dugsa. Le souvenir du rêve. Revue philosophique. XLIV. 1897

— Le sommeil et la cérébration inconsciente durant le sommeil. Revue philosophique. XLIII. 1897

Du Prel Carl. Oneirokritikon; der Traum vom Standpunkte des transcend. Idealismus. Deutsche Vierteljahrschrift H. II. Stuttgart 1869

— Psychologie der Lyrik. Leipzig 1880

— Die Philosophie der Mystik. Leipzig 1887

— Künstliche Träume. Monatsschrift "Sphinx", Juli 1889

Egger V. Le Sommeil et la certitude, le sommeil et la mémoire. La Critique philos. Mai 1888, I, p.341~350

— La durée apparente des rêves. Revue philosophique. Juli 1895.

— Le souvenir dans le reve. Revue philosophique. XLVI. 1898

Ellis Havelock. On dreaming of the dead. The psychological Review. II, Nr. 5. September 1895

— The stuff that dreams are made of. Appleton's popular science monthly. April 1899

— A note on hypnagogic paramnesia. Mind, April 1897

Erdmann J.E. Psychologische Briefe, 6. Aufl. Leipzig 1848

— Ernste Spiele (XII : Das Träumen), Vortr. 3. Aufl. Berlin 1875

Erk Vinz. v. Über den Unterschied von Traum und Wachen. Prag 1874

Escande de Messières. Les rêves chez les hystériques. Th. méd.

Bordeaux 1895

Faure. Étude sur les rêves morbides. Reves persistants. Arch. génér. de méd. 1876, vol. I, p.558

Fechner G.Th. Elemente der Psychophysik. 2. Aufl. 1889

Fenizia. L'azione suggestiva delle cause esterne nei sogni. Arch. per l'Anthrop. XXVI

Féré Ch. A contritbution to the pathology of dreams and of hysterical Paralysis. Brain, Jan. 1887

— Les rêves d'accès chez les épileptiques. La Med. mod. 8. Dez. 1897

Fichte J.H. Psychologie. Die Lehre vom bewuβten Geiste des Menschen. I. Teil. Leipzig 1864

Fischer Joh. Ad artis veterum onirocriticae historiam symbola. Diss. Jenae 1899

Florentin V. Das Traumleben. Plauderei. Die alte und die neue Welt, 1899, 33. J., 725

Fornaschon H. Geschichte eines Traumes als Beitrag der trans-cendentalen Psychologie. Psychische Studien 1897, S. 274-281

Freiligrath. Traumbuch (in der Biographie von Buchner)

Frensberg. Schlaf und Traum. Samml. gemeinverst. wiss. Vortr. Virchow-Holtzendorf, Ser. XX, H. 466, Berlin 1885

Frerichs Joh. H. Der Mensch : Traum, Herz, Verstand. 2. Aufl. Norden 1878

Galenus. Von der Weissagung im Traume

Gieβler C.M. Beitrag zur Phänomenologie des Traumlebens. Halle 1888

Aus den Tiefen des Traumlebens. Halle 1890

— Die physíologischen Beziehungen der Traumvorgänge. Halle

1896.

Girgensohn L. Der Traum, psychol. -physiol. Versuch. S.A. 1845.

Gleichen-Runβwurm A.v. Traum in der Dichtung. Nat. -Ztg. 1899, Nr. 553-559

Gley E. Appréciation du temps pendant le sommeil. L'interméd-iaire des Biologistes, 20 mars 1898, No. 10, p.228

Goblot. Sur le souvenir des rêves. Revue philosophique. XLII. 1896

Gomperz Th. Traumdeutung und Zauberei, Vortag. Ween 1896

Gorton D.A. Psychology of the Unconscious, N.Y. Med, Times 1896, XXIV 33, 37

Gould. Dreams-Sleep-Consciousness. Open Court 1899

Grabener Gottl. Chr. Ex antiquitate iudaica de menûdim bacha-lôm sive excommunicatis per insomnia exerc. resp. Klebius. Vitembergae 1710

Graffunder. Traum und Traumdeutung. 1894

Greenwood. Imaginations in dreams and their study. London 1899

Griesinger. Pathologie und Therapie der psychischen Krankheiten. 3. Aufl. 1871

Grot Nicolaus. Die Träume, ein Gegenstand wissenschaftl. An-alysc (russ.). Kiew 1878

Guardia J.M. La personnalité dans les rêves. Rev. philos. Paris 1892, XXXIV, 225-258

Gutfeldt J. Ein Traum. Psych. Studien, 1899, S. 491-494

Haffner P. Schlafen und Träumen. 1884. Frankfurter zeitgemäβe Broschüren. 5. Bd., Heft 10

Hallam Fl. und Sarah Weed. A Study of the dream conscious-ness. Amer. J. of Psychology. VII., Nr. 3. April 1896

Hampe Th. Über Hans Sachsens Traumgedichte. Zeitschrift für den deutschen Unterricht, 10. Jahrg. 1896, P.616f

Heerwagen. Statist. Untersuch. über Träumen u. Schlaf. Philos. Stud. V, 1888, p.88

Hennings Justus Chr. Von Träumen und Nachtwandlern. Weimar 1802

Henzen Wilh. Über die Träume in der altnord. Sagaliteratur. Diss. Leipzig 1890

d'Hervey. Les rêves et les moyens de les diriger. Paris 1867 (anonym)

Hildebrandt F.W. Der Traum und seine Verwertung fürs Leben. Leipzig 1875

Hiller G. Traum. Ein Kapitel zu den zwölf Nächten. Leipz. Tagbl. und Anz. 1899, Nr. 657, 1. Beil

Hippokrates. Buch über die Träume. (Sämtliche Werke übersetzt von Dr. Robert Fuchs. München 1895-1900, Bd. I, p.361~369)

Hitschmann F. Über das Traumleben der Blinden. Zeitschr. f. Psychol. VII, 5-6, 1894

Ideler. Die Entstehung des Wahnsinns aus den Träumen. Charité Annalen, 1862

Jastrow. The dreams of the blind. New Princetown Rev. New York Jan. 1888

Jean Paul. Blicke in die Traumwelt. Museum (1813) II (Werke hg. v. Hempel 44, p.128~152)

— Über Wahl-und Halbträume, ebenda, p.142f

— Wahrheit aus seinem Leben, 2. p.106~126

Jensen Julius. Traum und Denken. Berlin 1871. (Samml. gem-minverst. wiss. Vortr. Virchow-Holtzendorf Ser. VI, H. 134)

Jessen. Versuch einer wissenschaftlichen Begründung der Psychologie. Berlin 1856

Jodl. Lehrbuch der Psychologie. Stuttgart 1896. (3. Aufl. 1908)

Kant, I. Anthropologie in pragmatischer Hinsicht. Kirchmann-sche Ausgabe. Leipzig 1880

Kingsford A.B. Dreams and dream-stories ed. by Maitland. 2. ed. London 1888

Kloepfel F. Träumerei und Traum. Allerlei aus unserem Traum-leben. Universum 1899, 15. J., Sp. 2469-2484, 2607-2622

Kramar Oldrich. O Spànku a snu. Prager Akad. Gymn. 1882

Krasnicki E.v. Karls IV. Wahrtraum. Psych. Stud. 1897, p.697

Krauβ A. Der Sinn im Wahnsinn. Allgemeine Zeitschrift für Psychologie, XV. und XVI. 1858-1859

Kucera Ed. Aus dem Traumleben. Mähr-Weiβkirchen, Gymn. 1895

Ladd. Contribution to the psychology of visual dreams. Mind, April 1892

Lsistner Ludw. Das Rätsel der Sphinx. 2 Bände, Berlin 1889

Landau M. Aus dem Traumleben. Münchner Neueste Nachrich-ten, 9. Januar 1892

Lasègue. Le délire alcoolique n'est pas un délire, mais un rëve. Arch. gén de méd 1881. (Réimp. in Etudes méd. t. II, p. 203-227, Paris, 7e série, t. VI, p.513~536, 1884)

Laupts. Le fonctionnement cérébral pendan tle rêve et pendant le sommeil hypnotique. Annales méd. -psychol. 1895

Leidesdorf M. Das Traumleben. Wien 1880. -Sammlung der "Alma Mater"

Le Lorrain. La durée du temps dans les rêves. Rev. philos. vol. 38, 1894, p.275~279

— Le rêve. Revue philosophique. Juli 1895

Lélut. Mémoire sur le sommeil, les songes et le somnambulisme.

Ann. méd. -psych. 1852, t. IV

Lemoine. Du sommeil au point de vue physiologique et psycho-logique. Paris 1885

Lerch Math Fr. Das Traumleben und sein Bedeutung. Gymn. Progr. Komotau 1833/84

Liberali Francesco. Dei songni. Diss. Padova 1834

Lièbeault A. Le sommeil provoqué et les états analogues. Paris 1889

— A travers les états passifs, le sommeil et les rêves. Rev de l'hypoth. etc. Paris 1893, 4, VIII, 41, 65, 106

Lipps Th. Grundtatsachan des Seelenlebens. Bonn 1883

Luksch L Wunderbare Traumerfüllung als Inhalt des wirklichen Lebens. Leipzig 1894

Macario. Du sommeil, des rêves et du somnambulisme dans l'état de. santé et dans l'état de maladie. Ann.méd. -psychol. 1858, t. IV, V

— Des rêves considérés sous le rapport physiologique et patholo-gique. ibid. 1846, t. VIII

Macfarlane A.W. Dreaming. The Edinb. Med. J. 1890, t.36

Maine de Biran. Nouvelles considérations sur le sommeil, les songes et le somnambulisme (Ed. Cousin) 1792

Manaceine Marie de. Le sommeil, tiers de notre vie. Paris 1896

— Sleep ; itsPhysiology, Pathology and Psychology. London 1897

Maudsley. The Pathology of Mind. 1879

Maury A. Analogies des phénomènes du rêve et de l'aliénation mentale. Annales méd. psych. 1853. V, VI

— De certains faits observés dans les rêves. Ann. méd-psychol. 1857, t. III

— Le sommeil et les rêves. Paris 1878

Meisel (pseud.). Natürlich-göttliche und teuflische Träume.

Sieghartstein 1783

Melinaud. Dream and Reality, Pop. Sc. Mo. Vol. LIV, p.96~103

Melzentin C. Über wissenschaftliche Traumdeutung. Die Gegen-wart 1899, Nr. 50

Mentz Rich. Die Träume in den altfranzösischen Karls- und Artus-Epen. Marburg 1888. (Ausg. u. Abh. aus d. Geb. d. roman. Phil., Bd. 73)

Monroe W.S A study of taste-dreams. Am. J. of Psychol. Jan 1899

Moreau de la Sarthe. Art. "Rêve" Dict. des sc. méd. t. 48. Paris 1820

Moreau J. De l'identité de l'état de rêve et de folie. Annales méd psych. 1855, p.261

Morselli A. Dei sogni nei Genii. La Cultura 1899

Motet. Cauchemar. Dict. de méd. et de chir. pratiques

Murry J.C. Do we ever dream of tasting? Proc. of the Amer. Psychol, 1894, 20

Nagele Anton. Der Traum in der epischen Dichtung. Programm der Real-. schule in Marburg 1889

Nelson J. A study of dreams. Amer. J. of Psychology. I, 1888

Newbold W.R. Sub-conscious reasoning. Proc. Soc. Ps. Res. 1896, VII, 11-20

— Uber Traumleistungen. Psychol Rev. March 1896, p.132

Passavantil Jac. Libro dei sogni. Ausg. d. Bibl. diamante, Rom 1891

Paulhan. L'activité mentale et les éléments de l'esprit. Paris 1889

— A propos de l'activité de l'esprit dans le rêve. Rev. philos. vol. 38, 1894, p.546~548

Pfaff E.R. Das Traumleben und seine Deutung nach den Prin-zipien der Araber, Perser, Griechen, Indier und Ägypter-Leipzig 1868

Pichon. Contribution à l'étude de délires oniriques ou délires de rê ve. Thèse de Bordeaux 1896

Pick A. Über pathologische Träumerei und ihre Beziehungen zur Hysterie. Jahrbuch für Psychiatrie 1896

Pilcz. Über eine gewisse Gesetzmäβigkeit in den Träumen. Autoreferat in Monatsschrift für Psychologie und Neurologie. März 1899

Prévost. Quelques observations psychologiques sur le sommeil. Bibl. univ. des. sc., belles-lettres et arts 1834, t. I. Littéra-ture, p.225~248

Purkinje. Artikel: Wachen, Schlaf, Traum und verwandte Zust-ände in Wagners Handwörterbuch der Physiologie. 1846

Radestock P. Schlaf und Traum. Leipzig 1878

Ramm Konrad. Diss. pertractans somnia. Viennae 1889

Régis. Les rêves Bordeaux. La Gironde (Variétés) du mai 31, 1890

— Des hallucinations oniriques des dégénérés mystiques; C.R.du Congrès des méd aliénistes etc. 5. Sitzung 1894. Paris 1895. p.260

Rêves. et l'hypnotisme. Le Monde, Août 25, 1890

Richard Jérome. La théorie des songes. Paris 1766

Richardson B.W. The physiology of dreams. The Asclep. London 1892, IX, 129, 160

Robert W. Der Traum als Naturnotwendigheit erklärt. Hamburg 1886

Richier. Onéirologie ou dissertation sur les songes considérés dans l'état de maladie. Thèse de Paris 1816

Robinson L. What dreams are made of. N. Americ. Rev. New York 1893, CI, VII, 687-697

Rousset. Contribution à l'étude du cauchemar. Thèse de Paris 1876

Roux J. Les rêves et les délires onirique. Province méd. 1898, p.212

Ryff Walther Herm. Traumbüchlein. Straβburg 1554

Sante de Sanctis. Emozione e sogni. 1896

— I sogni nei delinquenti. Arch. di psichiatr. e antrop. criminale.

Turin 1896, XVII, 488-498

— I sogni e il sonno nell' isterismo e nella epilessia. Roma 1896

— Les maladies mentales et les rêves. 1897. -Extrait des Annales de la Société de médecine de Gand

— Sui apporti d' identità, di somiglianza, di analogia e di equivalenza fra sogno e pazzia. Rivista quindicinale di Psicologia, Psichiatira, Neuropatologia. 15. Nov. 1897

— I sogni dei neuripatici e dei pazzi. Arch. di psichiatr, e antrop. crim. 1898, 4. Heft (deselbst weitere Lit.)

— Psychoses et rêves. Rapport au Congrès de neurol. et d'hypnologie de Bruxelles 1898. Comptes rendus. H.1, p.137

— I Sogni. Torino 1899 (deutsch von O. Schmidt, Halle 1901)

Santel Anton. Poskus raz kladbe nekterih pomentjivih prikazni spanja in sanj. Progr. Gym. Görz 1874

Sarlo F. de. I sogni. Saggio psicologico. Napoli 1887

Sch. Fr. Etwas über träume. Psych. Studien, 1897, 686-694

Scherner R.A. Das Leben des Traumes. Berlin 1861

Schleich K.L. Traum und Schlaf. Die Zukunft, 1899, 29. Bd., 14-27, 54-65

Schleiermacher Fr. Psychologie, herausgegeben von L. George. Berlin 1862

Scholz Fr. Schlaf und Traum. Leipzig 1887

Schopenhauer. Versuch über das Geistersehen und was damit zusammenhängt. Parerga und Paralipomena, I. Bd., 1857

Schubert Gotthilf Heinrich. Die Symbolik des Traumes. Bamberg 1814

Schwartzkopff P. Das Leben im Traum. Eine Studie. Leipzig 1887

Science of dreams. The Lyceum. Dublin, Oct. 1890, p.28

Siebeck A. Das Traumleben der Selle 1877. -Sammlung Virchow-Holtzendorf. Nr. 279

Simon M. Le monde des rêves. Paris 1888. -Bibliothèque scientifique contemporaine

Spitta W. Die Schlaf- und Traumzustände der menschlichen Seele. 2. Aufl. Freiburg i B. 1892

Stevenson R.L. A Chapter on Dreams (in "Across the Plain"). 1892

Stricker. Studien über das Bewuβtesin. Wien 1879

— Studien über die Assoziation der Vorstellungen. Wien 1883.

Strümpell L. Die Natur und Enstehung der Träume. Leipzig 1877

Stryk M.v. Der Traum und die Wirklichkeit (nach C. Mélinaud). Baltische Monatsschrift. Riga 1899, p.189~210

Stumpf E.J.G. Der Traum und seine Deutung. Leipzig 1899

Sully J. Étude sur les rêves. Rev. scientiff. 1882, p.385

— Les illusions des sens et de l'esprit. Bibl. scientif. internat. vol. 62. Paris. (Deutsch Die Illusionen, eine psychol. Unters. Leipzig 1884)

— Human Mind. London 1892

— The dream as a revelation. Fortnightly Rev. März 1893

— Laws of dream fancy Cornhill. Mag. Vol. L, p.540

— Art. "Dreams" in Encyclop. Brit. IX. Aufl

Summers T.O. The physiology of dreaming. Saint-Louis. clin. 1895, VIII, 401-406

Surbled. Le rëve. 2 ed. 1898

— Origine des rêves. Rev. de quest. scient. 1895

Synesius. Oneiromantik (deutsch von Krauβ). Wien 1888.

Tannery M.P. Sur l'activité de l'esprit dans le rêve. Rev. phi-los. 19e année, XXXVIII, p.630~634, 1894

— Sur les rêves des mathématiciens. Rev. philos. 1898, I, 639

— Sur la paramnésie dans les rêves. Rev. philos. 1898

— Sur la mémoire dans le rêve. Revue philosophique. XLV. 1898

Thiéry A. Aristotle et Psychologie physiologique du rêve. Rev. nev scol. 1896, III. 260-271

Thomayer S. Sur la signification de quelques rêves. Rev. neurol. Nr. 4, 1897

— Beitr. zur Pathologie der Träume (tschechisch). Poliklinik der tschechischen Universität in Prag 1897

Tissié Ph. Les rêves; rêves pathogènes et thérapeutiques; rêves photographiés. Journ. de méd. de Bordeaux 1896, XXVI

— Les rêves, physiologie et pathologie, 1898. -Bibliothèque de philosophie contemporaine

Titchener. Taste dreams. Amer. J. of Psychology. VI. 1893

Tonnini. Suggestione e sogni. Arch. di psichiatr. antop crim III, 1887

Tonsor J. Heinrich. Disp. de vigilia, somno et sonmiis, prop Lucas. Marpurgi 1627

"Traum". Artikel in der allgemeinen Enzyklopädie der Wissenschaft und Künste von Ersch und Gruber

Traumbuch. Apomasaris······ aus griechischer Sprach ins Latein bracht durch Lewenklaw Jetzt und······ verteutschet. Wittenberg

Tuke Hack. "Dreaming" in Dict. of Psycholog. Med. 1892

Ullrich M.W. Der Schlaf und das Traumleben, Geisteskraft und Geistesschwäche. 3. Aufl. Berlin 1897

Unger F. Die Magie des Traumes als Unsterblichkeitsbeweis. Nebst Vorm.: Okkultismus und Sozialismus von C. du Prel 2. Aufl. Münster 1898

Utility of dreams. Edit. J. Comp. Neurol. Granville 1893, III, 17-34

Vaschide. Recherches experim. sue les rêves. Comptes rendus de l'acad. des sciences. 17. Juillet 1899

Vespa B. I sogni nei neuro-psicopatici. Bull. Soc. Lancisiana. Roma 1897

Vignoli. Von den Träumen, Illusionen und Halluzinationen. Internationale wissenschaftliche Bibliothek, Bd. 47

Vischer F. Th. Studien über den Traum. Beilage z. allg. Ztg. 1876, Nr. 105-107

Vold J. Mourly. Einige Experimente über Gesichtsbilder im Traume. Dritterinternationaler Kongreβ für Psychologie in München. 1897. Zeitschr. für Psychologie und Physiologie der Sinnesorgane. VIII, 66-74

— Expériences sur les rêvers et en particulier sur ceux d'origine musculaire et optique. Christiania 1896. -Referat in Revue philosophique. XLII. 1896

Vykoukal F.V. Über Träume und Traumdeutungen (tschechisch). Prag 1898

Wedel R. Untersuchungen ausländischer Gelehrter über gew. Traumphänomene. Beiträge zur Grenzwissenschaft. 1899. S. 24-77

Weed, Hallam and Phinney. A study of the dream-consciousness. Americ. J. of Psychol. vol. VII, 1895, p.405~411

Wehr Hans. Das Unbewuβte im menschilchen Denken. Programm der Oberrealschule zu Klagenfurt 1887

Weil Alex. La philosophie du rêve. Paris

Wendt K. Kriemhilds Traum. Diss. Rostock 1858

Weygandt W. Entestehung der Träume. Leipzig 1893

Wilks S. On the nature of dreams. Med. Mag. Lond. 1893/94, II, 597-606

Williams H.S. The dreams state and its psychic correlatives. Americ.

J. of Insanity 1891/92, vol. 17, 445-457

Woodwoith. Note on the rapidity of dreams. Psychol. Review IV, 1897

Wundt. Grundzüge der physiologischen Psychologie. II. Bd., 2. Aufl. 1880

X. Ce qu'on peut rêver en cinq secondes. Rev. sc. 3e série. I, XII, 30. oct. 1886

Zucarrelli. Pollutions nocturnes et épilepsie. Bull. de la Soc. de méd. ment. de Belgique, mars 1895

(2) 재판 이후 1990년~

Abraham Karl. Traum und Mythos. Eine Studie zur Völker-psychologie. Schriften zur angew. Seelenkunde. Heft 4, Wien und Leipzig 1909

— Über hysterische Traumzustände. Jahrbuch f. psychoanalyt. und psychopathol. Forschungen Bd. II. 1910

— Sollen Wir die Pat. ihre Träume aufschreiben lassen? Intern. Zeitschr. für ärztl. Ps.-A. I, 1913, p.194

— Zur narziβtischen Bewertung der Exkretionsvorgänge im Traum und Neurose. Internat. Zeitschr. f. Ps-A. VI, 64

Adler Alfred. Zwei Träume einer Prostituierten. Zeitschift f. Sexualwissenschaft, 1908. Nr. 2

— Ein erlogener Traum. Zentralbl. f. Psychoanalyse, I. Jahrg 1910, Heft 3

— Traum und Traumdeutung. Ebenda, III, 1912/13, p.174

Amram Nathan. Sepher pithrọn chalômôth. Jerusalem 1901

Bianchieri F. I sogni dei bambini di cinque anni. Riv. di. psicol. 8, 325-330

Betlheim u. Hartmann. Über Fehlreaktionen bei der Korsakoff-schen Psychose. Arch. f. Psychiatrie, Bd. 72, 1924

Bleuler E. Die Psychoannalyse Freuds. Jarhrb. f. psychoanalyt. u. psychopatholog. Forschungen, Bd. II. 1910

— Träume mit auf der Hand liegender Deutung. Münch. Med. Woch. 60. Jahrg. Nr. 47, 11. Nov. 1913

Bloch Ernst. Beitrag zu den Träumen nach Coitus interruptus. Zentralbl. für Ps.-A. II, 1911/12, p.276

Brewster E.T. Dreams and Forgetting. New discoveries in dream psychology. McClure's Magazin, Okt. 1912

Brill A.A. Dreams and their Relation to the Neurosis. New York Medical Journ., April 23, 1910

— Psychoanalysis, its theory and practical application. Philadelphia and New York 1912

— Hysterical dreamy states. New York Med. Journ., May 25, 1912

— Artificial dreams and lying. Journ. of Abn. of Abn. Psych. Vol. IX, p.321

— Fairy tales as a determmant of dreams and neurotic symptoms. NewYork Med. Journ., March 21, 1914

Brown W. Freud's Theory of Dreams. The Lancet 19. u. 26. April 1913

Bruce A.H. The marvels of dream analysis. McClure's Magaz. Nov. 1912

Burckhard Max. Ein modernes Traumbuch. Die Zeit, 1900, Nr. 275, 276

Busemann A. Traumleben der Schulkinder. Ztschr. f. päd. Psychol. 10. J. 1909, 294-301

— Psychol. d. Kindl. Traumerlebnisse. Zeitschr. f. päd. Psychol. 1910. XI, p.320

Claparède E. Esquisse d'une théorie biologique du sommeil. Arch. de Psychol. t. IV, Nr. 15-16, Fév.-Mars 1905

— Rêve utile. Arch. de Psychol. 9, 1910, 148

Coriat I. Zwei sexual-symbolische Beispiele von Zahnarzt -Trä u-men. Zentralbl. f. Ps.-A. III, 1912/13, p.440

— Träume vom Kahlwerden. Int. Zeitschr. f. Ps.-A. II, p.460

— The meaning of dreams. Mind and Health series. London, Heinemann

Delacroix. Sur ls structure logique du rêve. Rev. metaphys. Nov. 1904

— Note sur la cohérence des rêves. Rapp. et. C.R. du 2. Congrès intern. de Philos. 556-560

Delage. La nature des images hypnagogiques et le rôle des lueurs entoptiques dans le rêve. Bull. de l'Instit. général psychol. 1903. p.235~247

Doglia S.et Bianchieri F. I sogni dei bambini di tre anni L'inizio dell'attività onirica. Contributi psicol. 1, 9

Eder M.D. Freud's Theory of Dreams, Transactions of the Psycho-Medic. Soc. London, vol. III, Part. 3, 1912

— Augenträume. Internat, Ztschr. f. ärztl. Ps.-A. I, 1913, p.157

Eeden Frederik van. A study of dreams. Proceedings of the Society for Psych. Research, Part. LXVII, vol. XXVI

Ellis H. The Logic of Dramas. cmontp. Rev. 98, 1910, 355-359

— The Symbolism of Dreams. The Popular Science Monthly, july 1910

— Symbolismus in den Träumen. Zeitschr. f. Psychotherapie. III, 1911, p.29~46

— The World of Dreams. London 1911. (Deutsch v.H. Kurella Würzburg 1911)

— The Relation of Erotic Dreams to Vesical Dreams. Journ. of abn. Psychol. VIII, 3, August-Setup. 1913

Federn Paul. Ein Fall von pavor nocturnus mit subjektiven Lichterscheinungen. Internat. Zeitschr. f. ärztl. Ps.-A. I 1913, H. 6

— Über zwei typische Traumsensationen Jahrb. f. Ps.-A. VI, p.89

— Zur Frage des Hemmungstraumes. Internat. Zeitschr. f. Ps.-A VI, p.73

Ferenczi S. Die psycholoische Analyse der Träume. Psychiatri sch-Neurologische Wochenschrift, VII. Jahrg., Nr. 11-13, Juni 1910. (Ins Englische übersetzt unter dem Titel:The Psychological Analysis of Dreams in The American Journal of Psychology, April 1910)

— Symbolische Darstellung des Lust- und Realitätsprinzips im Ödipus-Mythos. Imago, I, 1912, p.276

— Über lenkbare Träume. Zentralbl. f. Ps.-A. II, 1911/12, p.31

— Vergessen eines Symptoms und seine Aufklärung im Traume Internat. Zeitschr. f. Ps.-A. II, p.384

— Affektvertauschung im Traum. Internat. Zeitschr. f. Ps-A. IV, P.112

— Träume won Ahnungslosen. Internat. Zeitschr. f. Ps.-A IV, p.208

— Pollution ohne orgastischen Traum und Orgasmus im Traum ohne Pollution. Internat. Zeitschr. f. Ps.-A. IV, p.187

Flournoy. Quelques rêves au sujet de la signification symbolique de l'eau et du feu. Internat. Zeitschr. f. ps.-A. IV, p.328

Förster M. Das lat. -altengl. Traumbuch. Arch. f. d. Stud. u. Lit. 120. Bd., p. 43ff., 125. Bd., p.39~70, 127. Bd., p.1ff.-Mittelenglische Traumbü cher. Herrings Archiv 1911

Foucault Marcel. Le rêve. Étds et observations. Paris 1906. (Bibl. de Philosophie contemporaine)

Friedjung J.K. Traum eines sechsjährigen Mädchens. Internat. Ztschr. f. ärztl. Ps.-A. I. 1913, p.71

Frink H. W. Dreams and their analysis in reference to Psychotherap. med. Record, may 27, 1911

— On Freud's Theory of Dreams. Americ. Med. Burlington, New York VI, p.652~661

— Dream and Neurosisl Interstate Med. Journ. 1915

Gincburg Mira. Mitteilung von KindheitstrAumen mit spezieller Bedeutung. int. Ztschr. f. ärztl. Ps.-A. I, 1913, p.79

Gottschalk. Le rêve. D'après les idées du prof. Freud. Archives de Neurol. 1912, Nr. 4

Gregory J.C. Dreams as a by-product of waking activity. Westm. Rev. London 1911, Vol. 175, p.561~567

Harnik J. Gelungene Auslegung eines Traumes. Zentralbl. f. Ps-a. II, 1911/12, p.417

Hitschmann Ed. Freuds Neurosenlehre. Nach ihrem gegenwärtigen Stande zusammenfassend dargestellt. Wien und Leipzig 1911. 2. Aufl. 1913. (Kap.V.:Der Traum.)(Engl. Übers. von C.R. Payne. New York 1912)

— Ein Fall von Symbolik für Ungläubige. Zentralbl. f. Ps.-A. I, 1910/11, p.235

— Beiträge zur Sexualsymbolik desTraumes. Ebenda, p.561

— Weitere Mitt. von KindheitstrAumen mit spez. Bedeutung. Intern. Ztschr. für ärztl. Ps.-A. I. 1913, p.476

— Goethe als Vatersymbol in Träumen. Ebenda, Heft 6

— Über Traume Gottfried Kellers. Internat. Zeitschr. f. Ps.-A. II, p.41

— Weitere Mitteilung von Kindheitsträumen mit spezieller Bedeutung. Internat. Zeitschr. f. Ps.-A. II, p.31

— Über eine im Traum angekündigte Reminiszenz an ein sexuelles Jugenderlebnis. Internat. Zeitschr. f. Ps.-A V, p.205

Hug-Hellmuth, H.v. Analyse eines Traumes eines $5\frac{1}{2}$ jahrigen Knaben. Zentralbl. f. Ps.-A. II, 1911/12, p.122~127

— Kinderträume. Internat. Ztschr. f. ärztl. Ps.-A. I, 1913, p.470

— Aus dem Seelenleben des Kindes. Schr. z. angew. Seelenk. herausg. v. Freud. H. 15. Wien und Leipzig 1913

— Ein Traum, der sich selber deutet. internat. Zeitschr. f. Ps. A., III, p.33

Jones E. On the nightmare. Americ. J. of Insanity, Jan. 1910

— The Oedipus-Complex as an Explanation of Hamlet's Mystery: A Study in Motive. American Journ. of Psychology, Jan, 1910. p.72~133. (In deutscher Übersetzung: "Das Problem des Hamlet und der Ödipus Komplex". Schriften zur angew. Seelenkunde, H. 10, 1912)

— Freud's Theory of Dreams. American Journal of Psychology, April 1910

— Remarks on Dr. M. Prince's Article: The mechanism and interpr. of Dreams. Journ. of abn. Psychol. 1910/11, p.328~336

— Some Instances of the Influence of Dreams on Waking Life. The Journal of abnormal Psychology, April-May 1911

— The relationship between dreams and psychoneurotic symptoms Americ. J. of Insanity, vol. 68, Nr. 1, July 1911

— A forgotten dream. J. of abn. Psychol. April-May 1912

— Papers on Psycho-Analysis. London 1912

— Der Alptraum in seiner Beziehung zu gewissen Formen des mittelalterl Aberglaubens. Schriften zur angew. Seelenk. hg. v. Freud,

H. 14. Leipzig und Wien 1912

— Die Theorie der symbolik. Internat. Zeitschr. f. Ps.-A. V p.244

Jung C.G. L'analyse des reves. L'année Psychologique, Tome ⅩⅤ.

— Assoziatoin, Traum und hysterisches Symptom. Diagnostische Assoziationsstudien. Beiträge zur experimentellen Psychopathologie, hg. von Doz. C.G. Jung, II, Bd., Leipzig 1910 (Nr. Ⅷ, p.31~66)

— Ein Beitrag zur Psychologie des Gerüchtes, Zentralbl. für Psychoanalyse. I. Jahrg. 1910, Heft 3

— Ein Beitrag zur Kenntnis des Zahlentraumes. Ebenda. 1910/11, p. 567~572

— Morton Prince's : The Mechanism and Interpretation of Dreams. Eine kritische Besprechung. Jahrb. f. ps.-a. u. psychopathol. Forsch. Ⅲ, 1911.

Iwaya S. Traumdeutung in Japan. Ostasien, 1902, p.302

Karpinska L. Ein Beitrag zur Analyse sinnloser Worte im Traume. Internat. Zeitschr. f. Ps.-A. III, p.164

Kazodowsky A. Zusammer hang von Träumen und Wahnvorstellungen. Neurolog. Cbl. 1901, p.440~47, 508~514

Kostyleff. Freud et le problème des rêves. Rev philos. 72. Bd., Juillet-Déc. 1911, p.491~522

Kraeplin E. Über Sprachstörungen im Traume. Psychol. Arbeiten, 5 Leipzig 1907

Lauer Ch. Das Wesen des Traumes in der Beurteilung der talmudischen und rabbinischen Literatur. Intern. Ztschr. f. ärztl. Ps.-A. I, 1913, H. 5

Lehmann. Aberglaub und Zauberei von den ältesten Zeiten bis in die Gegenwart. deutsch von Petersen. 2., verm. Aufl., Stuttgart 1908

Leroy B. A propos de quelques rêves symboliques. Journ. de psychol. norm. et pathol. 5, 1908, p.358~365

Let Tobowolska J. Mécanisme intellectuel du rêve. Rev. philos. 1901, I. vol. 51, p.570~593

Löwinger. Der Traum in der jüdischen Literatur. Leipzig 1908. Mitteilungen zur jüd. Volkskunde, 10. Jahrg., H. l u. 2

Maeder Alphonse. Essai d'interprétation de quelques rêves. Archives de Psychol., T. VI, Nr. 24, April 1907

— Die Symbolik in den Legenden, Märchen, Gebräuchen und Träumen. Psychiatrisch-Neurolog. Wochenschr, X. Jahrg. 1908

— Zur Entstehung der Symbolik im Traum, in der Dementia praecox etc. Zentralblatt f. Ps.-A. I. 1910/11, p.383~389

— Über die Funktion des Traumes. Jahrb. f. psychoanalyt. Forsch. IV, 1912

— Über das Traumproblem. Ebenda V, 1913, p.647

— Zur Frage der teleologischen Traumfunktion. Ebenda, p.453

Marcinowski J. Gezeichnete Träume. Zentralbl. f. Ps.-A. II, 1911/12, p.490~518

— Drei Romane in Zahlen. Ebenda, p.619~638

Mitchell A. About Dreaming, Laughing and Blushing. London 1905

Miura K. Japanische Traumdeuterei. Mitt. d. deutsch. Ges. f. Natur-u. Völkerk. Ostasiens. X, 291-306

Näcke P. Über sexuelle Träume. H. Groβ'Archiv, 1903, p.307

— Der Traum als feinstes Reagens f. d. Art d. sexuellen Empfindens. Monatsschrift f. Krim.-Psychol. 1905

— Kontrastträume und spez. sexuelle kontrastträume. H. groβ' Archiv, 24. Bd. 1907, p.1~19

— Beiträge zu den sexuelle Träume. H. Groβ'Archiv, 29, 363ff

— Die diagnostische und prognostische Brauchbarkeit der sex. Träume. Ärztl. Sachv.-Ztg. 1911, Nr. 2

Negelein J.v. Der Traumschlüssel des Yaggaddeva. Gieβen 1912.(Relig. Gesch. Vers. XI, 4)

Pachantoni D. Der Traum als Ursprung von Wahnideen bei Alkoholdeliranten. Zentralbl. f. Nervenheilk., 32. Jahrg., 1909, p.796

Pear T.H. The analysis of some personal dreams, with special reperence to Freud's interpretation Meeting at the Britsh Assoc. for the advancement of scence. Birmingham Sept. 16.-17., 1913. British Journ. of Psychol. VI, 3/4, Febr. 1914

Pötzl Otto. Experimentell erregte Traumbilder in ihren Beziehungen zum indriekten Sehen. Zeitschr. f. d.ges. Neurol. u. Psych. Bd. 37, 1917

Pfister Oshar. Wahnvorstellung und Schülerselbstmord. AufGrund einer Traumanalyse beleuchtet. Schweiz. Blätter für Schulgesundhei pflege 1909, Nr.1

— Kryptolalie, Kryptographie und unbewuβtes Vexierbild bei Normalen. Jahrb. f. ps. -a. Forschg. V, 1, 1913

Prince Morton. The Mechanism and Interpretation of Dreams.
The Journal of abnorm. Psych. Oct.-Nov. 1910

— The Mechanism and Interpr. of Dreams; a reply to Dr. Jones. Journ. of abn.Psychol. 1910/11, p.337~353

Putnam J.J. Aus der Analyse zweier Treppe-Träume. Zentralbl. f Ps.-A. II, 1911/12, p.264

— Eincharakteristischer Kindertraum. Ebenda, p.328

— Deram interpretation and the theory of psychoanalysis. Journ. of abnorm. Psych. IX, Nr. 1, p.36

Raalte F. van. Kinderdroomen. Het Kind 1912. Jan

Rank Otto. Der Mythus von der Geburt des Helden. Schr. z. angew. Seelenkunde, Heft 5, Wien und Leipzig 1909

— Beispiel eines verkappten Odipus-Traumes. Zentralblatt für Psychoanalyse, l. Jahrg. 1910

— Zum Thema der Zahnreizträume. Ebenda

— Das Verlieren als Symptomhandlung. Zugleich ein Beitrag zum Verständnis der Beziehungen des Traumlebens zu den Fehlleistungen des Alltagslebens. Ebenda

— Ein Traum, der sich selbst deutet. Jahrbuch für psychoanalyt. und psychopathol. Forschungen, Bd. II, 1910

— Ein Beitrag zum Narziβmus. Ebenda, Bd. III, 1911

— Fehlleistung und Traum. Zentralbl. f. Ps.-A. II, 1911/12, p.266

— Aktuelle Sexualregungen als Traumanlässe. Ebenda, p.596~602

— Die Symbolschichtung im Wecktraum und ihre Wiederkehr im mythischen Denken. Jahrb. f. Ps.-A. IV, 1912

— Das Inzestmotiv in Dichtung und Sage. Grundzüge einer Psychologie des dichterischen Schaffens. Wien und Leipzig 1912

— Die Nackhtheit in Sage und Dichtung. Eine ps.-a. Studie, Imágo, II 1912

— Eine noch nicht beschriebene Form des Ödipus-Traumes. Intern. Zeitschr. f. ärztl. Ps. -A. I. 1913, p.151

— Fehlhandlung und Traum. Internat. Zeitschr. f. Ps. -A. III, p.158

— Die Geburtsrettungsphantasie in Traum und Dichtung. Internat. Zeitschr. f. Ps.-A. II. p.43

— Ein gedichteter Traum. Internat. Zeitschr. f. Ps.-A. III, p.231

Rank O. und Sachs H. Die Bedeutung der Psychoanalyse für die Geisteswissenschaften. Grenzfr. d. Nerven- u. Seelenlebens, hg. v. Löwenfeld. Heft 93, Wiesbaden 1913.

Reik Th. Zwei Träume Flauberts. Zentralbl. f. Ps.-A. III, 1912/13, p.223

— Kremhilds Traum. Ebenda, II, p.416

— Beruf und Traumsymbolik. Ebenda, p.531

— Der Nacktheitstraum eines Forschungsreisenden. Internat. Zeitschr. f. Ps.-A. II, p.463

— Gotthilf Schuberts "Symbolik des Traumes." Internat. Zeitschr. f. Ps.-A. III, p.295

— Völkerpsychologische Parallelen zum Traumsymbol des Mantels. Internat. Zeitschr. f. Ps.-A. VI, p.310

— Zum Thema : Traum und Traumwandeln. Internat. Zeitschr. f. Ps.-A. VI, p.311

Robitsek Alfred. Die Analyse von Egmonts Traum. Jahrb. für psychoanalyt. und psychopathol. Forschungen, Bd. II, 1910.

— Die Stiege, Leiter, als sexuelles Symbol in der Antike. Zentralbl. f. Ps.-A. I, 1910/11, p.586

— Zur Frage der Symbolik inden Träumen Gesunder Ebenda, II, p.340

Roheim G. Die Urszene im Traume. Internat. Zeitschr. f. Ps.-A VI, p.337

Sachs Hanns. Zur Darstellungstechnik des Traumes. Zentralbl. f. Ps.-A. I, 1910/11

— Ein Fall intensiver Traumentstellung. Ebenda, p.588

— Traumdeutung und Menschenkenntnis. Jahrb. f. Ps. -A. III, 1911, p.568

— Ein Traum Bismarcks. Intern. Ztschr. f. ärztl. Ps.-A. I. 1913, H. 1

— Traumdarstellungen analer Weckreize. Ebenda, p.489

— Das Zimmer als Traumdarstellung des Weibes. Internat. Zeitschr. f. Ps.-A. II, p.35

— Ein absurder Traum. Internat. Zeitschr. f. Ps.-A. III, p.35

Sadger J. Über das Unbewußte und die Träume bei Hebbel. Imago,

Juni 1913

Schrötter Karl. Experimentell Träume Zentralbl. f. Ps.-A. II, 1912, p.638

Schwarz F. Traum u. Traumdeutung nach 'Abdalgani an Nabulusi' Zeitschr, d. deutsch. morgenl. Ges., Bd. 67, 1913, III. H., p.473~493

Secher F. Chines, Ansichten über den Traum. Neue metaph. Rdschr., Bd. 17, 1909/10, p.101

Silberer Herbert. Bericht über eine Methode, gewisse symbolische Halluzinationserscheinunge hervorzurufen und zu beobachten. Jahrb. Bd. I, 1909

— Phantasie und Mythos. Ebenda, Bd. II, 1910

— Symbolik des Erwachens und Schwellensymbolik überh. Ebenda III, 1911

— Über die Symbolbildung. Ebenda

— Zur Symbolbildung. Ebenda IV, 1912

— Spermatozoenträume. Ebenda

— Zur Frage der Spermatozoenträume. Ebenda

Spielrein S. Traum vom "Pater Freudenreich." Intern. Ztschr. f. ärztl. Ps.-A. I. 1913, p.484

Spitteler Karl. Meine frühesten Erlebnisse. I. Hilflos und sprachlos. Die Träume des Kindes. Südd. Monatsh., Okt. 1913

Stärcke August. Ein Traum, der das Gegenteil einer Wunscherfü llung zu verwirklichen schien, zugleich ein Beispiel eines Traumes, der von einem anderen Traum gedeutet wird. Zentralbl. f. Ps.-A. II, 1911/12, p.86

— Traumbispiele. Internat. Zeitschr. f. Ps.-A. II, p.381

Stärcke Johann. Neue Traumexperimente in Zusammenhang mitä lteren und neueren Traumtheorien. Jahrb. f. Ps.-A. V, 1913, p.233

Stegmann Marg. Darstellung epileptischer. Anfälle im Traume. Intern. Zeitschr. f. ärztl Ps.-A. I. 1913

— Ein Vexiertraum. Ebenda, p.486

Stekel Wilhelm. Beiträge zur Traumdeutung. Jahrbuch für psychoanalytische und psychopatholog. Forschungen, Bd. I, 1909.

— Nervöse Angstzustände und ihre Behandlung. Wien-Berlin 1908, 2. Aufl. 1912

— Die Sprache des Traumes. Eine Darstellung der Symbolik und Deutung des Traumes in ihren Beziehungen zur kranken und gesunden Seele für Ärzte und Psychologen. Wiesbaden 1911.

— DieTräume der Dichter. Wiesbaden 1912

— Ein prophetischer Nummerntraum. Zentralbl. f. Ps.-A. II, 1911/12, p.128~130

— Fortschritte der Traumdeutung. Zentralbl. f. Ps.-A. III, 1912/13, p.154, 426

— Darstellung der Neurose im Traum. Ebenda, p.26

Swoboad Hermann. Die Perioden des menschlichen Organismus. Wien und Leipzig 1904

Tausk, V. Zur Psychologie der Kindersexualität. Intern. Zeitschr. f. ärztl. Ps.-A. I, 1913, p.444

— Zwei homosexuelle Träume. Internat. Zeitschr. f. Ps.-A. II, p.36

— Ein Zahlentraum. Internat. Zeitschr. f. Ps.-A. II, p.39

Tfinkdji Joseph Abbé. Essai sur les songes et l'art de les interpréter (onirocritie) en Mésopotamie. Anthropos VIII, 2/3, MärzJuni 1913

Tobowolska Justine. Etude sur les illusions de temps dans les rêves du sommeil normal. Thèse de Paris, 1900

Vaschide N. Le sommeil et les rêves. Paris 1911, Bibl.de Philos scient.(66) (mit Literaturangabe übrigen zahlreichen Arbeiten desselben Autors über

Traum und Schlaf)

-et Pieron. La psychol. du rêve au point de vue médical. Paris 1902

old J. Mourly. Über den Traum. Experimentell-psychologische Unter śuchungen. Herausgegeben von O. Klemm. Erster Band. Leipzig 1910. II. Bd. 1912

Weiss Edoardo. Totemmaterial im Traume. Internat. Zeitschr. f. Ps.-A. II, p.159

Weiss Karl. Ein Pollutionstraum. internat. Zeitschr. f. Ps.-A. VI, p.343

Weygandt W. Beitr. z. Psychologie des Traumes. Philos. Studien, 20. Bd., 1902, p.456~486

Wiggam A. A contribution to the data of dream psychology. Pedagogical Seminary, July 1909

Winterstein, Alfr. v. Zum Thema:"Lenkbare Träume." Zentralbl. f. Ps-A. II, 1911/12, p.290

Wuff M. Ein interessanter Zusammenhang von Traum, Symbolhandlung und Krankheitssymptom. Internat. Ztschr. f. ärztl. Ps.-A. I, 1913, H. 6

꿈의 해석

1판 1쇄 발행 / 1986년 12월 05일
2판 1쇄 발행 / 1995년 04월 30일
4판 5쇄 발행 / 2021년 01월 30일
6판 1쇄 발행 / 2024년 02월 20일

지은이 / S. 프로이트
옮긴이 / 김기태
편집 주간 / 장상태
편집 기획 / 김범석
편집 디자인 / 정은영

펴낸이 / 김영길
펴낸곳 / 도서출판 선영사
주 소 / 서울시 마포구 서교동 485-14 선영사
TEL / (02)338—8231~2 FAX / (02)338—8233
E—mail / sunyoungsa@hanmail.net
Web site / sunyoung.co.kr

등 록 / 1983년 6월 29일 (제02—01—51호)

ISBN 978—89—7558—360—5 03180

ⓒ Korea Sun—Young Publishing. co., 1986